权威·前沿·原创

皮书系列为
"十二五""十三五"国家重点图书出版规划项目

中国社会科学院创新工程学术出版项目

新能源汽车蓝皮书

BLUE BOOK OF NEW ENERGY VEHICLE

中国新能源汽车产业发展报告（2018）

ANNUAL REPORT ON NEW ENERGY VEHICLE INDUSTRY IN CHINA (2018)

编　著／中国汽车技术研究中心
　　　　日产（中国）投资有限公司
　　　　东风汽车有限公司

社会科学文献出版社
SOCIAL SCIENCES ACADEMIC PRESS (CHINA)

图书在版编目(CIP)数据

中国新能源汽车产业发展报告. 2018 / 中国汽车技术研究中心，日产（中国）投资有限公司，东风汽车有限公司编著. --北京：社会科学文献出版社，2018.9
（新能源汽车蓝皮书）
ISBN 978-7-5201-3293-0

Ⅰ.①中⋯　Ⅱ.①中⋯ ②日⋯ ③东⋯　Ⅲ.①新能源-汽车-研究报告-中国-2018　Ⅳ.①U469.7

中国版本图书馆CIP数据核字（2018）第185821号

新能源汽车蓝皮书
中国新能源汽车产业发展报告（2018）

编　　著 / 中国汽车技术研究中心
　　　　　日产（中国）投资有限公司
　　　　　东风汽车有限公司

出 版 人 / 谢寿光
项目统筹 / 郑庆寰
责任编辑 / 郑庆寰　张　媛

出　　版 / 社会科学文献出版社·皮书出版分社（010）59367127
　　　　　地址：北京市北三环中路甲29号院华龙大厦　邮编：100029
　　　　　网址：www.ssap.com.cn

发　　行 / 市场营销中心（010）59367081　59367018
印　　装 / 三河市龙林印务有限公司

规　　格 / 开　本：787mm × 1092mm　1/16
　　　　　印　张：35.25　字　数：588千字
版　　次 / 2018年9月第1版　2018年9月第1次印刷
书　　号 / ISBN 978-7-5201-3293-0
定　　价 / 98.00元

皮书序列号 / PSN B-2013-347-1/1

本书如有印装质量问题，请与读者服务中心（010-59367028）联系

▲ 版权所有 翻印必究

新能源汽车蓝皮书
编委会

顾　　　问　马超英　王云石　王秉刚　牛近明　付于武
　　　　　　　孙逢春　贡　俊　李万里　李　钢　肖成伟
　　　　　　　张书林　张永伟　张　军　张进华　陈建国
　　　　　　　陈　淮　陈　斌　武　斌　欧阳明高　赵　英
　　　　　　　徐长明

编委会主任　于　凯

副 主 任　吴志新　黄永和

主　　　编　黄永和

副 主 编　刘　斌

主要执笔人（按姓氏笔画排序）
　　　　　　　丁晓华　王云石　王　宁　王　佳　王珊珊
　　　　　　　王贺武　方海峰　石　红　任焕焕　刘万祥
　　　　　　　刘金周　刘桂彬　刘　斌　江晓艳　贡　俊
　　　　　　　杜聪聪　李万里　李　康　李鲁苗　李赞峰
　　　　　　　时　间　何　卉　何姗姗　张　帆　张舟云
　　　　　　　张妍懿　张登成　陈　光　陈春梅　金伶芝
　　　　　　　周　玮　周博雅　孟　顺　孟祥峰　赵冬昶
　　　　　　　胡晓雯　柳邵辉　祝月艳　姚占辉　秦雪亮

徐　枭　唐林浩　黄永和　梅运彬　曹冬冬
崔洪阳　葛　鹏　潘新福　霍潞露　戴天禄

欲了解中国新能源汽车发展及汽车相关政策最新动态,请关注"新能源汽车蓝皮书"和"政策研究中心"微信公众号。

摘 要

"新能源汽车蓝皮书"是关于中国新能源汽车产业发展的研究性年度报告，2013年首次出版，本书为第六册。本书在日产（中国）投资有限公司和东风汽车有限公司的支持下，在多位新能源汽车及相关行业资深专家、学者顾问的指导下，由中国汽车技术研究中心有限公司政策研究中心的多位研究人员，以及行业内相关领域的专家共同撰写完成。

本年度报告主要包括总报告、改革开放40周年献礼篇、专家视点篇、NEVI指数篇、产业篇、市场篇、政策篇、热点篇、借鉴篇、智能汽车篇、附录等十一个部分。总报告综述了2017年中国新能源汽车产业发展情况；改革开放40周年献礼篇回顾了中国汽车产业的发展状况并对其未来进行了思考；专家视点篇邀请了行业知名专家评述2017年以来新能源汽车产业发展的热点问题；NEVI指数篇介绍了新能源汽车NEVI指数，对2017年中国新能源汽车产业竞争力、新能源汽车产品（基于EV–TEST电动汽车测评方法研究）、新能源汽车企业、新能源汽车城市进行指数评价；产业篇分析了2017年中国新能源乘用车行业、动力电池产业、车用驱动电机产业和充电基础设施行业的发展情况；市场篇重点分析了新能源汽车市场的变化及趋势，并对2018~2020年中国新能源汽车市场进行了前瞻性预判；政策篇分析了国家新能源汽车政策，对地方新能源乘用车激励政策进行量化评估，介绍了中国电动汽车标准化工作进展；热点篇包括新能源汽车购置补贴与市场发展、后补贴时代产业政策支持体系畅想、对"双积分政策"的认识及展望、上海新能源汽车大数据挖掘及应用案例分析；借鉴篇包括燃油车禁售国内外动态与中国实施预案建议、中国语境下车辆碳排放辨析、交通领域三个革命畅想；智能汽车篇包括智能网联汽车支持政策体系及产业发展建议、国内外智能网联汽车测试示范区情况概述、中外自动驾驶立法研究及立法建议。

2017年以来，新能源汽车发展数量和质量同步提升。其中，新能源汽车产销量分别达到79.4万辆和77.7万辆，占全球市场份额的59%，连续三年居世界首位，新能源汽车产业也向提质增效方向发展，优秀企业和产品逐渐脱颖而出。动力电池行业优胜劣汰加速，2017年累计配套量约364亿Wh，占全球动力电池配套量的60%以上。驱动电机行业发展热度不减，新材料新工艺不断涌现，集成化发展成为主流。私人需求引导产业向市场驱动转变，市场结构不断调整。乘用车市场份额持续攀升，客车增长乏力，纯电动货车高速增长且潜力巨大。充电基础设施布局更趋完善但问题依旧突出，建设增速放缓。截至2017年12月，充电桩总量超过44万个，车桩比近3.5∶1。私人桩建设快于公共桩，运营商逐步由重建设转向重运营。充电设备质量参差不齐，充电难问题仍未根治。国家发力推动汽车智能化发展，推进政策和标准体系建设，引导发展战略方向。加强道路测试区建设，推进市场化应用进程。产业竞争力提升但基础依然薄弱。新能源汽车产业竞争力综合指数在全球排名第三，但产业基础仍旧薄弱。电动汽车强制性国家标准进展迅速，新型电动汽车标准体系趋于形成。2017年以来产业政策导向可总结为稳定、升级、合规、开放、环保，2018年及未来产业政策导向为顶层设计、公平开放、优胜劣汰，推动新能源汽车产业高质量发展。

2018年"新能源汽车蓝皮书"以严谨与通俗并重的方式，从社会科学的角度对我国新能源汽车产业发展情况进行了全面系统的介绍和分析。既从受众的角度让广大读者了解中国新能源汽车产业发展现状和趋势，宣传普及新能源汽车发展理念；又从专业角度客观评价新能源汽车技术、产品，分析产业发展面临的问题并提出建议措施。本书将有助于汽车产业管理部门、研究机构、整车和零部件生产企业、社会公众等了解中国新能源汽车产业发展的最新动态，将为政府部门出台新能源汽车产业相关政策法规、企业制定相关战略规划，提供必要的借鉴和参考。

关键词： 改革开放40周年　行业热点　高质量

Abstract

The NEV Blue Book is the annual research on the development of the Chinese New Energy Vehicle (NEV) industry. This book is the sixth Volume since it was first published in 2013. This book was jointly completed by many researchers from the Automotive Policy Research Center of China Automotive Technology and Research Center Co., Ltd and the support of Nissan (China) Investment Co., Ltd. and Dongfeng Automobile Co., Ltd. and under the guidance of many senior experts, scholars and advisers in the fields of NEVs and relevant industries.

This annual report mainly includes ten parts: General Report, Gift to Greet the 40th Anniversary of Reform and Opening up, Expertise, NEVI, Industry, Market, Policy, Hot Issue, Experience and Lessons, Intelligent Vehicles. The 'General Report' summarizes the development of Chinese NEV industry in 2017; the 'Gift to Greet the 40th Anniversary of Reform and Opening up' reviews the development of automobile industry in China and considers its future; 'Expertise Report' includes the well-known experts' comments about the important issues of NEV industry since 2017 ; 'NEVI Reports' introduces the NEVI indexes system, and evaluates the development of passenger on the indexes for competitiveness of NEV industry in China in 2017, NEV products (products are based on the research of EV – TEST electric vehicle evaluation methods), NEV companies and NEV cities; 'Industry Reports' analyzes the development of new energy passenger vehicle industry, power battery industry, vehicle drive motor industry and charging infrastructure industry in China in 2017; 'Market Reports' focuses on the analysis about the changes and trends of NEV market in China and conducts prospective prediction for the development of NEV market in China in the period from 2018 to 2020; 'Policy Reports' analyzes the national policies in relation to NEV, and quantitatively evaluates local incentive policies for new energy passenger vehicle and introduces the progress of electric vehicle standardization work in China; 'Hot Issue Reports' includes subsidies for purchasing NEVs and market development, some thoughts

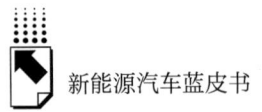

about industry policy support system in post-subsidy era, recognition and outlook of 'CAFC & NEV credit Policy' and analysis about NEV big data mining and application cases in Shanghai; 'Experience and Lessons' includes dynamics of ban of fuel vehicle at home and abroad and proposals for implementation plan in China, discrimination and analysis of vehicle carbon emissions in the context of China and some thoughts about three revolutions in the sector of transportation; and 'Intelligent Vehicles' includes proposals for the policy system supporting intelligent connected vehicle and industry development, overview of the domestic and international intelligent connected vehicle test demonstration areas, research on Chinese and foreign autopilot legislation and some suggestions for legislation.

Since 2017, the development of NEV has been simultaneously improved in quantity and quality. Especially, the production and sales volume of NEV respectively reached 794000 and 777000, accounting for 59% of the global market and ranking first in the world for three consecutive years. The NEV industry is also developing towards the improvement of quality, efficiency and core competitiveness. Excellent companies and products are gradually emerging. The situation 'survival of the fittest' has been accelerated and the international competitiveness has been continuously intensified in power battery industry. In 2017, the cumulative supporting capacity was about 36.4 billion watt-hour, accounting for more than 60% of the global power battery supporting capacity. The development of the drive motor industry is still kept flourishing. New materials and new processes are gradually emerging and integrated development has become the mainstream. Private demand guides the industry to shift to market-driven and the market structure is constantly adjusted. The market share of passenger vehicles continues to rise, while coach growth is weak. Pure electric trucks are growing at a high speed, showing a great potential. The layout of the charging infrastructure has been greatly improved. However, there are still many problems, resulting in slowing down the construction growth rate. As of December 2017, there are more than 440000 charging piles in total and the vehicle-to-pile ratio was nearly 3.5∶1. The construction of private piles is faster than public piles and operators are gradually shifting their focus from construction to operation. The quality of charging equipment is uneven and the problem of charging is still not solved. The state makes great efforts to drive the development of intelligent vehicles, promotes the construction of policies and standard systems, guides the development strategies, strengthen the construction of road test areas and promotes the process of market application. Industrial competitiveness has improved, but its foundation is still not solid. The comprehensive competitiveness index of NEV industry has ranked the third, but the industrial foundation is still weak. The mandatory national standards for electric vehicles are promoted rapidly and the new electric vehicle standard system is steadily forming. Since 2017, the industrial policy guidance can be summarized in several words: stable, upgraded, compliant, open and environmentally friendly; in 2018 and in the future, industrial policy guidance is design at top-level, fair and open and the survival of the fittest which is for promoting the high-quality development of NEV industry.

From the perspective of social science, NEV Blue Book in 2018 conducts comprehensive and systematic analysis on the development situation of NEV in China in a rigorous and popular way. This book not only makes public readers understand the development status and development of NEV and popularizes the concepts involved in the NEV development form, but also objectively assesses NEV technologies and products from a proffessional perspetive and analyzes the facing problems for the industrial development and thus provides suggestions and measures. It would deepen the understanding of Chinese NEV industry for the automotive management departments, research organizations, carmakers and spare parts manufacturers and the public, etc., and provided reference for formulating policies and regulations related to NEV industry.

Keywords: 40th Anniversary of Reform and Opening up; Hot Issue; High-quality

序　言

党的十九大报告中明确提出要加强中国特色新型智库建设。近年来，国内外汽车产业形势发生深刻变化，政府及行业对研究的全局性、系统性、前瞻性要求不断提高，对行业智库所能提供的服务和支持要求也相应提高，产业高质量发展的需求决定需要高端智库做支撑。中国汽车技术研究中心有限公司（简称"中汽中心"）作为行业第三方综合性技术服务机构，将在继续肩负推动中国汽车产业健康持续发展使命的同时，将自己打造成汽车行业第一智库。此举是致力于推动产业健康持续发展、提升决策支撑服务能力的战略举措。中汽中心经过多年积累，具备打造行业第一智库的人力、物力和软硬件基础条件。成立33年来，智库工作一直是中汽中心最核心的业务之一。在涉及汽车产业链的各个方面，中汽中心协助政府主管部门出台诸多政策或管理措施，有效推动中国汽车产业的健康发展，在国家推进治理能力和治理体系现代化进程中发挥了重要作用。

已连续出版6年的新能源汽车蓝皮书是中汽中心联合行业资深专家发挥行业智库作用的重要媒介，通过剖析产业、分析市场、解读政策、追踪热点、借鉴国际、评估发展，为政府制定产业政策、为行业了解产业发展提供重要参考。我们希望新能源汽车蓝皮书不只是新能源汽车产业历史发展的记录者和思考者，更是产业未来发展的推动者和引领者。

2017年中国新能源汽车产业高质量发展初露端倪，整车及关键零部件技术水平不断提升，更多车企着力布局新能源汽车领域，产品质量大幅提升、产品种类更加丰富。2017年销量达77.7万辆，占全球销量的近60%，连续三年位居世界第一。产业的发展离不开政策的支持，如新能源汽车补贴持续支持，车辆购置税再免三年，双积分政策发布实施，专用号牌全国启用。在改革深化、开放扩大的趋势下，新能源汽车率先对外开放，成为汽车领域开放的排头兵，未来产业竞争将更加激烈。

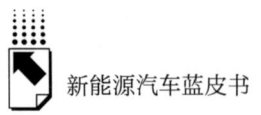

2018年恰逢改革开放40周年，回首过往的40年，中国汽车产业无疑是改革开放的受益者，依托改革开放，中国汽车产业整体规模、综合实力以及活跃度均得到跨越式提升。为庆祝改革开放40周年，本书特增设"改革开放40周年献礼篇"，并有幸邀请到中国汽车产业40年来发展的见证者、中国国际工程咨询公司专家学术委员会专家李万里撰写《中国汽车产业发展回顾与未来思考》一文。此外，为客观反映及评价我国产业发展情况，2016年我们在产业国际竞争力评价研究的基础上开展了新能源汽车指数（NEVI, New Energy Vehicle Index）研究，从2017年开始，本书增设"NEVI指数篇"。每一年度的NEVI研究情况及结果将在这一篇中进行汇总和发布，2018年发布了产业国际竞争力指数、产品指数、企业指数、城市发展指数，供社会各界参考。

本书的顺利出版离不开领导、专家、合作伙伴的支持。感谢本书顾问及汽车相关领域其他专家为本书的策划和编写提出了许多宝贵的意见和建议，感谢社会科学文献出版社为本书的出版提供了大量帮助。日产（中国）投资有限公司、东风汽车有限公司作为我们的合作伙伴一直以来大力支持我们的工作，在此表示诚挚的谢意！

本书副主编、中汽中心首席专家、情报所政策研究中心刘斌以及中汽中心首席专家、情报所政策研究中心吴松泉、方海峰对本书内容进行了初审，本书顾问王秉刚、张书林进行了二审，本书主编、中汽中心资深专家、情报所总工程师黄永和进行了终审定稿。

虽然有许多人为本书的编写及出版付出了巨大的努力，但由于时间仓促，书中难免还有不少疏漏和不足，敬请各位专家、读者批评指正！

2018年7月2日

目 录

Ⅰ 总报告

B.1 2017年新能源汽车产业发展综述
——高质量发展初露端倪，竞争政策加剧优胜劣汰
.... 黄永和　刘桂彬 / 001
　一　新能源汽车产业发展增量提质 .... / 002
　二　私人需求引导产业向市场驱动转变 .... / 005
　三　充电基础设施布局更趋完善但问题依旧突出 .... / 007
　四　国家致力于汽车智能化发展 .... / 009
　五　中国新能源汽车产业竞争力指数小幅提升 .... / 012
　六　安全强标与新型电动汽车标准体系趋于形成 .... / 013
　七　优胜劣汰政策推动产业高质量发展 .... / 015

Ⅱ 改革开放40周年献礼篇

B.2 中国汽车产业发展回顾与未来思考
——纪念汽车产业改革开放40周年
.... 李万里 / 022

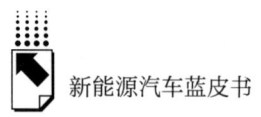

Ⅲ 专家视点篇

B.3 专家评述新能源汽车发展（按姓氏笔画排序） ……… 于　凯等 / 033

Ⅳ NEVI 指数篇

B.4 2017年中国新能源汽车产业竞争力指数评价报告
　…………………………………………… 时　间　霍潞露 / 092
B.5 EV-TEST 电动汽车的测评方法
　…………………… 陈　光　张妍懿　戴天禄　周博雅 / 107
B.6 中国新能源汽车企业指数评价
　………… 梅运彬　王珊珊　刘万祥　江晓艳　杜聪聪　张登成 / 122
B.7 中国新能源汽车城市指数评价……………… 刘金周　刘万祥 / 152

Ⅴ 产业篇

B.8 中国新能源乘用车行业2017年发展综述
　………………………………… 周　玮　方海峰　孟　顺 / 169
B.9 车用动力电池产业发展概况………………… 王　佳　孟祥峰 / 184
B.10 车用驱动电机产业发展动态………………… 贡　俊　张舟云 / 199
B.11 充电基础设施行业发展动态……… 张　帆　李　康　秦雪亮 / 214

Ⅵ 市场篇

B.12 2017年我国新能源汽车市场变化及趋势……… 刘万祥　方海峰 / 234
B.13 2018~2020年中国新能源汽车市场预测 ……… 王　宁　唐林浩 / 258

Ⅶ 政策篇

B.14 国家新能源汽车政策动态及未来展望
　　………………………………………… 石　红　刘　斌　孟　顺 / 275

B.15 地方性新能源乘用车激励政策量化评估
　　………………………… 崔洪阳　何　卉　金伶芝　刘金周 / 301

B.16 中国电动汽车标准化工作进展 ……… 刘桂彬　徐　枭　曹冬冬 / 326

Ⅷ 热点篇

B.17 新能源汽车购置补贴与市场发展 ……………… 周　玮　姚占辉 / 335

B.18 后补贴时代新能源汽车支持体系畅想 ………… 李鲁苗　姚占辉 / 345

B.19 对"双积分政策"的认识及展望
　　………………………… 赵冬昶　柳邵辉　葛　鹏　任焕焕 / 357

B.20 上海新能源汽车大数据挖掘及应用案例分析 ………… 丁晓华 / 368

Ⅸ 借鉴篇

B.21 燃油车禁售国内外动态与中国实施预案建议
　　………………………………………………… 石　红　姚占辉 / 386

B.22 中国语境下车辆碳排放辨析 ………………… 王贺武　石　红 / 403

B.23 交通领域三个革命畅想
　　——驾驶智能化、共享化、电动化的汽车通往更好的未来
　　………………………………………………………… 王云石 / 414

Ⅹ 智能汽车篇

B.24 智能网联汽车支持政策体系及产业发展建议
　　………………………………………………… 陈春梅　李鲁苗 / 423

B.25 国内外智能网联汽车测试示范区情况概述
.... 李赞峰 潘新福 祝月艳 / 440
B.26 中外自动驾驶立法研究及立法建议 .... 何姗姗 胡晓雯 / 461

Ⅺ 附录

B.27 附录一：中国新能源汽车大事记（2017年1~12月） .... / 483
B.28 附录二：世界新能源汽车大事记
（2017年6月至2018年7月） .... / 486
B.29 附录三：主要国家及企业新能源汽车销量 .... / 490
B.30 附录四：国内已上市新能源乘用车车型信息 .... / 492
B.31 附录五：国家新能源汽车重要政策原文
（2017年7月至2018年5月） .... / 495
B.32 附录六：地方新能源汽车政策汇总
（2017年1月至2018年5月） .... / 521
B.33 附录七：电动汽车领域已发布标准 .... / 532

中国汽车技术研究中心有限公司政策研究中心介绍 .... / 535

CONTENTS

I General Report

B.1 Summary of the Development of NEV Industry in 2017
—High-Quality Development has Emerged Just Now and Competition
Policy has Intensified the Mechanism of Survival of the Fittest
Huang Yonghe, Liu Guibin / 001

1. The Development of NEV Industry is Improved in Quantity and Quality. / 002
2. Private Demand Guides the Industry to Shift to Market-driven. / 005
3. The Charging Infrastructure of Layout is Greatly Improved but There are Many Outstanding Problems. / 007
4. The State Makes Great Efforts to Drive the Development of Intelligent Vehicles. / 009
5. China's Competitiveness Index in NEV Industry has been Slightly Improved. / 012
6. Compulsory Safety Standards and New Electric Vehicle Standard Systems are Forming. / 013
7. The Policy "Survival of the Fittest" Promotes the High Quality Development of NEV Industry. / 015

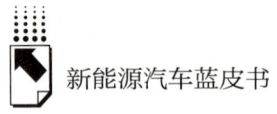

II Gift to Greet the 40th Anniversary of Reform and Opening up

B.2 Review of the Development of China's Automobile Industry and Thinking about Its Future
　　—Celebrate to the 40th Anniversary of Reform and Opening Up in Auto Indrstry　　　　　　　　　　　　　Li Wanli / 022

III Expertise Report

B.3 Expert Viewpoint on Development of NEV Industry
　　　　　　　　　　　　　　　　　　　　Yu Kai etc. / 033

IV NEVI Reports

B.4 Evaluation of Chinese NEV Industry Competitiveness Indexes
　　　　　　　　　　　　　　　Shi Jian, Huo Lulu / 092

B.5 Research on the Method of Evaluating EV-TEST Electric Vehicle
　　　　Chen Guang, Zhang Yanyi, Dai Tianlu and Zhou Boya / 107

B.6 Evaluation of NEV Enterprises Indexes in China
　　　　Mei Yunbin, Wang Shanshan, Liu Wanxiang, Jiang Xiaoyan,
　　　　　　　　　　Du Congcong and Zhang Dengcheng / 122

B.7 Evaluation of NEV Cities Indexes in China
　　　　　　　　　　　　　Liu Jinzhou, Liu Wanxiang / 152

V Industry Reports

B.8 Summary of the Development of Chinese New Energy Passenger Vehicle Industry in 2017　　Zhou Wei, Fang Haifeng and Meng Shun / 169

CONTENTS

B.9 Overview of the Development of Electric Vehicle
 Power Battery Industry *Wang Jia, Meng Xiangfeng* / 184

B.10 Development Trends of the Electric Vehicle Drive
 Motor Industry *Gong Jun, Zhang Zhouyun* / 199

B.11 Dynamics of the Development of Charging Infrastructure Industry
 Zhang Fan, Li Kang and Qin Xueliang / 214

VI Market Reports

B.12 Changes and Trends of NEV Market in China in 2017
 Liu Wanxiang, Fang Haifeng / 234

B.13 Forecast of NEV Market in China in the Period from 2018 to 2020
 Wang Ning, Tang Linhao / 258

VII Policy Reports

B.14 National Policies Dynamics and Future Outlook of NEV
 Shi Hong, Liu Bin and Meng Shun / 275

B.15 Quantitative Assessment on Incentive Policies for Local New
 Energy Passenger Vehicles
 Cui Hongyang, He Hui, Jin Lingzhi and Liu Jinzhou / 301

B.16 Progress in Electric Vehicle Standardization in China
 Liu Guibin, Xu Xiao and Cao Dongdong / 326

VIII Hot Issue Reports

B.17 Subsidies for Purchasing NEVs and Market Development
 Zhou Wei, Yao Zhanhui / 335

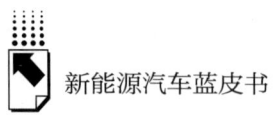

B.18 Thoughts about NEV Support System in Post-subsidy Era
    Li Lumiao, Yao Zhanhui / 345
B.19 Recognition and Outlook of 'CAFC & NEV Credit' Policy
    Zhao Dongxu, Liu Shaohui, Ge Peng and Ren Huanhuan / 357
B.20 Case Study of NEV Big Data Mining and Application
    in Shanghai   *Ding Xiaohua* / 368

IX Experience and Lessons

B.21 Dynamics of Ban of Fuel Vehicle at Home and Abroad and
    Proposal for Implementation Plan in China
    Shi Hong, Yao Zhanhui / 386
B.22 Discrimination and Analysis of Vehicle Carbon Emissions in the
    Context of China   *Wang Hewu, Shi Hong* / 403
B.23 Thoughts about Three Revolutions in the Sector of Transportation
    —*Driving Intelligent, Shared, and Electrical Vehicle Leads to a Better Future*
    Wang Yunshi / 414

X Intelligent Vehicles

B.24 Proposals for Intelligent Connected Vehicle Support Policy
    System and Industry Development   *Chen Chunmei, Li lumiao* / 423
B.25 Overview of the Domestic and International Intelligent
    Connected Vehicle Test Demonstration Areas
    Li Zanfeng, Pan Xinfu and Zhu Yueyan / 440
B.26 Research on Chinese and Foreign Autopilot Legislation and
    Suggestions for Legislation   *He Shanshan, Hu Xiaowen* / 461

XI Appendices

B.27 Appendix Ⅰ: Big Events in the History of NEV Development in China (2017.1-2017.12) / 483

B.28 Appendix Ⅱ: Big Events in the History of NEV Development in the World (2017.6-2018.7) / 486

B.29 Appendix Ⅲ: NEV Sales of Major Countries and Enterprises / 490

B.30 Appendix Ⅳ: The Information of Domestic New Energy Passenger Vehicles Models / 492

B.31 Appendix Ⅴ: Original Text of Important National NEV Policy (2017.7-2018.5) / 495

B.32 Appendix Ⅵ: Collection of Incentive Policies for Local New Energy Passenger Vehicles (2017.1-2018.5) / 521

B.33 Appendix Ⅶ: Published Standards in the Field of NEV / 532

The Introduction of the Automotive Policy Research Center of China Automotive Technology and Research Center / 535

总 报 告
General Report

B.1
2017年新能源汽车产业发展综述
——高质量发展初露端倪，竞争政策加剧优胜劣汰

黄永和 刘桂彬*

摘 要： 2017年以来，新能源汽车发展动能开始转换，整车技术水平迈上新台阶。动力电池行业优胜劣汰加速，2017年累计配套量约364亿Wh，占全球动力电池配套量的60%以上。驱动电机行业发展热度不减，新材料新工艺不断涌现。中国新能源汽车产销量连续三年居世界首位，2017年产销量分别达到79.4万辆和77.7万辆，占全球市场份额的59%。市场结构不断调整，乘用车市场份额持续攀升，客车增长乏力，纯电动货车高速增长，私人消费份额持续扩大，市场逐步向二、三线城市下沉。充电基础设施建设增速放缓，截至2017年12

---

* 黄永和，教授级高级工程师，中国汽车技术研究中心有限公司资深专家、汽车技术情报所总工程师；刘桂彬，教授级高级工程师，中国汽车技术研究中心有限公司汽车标准化研究所副总工程师。

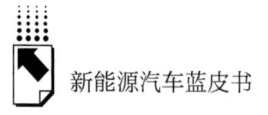

月,充电桩总量超过44万个,车桩比近3.5∶1。私人充电桩建设速度快于公共充电桩,运营商逐步由重建设转向重运营。无线充电及大功率充电逐渐开始应用,互联互通取得初步成效。充电设备质量参差不齐,充电难问题仍未根治。国家发力推动汽车智能化发展,促进产业转型升级。新能源汽车产业竞争力综合指数在全球排名第三,但产业基础仍旧薄弱。电动汽车强制性国家标准推进迅速,新型电动汽车标准体系趋于形成。2017年以来产业政策导向为稳定、升级、合规、开放、环保,2018年及未来产业政策导向为技术环保、公平开放、优胜劣汰,可推动新能源汽车产业的高质量发展。

关键词: 新能源汽车　高质量发展　优胜劣汰

一　新能源汽车产业发展增量提质

2017年是我国新能源汽车产业实现由量变向质变转化的起步之年。产业在继续保持平稳高速增长的基础上,向提质增效方向发展,市场竞争日趋激烈,优秀企业和产品逐渐脱颖而出。

(一)产业迈向快速成长阶段

新能源乘用车市场已从导入期迈向快速成长期。一是市场增长动力开始从政策推动转向市场拉动,私人消费者已成为新能源汽车消费主体。据乘联会数据,2017年中国新能源乘用车共销售56万辆,其中纯电动乘用车45万辆,插电式混合动力乘用车11万辆,私人购买新能源汽车的比例已经超过50%。二是产品技术水平迈上新台阶,比亚迪、吉利、上汽等企业大量换代新产品陆续上市,新产品品质大幅提升,续驶里程已迈过300km门槛,售价也进一步下降,逐渐涌现一批优质产品。三是行业优胜劣汰加速,优秀企业将脱颖而出。当前我国高端车用动力电池等关键零部件产能仍然不足,而补贴政策更加鼓励使用高比能量电池、低能耗车型的应用，使国内高端零部件紧缺的状况进一步加剧。因此，部分大型整车企业为控制此类优质资源，获得竞争优势，正进一步深化与零部件企业的合作，如通过联合采购、入股等方式加强对关键零部件企业的控制，导致行业内优势资源进一步集中，优秀零部件企业正加速脱颖而出。四是竞争从少数先行者的竞争演变为全面竞争。国内各大企业都发布了新能源汽车业务规划，宝马、日产、大众等跨国品牌也通过国产和进口方式在华导入新能源汽车。

新能源客车更加注重产品升级和技术升级。在市场方面，2017年我国新能源客车累计推广超过30万辆，推广规模全球第一；宇通、比亚迪等新能源客车凭借高可靠性、安全性等性能成为出口的主流产品，以大中型纯电动客车产品为主。在技术方面，2016~2018年，新能源客车的能耗平均提升幅度接近10%、电池系统能量密度提升幅度平均超过25%，技术水平提升效果明显。在产品开发方面，宇通、金龙、福田等主流客车企业加强了对氢燃料电池客车、自动驾驶客车等车型的研发，加快了先进技术的研发及应用。但是，新能源客车仍面临着补贴退坡、技术提升、商业模式等问题，亟须政府、行业和企业共同解决，进一步推动市场增长。

（二）动力电池产业发展迅速，整体竞争力仍待提升

近年来，我国动力电池产业取得了一定进步，但与国际先进水平仍存在较大差距。

一是产业规模保持全球领先，三元电池占比翻倍。2017年我国动力电池累计配套量约364亿Wh，同比增长约30%，占全球动力电池配套量的60%以上。其中三元电池配套量约159.7亿Wh，同比增长约155.1%，占比由22.4%提升至43.9%。磷酸铁锂电池配套量约180.3亿Wh，同比下降约11.2%，占比由72.7%降低至49.6%。

二是市场集中度不断提高，行业优胜劣汰加速。我国动力电池单体企业由2016年底的140家左右减少到2017年底的110家左右。2017年前十家动力电池企业累计配套量约268.7亿Wh，市场占比约74.0%。其中宁德时代和比亚迪配套量大幅领先，分别达105.3亿Wh和56.5亿Wh，市场占比分别为29.0%和15.5%（见表1）。

表1　2017年我国动力电池单体企业配套量排名

单位：亿Wh，%

排名	企业名称	配套量	占比
1	宁德时代	105.3	29.0
2	比亚迪	56.5	15.5
3	深圳沃特玛	24.1	6.6
4	国轩高科	20.2	5.6
5	比克	17.3	4.7
6	孚能科技	11.4	3.1
7	力神	11.0	3.0
8	北京国能	7.8	2.2
9	亿纬锂能	7.5	2.1
10	江苏智航	7.4	2.0
11	其他	95.1	26.2

资料来源：中国汽车技术研究中心有限公司政策研究中心根据合格证数据统计分析得出。

三是技术水平不断提升，和国际先进水平仍存差距。截至2017年底，我国三元电池单体能量密度达到230Wh/kg以上，系统能量密度可达150Wh/kg，系统价格降低到1400元/kWh左右。但我国动力电池在基础研发、前沿技术研发、生产制造管理、质量管理体系等方面，与国际先进水平相比仍存在不小差距。

（三）驱动电机行业发展势头良好，新材料新工艺不断涌现

2017年，我国驱动电机产业延续了快速发展的势头。

一是行业发展百花齐放，推动产业快速发展。截至2017年底，我国驱动电机和电机控制器生产企业都达200余家，前20家驱动电机和电机控制器企业的市场占比分别达到74.2%和75.3%。以比亚迪、北汽新能源、宇通客车等为代表的整车企业，通过自建、合资合作等途径，使驱动电机研发与制造能力快速提升。上海电驱动、联合电子、精进电动、深圳汇川等依然是我国独立的电机供应商中的主导企业。方正电机、山东德阳、杭州杰能、永康斯科诺等在小型纯电动汽车领域的配套份额依然保持快速增长。苏州绿控、南京越博等商用车动力总成企业发展迅速。同时，国外变速器企业与动力总成企业加快在华合作步伐，麦格纳与华域汽车合资成立电机公司、安川电机与奇瑞汽车成立电驱动公司等。

二是新材料新工艺不断涌现，集成化发展成为主流。在驱动电机方面，2017年，我国驱动电机在功率密度、系统集成度、电机最高效率和转速、绕组制造工艺、冷却散热技术等方面持续进步，功率密度达到3.8~4.6kW/kg，最高转速达13000~14000rpm，并实现了电驱动一体化集成。在电机控制器方面，2017年我国开发出车用IGBT芯片、双面冷却IGBT模块封装和高功率密度电机控制器，但样机水平和国外同类产品仍有一定差距。在电驱动总成方面，2017年上汽、科力远、比亚迪等开发了多款高性能机电耦合动力总成产品并实现量产，总成峰值功率为120~150kW，输出转矩2800~3200Nm，输出转速1200~1500rpm。

二 私人需求引导产业向市场驱动转变

（一）中国市场规模领跑全球，但保有量占比不足1%

近年来，各国不断在新能源汽车研发领域发力，竞争日趋激烈。全球新能源汽车产销量市场排名中，中国连续三年居世界首位，2017年产销量分别达到79.4万辆和77.7万辆，同比增速分别为53.8%和53.3%，占全球市场的59%，领先优势明显。与传统燃油车相比，我国新能源汽车市场体量仍较小。根据公安部数据统计，截至2017年我国汽车保有量达2.1亿辆，新能源汽车保有量为153万辆，占汽车总量的比重仅为0.7%，未来发展空间巨大。

（二）新能源乘用车市场份额持续攀升，客车增长乏力

在补贴、免征车购税、双积分政策以及地方补贴陆续落地等的刺激下，新能源汽车市场呈现持续增长态势，新能源汽车市场结构特征明显，乘用车、客车市场增速呈现差异化。根据中汽协数据，2017年新能源乘用车销售58万辆，同比增长72%，高于整体市场53%的增速，市场份额由2016年的67%提至75%，进一步向传统汽车市场分布靠拢。而新能源客车受补贴退坡、市场需求单一（大部分是城市公交需求，一线城市公交替换逐步完成，二、三线城市增长乏力）及高铁和航运冲击下客车市场萎缩等多重因素影响，2017年出现近1.9%的降幅，仅销售12.7万辆，未来随着交通需求变化及成本因素影响，增长乏力态势或将持续。

（三）乘用车车型种类明显增多，且向更高续航、SUV 发展

在节能减排压力以及各地支持政策的促进下，越来越多的车企加快投放新能源汽车产品。随着国内传统车企新能源汽车技术不断积累，市场车型种类大幅增加，车型更加实用化。2018 年发布的第 5、第 6 批《新能源汽车推广应用推荐车型目录》，共涵盖约 65 家乘用车企业的 400 款产品，其中纯电动车型 340 款，续驶里程超过 250km 的车型占近 75%。2018 年初，市场开始出现续驶里程更长、智能化和网联化程度更高的产品，产品呈现大型化、品质化发展趋势。A 级及以上车型和 SUV 集中呈现，甚至包括 MPV、B 级车，如比亚迪宋 MAX、蔚来 ES8、威马 EX5/6。

（四）纯电动货车市场保持高增速，市场潜力巨大

现阶段新能源专用车市场以纯电动运输类货车为主，2017 年纯电动运输货车销量占比近 9 成，合计销量超 8 万辆，同比增速超过 200%，保持高速发展态势。同时，集约化、信息化和智能化发展的物流企业对货运"降本增效"的诉求不断升级，推动物流市场运输车需求不断增长，尤其是在排放要求日趋变严的趋势下，高排放老旧柴油货车替换纯电动货车需求将激增，未来市场发展将持续呈现倍数增长。一方面，政策的限制将倒逼物流和运力平台推动物流电动化发展。另一方面，以纯电动物流车为载体联合打造智慧物流体系也将赋予电动物流车巨大推力。在市场、政策等多重有利因素驱动下，部分物流巨头相继提出了物流电动化的计划，未来纯电动货车市场将进入高速增长期，市场渗透率有望大幅提高。

（五）私人消费占比持续扩大，市场逐步下沉

2016 年之前新能源乘用车私人消费市场的发展主要依靠限购城市的带动，2017 年新能源汽车产品种类逐步丰富，产品技术不断迭代升级，产品日益符合消费者需求。新能源汽车私人领域消费占比大幅扩大，2017 年推广应用 41 万辆，占总量的近 57%，较 2016 年提升近 25 个百分点。公共领域推广应用 31 万辆，占比 43%，以城市公交、出租租赁、企事业单位用车为主。仅从新能源乘用车领域看，私人消费占比提至 78%。但受新能源汽

车牌照数量限制，限购城市所能带来的新能源乘用车销量是有限的，2017年8个限购城市新能源乘用车销量近30万辆，占新能源乘用车销量的42%，市场容量基本饱和。同时随着公众对新能源汽车接受度的提升，二、三线城市及非限购城市的消费潜力也开始显现，尤其在私人消费领域，潍坊、郑州、长沙、青岛等非限购城市新能源乘用车销量均超1万辆，居全国城市排名前10位，合计近5万辆。

三 充电基础设施布局更趋完善但问题依旧突出

2017年我国充电设施服务网络更趋完善，有力地支撑了电动汽车的推广应用。同时，产业发展基础还不牢固，现存问题还比较突出。下一步应持续提高产品品质并创新充电技术，探索可持续的充电运营模式，夯实行业发展基础。在此基础上，加强行业自律和安全监督，保障行业健康有序发展。

（一）公共充电桩建设规模增速放缓，私人充电桩建设快于公共充电桩

根据中国充电联盟统计，截至2017年12月，我国公共充电桩和私人充电桩总量超过44万个，同比增长近100%，整体车桩比约为3.5∶1。其中公共充电桩保有量21.4万个，同比增长51.4%，较之2016年增速放缓，净增约7万个，月均新增约6000个；私人充电桩保有量23.2万个，同比增长270%，2017年净增超过16万个，占比也由2016年的31%提至52%。

（二）市场集中度较高，运营商逐步由重建设转向重运营

截至2017年12月，特来电、国网、星星充电、普天新能源等四大运营商累计建设公共充电桩近18万个，约占公共充电桩总量的84%；同时，充电运营商也由单一充电服务向提供增值服务拓展，以智能设备为基础，应用大数据技术，创新智能化运维管理手段，融合互联网技术提高运维效率。围绕电动汽车用户各相关领域进行多种尝试、探索，充电运营模式呈现多元化、特性化、综合化、跨领域等多种特点。随着充电服务市场的规模不断壮大，"跑马圈地"的时代已经过去，充电运营商已经开始由重建设转向重运营。

（三）无线充电及大功率充电逐渐实现量产车应用

近年来国内外企业广泛开展了静态无线充电技术的研究工作，动态无线充电技术也受到多家企业及科研机构的关注并展开研究工作。目前，我国正在制定静态无线充电系列标准，大功率充电和无线充电技术取得关键性突破，充电连接器等关键部件也实现产品化应用。部分企业已在量产车型上应用无线充电技术，2018年车展期间推出的纯电动车型中，上汽荣威Marvel X量产车已搭载无线充电功能，保时捷Mission E也支持无线充电，并支持800V大功率独有车载充电器，实现15分钟充80%，续航400km（总续航500km）。

（四）充电设备质量参差不齐，零部件可靠性尚需提高

由于各生产企业技术实力不同，且行业门槛较低，不同品牌的充电设备品质参差不齐。低品质充电设备为抢占市场份额低价倾销，扰乱正常市场秩序，造成充电设备故障率较高、安全性得不到保障。此外，受充电设备的功能属性影响，大部分充电设施无人值守、工作环境恶劣，这对充电设备的关键部件耐久性和灵敏性有着较高要求。目前，由于环境影响和用户违规操作，已出现充电枪头锈蚀、充电枪线绝缘皮破损、充电桩屏幕反应不灵敏等问题，进一步造成电动汽车无法正常充电甚至面临严重的安全问题，充电设施零部件耐久性有待提升。

（五）互联互通取得初步成效，但充电难问题依旧未根治

充电设备互联方面，随着电动汽车充电基础设施接口新国标（发改能源〔2016〕2668号）发布实施，自2017年1月1日起新安装充电基础设施、新生产的电动汽车需符合新国标，同时北京、深圳、上海、天津等各地稳步推进旧标准升级转换。充电信息互联方面，目前，国家电网、特来电等规模化充电设施运营企业都建有企业级信息服务平台，北京、上海等省市已建成市级信息化平台，可加快实现整车、充电运营、出行服务企业间的平台互联互通。另外，现阶段车辆续驶里程的增加使得充电难状况有所缓解，但我国充电设施产业依旧面临充电需求难以满足和设施利用率低的双重压力，充电难的总体态势并未有根本改变，充电难、充电体验不佳的矛盾仍然突出。

四 国家致力于汽车智能化发展

智能网联汽车可有效带动互联网、车联网、大数据、新能源汽车等多个产业融合协同发展，成为未来汽车产业技术发展和市场竞争的重要方向。我国智能网联汽车产业虽然起步较晚，但拥有绝对优势的新能源汽车市场、丰富的道路路况信息、可观的数据采集类型等资源优势。因此，我国必须抓住发展智能网联汽车的战略机遇，充分利用新时代汽车产业转型升级的重要突破口，培育汽车产业新业态。

（一）推进政策和标准体系建设，引导发展战略方向

国家将智能网联汽车产业作为战略性新兴产业，不断完善产业发展的政策体系和标准法规，为产业发展创造良好的环境，推进产业供给侧结构性改革。

在政策支持层面，明确产业发展方向。2015年，工信部、国家发改委、科技部联合印发《汽车产业中长期发展规划》，明确智能网联汽车是汽车产业转型升级的突破口，强调加强核心关键技术攻关，积极开展示范推广，推进产品市场化应用。2018年，国家发改委发布《智能汽车创新发展战略（征求意见稿）》，加强产业顶层设计和规划引领，明确构建技术创新体系、跨界融合生态体系、完备的路网设施体系、完善的标准法规体系、科学的产品监管体系、高效的信息安全体系等6项战略任务，全方位推动智能网联汽车产业发展。此外，交通部、公安部、国测局等相关职能部门也积极探索产业发展政策，助力智能网联汽车产业化进程。

在标准法规层面，引导产业规范发展。国家层面已制定了智能网联汽车产业辅助控制系统的相关标准，包括车道偏离报警系统、自适应巡航系统、汽车前撞报警系统等。2017年，工信部、国家标准化管理委员会联合发布《国家车联网产业标准体系建设指南（智能网联汽车）》，明确标准体系框架，涉及基础类、通用规范类、产品及技术应用类、相关标准类4个部分的99项标准，明确产业相关的术语、分类，加强规范功能评价、人机界面交互、信息安全等，推动信息感知、决策预警、辅助控制、自动驾驶等关键技术发展，统一通

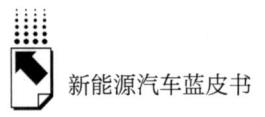

信协议和界面接口。同年,工信部发布《2018年智能网联汽车标准化工作要点》,明确加快制定盲区监测、自动紧急制动、泊车辅助等先进驾驶辅助系统标准。同时,国家注重通信标准、智能地图构架、试验场地标准等体系建设。

(二)加强道路测试区建设,推进市场化应用进程

面对复杂的道路交通状况和使用场景,智能网联汽车产业技术尚不成熟,亟须通过开展大量的实际道路测试不断积累数据,有针对性地逐步提升技术研发和应用水平,保证智能网联汽车实现安全、可靠、稳定的运行。

国家级智能网联汽车示范区满足产业技术发展的不同测试需求。截至目前,工信部已批准了上海、杭州、京津冀、重庆、长春、武汉、无锡共7个国家级智能网联汽车试点示范区,涵盖无人驾驶和V2X测试场景建设、LTE-V/5G车联网应用、智慧交通技术应用等功能,提供涉及安全、效率、信息服务、新能源汽车应用以及通信能力等的测试内容。2018年,工信部、交通部、公安部联合发布《智能网联汽车道路测试管理规范(试行)》,对测试主体、驾驶人和车辆、测试申请及管理、事故处理等重要内容提出明确要求,进一步保证安全有序开展道路测试。

地方级智能网联汽车示范区积聚区域资源推动产业技术进步。截至目前,常熟、芜湖、深圳、长沙、漳州、盘锦、银川等多个城市建立智能网联汽车示范区,加强产学研政合作,充分利用整车企业、互联网企业、高校、科研院所、政府等各方资源优势,推进关键零部件产品实现产业化,加强智能网联汽车产业链建设,探索整合汽车、通信、人工智能、大数据等信息的创新商业模式。

(三)铆足干劲促发展,提升研发实力

企业抢抓产业发展机遇,纷纷开展前瞻性布局。上汽、吉利、长安、北汽等主流整车企业纷纷发布智能网联汽车发展战略,通过战略投资或合作加强技术研发和产品开发,分阶段、分步骤推进技术水平由驾驶辅助L1等级发展到完全自动驾驶L5等级。目前,国内企业自动驾驶系统研发集中在L1、L2驾驶辅助阶段,已有部分量产车型达到L1级水平,少数高端车型将于2018年实现部分自动驾驶系统达到L2级水平,L3、L4仍处在研发实验阶段。

加强产品技术研发,推进产业市场化进程。我国企业不断加大在智能网联汽车关键共性技术、关键零部件技术和底层基础性关键技术方面的研发力度,初步形成一批拥有核心技术的应用产品,包括地平线、图森科技、四图维新、东软集团等企业在芯片、车载终端、操作系统、通信导航、ADAS等产品方面的推广应用。2017年,我国智能网联汽车的市场规模超过550亿美元,未来3年市场规模复合增速将超过20%,市场潜力巨大。

(四)发展瓶颈束缚,有待协力突破

一是尚未出台产业发展战略的顶层设计。智能网联汽车产业涉及汽车、通信、电子、交通、信息等多行业的交叉融合,可同能源、交通、出行服务等多领域协同发展。而目前,我国国家层面尚未出台清晰的产业发展顶层设计,难以有效整合发展资源、推进产业长远发展布局。二是关键零部件研发基础薄弱。我国智能网联汽车在关键零部件和关键共性技术方面研发能力不足,缺乏可持续的研发体系,存在长期依赖国外进口产品、技术研发空心化严重等突出问题。三是相关配套环境发展不完善。智能网联汽车产业布局包括车辆、配套基础设施和服务体系等多个方面,而目前我国智能网联汽车缺乏智能化交通体系、商业保险制度、信息安全制度等建设及道路交通法规修订和事故责任认定等方面的研究。

(五)着重解决产业发展问题的相关建议

一是加强产业顶层设计。整合现有车联网及智能网联汽车研究资源,进一步明确并细化车联网产业发展专项委员会各部门的职能,充分发挥"政产学研"协同创新体系的作用;加强产业顶层设计,推动电动化、智能化、共享化等新兴技术产业融合,加快建立汽车、通信、交通、能源、出行等领域的协同发展机制。二是加强关键技术研发。提高现有辅助智能驾驶技术水平,加快芯片等关键硬件技术的提升,提升通信协议等软件系统技术水平,加快建设智能网联汽车创新中心。三是优化产业配套环境。加快车用无线通信网络技术研发和应用,布局路侧智能基站系统建设;推进交通设施智能化建设,发挥V2I技术优势,提高交通通行率和车辆使用的安全性。四是制定产业监管措施。制定和完善智能网联汽车产业发展所需的标准法规,完善智能网联车辆准入及公告管理制度,探索适合智能网联汽车的保险制度。

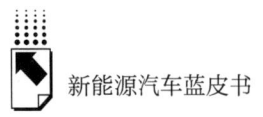

五 中国新能源汽车产业竞争力指数小幅提升

2017年,受益于新能源汽车各项政策的不断落实和新能源汽车产品技术性能的不断提升,我国新能源汽车产业竞争力指数小幅提高,超过德国、韩国,排名升至第三位。但从分项指标看,除显示竞争力排名第一外,其他几项指标相比国外主要汽车工业发达国家,如美国、德国、日本等仍有一定差距,主要表现在基础竞争力较弱、产业支撑力度不大、企业竞争力偏弱等方面,从而造成产业、企业和产品竞争力都相对较低。

(一)新能源汽车产业竞争力综合指数排名第三,产业基础仍旧薄弱

中国新能源汽车产业竞争力指数在五个国家中排名第三。产业竞争力综合指数为0.97,是美国的97%、日本的99%、德国的101%、韩国的115%。2017年美国新能源汽车产业竞争力指数排名第一,继续成为全球新能源汽车产业领先国家。中国新能源汽车指数排名取得一定进步,主要得益于新能源汽车持续的政策支持和产销规模的快速增长。

(二)新能源汽车产业竞争力分项指数排名依旧不高

虽然2017年中国新能源汽车产业竞争力指数在五个国家中排名第三。但从分项指标看,只有新能源汽车显示竞争力排名第一,其他分项指标排名均不高,说明我国新能源汽车产业发展根基并不十分牢固。在政策环境竞争力方面,虽然政策力度全球最大,但共性技术攻关政策缺乏,基础创新环境欠缺,导致我国新能源政策环境竞争力排名不高。在基础竞争力方面,新能源汽车智能化水平和先进车用材料及制造装备能力不高,再加上消费环境和新能源汽车发展形态不够成熟,导致基础竞争力排名不高。在技术方面,新能源汽车在核心部件、轻量化和智能化等方面仍有很大提升空间。主要表现为动力电池能量密度偏低、新能源汽车轻量化技术需加速应用、智能化水平有待提高。在产业支撑力方面,我国虽然有较强的全产业链配套体系,但主要在国内市场配套,进入国际市场配套体系的较少,国际竞争力有待提高。同时,我国还需要在装备开发和制造能

力、产业化服务平台、企业前瞻性投入以及技术先进性方面继续加强和提高。

随着政府部门对新能源汽车政策扶持力度的不断加大,特别是近两年新能源汽车产业发展速度和市场需求量的大幅提升,我国新能源汽车产业发展前景良好。

六 安全强标与新型电动汽车标准体系趋于形成

经过多年的快速发展,我国已经形成较为成熟的电动汽车标准体系,按照《中国电动汽车标准化工作路线图》的时间规划,2017年电动汽车领域共发布国家标准、行业标准及标准修改单23项,其中新制定标准16项,修订标准4项,标准修改单3项,涵盖了电动汽车基础通用、电动汽车整车、关键系统及零部件、充电系统及接口全部四大领域的九个细分领域,标准体系得到进一步完善。与电动汽车安全相关的三项强制性国家标准制定工作取得巨大进展,标准草案已经基本成熟,预计2018年将完成审查、报批工作。

(一)安全强制性国家标准制定工作取得重大进展

安全性是汽车发展的根本保证,也是标准要求的核心内容,与传统车相比电动汽车安全需要关注的内容更加复杂。为保证电动汽车安全,2016年国家标准化管理部门下达了与电动汽车安全相关的三项强制性国家标准的制定计划,分别为GB20160969-Q-339《电动汽车安全要求》、GB20160967-Q-339《电动汽车用锂离子动力蓄电池安全要求》以及GB20160968-Q-339《电动客车安全技术条件》,自任务下达以来,三项标准的制定工作就得到了行业的极大关注与大力支持,在全国汽车技术委员会电动车辆分技术委员会(SAC/TC114/SC27)秘书处的组织下,起草组与行业专家就三项标准进行数十次大小会议讨论,在充分听取行业专家意见的基础上,起草组经过多次修改,终于形成较为成熟的标准草案,下一步将上网征求意见,预计这三项强标将于2018年中旬提交电动车辆分标委标准审查会审查。

(二)电动汽车标准体系进一步完善

2017年,电动汽车基础通用类4项标准完成发布。包括GB/T 4094.2-2017

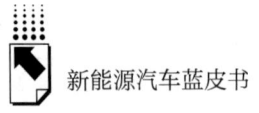

《电动汽车操纵件、指示器及信号装置的标志》、GB/T 18387 - 2017《电动车辆的电磁场发射强度的限值和测量方法》、GB/T 19596 - 2017《电动汽车术语》以及 QC/T 1089 - 2017《电动汽车再生制动系统要求及试验方法》,以上标准的发布对于规范电动汽车市场管理、促进技术发展起到了重要的推动作用。

电动汽车整车领域共发布 5 项标准和 1 项修改单,其中包括纯电动汽车类标准 3 项,燃料电池电动汽车类标准 1 项,混合动力电动汽车类标准 1 项。分别为 GB/T 18386 - 2017《电动汽车 能量消耗率和续驶里程 试验方法》、GB/T 34585 - 2017《纯电动货车技术条件》、QC/T 1087 - 2017《纯电动城市环卫车技术条件》、GB/T 35178 - 2017《燃料电池电动汽车 氢气消耗量 测量方法》、GB/T 34598 - 2017《插电式混合动力商用车技术条件》以及 GB/T 18384.3 - 2015《电动汽车 安全要求 第 3 部分:人员触电防护》(第 1 号修改单),其中 GB/T 18386 的发布为电动汽车能耗水平的评估提供了有效的试验方法,为下一步 GB/T《电动汽车能量消耗率限值》标准的制定做好了试验方法匹配工作。

关键系统及部件领域共发布标准 9 项和 2 项修改单,其中车载储能系统领域标准 4 项和 2 项修改单,分别为 GB/T 33598 - 2017《车用动力电池回收利用 拆解规范》、GB/T 34013 - 2017《电动汽车用蓄电池产品规格尺寸》、GB/T 34014 - 2017《汽车动力蓄电池编码规则》、GB/T 34015 - 2017《车用动力电池回收利用 余能检测》、GB/T 31467.3 - 2015《电动汽车用锂离子动力蓄电池包和系统 第 3 部分:安全性要求与测试方法》(第 1 号修改单)和 QC/T 741 - 2014《车用超级电容器》(第 1 号修改单)。其中车用动力电池回收利用两项标准的发布为该领域标准体系的构建奠定了基础。电驱动系统发布了 4 项行业标准,分别为 QC/T 1068 - 2017《电动汽车用异步驱动电机系统》、QC/T 1069 - 2017《电动汽车用永磁同步驱动电机系统》、QC/T 1086 - 2017《电动汽车用增程器技术条件》以及 QC/T 1088 - 2017《电动汽车用充放电式电机控制器技术条件》,以上行业标准的发布对于电驱动系统产品的规范、技术路线的确定起到了重要的引导作用。燃料电池系统领域发布 1 项标准,为 GB/T 34593 - 2017《燃料电池发动机氢气排放测试方法》。

接口与设施领域共发布两项标准,其中充电系统及接口领域 1 项,为 GB/T 34657.2 - 2017《电动汽车传导充电互操作性测试规范 第 2 部分:车辆》,该标准与 GB/T 34657.1 - 2017《电动汽车传导充电互操作性测试规范 第 1

部分：供电设备》配套使用，保证车辆在传导充电过程中车辆侧和供电设备侧互操作的规范、安全。加氢系统及接口领域 1 项，为 GB/T 34425 – 2017《燃料电池电动汽车　加氢枪》。

（三）参与国际法规制定的力度加大

2017 年我国作为联合国世界车辆法规协调论坛（WP.29）下设的电动汽车安全（EVS）、电动汽车环境（EVE）以及燃料电池电动汽车三个工作组的副主席国，深入参与了标准法规的制定工作。目前，电动汽车安全全球技术法规（EVS – GTR）的第一阶段文本已经完成并提交 WP.29 会议投票，在文本起草过程中，我国牵头撰写了电动汽车整车防水安全、电动汽车动力蓄电池热失控和热扩散以及商用车辆适应性三部分内容，这是我国首次以主要牵头国的身份全程主导并深度参与的全球技术法规。

七　优胜劣汰政策推动产业高质量发展

此前较长一段时间由于市场前景不明、投资政策不明确，进入新能源汽车领域的企业很少。2009 年以后，在国家支持发展新能源汽车政策的指引下，一些社会资本开始投资新能源汽车产业，2015 年国家正式发布了《新建纯电动乘用车企业管理规定》，社会资本掀起新能源汽车投资热，未来有可能面临产能过剩。为此，产业政策正在从此前以吸引新能源汽车投资为主的阶段转向以强化竞争为主的阶段。2017 年以来政策突出了技术升级，鼓励高技术、硬质量，避免产业重复建设和低质化发展。在继续鼓励支持的同时，辅以倒逼机制，加快优胜劣汰。2017 年以来产业政策导向可总结为稳定、升级、合规、开放、环保。

（一）2017 年以来产业政策导向为稳定、升级、合规、开放、环保

1. 国家支持新能源汽车发展政策总体保持稳定

新能源汽车作为战略性新兴产业的地位愈加突出，肩负引领汽车产业转型升级的重任。自"八五"科技攻关项目起，国家连续 20 余载给予研发支持；

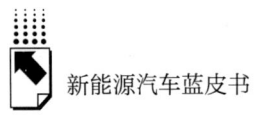

自2009年示范推广起,连续10年给予购置补贴。目前还在税收、交通、保险、金融、后市场等诸多方面给予优待,优惠政策趋于多样化和全方位。2017年以来的新能源汽车政策支持力度基本保持不变,尤其是对消费直接影响较大的不限行、不限购政策,补贴和税收优惠政策均保持在原有政策框架下,未进行大幅修改。国家补贴仍继续支持产业发展,逐步退坡,并设置了4个月的过渡期,帮助企业稳定渡过政策变动期;2018~2020年车辆购置税仍继续对新能源汽车免征,并且原有目录车型继续有效,更新修改的指标也基本与其他已执行政策保持一致;车船税与汽车消费税继续对新能源汽车实施优惠。除财税政策外,各地仍继续遵守曾两次在国务院常务会议上提出的"不得对新能源汽车实行限行、限购"的要求,随着补贴的退坡,该政策已成为促进限行限购城市新能源汽车市场发展的最有力推手。

2. 新能源汽车产业各个环节政策全面升级

2017年以来,新能源汽车投资热潮持续,未来有可能面临产能过剩的局面,同时汽车产业转型升级压力的不断加大,产业技术水平的不断进步,使得新能源汽车政策在产业各个环节进行了升级,以便满足产业新的发展和管理需要。投资环节修订了《新建纯电动乘用车企业管理规定》,暂停受理新投资的申请;生产准入环节发布了新的《新能源汽车生产企业及产品准入管理规定》;市场供给侧发布了双积分政策;购置环节的补贴及车辆购置税优惠政策新增或提升了技术及安全门槛要求;使用环节的新能源汽车专用号牌逐渐在全国铺开使用;回收环节发布了《新能源汽车动力蓄电池回收利用管理暂行办法》。在升级政策的同时,充分考虑企业应对新政的成本。《新能源汽车生产企业及产品准入管理规定》引用标准采取新、老标准并行的方法;双积分政策对新能源汽车的技术要求基本与2017年补贴政策一致;补贴政策提出符合2018年政策要求的2017年补贴目录车型,可直接列入新目录,无须重复申报;免购置税政策明确已发布车型目录仍然有效并实行动态管理,清理"僵尸"车型。

3. 积分合规倒逼汽车企业布局新能源汽车

双积分政策的发布和实施表明针对新能源汽车生产已由单向支持转向支持和惩罚双向并举。此前不论是研发端发布国家级支持项目,还是为新能源汽车消费者提供财税补贴和各项税收优惠,都是单向鼓励汽车企业加大在新能源汽车领域的投入，未对未生产新能源汽车的企业实施任何约束。但双积分政策的发布要求车企积分合规，传统车企业必须生产（或进口）一定比例的新能源汽车，否则将承担经济损失或行政处罚，此举将促使资金由新能源汽车"后进生"流向"尖子生"，倒逼企业投入更多资源布局新能源汽车。

4. 新能源汽车成汽车领域开放排头兵

构建开放型经济新体制，开放的大门只会越开越大。2017年1月，《汽车产业中长期发展规划》提出完善内外资投资管理制度，有序放开合资企业股比限制；2017年6月，《外商投资产业指导目录（2017年修订）》取消了能量型动力电池企业外商股比限制，取消了同一家外商在国内建立生产纯电动汽车整车产品的合资企业不超过两家的限制；2017年8月8日，《关于促进外资增长若干措施的通知》要求进一步扩大市场准入对外开放范围，持续推进专用车和新能源汽车制造领域对外开放；2017年11月，中美元首会晤过程中，中方表示将按照自己扩大开放的时间表和路线图，逐步适当降低汽车关税，在2018年6月前在自贸试验区范围内开展放开专用车和新能源汽车外资股比限制试点工作；2018年5月，汽车整车进口关税税率由20%和25%下降为15%，部分汽车零部件进口关税下降为6%。在新能源汽车领域乃至整个汽车领域的深度开放形势下，国内传统企业将面临与跨国公司、国内新进势力正面同台角逐的挑战，为在竞争中脱颖而出，企业必须提升核心竞争力，而竞争力较弱的企业将在角逐中被淘汰，形成马太效应，优胜劣汰进程加快。

5. 汽车正面临更严格的环保要求

党的十九大要求加快生态文明体制改革，建设美丽中国。生态文明建设需求日益迫切，蓝天保卫战势在必得。机动车是交通排放大户，汽车产业又与产业结构优化、能源结构优化、运输结构优化等影响"蓝天"质量的重要举措关系密切，来自环保的压力和约束正越来越大。一方面，对燃油汽车排放限值要求愈加严格，监管力度加大。2018年1月，环保部依据新《大气污染防治法》向两家车企下发行政处罚书，起到了不小的震慑作用；2018年4月以来，习近平总书记、李克强总理多次提出要打好柴油货车污染治理攻坚战；2018年4月，环保部审议并原则通过重型柴油车污染物排放限值及测量方法（中国第六阶段），同时整体推进轻型车中国第六阶段环保信息公开工作。环保压力的加大将倒逼企业重视环保问题，投入更多精力研发包括新能源汽车在内的环境友好型汽车产品。另一方面，环保压力也要求新能源汽车加快普及的同时大力推动上游电力清洁化进程。2017年12月，国家发改委印发了《全国碳排放权交易市场建设方案（发电行业）》，利用市场机制控制和减少发电行业温室气体排放、推动绿色低碳发展。

（二）2018年及未来产业政策导向为技术环保、公平开放、优胜劣汰

人民对美好生活的需要日益增长，对满足日常出行需求的汽车产品的要求也越来越高，新能源汽车产业正由高速增长转变为高质量发展，产业增长动力正在转换，产业结构需进一步优化。《节能与新能源汽车产业发展规划（2012~2020年）》等新能源汽车产业顶层设计文件将陆续到期，来自环保、开放的压力越来越大，产业正面临与以往大为不同的发展环境，竞争将更加激烈，为推动新能源汽车产业高质量发展，我们提出以下四方面建议。

1. 做好未来5~8年新能源汽车发展的顶层设计

2013年以来，尤其是2014年国务院办公厅发布《关于加快新能源汽车推广应用的指导意见》，为2014~2017年新能源汽车推广应用指明了方向和具体思路，18个部委按照分工协力推进各项政策相继出台，新能源汽车销量由2013年的1.76万辆跃居2017年的77.7万辆，是2013年的44倍，社会资本积极进入，产业发展面貌焕然一新。但新能源汽车占总体汽车的比例仍较低，仅为2.7%，竞争力有待提高。为此，建议下一步仍要以推广应用为主要着力点，供给侧和需求侧双着力，覆盖研发生产、销售、使用、保有、回收利用等全产业链，从国家层面出台继续做好推广应用的顶层设计，发挥政府合力，保持政策定力，创新支持手段，稳定企业信心，为到2025年产业实现健康可持续发展提供稳定的政策保障。结合产业发展实际，在出台新能源汽车推广应用指导政策的同时，更要尽快明确2021~2025年的财税支持政策、能耗标准、节能积分与新能源汽车积分政策、车牌管理政策、使用支持政策。

2. 从技术和环保方面双管齐下出台支持政策

2009年以来，我国新能源汽车政策的主要目的是以培育产业促进发展为出发点的，因此主要支持规模提升、产业链建设以及技术创新进步等方面。关

键零部件和核心技术的缺乏将使得我国新能源汽车重蹈汽车产业大而不强的覆辙，规模领先不等于产业领先，因此，未来政策的长期导向应是大力推动技术进步，应把着力点放在核心技术和关键零部件的供应，避免在关键技术环节受制于人。同时，未来随着国内环保压力的增大和国际上低碳发展的压力，新能源汽车的发展会更多地考虑生态环保的要求，一方面要求新能源汽车在交通领域节能减排中发挥更大的作用，如除了公交客车、出租车外，污染物排放比较大的中重型货车也应该探索电力化推进措施，为政府打好蓝天保卫战做出更大的贡献，另一方面也要求新能源汽车车辆的能效改进和上下游的清洁化必须齐头并进，电力生产清洁化、电池梯次利用和回收等工作必须大力加强。

3. 循序渐进建立更加公平开放的产业发展环境

以 2017 年 11 月 9 日外交部发布的在自贸区放开股比限制试点和逐步适当降低关税为标志，我国汽车产业将以更加开放的局面来迎接全球的竞争与合作。2018 年 6 月，《外商投资准入特别管理措施（负面清单）（2018 年版）》正式宣布取消新能源汽车整车制造外资股比限制。更多伙伴或者竞争对手的加入会使得企业竞争压力加大。但也要注意到，政府对新能源汽车产业管理的不确定性也会增加，因为中国政府在开放经济条件下没有更多的可借鉴的管理经验，对是否需要政府管理、如何管理、实施后果存在很大的疑问，这也会加大政策管理的难度。为此，建议循序渐进推进改革开放，建立更加自由开放的发展环境，一方面，尽快对内开放，早日发布 27 号令的修改，批准更多的国内民间资本进入新能源汽车产业，尤其是对已具备相关技术实力的、完成相关检测及申请通过的应尽快审批；另一方面，要对内外资一视同仁，既要避免对外资的不公平——如歧视对待，也要避免对内资的不公平——如给外资企业过多的优惠。此外，在产业发展规划等相关文件中，要弱化市场销量目标和自主品牌占比要求，这类指标在实践中没有辅以任何具有约束力的政策，同时又会引起外资企业对政府干预市场的担忧。

4. 竞争政策加快新能源汽车优胜劣汰进程

随着新能源汽车产业规模的不断扩大，社会资本的不断投入，新能源汽车产业也出现类似传统汽车的"小散乱"问题。根据机动车整车出厂合格证统计，2017 年新能源汽车总产量达 80 万辆，共 215 家汽车企业参与新能源汽车生产，但仅有 18 家企业生产规模超过 1 万辆。汽车产业发展环境正在发生重

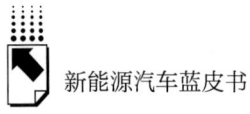

大变化，产业主体将由合资企业、自主品牌企业转变为合资、自主、外资企业，竞争将更加激烈。新能源汽车产业发展阶段的变化，使产业政策也从此前以吸引投资为主的阶段转向以强化竞争为主的阶段，这个阶段主要比拼企业竞争力，不仅实力较弱的企业会在更公平的市场竞争中被淘汰，同时政府还将通过以下四方面淘汰落后的政策加快优胜劣汰进程。一是有保有压，从投资、生产、使用等环节抑制传统燃油汽车发展的力度将进一步增大，对新能源汽车将继续全方位支持。二是投资准入门槛提高，保证优质资本进入汽车产业，防止劣币驱逐良币，扰乱市场秩序。三是补贴等财税政策将进一步鼓励企业提高技术水平，防止紧盯补贴低质化发展。四是积分合规要求强制企业生产新能源汽车，无力投入新能源汽车研发生产的企业将逐渐被淘汰。

改革开放40周年献礼篇

Gift to Greet the 40th Anniversary of Reform and Opening up

  2018年恰逢改革开放40周年，回首过往的40年，中国汽车产业无疑是改革开放的受益者，依托改革开放，中国汽车产业整体规模、综合实力以及活跃度均得到跨越式提升。为庆祝改革开放40周年，本书特增设"改革开放40周年献礼篇"，并有幸邀请到中国汽车产业40年来发展的见证者、中国国际工程咨询公司专家学术委员会专家李万里撰写《中国汽车产业发展回顾与未来思考》一文。改革开放40年汽车产业已经历了两个发展阶段，并正在经历新的发展阶段。党的十九大以来，中国进入新的发展时代，全面对外开放势不可挡，汽车产业将在全面开放的环境中，以"竞合"博弈的方式持续发展。

B.2 中国汽车产业发展回顾与未来思考

——纪念汽车产业改革开放40周年

李万里*

摘　要： 改革开放40年来，汽车产业经历了初期的合资合作和艰难国产化，以及入世的快速发展阶段，并最终成为国家重要支柱型产业。汽车产销量快速增长，连续9年成为世界第一汽车产销大国。市场化进程不断加深，对中国社会主义市场经济体制建设功不可没，对国家经济社会发展的贡献度稳步提高。改革开放40年汽车产业已经历了两个发展阶段，并正在经历新的发展阶段。改革开放初期到2000年前后是中国汽车产业最艰难的时期，核心诉求是争取活下去，要对外开放、拼搏求存、争取发展利益；加入WTO以来，汽车产业在融入全球化进程中取得超乎意料的优异业绩，核心诉求是争取站稳脚跟，要深度开放、努力提升、巩固发展利益。党的十九大以来，中国进入新的发展时代，全面对外开放势不可挡，新时期汽车产业的核心诉求是争取有尊严地发展，要全面开放，持续发展，扩大发展利益。汽车产业将在全面开放的环境中，以"竞合"博弈的方式持续发展。

关键词： 改革开放40周年　汽车产业发展　对外开放

---

* 李万里，中国国际工程咨询公司专家学术委员会专家。

改革开放 40 年来，无论是艰难起步的 20 世纪 80 年代初期，还是加入 WTO 后的快速发展阶段，中国汽车产业始终不忘初心，砥砺前行。有胆有识的中国企业自强不息，励精图治，厚积薄发，业绩优异。尽管人们对汽车工业发展的功过是非莫衷一是，但不可否认的是，中国汽车产业已经向国家、社会和广大消费者郑重地捧出了一份亮丽的成绩单。展望未来目标远大，任重道远，虽然荆棘丛生，但中国汽车人依然踌躇满志，所向披靡，势在必得。

在隆重纪念汽车产业改革开放 40 周年之际，谨以此篇深情告慰新中国成立以来中国汽车产业的开创者和改革开放以来的先行者，诚恳致敬兢兢业业尽忠职守的千百万践行者大军，殷殷寄语继往开来朝气蓬勃的新一代年轻来者。

一　成绩斐然　答卷亮丽

中国汽车工业年鉴编辑部提供的一组权威数据，表明汽车产业在国家经济社会中的地位从无足轻重上升到不可替代。成绩斐然，答卷亮丽。

（一）发展速度快，产销量快速增长

中国汽车工业始于 1955 年，当年生产卡车 61 辆，1958 年超过万辆（1.6 万辆），1971 年超过 10 万辆（11.1 万辆）。改革开放前全国汽车产量维持在 10 万辆级水平。

改革开放之初的 1978 年汽车产量只有不足 15 万辆，从 10 万辆级跃升到 1992 年的 100 万辆级用了 14 年，从 100 万辆级跃升至 2009 年的 1000 万辆级用了 17 年。到 2013 年形成第二个 1000 万辆只用了 4 年。2001~2010 年进入汽车高速发展期，产销年均复合增长率分别达到 22.80% 和 22.55%。自 2009 年起连续 9 年成为世界第一汽车产销大国。

（二）市场化进程不断加深

中国一汽自 1956 年建成投产后，汽车由国家统一分配。改革开放的第 8 年（1985 年）在广州试办全国第一家汽车交易市场——中国汽车工业南方贸

易公司，同年9月国务院办公厅转发国家工商行政管理局《关于汽车交易市场管理暂行规定》。之后汽车产销形势跟随国家经济几起几落。1992年邓小平同志南方谈话掀起又一轮改革开放热潮，中国工业化进程开始加快，汽车市场化进入快车道。1994年国务院颁布《汽车工业产业政策》，明确了我国汽车工业的发展方针。1995年底，全国民用汽车保有量突破1000万辆。1996年，轿车市场开始出现价格大战，表明中国进入市场经济的初级阶段。1998年《中国汽车工业年鉴》开始统计乘用车和商用车的销售量。至2017年底全国机动车保有量达3.1亿辆，其中汽车2.17亿辆，汽车的千人保有量约为150辆。与欧美日相比，汽车市场化虽尚有较大差距，但纵向比较，中国加速工业化不过二十几年光景，汽车市场化进程就得到快速发展，且日益成熟，对中国社会主义市场经济体制建设的作用功不可没。

（三）对国家经济社会发展的贡献度稳步提高

一是汽车产业增加值对GDP的贡献正向稳定。40年来中国GDP的增速加快，GDP增量无论是1万亿元、3万亿元，还是5万亿元，汽车增加值对国家经济的贡献率始终都是正向的、稳定的，从未拖后腿。表明汽车产业始终处于国民经济先导型产业的地位。

二是汽车产业贡献的含金量逐渐加大。改革开放40年无论GDP增速处于高于10%以上的增长，还是稳定在7%左右的水平，汽车工业增加值占GDP的比重自2003年稳步从1%左右攀升至1.5%左右的水平。汽车产业对国家经济贡献的含金量显著提高，成为国家可以倚重的支柱产业。

三是汽车产业的经济规模举足轻重。自1998年以来汽车整车总产值占GDP的比例从2%提高到4%以上。加上发动机及零部件业，总产值占GDP的比例从不足3%提高到6%以上。汽车工业总产值（包括汽车、改装车、摩托车、车用发动机及汽车摩托车配件之和）占GDP的比例从不足4%提高到7%。专家估计汽车及相关工业的总产值占GDP的比重至少达到30%。在以物联网、大数据、云计算、人工智能为代表的新一轮科技革命浪潮中，智能网联汽车产业将成为支撑智能社会运行的重要平台。汽车产业在社会经济领域的地位将更加举足轻重。

二　功过成败　历史评说

改革开放初期到 2000 年前后是中国汽车产业最艰难的时期。国家做出汽车产业有控制、设条件地对外合资合作的决策。当时中国既没有现代化汽车工业的基础，又看不到大规模市场的预期，外资对进入中国也举棋不定。日本公司明确表示不参与，美国公司先试探了一下也退了回去。只有德国公司在主动放弃销售权的情况下开始了合资历程。

多年来，上上下下对通过合资合作方式发展中国汽车产业的利弊得失议论纷纷。尤其以所谓"市场换技术"评价汽车产业时，冷嘲热讽不绝于耳，功过成败，褒贬不一，官方高层智库也乐此不疲。直至当下汽车合资合作的路径成败与否，孰是孰非仍是个争论不休的话题。"市场换技术"的实质是中国通过合资合作能够得到什么实际利益的大讨论。往轻里说是中国吃了亏，严重点儿就是产业安全出了大问题。

汽车产业的技术内涵十分广泛，既包括前瞻性科技发明、关键核心技术验证应用，共性化现代制造技术和工匠们口传心授的技能"诀窍"，还包括后期的销售服务技术等。作为产业的诉求，既要精于制造技术、销售技术，也要掌握研究开发技术。中国汽车制造业期望"授之以鱼不如授之以渔"，既吃到"鱼"，也要学会"捕鱼"的技能。争取发展利益是产业的迫切要求。

回顾汽车产业的发展史，在中外双方签订的合资合作协议的文本中主要包括产品批量生产技术、检验验证技术和营销技术与策略，并不包括论证研判系列产品指标体系以及关键参数定义等核心技术。以"市场换取产品研发核心技术"的提法从未见诸正式文件之中。观察欧美日韩汽车产业发展史也无先例可循。正向研发技术体系是各家的"独门绝技""看家本领"，只能依靠刻苦"修炼"，"耐住寂寞 20 年"的经年积累。用"市场"是换不来的。以此来评价产业安全本身就是个伪命题。

在改革开放之初的发展阶段中国究竟得到了什么？功过成败，历史评说。

第一对产业而言，在与国产化率挂钩的级差关税政策的引导下，启动了自上而下的汽车产业链的建设进程。外资和国企做了大量投入，迅速建设起一批现代化的整车合资企业，以及与之配套的零部件企业，销售服务企业也相继建

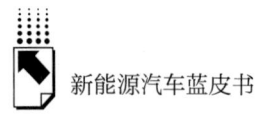

成。形成连贯上下游的"企业链"。按照总成、系统及零部件制造的特点和分工形成整车与零部件的"供需链"。

第二对合资企业的中方而言，在较短的时间内系统地领会到现代化的制造体系、管理制度的基本框架和市场化营销服务的全新理念。我们得到了"鱼"，学到了现代化的制造技术和市场化的销售技术。

第三对弱小的地方国企、迷茫的军工企业和草创的民营企业而言，这些中国企业在起步时，一是可以从合资合作企业已形成的零部件工业基础中获取国产化的总成和零部件，大大降低了初期创业的成本；二是收获了合资企业的外溢效益，例如各类人才以及生产技术、管理经验和市场营销等资源；三是处于"褪褓期"的中国市场和消费者对产品质量和销售服务水平高度容忍，才使得这些"不入流"的中国企业得以"屡败屡战"，容错纠错，赢得了千载难逢的生存空间和时间。

经过十余年的奋斗，中国企业从仿制、集成到正向研发逐渐形成产业的"技术链"，进而形成了产业间有机的"价值链"。产业纵向延伸和相关产业横向合作的效率大幅提高，协同效应逐步凸显。产业链的区域性聚集特征日益显著，"空间链"的特质开始显现。中国汽车产业较完整的产业链体系开始形成。

合资合作的路径萌发了中国发展现代化汽车产业的憧憬。1994年国家发布《汽车工业产业政策》，要求汽车产业坚持对外开放合作，对内打造产业链体系，鼓励中国企业拼搏求存，争取发展利益。长期处于封闭环境中的中国汽车产业，面对突然开放的陌生环境，在外资品牌一统天下的本土市场上，开启了艰难寻觅中国汽车发展之路的征程。

回首这一段历史：前途之巨测，历程之艰辛；牵动之广泛，变化之剧烈；教训之深刻，经验之丰富；成就之辉煌，影响之深远，岂是一个"市场换技术"所能贬低和抹杀得了的呢？没有合资合作的路径就不会有今天中国品牌的重要突破。

实践证明，中国汽车产业在对外开放的环境中顽强地活了下来，不仅是央企，还有名不见经传的民企、地方国企争取到些许生存发展的权利。

改革开放初期中国汽车产业生态环境的核心诉求用一句话归纳，要争取活下去。用三个词概括：对外开放、拼搏求存、争取发展利益。

三　天道酬勤　厚积薄发

加入 WTO 以来的十数年，汽车产业在融入全球化的进程中，遭遇强烈的正面阻击，也取得超乎意料的优异业绩。这一时期有三个代表性的博弈事件。

一是在加入 WTO 交锋中坚守住国家发展利益和产业安全。2000 年末中国加入 WTO 框架谈判进入签署文本的最后阶段。在与欧盟确认最终文本的当口，欧盟突然提出要增加一项新内容作为签署文本的条件，即中方要取消 1994 年版《汽车工业产业政策》中关于限制外方在汽车企业出资比例的规定。

WTO 谈判是围绕贸易自由化领域开展的，本不涉及投资自由化问题。在这个重要博弈的历史节点，中国前方谈判代表与国家经济贸易和汽车工业的主管部门承担了巨大的内外压力和风险，有理有利有节地拒绝了外方的无理要求，为处于起步期的中国汽车企业赢得了 20 年的发展窗口期。

二是打破常规，率先对内开放。就在中国正式加入 WTO 前夕，国家开放了一批不同所有制企业的轿车生产资质。

项目审批制度一直以来受到"诟病"，社会上对不能更早地放开民营企业提出批评。项目审批管理制度是在漫长的计划经济的历史时期形成的。按照制度规定，凡是国家投资的汽车建设项目必须经由国家批准。改革开放后这一制度做了调整，改为无论是国家还是地方投资的乘用车项目都需要国家批准。制度设计上原本没有民营企业造轿车的选项。

加入 WTO 前国家计委、国家经贸委在全国范围调研后向国家提出"在对外开放前先行对内开放"的意见。建议批准一批"计划"外的企业生产乘用车，以"鲶鱼效应"推动中国汽车产业发展。之后形成了吉利、南汽、江苏悦达、奇瑞、华晨汽车和长城汽车等企业进入轿车生产领域的新格局。

在中国加入 WTO 前国家做出"放开一批企业"决定的重要意义在于，尽管项目审批制度的基本框架犹在，在特定的历史节点上，打破常规上下一心巩固国家发展利益和产业安全成为主旋律。

之后的历史证明，包括这批企业在内的吉利、长城、奇瑞等民企和一些地方国企脱颖而出，不断取得令世人刮目相看的优异业绩。自此中国品牌轿车市场的占比逐渐提升，外资品牌轿车的价格一路下跌，汽车开始进入寻常百姓家,逐渐成为拉动国民经济发展,提高人民生活水平的支柱产业。

三是经全球化风雨,见国际仲裁世面。尽管中国汽车工业的主要市场还在国内,但各国汽车公司在中国市场的竞争已成为全球化市场的重要组成部分。2009年1月WTO争端解决机构(DSB)在未采纳我方申辩意见的情况下,通过了欧盟、美国、加拿大等诉我汽车零部件WTO争端案的最终裁决,认定中国2004年版的《汽车产业发展政策》有关进口管理中"整车特征管理"的条款,以及海关总署等部门的相关管理措施违反WTO规则,要求取消有关管理措施。

2009年8月工信部与国家发改委发布联合通知,停止执行"产业政策"中有关章节的四项条款,海关总署会同有关部委同时废止有关文件。这是中国汽车产业全球化进程中第一次在国际舞台对簿公堂。在熟悉新环境,适应新规则,面对新挑战的正面博弈中,中国汽车产业得到历练,开始走向成熟。

加入WTO以来的17年期间中国汽车产业天道酬勤,厚积薄发。

首先,形成全球最大单一市场的格局。在美国次贷危机引发国际金融危机的2009年,也是西方国家利用国际规则批判中国汽车业的这一年,中国汽车产销量第一次雄居世界榜首,成为全球最大的新车市场,不是之一,此态势一直延续至今。中国新能源汽车的发展也处于世界引领地位。更可贵的是,在如此开放的国内市场环境中,中国品牌乘用车和商用车的产销量多年来一直坚守住"半壁江山"的局面。中国市场成为汽车产业生存博弈的"本钱"。

其次,形成完整的现代化汽车制造体系。经过几代汽车人艰苦努力,逐一实现产业链打造、产业集群、产业转移等产业升级,开始向产业链国际化和产业链变革再造的方向挺进。现代化制造体系成为中国汽车产业取得进步的"利器"。

再次,形成中国企业的方阵。经过市场的历练和选择,一批地方国企、军工转型企业和民营企业逐渐集结成中国方阵。依仗已形成建制的科研队伍和工匠群体,中国品牌与合资品牌形成同台竞技的格局。脱颖而出的中国企业成为产业振兴的"主力军"。

最后,产业生态环境大为改善。在宏观层面进一步厘清政府和市场配置资源的边界,采取了一系列有效措施:简政放权、放管结合、优化服务持续推进。先后出台或完善汽车投资项目管理、汽车准入管理、汽车销售管理等多项措施和办法。不断放宽市场准入，简化审批程序，减轻企业负担，加强事中事后监管等。汽车产业生态环境的改善极大地提振了中国汽车产业继续进步的信心。新兴的产业生态环境成为制胜的"底牌"。

国家深入推动改革开放，从容面对WTO，积极融入全球化；汽车产业规模不断扩大，制造体系日臻成熟，企业的竞争实力迅速成长。这些业绩不仅体现在各项统计数字之中，更折射出加入WTO后的中国汽车产业的资源配置能力和产业保障能力整体大幅提升，极大地巩固了国家发展利益。

这一发展时期汽车产业生态环境的核心诉求用一句话归纳，要争取站稳脚跟，用三个词概括：深度开放、努力提升、巩固发展利益。

四 新的时代 任重道远

中共十九大的召开标志着进入中国特色社会主义新时代。2017年以来有两个重要决策将对汽车产业产生深远影响。

一是加快发展先进制造业成为国家战略。十九大明确了"加快发展先进制造业"的战略要求。

二是全面对外开放势不可当。十九大提出"实行高水平的贸易和投资自由化便利化政策，全面实行准入前国民待遇加负面清单管理制度，大幅度放宽市场准入"的战略方向。

对制造业而言，从十八大提出"进一步放开一般制造业"到2018年政府工作报告更进一步提出"全面放开一般制造业"，大幅度开放已成既定方针和坚定国策。

2017年6月国家发展改革委、工业和信息化部联合发布《关于完善汽车投资项目管理的意见》明确提出，新建中外合资纯电动汽车企业投资项目可以突破汽车产业政策有关"外国（或地区）企业不得在中国建立两家以上合资、合作企业"的规定。

外交部和商务部先后确认，2018年在自贸试验区范围内开展放开专用车和新能源汽车外资股比限制试点工作。

2018年4月，国家发改委宣布汽车行业将分类型实行过渡期开放，2018年取消专用车、新能源汽车外资股比限制；2020年取消商用车外资股比限制；

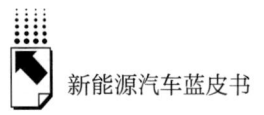

2022年取消乘用车外资股比限制，同时取消合资企业不超过两家的限制。

国务院关税税则委员会宣布，自2018年7月1日起，降低汽车整车及零部件进口关税。将汽车整车税率为25%的135个税号和税率为20%的4个税号的税率降至15%，将汽车零部件税率分别为8%、10%、15%、20%、25%的共79个税号的税率降至6%。

汽车产业进入高度"低碳化、信息化和智能化"时代后，可实现车在线、人在线，整车企业在线，零部件企业在线，出行服务运营商在线，城市系统运营商在线。各个产业链环节上激发出来的新产业、新业态和新模式也将在线。不仅涉及企业自身的运行安全，更关乎国家层面的云平台、大数据和物联网平台的信息操作系统的安全。

新时期汽车产业生态环境的核心诉求用一句话归纳，要争取有尊严地发展，用三个词概括：全面开放，持续发展，扩大发展利益。

"全面开放"对中国汽车产业而言是大势所趋；"持续发展"对如此体量的汽车产业而言，势在必行。"扩大发展利益"的任务则十分艰巨。难点在于如何确保持续扩大国家发展利益。从宏观、中观和微观的视角分析，光明前景已清晰可见。

一看大局。中国汽车产业与40年前已今非昔比，具有四大优势：一是形成稳定且单一大市场的地缘优势；二是打造完整的现代化汽车工业制造体系；三是聚集起优质本土企业的中国方阵；四是产业生态环境预期良好。

二看趋势。我国经济已由高速增长阶段转向高质量发展阶段。国家、产业和优质企业的生存需求和发展动机发生转变，对发展模式有了新的设想和憧憬。一是合资方向的改变。已从传统汽车转向新能源汽车领域，其中既有宏观的约束条件，也是企业的必然选择。二是合资中方主体的转化。从中央政府引导转向地方政府推动，再转向中国企业主动应对的局面。三是企业成分多样化。企业主体从央企为主转为地方国企和民企也积极介入，且已开始步入主会场。四是合资需求有变化。中方企业寻求通过合资合作开辟产业升级和"全球化"的新路径。外方企业则显得急功近利，希望从中方获取"双积分"，以寻求市场份额和成本的再平衡。五是中外实力的对比。中方除市场实力外，开始拥有一定的技术实力和资金实力。外方从"居高临下"转向平等交流和合作。六是从内向外。从以国内市场为主转向兼顾国际国内两个市场。

三看个案。中国方阵管中窥豹，值得持续观察。其中有三个显著的特点更需认真研究：一是打破出身、养成、学识和专业的固有观念，印证了在现代化工业时代"王侯将相宁有种乎"照样是真理。二是一系列成功的海外重组并购案，演绎出现代版"蛇吞象"的真实故事。三是通过合资各方努力，创建出具有鲜明中国文化底蕴和传承国际技术血脉的"合资企业品牌"的新系列。例如上汽通用五菱等合资企业的一系列新产品。

从吉利、长城、上汽、长安、北汽、比亚迪、广汽、江淮和奇瑞等企业所展示的硬实力和软实力分析，已规划和开展的合资合作的项目都与"全面开放，持续发展，扩大发展利益"的观念高度一致。实现"全面开放，持续发展，扩大发展利益"的基本要素逐渐清晰起来，至少包括以下八个方面。

一是提升低碳化、信息化、智能化核心技术的创新力；

二是呈现技术贡献的双向性；

三是体现产品研发的互补性；

四是鼓励品牌建设的共享性；

五是坚持国内外市场的开放性；

六是维护供应链选择和定价的互利性；

七是增强合资企业中方的能动性；

八是提升构建全球价值链能力。

在新时期成长起来的各类企业，如果都能在更加开放的环境中践行平等、合作、共赢和创新的追求，就有可能由点到面形成"全面开放，持续发展，扩大发展利益"的整体解决方案。

40年来中国汽车产业已从有限对外开放，控制外方整车股比，支持中国企业成长，争取发展利益的状态，升华到深度开放，融入全球化，努力提升，巩固发展利益的局面。汽车产业将在全面开放的环境中，以"竞合"博弈的方式持续发展，不断扩大发展利益。

专家视点篇
Expertise Report

2007年,《新能源汽车生产准入管理规则》首次发布,新能源汽车年产量不足百辆,经过十年的飞速发展,2017年,我国新能源汽车产销量近80万辆,连续3年居世界首位。在产业发展过程中,离不开专家丰富的经验和耐心的指导。可以说,专家是新能源汽车发展的引路人。为充分发挥专家对产业发展的推动作用,本书自2016年起增设"专家视点篇",一方面为专家提供一个发表真知灼见的平台,另一方面也为广大行业人士提供一个学习参考的平台,希望可以为读者带来一些思考。

本篇共收录了24位专家围绕产业发展、技术发展、政策走向及2017年行业热点问题(如对外开放、车辆安全、后补贴时代、燃油车禁售、汽车共享、汽车智能化)等展开的精彩评述。

在此感谢各位专家在百忙之中抽出宝贵时间贡献观点,以及对新能源汽车蓝皮书一直以来的鼎力支持!

B.3
专家评述新能源汽车发展
（按姓氏笔画排序）

于凯
中国汽车技术研究中心有限公司董事长、
党委书记

坚定看好新能源汽车产业发展前景

第一，坚定看好新能源汽车产业发展前景。坚信来自政府的支持和激励持续存在，依托新能源汽车产业来促进节能减排和经济转型升级的需求将长期存在，企业提前布局未来产业竞争的核心领域，追逐产业变革所带来的历史性机遇的内在动力将会持续存在。这些内、外部驱动力量将共同推动整个产业进入全新的发展蓝海。

第二，以高度的责任感和使命感共同创造良好的政策环境。新能源汽车的起步源于政策的推动。当前产业发展进入了关键时期，尤其需要持续、稳定、可预见强的政策环境，我们必须以理性、自律的行为，以高度的责任感和使命感，主动参与政策体系完善工作之中，与政府共同建设产业发展与政策的新型互动关系。

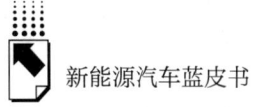
新能源汽车蓝皮书

第三，建立健康可持续的产业生态。三电等关键技术水平的持续提升，产品智能化、网联化等属性逐步导入，电池回收利用体系的建立和健全，充电和加氢基础设施完善等一系列重大问题，需要整个行业携手共进，共同来建立健康可持续的产业生态。

第四，坚持核心理念发展企业。产业大变革的背景下，企业唯有创新求变才可创新局面。但是以消费者需求和用户体验为导向，坚持为消费者创造价值的理念不能变。在纷繁复杂的环境下，依据自身环境禀赋制订的发展路线不能轻易改变，理性自律发展的要求不能变。变与不变，需要在认识层面厘清，更需要在执行层面坚守。

专家评述新能源汽车发展（按姓氏笔画排序）

马超英

中国国际工程咨询公司高技术业务部主任，教授级高级工程师

结合高质量发展要求，加强中期评估，完善体系建设

在国家政策引导下，我国新能源汽车产业保持着强劲的发展势头，2017年，新能源汽车产销量均接近80万辆，全球占比超过50%，至此，我国新能源汽车产销量已连续三年蝉联全球之首。在看到发展成果的同时，我们也要清醒地看到潜在的问题，比如，已获得新能源汽车生产资质的230多家企业中，"僵尸"企业数量庞大，超过六成企业研发能力较弱，技术水平低下，产品质量和安全无法保障，企业创新内生动力不足；许多地方和企业不顾自身条件，将发展新能源汽车作为重点产业，盲目投资势头不减等。

随着新技术的快速发展，产业结构调整加速，市场格局不断变化，以及近期中外合资股比放开，进口汽车关税降低，贸易战的展开，碳交易市场的启动，无疑将对新能源汽车产业产生深远影响。面对新能源汽车产业竞争态势日趋激烈的新形势，在发展思路上要更加注意处理好以下关系：在规模速度和质量水平上，要注重规模速度但更要注重质量水平的提升；在硬件建设和软件建设上，要注重硬件建设但更要注重软件（包括工艺、标准、人才队伍等）的建设；在生产制造和研发创新上，要注重生产制造但更要注重研发创新的投入；在市场推广和商业模式探索上，要注重市场推广但更要注重商业模式的创新；在环节建设与体系建设上，要注重环节建设但更要注重体系的建设和完善等。

创新是一个系统工程，创新链、资金链、产业链、政策链相互交织、相互

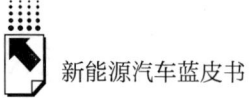

支撑,改革只在一个环节或几个环节搞是不够的,必须全面部署,并坚定不移推进。

因此,相关方面要与时俱进,对我国新能源汽车产业发展态势不断进行总结和梳理,加强中期评估,结合新能源汽车高质量发展的要求,加强体系建设。同时,在创新时代,要弘扬"工匠精神",避免浮躁情绪。

王云石
加州大学戴维斯分校中国交通能源中心主任

中国新能源汽车积分单价由市场供需和政策实施严苛程度确定

加州零排放汽车积的分交易情况是，加州只有十家左右的企业受零排放车政策的管制，没有设立交易平台。企业之间闭门交易，只需向加州空气资源委员会报告积分交易数量和买卖单位（不透露价格），由加州空气资源委员会每年公布各企业积分的平衡情况。而中国新能源汽车积分的交易情况是，中国受双积分政策管制的企业有一百家左右，一对一的交易方式显然不合适，需要通过一个交易平台进行交易，且保证所建立平台的公正、透明和独立基本要素。

此外，中国新能源汽车积分交易平台的运作也将考虑许多因素，比如企业积分情况上报周期，每年6月30日一次性报告上一年的全部生产情况，或者是每月报一次；非汽车行业的第三方能否参与交易，或企业能否买入、卖出超出自己所需所产的积分；单个新能源车积分交易需要设定合理价格。

2019~2020年中国新能源汽车积分单价的高低将取决于三个因素：一是中国新兴新能源汽车企业能否在短期内生产销售大批顾客中意的产品；二是合资企业能否高速转向；三是中国积分政策实施的严苛程度。假如新能源汽车产品难以得到消费者青睐、合资企业建设进展缓慢和政策实施严苛，中国新能源汽车积分单价超过5000元的可能性要大于50%。如果指导单价设定低了，说明中国新能源汽车商业市场已经成熟，消费者接受了新技术；如果指导单价设定高了，说明那些敢于吃螃蟹的企业还需要得到应有的高风险回报。

王秉刚
国家新能源汽车技术创新工程专家组组长

制定排放因子标准,推广更加清洁的电动汽车

电动汽车是清洁的汽车,这个看法在国际上是公认的。但是在我国尚有不同看法。主要原因是中国的电力主要是依靠煤发电,电动汽车本身虽然没有排放,但是它耗费的电是有排放的。对这样的问题必须予以正面的客观的回答。

电动车推广后,对汽车排放的评价方法要有所改变。过去只关注汽车的尾气排放,现在要考虑全寿命周期的排放。过去只考虑大气污染物的排放,现在也要考虑碳排放。所以不能简单说电动汽车使用过程是零排放,其比燃油车清洁。

全寿命周期主要包括燃料周期与材料周期,燃料周期主要包括从一次能源的开采、能源的生产、运送、存储、加注,一直到车辆将之消耗的全过程,材料周期主要包括从车辆的原材料资源获取、材料及零部件的生产、整车生产、销售、使用过程维护、一直到车辆报废处理的全过程。涉及的内容十分复杂,如何将这样一个复杂的事情简单化,便于实际工作的应用及公众理解,采用"排放因子"的概念将十分便捷。

"排放因子"的普遍定义是"单位活动水平的排放量"。在汽车领域可以定义出相关的排放因子,如燃料周期排放因子,即每消耗单位能源带来的排放量,如每消耗一升燃油带来多少排放量,每消耗一度电带来多少排放量,等等。同样我们可以定义出材料周期的排放因子,即每生产、维护、处理一辆特定汽车带来多少排放量。我们将燃料周期的排放因子与材料周期的排放因子进行整合，便可求出综合的汽车排放因子，即某种车辆每行驶单位里程带来的平均全寿命周期的总排放量，通常用克/公里来表达。如果有了这样的综合数据，就可以方便的比较各类车辆、不同车型、不同技术的排放水平。

我认为，基于"排放因子"概念基础的全寿命周期排放评估方法是今后汽车排放评价测试工作的重要方向。虽然这项工作十分复杂，需要投入较多力量，需要跨行业多部门的协同，但是，这是必须实施的，只有这样才能更加科学客观地对汽车的排放给出评价，并正确指引相关技术的发展。目前，汽车工程学会正在组织相关部门专家着手标准制定与数据收集和评估工作。

从初步的数据汇合过程可知，比较燃油汽车与电动汽车的燃料周期"排放因子"的数据，电动汽车总体平均的排放明显低于燃油汽车，其中大气污染物排放水平更具优势。目前材料过程的数据比较缺乏，还要一段时间才能得出。有可能先发布燃料过程的排放因子数据供行业参考使用，待完成了材料过程的数据收集与评估之后再给出综合的数据。

我国推广新能源汽车的重要意义之一是有利于大气环境治理。汽车工业要开发生产更多低排放的清洁能源汽车，为蓝天保卫战做贡献。

王晓明
国务院发展研究中心产业经济研究部第一研究室主任

中国汽车共享出行正处在后发赶超的关键期

互联网时代的到来,最先受到影响的是消费者,其减少了汽车的使用,平台经济和共享出行模式的出现,使得消费者由购买汽车转向购买出行服务。这背后是对汽车全生命周期使用成本与购买出行服务支出费用的比较,尽管单次召车费用并不低,但与购买汽车的直接成本(购车费、税费、保险、加油充电、维修保养、停车过路和各种检验等费用)、间接成本(汽车购买和使用过程中的各种事件耗费成本、信息不对称和缺乏议价能力造成的各种商务损失)相比较,仍具有明显的经济和社会成本优势。

我国的汽车共享出行正处在后发赶超的关键时期,当前,全球汽车产业已经进入新能源车、无人驾驶等技术加速创新变革的阶段,汽车共享出行模式的兴起和普及,给汽车产业带来了发展新机遇,只要牢牢把握当前发展机遇期,中国汽车共享出行将实现后发赶超,甚至拉动汽车产业换道超车。

一是充分认识到共享出行的发展趋势和战略意义,从国家层面上制定汽车共享出行的发展战略,做好顶层设计与统筹推进。建立中央和地方政府分工协作的政策支持体系,中央政府出台指导意见,地方政府出台具体政策,在汽车共享出行的数字化平台、技术创新等方面给予支持。

二是夯实汽车共享出行的基础研究,建立对平台和运营商的评价体系和管理体系,鼓励企业进行规范化管理和模式创新,不断提升平台企业的运营效率和共享率。建立汽车共享出行行业组织体系、汽车共享出行产业联盟，推动汽车共享出行领域的产学研合作，建立健全行业标准体系，推动汽车共享出行发展。认识到汽车共享的公共服务属性，根据汽车共享出行的公共价值建立对平台和运营商的评价体系和评价机制；根据不同汽车共享出行平台和运营商在节能环保、提高交通出行效率等方面的共享来制定相应的政策机制，给予类似公共交通的政策支持；完善对汽车共享出行平台的管理体系，加强对司机的审核制度，完善应急处理预案，在保障消费者人身财产安全的前提下提供更好的出行服务。

三是鼓励共享出行和汽车产业联动发展，出行平台整合汽车产业上下游资源，鼓励平台应用新能源汽车、自动驾驶技术，加速汽车产业共享化、智能化、电动化、网联化发展。共享出行企业可能成为整合汽车产业上下游资源的中心，共享出行和汽车产业将联动发展。平台企业对新能源和自动驾驶汽车的需求推动着汽车企业在新能源汽车和自动驾驶方面的研发和生产投入，平台企业对共享汽车的定制化需求推动了汽车企业在智能制造、数字化生产方面的发展，平台企业和汽车企业的协同合作，对汽车的全寿命周期进行协同管理，不仅可以提高共享汽车使用的可靠性，还可以降低共享出行汽车的运营和维护成本。

党的十九大报告指出，推动互联网、大数据、人工智能和实体经济深度融合，在创新引领、绿色低碳、共享经济等领域培育新增长点、形成新动能。当全球范围内的汽车保有量由 10 亿辆到 20 亿辆迈进时，全球资源、能源和环境越来越难以承受一个传统模式下的汽车社会。汽车共享出行是共享经济的突出代表，是绿色发展的集中体现，是交通变革的关键引擎，掀起新一轮的出行革命，将引领人们走向轻资产的生活方式。

牛近明
北京市新能源汽车发展促进中心主任

研究出台鼓励更换为新能源汽车的政策与措施具有现实意义

近几年新能源汽车在我国快速发展,连续三年产销量居全世界之首,2017年底保有量已经达到170万辆。北京市是中国新能源汽车发展的重要组成部分,其新能源汽车保有量从2014年的不足一万辆,发展到2017年底的17.1万辆,居全球城市之首,其中私人购买达到12.4万辆,占总量的72.5%,可以说私人拥有新能源汽车已经成为新能源汽车增长的主要动力,从另一个角度来讲,私人用户市场的作用也越来越凸显。

在这一时期,北京的基础设施建设也在快速发展,目前全市充电桩数量已经超过12万个,其中私人桩达到8.8万个,私人购车建桩率为70%,公共充电桩已达1.88万个,可以这样认为,在北京正在形成适应于新能源汽车发展的基础设施良性服务体系。

在这里不得不说,过去几年车企扮演了决定性的角色,2014年市民开始购买新能源汽车时,可供选择的车辆仅有3~4款,而如今已经有几十款满足不同需要的车供市民选择,并且新能源车的制造技术更加成熟,可靠性更强,服务体系更加完善,老百姓的认可度和接受度也更高。

2018年2月26日北京市配置给私人的5.4万个新能源小客车指标全部配置完,并且尚有超过20万的申请者等待在未来几年内购买新能源小客车,这不仅说明了指标供给的紧张,同时也说明了选择新能源汽车已经得到百姓广泛的认可，可以这样认为，中国的新能源汽车高速发展的新时代已经到来，并且影响着全球新能源汽车的发展。

与此同时我们也必须看到，我国庞大的燃油车保有量超过 2 亿辆，并且以每年超过 2000 万辆的速度在增长，同时每年还有超过 700 万辆燃油车的更新换代，北京每年也会更新 30 万辆燃油车，也就是说由于汽车保有量数量的关系，燃油车排放对空气的影响并没有减少，新能源汽车的推广，代替了部分燃油车的购买与使用，只是减缓了汽车尾气的排放。在这种形势下，本人认为进一步加快新能源智能汽车的发展既是培育高精尖产业的需要，也有保护环境、守卫蓝天的重任。

因此，可以这样考虑，在燃油车更新时，研究出台鼓励更换为新能源汽车的政策与措施是有现实意义的，对更新用户用奖励的方式，给予一定的经费支持，引导其选择新能源汽车，并且保留其原燃油车指标的原始属性，打消其后顾之忧，这一做法具有长远的政策导向价值。在我国巨大的燃油车保有量的情况下，真正实现燃油车保有量的下降将会走很长的路，同时，这一政策对于扶持新能源汽车发展来讲意义也是深远的。

此外，还将具有以下三方面的积极作用。

一是这一举措无疑会加大新能源汽车的推广力度，由于这一政策的大多受益者是广大民众，这就会进一步促使车企研发提供品质优良、服务优良、适合老百姓选择的车辆。

二是进一步加强充电基础设施的建设以及服务水平的提升，给基础设施服务商提供更好更多的机会。

三是加快产生环境贡献效应，不仅从汽车增量方面考虑，还应考虑对传统燃油车存量改变的政策引导，从长期来看，这一政策对环境的影响将更大。

付于武
中国汽车工程学会理事长兼任中国汽车人才研究会理事长

互联网的时代，汽车不会故步自封

第一，2017年是中国汽车产业转型升级的一个关键历史节点。

当前新一轮的科技革命和产业变革蓄势待发，新技术、新产业、新业态、新模式层出不穷，汽车产业经过多年的转型升级，集团化、信息化、智能化成为产业未来发展的重要方向。用三个字总结2017年中国汽车市场的变化就是"变""快""和"，汽车产业已经成为一种载体，各种创新、各种要素都在这里凸显。

中国的传统汽车市场每年已经接近3000万的产销量，党的十九大报告中提出的由高速增长转向高质量增长，对于汽车产业来讲再贴切不过。速度降下来是正常的，这对汽车产业的长远发展非常有利。刚需依然存在，但汽车产业需要更高的品质，这是我们的首要任务，要想"走出去"、实现更大的国际化，需要结构性的调整和产品水平的不断提高。在这么大规模的基础上，我们必须要沉下心来把产品做好，具有国际竞争力的企业必须有自身的内生动力。

2018年汽车产业最大的突破将表现在智能化的大发展上。不仅是靠政府的强力引导，而且在核心技术上，通过产学研合作，将会有更大的突破，这可能是中国汽车工业史上最大规模的跨界融合协同创新，是一个非常具有生命力的现象。2018年在智能网联方面不仅会有大动作，而且极有可能走出一条具有中国特色的智能网联汽车的发展道路。

第二，禁售燃油车，是革命性的变革。

禁售燃油车是天大的事，无论政府还是行业，都要对历史负责。中国在禁售燃油车问题上要慎之又慎，要按照科学规律，要按照市场规律，不要盲目跟进。在西方发达国家的影响下，中国需要按照具体国情和市场规律出发，不能盲目跟从其他国家的发展办法，必须要寻找到最为适合中国汽车市场发展的策略。

面对国家的一系列相关政策，例如双积分政策，企业应该要做好充分的准备，拿到积分，还需要有市场，要达到功能、市场、成本、技术高度的平衡，这样才能胜出。

第三，推动燃料电池汽车产业的发展。

一是充分发挥行业专家的智库优势，做好燃料电池汽车技术路线图的修订工作。二是开展政策研究，为政府制定相关规划政策建言献策。三是积极开展国际合作，聚合全球资源，共同攻坚克难，促进燃料电池汽车商业化发展。四是支持氢能燃料电池汽车领域的标准制定。

贡俊

研究员级高工，上海电驱动股份有限公司董事长，国家电动汽车电驱动系统全产业链技术创新战略联盟理事长，科技部"十三五"新能源汽车重点研发专项总体组专家

加快提升关键材料和零部件的国产化能力

2017年我国驱动电机产业延续了快速发展的势头。我国高速高集成度电驱动总成系统产品化开发加快，扁导线定子技术、新材料技术、高速减速器技术推动了电驱动总成水平进一步提升；基于IGBT封装的电力电子集成控制器产品开发加快，碳化硅器件及控制器研发加快，产品技术指标接近国外先进水平。

我国驱动电机的功率密度、转速、效率等关键技术指标与国外水平相当，驱动电机发展以不断提高材料利用率、不断提升电机与整车工况效率匹配及提升电机品质和降低成本为主要方向，同时加大力度关注低重稀土永磁材料、耐电晕耐高温绝缘材料、高强度高热导耐高温绝缘骨架、直接油冷电机材料的兼容性、高导磁低损耗材料替代应用问题。

在电机控制器方面，技术方向是更高功率密度和更高效率，IGBT功率模块封装、控制器系统级工程化集成能力提升很快。在SiC芯片和模块方面，高温高可靠性封装技术是碳化硅模块封装的主流，全碳化硅控制器具有高温、高效和高频优势，国外已经加快SiC器件在汽车中的应用速度。

电驱动一体化总成是乘用车领域一个明确的产品发展方向，我国起步与国外基本同步，行业需要加快高速减速器及其轴承、齿轮等配套关键零部件开发，并强化电机和减速器的深度集成。

由于我国新能源汽车产业发展较快，行业对驱动电机产业的投资持续升温，目前不仅要对驱动电机、电机控制器等方面增加投入，还需要关注关键材料和零部件的国产化能力提升，特别是 IGBT 芯片、MCU、驱动 IC 等方面需要进行集中投入，政府和整车企业需要鼓励应用国产化的材料和器件的驱动电机系统带载整车进行充分的应用验证，通过在应用中积累经验和数据，不断提升我国核心材料和器件的本土化水平。

李万里

中国国际工程咨询公司专家学术委员会专家

研读《汽车产业中长期发展规划》，坚定新能源汽车产业的历史使命

2017年以来的两件大事标志中国汽车产业进入了一个新的发展时期。

一是党的十九大提出，到21世纪中叶把我国建成富强民主文明和谐美丽的社会主义现代化强国。

二是十三届人大的政府工作报告将"全面放开一般制造业"定为坚定国策。

全球新一轮科技革命和产业变革的浪潮与我国加快转变经济发展方式，建设现代化强国的历史使命形成历史交汇。在这一过程中新能源汽车担负着传统汽车与智能网联汽车之间连通的重要职责。汽车产业为此应至少具备以下六项能力。

一是集成式的创新能力。中长期规划强调提升全产业链协同集成能力。在新的发展时期新产业、新业态和新模式层出不穷；各学科、各产业前瞻性科技发明、关键核心技术验证及应用、共性化现代制造技术和工匠们现场口传心授的技能"诀窍"不断涌现；创新体系的分工更加复杂，更加精细；各产业之间相互渗透、借鉴、嫁接，跨界融合成为常态。作为极具"一般制造业"特征的汽车产业，其创新方式将主要以此路径融会贯通，迭代升级。

二是产业化的转化能力。中长期规划支持优势特色零部件产业化。我国各门类工业界别产业化的转换能力已受全球瞩目，中国新能源汽车在产业化转化方面具有相当的比较优势。

三是向价值链的"赋能"力。中长期规划预见汽车生产方式向充分互联协作的智能制造体系演进。社会经济进入智能网联时代，汽车产业的边界越来越模糊，甚至渐趋无边界。企业的经营主业更趋专业，技术领域更为聚焦。应对产业无边界与企业有边界的生态转换，重要的不再是拥有资源，而是支配资源的能力。比的不是生产能力，而是控制生产能力的能力。"赋能"力是对资源配置的一种新能力。有专家甚至认为，"赋能"力不仅极大地解放了生产力，更有可能颠覆生产关系，进而促使生产力价值产生非线性增长。

四是向产业链中高端的攀升能力。中长期规划提出"汽车+"的新理念，即以汽车产业为基础提升产业链创造价值的能力，包括基础核心技术、系列产品研发、品牌建设和维护、用户体验、营销策略和市场布局等，促使企业向产业链的中高端转化。

五是商业模式的创新能力。中长期规划充分肯定共享出行、个性化服务等新的商业模式。如果说互联网实现了信息的传播，新的商业模式则可实现价值的传递。通过运用"互联网+"的理念，即大数据、云计算和共享经济模式等手段，提高包括制造、体验、服务等领域传递价值的效率。

六是产业生态的转变能力。中长期规划首次提出"开放包容、竞合发展"的理念。竞合博弈应是汽车产业生态环境的主基调。竞合博弈的内涵十分宽泛，包括以下方面。

产业间的竞合博弈。传统企业和新兴企业将在竞合交融中发展壮大。新能源汽车的产业链面临供应商的大换血，信息化和智能化的新型企业将大量涌现。围绕价值链部署创新链，围绕创新链配置资源链。在"放开一般制造业"的大环境下，全球汽车产业生态正在重塑，价值链、供应链、创新链、资源量都将发生深刻变化，具有竞争力的中外企业都将拥有机会。

国与国之间的竞合博弈。对外开放包容、竞合发展。优化投资和产品准入管理，深化开放合作，营造统一开放、有序竞争的市场环境。鼓励优势企业树立国际化发展理念，统筹利用两种资源、两个市场，积极进行海外布局，加快融入全球市场。

竞合博弈不是一团和气，不是"一边倒"。和而不同，斗而不破；相辅相

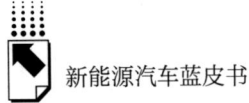
新能源汽车蓝皮书

成,渐入佳境;进退消长,互利双赢是竞合博弈的最高境界。

中国国内市场巨大,且与外部市场具有互补性;工业体系门类完整,且具备工业化后期巨大的发展潜力;凭借我国集中力量办大事的制度优势,我们有充分的自信,实现汽车产业发展中长期规划的各项战略目标。

肖成伟

博士，国家"863"计划节能与新能源汽车重大专项总体专家组电池责任专家，中国电子科技集团第十八研究所研究员

动力电池产业快速发展，未来需克服和解决成本、安全、寿命等问题

2017年中国新能源汽车销量接近80万辆，配套动力电池的总量超过360亿Wh，双双呈现快速发展的态势。

动力电池产业和技术在2017年体现出如下亮点：①正负极材料取得新进展、新突破，高镍正极材料（NCM622、NCM811和NCA）、硅碳和硅氧负极材料实现了量产；②高比能型锂离子动力电池技术快速发展，单体能量密度达到230±20Wh/kg，安全性和使用寿命满足了整车要求，实现了规模化应用；③快充型锂离子动力电池技术进展显著，单体能量密度达到120Wh/kg，实现了6C的充电接受能力和批量应用；④动力电池系统热失控与热扩散控制技术取得重要进展，保证了动力电池使用过程中的安全可靠性；⑤动力电池数字化工厂、智能制造已显趋势，整体解决方案日趋完善；⑥动力电池梯级利用和资源回收的关注度显著提高，开展了相关技术研究探索和试点示范；⑦动力电池标准体系日趋完善，围绕安全性、电性能、寿命、空间布置与循环利用等需求开展制修订工作，一些相关研究成果已上升为电动汽车全球技术法规（如热扩散等）；⑧新体系电池，尤其是固态电池的研发，成为当前热点，为未来动力电池的发展储备了技术。

在国家的大力支持下，动力电池已形成了较为完善的产业链，技术进展显著，产业发展快速，有力地推动了新能源汽车产业的发展，但当前仍面临着成本、安全、寿命及新能源汽车市场变化（补贴退坡至取消）等诸多问题和压力，需要克服与解决。

吴志新

中国汽车技术研究中心有限公司副总经理，工学博士、教授级高工，国家"863"计划电动汽车重大项目总体专家组专家

产业将向提质增效方向发展，动力电池和充电设施仍是发展制约因素

2018年是我国新能源汽车产业实现由量变向质变转化的关键阶段，产业在继续保持平稳高速增长的基础上，将向提质增效方向发展，市场竞争将日趋激烈，优秀企业和产品即将脱颖而出。

一是市场仍将保持平稳高速增长，预计2018全年销量将突破100万辆。随着补贴退坡有序展开、双积分推动加速电动化转型，2018年新能源汽车市场增长动力将从政策推动转向市场拉动。苗圩部长表示，中国2020年新能源汽车占比要到10%，进一步确立了汽车行业电动化的趋势。此外，由于新能源汽车性价比和消费者接受程度逐步提高，预计到2018年，新能源汽车市场增速仍保持50%左右，销量超过100万辆。

二是在政策推动下，产品技术水平将迈上新台阶。在政策引导产业向提质增效、实现高质量的发展导向下，预计2018年我国新能源汽车产业发展将迈上新台阶。比亚迪、吉利、上汽等企业的大量换代新产品即将陆续上市，新产品品质大幅提升，续驶里程普遍增长，售价也将进一步下降，预计续驶里程在300km以上的车型将成为2018年市场热点并可能出现一批明星、爆款产品。

三是行业优胜劣汰加速，优秀企业将脱颖而出。当前我国高端车用动力电池等关键零部件产能仍然不足，而年初发布的补贴政策更加鼓励高比能量电池的使用和低能耗车型的应用，这可能使国内高端零部件紧缺的状况进一步加剧。

因此，大型整车企业为控制此类优质资源，获得竞争优势，也将进一步深化与零部件企业的合作，如通过联合采购、入股等方式加强对关键零部件企业的控制，导致行业内优势资源将进一步集中，优秀零部件企业将加速脱颖而出。

近年来，我国新能源汽车产业取得了快速发展，产业规模全球领先、创新能力持续提升、产业体系基本建立、配套环境日益改善。但也应该清醒地看到我国新能源汽车发展仍然处在爬坡、过坎、攻坚克难的关键阶段，需要做到全产业链统筹、产业规划布局统筹、发展与安全统筹，重点是抓好电池创新、充电创新、整车创新和机制创新。目前动力电池和充电设施是制约新能源汽车规模化发展的重要因素。

1. 动力电池

动力电池是新能源汽车的心脏，是新能源汽车产业发展的关键。近年来，在一系列支持政策的推动下，我国动力电池产业取得了长足发展，但仍存在诸多问题亟待解决。

一是结构性产能过剩风险凸显。目前我国动力电池产能约 2000 亿 Wh，虽然产能规模大幅提升，但多数企业制造工艺落后、研发创新能力不足、产品质量较差和一致性水平较低，真正能够进入国际整车配套体系的高端产品的产能仍然不足。

二是制造和研发创新能力不足。我国动力电池在产品性能、先进技术研发等方面，与国际先进水平相比仍存在不小差距，动力电池技术尚未发生革命性突破，能量密度、循环寿命、安全性、低温性能等关键性能指标和生产一致性保障能力仍待提升，成本依然偏高。

三是回收利用体系尚未形成。我国动力电池回收利用体系尚未形成，回收利用标准体系亟待完善，回收利用技术水平仍有待提升，缺乏相关激励政策措施，市场化回收利用机制尚未建立，利用率低、回收难、行业发展不规范等问题突出。

四是锂、钴等资源对外依存度较高。锂、钴、铜、铝、镍等金属资源是动力电池的重要原材料，动力电池需求剧增导致锂、钴等资源争夺激烈。总体看来，我国锂、钴等资源的供应存在着较大的潜在风险，这不仅会影响我国动力电池产业的发展，同时有可能威胁我国能源安全和国民经济的健康发展。

建议继续加大对动力电池产业创新发展的支持力度，为我国新能源汽车产

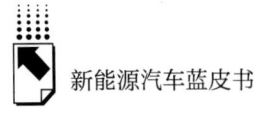

业可持续发展提供支撑。

一是创新政府管理方式,促进产业高质量发展。根据行业技术进步及实际发展情况,完善政策支持体系和标准体系。建立监督惩罚机制,加强对产品质量和生产一致性、检测机构监督、销售和使用环节、回收利用的监管。

二是加强研发创新能力建设,提升企业技术水平。加快动力电池提升工程的开展进程,促进动力电池技术实现革命性突破。不断提高补贴政策中的动力电池技术要求,促进优势企业和产品脱颖而出。促进企业兼并重组和"走出去",加快培育出一批技术领先的动力电池企业。

三是加快形成回收利用体系,推动建立市场化机制。贯彻落实《新能源汽车动力蓄电池回收利用管理暂行办法》,充分发挥市场作用,加快推行实施生产者责任延伸制度、实施信息溯源管理、加强标准体系建设、推进试点工作、营造良好发展环境。同时加大对回收利用技术和装备的研发支持,研究制定回收利用财政支持政策。

四是构建资源供给安全体系,积极参与全球资源配置。按照开发和保护相结合的原则,合理开发锂、钴等资源,并加大提锂技术的研发支持力度。支持国内企业加快"走出去"步伐,通过并购、参股等多种合作方式,参与全球锂、钴等资源配置,提高锂、钴等资源的保障能力。

2. 充电设施

我国充电设施建设总体处于起步阶段,建设落地难、车桩不协调等问题一直存在,随着建设规模的逐步扩大,运营使用环节的问题也日益突出。主要问题包括如下方面。

一是建设难问题仍很突出。公用充电桩建设项目落地难、协调难,私人自用充电桩建设存在小区停车位不足、车位不固定等问题,部分物业服务企业和小区业主委员会及居民对充电设施建设的积极性不高,甚至阻挠。

二是桩与车严重不协调。公共充电桩"有车无桩""有桩无车"现象并存,部分充电桩实际利用率极低,部分车辆充电难问题难以有效解决。

三是运营企业盈利普遍困难。运营服务企业收入来源主要靠收取充电运营服务费。由于运营服务费用难以抵消成本,企业普遍亏损。盈利难问题挫伤了积极性,制约了行业的进一步发展。

四是使用环节不方便、经济性不高。互联互通问题突出,存在车桩不能高效匹配、充电设施与充电服务平台的通信协议和结算体系标准不统一等问题，严重制约了充电方便性。此外，消费者充电时需支付电费、服务费及停车费，削弱了充电的经济性，制约了新能源汽车的使用。

五是行业管理混乱。个别企业以过低的运营服务价格进入充电运营服务市场，降低了设备及服务质量。充电基础设施管理薄弱，投入运营的部分公用充电车位被燃油车辆占用，新能源汽车无法使用，甚至存在人为损坏充电设施的现象。

六是电网支撑有差距。充电场站建设对所在区域尤其是老旧小区和用电量较大的商业区电力负荷形成挑战，需要电线、变压器、电表等电力设施增容，部分地方电网的配网容量不能满足需要，增容改造周期较长，导致项目落地困难。

目前，我国已初步建立了充电基础设施支持政策体系，建议继续加大现有政策的实施力度，同时追根溯源，根据行业发展最新形势，不断调整完善政策，尽早打破充电设施发展瓶颈。

一是全面落实好各项支持政策。进一步落实价格、土地、规划等各方面支持政策，强化地方政府职责，做好充电设施建设、运营、管理等各项工作。

二是完善充电设施奖补政策。完善充电设施奖补政策支持方向，引导地方从"重建设、轻运营"转变为"既建设又运营"。

三是完善其他相关支持政策。包括完善充电电价优惠政策；提高充电设施建设、运营领域的进入门槛；促进互联互通，解决新能源汽车充电兼容问题；积极推进省级充电基础设施信息服务平台和安全监测平台建设；不断提升充电设施智能化应用水平，建设车桩相宜、智能高效的充电基础设施体系。

四是积极探索有效的商业模式。鼓励充电设施运营服务多元化，在开展充电服务的基础上，开展商品零售、智能停车、车辆销售和租赁、车辆售后服务等多元服务。开展新能源汽车、充电设施、可再生能源、智能电网的融合前瞻性研究，适时开展试点示范，促进车辆充电、可再生能源的分布式利用、智能电网、智慧社区相辅相成，既降低用电电价，实现充电绿色化，又解决可再生能源弃风、弃水、弃能的问题。

吴松泉

中国汽车技术研究中心有限公司首席专家、教授级高级工程师

汽车产业进入开放竞争时代，车企应加强全方位创新

党的十八届三中全会以来，国家积极构建开放经济新体制，深化改革和加快对外开放。2017年以来，我国分两步放开了纯电动汽车领域外商投资限制，并明确了乘用车、商用车等传统燃油车对外开放的时间表；主动降低汽车及零部件进口关税。汽车行业加快对内改革和对外开放，将进入开放竞争时代。

对未来的几点判断：一是外商投资整车领域的限制取消后，大部分外资企业肯定会追求绝对控股。开放后，股比调整成为商业问题，其结果取决于外资的对华战略以及中外双方的谈判能力。此外，现有大型合资企业经过几十年的发展才成长为具有较强体系竞争力的企业，早已成为外资企业在中国发展的根本依托。股比开放后，现有大型合资企业也将继续发挥主要基地的作用，预计外资不会轻易另起炉灶建立新的合资企业，即使建立新的企业，短期内也不可能冲击现有合资企业的核心地位。二是竞争将全面加剧，自主企业面临全面洗牌，倒逼汽车国企加快改革和调整，外资企业也将优胜劣汰。在开放环境和激烈竞争形势下，经过若干年的竞争和优胜劣汰，只会有少数自主企业做优做强，成为在国内外市场具备很强竞争优势的跨国公司。三是在电动化、智能网联化、共享化、国际化的产业发展趋势下，汽车产业加快向电动化转型，汽车产品的属性将发生变化，由单纯的出行工具变为大型移动智能终端、储能单元和数字空间，汽车产业将与其他产业融合发展，产业生态将发生深刻变革；汽车产业是受全球化影响最为深刻的产业之一，国际化将是本土车企不得不走的路，国际化的本质是充分利用一切国际资源，提高核心竞争力。

在"产业变革+开放竞争"时代，为了应对日益激烈的市场竞争及不断变化的市场和政策环境，中国本土企业和在华开展业务的外资企业都应将创新作为企业发展的核心手段，这里所说的创新是指全方位的创新，包括技术创新、管理创新、营销创新、商业模式创新、机制创新、文化创新等。少数几家自主品牌企业坚持创新近年来取得巨大进步，影响力大幅提升。所有在华发展成功的外资企业，其成功都依赖于创新和务实的发展战略，包括深度本土化（技术、供应链、管理、人才等）的发展模式。

对于自主企业来说，在开放竞争环境下，实力决定其地位。面向未来完全开放的市场环境，中资企业要立足于打造品牌和技术自主的企业，加快机制创新、技术创新、管理创新、营销创新、文化创新等，积极利用一切国内外资源提高竞争力，全力做大经营规模和打造强势品牌，为开放后的激烈竞争做好准备。同时，应实施更为积极主动的新能源汽车、智能汽车发展战略，明确企业在未来无人驾驶时代的发展定位，加快向电动化和智能化转型。

对于合资企业来说，在自主研发产品的同时，可以尝试从中方引进车型，推出自有或中方品牌的新能源汽车产品和燃油车产品。中外双方应支持将现有汽车合资企业作为外方新能源汽车和智能网联汽车发展的主要载体，争取在电动化、智能化、网联化、共享化领域积极作为。合资企业应更好地利用国内外资源，特别是中国的资源，打造企业独立竞争力。

所有企业都应树立"全球化思维"和"互联网思维"，加快提升竞争力。全球化思维，就是要整合一切国内外资源为己所用，包括技术、管理、配套、市场、制造、测试、资金、人才等。互联网思维就是要考虑全产业链+互联网，积极应用（移动）"互联网+"、大数据、云计算等技术，结合企业实际，对研发、制造、供应链、物流、销售和服务、商业模式等进行重新审视和优化，实现企业商业模式和价值链创新，进而提高企业竞争力。

吴保宁

现代文化研究所上席主任研究员

汽车共享与安全共享

当下汽车共享的"安全"问题，受得了前所未有的关注和议论。笔者由于长期游走于中日汽车界，发现日本至今没有发生过汽车共享的"安全"问题。其原因何在？是偶然，还是必然？本着他山之石，攻玉效国的想法，笔者特将管中窥豹式的研究结果整理如下，以资中国汽车界同仁参照和思考。

1. 日本对汽车共享谨慎管制

在日本，主要是法律制度和固有价值观念的原因，汽车共享虽然较之以往有所发展，但步履蹒跚，没有出现大的发展浪潮。

为了叙述和行文方便，笔者将汽车共享这一热门话题细分为"分时共享"和"乘用共享"两类。分时共享和乘用共享的差别在于，前者为所有人提供自己拥有的车辆，由使用者（借用者）自己驾驶。后者为所有人不仅提供自己拥有的车辆，同时提供驾驶服务；使用者只乘坐，不驾驶，也就是当前处于风口浪尖的所谓"顺风车"。

分时共享在日本被定义为租赁行为，因此划归汽车租赁业进行管理。法律明确规定汽车租赁业只能提供车辆，不能提供驾驶员；如果提供驾驶员，则属于旅客运输业，由于事关旅客人身人命安全，要取得更严更高的出租业经营资质认证。对于汽车租赁业，法律进行双重管制：运营公司资质管制和车辆使用管制。依据车辆租赁相关法律，首先运营公司必须取得经营执照，其次必须保证车辆回到"原有的停泊车位"。第二项规定看似简单,但由于警察对违停车的行为严加管制,处罚严厉,实际上是一项强制性指标。2014年主管部门国土交通省为适应共享经济的需要放宽了第二项规定,不再强调车辆必须回到"原有的停泊车位",但前提是必须运用IT等手段对共享车辆的所在地进行管理,同时保证共享车辆停放在"专门的停泊车位"。这可以说是开了一扇门,又增了一道坎!是否宽猛相济的范例,或许有待时间检验,其实际效果是运营公司必须为每辆共享车辆准备多个"专门的停泊车位",提高了运营成本;而当局通过这种一目了然的监管手段,一方面保障了路面秩序,另一方面防止了滥竽充数。事实上2014年之后日本虽然出现了多家汽车租赁公司、停车场经营公司,甚至汽车制造公司先后踊跃参与分时共享经营或实验的热烈场景,但并没有出现蜂拥而上的现象,当局可谓达到目的。虽然如此,必须指出的是:分时共享存在一定数量的消费用户层,因此作为一种商业模式是可以存在的。用户层就是消费主力的"80后"和"90后"。日本的情况或许比较独特:由于城市公共交通非常发达,年青一代对汽车的拥有欲越来越小。日本汽车界为此绞尽脑汁,千方百计地唤起年青一代对汽车的兴趣。而分时共享在及时、低廉和便捷方面赢得了"80后"和"90后"的倾目。笔者对用户的访谈中得知,"90后"的被访对象明确指出分时共享可以短时间内交替驾驶、体验各种车辆,其乐无穷。

乘用共享在日本被定义为一种明显的出租车行为,因此划归出租车业进行严格管理。

对于出租车业,法律也进行双重管制:运营公司资质管制和驾驶员资质管制。由于该领域不仅关乎传统出租车业的兴衰,同时与乘客的生命安全息息相关,所以当局可谓极其慎重和几近保守。其结果是即便是那些名满天下的国际性共享先驱,在日本主要城市也只能间接经营,屈尊与传统出租车公司联手合作;如果要直接经营,只能心不甘情不愿地前往当局划分的边远试验区:现有的所谓试验区,等同于"人口稀少地区",公共交通和传统出租车在这些地区价格比较贵,行动不便的高龄和超高龄人士对物美价廉的乘用共享翘首以待。最新的动向是:为了应对2020年东京奥运会的交通需求和压力,日本当局准备利用乘用共享这一方式,把所谓的试验区有条件地逐步扩展到东京和大阪等大城市和周边地区。可以预见日本今后在乘用共享方面,将会有进一步的发展,但法律和当局的监管不会松懈。

2. 日本的做法对中国的启示

共享经济无疑是今后的一种时代趋势,但如何合理合法地维持其可持续性,给各国政府、社会和个人都提出了一系列的持久难题。就汽车共享而言,相对于日本的"制度先行模式",中国实行了一种"运用先行模式"。双方的做法和经验有相互借鉴的地方:中国的"创新"和"快速发展",为日本所欠缺;而日本的"谨慎"和"逐步实施",或许对中国谋求可持续性发展来说是有益的参考材料。

或许从初级的共享,应当经过涉事各方的共管和共责,才能走向终极的共享!只有汽车共享,没有安全共享,也就没有公众安全和国家安全,也绝对没有可持续性的汽车共享。

专家评述新能源汽车发展（按姓氏笔画排序）

张书林

中国汽车工业协会原常务理事长，国家发改委特邀专家，教授级高级工程师

中国汽车产业发展进入新时代

最近一段时间以来，中国汽车产业的一系列变革举措频频成为舆论焦点。2018年4月，博鳌亚洲论坛释放重要信号：我国将主动扩大进口，2018年将降低汽车进口关税。同月，国家发改委表示：2018年取消专用车、新能源汽车外资股比限制；2020年取消商用车外资股比限制；2022年取消乘用车外资股比限制，同时取消合资企业不超过两家的限制。

开放，将成为未来一段时间中国汽车发展的关键词之一。这既是对我国车企生存能力的一场重要"考试"，也是优化产业结构、提高产品质量的倒逼机制。

在新政策、新环境、新挑战的共同作用下，中国汽车产业发展将进入新时代，迎来全新的发展机遇。

1. 全方位开放考验我国汽车行业生存能力，倒逼产业提质增效

在习近平新时代中国特色社会主义思想的指引下，中国对外开放的大门将越开越大。日前，国家权威部门已对外宣布：从2018年开始的5年内，我国汽车领域将全面取消外资股比限制；同时，2018年7月1日降低汽车进口关税至15%（汽车）和6%（零部件），中国汽车业将实现从封闭半封闭到全方位开放的伟大转折。

与此同时，这意味着我国自主品牌汽车企业的经营发展将进入发展新时

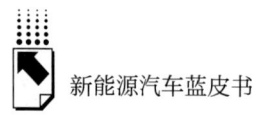

代。中国汽车产业这条经国家多年培育的"大鱼",将被放归到适者生存的国际海洋中竞争。从某种意义上来说,行业的全方位开放是为推动我国汽车产业提质增效所构建的一种倒逼机制。在此过程中,传统燃油汽车和新能源汽车面临的机遇与挑战有所不同。

在传统燃油汽车方面,优势企业将进一步扩大优势。改革开放四十年来,我国传统燃油汽车领域已完成了从依赖合资、引进技术到独立自主发展的转变,现已融入了国际汽车产业体系。近二十年来,深谙本国消费文化和市场的自主品牌汽车企业不仅积累了丰富的国际化创新发展经验,在国内外构建起具有国际先进水平的产业体系,而且在知识产权和发明专利布局方面也取得了长足进展。目前,自主品牌汽车在中国市场的占有率逐年提升,当前正处品牌成长期,已具备了较强的应对全方位开放的能力。

在新能源汽车方面,新兴企业将面临压力。新能源汽车作为我国战略性新兴产业之一,近年来在国家的政策支持下,已形成了全球领先的市场基础。在对外开放的基本国策中,新能源汽车成为最先放开外资股比限制的产业,体现了我国对新能源汽车自主发展的自信。虽然我国新能源汽车产业的进步可期,但终究还是一个"年轻"的产业,且主要由一些在竞争中缺乏生存经验的新企业组成,在发展实力、核心技术的掌控能力等方面与国际先进水平仍有差距。未来一段时期,受合资股比放开和进口关税下调的影响,将陆续有一些强势外资企业进入我国新能源汽车产业市场,这无疑会给我国新兴企业的成长带来压力。

无论是传统燃油车还是新能源汽车企业,都应积极面对全方位开放给我们带来的发展机遇和竞争局面。应当认识到,在充分竞争的国际环境中,要创建知名品牌,成为众多企业中的佼佼者绝非易事。没有理想抱负、没有创新驱动的发展理念和切实可行的发展措施,最终会被市场淘汰。

作为市场主体,企业应当将国家战略落实到具体的应对策略和发展规划中,以创新为动力,充分融入专业化、商业化和市场化的国际环境中,只有这样才能推进汽车产业转型升级。

2. 新时代将促进汽车产业形态优化

外资企业涌入、乘用车"双积分"政策实施、新能源汽车补贴退坡、进口汽车关税大幅度下调等,多种因素叠加,都将进一步激发车企的创新发展活力，并推动我国汽车产业形态、结构和发展模式发生巨变。

可以预料，在未来五年乃至更长一段时间，我国汽车产业为夯实应对扩大开放的实力基础，将沿着以下六个趋势发展变化。

第一，企业间将加快强强联合、收购重组的步伐。当前行业竞争态势将迫使一些有远见的企业走一条优势互补、资源共享、集团化合力发展的道路。通过一段时间的联合重组、优胜劣汰，我国汽车企业结构将会改变，企业总体数量将会逐步减少。

第二，我国汽车产业的国际化发展水平将会全面提升。未来一段时间，具备一定实力的自主品牌企业将进一步利用国内外的优秀人才、技术以及产业资源，建立国际化的创新发展机制。可以预料，未来我国汽车行业将涌现一批具有国际化发展形态的自主品牌企业。

第三，企业两极分化态势加剧，促进产业结构调整。随着技术创新、产业升级、品牌培育的力度加大，优势企业表现将更加突出，而劣势企业生存愈加艰难，车企两极分化态势进一步加剧，并由此带来产业结构和投资决策的调整；新建企业的准入门槛会越来越高，而企业投资会更加趋于理性。

第四，汽车产品技术及品质将快速提升，新能源汽车替代优势凸显。新的竞争环境将促使自主品牌燃油汽车迅速摆脱低端品牌形象，国内市场占有率有进一步提升的可能性，其中乘用车的市场占有率有望在不久的未来超过50%。

在激烈的竞争环境下，我国新能源汽车在整车技术水平、可靠性、安全性、使用出行方便性及制造成本等方面，加速接近乃至超越传统燃油汽车。新能源汽车对传统汽车的替代优势有望在未来几年内逐步形成。

第五，人工智能、互联网与电动汽车企业资源共享、交叉融合发展的新型产业形态将逐步形成。促进我国智能网联和自动驾驶汽车关键技术将在未来较长一段时间内得到快速发展，并达到国际先进水平。

第六，中国汽车行业加快进入法制化管理时代。为适应全方位开放要求，我国汽车行业将探索出一条适合中国国情的法制化管理模式，充分发挥市场机制对资源配置的决定性作用和更好地发挥政府作用。预计在未来几年内，国家将会密集出台规范汽车产业发展、维护消费者权益以及有益于产业发展的一系列法律法规；同时，产业运行监管、依法惩处和退出机制将更加完善和严格。

新时代、新政策、新环境、新挑战、新能源、新企业……这一系列的

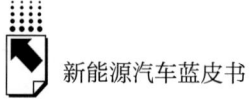

"新"互相联系、互相作用,必将激发出中国汽车企业的成长动力和创新活力。

"时来易失,赴机在速",我们一定要万众一心、团结奋进,抓住新时代的发展机遇,完成中国汽车产业从量变到质变的飞跃,为实现中华民族百年复兴的中国梦贡献一份力量。

张永伟

中国电动汽车百人会秘书长兼首席专家

对未来出行与汽车产业变革的思考

1. 技术进步、外部性力量及出行变革，是驱动汽车产业变革的关键性力量

2017 年业内讨论着两个重要的年份——2030 年和 2040 年。一是 2030 年有些地方将禁止燃油车销售；二是 2040 年更加智能，甚至是无人驾驶汽车得到大规模推广。这种事情发生与否，需要考虑三种力量。

第一，技术的进步和技术融合的推动。汽车的动力何时全面由燃油转向电动，目前看技术上的可能性越来越大，智能技术与电动车天然衔接，很可能又彻底改变汽车定义，以及汽车研发的组织和生产方式。汽车行业发展的早期，汽车只是吸取智能的因素，当智能成分越来越多的时候，智能又会推动汽车动力和一系列汽车技术的变革。

第二，外部力量的推动。新事物需要支持，特别是政策的支持。一方面帮助企业成长，另一方面促进企业技术革新。一些大车企，已主动或被动地按照自己所判断的政府禁止燃油车销售时间表，开始进行业务和技术方向的重构。

第三，出行力量的推动。在互联网和智能化时代，出行的设计者和运营者，对产业的认识与过去供给侧所主导的设计思路完全不同。未来如果按照出行来定义汽车，按照出行的需求来定义汽车业，包括产业链、创新链和需求链，可能会对当前汽车产业发展的总体设计产生颠覆性影响。

2. 未来的汽车格局需要重构，需要新的产业组织者

未来汽车产业格局转变的关键因素是占据产业价值链高端的产业组织者。

占据高端能够主导产业的主体，很可能就是具备撒手锏级的关键企业和关键公司，甚至是系统性的企业。这些主体很可能是那些能够在电动化、智能化上提供比较成熟解决方案的主体，他们成为未来汽车产业新的组织者。

传统车企将在发展模式中面临新的挑战。新进入者带来的野蛮式成长方式——快速聚集大量资本，围绕关键技术和关键业态，短期内不计成本、不计投资回报地去进行投入，这种成长方式和过去传统车企自我积累滚动式的发展方式大相径庭。

3. 汽车行业要迎难而上，主动革新

第一，重新定义汽车。从技术创新、消费者角度、出行变革等多个融合性角度重新定义汽车。另外，从材料和汽车关系，生产方式和生产关系，包括人工智能等多种融合性技术的角度，共同定义汽车。

第二，重新定义汽车公司。企业需要打开并接入更多新功能和新要素，把现在的功能进行再组织，探索未来汽车的生产方式、研发方式和供应链体系。

第三，重新定义可依赖的力量。传统路径、传统思维，不能把汽车产业、汽车企业带入未来。汽车企业和产业，都需要为未来找到可依靠的力量做准备。

专家评述新能源汽车发展（按姓氏笔画排序）

欧阳明高

中国科学院院士，国家"新能源汽车"科技专项总体专家组组长，清华大学教授

中外电动汽车核心技术水平对比

在电动汽车核心技术方面，中国与国际先进水平的差距有哪些？我认为可以从三个方面来具体分析。

1. 零部件核心技术

虽然整车厂并不生产零部件，但其对零部件的理解或许比零部件厂商更要深刻。例如宝马汽车并不是仅仅委托某一家零部件企业，而是同时与10家不同企业进行合作，并将它们的反馈信息进行评价与对比。因此，宝马对零件部信息的掌控，比其中任何一家零部件生产企业都要深刻、广泛。此外，宝马还在全球与多所研究机构、大学进行深度的产学研合作。从这个层面上看，国内整车厂与国外相比，差距较大。

2. 系统技术

电动汽车的核心技术，具体来讲可分为三大系统，即电池、电机与电控。"电池"，不是指单体电池，而是指整个电池系统，包括热管理系统、高压电气系统、安全系统等；"电机"，包含整个电驱动系统，包括变速器、电机、控制器，以及电机在车辆内部的布置、安装、走线等；"电控"，也不是一般意义上的电控系统，而是指整车电控。从现阶段的辅助驾驶、自动刹车报警、车道偏离警告、紧急刹车等功能，到未来的特殊道路无人驾驶，甚至是所有道路无人驾驶，均依靠电控系统完成。

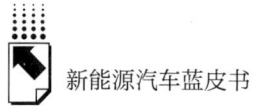

电动汽车智能化的价值,不只是涉及技术变革,还涉及商业模式变革。所以,电动汽车不仅要提高性价比,还应该提高附加值。如果仅仅是性价比高,却没有附加值,整车厂很难获利,再加上未来电动汽车技术的趋同趋势,厂家如何去竞争和定价呢?传统燃油车可按照发动机排量区别来增加附加值,但电动汽车没有这么多"花样",整车厂未来要想实现获利,智能化一定是重点之一。

从电池、电机与电控系统角度来看,目前较为出色的国内整车厂有比亚迪和上海汽车集团,国外则是日产、宝马和特斯拉。总体来看,国内外虽有差距,但不是很大。中外基本处在同一起跑线上,我们应有足够的自信去竞争。

3. 整车系统集成技术

电动汽车整车系统集成技术的难度,并不会高于燃油车。在动力性上,传统燃油车主要比拼加速性能,而电动汽车上所搭载的电机,有着天然的加速优势。在NVH(振动、噪声与声振粗糙度)问题上,对于传统燃油车而言,这是一项难度很高的整车集成技术;但对于电动汽车而言,难度却不大。

最能体现电动汽车整车集成水平的技术指标是电耗。若想要降低电耗,需从全工况电驱动与回馈制动的效率、车身流线形、整车轻量化等多方面综合考虑。因此,电耗情况可以反映出一辆电动汽车的综合水平。日产汽车最新一代的聆风车型,在欧洲NEDC工况下,40kWh的电量就可行驶378 km,在日本工况下甚至能达到400 km。从这一层面上来看,国内电动汽车电耗水平与国际先进水平差距较大。

一般看来,和混合动力汽车、燃料电池汽车相比,纯电动汽车技术难度相对较低。但未来纯电动车续驶里程大幅加长、电池比能量大幅提高、充电时间大幅缩短将对整车集成的安全性、可靠性、耐久性、经济性提出愈来愈高的要求,技术竞争将愈加激烈。生产纯电动汽车不难,但要做好很难很难。

专家评述新能源汽车发展（按姓氏笔画排序）

赵英

中国社会科学院工业经济研究所研究员，原研究室主任

从行走的机器到行走的机器人——对汽车智能化的哲学思考

最近，为加快推进我国智能汽车发展，加强顶层设计和战略谋划，国家发展改革委组织研究起草了《智能汽车创新发展战略》，向社会各界公开征求意见。智能汽车发展日益成为中国汽车工业的头等大事，也是中国工业发展的重大事项。

在笔者看来，当前汽车工业面临的两大革命——能源革命和智能革命中，智能革命更具有重要意义。因为智能革命对汽车这一产品的变革更加深刻，对社会的影响更加全面。

从中国汽车工业发展史看，只有对汽车这一产品有了正确认识，才能对汽车工业发展有正确认识，才能制定正确的发展战略和策略。在计划经济向市场经济转变的时代，人们对汽车产品的认识完成了从产品到商品的转变，推动了汽车进入家庭；对汽车产业的认识完成了由"推动交通运输大发展的支柱产业"向"带动国民经济发展的支柱产业"的转变，为汽车工业大发展开辟了道路。

在汽车智能化持续深入的今天，笔者想用一句简练的话来概括汽车产品的概念转变：汽车正由行走的机器向行走的机器人转变。一字之差，意味着汽车产品的革命性变革。可能有些人觉得这一概念转变有些突兀，实际仔细思考一下，把汽车智能化程度与生产线上的机器人做一对比，就会发现汽车智能化程

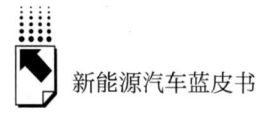

度已大大超过了众多的机器人。

首先,由行走的机器向行走的机器人转变,意味着汽车将不再是单纯地听从人类驱使的行走机械,而是有着某些自身"想法"的机器人。这一点,笔者在运用汽车导航时有切身的体会。不管驾驶员凭借自身经验如何轻视导航系统的指导,最终结果是99%以上的驾驶员错了。汽车智能的渐进、累加式的演进,总有一天使汽车成为人类行进中的顾问,管理越来越多的事情。在互联网刚刚进入汽车平台时,笔者认为汽车由输送平台变成了运动中的娱乐、工作和信息平台。随着汽车智能化的深入,汽车将成为人类行进中的秘书和伙伴。

其次,由行走的机器向行走的机器人转变,意味着驾驶汽车成为人机双向协调的过程。如何双向协调这一过程,以及处理双向协调导致的后果,实在是一个复杂的技术问题,也是复杂的法律问题,更是复杂的哲学问题。从技术演进上看,理论上"汽车人"的智慧演化可以是无穷大的,如果电子技术允许,战胜柯洁的电脑就可以用在汽车上。那时候人机智力在汽车操纵上的严重不对称就可能出现。随着高级智能驾驶的实现,汽车机器人将对人类驾驶员的不良习惯予以强制纠正。人类被动地被汽车输送的情境,不是不可能出现。

再次,由行走的机器向行走的机器人转变,意味着汽车作为一个运输产品的作用相对下降,作为陪伴运动中的人的"机器人"的作用持续上升。人类对汽车产品需求中,对机械功能的需求下降,对智能功能的需求持续上升。相应的产品价值构成也会改变。在"行走"部分,利润占比呈下降态势;在"人"部分利润呈上升态势。以目前汽车上搭载的语音系统为例,主机生产企业多半是委托科大讯飞研发的,真正赢家是科大讯飞。在汽车产业价值分配中,从事智能化生产服务的企业将获得更大利润和更大发言权。从这一点出发,所谓"造车新势力"大可不必从并不具备竞争优势的汽车制造环节进入汽车产业,只要把握住新出现的"智能机遇",就可以稳获丰厚的利润了。

最后,由行走的机器向行走的机器人转变,意味着汽车的智能化实际上是两个既紧密联系,又相对分离的过程。汽车产品本身可以通过不断叠加其上的电子装置、电子信息技术,日益提高单个平台的智能水平,完善与人类的互动;追随汽车智能化,全社会体系的智能化改变与信息系统的完善与运营。前一个过程可以通过市场竞争,由企业相对独立地推动。例如,现在汽车与人的对话成为一大卖点。最新的人机对话系统已经可以听懂20余种方言。后一过程必须有政府的整体规划，有统筹协调，制度改变。《智能汽车创新发展战略》（征求意见稿）中实际上已明确了从这两个方面进行推进。

由行走的机器向行走的机器人转变，意味着汽车已不是被动地、乖乖地行走于大街小巷的钢铁机器，而是可能深度介入我们生活的另类力量。正因为如此，对于汽车智能化导致的安全问题（包括平台的可控，信息系统的安全）要未雨绸缪。

著名科幻作家阿西莫夫在小说《环舞》（*Runaround*）中提出被后人称为"机器人发展三大法则"：机器人不可伤害人，也不可在人受到伤害时袖手旁观；机器人要服从人的指令，但不可违反第一法则；机器人可以保护自身安全，但不可违反第一、第二法则。

这三条法则虽然过于笼统，但可以作为今天发展汽车机器人的参考。政府在制定政策时，也不妨从哲学角度征求一下多方面的意见。

（源自《汽车人传媒》）

赵福全
清华大学汽车产业与技术战略研究院院长

未来汽车动力技术：高效、清洁、低碳和多元化将成为主流趋势

站在解决全球能源问题的高度看，开源与节流是缺一不可的两大途径。对汽车产业而言，节能汽车将与新能源汽车共同确保汽车能够持续造福人类。前者为后者逐步走向成熟赢得时间，同时，传统动力总成以外的共性节能技术也将助力新能源汽车的效率提升。因此，开源与节流并重，应是我们看待节能与新能源汽车发展的基本出发点。

传统动力系统：趋向全面电气化

过去，发动机与变速器组合提供动力输出。为满足复杂的工况，发动机需要在较宽区间工作，并通过不断扩大最佳工作区域来实现热效率的提升。其本质是通过改善机械配置来实现动力输出可变，以适应变工况下的高效运行需求。这将不可避免地造成控制越来越难、系统越来越复杂以及成本越来越高。而且由于发动机的热效率正在接近物理原理上的极限，单纯使用发动机的汽车将越来越难以满足日趋严格的油耗和排放法规。

未来，发动机与电池电机有效组合提供动力输出。尽管复杂的工况需求并未改变，但动力系统中耦合了电池电机单元，可通过电池充放电来调节发动机的运行状态，从而使发动机得以在更窄的最佳热效率区域工作。其本质是通过机电耦合来实现动力输出可变，以适应变工况下的高效运行需求。

传统动力系统的电气化之路并不会一蹴而就，但最终发动机将几乎只在热效率最高的"甜蜜点"上工作，整体设计更加简化，而单点工作效率也将趋近极致。通过机电耦合的不断升级，未来较长时间内发动机仍会在汽车动力技术中占据重要的应用空间。

电动车：动力电池与充电设施是两大核心问题

电动车的发展轨迹是动力电池的时间函数，而动力电池本身仍存在一些不确定性。一方面，现有主流动力电池在材料化学的本质上是否存在增长极限尚难定论；另一方面，新体系电池以及氢燃料电池的发展速度也很难预料。除了动力电池的能量密度和成本挑战之外，充电设施不足是另一个制约电动汽车发展的硬性障碍。解决充电设施问题并不比提升动力电池性能容易，基础设施建设不仅需要成本和时间，而且一旦充电技术出现更迭，还可能造成之前的投入完全作废。

不过，现有主流动力电池进步快速，短期内的不确定性正在下降。同时，新能源汽车的发展速度，尤其是在国内的推进力度，远超预期。因此，企业加紧打造电动车仍是必然的选项。在具体实施中，我有三点建议：一是电动车一定要小型化，从而节省电池成本；同时小型车一定电动化，在不得不做电动车的情况下，企业应当优先选择最适宜的小型车作为突破口。二是续航里程够用就好，这同样是为了节省电池，提升电动车的性价比。三是企业必须思考商业模式创新和特定技术方案来解决充电难题以便赢得先机。

混合动力：长期的过渡就不是过渡

混合动力被认为是从发动机到电动车的过渡技术，但长期的过渡其实就不是过渡。在汽车动力革命的进程中，混合动力是无法跨越的。作为开源与节流的交叉技术，混合动力同时拥有两方面进步的收益，将成为未来满足节能环保法规的必然技术选择之一。特别是由于具有多种不同方案，混合动力提供了更广的应用范围，当然这也更考验企业的技术决策和创新能力。

综合油耗、成本与性能之间的诉求，企业可以选择不同混合度的混动方案以满足自身的需求。总体而言，我的判断是：怠速起停成本低廉、技术成熟度高，将逐步普及。轻混和中混技术的成本、性能适中，在中小型汽车上将得到更多的应用。重混技术系统复杂、增加成本较多，将在中大型汽车上应用。

混合动力汽车与电动车相比，本质上就是两套动力装置的成本与电池成本及充电便利性之间的权衡，只要动力电池没有革命性的重大突破，混合动力就有其存在的价值与合理性。在可预期的未来，油电耦合将成为汽车动力系统的"新常态"，因此，混合动力必不可少、大有可为。

燃料电池（FCV）：大规模产业化尚待时日

由于核心技术并未突破，燃料电池汽车还存在成本、耐久、基础设施等全球性瓶颈，从制氢、运氢、储氢到加氢的氢能产业链也尚不清晰。特别是地域辽阔的中国很难同时承担加油站、充电站和加氢站三套基础设施的建设。因此，现阶段优先推进电动车的新能源发展策略是可以理解的。

但是，这并不意味着我们可以忽略燃料电池汽车。像中国这样的大国，在能源战略上绝不能赌博，必须把"能源多元化"作为长期战略，对于任何一种重要技术选项都不能疏漏。因此，建议国家在燃料电池汽车方面持续进行基础研发投入、给予财政补贴支持和推动示范工程。

就发展路径来说，我认为燃料电池汽车在中国应以商用车优先切入，以此培育产业链，并为燃料电池乘用车进行技术储备。因为，商用车的电动化也是必然趋势，而搭载大量动力电池本身就不节能环保，相比之下，燃料电池汽车可能是更合适的选择。同时，燃料电池成本较高，商用车更有可能承载。此外，为保障长途运行的大型货车和客车，只需定点建设少量加氢站即可，因而具有相对较强的可行性。

未来节能与新能源汽车技术路线预测

从时间维度看，纯发动机的汽车市场份额将不断下降；传统车企为满足日益严格的油耗法规，将加速导入基于传统发动机的混合动力、插电式、增程式技术以及纯电动技术；而燃料电池汽车预期在2025年之后有望兴起。

必须强调，汽车动力源的转变会是一个长期渐进的过程，在此过程中，各种技术的突破、不同政策的变化以及能源格局的走向等，都会对节能与新能源汽车的此消彼长产生重大影响。具体到各家企业，更要结合自身实际情况进行针对性选择。因此，没有绝对正确的技术决策，只有更合适且需不断完善的路线选择。

不过从产业总体来看,一个不容置疑的基本判断是:未来车用能源的高效、低碳、清洁和多元化将成为主流趋势;汽车动力系统一定是开源与节流并重,多种动力源之间相互竞争并有效组合,从而来完成汽车节能减排的历史性任务。

黄永和

中国汽车技术研究中心有限公司资深专家，教授级高级工程师，汽车技术情报所总工程师

油耗与新能源汽车双积分政策分析

双积分政策的实施可能会面临几个问题：一是缺乏经济处罚措施。双积分政策指出，将对其燃料消耗量达不到《乘用车燃料消耗量评价方法及指标》车型燃料消耗量目标值的新产品，不予列入《道路机动车辆生产企业及产品公告》或者不予核发强制性产品认证证书。目前只有行政处罚措施，如果行政处罚措施失灵，双积分政策则很难落地。二是积分应如何定价。中国汽车技术研究中心有限公司、清华大学、中国电动汽车百人会、美国加州大学戴维斯分校和国际清洁交通委员会五个机构都曾研究过新能源积分定价问题。通过计算模型，上述机构提出了每分一千元到一万元不等的价格。个人认为基于计算模型得出的价格并不可靠，必须由政府正式定价，如果没有定价，双积分政策很难实施。三是对政策影响力缺乏完整的评估。对于双积分政策实施之后，对自主品牌传统汽车的竞争力，尤其是国际竞争力缺乏完整的评估，双积分政策可能会减弱自主品牌传统汽车的国际竞争力。

后补贴时代产业发展面临较大的不确定性

国际经验表明，新能源汽车扶持政策保持持续、稳定对新能源汽车行业的发展具有重要意义。美国佐治亚州2015年7月取消州政府的税收减免奖励，电动汽车销量大幅下滑。丹麦终止实施电动汽车税收减免政策，2017年第一季度，丹麦的电动汽车和插电式混合动力车销量同比下降60.5%。我国新能源汽车补贴退出后，以非补贴政策工具包为主的后补贴政策体系设计是产业可持续健康发展的重要支撑。国家亟须对现有政策体系进行系统评估，也需要对非补贴政策工具进行系统研究。需要在科学评估基础上，做好政策的系统研究和规划，为未来政策调整、接力提供政策储备。目前中国汽车技术研究中心有限公司与中国汽车工程学会、中国电动汽车百人会正在研究后补贴时代新能源汽车发展的政策体系。后补贴时代新能源汽车支持政策体系从生产、研发、购置、使用、基础设施等各方面构建一揽子政策工具包，具体包括破除地方保护、完善交通支持、优化充电环境、推动公共服务领域推广、完善财税金融扶持、引导产业融合和模式创新、推动行业供给侧改革、加强技术创新和产业化升级等。

关于禁售传统燃油车的问题思考

虽然不少国家都宣布了燃油车禁售时间表，但都没有正式立法落实。中国的新能源汽车定义与国际惯例不同，并不包括非插电的混合动力汽车，如果其他国家禁售燃油车，那么还有混合动力可以选择。国际能源署 2015 年预测：2020 年以后纯内燃机汽车销量将达到顶点，纯电动汽车市场发展将会提速，2040 年以后搭载内燃机的汽车销量将逐渐减小。因此建议，不应该"一刀切"提出禁售燃油车的统一的时间表，可采取从公共交通领域禁售燃油车，或分地区试点的方式禁售燃油车，逐步提高新能汽车的保有量，逐步禁售燃油车，最终实现燃油车的全面禁售。

黄学杰

中国科学院物理研究所研究员，清洁能源中心常务副主任

2018为动力电池行业阶段性升级的关键年，愿全产业链共同进步

新能源汽车行业的可持续发展对电池的性能、质量和成本提出了更高的要求。2017年，新能源汽车销量再创新高，动力电池产销量符合预期，电池系统的比能量明显提升。随着2018年补贴政策的调整，预期电池系统比能量将进一步提升，预期近期系统比能量大于160Wh/kg的轿车动力电池和系统比能量大于150Wh/kg的客车动力电池将进入应用阶段，性能已基本满足电动车辆发展的需求。所谓的"磷酸铁锂和三元正极之争"也有了一个初步答案，轿车动力电池一般倾向于使用三元正极材料，主要是高比能量的电池对私家轿车更有吸引力，客车等商用车动力电池一般倾向于使用磷酸铁锂为正极材料，因为对于商用车而言，磷酸铁锂电池的高安全和长寿命特性更具有吸引力。随着产业规模的扩大，电池系统的价格会进一步下降，预期2020年底将实现系统价格低于1元/Wh的目标，届时纯电动车辆不依赖于补贴即可比燃油车更具有经济性。

寄语：2018为动力电池行业阶段性升级的关键年，愿全产业链共同进步

2017年初，动力电池生产企业即首先感受到了压力，冬天比预期的来得还早了一点，动力电池产品价格大幅度下降，原材料价格上涨导致三元正极材料和石墨负极材料价格快速上涨，前期销售的部分电池进入更换期，补贴发放滞后导致应收款大量增加等压力叠加。无论压力有多大，保障电池产品的安全和可靠性应该是不可动摇的底线，在此基础上的比能量提高和成本的降低才有价值。2018年电池企业的压力无疑是更大了,这个时候优秀的企业应迎难而上,反周期的增加研发投入,及时淘汰落后产能,加速建设高端产能,经过2年左右的奋斗实现一次阶段性的产业升级,过了这个冬天,春天里可持续发展的动力电池行业将支撑我国交通行业的能源变革,也将为新能源革命做出应有的贡献。

龚慧明

能源基金会（中国）交通项目主任

禁售燃油车需要全面系统深入研究，可从城市和行业试点开始

第一，中国作为全球第一大传统车和新能源车市场，工业和信息化部的禁售燃油车表态给了全球所有车企以及国家一个强烈的信号，禁止销售燃油车将成为一个趋势，发展新能源车大势所趋。传统车生产企业必须严肃认真的考虑加速向新能源汽车生产转型，而新能源车企将迎来更广阔的空间，不同国家在这个问题上将形成更广泛的共识。

第二，油耗和新能源双积分政策迫于各方面阻力做出了一些从实施时间到部分条款的让步，禁售燃油车的表态避免了外界由于政策弱化而误以为中国发展新能源汽车的决心有所动摇。除了从生产端进一步强化发展新能源车不动摇，对消费端树立信心也很有帮助。

第三，禁售燃油车的表态将影响到传统车和新能源车领域的长期投资。长期以来，地方政府都在积极争取建立本地汽车生产企业或进一步扩张产能，而兼并重组既有传统车企业，提高产业集中度，做大做强传统车企业，产能过剩等问题始终伴随着中国传统汽车产业的发展。为此，国家发改委一直严格控制传统燃油车生产企业资质的审批，直到 2016 年 3 月才新开放了对新能源汽车生产企业资质的审批。2016 年 10 月国务院常务会议进一步指出"原则上不再核准传统燃油车生产企业"。结合此次工业和信息化部的禁售燃油车的表态，长远来看传统车企业扩张的趋势将减速，而进入新能源生产行业的动力将加强,相关投融资也将逐渐出现趋势性的转折。

第四,禁售燃油车还需要深入研究,需要在广泛的利益主体之间达成一定共识,不能操之过急。这项政策不单是传统车行业和新能源车行业的上万亿的利益之争,还将牵涉石化行业、电力行业、基础设施建设、电池原材料等多个方面,也将影响国家财政、居民就业和出行、能源供给和消费、环境保护等多方面。如何设计新的税收体系以保障稳定的国家财政收入,如何保障传统车向新能源车平稳的过渡而不会导致传统车企严重亏损和新能源车企服务跟不上,如何保障政府管理、企业生产销售和服务、消费者消费选择等多方面形成统一的共识等都需要一个逐渐转变和接受的过程。

第五,禁售燃油车可从城市和行业试点开始。工业和信息化部禁售燃油车的表态将进一步支持和加快地方城市的转型步伐。北京新增车辆的销售量中已经有60%为新能源车,即便考虑到每年的旧车更换需求,所有新车销售中新能源车也占到了10%;深圳公交车已经实现全部电动化;太原出租车也已经全部更换为纯电动车;海南更是提出了对机动车保有量总量控制和2030年全部更换为新能源汽车的目标。总结借鉴这些先行城市的经验,结合地方城市的地理、行业特点和需求,充分发挥地方积极性,组织开展相关试点,并提前在城市试行禁售燃油车将对在国家层面形成全国禁售燃油车的共识打下良好的基础。

董扬
中国汽车工业协会常务副会长

对外开放更要对内开放

党的十九大做出战略部署，中国将进一步对外开放。在制造业中，汽车是为数不多的还存在对外资限制的行业，因此首先要对外开放。就此，有关部委已明确提出开放步骤，媒体对此已有诸多报道。但是被媒体忽视的是，汽车产业对内也没有充分开放。笔者以为，在对外开放的同时，更要对内开放。

长期以来，政府对于汽车产业的企业准入和产品准入，都有比较严格的管制。这也是相比于其他制造产业，汽车产业民营资本较弱的根本原因。至于具体开放的内容，相关部门正在研究，笔者不愿置喙。但是，至少在以下方面应该开放。

其一，企业互相代工和改装可以开放。虽然部分国家不承认中国的市场经济地位，但笔者以为，在汽车产业，市场竞争是很充分的，品牌已成为市场竞争的必要因素。因此，企业相互代工和在基本车型上改装专用车，以及自有品牌约束，企业为保证自己的品牌，在质量和用户服务方面，自然不会含糊，无须政府管理。

其二，应建立民营资本和其他产业资本进入汽车产业的通道。对此，政府虽无明令禁止，但隐形的障碍仍然存在。日前，笔者去考察一家被炒得很火的新势力造车企业时，就被问道，要不要去用不菲的价格去买一个"壳"？笔者虽回答不建议买，却也心中忐忑，不知这个建议会不会耽误他们的生产？另外,笔者预料,在吉利、长城等民营企业咄咄逼人的发展面前,再加上对外资的进一步开放,会有相当一部分国有汽车生产企业陷入危机,建立民营资本和其他产业资本进入汽车产业的通道,是这些国有企业主要的出路。虽然混合所有制已提倡多年,但是按照笔者以往经验,在互相参股合作和兼并重组中,国有怕民营,民营也怕国有,如无良好的制度保障,这一进程会很慢。

其三,彻底改变政府部门多头管理、重复管理的现象。例如交通部门对油耗的管理,完全可以并入工信部一并管理;而"三C"认证,也不必与工信部产品准入并列,完全可以成为工信部产品管理的手段。

其四,完全可以放开产品的自我认证,至少可以先从大品牌、大企业开始。

笔者曾在政府部门工作多年,深知政府不放开汽车产业准入,并不是想权力寻租,而是担心放开后会乱,会产能过剩,产品质量得不到保障。其实这些担心有些是不必要的,有些可以用其他方法来控制。

汽车产业是资金密集和技术密集的产业,本身有较高的资金壁垒和技术壁垒,不应由政府设定资金和技术方面的准入条件。这方面的问题出在地方政府,是地方政府超优越的招商条件,降低了汽车产业的资金和技术门槛。因此,必须严格约束地方政府的招商行为。另外,对于互联网式的"烧钱"行为,也应有约束,可限定其自有资本比例。

2017年,国务院已做出决定,不再批准传统能源汽车的项目。此规定应该坚持,并以更高的法律形式固定下来。否则,在对外更加开放的前提下,加上地方政府的"疯狂"招商,极有可能出现国外大量过剩产能转移到中国的局面。

汽车是关系国计民生的重要产品,应该有严格的排放、节能、安全性要求。对此,我国已建立起比较完善的认证制度和用户保证法律法规,不需要主要依靠事前准入来管理,而应建立健全事中事后的管理制度。这方面问题不仅仅限于汽车,还有食品安全问题,药品安全问题和生产企业偷偷排污的问题,都应该用严格的事中事后监管来保证。

至于产能过剩问题,一方面,适度的产能过剩是市场经济的根本特征,无须害怕;另一方面,如无政策的扭曲(如地方政府的过度补贴),则不会出现恶性的产能过剩。

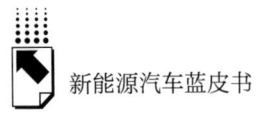

最后,引用一位在政府工作的朋友的精彩比喻作为结尾:政府负责企业产品事前准入,相当于借钱与担保的关系,政府就有了向用户保证产品质量的责任,这就是现在政府屡屡被告上法庭的原因。

安全是电动汽车的生命线

近来,特斯拉电动汽车频繁出现电池着火事故,对此不应该简单看待,而应认真分析其中的原因,全行业引以为戒。

一方面,特斯拉是全世界电动汽车中的翘楚,万众瞩目。另一方面,特斯拉却也"不负众望",频繁出现事故。之所以出现这种情况,笔者认为有两个原因。一是特斯拉在技术上比较激进,其能量密度是全世界电动汽车中最高的。动力电池的能量密度和安全性是矛盾的,能量密度高了,自然产生事故的概率要大。二是特斯拉崇尚互联网的"迭代开发"概念,对于汽车行业新技术应用所需要的研究、开发、试验进行得不够充分。这是全行业都要吸取的教训。在美国,甚至是全世界,马斯克是创新的英雄,因此对他有额外的包容。但是我们需要知道,其他企业、其他品牌的电动汽车,没有这样的待遇,如果也发生这么多事故,恐怕早就万劫不复了。

对于电动汽车的安全性,我们一直很重视。三年前,我们曾提出大客车暂缓使用三元锂电池的建议,也曾建议有关主管部门对电动汽车的安全加强管理。近年来,我国电动汽车技术发展很快,电池能量密度有很大提高,安全性也有很大改善,但是能量密度与安全性这对矛盾仍然存在,安全仍然是电动汽车发展的最主要的矛盾。2018年,政府部门提高了对电动汽车补贴的能量密度门槛,安全事故也有抬头的苗头,对此必须引起全行业的重视。

之所以强调电动汽车的安全性,并不是说电动汽车不安全。以笔者愚见,在作为汽车动力源的汽油、柴油、天然气、液化石油气、氢气和动力电池中,汽油是最不安全的。但是经过一百多年的研究与实践,我们已经完全掌握汽油安全的各项要素,可以在各个环节做到安全可控。对于高能量比的锂离子电池,需要在电芯的设计与制造、电池包的设计与制造、整车的设计与制造等多个环节,深入开展试验研究,掌握安全性规律,从而向消费者提供安全可靠的电动汽车产品。开展这方面的研究实验,需要人力、设备、时间,希望各企业都给予足够的重视,给予足够的投入。

当然也希望政府部门,不要频繁变动电动汽车的技术门槛,给电动汽车生产企业以足够的开发验证时间。按照整车生产企业的开发流程,电动汽车新车型的研究开发,至少需要两年时间。因此,我们建议,一是不要每年变动电动汽车补贴的技术指标;二是有技术指标变动,需提前两年公布,以便企业准备;三是政府部门为减少补贴额度,可以每年递减补贴金额,而不需要频繁提出新的指标。

甄子健

科技部高技术研究发展中心交通处研究员，国家重点研发计划"新能源汽车"重点专项管理办公室专项主管

因地制宜发展中国的可持续电动道路交通系统

在几个五年科技计划的持续引领下，我国新能源汽车从无到有经历了基础研究、应用研究、开发研究、示范考核、产业推广的多轮迭代循环，已经构筑起"三纵三横"坚实的研发和产业化体系，确立了具有引领作用的"纯电驱动"技术转型战略，并已发展成为全球最大的新能源汽车市场、产业化基地和技术创新高地。同时，在世界各国及众多专业领域的创新实践中，我们也创造了政府推动科技创新及成果推广、引领建立新能源汽车战略性新兴产业的典型案例，成绩斐然。

尽管如此，由于新能源汽车事关交通能源的清洁化和可持续发展，事关交通运输系统的绿色智能化和可持续发展，事关汽车技术、市场、商业模式的重大转型，要在现有基础上进一步推动我国新能源汽车战略性新兴产业的发展，仍然还面临一些问题亟待解决。例如，直到2017年，纯电动汽车、燃料电池汽车仍处于政策主导的孕育期，尚未真正解决商业模式可行性问题，仍然缺少大规模市场化、商业化的动力，在接下来的政策转换期如何发展备受关注；再如，在当前新能源汽车不进则退的产业化关键期，业界还存在以传统汽车思维发展新能源汽车的问题，忽视当今交通需求的多元化和交通系统的智能化变革，忽视新能源汽车与新型绿色智慧能源系统的融合互动（甚至出现了乘用车300kW以上大功率充电这类以偏概全的技术导向）等。这将使我国新能源汽车错过进一步与能源系统、交通系统深入结合，系统解决成本、里程焦虑、应用模式、产业基础等市场化本质问题的机会，延缓了新能源汽车的产业化进程。

目前，我国的交通模式及道路交通工具正在发生着深刻的变化。当务之急是要适应这种变化，顺势而为，因地制宜建设由1个应用网络（可持续道路交通网络）、3套硬件系统（新能源汽车产品系统、绿色车用能源基础设施系统、信息化/智能化基础设施系统）组成的"可持续电动道路交通系统"，并将其作为培育我国新能源汽车战略性新兴产业的出发点。

建设我国的可持续电动道路交通系统，首先须解决交通可持续发展战略问题，优化协调运输需求与道路资源，在此基础上合理规划设计我国新的绿色交通体系及智能化新能源汽车的应用定位。其次要解决交通能源和交通排放的可持续发展问题，大力发展与智能电网互动的、氢/电/气及可再生能源共生（并可互转）的新能源汽车车用能源基础设施系统，改变对石油过分依赖的现状，并最大限度地减少有害气体排放及二氧化碳排放。最后是要关注汽车产业的创新和可持续发展问题，进一步梳理提出科技创新及产业协同发展的相关战略与政策，整合新能源汽车全链条资源，建设我国的可持续电动道路交通系统，形成自己的知识产权和标准体系，提升创新能力，推动我国新能源汽车战略性新兴产业向纵深发展。

蔡蔚

博士，精进电动创始人兼首席技术官，国家地方联合实验室主任，国家"千人计划"创新创业专委会副主任，中汽协电动车专委会副秘书长

中国汽车产业需不断提升核心零部件技术水平

清洁能源发电占比的提高将减少电动车二氧化碳的排放；混合动力汽车节省的能量是"纯绿色"的。在煤电厂排放控制现状下，电动车即使全部用煤电驱动，其有毒气体和微颗粒（$PM_{2.5}$相关）排放也比"国6B"标准要求的少。故能源清洁化和汽车电动化是我国战略发展的"大棋"。"十二五"期间我国新能源汽车逐步解决了"从无到有"的问题，"十三五"期间将是我国新能源汽车从有到优的发展阶段。

近年来我国驱动电机产业取得了长足进步，但产业链仍不够成熟，材料、零部件、元器件和基础研究还相对落后。驱动电机系统在防护等级、低振动、低噪声、电磁兼容等方面同国际先进水平仍存在差距。高速轴承、耐电晕绝缘原材料、油冷兼容绝缘材料、功率电子元器件等仍然依赖进口。制造稀土永磁体的材料利用率比国外低8%左右。高速齿轮、行星齿轮、复合行星齿轮、液压系统、油冷系统等仍需要进一步技术突破和产品攻关。

未来驱动电机的发展方向是永磁电机，目前永磁电机全球市场份额占85%以上，随着特斯拉Model 3等新产品转向永磁电机，其市场份额将在90%以上。随着电动化汽车市场份额的提升，低端的起动机、发电机市场竞争将愈趋残酷、市场规模将萎缩甚至开始逐步地退出市场。功率电子开关元件正在由现代功率半导体的硅基MOSFET和IGBT逐渐向第三代宽禁带功率半导体方向发展。动力电池正在从磷酸铁锂电池向高储能的三元电池甚至固体电池方向发展。稀土永磁将朝高性能化、低重稀土化、回收利用和综合利用方向发展。

"世界厌变，革新是推动进步的唯一动力。"希望大家推动革新，共同助力国家的汽车电动化向前发展。一是开展新能源汽车零部件的研发和创新。二是实现生产制造的智能化和数字化，推动采用 MES、SCM、SSM、ERP、FCM 等底层生产控制系统的融合发展等。三是加大对驱动电机系统产业链的研发和产业支持，积极布局代表未来发展走向的材料和技术。

NEVI 指数篇

NEVI Reports

NEVI 指数研究基于"产业评价、企业评价、品质评价、城市评价、使用评价、效应评价"六个维度,对汽车产业竞争力、企业竞争力、汽车品质、城市产业发展环境、用户满意度、产业和经济带动效应情况进行全方位评价,从而为产业和企业竞争力提升、品质改善、城市环境优化、使用改善、市场推广等提供客观参考。本年度蓝皮书重点对新能源汽车产业、企业、品质和城市做了评价,希望该评价能为政府、汽车企业及相关部门准确判断新能源汽车产业发展形势,有效预测新能源汽车产业的未来发展动向,正确制定相关的产业调控政策及企业的经营方针提供依据。

一是中国新能源汽车产业竞争力综合评价指数排名跃居第三位,但产业基础仍然薄弱。2017 年我国新能源汽车产业国际竞争力与 2016 年相比有小幅提升,在 5 个国家中排名第三,比 2016 年提高一位。综合指数为 0.97,是美国的 97%、日本的 99%、德国的 101%、韩国的 115%,与发达国家如美国、日本等国的新能源汽车产业竞争力差距逐步缩小。中国虽然居第三位,但从分项指标看,其优势主要体现在显示竞争力方面,即仅在市场规模一项具备明显优势,而其他方面竞争力仍较弱。

二是新能源汽车企业指数反映了我国新能源汽车企业竞争力的当前水平和发展趋势。2017 年企业总体指数分析的结果表明,相对于 2016 年基期指数 100,2017 年企业综合指数为 99.02,与 2016 年的行业总体水平基本持平。乘用车企业方面,比亚迪、北汽集团、上汽集团、吉利汽车形成了具有低集中寡占型的市场格局。客车企业方面,郑州宇通、比亚迪、中通客车排名前三,在新能源客车领域形成了极高寡占型的市场格局。

三是产品竞争力评价基于 EV – TEST 电动汽车测评规程中客观测试评价和主观评价的具体内容。主要聚焦电动汽车用户在车辆实际使用过程中关注的各项性能，从"续航、电耗、充电、安全、动力"五个方面对电动汽车整车进行"标准严格、试验规范、独立公正"的性能评价，为消费者提供更接近实际运行状况、更全面的电动汽车性能数据和星级评级。

四是中国新能源汽车城市发展指数较高的有上海、深圳、广州、北京、天津。综合分析城市市场环境、产业环境、使用环境等指标，通过分别对标量化，得出不同城市新能源汽车发展环境综合评价指数。

B.4
2017年中国新能源汽车产业竞争力指数评价报告

时间 霍潞露*

摘 要： 发展新能源汽车是引领汽车产业转型升级的突破口，只有加大产品研发力度，认真研究政策，尊重市场规律，开发满足消费者各种需求的新能源汽车产品，才能使我国新能源汽车产业进入高质量发展阶段。本报告运用综合指数法和层次分析法，基于2017年主要发达国家新能源汽车产业数据和专家打分，评价中国新能源汽车产业竞争力指数。2017年中国新能源汽车产业国际竞争力相比2016年有小幅提升，竞争力指数排名由2016年的第四位升至2017年的第三位，新能源汽车支持政策不断出台使得新能源汽车产业发展速度和市场需求量大幅度提高。产业竞争力指数直观且宏观地体现了我国新能源汽车产业的现状和未来发展态势，已经成为判断我国新能源汽车产业发展方向的风向标。

关键词： 新能源汽车 产业竞争力

2017年，在相关政策的大力扶持下，中国新能源汽车产业竞争力排名第三，与国外主要发达国家差距进一步缩小。但从各细分指标看，除显示竞争力

---

* 时间，硕士，高级工程师，中汽中心新能源汽车与财税政策研究室；霍潞露，高级工程师，中汽中心新能源汽车与财税政策研究室。

排名第一外,其他几项指标相比国外主要汽车工业发达国家,如美国、德国、日本等,仍具有一定差距,主要表现在基础竞争力较弱、产业支撑力不足等方面,从而造成产业和产品竞争力较低。但中央政府在供给侧推出的双积分政策和地方政府在消费侧扶持政策力度持续不断加大,使得我国新能源汽车产业发展前景看好。

一 产业国际竞争力评价体系的构建

(一)中国新能源汽车产业竞争力概念的界定

根据新能源汽车产业的行业背景和本文的研究目的,结合国际竞争力的相关理论,对新能源汽车产业竞争力做如下界定。

新能源汽车产业竞争力是从产业链的角度出发,在现有的宏观环境和产业发展水平上,在国内外新能源汽车市场上未来能够以较低的生产(服务)成本和与众不同的产品(服务)特性来取得最佳潜在市场份额和利润的能力。

(二)评价研究主体

根据本报告研究的需要,新能源汽车产业竞争力评价的产品包括纯电动汽车、插电式混合动力汽车、燃料电池汽车等。评价主体是在中国国内生产制造新能源汽车的整车企业(包括合资企业)。

(三)研究范围的界定

本报告研究范围包括中国新能源汽车产业竞争力综合评价和中外新能源汽车产业竞争力对标分析。

(四)时间跨度的界定

根据本报告研究的需要,新能源汽车产业竞争力指数评价将采用定量和定性分析相结合的办法。本年度发布的新能源汽车产业竞争力定量评价部分主要基于2017年新能源汽车产业发展相关数据；定性评价部分主要基于2017年新能源汽车产业发展现状的专家评分。

（五）评价参照对象的选择

新能源汽车产业竞争力评价指数采用国际比较法，主要对标分析中国、美国、德国、日本和韩国的新能源汽车产业竞争力。

（六）指标体系构建的基本思路

本年度研究的基本思路是从新能源汽车产业链角度出发，按照六大方面构建汽车产业国际竞争力指标体系：环境竞争力、基础竞争力、产业支撑力、显示竞争力、企业竞争力和产品竞争力。本年度指标体系相比以前做了较大幅度修改，综合考虑了国内外新能源汽车发展最新动态，智能网联发展环境、《汽车产业中长期发展规划》中提及的一些关键内容和指标参数。

（七）评价指标的确定

课题组根据指标体系构建的方法和原则结合新能源汽车产业发展形势和变化特点，召开专家研讨会，征求了专家在行业关注度、数据可获得性、国家产业扶持政策等指标体系修改方面的意见，构建了中国新能源汽车产业国际竞争力评价指标体系。指标体系包括28个三级指标，与以往相比增加了8个指标，具体为产品智能化水平、行业知识产权（专利）数量、先进车用材料及制造装备能力、资源保障能力（锂、钴矿）、基础设施配套能力（充电桩数量）、共性平台服务能力、新能源汽车渗透率、关键零部件成本水平（见图1、表1）。

（八）评价指标的权重

本年度的指标体系与以往相比发生了较大变化，指标体系权重也根据专家调查问卷进行了调整，在三级指标体系中，权重最高的为"财税政策"，占5.22%；权重最低的为"产学研合作能力"和"新能源汽车发展形态"，都为2.17%（见图2）。

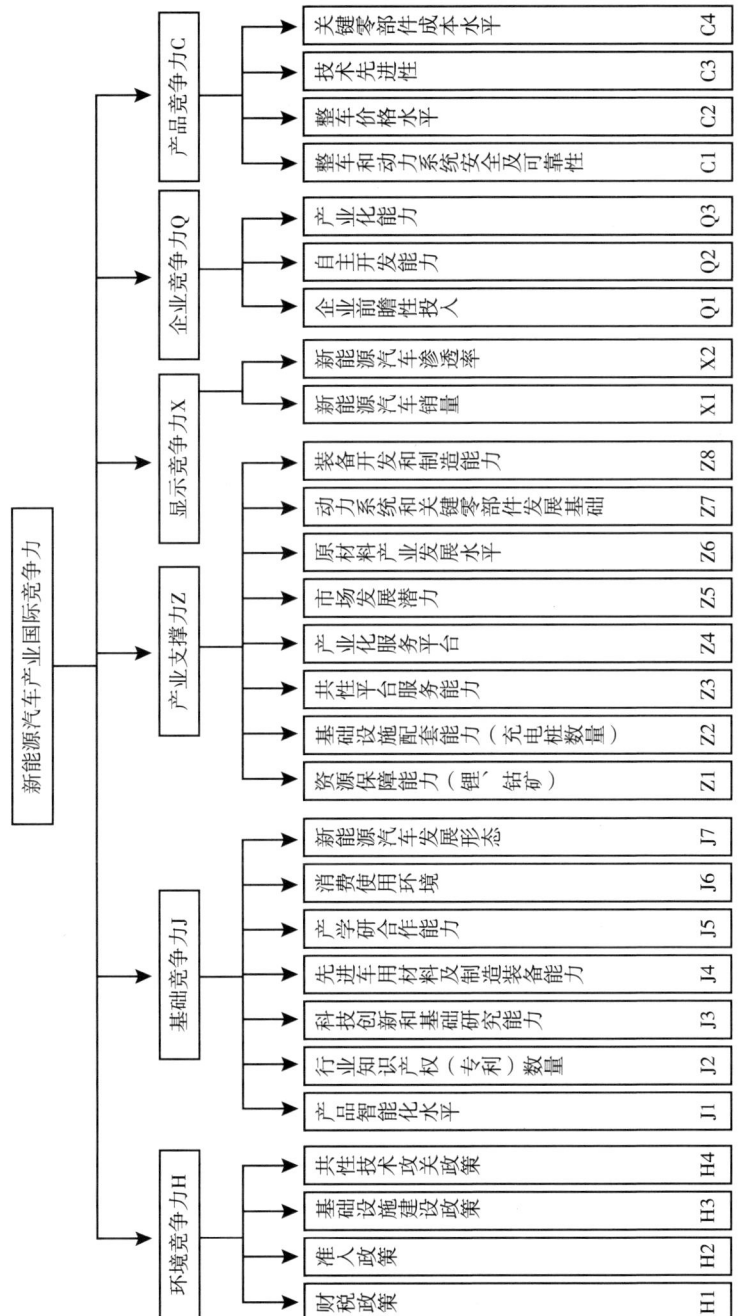

图 1　评价指标体系结构

表 1　评价指标体系解释说明

指标体系	解释说明
财税政策	财税政策是指政府对新能源汽车在税收优惠、政府补贴等财税政策方面的支持力度,其中补贴政策包含中央政府与地方政府给予的补贴
准入政策	准入政策是指政府在市场准入方面对新能源汽车的放开程度,主要指企业准入政策
基础设施建设政策	基础设施建设政策是指政府对新能源汽车基础设施建设方面的支持力度和与各相关方利益的协调能力
共性技术攻关政策	共性技术攻关政策是指政府在共性技术领域对新能源汽车的支持力度
产品智能化水平(新增)	支撑新能源汽车智能化、网联化发展的信息技术产业实力
行业知识产权(专利)数量(新增)	反映新能源汽车行业知识性成果和创新能力
科技创新和基础研究能力	科技创新和基础研究能力是高校和科研院所运用知识和理论,在新能源汽车领域中不断提供具有经济价值、社会价值的新思想、新理论、新方法和新发明的能力。创新能力是新能源汽车产业基础竞争力的核心
先进车用材料及制造装备能力(新增)	产业基础和先进装备是汽车产业建设的重要支撑。夯实安全可控的汽车用材料,大力发展先进制造装备,可以提升新能源汽车全产业链协同集成能力
产学研合作能力	指新能源汽车企业、科研院所和高等学校之间的合作情况。即以企业为技术需求方,与以科研院所或高等学校为技术供给方之间的合作,其实质是促进新能源技术创新所需各种生产要素的有效组合
消费使用环境	消费使用环境主要指为消费者提供便利性的条件,主要包括充换电、维修、基础设施、充电设施等完善情况,它是新能源汽车能否普及的重要因素,是新能源汽车产业发展的基础条件之一,是产业支撑竞争力的重要体现指标
新能源汽车发展形态	新能源汽车发展形态是指未来新能源汽车与智能电网、智能交通、智能住宅以及城市人口出行状态和谐发展的汽车社会形态
资源保障能力(锂、钴矿)(新增)	资源保障能力是反映一国新能源车用材料储备情况,保证行业安全的能力
基础设施配套能力(充电桩数量)(新增)	基础设施配套能力是指新能源汽车基础设施建设方面的支持能力,主要表现为充电桩数量
共性平台服务能力(新增)	共性平台服务能力是指推进汽车行业技术标准、基础设施、测试评价、国际合作的产业支撑平台建设,完善整车和零部件技术标准体系,形成支撑产业发展的系统化服务能力
产业化服务平台	产业化服务平台包括法律、法规、标准体系等,如实验、检测、验证能力,其健全程度是提升新能源汽车产业国际竞争力的支撑要素,是汽车产业发展的基础,是保证新能源汽车产业健康发展的制度条件

续表

指标体系	解释说明
市场发展潜力	市场发展潜力是指未来新能源汽车市场的需求规模及发展潜力。新能源汽车发展潜力的大小对于其潜在竞争力有较强的影响
原材料产业发展水平	原材料产业发展水平是指从产业链上游角度出发,新能源汽车生产制造过程中原材料产业发展成熟度和原材料企业产品质量价格情况
动力系统和关键零部件发展基础	零部件及相关产业是指向新能源整车厂家提供零部件、设备以及原材料的企业,这些企业如果产品质量好,并且和作为供货对象的整车厂进行良好的协作,将会大幅提高整体竞争力
装备开发和制造能力	装备开发和制造能力是为新能源汽车产业提供生产技术装备的开发和制造能力
新能源汽车销量	新能源汽车销量是反映政府对新能源汽车国际竞争力的政策推动力和市场开放程度最直观、最主要的显示性指标
新能源汽车渗透率(新增)	新能源汽车渗透率是新能源汽车销量和汽车总销量的比值,反映新能源汽车推广力度的相对能力
企业前瞻性投入	企业前瞻性投入情况用来反映汽车企业对新能源产品开发的重视程度,是企业研发水平、技术实力、创新能力的综合体现
自主开发能力	自主开发能力主要指新能源汽车品牌、技术开发能力以及拥有自主知识产权情况。自主开发能力是影响新能源汽车企业核心竞争力的关键因素。该指标也可以用专利数量来定量反映
产业化能力	产业化能力是指企业采用各种新技术,改进现有产品的性能,提高其质量,增加款式而制成新能源汽车新产品并推向市场的能力。新能源汽车产品竞争的焦点之一是新产品产业化,因此,产业化能力是衡量企业市场竞争力的重要指标
整车和动力系统安全及可靠性	产品安全及可靠性是决定新能源汽车产业国际竞争力的一个关键因素。一般来讲,较高质量(安全可靠)的产品具有较高的竞争力,并且能够获得较高的附加价值
整车价格水平	产品价格是决定新能源汽车产业竞争力的最关键因素之一。因为相同产品,在同一市场,价格较低就具有较强的竞争力。新能源汽车产品价格主要从新能源汽车产品成本和使用成本角度考虑,即产品综合成本
技术先进性	产品技术水平是决定新能源汽车产品竞争力的关键因素之一。新能源汽车是高科技综合性产品,新技术的运用水平决定产品的市场竞争力。可以从整车构型、动力系统先进性与合理性方面考虑
关键零部件成本水平(新增)	关键零部件成本水平是实现新能源汽车产业革命性突破,大幅提升新能源汽车整车竞争力的关键环节,也是价格竞争力的重要体现

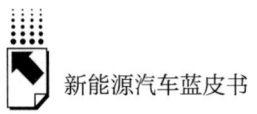

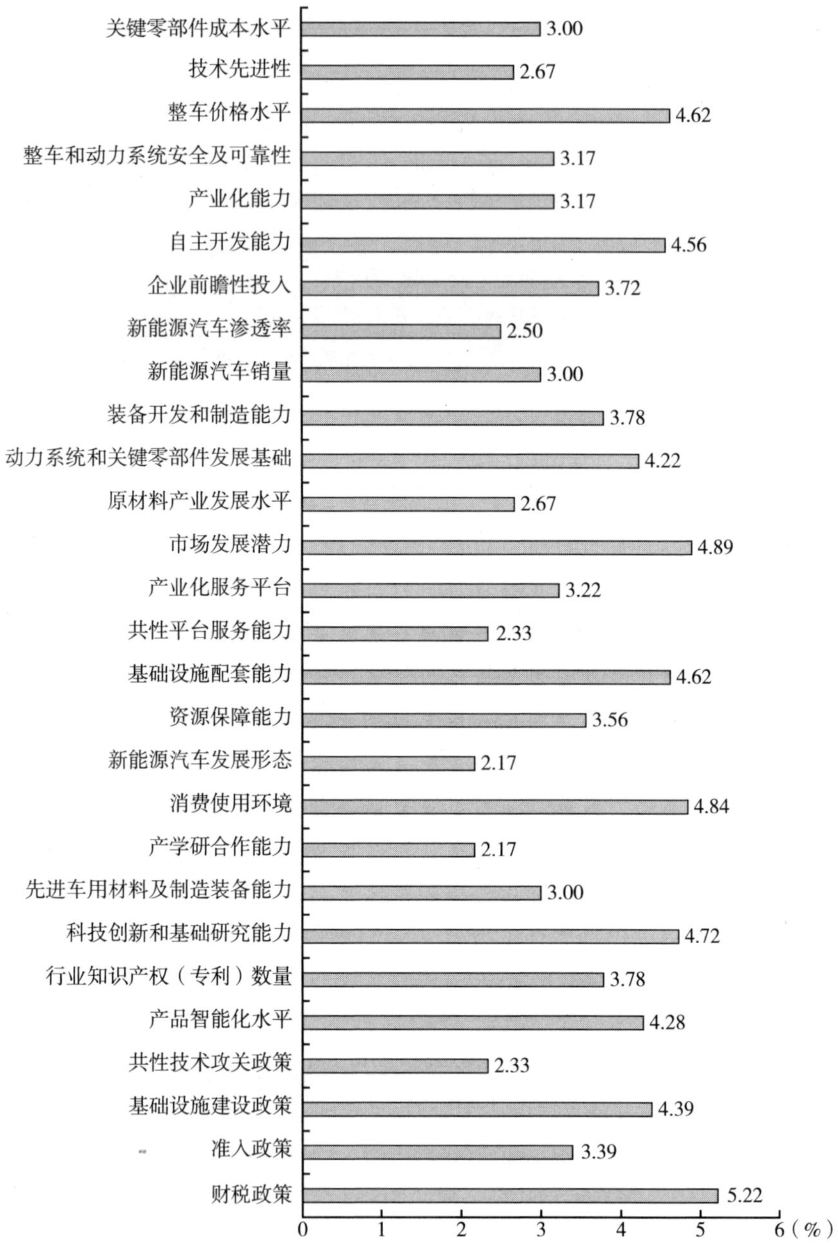

指标	权重(%)
关键零部件成本水平	3.00
技术先进性	2.67
整车价格水平	4.62
整车和动力系统安全及可靠性	3.17
产业化能力	3.17
自主开发能力	4.56
企业前瞻性投入	3.72
新能源汽车渗透率	2.50
新能源汽车销量	3.00
装备开发和制造能力	3.78
动力系统和关键零部件发展基础	4.22
原材料产业发展水平	2.67
市场发展潜力	4.89
产业化服务平台	3.22
共性平台服务能力	2.33
基础设施配套能力	4.62
资源保障能力	3.56
新能源汽车发展形态	2.17
消费使用环境	4.84
产学研合作能力	2.17
先进车用材料及制造装备能力	3.00
科技创新和基础研究能力	4.72
行业知识产权（专利）数量	3.78
产品智能化水平	4.28
共性技术攻关政策	2.33
基础设施建设政策	4.39
准入政策	3.39
财税政策	5.22

图2 新能源汽车产业竞争力指标体系权重

二 新能源汽车产业竞争力小幅提升

(一)新能源汽车产业竞争力综合评价指数与上年相比有小幅提升

新能源汽车产业竞争力综合评价指数,如图3所示。

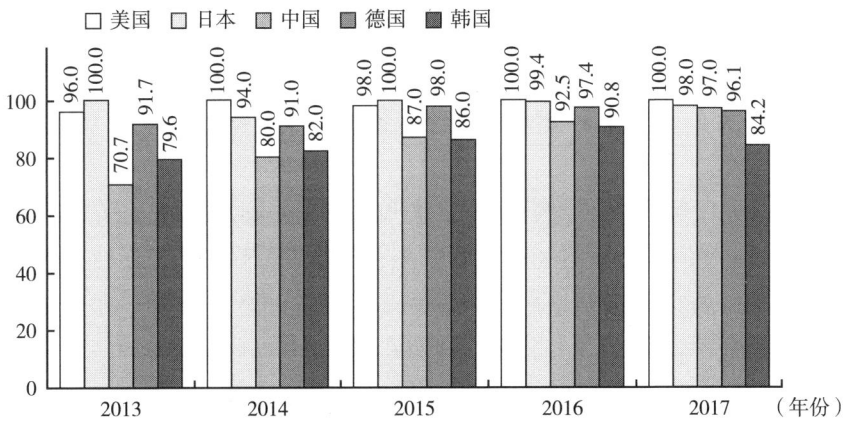

图3 新能源汽车产业竞争力综合指数

中国新能源汽车产业国际竞争力在上述5个国家中排名第三,比2016年提高一位。综合指数为0.97,是美国的97%、日本的99%、德国的101%、韩国的115%。2016年、2017年美国新能源汽车产业国际竞争力一直保持排名第一,依然是全球新能源汽车产业发展最为领先的国家。

(二)环境竞争力略有改善

中国新能源汽车产业环境竞争力指数结果如图4所示。环境竞争力指数仍由4个方面的指标综合而成,即基础设施建设政策、准入政策、共性技术攻关政策、财税政策。

中国新能源汽车产业环境竞争力指数排名第四,综合指数为92,是德国的92.0%、美国的92.4%、日本的93.8%、韩国的103.7%。

中国新能源汽车扶持政策力度的不断加大,使得最近几年新能源汽车市场

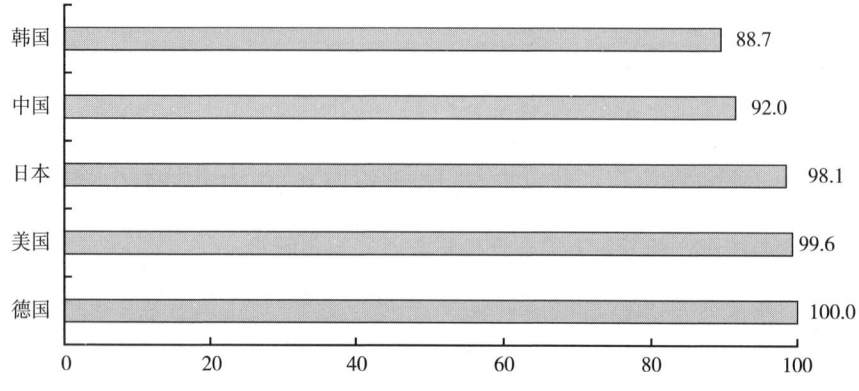

图4 新能源汽车产业环境竞争力指数

发展速度大幅度超预期。虽然政策扶持力度相比国外较大,但目前的支持政策主要集中在购置环节,重点通过税收优惠和补贴政策降低新能源汽车购置成本,而总体政策环境特别是产业创新环境与国外相比还略有差距,特别是"后补贴"时代维持产业平稳过渡、持续发展的接力政策储备不足,在财税扶持大幅减少直至退出情况下,产业可持续发展风险加大,今后需要进一步加强。此外,2018年我国取消新能源汽车外资股比限制,自主品牌与国际汽车企业同台竞争的压力陡增。

(三)基础竞争力指数改善不明显

中国新能源汽车产业基础竞争力指数如图5所示。该指数由2016年的4个增加至2017年的7个方面的指标综合而成:产品智能化水平(新增)、行业知识产权(专利)数量(新增)、先进车用材料及制造装备能力(新增)、科技创新和基础研究能力、产学研合作能力、消费使用环境、新能源汽车发展形态。

中国新能源汽车产业基础竞争力指数排名第五,综合指数为82.4,是日本的82.4%、美国的83.8%、德国的86.3%、韩国的99.5%。中国新能源汽车产业基础竞争力经过最近几年的努力,虽然明显进步,但基础依旧薄弱。与发达国家相比,消费使用环境配套不够完善,产学研合作不够紧密,科技创新能力依旧较弱。

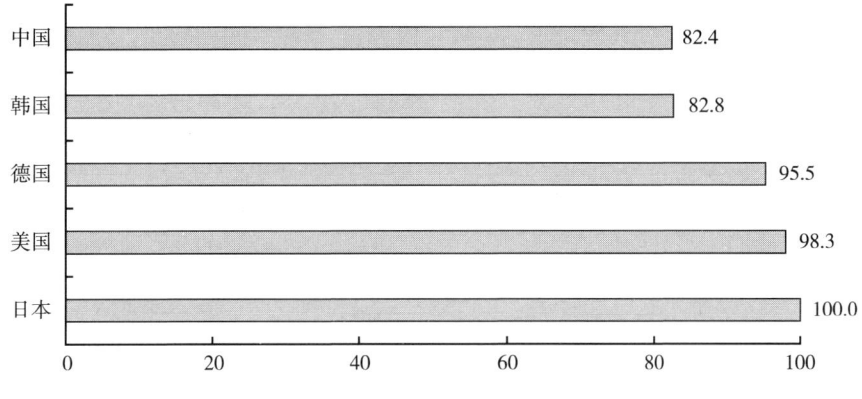

图5　新能源汽车产业基础竞争力指数

中国新能源汽车产业基础竞争力亟待提高，除了汽车装备技术水平低，高端、重大的技术装备主要来自进口外，专利产品和原创技术也较少，核心技术较为欠缺。必须整合各方力量，形成研发合力，加强与政府、相关企业、科研机构、大学的合作，争取重大突破，提高整个产业的基础竞争能力。未来，新能源汽车使用环境的日臻完善和汽车技术不断进步，越来越多的企业及产品涌入，新能源汽车未来市场份额将逐步提升、产品将日益成熟、私人购买比例将不断增大。

（四）产业支撑力指数有所改善

中国新能源汽车产业支撑力指数结果如图6所示。产业支撑力由8个方面的指标综合而成：资源保障能力（锂、钴矿）、基础设施配套能力、共性平台服务能力、产业化服务平台、市场发展潜力、原材料产业发展水平、动力系统和关键零部件发展基础、装备开发和制造能力（前三项为新增指标）。

中国新能源汽车产业支撑力在上述5个国家中排名第四，综合指数为89.4，是美国的89.4%、德国的91.1%、日本的93.5%、韩国的106.2%。

中国新能源汽车产业支撑力与发达国家相比差距依旧存在，在资源保障能力方面，全球金属资源争夺日益激烈，我国金属锂、钴等主要动力电池资源缺乏，资源稳定供应和价格稳定挑战加大。新能源汽车装备制造研发资金仍旧不足，只是对一些非关键技术进行简单改造、引进与仿制，并没有进行再次开发。在关键零部件及原材料产业发展水平方面我国新能源汽车电池比能量、比

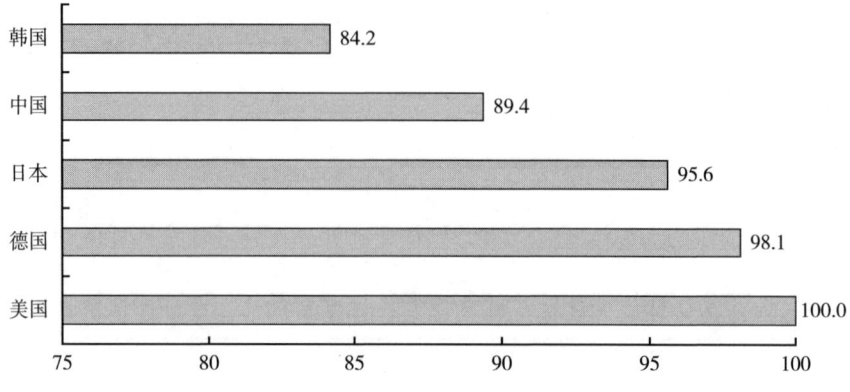

图6　新能源汽车产业产业支撑力指数

功率、快速充电方面与发达国家相比仍具有一定差距。同时电力清洁化、电力保障、动力电池回收利用等问题也日益突出。

（五）显示竞争力指数排名保持第一

中国新能源汽车产业显示竞争力的综合评价指数由新能源汽车销量和新能源汽车渗透率（新增指标）两个指标综合反映。我国新能源汽车产业显示竞争力在5个国家中排名第一，与其他国家相比优势明显（见图7）。

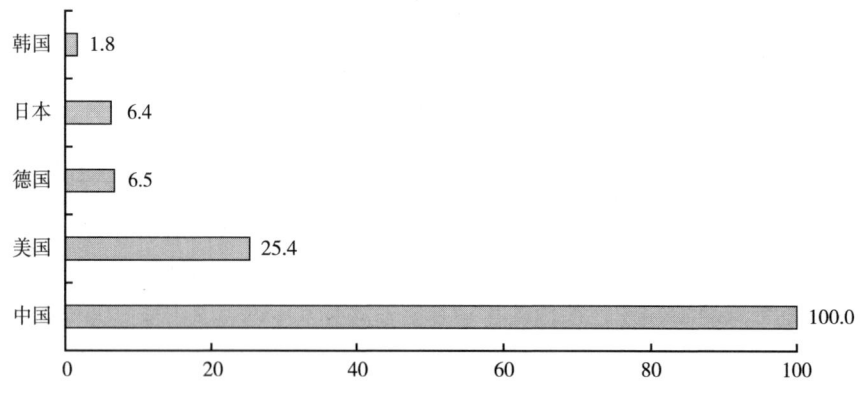

图7　新能源汽车产业显示竞争力指数

中国新能源汽车产业显示竞争力是指标体系中，唯一一个排名第一的指标。在激励政策的不断刺激下，2017年我国新能源汽车销量达77.7万辆，占全球销量的59%,连续三年居世界首位。年销量占汽车的比例从2013年的0.08%增长至2017年的2.69%,世界排名第一;销量增长也带动了乘用车主流车型技术水平的提升,部分产品续驶里程提升至300km以上,安全性、可靠性及能耗水平大幅提升。电池单体能量密度超过220Wh/kg,较2012年提升170%,系统价格降低到1.5元/Wh,较2012年下降70%。

(六)企业竞争力指数排名仍旧不高

中国新能源汽车产业企业竞争力指数由企业前瞻性投入、自主开发能力、产业化能力三个指标综合加权而成。

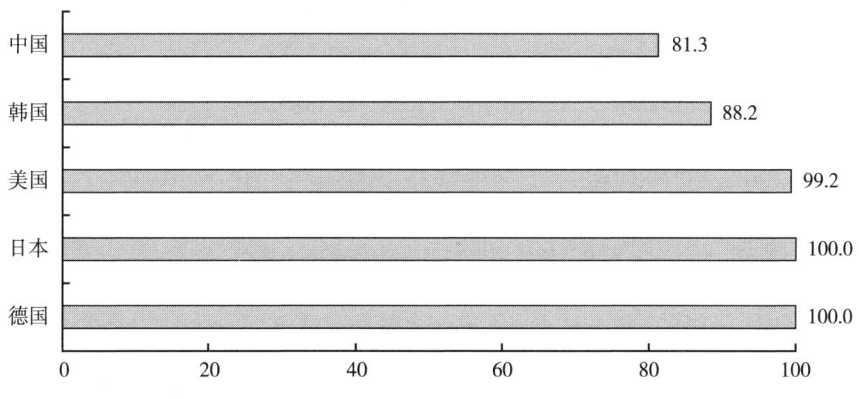

图8 新能源汽车产业企业竞争力指数

中国新能源汽车企业竞争力在5个国家中排名最后,综合指数为81.3,是德国的81.3%、日本的81.3%、美国的82.0%、韩国的92.2%(见图8)。

中国新能源汽车企业竞争力之所以排名最后,主要原因是自主开发能力和前瞻性技术投入不足,导致企业产业化能力较差。与国际巨头企业相比,我国市场上存在大量技术水平不高、装备水平较差的整车和动力电池企业。这些企业成熟车型产品较少、产品性价比低、企业规模偏小,在产品性能、生产一致性、产品质量等方面差距仍然较大。

(七)产品竞争力指数排名依旧不高

中国新能源汽车产业产品竞争力指数由整车和动力系统安全及可靠性、整车价格水平、技术先进性、关键零部件成本水平（新增指标）四个指标综合加权而成。

中国新能源汽车产业产品竞争力在5个国家中排名最后，综合指数为85.9，是日本的85.9%、美国的88.7%、德国的90.3%、韩国的95.0%（见图9）。

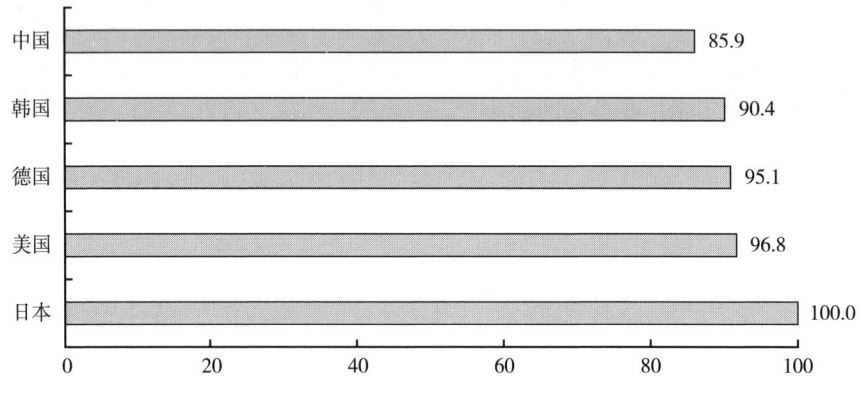

图9 新能源汽车产业产品竞争力指数

与前两年相比，我国新能源汽车产品竞争力提升幅度较大，特别是百公里电耗、轻量化、动力性及充电时间等关键技术指标都提升明显，与发达国家差距不断缩小。但总体上看，优质产品供给依旧不足。低端产品产能过剩而高端产品产能不足，车型普遍存在续航里程短、能耗水平偏高等问题。

三 小结

（1）中国新能源汽车产业竞争力综合评价指数是根据2017年各国家新能源汽车产业、企业数据及专家评分，综合加权得到的结果。2017年我国新能源汽车产业国际竞争力与2016年相比小幅提升，在上述5个国家中排名第三，比2016年提高一位。综合指数为0.97，是美国的97%、日本的99%、德国的101%、韩国的115%，与发达国家如美国、日本等国的新能源汽车产业竞争力差距逐步缩小。

（2）2017年美国新能源汽车产业国际竞争力排名第一，成为全球新能源汽车产业领先的国家。中国虽然居第三位，但从分项指标看，其优势主要体现在显示竞争力方面,即仅在市场规模一项具备明显优势,而其他方面竞争力仍较弱,特别是企业竞争力、产品竞争力和基础竞争力依然排名最后,而这三项竞争力涵盖了先进车用材料及制造装备能力、产学研合作能力、行业知识产权(专利)数量、企业自主开发能力、企业前瞻性投入、技术先进性、整车和动力系统安全性及可靠性等指标,直接体现了一国新能源汽车产业及主要企业的研发能力与技术先进性水平,也决定了未来产业竞争力水平。从各分项指标来看,我国新能源汽车产业竞争力水平仍有待提升。目前,我国对新能源汽车产业的支持政策仍集中于通过财税政策降低新能源汽车产品的购置及使用成本,来扩大销量这一方面,对基础设施的支持力度次之,而对于涉及研发创新能力方面的支持远远不足。反观欧美日等国家和地区,一方面政府在研发方面给予一定资金支持,为发展新能源汽车产业奠定了良好的基础;另一方面其支持政策注重在组织管理、技术研发、市场推广等方面的系统配套、协调发展,既为消费者提供购买的动力,也为生产者提供了研发的动力。我国下一步应集合各方资源,形成合力,提高产业和企业的研发创新等能力,提升产品竞争力,真正实现产业总体竞争力提升(见表2)。

表2 各国家竞争力分项排名

国家	环境竞争力	基础竞争力	产业支撑力	显示竞争力	企业竞争力	产品竞争力
中国	4	5	4	1	5	5
美国	2	2	1	2	3	2
日本	3	1	3	4	2	1
德国	1	3	2	3	1	3
韩国	5	4	5	5	4	4

(3)从显示竞争力来看,我国财税支持政策实施效果明显,直接带动了新能源汽车销量增长。目前我国对新能源汽车产品的财税支持政策已基本形成体系:在生产环节,对纯电动和燃料电池车不征消费税;在购置环节,对新能源汽车免征购置税,同时给予中央和地方两重购置补贴;在保有环节,对新能源汽车免征车船税。其中,税收优惠政策作为普惠政策,技术门槛较低,大部分产品均可享受;而补贴政策则设定了较高的技术门槛,仅对满足一定技术先进性的产品予以补贴,且政策设置动态调整机制,随产品技术水平提升而逐年

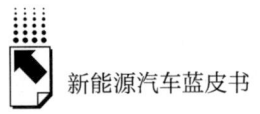

调整。从政策实施效果来看，既带动了销量增长，也在一定程度上促进了产品技术水平的提升。从这一角度来说，我国的新能源汽车产品的财税政策体系，为其他国家提供了较为成熟的实施经验。

（4）在28个分项指标体系中，我国更应注重产品竞争力特别是三电竞争力的提高和环境竞争力的改善。在动力电池方面，我国在电池性能、成本和寿命等方面都有进步，动力电池单体能量密度已达240Wh/kg、价格1.2元/Wh，但与发达国家相比，我国动力电池技术尚未取得革命性突破。国产动力电池在可靠性、能量密度、循环寿命与热管理等方面与国外相比仍有一定差距。在驱动电机和电控方面，我国应加大对驱动电机、电机控制器等方面的投入，不断提高材料利用率、电机品质，以提升电机与整车工况效率匹配为主要方向，尤其需要提高关键材料和零部件的国产化能力，特别是在IGBT芯片、MCU、驱动IC等方面，不断提升我国核心材料和器件的本土化水平。在环境竞争力方面，部分地方政府还存在工作不到位、地方保护的现象，通过设置"小目录"，从各个环节增加企业成本。此外地方政府对于新型商业模式的关注和支持不够，如共享租赁的停车场地问题、换电模式车辆的管理问题。

综上所述，只有不断降低电池生产成本，提高整车产品性能，为消费者提供充电便利性才是新能源汽车产业发展和私人消费市场快速发展的必要条件，也是我国新能源汽车产业实现高质量发展的重要条件。随着中国新能源汽车政策支持力度的加大和新能源汽车企业生产规模的不断扩大、技术的不断进步、产品性能的提升和产品成本的下降，未来我国新能源汽车有望逐步取代传统汽车，成长为未来绿色交通系统的重要一环。

B.5
EV-TEST电动汽车的测评方法

陈 光　张妍懿　戴天禄　周博雅*

摘　要： 本文主要介绍由中国汽车技术研究中心有限公司（CATARC）牵头研究制定的EV-TEST电动汽车测评规程中客观测试评价和主观评价的具体内容。EV-TEST客观测评聚焦电动汽车用户在车辆实际使用过程中关注的各项性能，从"续航、电耗、充电、安全、动力"五个方面对电动汽车整车进行"标准严格、试验规范、独立公正"的性能评价，为消费者提供更接近实际运行状况、更全面的电动汽车性能数据和星级评级。EV-TEST主观评价即以人的主观判断为基础，不借助客观设备，通过人体的主观感受，由评价人员按照评价规程对车辆的各项主要性能进行评价，将评价结果进行分析量化，给出每项指标的评分。主观评价能够快速感知车辆的整体性能水平，补充客观评价无法评价的内容，为消费者提供更完善的性能参考。本文将全面介绍常规车组的客观测试指标和评价方法，以及主观评价指标和评价方法，并给出测评案例。

关键词： 电动汽车　评价方法　试验规程　主观评价

---

* 陈光，中汽中心汽车试验研究所新项目推进部电动汽车测评研究中心EV-TEST事务经理；张妍懿，硕士，中汽中心汽车试验研究所新项目推进部电动汽车测评研究中心主任；戴天禄，硕士，中汽中心汽车试验研究所新项目推进部电动汽车测评研究中心；周博雅，博士，中汽中心汽车试验研究所新项目推进部电动汽车测评研究中心EV-TEST推广经理。

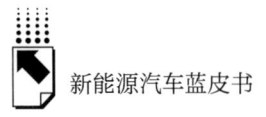

一 前言

近年来新能源汽车产品和技术快速发展,同时在国家对新能源汽车采取的政府补贴等多种政策激励下,我国电动汽车逐步进入了寻常百姓家。但是随着政府补贴资金退坡,以及电动汽车标准法规对技术要求的不断提高,新能源汽车产业也将由政府驱动转向市场驱动,政策驱动是为了增强消费者的购买意愿,而市场驱动的核心是以消费者的选择来促进企业竞争,消费者的选择和喜好将更大程度影响电动汽车企业的发展,消费者对于电动汽车的性能和品质要求也将越来越高。

目前消费者购买电动汽车时,只能通过官方或者网络渠道了解电动汽车的性能数据,而这些性能数据基本都是依据国家标准测试获得的,这对消费者来说还远远不够。首先,现行国家标准没有完全覆盖消费者关心的关键性能指标;此外电动汽车的性能受环境条件和使用条件的影响较大,现有国家标准只是车辆准入的最低要求,不能为消费者提供更全面的信息。

为了更好地引导消费者准确了解电动汽车,促进行业健康发展,进一步推动中国电动汽车行业的技术进步,CATARC 经过前期大量的测试对比和研究分析,建立起了比较完整的 EV – TEST 电动汽车测试评价体系。EV – TEST 是面向消费者,针对纯电动汽车产品包含客观测评和主观评价的综合评价体系。在指标体系建立和测试方法制定过程中,秉承的原则是使 EV – TEST 体系能够作为消费者购车的参考,其评价结果应和消费者实际用车的感受相仿。同时,该评价也应能够符合电动汽车技术发展路线要求,起到引导技术发展的作用。

二 EV – TEST 客观测试指标及评价方法

考虑不同类型电动汽车面对的消费者群体和使用场景不同,EV – TEST 的客观测试评价体系分为两组,具体如下。

1) 微车组:长度小于 4m 的乘用车;
2) 常规车组:微车组以外其他乘用车。

随着电动汽车行业的发展和 EV-TEST 的改版，分组方法后续将会有所调整。两组的测试评价体系框架基本相同，测试方法相同，主要在评分方法方面有所调整，下面主要以常规车组具体指标的确定为例进行具体分析。

EV-TEST 体系是考虑消费者购买和使用电动汽车时，最关注的性能指标而制定的。微型乘用车和其他类别乘用车的消费者群体不同，使用情境也有所不同，所以指标体系也应有不同。经过深入分析讨论，EV-TEST 常规车组客观测评指标体系制定如图 1 所示，包括续航、电耗、充电、安全和动力 5 个一级指标，下面又细分为 14 个二级指标。

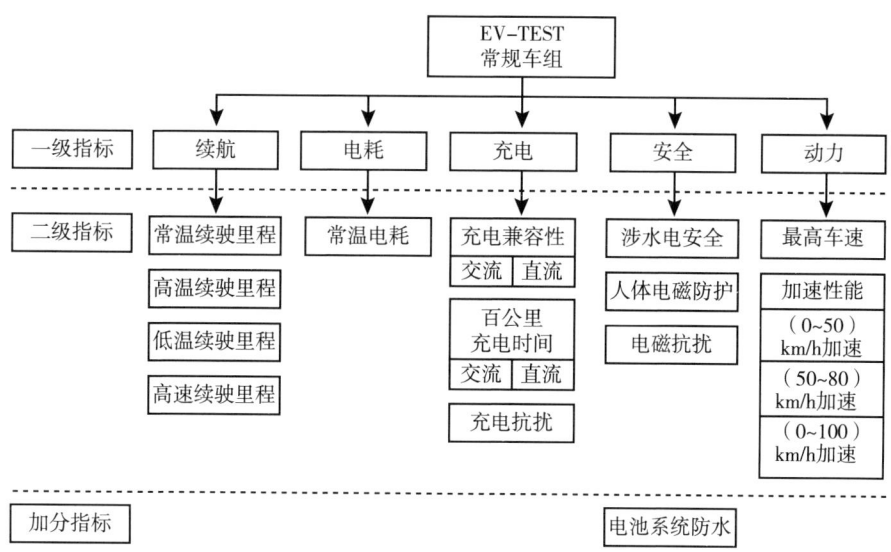

图 1　EV-TEST 客观测评指标体系

（一）续航

电动汽车的纯电动续驶里程，直接影响消费者的日常出行范围，是消费者购买电动汽车最关注的性能指标，也是影响消费者日常使用体验的重要性能指标。为此，将续航能力选为 EV-TEST 指标体系的一级指标。

GB/T 18386-2005《电动汽车能量消耗率和续驶里程试验方法》中规定了续航里程测试方法：即常温下的 NEDC 工况法和 60km/h 等速法。消费者购车获取的官方续航里程信息为按照国标测试的数值。另外，中国地域辽阔，大部分地区夏冬温度变化较大，车辆空调长期处于开启状态。温度和空调都对电动汽车续航里程有很大影响，这直接导致实际续航里程体验远低于官方信息。目前国内及国际上并无相关标准考虑到不同温度和空调使用条件下的续航里程测试方法。另外，受到驱动电机持续工作和电池持续大功率放电对续驶里程的影响，电动汽车在高速行驶时的续驶里程较国标测试数值也有下降。基于以上原因，一级指标续航中下设四个二级指标。

1. 常温续驶里程

按照 GB/T 18386-2005 中 NEDC 工况法测试方法，测试电动汽车常温下的续驶里程。在 EV-TEST 评分体系中，使用该续驶里程测试结果作为评分依据。评分方法如表1所示。

表1 常温续驶里程评分

指标名称	测量值(km)	得分
常温续驶里程	<100	0
	100	60
	250	90
	350	100
	>350	续驶里程大于350km的车辆，每增加满10km加1分，最多加5分。

注：
1) 续驶里程≥100km且≤250km，得分60~90分，区间内线性插值*
2) 续驶里程≥250km且≤350km，得分90~100分，区间内线性插值

*线性插值：是指插值函数为一次多项式的插值方式，其在插值节点上的插值误差为零。

2. 高温续驶里程

测试评价电动汽车在夏季车主开启冷风空调下的续航能力，但目前国内及国际上均无此类测试方法。为此，工作组制定《EV-TEST 电动汽车测试规程》给出了具体测试方法，测试在高温、冷风空调开启、NEDC 工况下的电动汽车续驶里程。在 EV-TEST 评分体系中，使用高温续驶里程测试结果相对于常温续驶里程的下降率作为评分依据。EV-TEST 对 2015~2017 年的主流电动汽车车型进行摸底测试，根据测试结果制定了评分方法，如表2所示。

表2 高温续驶里程评分

指标名称	测量后计算值(%)	得分
高温工况续驶里程下降率	≥40	0
	20	80
	≤10	100

注:
1) 下降率≤40%且≥20%,得分0~80分,区间内线性插值
2) 下降率≤20%且≥10%,得分80~100分,区间内线性插值
3) 车内温度首次达到目标温度(25℃)的时间高于15min减分,每增加满1min减2分,最多减10分
4) 当出现空调禁用情况时,仍以试验循环结束的标准为依据;如果因为空调禁用导致乘员舱内温度达不到要求,则直接扣10分

3. 低温续驶里程

测试评价电动汽车在冬季开启暖风情况下的续航能力,但目前国内及国际上均无此类测试方法。按照EV-TEST测试规程中规定的测试方法,测试在低温、暖风空调开启、NEDC工况下的电动汽车续驶里程。在EV-TEST评分体系中,使用低温续驶里程测试结果相对于常温续驶里程的下降率作为评分依据。EV-TEST对2015~2017年的主流电动汽车车型进行摸底测试,根据测试结果制定了评分方法,如表3所示。

表3 低温续驶里程评分

指标名称	测量后计算值(%)	得分
低温工况续驶里程下降率	≥60	0
	40	80
	≤30	100

注:
1) 下降率≤60%且≥40%,得分0~80分,区间内线性插值
2) 下降率≤40%且≥30%,得分80~100分,区间内线性插值
3) 车内温度首次达到目标温度(20℃)的时间高于15min减分,每增加满1min减2分,最多减10分
4) 当出现空调禁用情况时,仍以试验循环结束的标准为依据;如果因为空调禁用导致乘员舱内温度达不到要求,则直接扣10分

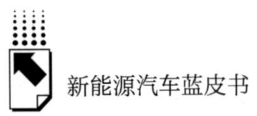

4. 高速续驶里程

测试评价电动汽车在持续高速（100km/h）情况下的续航能力，但目前国内及国际上均无此类测试方法。按照 EV－TEST 测试规程给出的测试方法，测试在持续高速工况下的电动汽车续驶里程。在 EV－TEST 评分体系中，使用高速续驶里程测试结果相对于常温续驶里程的下降率作为评分依据。评分方法如表4所示。

表4 高速续驶里程评分

指标名称	测量后计算值(%)	得分
高速工况续驶里程下降率	≥45	0
	25	80
	≤15	100

注：
1）下降率≤45%且≥25%，得分0~80分，区间内线性插值
2）下降率≤25%且≥15%，得分80~100分，区间内线性插值

（二）电耗

电动汽车电耗水平直接影响消费者日常的用车花费，是消费者关注的指标；电耗水平是车辆节能技术水平的综合体现，电耗指标可以引导汽车节能技术发展。为此，将电耗设为 EV－TEST 指标体系的一级指标。

电耗的测试与常温续驶里程测试同步进行。所以 EV－TEST 规程中测试方法未将续航和电耗测试分开，综合制定了续航里程和能量消耗率的试验方法。

考虑到高温、低温和高速下电耗的上升率和续驶里程的下降率基本一致，所以 EV－TEST 评价体系中，一级指标电耗下只设立常温电耗这一个二级指标。评分方法如表5所示，按电动汽车整备质量（m，单位公斤）不同，在规定工况条件下百公里耗电量计算按照 $Y=0.006 \times m+8$ 进行，将计算结果此作为80分基准，在此基准上加严20%作为100分基准，放松20%作为60分基准，区间内线性插值。

EV-TEST 电动汽车的测评方法

表5 常温电耗评分

指标名称	测量值(kWh/100km)	得分
电耗	≥1.4Y	0
	1.2Y	60
	≤0.8Y	100

注：
1) 车辆电耗≤1.4Y且≥1.2Y，得分0~60分，区间内线性插值
2) 车辆电耗≤1.2Y且≥0.8Y，得分60~100分，区间内线性插值

（三）充电

充电性能是电动汽车最基本的性能之一，直接影响消费者的日常消费体验，是消费者最关心的问题之一。为此，将充电性能设为一级指标。一级指标充电下设三个二级指标。

1. 兼容性

充电兼容性直接决定消费者使用电动车辆时能否正常充电。国家标准中有针对电动汽车和充电设备的充电兼容性的测试方法，然而实际使用情况下的各种复杂因素，导致通过国家标准测试的真实车辆和真实充电桩匹配充电时，还可能出现充电不兼容的情况，大大影响了消费者的使用体验。

目前国内及国际上均无此类测试方法，为此，EV-TEST测试规程中给出了测试方法，规定了电动汽车实车与交流充电桩和直流充电桩互相匹配时的充电兼容性的测试方法，其中包括交流充电和直流充电测试方法。

由于目前我国充电桩品牌繁多，以及充电相关国家标准新旧交替的原因，已有的充电桩质量参差不齐。为了引导鼓励充电桩企业根据新版国标更新设置，本规程全部使用符合2015年新发布的GB/T 20234-2015、GB/T 27930-2015、GB/T 18487-2015要求的交流充电桩和直流充电桩进行测试。评分方法如表6、表7所示。

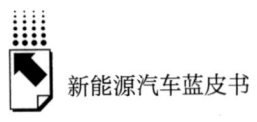

表6 交流充电兼容性评分

指标名称	测试项目通过情况	得分
交流充电兼容性	基础三项测试未完全通过	0
	基础三项测试全部通过,升级四项测试未完全通过	10
	全部七项测试全部通过	20

表7 直流充电兼容性评分

指标名称	测试项目通过情况	得分
直流充电兼容性	基础一项测试通过	0
	基础一项测试通过,升级两项测试未完全通过	10
	全部三项测试全部通过	20

2. 百公里充电时间（包括交流充电和直流充电）

电动汽车的充电时间直接关系消费者的日常使用，是消费者非常关心的问题。充电时间对于消费者来说是比较直观的指标，然而续驶里程、电池容量不同的车辆充电时间明显不同，充电时间不具备直接可比性；充电速率能够客观评价不同电动车辆的充电能力，但是不够直观且不易被消费者理解。为此提出了"百公里充电时间"这一概念，这个概念可理解为支持电动汽车行驶100km所需要的充电时间。这一指标既能够方便消费者理解，也能够在相同标准上客观评价不同电动汽车的充电能力。

目前国内及国际上均无此类测试方法，EV-TEST测试规程中给出了测试方法，规定了电动汽车百公里充电时间的测试和计算方法，包括交流充电和直流充电测试方法。

车辆充电前应在25℃±5℃环境中浸车①12小时以上，并在此环境下进行测试。

a）对慢充充电试验，以不小于1Hz的采集频率实时连续记录充电过程中的电量，以充电设备端提示充电完成作为充电结束的标准，记录充电时间t1（以小时计，精确到小数点后两位），及其对应的电量Q1（以千瓦时计，精确到小数点后两位）。

---

① 浸车：指将车辆放置于某一温度的环境中。

b) 对快充充电试验，以不小于1Hz的采集频率实时连续记录充电过程中的电量，记录80% Q1 对应的充电时间t2（以小时计，精确到小数点后两位）。

c) 充电速率计算方法。

慢充充电速率：充电总电量 Q1 与充电时间 t1 的比值（kWh/h）。

快充充电速率：80% Q1 与充电时间 t2 的比值（kWh/h）。

d) 百公里充电时间计算方法。

慢充百公里充电时间（h）：常温百公里电耗率与慢充充电速率的比值。

快充百公里充电时间（h）：常温百公里电耗率与快充充电速率的比值。

评分方法如表8、表9所示。

表8 交流百公里充电时间评分

指标名称	计算值(h/100km)	得分
交流百公里充电时间	≥12	0
	≤2	100

注：充电时间≤12h 且≥2h，得分 0~100 分，区间内线性插值

表9 直流百公里充电时间评分

指标名称	计算值(h/100km)	得分
直流百公里充电时间	≥3	0
	≤0.5	100

注：充电时间≤3h 且≥0.5h，得分 0~100 分，区间内线性插值

3. 充电抗扰

车辆充电抗扰是评价车辆对复杂或极端充电条件下的适应性，也直接影响用户的体验。EV-TEST 体系根据欧盟法规 ECE R10 *Uniform Provisions Concerning the Approval of Vehicles with Regard to Electromagnetic Compatibility* 中充电抗扰测试方法，参考其中浪涌（Surge）、电快速瞬变脉冲群（EFT）两项充电状态抗扰测试方法，对来自电网的典型干扰形式进行模拟，用以评价充电过程的可靠性，以及在电网存在干扰状态下的充电稳定性。评分方法如表10所示。

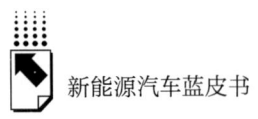

表10 充电抗扰评分

指标名称	充电功能是否正常		得分
充电抗扰	车辆发生异动或遇干扰充电失效且无法恢复		0
	车辆未发生异动	遇干扰充电失效但可手动恢复	60
		遇干扰充电失效但可自动恢复或者遇干扰充电正常	100

（四）安全

汽车安全是任何类型汽车消费者都关心的问题，EV-TEST体系将安全设立为一级指标。由于电动汽车的碰撞安全将在C-NCAP体系下开展研究并于2018年发布，所以此版EV-TEST体系中并不包含碰撞安全指标。相对于传统汽车，EV-TEST安全指标关注电动汽车的特殊安全项目，为此设立四个二级指标，包括三项基本指标和一项加分指标。

1. 涉水电安全

近年来，每到雨季各地就会出现道路大面积深度积水情况，消费者关心电动汽车在涉水时的电安全。EV-TEST按照DB31/T 634-2012《电动乘用车运行安全和维护保障技术规范》进行涉水试验，涉水结束后按照GB/T 18384.3-2015《电动汽车安全要求 第3部分：人员触电防护》进行绝缘阻值试验。评分方法如表11所示。

表11 涉水电安全评分

指标名称	试验结果	评分
涉水电安全	不通过	0
	通过	100

2. 人体电磁防护

当下社会，消费者对于电磁辐射的关注程度日益增加，对于电动汽车电磁辐射影响的讨论声和质疑声不绝于耳。该项测试依据日本标准JASO TP-13002：2013《关于汽车人体暴露的磁场检测方法》进行。评分方法如表12所示。

表 12　人体电磁防护评分

指标名称	裕量(dB)	评分
人体电磁防护	<3	0
	3	20
	12	40
	≥30	100

注：
1) 裕量≥3dB 且≤12dB,得分 20～40 分,区间内线性插值
2) 裕量≥12dB 且≤30dB,得分 40～100 分,区间内线性插值

3. 电磁抗扰

电动汽车采用纯电驱动,电磁兼容性能尤为重要,在电磁干扰环境下电动汽车的功能是否正常,直接影响消费者的用车安全。该项测试依据欧盟法规 ECE R10 *Uniform Provisions Concerning the Approval of Vehicles with Regard to Electromagnetic Compatibility* 中电磁抗扰测试方法、频率范围、限值要求进行。评分方法如表 13 所示。

表 13　电磁抗扰评分

指标名称	电场强度(V/m)	是否通过	得分
电磁抗扰	30	不通过	0
		通过	60
	45	不通过	60
		通过	80
	60	不通过	80
		通过	100

4. 电池系统防水（加分项）

电动汽车电池包根据 GB 4208-2008《外壳防护等级（IP 代码)》进行测试,若通过 IPX7 防护等级测试,那么可知电池包的防水性能优越。为此设该项目为加分项,加分 5 分。

（五）动力

动力性并不是电动汽车相对于传统汽车所特有的项目，但也是消费者购买汽车时最常考虑的指标之一。EV – TEST 体系将动力性能设为一级指标，下设两项二级指标。

1. 最高车速

最高车速是一项基本动力性能指标，消费者关注电动汽车最高车速。此项目测试方法依据国家标准 GB/T 18385 – 2005《电动汽车动力性能试验方法》进行。评分方法如表 14 所示。

表 14　最高车速评分

指标名称	测量值(km/h)	得分
最高车速	<100	0
	100	60
	120	80
	≥160	100

注：
最高车速≥100 km/h 且≤120 km/h，得分 60～80 分，区间内线性插值
最高车速≥120 km/h 且≤160 km/h，得分 80～100 分，区间内线性插值

2. 加速性能

加速性能是消费者关注的指标，除了消费者比较熟悉和关注的 0～100km/h 加速性能以外，考虑普通消费者城市用车时最常遇到的中低速加速需求，也设置 0～50km/h 和 50～80km/h 两个测试项目。评分方法如表 15 所示。

表 15　加速评分

指标名称	测量值(s)	得分
(0～50)km/h 加速时间	≥6	0
	≤3.5	100

注：
(0～50)km/h 加速时间≤6s 且≥3.5s，得分 0～100 分，区间内线性插值

续表

指标名称	测量值(s)	得分
(50~80)km/h 加速时间	≥8	0
	≤3	100

注：
(50~80)km/h 加速时间≤8s且≥3s,得分0~100分,区间内线性插值。

指标名称	测量值(s)	得分
(0~100)km/h 加速时间	≥28	0
	≤8	100

注：
(0~100)km/h 加速时间≤28s且≥8s,得分0~100分,区间内线性插值。

（六）EV-TEST客观测评案例

依照EV-TEST客观测评方法对2017~2018年的主流电动汽车车型进行测评，部分结果如表16所示。

表16 部分车型EV-TEST客观测评结果

单位：分

车型	续航	电耗	充电	安全	动力	总分	星级
常规车组							
A	88.0	99.3	99.8	105.0	89.9	95.4	5
B	92.6	84.3	99.6	105.0	97.4	94.9	5
C	99.6	91.3	83.8	105.0	84.9	93.4	5
D	92.7	84.6	98.9	105.0	86.1	93.2	5
E	83.9	97.2	89.7	100.0	89.7	91.0	5
F	90.7	90.5	89.1	105.0	80.4	90.9	5
G	78.9	85.8	84.7	105.0	88.3	86.8	4
H	73.2	81.5	61.5	105.0	89.0	79.7	3
微型车组							
车型	续航	电耗	充电	安全	动力	总分	星级
I	92.4	87.7	97.6	66.7	92.7	88.7	4
J	79.6	100.0	86.8	91.7	86.2	87.9	4
K	61.9	75.6	78.5	71.7	98.3	74.9	3
L	55.0	81.9	84.2	71.7	90.6	74.1	3
M	91.4	85.3	24.9	71.7	80.5	72.3	3
N	64.8	78.7	82.0	58.3	77.1	71.9	3

三 EV-TEST主观评价指标及评价方法

主观评价的定义是以人的主观判断为基础，通过人体的主观感受，不借助客观设备，由评价人员按照评价规程对车辆的各项性能进行评价，将评价结果进行分析量化，给出每项指标的评分。主观评价的作用就是能够快速感知车辆的整体性能水平。

EV-TEST主观评价规程包含动态评价和静态评价两个方面，如图2所示，共有11个评价指标，基本涵盖了车本身的属性，从而能够真实反映车辆的主观驾乘感受。其中动态评价指标包括动力性能、驾驶品质性能、制动性能、转向性能、操稳性能、NVH性能，以及乘坐舒适性能；静态评价指标包括空间和座椅舒适性能、操作便利性能、视野和静态品质性能。由EV-TEST主观评价师进行评价打分。

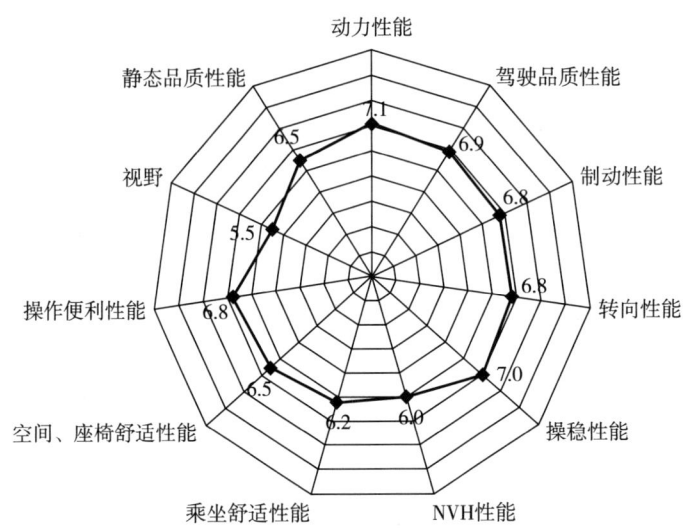

图2 EV-TEST主观评价指标体系

EV-TEST主观评价采用目前绝大多数企业所通用的十分制评价，从5个方面考虑，分别是评分、评价、类别、感觉和缺陷，如表17所示。如某1车辆的动力响应得分是6分，从评价的角度来说是合格的，从类别上说是可接受的，但是从感觉上来说还是有点不舒服，还是有少量缺陷。

表17　EV–TEST主观评价评分依据

评分	1	2	3	4	5	6	7	8	9	10
评价	极差	差	较差	稍差	勉强接受	合格	较好	好	很好	完美
类别	不可接受				可接受					
感觉	不能容忍		非常讨厌	讨厌	轻微讨厌	有点不舒服		轻微不舒服		没有不舒服
缺陷	功能丧失	严重缺陷	有缺陷	需要改进	较多	少		很少	极少	几乎感觉不到	感觉不到

四　小结

这里介绍的EV–TEST客观测评方法和主观评价方法的基本信息，供读者初步了解该项目的大体情况。随着技术发展和法规要求提高，其评分规则和测试程序也会进行相应变化。

B.6 中国新能源汽车企业指数评价

梅运彬　王珊珊　刘万祥　江晓艳　杜聪聪　张登成*

摘　要： 中国新能源汽车企业指数是用来评价我国新能源汽车企业竞争力强弱的评价指数，它通过规模经济、研发能力、经营能力、品牌竞争力和产品竞争力等5个一级指标和14个二级指标对2017年、2016年我国新能源汽车企业竞争力进行对标分析，从而反映当前我国新能源汽车企业竞争力的总体水平和不同企业间竞争力的强弱水平。结果表明，总体上而言，2017年我国新能源汽车企业整体的综合竞争力保持平稳，以2016年为基期（100），2017年我国新能源汽车企业综合指数为99.02，乘用车企业综合指数为104.62，客车企业综合指数为76.63。但从企业间的指数来看，反映出的竞争力差异较为明显。从产业集中度角度看，市场已形成"四大""六小"的乘用车企业格局和"一超""两强"的客车企业格局，比亚迪、北汽、上汽、吉利等"四大"在新能源乘用车领域的企业竞争力明显高于其他企业，郑州宇通在客车领域形成了具有竞争力优势的市场地位。总体来看，2017年我国新能源汽车企业竞争力稳中有升，企业间的竞争日益加剧。

关键词： 新能源汽车　企业竞争力　指数评价

---

* 梅运彬，博士，副教授，武汉理工大学；王珊珊，硕士，武汉理工大学；刘万祥，工程师，中汽中心新能源汽车与财税政策研究室；江晓艳，硕士，武汉理工大学；杜聪聪，硕士，武汉理工大学；张登成，硕士，武汉理工大学。

科学评价企业竞争力，对指导新能源汽车企业自身取长补短，投资者做出决策，监管者加强规范管理，行业主管部门制定政策均具有重要的现实意义。但是，我国尚未有权威机构发布全方位反映新能源汽车企业竞争力的评价体系。在中国汽车技术研究中心有限公司和行业专家指导、参与下，中国汽车技术研究中心有限公司和武汉理工大学联合研究，从企业竞争力评价角度出发，提出了新能源汽车企业指数的概念及指标体系，建立了企业指数的分析方法和模型，并对2017年新能源汽车企业指数进行了分析。

一 新能源汽车企业指数的概念

（一）新能源汽车企业指数的概念

新能源汽车企业指数是中国新能源汽车发展指数（NEVI）的一部分[1]，也可以称为新能源汽车企业竞争力评价指数，主要围绕新能源汽车企业的企业竞争力进行指数分析。新能源汽车企业竞争力是企业目前和未来在各自的环境中，与企业的竞争者相比，在争夺有限的资源或在资源配置的变化中取得有利市场地位或获得较高份额的能力。

根据新能源汽车企业的行业背景和本报告的研究目的，结合企业竞争力相关理论、中国新能源汽车发展指数（NEVI）的框架和我国新能源汽车企业竞争力特征，对新能源汽车企业指数做如下界定。

中国新能源汽车企业指数（以下简称企业指数）是用来评价我国新能源汽车企业竞争力强弱的评价指数，主要根据对标分析相关理论，结合新能源汽车企业自身特点，从规模经济、研发能力、经营能力、品牌竞争力、产品竞争力五个维度对企业竞争力进行对标，利用科学的指数模型计算我国新能源汽车企业竞争力的发展指数，从而反映当前我国新能源汽车企业整体竞争力的总体水平和不同企业间竞争力的强弱水平。

---

[1] 中国汽车技术研究中心有限公司在《中国新能源汽车产业发展报告（2016）》中提出了构建我国新能源汽车发展指数（NEVI，New Energy Vehicle Index）的基本框架，从产业竞争力、企业竞争力、产品竞争力、城市竞争力、消费者评价、社会带动效应评价等多个维度构建NEVI指数，以更直观、更宏观、更具有指向性地体现新能源汽车产业的现状和未来的发展态势，对行业发展具有重要价值。

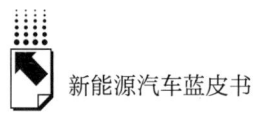

（二）评价研究主体

根据本研究的需要，新能源汽车企业竞争力评价主体是在中国国内生产制造和销售新能源汽车的整车企业（包括合资企业），主要为新能源乘用车和客车企业，并细分为新能源乘用车（纯电动乘用车、插电式混合动力乘用车）、新能源客车（纯电动客车、插电式混合动力客车）等两大类（四小类）企业，对每类企业进行对标分析。

（三）研究范围的界定

本报告研究范围主要为对中国新能源汽车企业竞争力进行综合评价，评价指标包括规模经济、研发能力、经营能力、品牌竞争力、产品竞争力等5个一级指标，并进一步细分为14个二级指标。

（四）时间跨度的界定

在本研究报告中，NEVI企业竞争力评价指数以2016年作为基期，以2017年作为报告期（观察期）。评价指数的基期主要采用环比基期，即以报告期的上一期作为对比基期，观察和研究各时期新能源汽车企业各指标的动态变化，计算和分析新能源汽车企业竞争力水平每年上升或下降的幅度，并可在后续的每一个年度持续性地形成年度企业指数。评价指数的报告期是基期的对称，主要是在计算新能源汽车企业各指标时，需要说明其变化状况的时期。

二 企业指数的指标体系与指数模型的构建

（一）企业指数的评价指标体系

企业指数的指标体系主要是借鉴企业竞争力评价指标，结合企业竞争力相关理论和新能源汽车企业特点，采用Delphi专家咨询法获得，通过两轮的Delphi专家咨询，筛选出了新能源汽车企业竞争力的主要评价指标，构建了新能源汽车企业指数的多层次评价指标体系（见图1、表1）。其中，除了管理能力和综合满意度是专家评分和消费者评分的主观评价排名之外，其他指标的数据均来自于企业客观数据的竞争力排名。

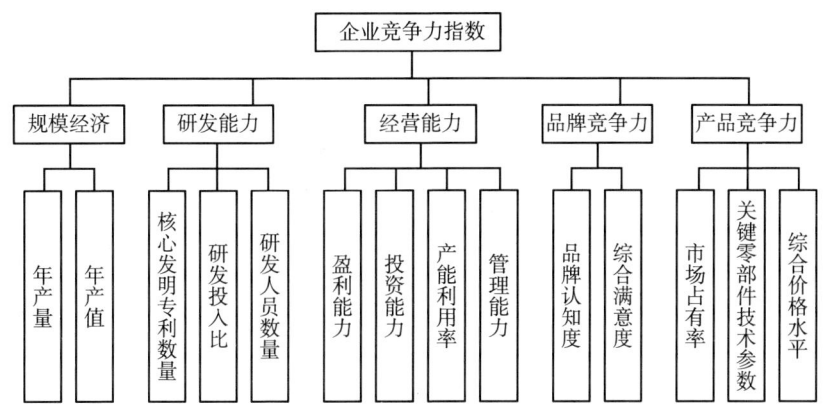

图 1　企业指数的评价指标

表 1　企业指数的指标说明

一级指标	指标说明	二级指标	指标说明
规模经济	规模经济是指在既定的技术水平条件下，投入增加的同时，产出增加的比例超过投入增加的比例，单位产品的平均成本随产量的增加而降低，即规模收益递增。新能源汽车企业的规模经济性可以用企业的年产量和年产值来评价	年产量	年产量主要是指新能源汽车企业一年总共生产的车辆数量，代表企业的生产能力，是规模经济的重要指标
		年产值	年产值主要是指新能源汽车企业一年生产的产品总值，代表企业的生产经营能力，是规模经济的重要指标
研发能力	企业的自主研发能力是企业的核心竞争力之一。企业研究开发能力从研究方向看主要包括基础研究能力、应用研究能力、开发研究能力等；从企业指标上来看，可以从技术创新、研发投入和研发人员数量等进行考察。新能源汽车企业的研发能力指标采用了核心发明专利数量、研发投入比和研发人员数量等指标来评价	核心发明专利数量	企业所获得的新能源汽车相关的核心发明专利数量，是企业创新能力的衡量指标，也是企业的核心竞争力
		研发投入比	研发投入比代表一个企业的研发能力和创新水平，也是企业科技实力与核心竞争力的重要体现。计算公式：研发投入经费数额/企业销售收入总额
		研发人员数量	研发人员数量是指企业内从事科研开发的人员数，反映了企业技术开发能力上的人力资本投入

续表

一级指标	指标说明	二级指标	指标说明
经营能力	企业经营能力是一个系统的概念,它包括本身的内外部条件及其发展在内的经营战略与计划的决策能力,以及企业各种活动的组织管理能力的总和,仅用某一类单方面的指标就不能全面评价经营力水平。新能源汽车企业的经营能力,主要从企业的盈利能力、投资能力、产能利用率、管理能力等综合指标来评价	盈利能力	盈利水平是指企业获取利润的程度与能力,也称为企业的资金或资本增值能力,通常表现为一定时期内企业收益数额的多少及其水平的高低
		投资能力	投资能力是指企业的经营投入能力,它是和企业收益能力结合在一起的,是反映企业资产能力的重要指标
		产能利用率	产能利用率反映企业生产能力的一个技术参数,工业总产出对生产设备的比,即实际生产能力到底有多少在运转发挥生产作用
		管理能力	管理能力是企业的管理技能、领导能力等的总称,从根本上说是提高企业组织效率的能力,可以通过企业家精神、组织结构成熟度、层级管理扁平度等指标来反映
品牌竞争力	品牌竞争力是企业核心竞争力的外在表现,但它不是一个单一的能力而是一种集合的能力,是产品、企业以及外部环境等创造出的不同能力的集成组合。新能源汽车企业的品牌竞争力主要采纳了品牌知名度和综合满意度等指标来评价	品牌认知度	消费者对品牌内涵及价值的认识和理解度,也是企业核心竞争力之一。新能源汽车品牌认知度,可以从私人消费车型的市场认可情况进行测量。与公共消费相比,私人消费领域的消费者对某一品牌新能源汽车车型的偏好反映了消费者对该品牌的认可程度
		综合满意度	品牌的综合满意度是消费者对某一品牌汽车的好感和信任程度,包括价格、性能以及售后保障等的满意程度,是品牌资产以及企业竞争力的重要组成部分之一
产品竞争力	产品竞争力是指产品符合市场要求的程度,这种要求具体体现在消费者对产品各种竞争力要素的考虑和要求上。产品竞争力的指标主要有三个,一是它的市场地位,即市场占有率,二是产品的技术先进性,三是产品的价格水平是否有竞争力。新能源汽车企业的产品竞争力,采用了市场占有率、关键零部件技术参数、综合价格水平来进行评价	市场占有率	某一企业新能源汽车在市场上与其他同类企业的市场份额相比,市场份额越高,其产品竞争力越强
		关键零部件技术参数	关键零部件技术参数是新能源汽车产品竞争力的决定因素之一,新能源汽车是高科技综合性产品,技术的先进性决定产品的市场竞争力,主要对各企业现销代表车型关键技术参数进行比较
		综合价格水平	价格水平是新能源汽车产品竞争力的最关键因素之一,利用综合价格水平可以表现不同技术水平、不同产品成本和不同市场价位的市场竞争力

（二）企业指数评价指标的权重

本研究报告主要通过层次分析法确定各指标权重，然后对各指标得分进行综合加权平均得到企业竞争力评价指数。本研究报告在对政府主管部门领导、行业专家、科研院所专家等进行了两轮问卷调查的基础上，确立了企业指数评价指标及其权重系数。权重系数的分布如表2所示。

表2 企业指数指标体系的权重

	一级指标	权重系数（w_j）	二级指标	权重系数（w_i）
企业指数	规模经济	0.069	年产量	0.171
			年产值	0.829
	研发能力	0.290	核心发明专利数量	0.495
			研发投入比	0.286
			研发人员数量	0.219
	经营能力	0.244	盈利能力	0.331
			投资能力	0.107
			产能利用率	0.224
			管理能力	0.339
	品牌竞争力	0.158	品牌认知度	0.406
			综合满意度	0.594
	产品竞争力	0.239	市场占有率	0.392
			关键零部件技术参数	0.375
			综合价格水平	0.233

总体上看，在一级指标体系中，权重最大的是研发能力，占29.0%；其次是经营能力，占24.4%；权重最小的是规模经济，占6.9%。同时，也确立了每一个一级指标下的二级指标权重。

（三）企业指数的评价方法及模型

1. 评价方法与模型的构建

企业指数的编制方法与模型必须服从研究目的的需要。企业指数模型构建的一般原则主要包括两个方面，一是编制质量（指标）指数将同度量因素固定在报告期，二是编制数量（指标）指数将同度量因素固定在基期。指数分析的基本方法主要包括综合法和平均法，但事实上并非所有的现象都存在同度量因素，要综合反映它们的变动，综合法就不适用了，此时就只能采用加权平均法，这也是选择"均值加权"指数模型的原因。当前，建立在马埃指数基础之上的"均值加权指数体系"更适合进行经济统计指数体系的分析①。新能源汽车企业的竞争力评价体系是一个复杂的指标体，较多的指标间可能不存在同度量因素。因此，新能源汽车企业指数的评价方法主要是基于"均值加权指数体系"来进行设计和建模的。

根据指标特征、数据类型、指数编制的特殊需要等具体情况，企业指数的编制采用了加权平均法来进行编制。本研究选择了多因素（指标）的均值加权混合指数模型为基础来建构企业指数的分析模型。即：

$$F^{(1)} - F^{(0)} = [(\sum p^{(1)}\bar{q} - \sum p^{(0)}\bar{q}) + (\sum q^{(1)}\bar{p} - \sum q^{(0)}\bar{p})]$$
$$+ [(\sum g^{(1)}\bar{z} - \sum g^{(0)}\bar{z}) + (\sum g^{(1)}\bar{z} - \sum g^{(0)}\bar{z})] + \cdots$$
$$+ [(\sum m^{(1)}\bar{n} - \sum m^{(0)}\bar{n}) + (\sum m^{(1)}\bar{n} - \sum m^{(0)}\bar{n})]$$

简要而言，上述模型表达的含义是：企业指数是由各评价指标共同作用的结果；或者说，在报告期比基期的变动中，企业竞争力的增长量等于反映企业竞争力的各个指标的增长量之和。该模型可以计算出企业指数的各评价指标的个体指数，在评价指标的个体指数分析的基础上，形成最终的企业总指数，即：

$$I_1 = \sum w_j X_i = \sum w_j (\sum w_i x_i)$$

上式中，$i = 1,2,\cdots,5$，$j = 1,2,\cdots,14$。公式中，I_1 表示 NEVI 企业指数，w_j 表示各一级指标指数的权重，X_i 表示各一级指标指数的取值，w_i 表示各二级指标的权重，x_i 表示各二级指标的取值。该模型的经济意义也十分明显，即新能源汽车企业竞争力发展的总和现象的增长量等于各因素（指标）现象的增长量之和。

2. 企业指数计算方法说明

根据以上指数模型，企业指数反映了各新能源汽车企业竞争力的发展状

---

① 任栋、王琦、郭建军：《统计指数体系内矛盾的破解》，《统计研究》2015 年第 3 期，第 84~91 页。

况，以5个一级指标和14个二级指标作为指标体系，形成了规模经济评价指数、研发能力评价指数、经营能力评价指数、品牌竞争力评价指数和产品竞争力评价指数等5个一级指标评价指数，然后以加权平均的指数模型形成最终的企业综合指数（总指数）。

企业指数代表新能源汽车企业在各个指标上的竞争力的加权平均值。指数计算方法的简明解释如下。

计算方法上，首先，确立基期与基准，即以2016年为基期，根据各企业2016年在每一项指标上的排名，选择该指标在2016年排名前十名企业的平均值作为基准；其次，确定报告期参评各企业所有指标的竞争力表现，即以2017年为报告期计算参评企业在各项指标上的竞争力评价得分，以2016年基期基准，构成了2017年参评企业在该项指标上的个体指数；最后，在2017年和2016年两个年份上的对标分析的基础上，综合参评企业的5个一级指标的个体指数，在加权平均的基础上形成2017年企业综合指数。

数据采集方面，①基期数据采集：采集2016年能够反映新能源汽车发展的、具有典型特征的行业前10家企业的相关指标数据，以各级指标行业排名前10企业的平均值作为基期基准数据；②考察期数据采集：采集2017年各级指标行业排名前10企业的数据作为总指数的报告期数据，通过加权平均的方式计算获得2017年我国新能源汽车产业的企业综合指数（总指数）；③采集2017年每一个企业的各级指标数据作为企业个体指数的报告期数据，报告期数据与2016年排名前10企业数据的平均值进行对标，并通过加权平均的方式计算获得2017年每个企业的企业指数。

三 2017年企业指数及其评价

（一）2017年新能源汽车企业的综合指数（总指数）

1. 总体指数

2017年我国新能源汽车企业的整体发展水平向好，但乘用车企业的发展水平好于客车企业。从总体指数来看，如表3所示，2017年新能源汽车企业综合指数为99.02，乘用车企业综合指数为104.62，客车企业综合指数为

76.63。2017年企业综合指数的形成，为未来年度对我国企业整体发展情况和企业总体指数的分析提供了参照系。

表3 2017年度新能源汽车企业综合指数

名称	指数值
新能源汽车企业综合指数	99.02
新能源乘用车企业综合指数	104.62
新能源客车企业综合指数	76.63

2.乘用车企业综合指数排名

乘用车企业形成了以比亚迪、北汽集团、上汽集团和吉利汽车为代表的粗具行业领先特征的新能源汽车企业群。乘用车企业个体的综合指数如图2所示，比亚迪（187.46）、北汽集团（178.86）、上汽集团（113.42）、吉利汽车（100.32）等"四大"和长安汽车、广汽集团、江淮汽车、众泰汽车、长城汽车、奇瑞汽车等"六小"的市场格局，这十家企业竞争力高于其他后进企业。

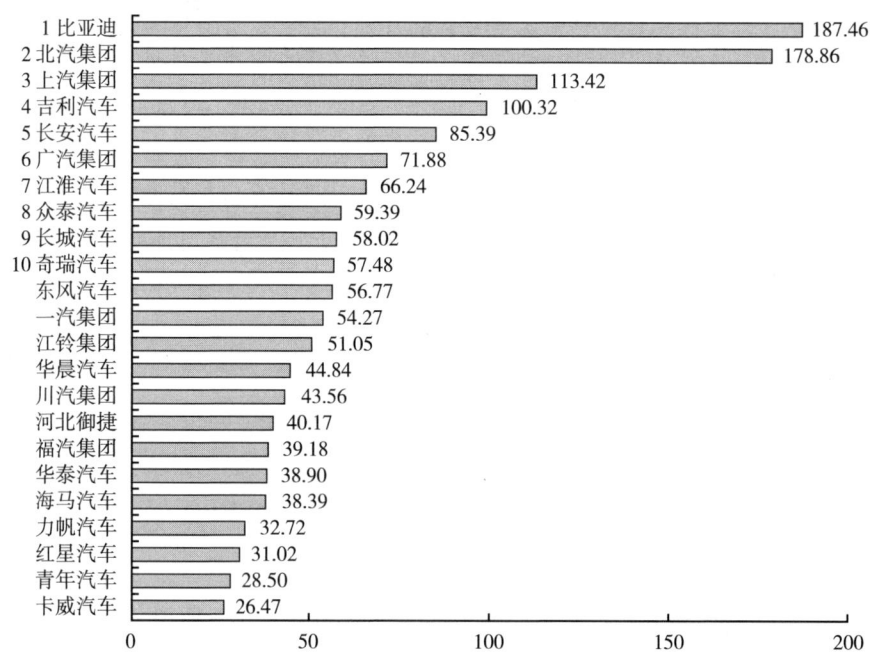

图2 2017年新能源乘用车企业综合指数

3. 客车企业综合指数排名

客车企业形成了以郑州宇通、比亚迪、中通客车为代表的具有行业领先特征的企业群。2017年客车企业的综合指数如图3所示，郑州宇通（151.87）、比亚迪（117.58）和中通客车（108.60）形成客车企业"一超""两强"的市场格局，其他企业的综合指数均低于100，属于后进企业。

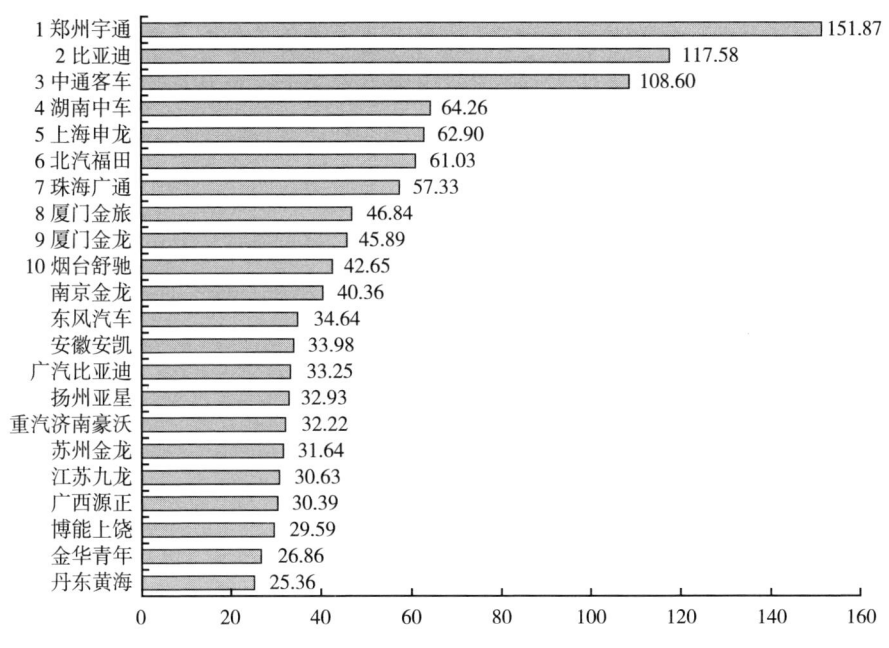

图3　2017年新能源客车企业综合指数

（二）2017年新能源汽车企业的规模经济评价指数

1. 指数排名

新能源汽车企业规模经济评价指数主要对乘用车企业和客车企业的产量和产值进行了对标分析，结果如图4所示，比亚迪、北汽、上汽、吉利四家企业在乘用车的规模经济指标上的表现远高于其他企业，成为规模经济领先的企业。

从客车企业来看，如图5所示，郑州宇通的规模经济效益远高于其他客车企业，具有明显的优势地位，形成"超强"的规模经济特征。

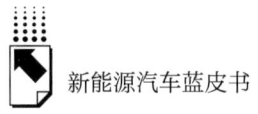

新能源汽车蓝皮书

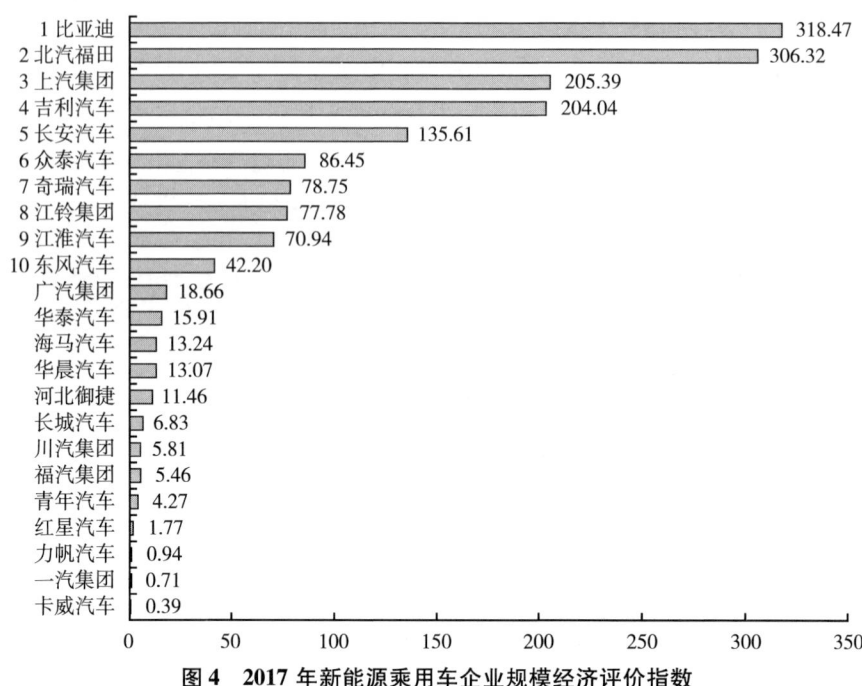

图4 2017年新能源乘用车企业规模经济评价指数

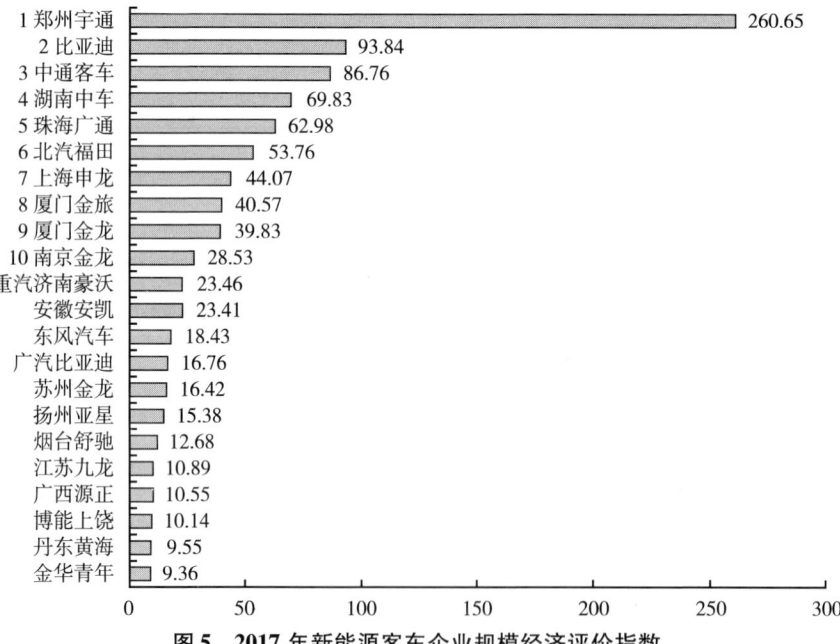

图5 2017年新能源客车企业规模经济评价指数

2. 指标分析

从乘用车企业间的对标分析也可以发现,如图 6 所示,"四大"企业的产量和产值占到全国的 1/2 以上,规模经济效应明显,形成第一梯队。众泰汽车、江铃集团、长安汽车、奇瑞汽车、江汽集团、东风汽车的产量规模相对来说也比较大,六家集团的产量占到全国总产量的 1/3 左右,达到 30.72%,形成第二梯队。

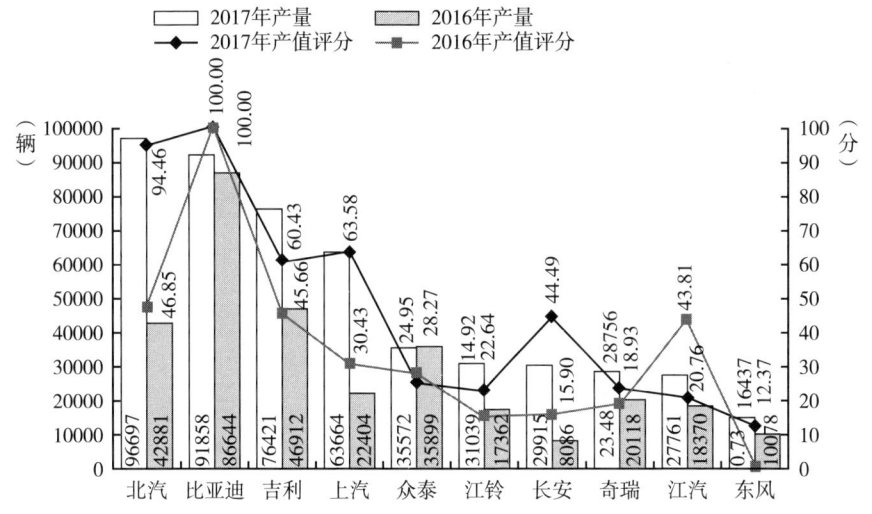

图 6　2017 年、2016 年新能源乘用车企业产量分布及产值评分

但是,纯电动和插电式混合动力乘用车之间的规模经济特征有较大的企业间差异。如图 7 所示,北汽集团、吉利汽车两家集团的年产量占全年纯电动乘用车产量的 38.22%,形成纯电动乘用车企业的第一梯队;比亚迪汽车和上汽集团插电式混合动力产量总和占全年插电式混合动力总产量的 91.6%,形成插电式混合动力乘用车的第一梯队,形成极高寡占型的国内 PHEV 市场格局。

从客车企业来看,新能源客车受政策影响,2017 年的规模经济效应呈现较大变化。如图 8 所示,一是新能源客车全行业的总产量下滑较为严重,但总销量只有轻微下跌;二是大部分企业的产量都有所下滑,甚至个别企业下滑严重,如比亚迪(-38.12%)、中通客车(-41.99%)。

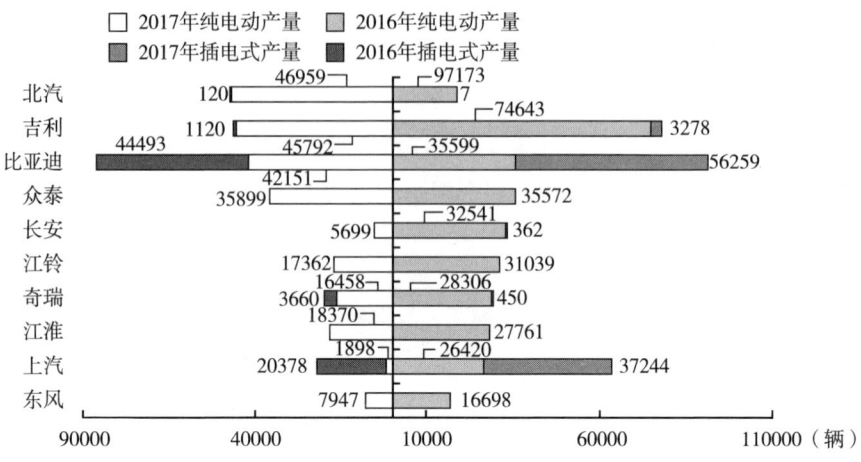

图 7　2017 年、2016 年纯电动及插电式混合动力乘用车企业产量分布

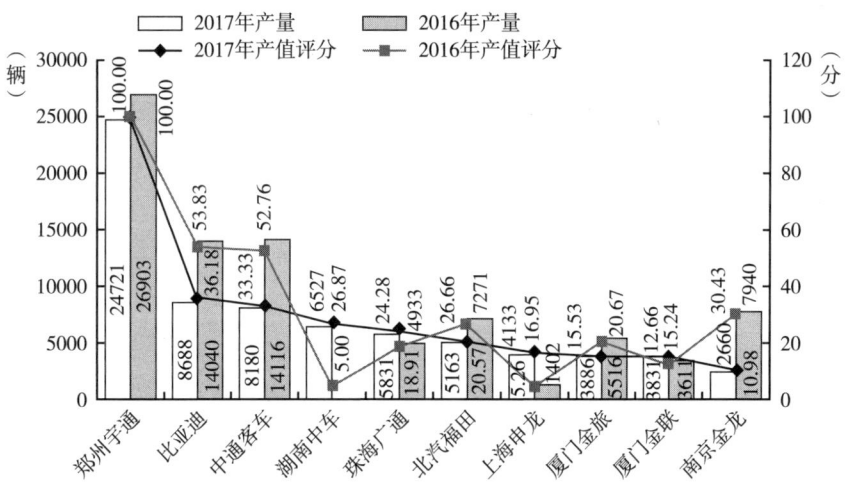

图 8　2017 年、2016 年新能源客车企业产量分布及产值评分

从产量上看，郑州宇通在纯电动和插电式混合动力客车领域的表现依然居于市场超强地位，如图 9 所示，比亚迪、中通客车等尚无法撼动郑州宇通的地位。

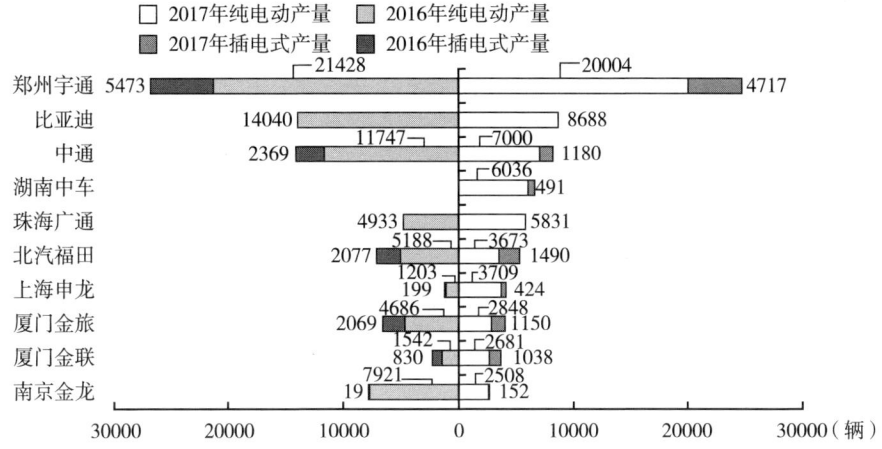

图9　2017年、2016年纯电动及插电式混合动力客车企业产量分布

（三）2017年新能源汽车企业的研发能力评价指数

1. 指数排名

新能源汽车企业研发能力评价指数由核心发明专利数量、研发投入比、研发人员数量三个方面的指标组成。结果如图10所示，乘用车企业北汽集团和比亚迪企业在2017年研发能力指标上的表现优异，远高于其他企业，属于2017年的技术领先型企业。

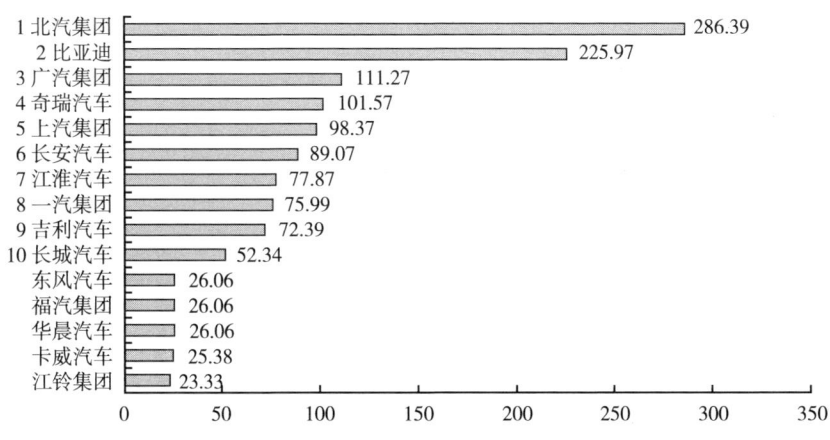

图10　2017年新能源乘用车企业研发能力评价指数

客车企业研发能力评价指数结果如图11所示,显示中通客车和比亚迪在2017年的表现较为突出。

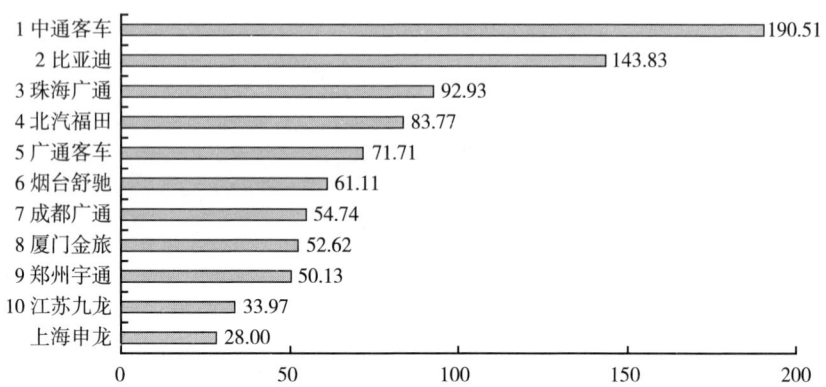

图11 2017年新能源汽车客车企业研发能力评价指数

2. 指标分析

以核心发明专利数量为指标,乘用车企业间的对标分析发现,如图12所示,北汽和比亚迪具有较强的技术创新能力。

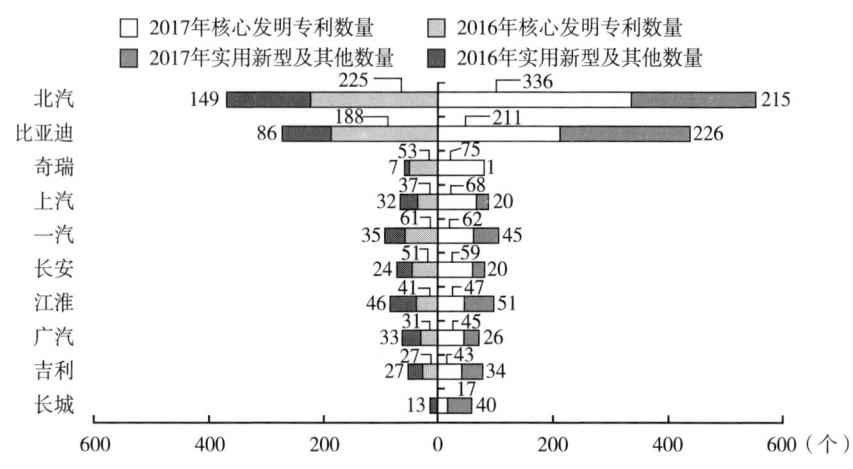

图12 2017年、2016年乘用车企业核心发明专利数量

数据来源:Autopat全球汽车专利数据库服务平台(CATARC)。

以研发投入比和研发人员数量为指标的企业进行对标分析发现，如图13所示，除比亚迪和北汽之外，广汽集团的研发投入比和研发人员数量的排名得分也较高，具有较强的技术创新储备。

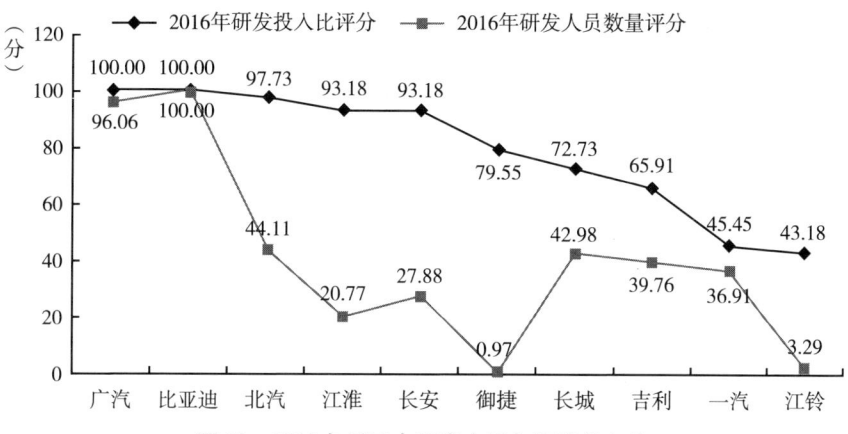

图13　2016年乘用车研发人员与研发投入比

数据来源：2017年《中国汽车工业年鉴》。

从客车企业间对标的核心发明专利这一具体数据来看，如图14所示，与2016年相比，中通客车在2017年实现了较大的增长；郑州宇通在2017年表现较为平稳，但没有实现大增长，创新驱动力与其市场地位有差距。

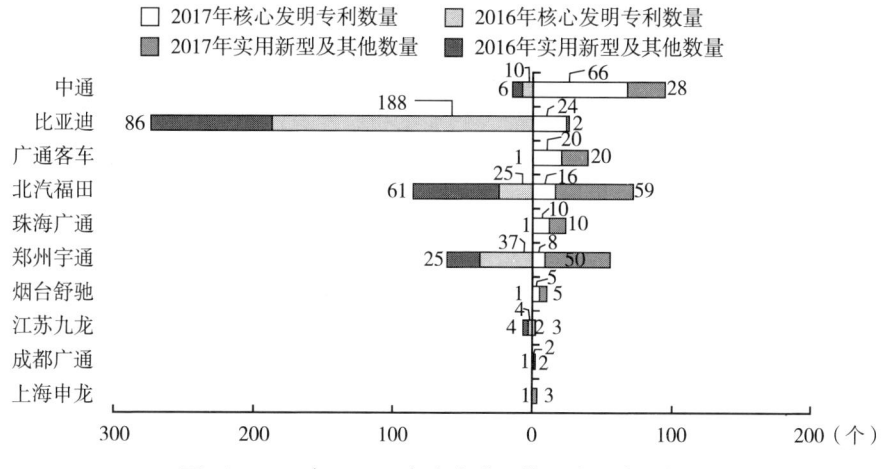

图14　2017年、2016年客车企业核心发明专利数量

数据来源：Autopat全球汽车专利数据库服务平台（CATARC）。

（四）2017年新能源汽车企业的经营能力评价指数

经营能力评价指数综合反映了盈利能力、投资能力、管理能力、产能利用率四个方面指标的竞争力水平。

乘用车企业中，如图15所示，比亚迪、吉利等民营企业在新能源汽车经营能力上的表现突出，上汽、北汽表现较为良好。

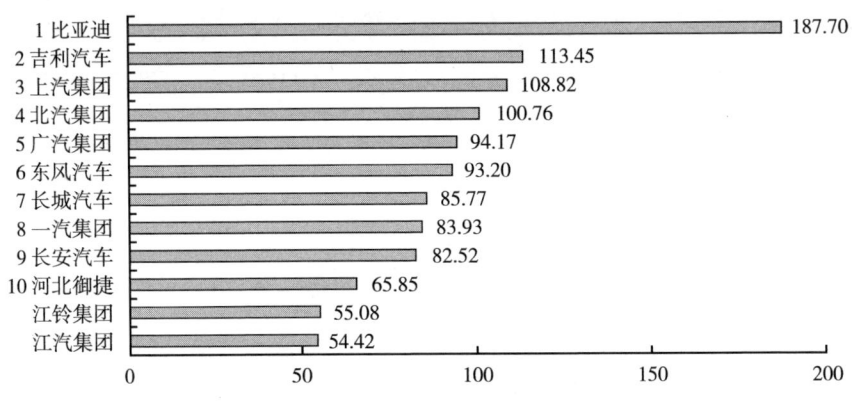

图15　2017年新能源乘用车企业经营能力评价指数

客车企业中，如图16所示，郑州宇通、上海申龙、比亚迪居前三位。

（五）2017年新能源汽车企业的品牌竞争力评价指数

品牌竞争力评价指数是通过品牌认知度和综合满意度两个指标的竞争力评价来进行对标分析的。

1. 指数排名

乘用车企业的品牌竞争力评价指数结果显示，如图17所示，北汽、比亚迪、上汽和吉利排名靠前，其中北汽的品牌竞争力水平高于比亚迪，北汽集团在纯电动车型领域，比亚迪在插电式混合动力车型和纯电动车型领域具有领先优势。

客车企业的品牌竞争力评价指数结果，如图18所示，郑州宇通的品牌竞争力具有明显优势，市场认可度高。

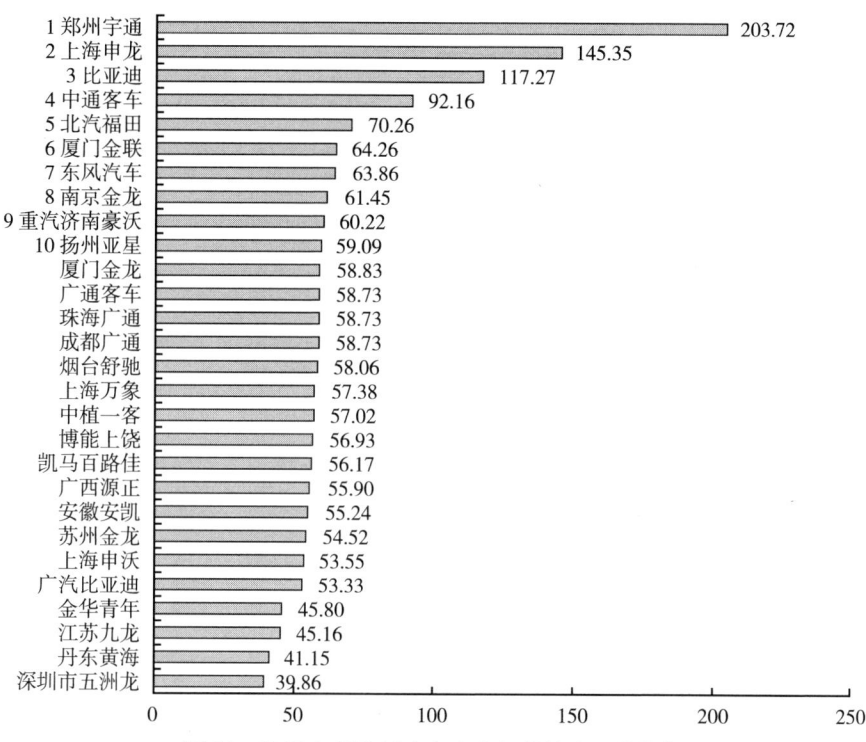

图 16 2017年新能源客车企业经营能力评价指数

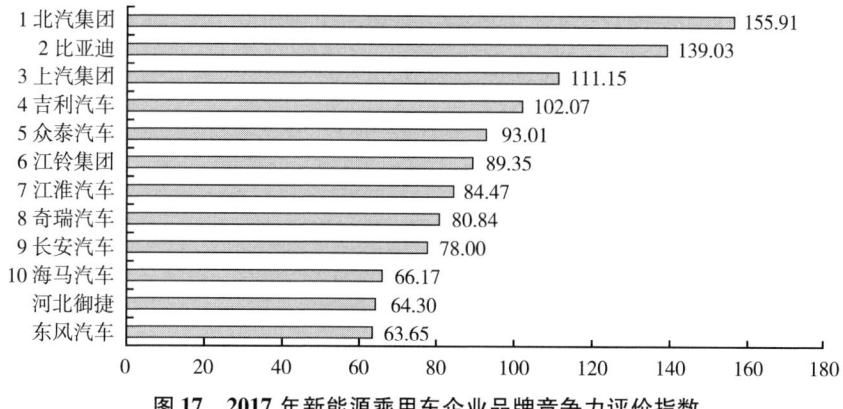

图 17 2017年新能源乘用车企业品牌竞争力评价指数

2. 指标分析

乘用车领域，北汽的品牌竞争力高于比亚迪，主要是由于北汽在纯电动车型领域的竞争力表现较好。例如，从纯电动车型私人消费市场销量来看，如表

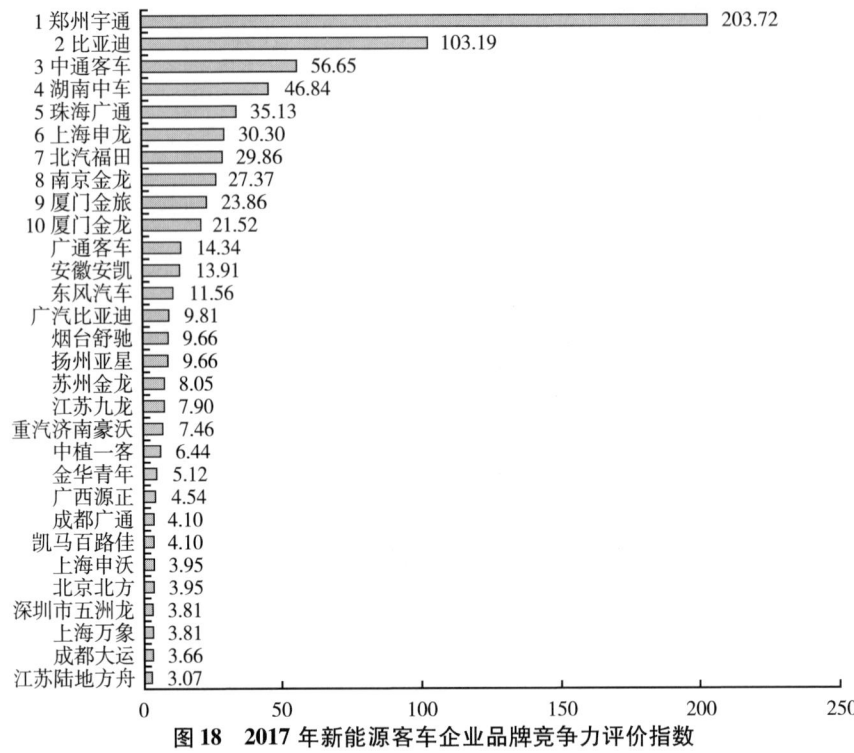

图 18 2017 年新能源客车企业品牌竞争力评价指数

4 所示,2017 年排名前三的是北汽 EC 系列、吉利知豆 D2、江淮 iEV6E。其中,江淮汽车品牌竞争力虽不靠前,但 iEV6E 这款车型销量较好,名列第三。

表 4 2017 年纯电动车型私人消费市场销量排名

单位:辆,分

集团名称	纯电动车型	2017 年			集团名称	纯电动车型	2016 年		
		销量	评分	排名			销量	评分	排名
北汽集团	北汽 EC 系列	61475	100	1	江铃集团	江铃 E100	8660	100	1
吉利汽车	知豆 D2	28433	46.25	2	比亚迪	比亚迪 e5	8278	95.59	2
江汽集团	江淮 iEV6E	20041	32.6	3	江汽集团	和悦 iEV4	6039	69.73	3
江铃集团	江铃 E100	16079	26.16	4	众泰汽车	众泰 E200	5990	69.17	4
奇瑞汽车	奇瑞 eQ1	15430	25.1	5	江汽集团	和悦 iEV5	5543	64.01	5
众泰汽车	众泰 E200	13487	21.94	6	北汽集团	EV160	5083	58.7	6
比亚迪	比亚迪 e5	12692	20.65	7	北汽集团	EU260	4989	57.61	7
江铃集团	江铃 E200	11487	18.69	8	吉利汽车	帝豪 EV	4605	53.18	8
上汽集团	宝骏 E100	11264	18.32	9	吉利汽车	知豆 D2	3880	44.8	9
长安汽车	奔奔	10963	17.83	10	比亚迪	e6	3422	39.52	10

数据来源:机动车保险数据。

但是，比亚迪在插电式混合动力乘用车车型方面的表现具有统治性市场地位，如表5所示，比亚迪宋、比亚迪秦、比亚迪唐进入插电式混合动力车型私人消费市场销售排名前五。

表5　2017年插电式混合动力车型私人消费市场销量排名

单位：辆，分

集团名称	插电式混合动力车型	2017年			集团名称	插电式混合动力车型	2016年		
		销量	评分	排名			销量	评分	排名
比亚迪	宋	16345	100	1	比亚迪	唐	25229	100	1
上汽集团	荣威eRX5	14987	91.69	2	比亚迪	秦	19165	75.96	2
比亚迪	秦	14495	88.68	3	上汽集团	荣威e550	5926	23.49	3
比亚迪	唐	11015	67.39	4	上汽集团	荣威e950	1795	7.11	4
上汽集团	荣威ei6	6188	37.86	5	吉利汽车	沃尔沃S60L PHEV	886	3.51	5
上汽集团	荣威e550	2354	14.4	6	广汽集团	传祺GA5 REV	735	2.91	6
广汽集团	传祺GA5	1481	9.06	7	华晨汽车	宝马530Le	281	1.11	7
华晨汽车	宝马X1	1445	8.84	8	一汽集团	奔腾B50	171	0.68	8
上汽集团	别克Velite 5	1263	7.73	9	一汽集团	红旗H7	14	0.06	9
上汽集团	荣威350	1224	7.49	10	北汽集团	奔驰C350eL	5	0.02	10

数据来源：机动车保险数据。

与2016年相比，无论是品牌还是车型销量均发生较大的变化，就品牌来看，大部分企业销量都有所增长，特别是北汽集团北京牌增速明显，2017年排名达到第一，吉利汽车知豆、康迪等品牌也都有明显增长，江淮汽车虽然销量增长，但是其排名下降；就车型销量来看，两年变化也比较明显，不仅体现为同样排名的车型销量的变化（多是销量增长），也表现为销售车型的明显变化，2016年排名前三的比亚迪秦、唐、江铃E100，在2017年被北汽的北京牌、吉利知豆D2、江淮iEV6E所代替，其后排名的车型也都有明显变化。

从综合满意度评分来看，如图19所示，各企业的评分都比较接近，上汽、北汽、吉利、比亚迪排名较为靠前。

（六）2017年新能源汽车企业的产品竞争力评价指数

产品竞争力评价指数主要包括市场占有率、关键部件零技术参数、综合价格水平三个二级指标。

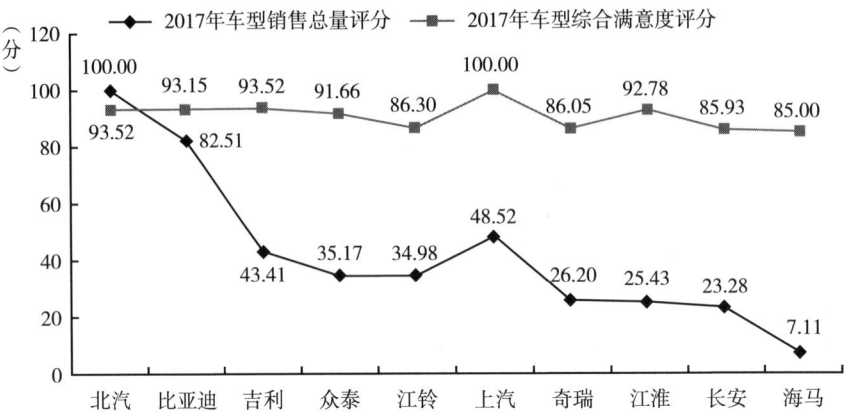

图19　2017年乘用车企业车型销量及综合满意度评分

1. 指数排名

乘用车企业的产品竞争力评价指数如图20所示，比亚迪、上汽、北汽的产品竞争力居前三位，形成产品竞争力领先企业方阵。

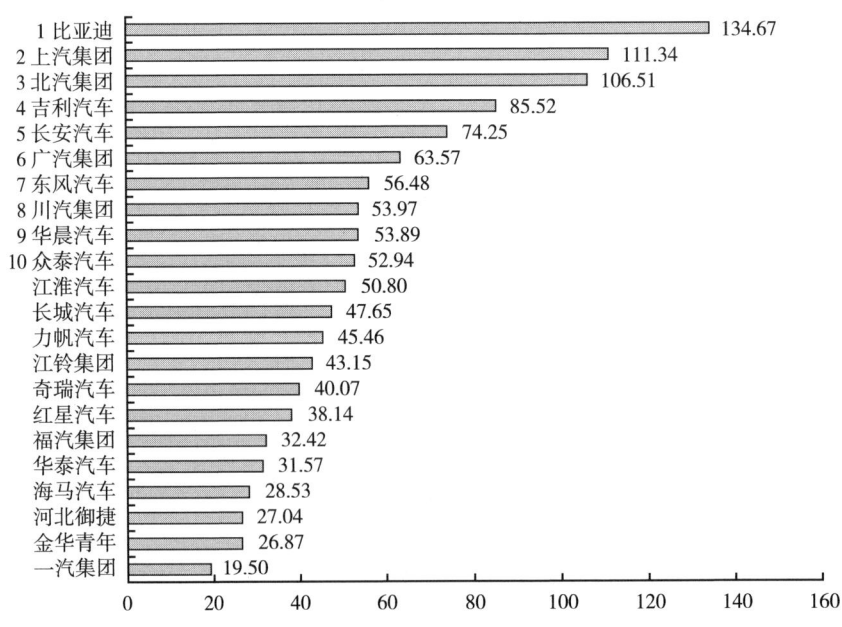

图20　2017年新能源乘用车企业产品竞争力评价指数

新能源客车企业的产品竞争力指数如图21所示，郑州宇通和比亚迪居前两位。

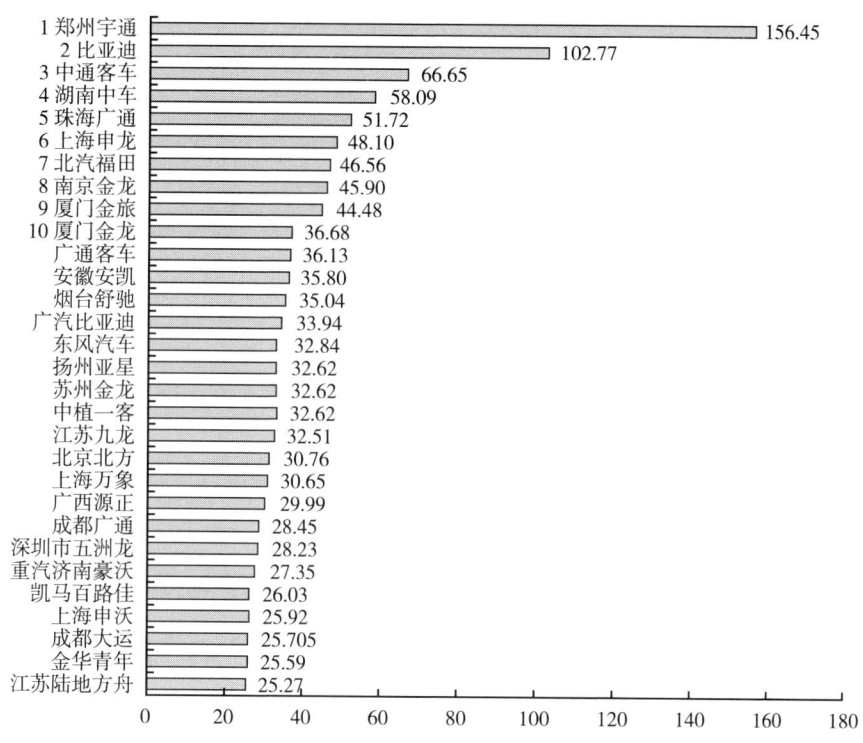

图21　2017年新能源客车企业产品竞争力评价指数

2. 指标分析

乘用车领域，市场占有率最大的变化是比亚迪的市场地位在2017年下滑较大。如图22所示，比亚迪的市场占有率从2016年的26.66%下滑至2017年的16.22%，不仅市场占有率下降了，而且销售第一的位置也让位于北汽集团。

如图23所示，在纯电动乘用车市场，北汽集团和吉利汽车占据优势市场地位，其市场占有率总和达到40.51%，这种集中性相比于2016年有所加强。但在插电式混合动力乘用车市场，前两位比亚迪汽车、上汽集团其市场占有率达到91.59%，占有绝对的市场优势。

纯电动乘用车企业关键零部件技术参数（能耗水平）评分排名变化明显，如图24所示，北汽集团，从评分排名第1下滑到第12（图中未列入排名10位

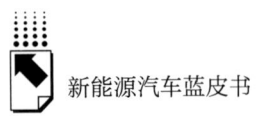

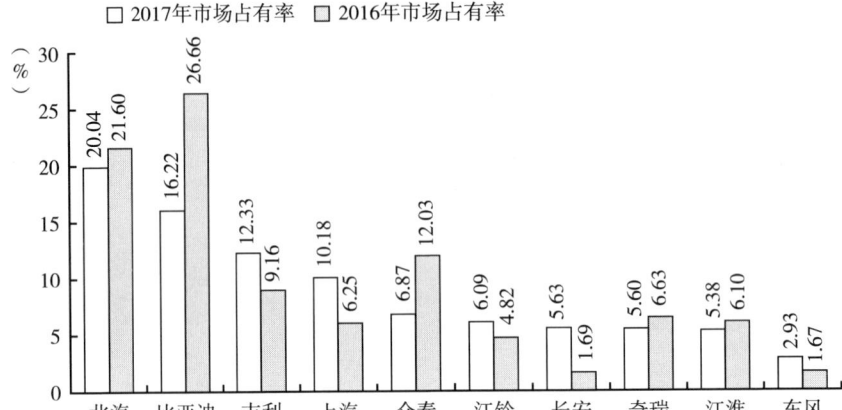

图22　2017年、2016年乘用车企业市场占有率

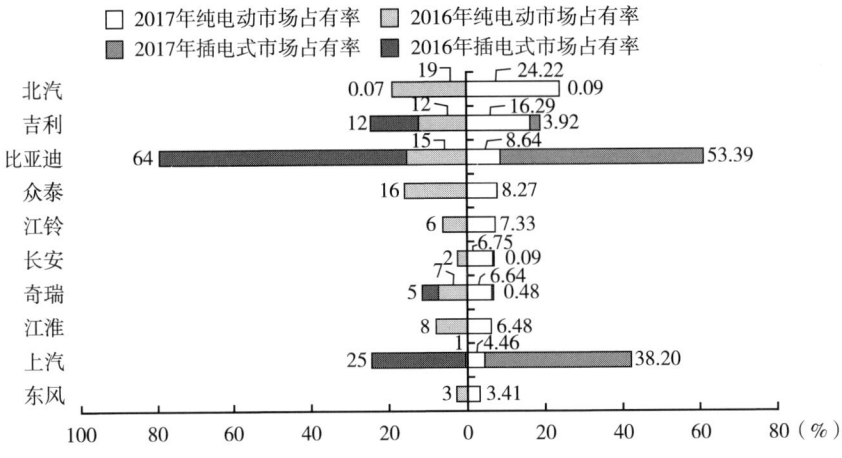

图23　2017年、2016年纯电动及插电式混合动力乘用车企业市场占有率

以后的企业），而比亚迪和上汽集团评分排名则有明显上升。造成北汽排名大幅下滑的主要原因是其销售主力车型由2016年的A级轿车EU系列变为2017年的EC180系列，导致其能耗表现变差。而上汽和比亚迪2017年产品能耗表现较2016年有较大提升。插电式混合动力乘用车企业评分提升较小，2017年度能耗表现整体提升有限。

客车领域，新能源客车企业的市场竞争日益激烈。以市场占有率为指标的分析，如图25所示，2017年排名前三家的市场占有率达到23.84%，而2016年

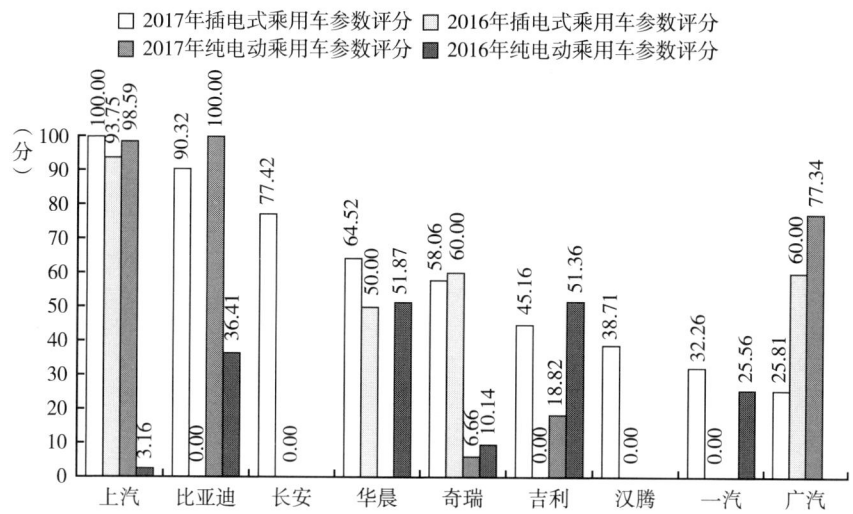

图 24 2017 年、2016 年乘用车企业参数评分

排名前三家的市场占有率达到 38.28%，说明市场竞争日益激烈，尤其是 2017 年郑州宇通的市场占有率回落较大，说明其市场地位正受行业竞争对手的挑战。

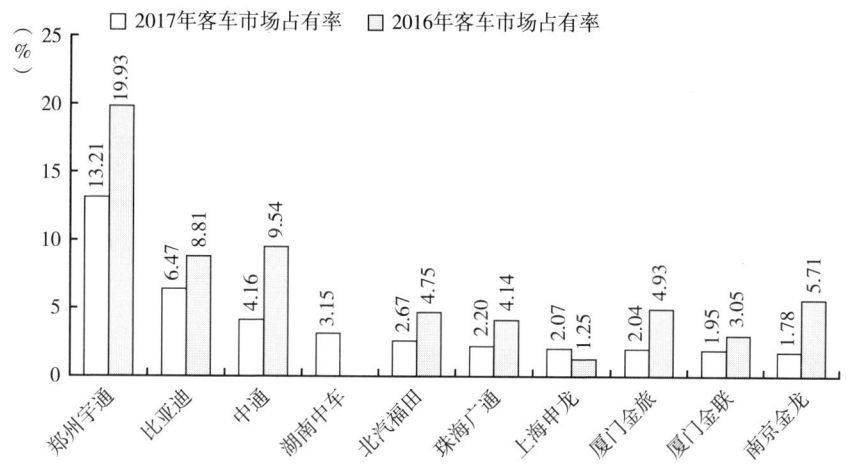

图 25 2017 年、2016 年客车企业市场占有率

纯电动客车企业和插电式混合动力客车企业进行比较来看，纯电动客车市场竞争更为激烈。如图 26 所示，排名前三的纯电动客车企业的市场占有率从 2016 年

的37.65%回落至22.75%，插电式混合动力客车企业排名前三的市场占有率从2016年的51.83%回落至45.33%，纯电动客车市场占有率萎缩较大，市场竞争较为激烈。

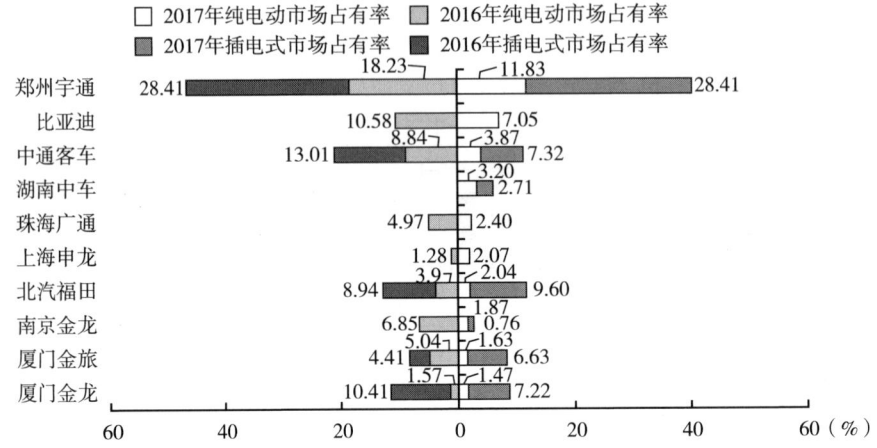

图26　2017年、2016年纯电动及插电式混合动力客车企业市场占有率

通过对纯电动客车的关键零部件技术参数评分（Ekg[①]、电池系统能量密度）进行对标发现，如图27所示，各企业之间的得分差异性较明显。从插电式混合动

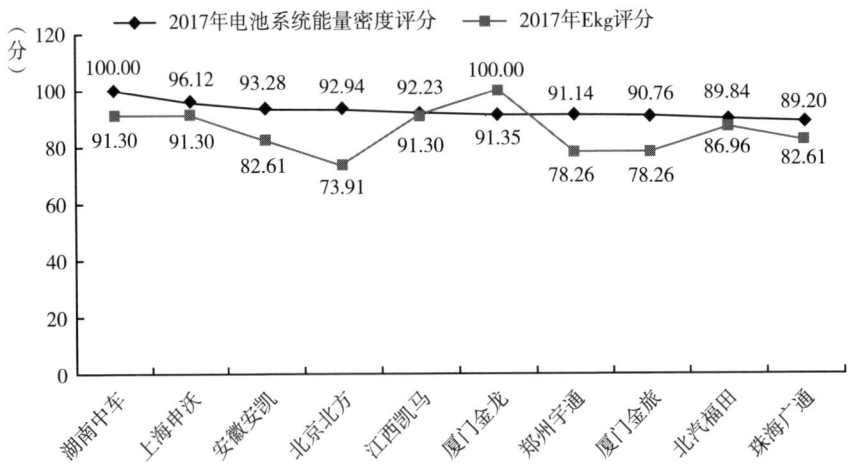

图27　2017年、2016年纯电动及插电式混合动力客车企业参数评分

---

① 单位载质量能量消耗量。

力客车的关键零部件技术参数（节油率）来看，各企业间的节油率也有差距，总体上在45%~60%。总体而言，不同企业产品间的这些指标差异也并不太大，主要表现在产品质量、可靠性、操控性、稳定性等方面。

四　小结与讨论

（一）企业指数显示2017年与2016年的企业竞争力总体水平基本持平，乘用车企业竞争力有所提升，但客车企业退步明显

新能源汽车企业指数反映了我国新能源汽车企业竞争力的当前水平和发展趋势。2017年企业总体指数分析的结果表明，相对于2016年基期指数100，2017年企业综合指数为99.02，与2016年的行业总体水平基本持平。原因在于补贴政策的变化导致客车市场的发展有明显回落，客车企业综合指数仅76.63，退步较大；乘用车企业竞争力增长了4.62%，乘用车综合指数为104.62，稳中有升。

（二）新能源汽车企业逐渐形成了具有高产业集中度的产业组织格局

产业集中度在乘用车企业和客车企业间，在纯电动车型和插电式混合动力车型之间存在明显差异。分企业的指数分析显示，乘用车企业方面，比亚迪（187.46）、北汽集团（178.86）、上汽集团（113.42）、吉利汽车（100.32）形成了具有低集中寡占型的市场格局。其中，比亚迪在规模经济评价指数、经营能力评价指数、产品竞争力评价指数居行业第一，但北汽集团在研发能力评价指数和品牌竞争力评价指数上超越比亚迪，显示了强烈的追赶态势。客车企业综合指数，郑州宇通（151.87）、比亚迪（117.58）、中通客车（108.6）排名前三，在新能源客车形成了极高寡占型的市场格局，郑州宇通的领先地位尚无法撼动，但其在2017年的研发能力评价指数上表现不佳，说明持续性创新驱动尚有不足。

（三）"四大""六小"的乘用车企业格局和"一超""两强"的客车企业格局粗具雏形

按照贝恩分类法，产业集中度分别表示产业内规模最大的前4家或者前8

家企业的集中度。根据2017年我国新能源汽车企业发展的实际情况，从产业集中度的角度可以将新能源乘用车企业归纳为"四大""六小"的市场格局，客车企业"一超""两强"的市场格局。

图28显示了乘用车企业TOP10及其他企业在企业竞争力上的表现，"四大"（TOP4）企业在各项指标上的竞争优势明显，"六小"企业的竞争力表现不太均衡。

	综合竞争力 100—0	乘用车企业	规模经济	研发能力	经营能力	品牌竞争力	产品竞争力
TOP4	1	比亚迪	●	●	●	●	●
	2	北汽集团	●	●	●	●	●
	3	上汽集团	●	◐	●	●	●
	4	吉利汽车	●	◐	●	●	◐
TOP10	5	长安汽车	◐	◐	◐	◐	◐
	6	广汽集团	○	●	◐	○	○
	7	江汽集团	◐	◐	○	◐	○
	8	众泰汽车	◐	○	◐	◐	○
	9	长城汽车	◐	○	◐	◐	○
	10	奇瑞汽车	◐	◐	○	◐	○
	11	东风汽车	○	○	◐	○	○
	12	一汽集团	○	○	○	○	○
	13	江铃集团	○	○	○	●	○
	14	华晨汽车	○	○	○	○	○
	15	川汽集团	○	○	○	○	○
	16	河北御捷	○	○	○	○	○
	17	福汽集团	○	○	○	○	○
	18	华泰汽车	○	○	○	○	○
	19	海马汽车	○	○	○	○	○
● 强	20	力帆汽车	○	○	○	○	○
◐ 较强	21	红星汽车	○	○	○	○	○
○ 较弱	22	青年汽车	○	○	○	○	○
	23	卡威汽车	○	○	○	○	○

图28　乘用车企业竞争力相关指标表现

图29显示了客车企业TOP3及其他企业在企业竞争力上的表现，"一超"（郑州宇通）的超强竞争力优势明显，"两强"企业在规模经济性、研发能力、经营能力等指标上有较强竞争力。

中国新能源汽车企业指数评价

	综合竞争力 100⎯⎯0	客车企业	规模经济	研发能力	经营能力	品牌竞争力	产品竞争力
TOP1	1	郑州宇通	●	●	●	●	●
TOP3	2	比亚迪	◐	●	●	◐	◐
	3	中通客车	◐	◐	●	○	○
	4	湖南中车	◐	○	○	○	○
	5	上海申龙	◐	○	●	○	○
	6	北汽福田	◐	○	◐	○	○
	7	珠海广通	○	◐	○	○	○
	8	厦门金旅	○	○	○	○	○
	9	厦门金龙	○	○	○	○	○
	10	烟台舒驰	○	○	○	○	○
	11	南京金龙	○	○	○	○	○
	12	东风汽车	○	○	○	○	○
	13	安徽安凯	○	○	○	○	○
	14	广汽比亚迪	○	○	○	○	○
	15	扬州亚星	○	○	○	○	○
	16	重汽济南豪沃	○	○	○	○	○
	17	苏州金龙	○	○	○	○	○
	18	江苏九龙	○	○	○	○	○
	19	广西源正	○	○	○	○	○
● 强	20	博能上饶	○	○	○	○	○
◐ 较强	21	金华青年	○	○	○	○	○
○ 较弱	22	丹东黄海	○	○	○	○	○

图 29　客车企业竞争力相关指标表现

（四）研发能力是新能源汽车企业重要的核心竞争力，技术创新驱动力将会继续影响企业发展格局

经过两轮的专家咨询调查，确定的指标权重系数最高的一级指标是研发能力，权重系数最高的二级指标是核心发明专利数量，说明技术创新驱动是新能源汽车企业最重要的核心竞争力。持续性的创新驱动应该成为企业的常态，2017年数据显示，北汽集团的表现最佳，核心发明专利数量增长速度最快，比亚迪次之；客车企业中，中通客车2017年有爆发式增长，郑州宇通核心发明专利数量明显不足，与其市场地位不符。

随着我国汽车市场的进一步开放，国外新能源汽车企业及其技术进入中

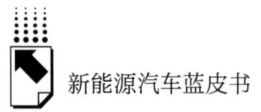

国,给我国企业既带来了挑战,也带来了机遇。新能源汽车企业需要未雨绸缪,在动力电池、电机电控等领域提高创新驱动能力,抢先进行核心专利布局。

(五)产业政策和市场环境的不确定因素可能会给新能源汽车企业的发展带来新的变数

就乘用车企业而言,目前补贴政策的导向是鼓励先进产品的推广应用,这势必导致乘用车市场结构发生变化:优势企业的优秀产品因获得更多补贴支持,销量会显著增长,但一些低水平产品销量将会萎缩。同时,近年来产业技术水平提升较快,导致补贴政策调整相对频繁,企业需要做好产业政策调整可能带来的产品与市场导向变动的准备。

就客车企业而言,补贴政策调整对客车的市场影响和企业战略布局的导向最为明显。从市场销售看,2017年补贴政策收紧,门槛加严、补贴金额降幅较大,市场销量整体是下降的,尤其是前3个月,销量很少,对市场的影响巨大。从企业生产角度看,2017年新能源客车企业的产量下滑趋势比销量下滑的趋势更为严重,企业如何应对提高技术门槛、降低补贴金额、加强使用监管的产业政策,合理进行产品布局、创新驱动以及市场推广,都是客车企业未来发展不可绕过的命题。

2017年外部环境也正在发生变化,5年过渡期后汽车行业将会全面放开股比限制,各种门槛会逐步消失。新能源汽车企业首先面对冲击,2018年将取消新能源汽车外资股比限制,2019年NEV积分比例正式实施,国内转型的自主品牌车企与新造车企业将因此受到冲击,更早面临国外汽车巨头的正面竞争。在此背景下,补贴政策呵护下的国内企业未来将出现明显分化。

(六)新能源专用车的发展为未来市场注入新的增长点,新能源汽车企业指数的评价还需要纳入新能源汽车企业发展的新趋势、新特点

2017年新能源汽车企业指数的分析与发布主要以乘用车企业和客车企业的企业竞争力评价作为分析对象,新能源专用车企业的企业竞争力暂未做分析。2017年东风汽车等企业在乘用车、客车领域的产销表现不佳,但在专用车领域的产销表现优异。但专用车领域在企业竞争力评价上还需建立具有专用车特点的指标体系,因此在下一步的企业指数研究中会有涉及。

综上所述,我国新能源汽车企业指数增长较为迅速,一些企业竞争力提高较快,但依然存在指标间的指数差异和企业个体间的指数差异。从指数上看,2017年新能源乘用车企业的发展趋势向好,但新能源客车企业的发展有所萎缩,需要在2018年继续提振市场容量和企业的市场竞争力,专用车的发展较为迅猛,未来也将成为新能源汽车企业必争之地。

B.7
中国新能源汽车城市指数评价

刘金周　刘万祥*

摘　要： 考虑市场规模大、环保压力大等因素，选取汽车保有量超过100万辆、新能源汽车累计推广超过2000辆的30个重点城市作为分析对象，基于对标分析法，从市场环境、产业环境和使用环境等方面进行对比评价，与标杆城市进行比较、分析和评价，最终得出中国新能源汽车城市指数。其中，上海、深圳、广州、北京等一线城市新能源汽车城市发展指数最高，新能源汽车产业发展较快。新能源汽车城市指数落后的城市亟须寻找差距，加快补齐短板，以加快提高城市新能源汽车产业发展水平。

关键词： 对标分析　城市评价

地方政府为新能源汽车推广的主体，但不同城市新能源汽车产业发展水平参差不齐，亟须对不同城市新能源汽车产业发展竞争力进行综合评价，为城市间寻找差距、补齐短板，并为企业投资布局及市场进入提供必要参考。本文基于对标分析法，构建新能源汽车城市指数评价体系，对选取的30个重点城市分别进行对标分析，得出不同城市的发展指数。

一　城市指数评价体系

对标分析，又称标杆管理，是分析竞争力最有效的管理工具之一。结合我

---

* 刘金周，硕士，工程师，中汽中心新能源汽车与财税政策研究室；刘万祥，工程师，中汽中心新能源汽车与财税政策研究室。

国城市新能源汽车市场与产业实际情况,通过构建城市指数评价体系,以充分考虑城市市场环境、产业发展环境和用户使用环境等,对城市新能源汽车环境进行评价。

选取汽车保有量超过100万辆、新能源汽车累计推广超过2000辆的30个重点城市作为分析对象,设置市场环境、产业环境和使用环境3个一级指标(细分为9个二级指标),对城市新能源汽车竞争力进行对标分析和评价。根据对行业专家和主要企业的调研,新能源汽车产业发展初期将市场环境作为评价重点指标,权重设定为50%,产业环境和用户使用环境情况为辅助指标,权重分别设定为30%和20%(见表1)。

表1 城市指数评价体系

指标	细化指标	备注
市场环境(50%)	市场推广程度	新能源汽车在本地区推广数量
	电动化渗透率	新能源汽车渗透率=本地新能源汽车保有量/本地区传统车和新能源总保有量
	市场开放程度	开放度=非地产车销量/本地区产品总销量
	市场发展潜力	分析地区汽车保有量和人均保有量情况
	私人购买积极性	分析私人领域和公共领域等不同占比情况
产业环境(30%)	配套政策支持力度	主要为财税、交通等配套支持政策出台数量
	城市产业集聚程度	主要分析整车企业主要集中的城市分布情况
使用环境(20%)	充电使用便利程度	具体指标分为充电桩建设数量、车桩比、充电费优惠等
	使用成本优惠程度	具体为停车费优惠、过路过桥费优惠、高速费优惠、牌照费优惠等

二 新能源汽车城市指数评价

针对构建的评价指标体系,对30个重点城市分别进行对比评价,分析不同城市的细分指标发展水平情况。

(一)市场环境

城市新能源汽车市场环境主要包括地区市场推广程度、电动化渗透率、市场开放程度、市场发展潜力和私人购买积极性等指标，通过对标量化不同地区的发展水平，分析不同地区的市场环境水平。

1. 市场推广程度

2017年，我国新能源汽车市场快速增长，上海、北京和深圳成为推广程度最高的城市，三个城市累计推广超过48.7万辆。以上海市推广量为基准，其他城市对标上海市得出市场推广程度排名，前五个城市依次为上海、北京、深圳、杭州和天津。其中，市场推广较差的三个城市为佛山、沈阳和长春，有待加大新能源汽车推广力度（见图1）。

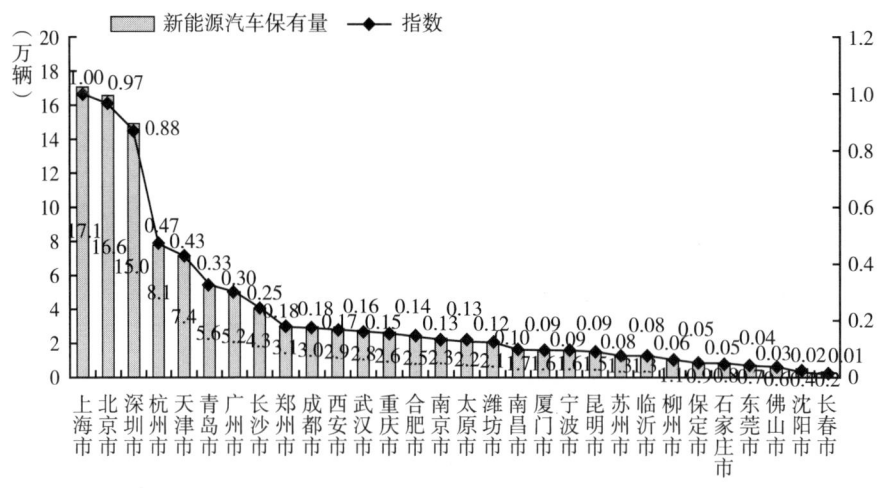

图1 2009～2017年各城市新能源汽车推广量对标

数据来源：根据相关机构保险数据整理。

2. 电动化渗透率

随着新能源汽车推广应用规模的扩大，车辆的电动化率也正不断提高。上海市新能源汽车累计推广超过17万辆，传统汽车和新能源汽车总保有量超过374万辆，新能源汽车占汽车总量的比例为4.6%，为电动化比例最高的城市。以上海市电动化比例为基准，其他城市对标上海市得出电动化渗透率排名，前五个城市依次为上海、深圳、杭州、北京和天津，全国汽车保有量较高的城市为北京、成都、上海、重庆和苏州。其中，北京电动化渗透率较高且汽车存量最大，下一步有待继续加大传统汽车置换为新能源汽车的力度，而电动化渗透率较低的城市仍为佛山、沈阳和长春（见图2）。

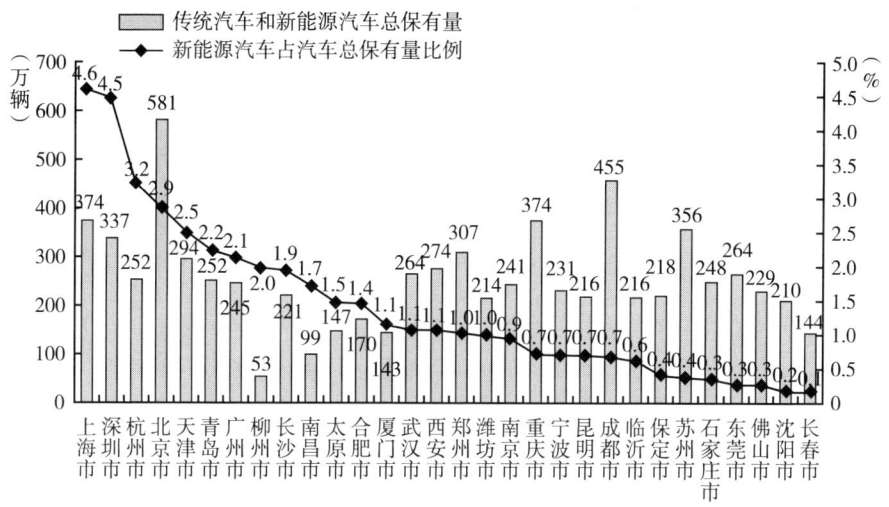

图2　各城市新能源汽车保有量占汽车保有量比例对比

数据来源：传统汽车数据根据公安部数据整理，新能源汽车数据根据相关机构保险数据整理。

3. 市场开放程度

市场开放程度通过非地产车销量占本地区新能源汽车总销量的比例反映。以2017年为例，石家庄、佛山、昆明本地企业相对较少，本地化率几乎为0，市场开放程度最高。南昌、柳州、合肥等城市本地车占比分别为84%、83%、66%，应加大市场开放程度，允许更多产品进入（见图3）。

地方出台了一系列配套支持政策，大力推进研发生产和推广应用，产业发展已取得积极成效，但部分地区的地方保护性措施亟待采取有力措施坚决破除。地方保护形式多样，设目录、增试验、强设企、排车型等较为普遍。综合分析北京、上海、深圳、广州、重庆、武汉、合肥、杭州等8个城市，分析可能存在的地方保护行为数量，从市场开放程度来看，南昌、柳州、合肥等二线城市更加封闭，但一线城市基于其市场规模大且有示范效应，更容易受到企业和消费者诟病。建议一线城市按照国务院要求加大推动市场公平竞争工作的力度，为其他城市做出表率（见表2）。

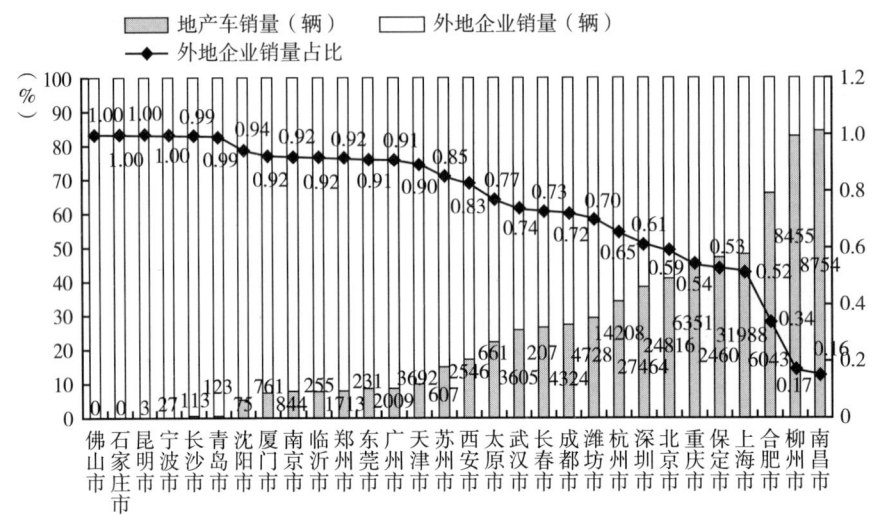

图3 2017年城市新能源汽车市场开放水平情况

数据来源：根据相关机构保险数据整理。

表2 不同城市地方保护情况汇总分析

城市	设置地方目录或备案	重复试验检测认证	强制本地设企	收窄车型范围	限行限购变相限制	地方政策不公开透明
城市数量(个)	5	1	3	3	4	2

资料来源：CATARC根据各地公开资料整理。

4. 市场发展潜力

市场发展潜力通过汽车千人保有量进行分析。根据国家统计局统计数据整理，重庆、柳州、上海、长春和广州等城市千人保有量相对较低，未来市场发展潜力较大，有待加大推广新能源汽车力度。厦门、郑州、太原推广新能源汽车的空间相对较小。其中，上海和广州作为限购城市，发展空间较大，在汽车总量调控时，建议继续保持或扩大新能源汽车在总量中的占比（见图4）。

5. 私人购买积极性

基于新能源汽车销量主要由私人购买和公共领域为主，通过私人领域新能源汽车销量占城市总销量的比例反映私人购买积极性。其中，柳州市私人购买数量最大，其他城市私人购买情况对标柳州市得出私人购买积极性排名，前五

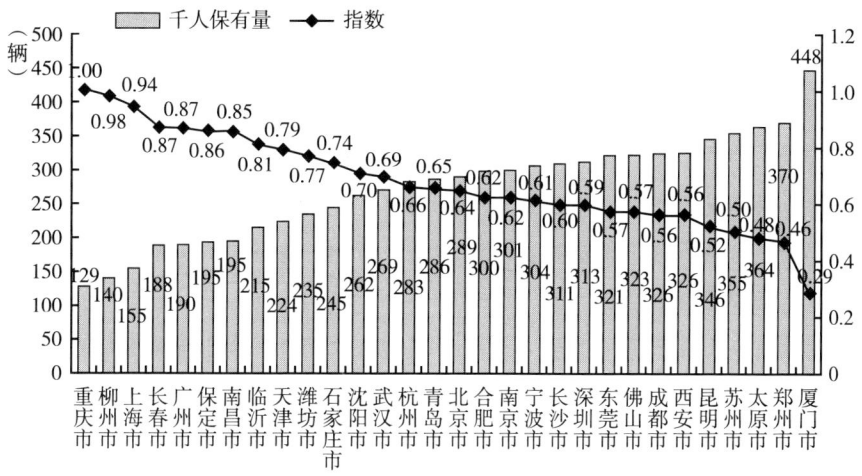

图 4 各城市基于千人保有量的市场发展潜力对标

数据来源：汽车保有量数据根据网络公开数据整理，人口数据根据国家统计局数据整理。

个城市依次为柳州、南昌、潍坊、临沂和昆明，均为非限购城市。而私人领域购买积极性较小的城市为沈阳、深圳和南京，这些城市重点推广公共领域车辆，建议积极学习私人购买积极性高的城市经验，加快完善私人购买领域政策

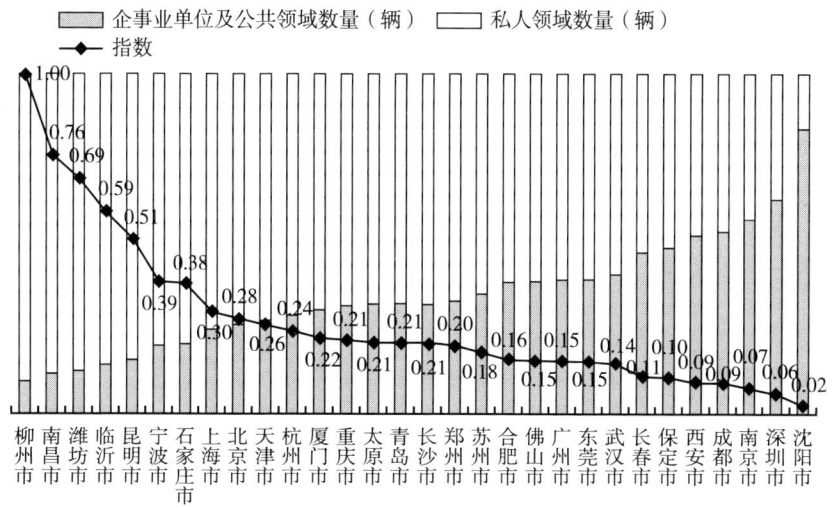

图 5 2017 年各城市私人购买新能源汽车占比对标

数据来源：CATARC 根据相关机构保险数据整理。

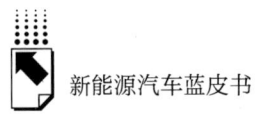

配套环境。在限购城市中，上海、北京、天津和杭州私人购买积极性相对较高，广州、深圳有待出台有力措施提高私人购买新能源汽车积极性（见图5）。

（二）产业环境

综合分析地区配套政策支持力度、城市产业集聚程度等指标，通过对标量化不同地区产业发展环境情况，得出不同地区的产业发展环境配套完善程度。

1. 配套政策支持力度

根据中国汽车技术研究中心有限公司不完全统计，全国各地方出台的新能源汽车支持政策已超过400项，涵盖新能源汽车推广应用、财政补贴、基础设施、用电价格、交通管理等5个方面，有力地支撑了各地区新能源汽车市场与产业的发展。其中，多数城市出台了推广应用、财政补贴和基础设施等支持政策，限购、限行城市也出台了区别化的交通支持政策。配套政策支持力度主要通过对城市出台五个方面配套政策数量反映。柳州市出台配套政策数量最多，其他城市出台政策数量对标柳州市得出配套政策支持力度排名，前五个城市依次为柳州、昆明、上海、成都和深圳（见表3、图6）。

表3 各城市出台配套支持政策情况

序号	城市	推广应用	财政补贴	基础设施	用电价格	交通管理
1	柳州市	√	√	√	√	√
2	昆明市	√	√	√	√	√
3	上海市	√	√	√	√	√
4	成都市	√	√	√	√	√
5	深圳市	√	√			√
6	天津市	√		√		√
7	北京市	√		√		√
8	重庆市	√				√
9	西安市	√				√
10	武汉市	√	√			√
11	广州市	√		√		√
12	合肥市	√				√
13	沈阳市	√	√			√
14	杭州市			√		√
15	青岛市	√			√	

续表

序号	城市	推广应用	财政补贴	基础设施	用电价格	交通管理
16	石家庄市	√		√		√
17	郑州市	√		√		
18	长春市			√	√	
19	宁波市	√				
20	厦门市		√	√		
21	潍坊市			√	√	
22	佛山市	√			√	
23	太原市				√	√
24	南京市			√	√	
25	长沙市					
26	临沂市			√		
27	东莞市	√				
28	保定市			√		
29	苏州市	√				
30	南昌市					

资料来源：2018年CATARC地方新能源汽车政策白皮书。

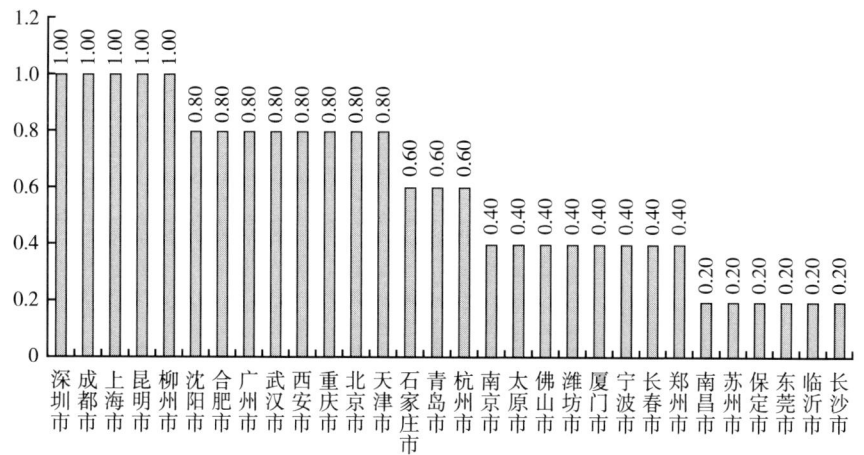

图6 各城市配套政策支持力度对标

资料来源：2018年CATARC地方新能源汽车政策白皮书。

2. 城市产业集聚程度

目前，整车企业加快在新能源汽车领域布局。新能源汽车整车主要在四大聚集区布局，分别为京津冀、长三角、珠三角、西南地区，其中重庆市企业数量最多。城市产业集聚程度主要通过整车企业在本地区布局数量反映，由于零部件企业在产业链中难以确定，暂未统计零部件企业数量。根据统计得出，重庆市整车企业数量最多，其他城市整车企业数量对标重庆市得出城市产业集聚程度排名，前六个城市依次为重庆、成都、上海、天津、杭州和长春（见表4、图7）。

表4 新能源整车企业城市分布

单位：个

序号	城市	企业数量	新能源整车企业
1	重庆市	14	长安福特、长安铃木、长安汽车、通用五菱、北京现代、重庆力帆、上汽依维柯红岩、恒通客车、北汽银翔、长帆新能源、东风小康、潍柴重庆嘉川、众泰汽车、金康新能源
2	成都市	12	吉利、成都沃尔沃、神龙、一汽丰田、一汽大众、中国重汽成都王牌、川汽野马、一汽客车、重庆银隆、一汽解放、同捷汽车、成都客车
3	上海市	10	上汽乘用车、上汽通用、上海汽车、万丰客车、一汽解放、游侠汽车、申沃客车、吉利、康迪、上海大众
4	天津市	10	一汽夏利、比亚迪、恒天新能源、一汽丰田、天津美亚、一汽大众、华泰、国能新能源、长城、国宏汽车
5	杭州市	10	众泰、长安福特、东风裕隆、吉利、广汽、东沃卡车、东风沃尔沃、比亚迪、长江汽车、万向
6	长春市	10	一汽轿车、一汽马自达、一汽丰田、一汽红旗、一汽大众、一汽客车、一汽通用、一汽解放、一汽四环、一汽吉林
7	北京市	9	长安、北方尼奥普兰客车、北汽福田、福田戴姆勒、宝沃、北京现代、北汽、北京奔驰、北汽新能源
8	广州市	9	东风日产、广汽丰田、广汽本田、广汽日野、广汽乘用车、广汽客车、北汽广州基地、广汽比亚迪客车、广汽菲亚特克莱斯勒
9	长沙市	9	广汽菲亚特克莱斯勒、广汽三菱、众泰、福田、长丰猎豹、比亚迪、上汽大众、北汽、陕汽
10	郑州市	8	东风日产、郑州日产、宇通、上汽、海马、森源、少林客车、奇瑞商用车
11	武汉市	7	东风本田、神龙、东风雷诺、东风乘用车、东风新能源、银隆、上汽通用
12	沈阳市	7	上海通用、华晨宝马、华晨金杯、华晨汽车、广汽日野、沈阳五洲龙、航天三菱
13	深圳市	6	比亚迪、东风商用车、深圳市五洲龙、长安标致雪铁龙、比亚迪戴姆勒、陆地方舟

续表

序号	城市	企业数量	新能源整车企业
14	南京市	6	上汽、上汽大众、上汽依维柯、长安、比亚迪、金龙
15	柳州市	5	上汽通用五菱、一汽解放、广西五菱汽车、东风商用车、东风柳汽
16	合肥市	5	长安、江淮、安徽安凯、蔚来代工厂、星凯龙
17	青岛市	5	上汽通用五菱、一汽大众、北汽新能源、一汽解放、比亚迪
18	南昌市	5	江铃、陆风、江铃福特、江西江铃新能源汽车、江西五十铃
19	宁波市	4	吉利、上海大众、中车、比亚迪
20	西安市	4	比亚迪、陕汽、苏州金龙、西沃客车
21	苏州市	4	奇瑞捷豹路虎、观致、华东汽车、长城华冠
22	佛山市	3	一汽大众、福田汽车、福迪汽车
23	保定市	3	长城、中兴、长安
24	临沂市	2	新大洋知豆、众泰
25	东莞市	2	中汽宏远、永强汽车
26	石家庄市	1	中博新能源
27	太原市	1	比亚迪
28	昆明市	1	东风云南汽车
29	厦门市	1	金龙旅行车
30	潍坊市	1	福田

资料来源：CATARC 根据网络公开资料整理。

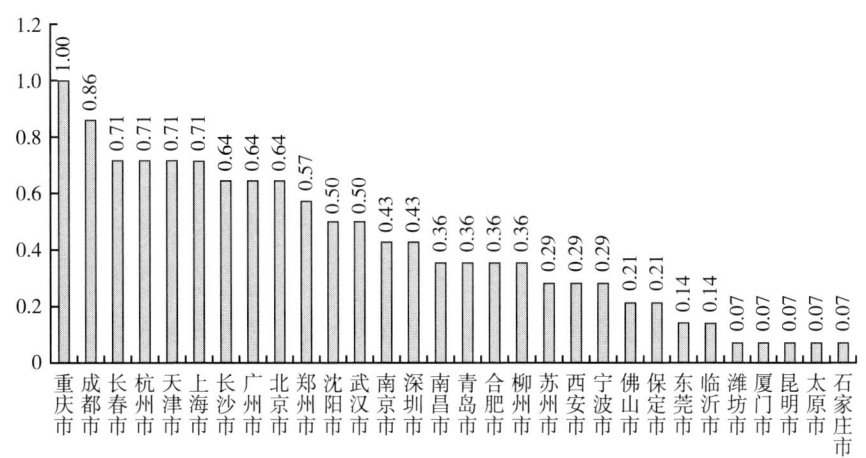

图7　各城市整车企业集聚程度对标

数据来源：CATARC 根据网络公开资料整理。

（三）使用环境

综合分析地区充电使用便利程度、使用成本优惠程度等指标，通过对标量化不同地区用户使用情况，得出不同地区的使用环境完善程度。

1. 充电使用便利程度

充电使用便利程度主要通过桩车数量比反映。2017年，全国电动汽车充电基础设施产业呈现跨界、多元、市场主导的发展态势。沈阳市桩车比最高，其他城市私人购买情况对标沈阳市得出充电使用便利程度排名，前五个城市依次为沈阳、苏州、南京、太原和保定，而柳州、南昌和郑州建议继续加大充电桩建设力度，提高桩车数量比，以满足更多新能源汽车充电需求（见图8）。

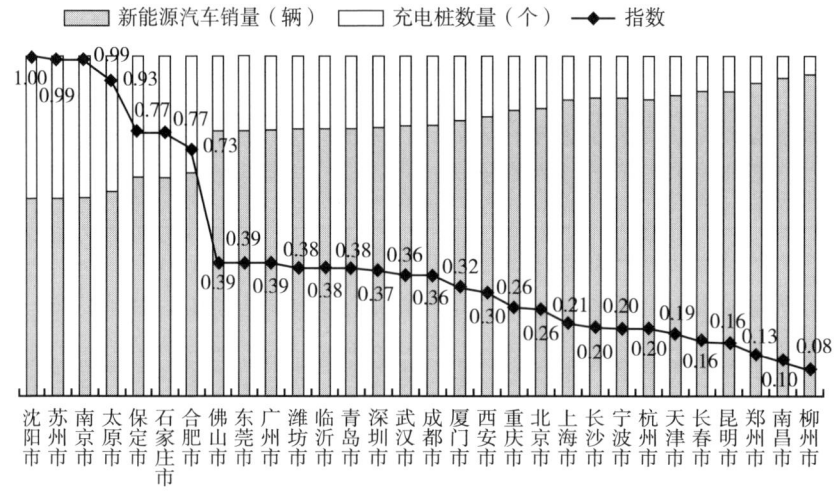

图8　2017年各城市充电使用便利程度对标

数据来源：CATARC根据中国电动汽车充电基础设施促进联盟数据和各城市公开数据整理。

2. 使用成本优惠程度

使用成本优惠程度主要通过对地方出台减免过路过桥费、高速费、牌照费用、充电的电价费用优惠等4项政策数量反映。其中，出台4项成本优惠政策的城市包括广州、深圳、合肥和西安。而天津、宁波、长沙和佛山未出台相关使用成本优惠政策，建议借鉴其他城市经验，加快研究制定使用成本优惠支持政策（见图9）。

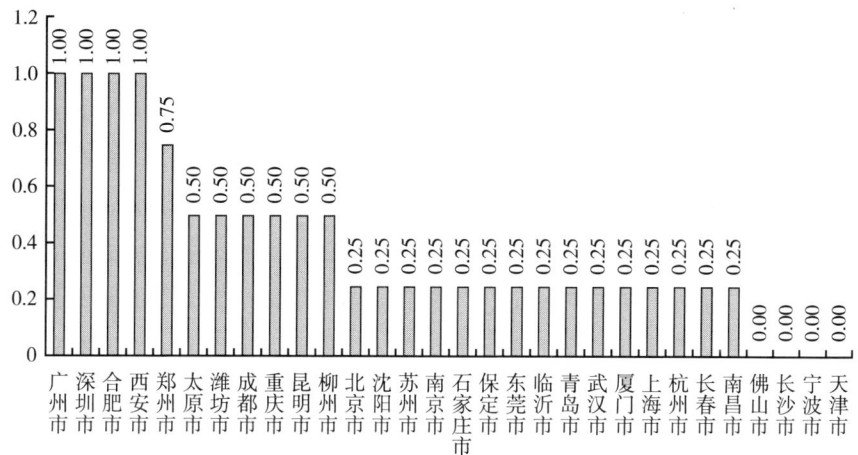

图9　2017年新能源汽车使用成本优惠程度城市对标

数据来源：2018年CATARC地方新能源汽车政策白皮书。

三　结论

综合分析城市市场环境、产业环境、使用环境等指标，通过分别对标量化，得出不同城市新能源汽车发展指数。主要结论及建议：一是不同城市在各衡量指标上存在差异，各有优势，有待于取长补短；二是市场环境较好的五大城市（上海、深圳、北京、天津、杭州）应继续加大市场开放程度，并进一步挖掘存量市场（如私人领域）置换为新能源汽车的发展潜力；三是产业环境较好的五大城市（成都、重庆、上海、天津和广州）主要得益于整车企业集聚，落后城市应以整车引进为抓手，并从推广应用、财税、基础设施等方面积极出台配套支持政策；四是使用环境较好的五大城市（合肥、太原、广州、深圳和西安）在使用环节出台了系列支持政策，落后城市要从充电便利性和使用成本优惠上，不断完善本地区使用环境。

（一）不同城市在市场、产业和使用三大环境上存在差异，各有优势，有待于取长补短

通过对全国30个城市的市场环境、产业环境、使用环境3个一级指标分析

可知，不同城市在各衡量指标上存在较大差异，均需取长补短，具体结论如下。

一是新能源汽车发展环境五大最优城市为上海、深圳、广州、北京、天津，尤其在市场环境和使用环境上处于领先地位。新能源汽车发展环境落后城市如东莞、厦门、佛山、保定、南昌，有待全面提升市场环境、产业环境和使用环境，进一步缩小与最优城市差距。

二是市场环境五大最优城市为上海、深圳、北京、天津、杭州，尤其在市场推广程度、电动化渗透率方面处于领先地位。新能源汽车市场环境落后城市如合肥、保定、苏州、成都和沈阳，有待优先加大城市的新能源汽车推广，提高城市新能源汽车市场发展水平。

三是产业环境五大最优城市为成都、重庆、上海、天津、广州，主要得益于整车企业较为集中。新能源汽车产业环境落后城市如临沂、东莞、保定、太原、潍坊，有待于积极引进整车企业，并制定全面配套产业支持政策。

四是使用环境五大最优城市为合肥、太原、广州、深圳、西安，尤其在用户使用成本优惠政策上出台了较为完善政策。新能源汽车使用环境落后城市如天津、宁波、长沙、南昌、佛山，有待于从加快充电基础设施建设、出台使用成本优惠政策方面不断优化新能源汽车使用环境（见图10）。

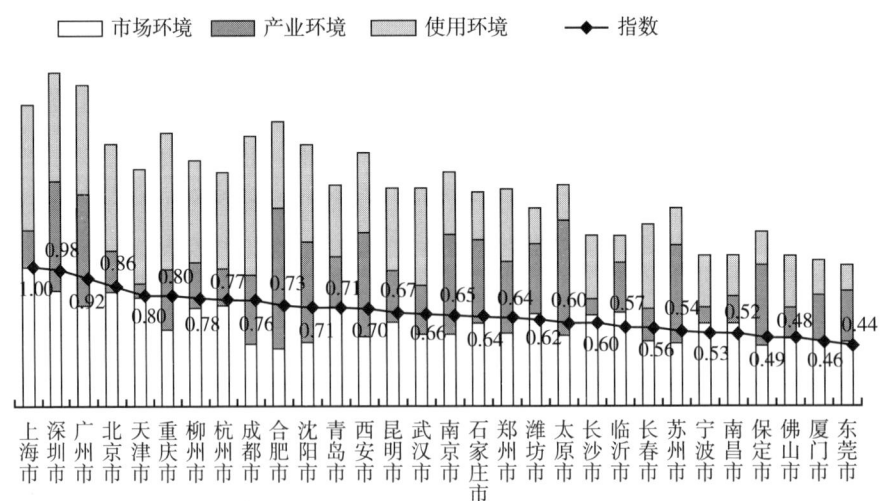

图10　中国新能源汽车城市指数

注：城市市场环境、产业环境和使用环境分别按照权重50%、30%和20%计算。

（二）一线城市市场环境较好，但也应加大市场开放程度，不断在私人领域加大推广力度

通过对全国 30 个城市的市场推广程度、电动化渗透率、市场开放程度、市场发展潜力、私人购买积极性 5 个二级指标分析得出：一是一线城市需加大对外开放力度。开放的统一市场有利于加快新能源汽车企业在全国范围内的布局，但上海、北京等城市存在一定程度的地方保护嫌疑，有待于加快开放程度。二是深圳、北京有待进一步挖掘本地存量市场发展潜力。如深圳、北京等城市千人汽车保有量相对较高，在积极支持增量消费者购买新能源汽车之外，建议进一步挖掘存量用户置换或更新为新能源汽车的发展潜力。三是建议汽车保有量较大的城市探索存量汽车置换为新能源汽车的措施，并加快在私人领域发力。如深圳在公共领域积极开展电动化，在公交车、老旧货车淘汰方面鼓励更新为新能源汽车，而私人领域尽管推广量也较多，但占比相对较小，有待于鼓励私人领域购买新能源汽车，以提高私人领域购买新能源汽车比例（见表5、图11）。

表5　限购城市重点拓展方向对比

序号	内容	上海	深圳	北京	广州	天津	杭州
1	加大市场开放程度	√		√			√
2	挖掘存量市场潜力	√	√	√		√	√
3	加大私人领域推广力度		√		√		

（三）产业发展环境较好的城市首先得益于整车企业集聚，落后城市应以整车引进为抓手完善推广应用、财税、基础设施等配套支持政策

通过对全国 30 个城市的配套政策情况、城市产业集聚度 2 个二级指标分析得出：产业环境主要由配套政策决定，全面的配套政策有利于吸引整车企业落地建厂。产业发展环境较好的城市中，配套政策较为完善，导致整车企业相对集聚。多数城市积极出台了新能源汽车产业发展配套支持政策，重庆、成都、天津等城市整车企业较多，集聚程度较高，具备了新能源汽车产业化发展基础。非一线城市也可依托整车企业，出台配套政策形成产业集聚地。落后城

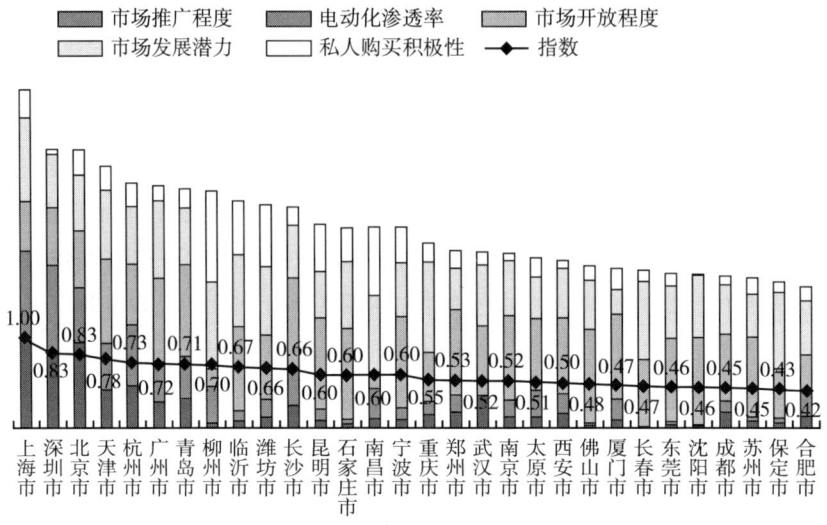

图 11　市场发展环境二级指标对标

市应从推广应用、财税、基础设施等方面学习借鉴配套政策较为完善的城市经验（见图 12）。

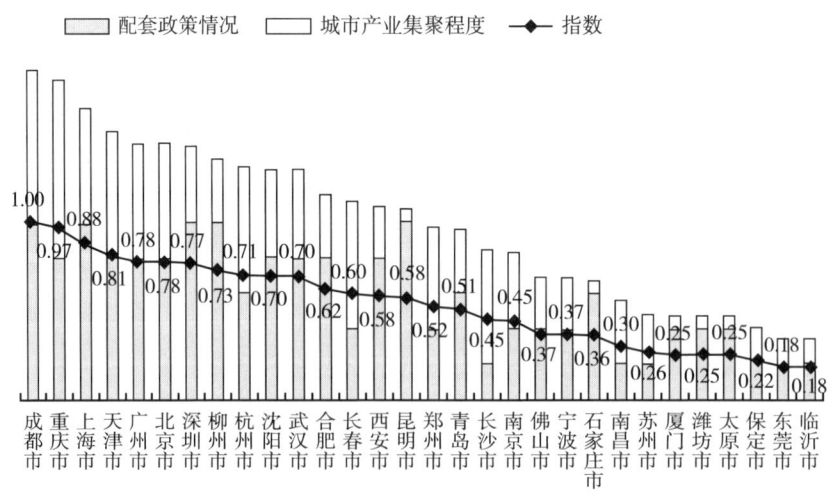

图 12　产业发展环境二级指标对标

（四）使用环境落后城市要借鉴合肥、太原、广州、深圳和西安等城市经验，继续加快建设充电设施并制定使用成本优惠政策

通过对全国30个城市的充电使用便利程度、使用成本优惠程度两个二级指标分析得出：一是用户使用环境较好的城市中，深圳、西安等城市充电设施配套情况有待改善，充电设施未能全面满足新能源汽车充电需求，有待于继续加快充电设施建设步伐，满足用户充电需求。二是合肥、太原、广州、深圳和西安出台了用户使用成本优惠政策值得借鉴。而南昌、长沙、宁波、天津在使用成本优惠方面政策支持力度相对较小，有待于借鉴领先城市经验，出台降低用户使用成本的优惠政策（见表6、图13）。

表6 限购城市重点拓展方向对比

序号	城市	牌照费免收	停车费优惠	路桥费优惠	高速费优惠	充电费优惠	交强险保险费优惠
1	广州	√	√		√	√	
2	深圳		√	√		√	√
3	北京					√	
4	上海					√	
5	杭州					√	
6	天津						

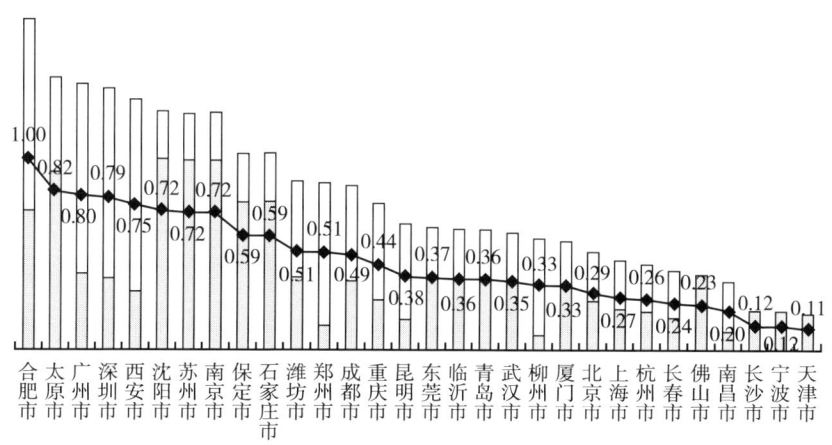

图13 用户使用环境二级指标对标

产　业　篇

Industry Reports

　　本篇重点描述我国新能源汽车产业 2017 年发展动态和取得的主要进展，内容涵盖中国新能源乘用车行业 2017 年发展综述、车用动力电池产业发展概况、车用驱动电机产业发展动态、充电基础设施行业发展动态等内容。

　　本篇希望通过纵向和横向的动态对比，向读者客观展示我国新能源汽车产业发展取得的最新进展。一方面，对我国新能源乘用车及动力电池、驱动电机等关键零部件产业的发展、充电基础设施的建设情况进行总结对比，总结过去、分析现状并展望未来发展趋势；另一方面，通过比较新能源汽车产业主要企业及产品，客观梳理总结 2017 年我国新能源汽车整车、零部件、充电设施行业的国内外差异。

B.8
中国新能源乘用车行业2017年发展综述

周玮 方海峰 孟顺*

摘　要： 本文重点分析了2017年我国新能源乘用车行业企业竞争格局、产品技术格局、市场发展格局的变化及特征，并展望了未来我国新能源乘用车产业发展趋势。2017年，企业发展方面呈现转型与合作特征，跨国公司在华电动化战略加速推进，造车新势力企业产品开始投放市场，企业间合作和资源共享日益深化，向出行服务转型已成为行业新趋势；产品技术方面越发实用成熟，纯电动乘用车产品在续驶里程、能耗等方面取得显著进步，集成化与智能化成为产品未来进化的重要方向；市场方面开始由导入期迈向快速成长期，小型纯电动乘用车仍是当前市场的绝对主力，领先企业市场地位进一步巩固。建议下一步政策支持方向由购置环节向运营使用环节转变，加快推动充电设施尤其是企业事业单位停车场地充电桩建设，企业应加强创新投入，并进一步扩宽融资渠道，以应对未来激烈市场竞争。

关键词： 新能源乘用车　产业变革　技术升级　竞争淘汰

2017年是我国新能源乘用车行业实现由量变向质变转化的起步之年，新能源乘用车市场经历了补贴政策调整、双积分政策出台、燃油车禁售时间表启动研究等影响，产业在继续保持平稳高速增长的基础上，也开始向高质量方向

---

* 周玮，硕士，工程师，中汽中心新能源汽车与财税政策研究室；方海峰，博士，高级工程师，中汽中心首席专家、新能源汽车与财税政策研究室副主任；孟顺，工程师，中汽中心新能源汽车与财税政策研究室。

发展，中资与外资品牌、整车与零部件企业纷纷选择携手合作，以应对日趋激烈的市场竞争，优秀企业和产品逐渐脱颖而出。

一 企业格局：产业变革在即，车企纷纷加速转型与合作

（一）跨国公司电动化战略推进加速，开始发力新能源乘用车市场

在政府全力推动下，中国已成为全球最大的新能源乘用车市场，而传统燃油汽车的节能减排压力也将不断加大。日产、丰田、大众、宝马等主要跨国车企利用其技术储备，已开始加速新能源车型的国产化工作，预计跨国车企新能源车型最迟将于2020年前后大规模投放中国市场。如日产于2018年初发布的中期事业规划，计划未来5年导入20款电动车型。丰田也已公布未来在华将推动电动化战略，计划2020年推出10款电动化新车型，并正在积极推进电机、电池、逆变器等核心技术的国产化进程（见表1）。

表1 主要跨国车企在华新能源乘用车战略

车企	整体计划	车型计划	销量计划
福特	2020年前在中国生产动力总成；2025年提出全面电气化方案，车型包括HEV、PHEV、BEV	2020年前导入C-MAX Energi PHEV版和蒙迪欧HEV版，后期全系新能源车型都将入华	2025年70%产品为电动汽车
通用	2020年上市提供PHEV或HEV车型；2025年旗下全部产品在华实现电气化	2020年在中国推出10款电动汽车	2020年新能源乘用车销量达到15万辆，2025年50万辆
大众	2019年在华建立新能源乘用车家族；2020年前实现所有新能源乘用车品牌全面互联；2025年前实现新能源、自动驾驶服务生态	2025年前进口及国产新能源车型超过20款	2020年在华销售40万辆，2025年150万辆
奔驰	重点转移至纯电动和插电式混动车型	2020~2022年，约15款车型在华生产	—

续表

车企	整体计划	车型计划	销量计划
奥迪	2030年实现电气化转型	2020年至少在华推出3款纯电动汽车	—
日产	新中期事业规划	到2022年,将推出20款电动车	到2022年,电动汽车将占所有东风旗下汽车销量的30%
丰田	主推HEV、PHEV	2018年在华推出PHEV,未来计划推出BEV	—
本田	2030年,部分车型纯电动或插电式,未来以混动车型主	2020年在华推出PHEV,2030年在华推出三款纯电动车型	—
现代	已积累BEV、PHEV、FCEV、HEV技术,将应用在北京现代旗下产品上	到2020年推出9款新能源车型	2020年,占企业销量的10%

资料来源:根据网络公开资料整理。

(二)"新势力"加快推出量产产品,开始接受市场检验

在行业快速发展和政策不断优化的双重带动下,跨国集团、国内合资企业和自主品牌纷纷做出战略调整、加大纯电动汽车研发力度,行业外企业投入大量资本迅速催生几十家家造车新势力(以下简称"新势力"),这批新势力企业大部分已具有一定发展基础,但有相当一部分企业尚未取得整车生产资质,部分新势力企业已开始建设自有工厂,期待未来可获得独立生产资质,也有部分企业为了尽快实现市场化目标,通过收购重组有整车资质的车企或与传统整车企业合作"代工"等方式实现生产。

在产品方面,随着"造车运动"的不断深入,新势力的量产车型正在进入密集上市期。2017年,以蔚来汽车ES8、云度π1为代表的首批造车新势力量产产品纷纷宣布上市或下线。2018年年初,威马汽车更是以发布补贴后起步价不足10万元的EX5引起了市场的极大关注。目前,造车新势力产品主要存在以下两方面趋势。

一是大型化和SUV化趋势明显。造车新势力中仅知豆、北汽新能源等个别企业外,其他十来家企业产品主要为纯电动SUV或中大型车型。二是电动

化+智能化+互联化特征显著。新势力智能互联技术更贴近互联网的交互,并积极应用自动驾驶技术。比较积极的新兴造车企业,如蔚来、小鹏等新势力的智能化总体进度比自主品牌和部分合资品牌要快(见表2)。

表2 部分新势力企业产品上市状态

车企	首款车型	首款产品定位	上市状态
蔚来	ES8	高端SUV	已上市,2018年第二季度交车
小鹏	G3	紧凑型SUV	已上市,预计2018年年底交车
威马	EX5	中端SUV	已上市,预计2018年年底交车
云度	π1	中端SUV	已上市交车
电咖	EV10	中端SUV	已上市交车
奇点	iS6	中高端大型SUV	预计2018年年底上市
爱驰	U5 ION	中端SUV	预计2019年上市
拜腾	纯电动SUV	中高端SUV	预计2019年上市
新特	DEV1	中低端SUV	2018年8月上市,预计2018年年底交车
国金	GM3	中端SUV	已上市交车
博郡	纯电动SUV	中端SUV	预计2019年年底上市

资料来源:根据网络公开资料整理。

与传统车企对比来看,目前新势力在电动化核心技术和成本控制上短时间很难超越传统车企。一是传统车企技术储备更充足、市场占有率更高。传统车企发展纯电动车的技术积累更深厚,且产品已经受市场考验。二是与传统车企类似,造车新势力很难掌握动力电池核心技术。目前除比亚迪采用自产的电池外,大多新势力和传统车企均采用了少数几家优势企业的电芯,在这样的基础上,产品的差别只剩下电量的多少及电池包的成组效率和控制策略优劣。三是新势力基本不可能在成本上低于传统车企。一方面,传统车企在供应链控制、生产制造领域要优于新势力;另一方面,传统车企新能源乘用车产品已具备一定销量,而且共线生产和传统燃油汽车的大批量销售也大幅降低了新能源乘用车产品成本。即使新势力中售价较低的威马EX5补贴前售价约18万元,与已经量产的传统车企电动汽车(如奇瑞瑞虎3xe 480等)相比优势仍不明显。

但新势力在智能网联领域更积极且具有一定优势。一是智能驾驶技术的应用。据企业公开消息，部分新势力的产品已经具备L2级别的自动驾驶功能，L3级别的也规划在近两年内应用——总体进度比自主品牌要快。二是传统造车企业在自动驾驶应用上更为谨慎，新势力较为激进的自动驾驶技术应用或将成为新的突破口。三是车联网技术。新势力在布局车内通信、娱乐等服务创新领域比传统车企投入更大，虽然发展速度快和潜力大，但目前尚未形成领先优势，和其他利用苹果、阿里、百度系统的车辆产品差别不大。

（三）企业竞合大幕开启，新能源乘用车领域正加大合作和资源共享

各类企业在互补领域正展开合作，达成利益最大化，共同推动新能源乘用车市场的扩大和成熟。一是新势力与传统车企展开战略合作。在开放共享的原则下，奇点与北汽新能源在智能汽车技术开发、充换电设施建设、经销网络、制造资源共享（如代工）等方面展开全面战略合作；拜腾获得一汽战略投资，并将在平台技术、投资入股、零部件采购等方面开展一系列合作。二是在竞争与共同利益面前，传统车企间的关系也开始发生变化，由竞争转向合作，如近期比亚迪已开始与长安、长城、北汽共商合作。三是外资车企开始借力中方资源。如大众、戴姆勒、福特、日产分别与江淮、北汽、众泰、东风"联姻"，为未来在华扩展新能源市场展开布局。为弥补油耗积分压力，三菱、菲亚特克莱斯勒、丰田等合资企业也寻求制造广汽传祺新能源车型（见表3）。

表3 主要车企新能源乘用车合作动态

合作时间	合作方	合作内容
2017.6	大众+江淮	计划投入50.6亿人民币成立合资公司，双方各占50%股份，进行新能源乘用车的研发、生产、销售和相关移动出行服务
2017.7	戴姆勒+北汽	共投资50亿人民币，在北京奔驰建立纯电动车生产基地及动力电池工厂，引入梅赛德斯—奔驰品牌的纯电动车产品，同时戴姆勒将战略投资北京新能源乘用车股份有限公司
2017.7	沃尔沃+吉利	成立合资公司，各占50%股份，开发下一代纯电动汽车平台技术

续表

合作时间	合作方	合作内容
2017.8	福特+众泰	计划在华成立一家从事纯电动乘用车的研发、制造、销售和服务的合资公司
2017.8	雷诺日产+东风	计划在华成立合资公司,共同开发纯电动汽车,出资比例为东风50%,雷诺和日产各占25%
2017.8	丰田+马自达	在美国设立整车合资公司,在电动车共通技术、车载互联技术和先进安全技术等领域开展合作,双方出资比例为各占50%
2017.9	丰田+马自达+电装	成立合资公司,共同研究电动汽车共性技术,公司注册资金1000万日元,出资比为丰田90%、马自达5%、电装5%。为强化合作关系,丰田将收购马自达5%股份,马自达收购丰田0.25%股份
2018.4	一汽+拜腾	一汽将作为战略投资者参与BYTON拜腾B轮融资,投资额约2.6亿美元,双方还将在产品开发、生产、销售及服务等领域展开深入合作
2018.4	北汽新能源+奇点	在智能汽车技术开发、充换电设施建设、经销网络、制造资源共享等方面展开全面战略合作

资料来源:根据网络公开资料整理。

(四)产业变革趋势推动车企转型为智能共享出行服务商

汽车产业正处于大调整大变革时期,汽车产业与互联网深度融合,电动化、智能化、网联化、共享化趋势明显,以客户为原点,提供产品+服务+出行的一体化解决方案将成为未来车企的核心竞争,国内外汽车企业纷纷确定转变为造车、出行服务提供、产业联盟、上下游资源整合的生态圈提供商。如丰田宣布将从传统的汽车制造商,逐步向出行方案提供商转型,2018年1月在美国推出了新一代出行服务专用EV车——e-Palette,并已宣布与滴滴携手合作,另外在智能网联汽车技术方面积极推进。大众集团计划将业务重组为六个业务板块和中国区业务,以更加高效的集团管理结构,更迅速地适应大众集团全面向新能源、智能化、出行服务商等新业务方向的转型。国内车企也开始进军共享或网约车市场,如吉利推出曹操专车、上汽建立环球车享、北汽新能源布局轻享出行等(见表4)。

表4 部分整车企业参与出行服务项目情况

项目	运营企业	主要车型	运营城市
GreenGo 绿狗	北汽新能源、富士康	北汽 E150EV/EV160/EV200、奇瑞 eQ、特斯拉、比亚迪 E6、华晨宝马之诺等	北京
微公交	浙江左中右电动汽车服务有限公司（吉利、康迪合资成立）	康迪 K10/K11	杭州
曹操专车	杭州优行科技有限公司（吉利投资）	帝豪 EV	宁波、杭州、青岛、南京、成都、厦门、天津、北京、广州、深圳等22座城市
环球车享（原e享天开、EVCARD合并成立）	上海赛可汽车租赁（上汽集团子公司）、上海国际汽车城新能源汽车公司	荣威 E50/550	上海
一嗨租车	上汽乘用车、一嗨租车	荣威 550	北京、上海、杭州、昆山
轻享出行	北汽新能源	北汽 EX200	北京、潍坊、沧州、泰州等

资料来源：根据网络公开资料整理。

二 产品格局：新产品迈向实用成熟，即将进入爆发阶段

新上市新能源乘用车车型数量大幅增加，种类进一步丰富，实用化程度显著提升，已表现出超越传统汽车的潜力，同时国内企业在车辆智能化方面也已取得先发优势。

（一）纯电动车型技术水平及实用性表现显著提升

通过对截至2018年6月底累计发布的18批免购置税目录中610款纯电动乘用车车型进行统计，其平均续驶里程已由2014年的160km增长到2018年中的320km左右，提前实现了《节能与新能源汽车技术路线图》中提出的到2020年平均纯电续驶里程达到300km的目标（见图1）。

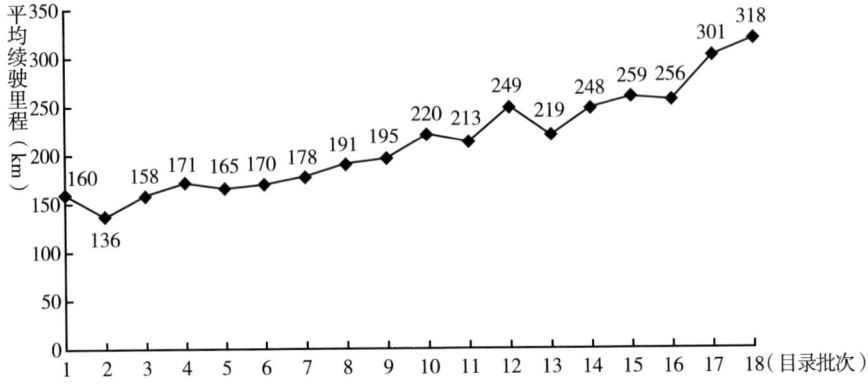

图 1　第 1~18 批免征购置税目录内纯电动乘用车平均续驶里程

资料来源：第 1~18 批《免征车辆购置税的新能源汽车车型目录》。

根据中美新能源汽车政策实验室调查，北上广等一线大城市有约 70% 的私家车日均行驶里程低于 60km，而近期新上市的纯电动车型续驶里程大多超过 300km 门槛（见表 5），此类车型在普通用户日常使用条件下，每周充电一次基本可满足用户日常通勤需求，消费者对充电基础设施的依赖性将显著减低，使用成本和便利性优势越发显著。

表 5　部分新上市纯电动乘用车续驶里程及售价情况

单位：km，万元

车企	车型	工况续驶里程	补贴后价格
北汽新能源	EX360	318	7.99~9.89
北汽新能源	EU5	416/450	12.98~16.18
奇瑞	瑞虎 3xe	351	8.98~10.28
比亚迪	宋 EV 400	350	18.99~19.99
比亚迪	秦 EV 450	400	14.98~16.98
比亚迪	元 EV360	305	7.99~9.99
上汽	荣威 Ei5	301	13.38~14.35
上汽	荣威 ERX5	320	19.88~22.38
吉利	帝豪 EV 350	300	12.58~13.58
吉利	帝豪 EV 450	400	13.58~15.58
吉利	帝豪 GSe	353	11.98~14.58
广汽新能源	GE3	310	11.99

续表

车企	车型	工况续驶里程	补贴后价格
威马	EX5/EX5 Pro	300/400/460	11.23~21.63
蔚来	ES8	355	37.54~47.54
东风日产	轩逸EV	338	16.6
大众	e-Golf	255	24.68
比亚迪戴姆勒	腾势500	451	29.88~32.88

资料来源：车企网站及媒体报道。

通过整理近期上市的腾势500、帝豪EV450和轩逸EV等纯电动乘用车车型信息，并与对应的上代腾势2014款、帝豪EV 300对比可以发现，国内主流纯电动乘用车产品在续驶里程、能耗等方面均取得了显著进步。如腾势500将动力电池电量由47.5kWh增加到62kWh（+30.5%），续驶里程由253km增加到451km（+78.3%），而整车整备质量基本维持不变。吉利帝豪EV450将动力电池电量由EV300的41kWh增加到52kWh（+26.8%），续驶里程由300km增加到400km（+33.3%），能耗也由15kWh/100km降至14.6kWh/100km（-2.7%），百公里加速时间缩短0.6秒（-6%），80%电量快充时间也由45分钟缩短至30分钟（-33.3%）。但与同期上市的轩逸EV相比，在电耗表现方面仍存在差距（见表6）。

表6 典型纯电动乘用车信息对比

车型名称	腾势2014款时尚版	腾势2018款500时尚版	帝豪EV2016款精英型	帝豪EV300 2017款精英型	帝豪EV450 2018款精英型	轩逸EV 2018款
上市时间	2014年	2018年	2015年	2017年	2018年	2018年
生产企业	比亚迪	比亚迪	吉利	吉利	吉利	东风日产
厂家指导价(万元)	36.9	29.88（补贴后）	23.98	20.58	22.83	16.6（补贴后）
电机最大功率(kW)	86	86	95	95	120	80
电机最大扭矩(kW)	290	290	240	240	250	254
电池类型	磷酸铁锂	磷酸铁锂	三元	三元	三元	三元
整车整备质量(kg)	2090	2120	1570	1598	1595	1520
动力蓄电池组总能量(kWh)	47.5	62	45.3	41	52	38

续表

车型名称	腾势2014款时尚版	腾势2018款500时尚版	帝豪EV2016款精英型	帝豪EV300 2017款精英型	帝豪EV450 2018款精英型	轩逸EV2018款
纯电续驶里程(km)	253	451	253	300	400	338
百公里电耗(kWh/100km)	17	15.9	—	15	14.6	13.8
最高车速(km/h)	150	150	140	140	140	144
百公里加速(s)	14	14	9.9	9.9	9.3	—
充电时间	—	—	0.75小时（快充80%）	0.75小时（快充80%）	0.5小时（快充80%）	0.75小时（快充80%）

资料来源：根据网络公开资料整理。

（二）专用平台、集成化将拉开与传统汽车的差异化优势

此前部分车企在开发新能源车型时多采用改造现有传统汽车平台的方式来控制成本，但此种方式会导致车辆设计存在限制，电池组布局和乘坐空间也会受到影响。而近期一批新上市车型纷纷采用全新开发的纯电动车型平台，在提高载电量的同时，可以使电池重量均匀分布于车轴之上，重心也进一步降低。比亚迪、北汽等企业推出了"e平台"、EMD3.0等动力总成集成化技术，博世、精进电动零部件企业也推出其电驱系统集成化技术，可以进一步降低成本、体积、重量并提高能效。专用平台、集成化技术的应用，使得新能源车型内部乘坐空间和行李空间布置较传统车更加灵活。

（三）智能化技术成为新能源乘用车下一个竞争焦点

智能化技术将成为未来新能源乘用车重要卖点之一。从北汽12.99万元的EU5到蔚来40万元价位的ES8等车型均应用了智能化技术，上汽荣威Marvel-X更可实现最后一公里（停车场内）自动泊车，结合无线充电功能可极大提高新能源乘用车充电便利性，未来智能化技术的应用将可极大弥补新能源乘用车目前便利性等方面的短板，并放大新能源乘用车在使用成本等方面的优势。

国内企业在车载操作系统领域也迎来发展机遇。目前车载操作系统方面仍

处于发展初期，国外尚未在该领域取得垄断控制地位。国内阿里巴巴、百度、科大讯飞、腾讯等互联网企业车载系统已实现为自主、新进、合资甚至外资车企产品提供支持。

三　市场格局：新能源乘用车市场正从导入期迈向快速成长期

2017年全球新能源乘用车销量121.8万辆，同比增长60%；2017年中国新能源乘用车市场销量达到57.6万辆，约占全球新能源乘用车市场份额的一半。

（一）整体市场格局呈现"前低后高"特征

2017年年初受补贴目录重审延迟发布、地方补贴政策延迟下发等因素影响，市场消费一度受到极大抑制。但随着地方政策的逐步明确，各大车企结束观望态度，终端销量得以释放，并呈现稳步上升的态势。年末受2018年补贴大幅退坡传言影响，第四季度市场出现跳涨。2017全年新能源乘用车累计生产55.2万辆，同比增长71.5%。其中11、12月连续两月产量大幅提升，月均同比增幅超过130%（见图2）。

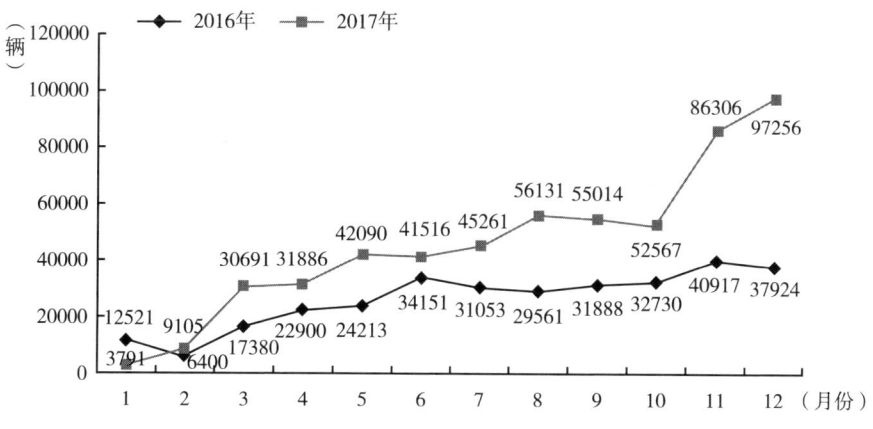

图2　2016~2017年我国新能源乘用车月度产量对比

资料来源：中国汽车技术研究中心有限公司（CATARC）。

（二）纯电动市场地位得到进一步巩固

2017年新能源畅销车型前十名中，有7款为纯电动车型。纯电动车型2017年累计产量达45万辆，同比增长82%，占新能源乘用车总产量的81%。插电混动市场方面，2017年共销售10万辆，同比增长33%，仅占新能源市场的19%。其中仅宋DM、荣威eRX5、秦PHEV、唐等车型销量破万。相对纯电动乘用车市场的百花齐放，插电式混合动力乘用车市场相对比较集中，主要为比亚迪及上汽旗下车型。但随着自主品牌新一代车型陆续上市，以及合资企业车型的引入，预计不久之后插电式混合动力乘用车市场将迎来增长（见图3）。

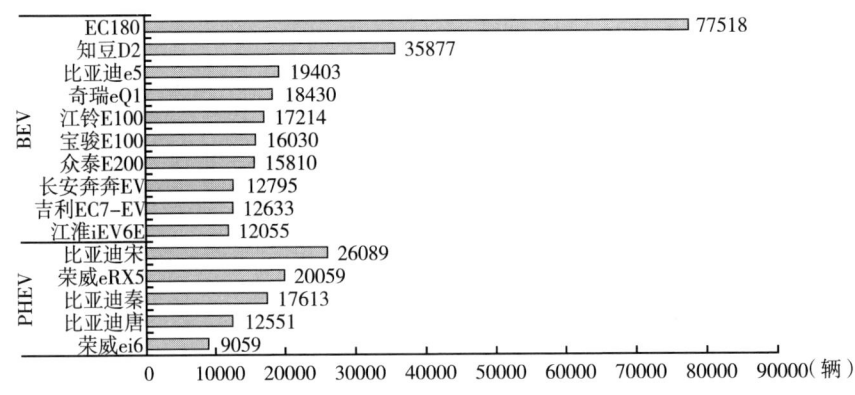

图3 2017年主流新能源乘用车车型产量排名

资料来源：CATARC。

（三）低价小微型车稳坐市场主力地位

据全国乘联会统计，2017年我国A00级纯电动车型累计销售30.3万台，占比56%，同比累计增长173%。A0级纯电动车型累计销售2.7万台，占比5%；纯电动A级车型累计销售11.4万台，占比21%。纯电动B级车型累计销售0.5万台，占比1%。插电式混合动力A级车累计销售累计销售7.4万台，占比14%；插电式混合动力B级车累计销售1.7万台，占比3%（见图4）。

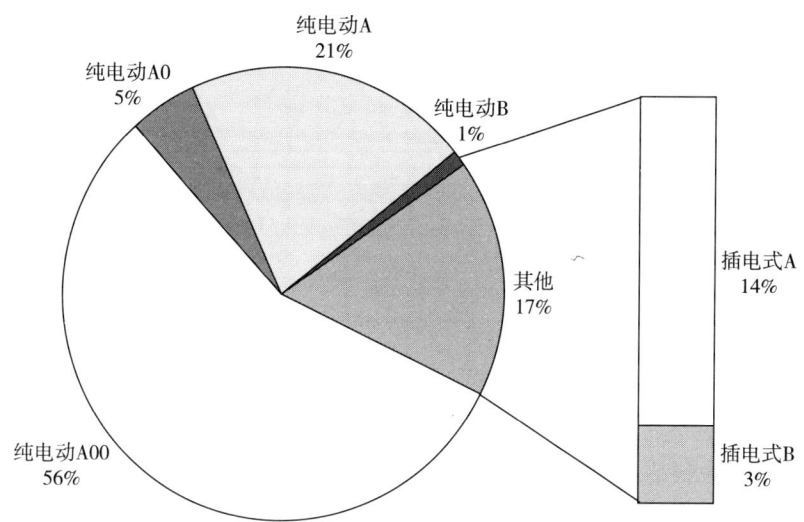

图4 2017年新能源乘用车分级别销量结构

资料来源：乘联会。

从车型价格来看，2017年排名前十的纯电动车型基本为低价小微车型，此类产品补贴后售价多在10万元以内，极少超过15万元。其原因一是由于消费者对低价产品的诉求；二是目前新能源乘用车市场主要在限购城市，消费者在无法获得传统燃油车指标的情况下，转而购买低价位新能源车型以应付日常代步需要；三是在自主品牌企业大多技术积累不足，品牌溢价能力较弱的背景下，企业多谨慎选择成本相较更低，更适合试水探路的小微车型；四是共享网约车市场的快速发展对此类低成本、小巧灵活的小微车型有极大需求。销量榜上有名的车型，如北汽EC系列、知豆D2、奇瑞eQ等，都是租赁的热门款型，单位用户均贡献了50%以上的销量。

（四）领先企业已初步实现规模化推广

2017年新能源乘用车累计销量突破十万台的车企有两家，其中比亚迪累计销售11万辆，占比20%，居首位，北汽新能源累计销售10.3万辆，占比19%，位居次席。分动力类型来看，北汽新能源是纯电动乘用车领域销售冠军，比亚迪的市场则更多倾向于插电式混合动力车型，两家车企新能源乘用车销量合计占到了近40%的市场份额。总体来看，销量前10的新能源车企销量均超过两万台（见图5）。

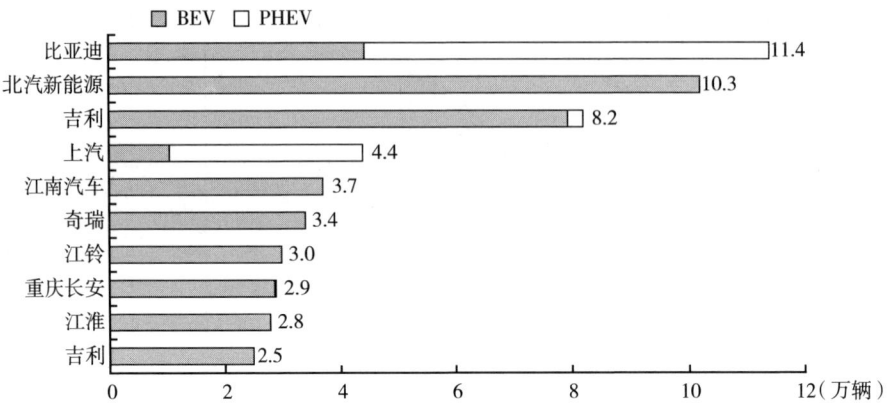

图5 2017年新能源乘用车用车企业产量排名

资料来源：CATARC。

四 展望未来：政策及配套使用环境需继续优化，行业激烈竞争与淘汰将成新常态

转变市场动力——推动新能源乘用车支持政策向使用端转变。目前，中国新能源乘用车领域正发生着一场深刻变革，主流新能源车型动力性、经济性、安全性大幅提升，已基本能满足人们日常出行需求，车型的逐步丰富进一步促进了私人消费生态由被动接受向主动选购转变，私人购买乘用车成为市场主体，2017年新能源乘用车私人领域销量累计41万辆，占比达78%，同比增长31%，消费区域也开始由北上广深等限购城市逐步向非限购城市扩展。建议下一步中央和地方政策将支持重点由购置环节转向运营使用环节，如进一步落实新能源乘用车免限行、免限购、给予充电、停车、路桥优惠等，为新能源汽车整体发展提供稳定预期。

完善基础设施——推动企事业单位充电设施建设将成为市场增长的重要保障。我国新能源乘用车充电基础设施已取得快速发展，根据中国电动汽车充电基础设施促进联盟统计，截至 2017 年 12 月，我国公共充电桩和私人充电桩总量超过 44 万个，同比增长近 100%，整体车桩比近 3.5∶1。北京、上海、深圳等城市建成规模化充电服务的网络。但与新能源乘用车市场需求量相比，当前仍然存在充电桩数量不足、布局不合理、老旧小区建桩难等问题。建议下一步可推动企事业单位停车场建设充电桩，可极大地促进新能源乘用车的充电便利性，吸引更多消费者购买新能源乘用车。

关注技术成本——新能源乘用车竞争力的提升有赖于技术进步和成本下降。近年来，我国在新能源乘用车动力电池性能、成本和寿命等方面都有很大进步。但随着财政补贴完全退出，新能源汽车的技术进步和成本下降尚不足以完全弥补与传统汽车的差距，依然需要企业加强技术创新，发挥新能源汽车与传统汽车的差异化优势，通过规模效益，逐步提升新能源汽车产品竞争力。

应对激烈竞争——开放环境下行业竞争将越发激烈，企业资金实力及创新能力将成为决定胜负的重要因素。为满足双积分等政策要求，不排除传统大型整车集团依靠传统车版块的丰厚利润，以极低甚至负利润条件下销售新能源汽车，这或将对主要关注于新能源业务的企业，尤其是新势力企业造成巨大的成本压力。同时，随着整车进口关税下调及未来合资股比放开，以往部分国内整车集团依靠合资企业获取利润的发展模式面临挑战，进而导致需要高投入的新能源汽车业务发展后劲不足。因此可以预见，在国家扩大开放的大背景下，随着补贴逐步退出，2020 年前后整个新能源乘用车行业将进入异常惨烈的竞争与淘汰周期。建议企业加强创新投入，进一步扩宽融资渠道，传统整车企业要加快转型，以应对未来激烈的市场竞争。

B.9
车用动力电池产业发展概况

王佳 孟祥峰*

摘 要： 本文分析了我国动力电池产业的发展现状、趋势和问题，并提出了促进我国动力电池产业发展的建议。随着乘用车市场快速提升，磷酸铁锂电池配套占比由2016年的72.7%下降到2017年的49.6%，三元电池配套占比由2016年的22.4%提高到2017年的43.9%。动力电池企业研发创新能力持续增强，向下游合作拓展、向上游产业链延伸融合以及向国际化发展成为主流趋势，市场集中度不断提升，行业优胜劣汰开始加速，新型锂离子电池及固态电池等将加速发展。与此同时，动力电池使用环节的管理体系亟待完善，结构性产能过剩风险突出，回收利用体系尚未形成，原材料供应可持续发展问题等亟待解决。建议政策端加强供给侧改革，加快建立回收利用体系，构建锂、钴等资源供给安全体系；企业端加强研发创新和智能制造能力建设，推动产业高质量发展，积极开拓国际市场。

关键词： 动力电池 优胜劣汰 国际化 高质量

根据汽车工业协会统计数据，2017年我国新能源汽车产销量分别达到79.4万辆和77.7万辆，同比增长达53.8%和53.3%。新能源汽车产业的快速发展直

---

* 王佳，硕士，工程师，中汽中心新能源汽车与财税政策研究室；孟祥峰，博士，高级工程师，宁德时代新能源科技股份有限公司企业公共事务部北京办公室主任。

接带动了我国动力电池产业的发展，2017年动力电池配套量达364亿Wh，同比增长30%，占全球配套量的62.7%，产业规模继续保持国际领先，但仍存在诸多问题亟待解决。本文旨在通过研究分析我国动力电池产业发展现状、发展趋势和面临的问题，提出相关对策建议，为我国新能源汽车产业的发展提供支撑。

一 我国动力电池产业的发展现状

2017年我国动力电池政策体系不断完善，动力电池市场规模继续保持全球领先。磷酸铁锂电池配套量和客车配套比例出现下降，三元电池配套量以及乘用车、专用车配套比例大幅提升。同时，我国动力电池行业优胜劣汰不断加速、研发创新能力不断增强、技术水平大幅提升。

（一）政策体系不断完善，覆盖研发到回收全产业链环节

2009年至今我国出台了一系列动力电池相关政策，已经建立了较为完善的政策体系，涵盖了从研发、生产、销售、使用到回收利用的全产业链环节，为保障动力电池行业健康有序发展提供了强有力的支撑。财政部等四部委于2016年12月发布《关于调整新能源汽车推广应用财政补贴政策的通知》，将补贴标准与动力电池技术水平直接挂钩。工信部等四部委于2017年3月发布《促进汽车动力电池产业发展行动方案》，明确了发展方向、发展目标、主要任务和保障措施，成为近期指导我国动力电池产业发展的行动纲要。工信部等七部门于2018年1月发布《新能源汽车动力蓄电池回收利用管理暂行办法》，推动我国动力电池全生命周期管理。财政部等四部委于2018年2月发布《关于调整完善新能源汽车推广应用财政补贴政策的通知》，进一步提升了动力电池技术指标要求（见表1）。

表1 动力电池相关政策情况

政策名称	发布机构	发布日期	主要内容
《关于调整新能源汽车推广应用财政补贴政策的通知》	财政部、工信部、科技部、国家发改委	2016年12月	根据动力电池技术水平设置补贴标准
《促进汽车动力电池产业发展行动方案》	工信部、发改委、科技部、财政部	2017年3月	加快提升我国汽车动力电池产业发展能力和水平

续表

政策名称	发布机构	发布日期	主要内容
《关于开展2017年智能制造试点示范项目推荐的通知》	工信部	2017年4月	支持动力电池智能制造
《外商投资产业指导目录（2017年修订）》	国家发改委、商务部	2017年6月	制造业取消新能源汽车电池等领域外资准入限制；采矿业取消锂矿等领域外资准入限制
《新能源汽车动力蓄电池回收利用管理暂行办法》	工信部、科技部、环保部、交通部、商务部、质检总局、能源局	2018年1月	一是确立生产者责任延伸制度；二是开展动力蓄电池全生命周期管理；三是建立动力蓄电池溯源信息系统；四是推动市场机制和回收利用模式创新；五是实现资源综合利用效益最大化；六是明确监督管理措施
《关于调整完善新能源汽车推广应用财政补贴政策的通知》	财政部、工信部、科技部、国家发改委	2018年2月	提升动力电池技术指标要求
《关于组织开展新能源汽车动力蓄电池回收利用试点工作的通知》	工信部、科技部、环保部、交通部、商务部、质检总局	2018年3月	选择新能源汽车保有量大、动力蓄电池回收利用基础好、区域带动性强、有积极性的地区开展动力蓄电池回收利用试点
《新能源汽车动力蓄电池回收利用溯源管理暂行规定》	工信部	2018年7月	明确动力蓄电池回收利用溯源的管理规定

资料来源：中汽中心政策研究中心整理。

（二）市场规模全球领先，三元材料电池配套量大幅提升

2017年我国动力电池配套量占全球动力电池配套量的62.7%，市场规模继续保持全球领先。磷酸铁锂电池和三元电池是应用的主流。2017年磷酸铁锂电池配套量约180.3亿Wh，同比下降11.2%，市场占比由2016年的72.7%降低至49.6%。三元电池配套量大幅提升至159.7亿Wh，同比增长达155.1%，市场占比由2016年的22.4%提升至43.9%。锰酸锂电池、钛酸锂电池、多元复合锂电池、镍氢电池和超级电容器配套量较少，配套总量约23.5亿Wh，市场占比仅6.5%。其中锰酸锂电池配套量约15.4亿Wh，同比

增长约 61.1%，市场占比由 2016 年的 3.4% 提升至 4.2%。钛酸锂电池配套量约 5.7 亿 Wh，同比增长约 81.8%，市场占比由 2016 年的 1.1% 提升至 1.6%。多元复合锂电池、镍氢电池和超级电容器的配套总量约 2.4 亿 Wh，市场占比仅 0.7%（见图 1、图 2）。

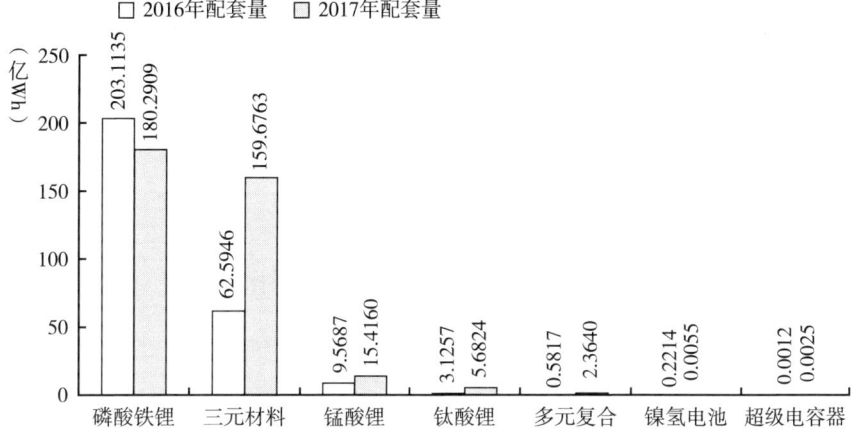

图 1　2016～2017 年不同种类动力电池配套量

资料来源：中汽中心政策研究中心根据合格证数据统计分析。

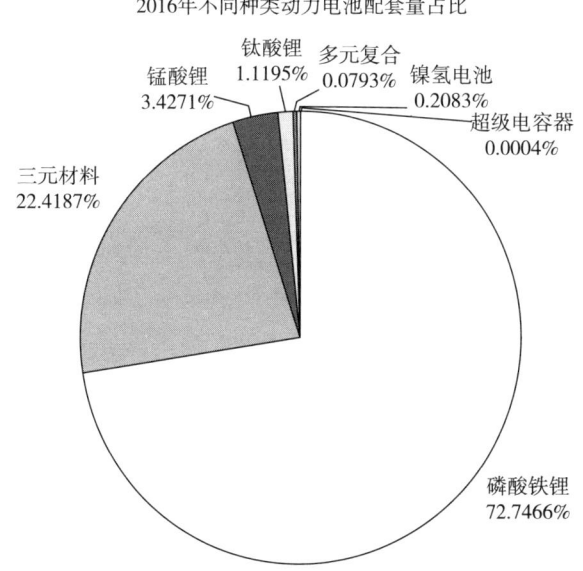

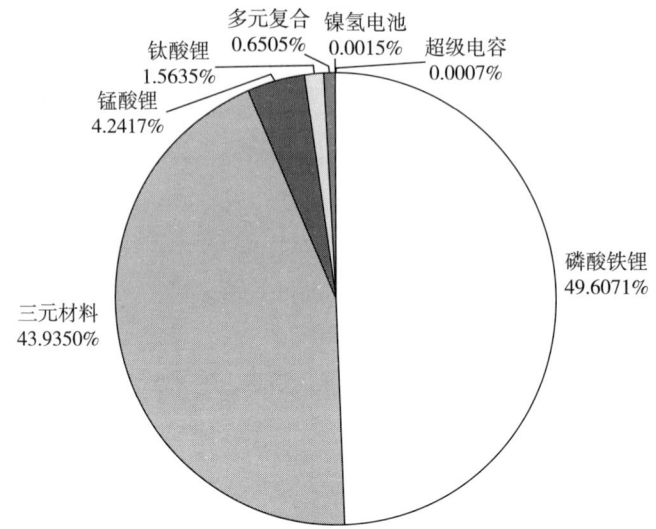

图 2　2016 年、2017 年不同种类动力电池配套量占比

资料来源：中汽中心政策研究中心根据合格证数据统计分析。

（三）车型结构发生变化，乘用车和专用车配套比例增加

2017 年客车配套量下降，乘用车和专用车配套量大幅提升。动力电池主要应用于纯电动客车、纯电动乘用车和纯电动专用车上，配套量约 341.2 亿 Wh，占配套总量的 93.9%。其中纯电动客车配套量约 136.0 亿 Wh，同比降低约 10.9%，市场占比由 54.7% 降低至 37.4%。纯电动乘用车配套量大幅增长至 121.5 亿 Wh，同比增长约 51.5%，市场占比由 28.7% 增长至 33.5%。纯电动专用车配套量大幅增长至 83.7 亿 Wh，同比增长约 169.1%，市场占比由 11.1% 增长至 23.0%。插电式乘用车和客车配套量较少，配套量约 22.1 亿 Wh，仅占配套总量的 6.1%。其中插电式乘用车配套量约 15.2 亿 Wh，同比增长约 47.6%，市场占比由 3.7% 增长至 4.2%。插电式客车配套量约 6.9 亿 Wh，同比增长约 40.8%，市场占比由 1.7% 增长至 1.9%（见图 3、图 4）。

车用动力电池产业发展概况

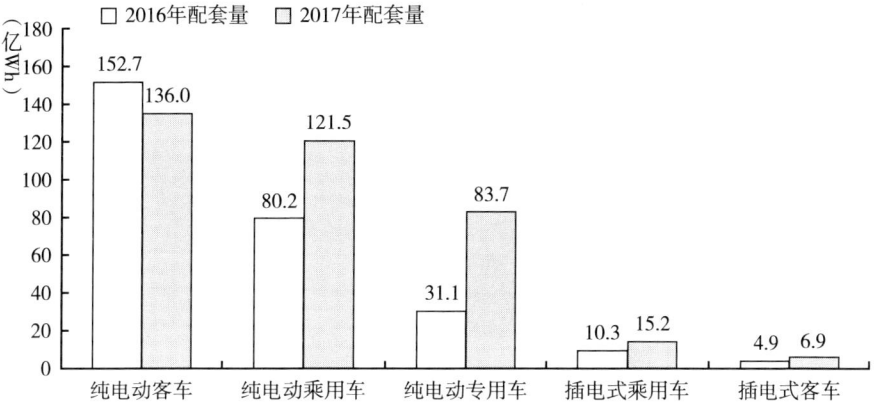

图 3　2016 年、2017 年不同车型动力电池配套量对比

资料来源：中汽中心政策研究中心根据合格证数据统计分析。

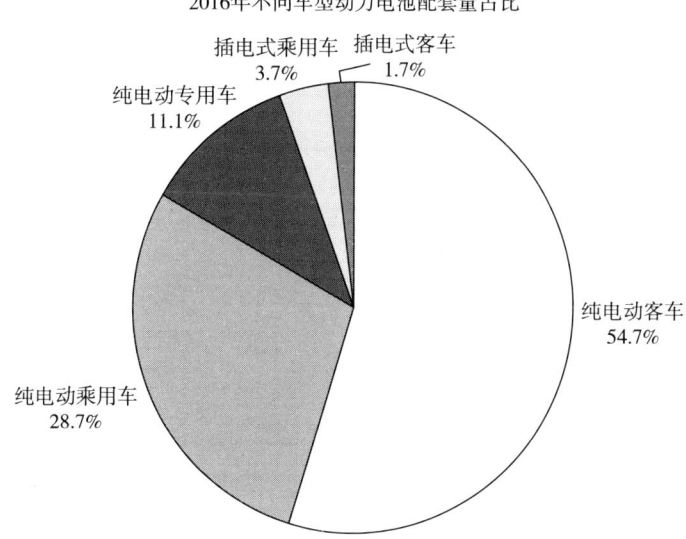

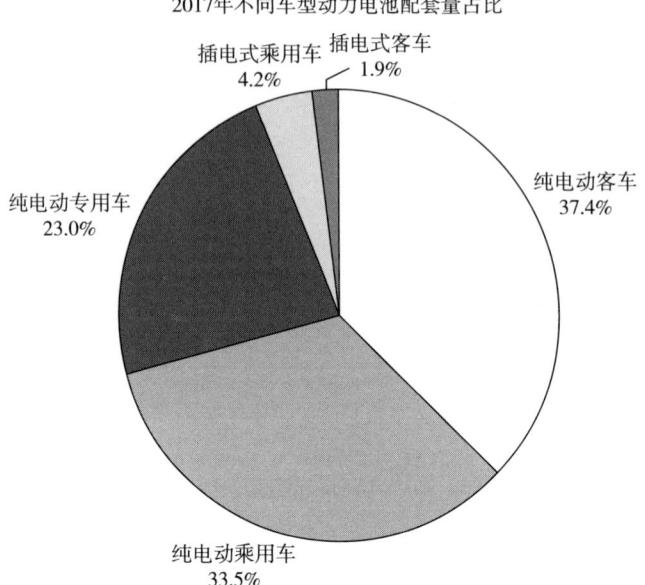

图 4　2016 年、2017 年不同车型动力电池配套量占比

资料来源：中汽中心政策研究中心根据合格证数据统计分析。

（四）技术路线逐渐明晰，各车型配套动力电池各有侧重

我国动力电池技术路线逐渐明确。磷酸铁锂电池由于安全性好、寿命长得到广泛应用，尤其是在纯电动客车上成为绝对主流，在其他新能源汽车上也占有一定份额。三元电池由于能量密度高，是乘用车和专用车的首选。2017 年纯电动客车搭载动力电池主要为磷酸铁锂电池，占比约 92.8%。纯电动乘用车搭载动力电池主要为三元电池和磷酸铁锂电池，占比分别为 73.6% 和 23.8%。纯电动专用车搭载动力电池主要为三元电池和磷酸铁锂电池，占比分别为 66.7% 和 26.2%。插电式乘用车搭载动力电池主要为三元电池，占比约 92.9%。插电式客车搭载动力电池主要为锰酸锂电池和磷酸铁锂电池，占比分别为 67.7% 和 32.2%（见图 5）。

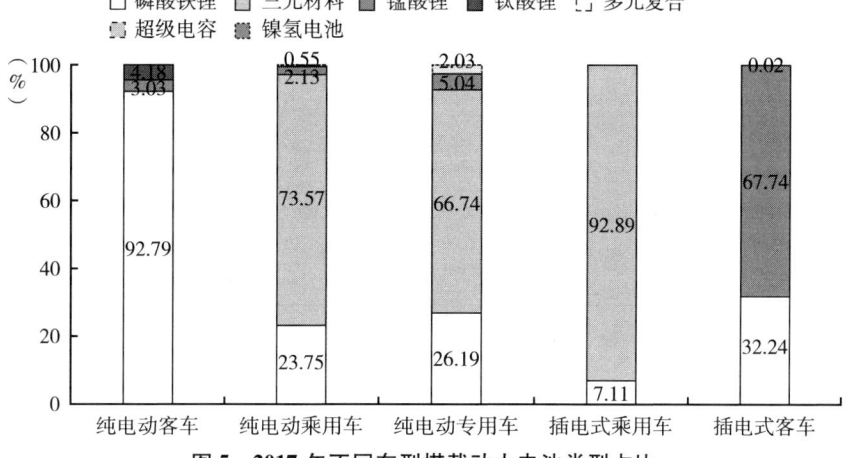

图 5　2017 年不同车型搭载动力电池类型占比

资料来源：中汽中心政策研究中心根据合格证数据统计分析。

（五）行业优胜劣汰快速，一超多强的竞争格局初步形成

2016 年财政部等四部委发布《关于调整新能源汽车推广应用财政补贴政策的通知》，对采用高技术水平动力电池的车型给予更多补贴，有效促进了动力电池技术进步和企业优胜劣汰。我国动力电池单体企业数量由 2016 年底的 140 多家减少到 2017 年底的近 110 家。2017 年前 10 家单体企业累计配套量约 268.5 亿 Wh，市场占比约 73.8%。宁德时代和比亚迪配套量大幅领先，分别达 105.3 亿 Wh 和 56.5 亿 Wh，宁德时代市场占比由 2016 年的 20.0% 提升至 2017 年的 29.0%，比亚迪市场占比则由 2016 年的 26.4% 降低到 2017 年的 15.5%。配套量超过 1 亿 Wh 的单体企业约 40 家，配套总量约 350.0 亿 Wh，市占比超过 96.5%，而其余 70 多家单体企业总的市场占比仅为 3.5%（见表 2）。

表 2　2017 年动力电池单体企业配套量排名

单位：亿 Wh，%

排名	企业名称	配套量	占比
1	宁德时代	105.3	29.0
2	比亚迪	56.5	15.5
3	深圳沃特玛	24.1	6.6
4	国轩高科	20.2	5.6

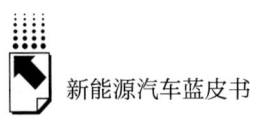

续表

排名	企业名称	配套量	占比
5	比克	17.3	4.7
6	孚能科技	11.4	3.1
7	力神	11.0	3.0
8	北京国能	7.8	2.2
9	亿纬锂能	7.5	2.1
10	江苏智航	7.4	2.0
11	其他	95.1	26.2

资料来源：中汽中心政策研究中心根据合格证数据统计分析。

（六）技术水平大幅提升，但产业国际竞争力仍待增强

我国动力电池技术进步明显，批量装车的三元电池单体能量密度最高达到230Wh/kg，系统能量密度最高超过150Wh/kg，系统价格降低到1400元/kWh左右。2017年我国宁德时代、比亚迪等7家企业进入全球动力电池销售前10名，这些企业正在加快进入全球新能源汽车关键零部件供应链，其中宁德时代已经成功进入大众、宝马等国际跨国车企的配套体系，成为全球知名的动力电池供应商（见表3）。但整体来看，我国动力电池产业在基础研发、前沿技术研发、生产制造管理、质量管理体系等方面，与国际先进水平相比仍存在不小差距。

表3 2017年全球动力电池企业销量排行榜

单位：GWh

排名	企业	国家	销量
1	宁德时代	中国	12.0
2	松下	日本	10.0
3	比亚迪	中国	7.2
4	沃特玛	中国	5.5
5	LG化学	韩国	4.5
6	国轩高科	中国	3.2
7	三星SDI	韩国	2.8
8	北京国能	中国	1.9
9	比克	中国	1.6
10	孚能科技	中国	1.3

资料来源：EVTank，中汽中心政策研究中心整理。

二 我国动力电池产业的发展趋势

随着动力电池技术进步、成本降低及市场规模扩大，动力电池产业将逐渐由追求量的增长转变为更加注重质的发展。动力电池产业竞争将日益激烈，向下游合作拓展、向上游产业链延伸融合以及向国际化发展成为主流趋势，行业洗牌和整合的步伐将不断加快，新型锂离子电池及固态电池等新技术体系革命将加速进行。

（一）财政补贴加速退坡，行业洗牌和整合不可避免

随着产业规模的快速增长，财政补贴也在加速退坡，我国动力电池产业盈利能力明显下降。由于我国动力电池企业数量众多，产品质量参差不齐，结构性产能过剩风险突显，在市场竞争下，行业洗牌和整合不可避免。为应对日益严峻的竞争压力，目前主要动力电池企业形成了与整车企业合资合作和产业链整合的发展模式，如国轩入股北汽新能源，宁德时代与上汽成立合资公司，比亚迪开始对外销售电池，多家电池企业开始自产锂电原材料。

（二）汽车产业生态变革，电池企业的市场地位提升

在传统燃油汽车产业格局中，整车企业掌握着终端产品定位和技术发展方向，反向输入上游零部件企业以开发满足整车技术要求的产品，以发动机为代表的关键零部件企业很难独立通过产品研发、规模化生产发展壮大，形成挑战整车企业地位的市场主体。汽车电动化对汽车产业的影响，表面上看是一次汽车驱动系统的技术变革，从长期影响来看，电动化和模块化将改变汽车生产的传统分工模式，产业组织形态将发生革命性变化。随着汽车电动化的推进，动力电池等零部件企业通过掌握产品的设计和标准制定，接受不同品牌整车企业的订单，大力推进产品标准化、通用化和模块化。随着标准化的推进和模块化生产方式的确立，垂直型分工的组织形态将逐步被打破，水平型分工将逐步取得主导地位。模块化的动力电池等关键零部件企业将取代整车企业获得核心产品的话语权，形成具有独立市场地位的重要产业主体。

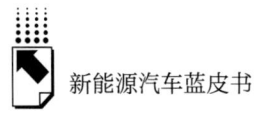

（三）技术水平快速提升，新型锂离子电池将实现量产

我国动力电池技术水平进步明显，与全球知名领先企业产品差距进一步缩小。目前国外主流车型配套的电池系统能量密度已超过130Wh/kg，部分车型达到140～150Wh/kg，国内电池系统能量密度基本达到国际先进水平。安全性是动力电池最重要也是最基本的要求，清华大学、宁德时代等高校及企业不断加大安全性研究，通过原材料改性、提高产品一致性、组装结构设计、可靠性设计、防碰撞轻量化设计、电池包定位锁紧技术等提升动力电池安全性，为高能量密度、高安全性新型锂离子电池产业化奠定基础。

（四）技术革新加速进行，固态电池成为研发热点

我国中长期的动力电池技术是发展锂硫电池、金属空气电池、固态电池等新体系电池。锂硫电池目前主要存在硫溶解流失、循环稳定性差等问题，而且体积能量密度低限制了其在乘用车上的应用。锂空气电池需要解决放电性能、能量效率、催化剂、空气电极设计等一系列问题，和燃料电池相比不具备竞争优势。固态电池具有安全性高、能量密度高、正极材料选择范围宽等优点，是最具产业化前景的新体系电池。目前全球范围内有数十家企业、科研院所等致力于开发固态电池，法国博洛雷、日本丰田、韩国三星等企业处于世界领先位置，其中法国博洛雷研发的固态电池已经实现商业化示范应用，但技术成熟度仍待提高。我国目前还未有规模化的应用案例，但宁德时代、中航锂电、万向、北京卫蓝新能源、赣锋锂业等企业都在加大研发及产业化投入。随着固/固界面稳定性、循环寿命、温度适应性、制造成本等问题的解决，固态电池有望加速应用。

三　我国动力电池产业存在的问题

在全球汽车产业电动化、能源分布式产业发展的趋势中，我国动力电池产业存在多方面发展机遇，但在使用环节管理体系、产业结构、研发制造、国际化发展、回收利用、资源布局等方面还存在诸多问题。动力电池使用环节的管理体系亟待完善，结构性产能过剩风险突出，回收利用体系尚未形成，原材料供应可持续发展问题亟待解决。

（一）使用环节管理体系亟待完善

国家现有的政策措施主要是刺激新能源汽车的推广，但随着保有量的快速增长，使用环节的管理体系急需完善。例如，目前基于传统汽车特性的机动车安全检验制度，无论是检验周期还是检验项目都不能完全适用于新能源汽车，尤其是针对高压电气安全、动力电池安全等检验项目的缺失，大大增加了新能源汽车使用环节的安全隐患。新能源汽车使用环节成本低，因此很多被用于公交、出租、网约车等重度使用领域，但由于缺乏适用于动力电池技术水平的强制报废规定，有些车辆性能衰退严重却无法报废（国有资产处置问题），也有些车超期服役存在严重隐患。现有的车辆保险制度，对新能源汽车也不能完全适用，行业缺乏动力电池带来的新能源汽车事故危害、维修成本等系统研究。现有的二手车残值评估体系及专业人员缺乏，难以对动力电池的剩余能量及健康状态进行科学评价，导致二手新能源汽车残值难以评定。

（二）结构性产能过剩风险凸显

2015年以来，我国动力电池产业投资快速加大，动力电池产能从2015年底的400亿Wh，快速提升到2017年底的2000亿Wh，已大大超过未来几年的市场需求。按照2017年动力电池配套量364亿Wh计算，我国动力电池的产能利用率仅18.2%。目前多数企业的研发创新能力不足、产品质量控制和一致性水平较差，设备工艺在技术快速发展期可能存在"投产即落伍"的风险，真正能够进入国际主流汽车零部件供应商体系的优质产品仍然供不应求，呈现出结构性的产能过剩。

（三）回收利用体系尚未形成

随着我国新能源汽车保有量的快速增长，动力电池的报废量也将随之增长。动力电池梯次利用和资源回收利用与生态环境保护息息相关，是动力电池全生命周期价值链的重要环节，是新能源汽车产业链的重要组成部分。做好动力电池梯次利用与材料回收即能满足降级技术要求的场景应用，又能够减少资源浪费，还能为动力电池生产制造提供有价值的再生材料资源。我国动力电池回收利用政策管理体系正在建立，但缺少相关激励和制约措施，目前尚未形成能够落地的回收利用体制机制,另外回收利用技术水平有待提升,有关标准和管理制度也有待进一步完善。

(四)锂钴等金属资源严重匮乏

随着新能源汽车的快速增长和部分国家宣布燃油车禁售时间表,行业普遍认为未来动力电池市场空间巨大,世界各地的锂矿、钴矿资源也随之炙手可热,可以说谁掌握了上游资源,谁就掌握了未来竞争的主动权。我国锂资源占全球的24%,但资源禀赋和产业竞争力较差,盐湖资源多位于高海拔、环境恶劣、工业基础薄弱地带,开采难度大,不同盐湖成分差异较大,提锂技术通用性差,导致我国锂资源对外依存度超70%。我国是钴资源的最大消费国,但钴资源储量仅占世界总储量的1%左右,对外依存度长期保持在80%~90%。近两年,锂、钴价格快速上涨已成为阻碍动力电池成本下降的重要因素。总体看来,我国的锂、钴等资源供应仍存在潜在风险,可能会影响我国动力电池产业的发展、威胁我国资源安全。

四 对我国动力电池产业发展的建议

在保证动力电池市场健康持续发展的前提下,建议重点从产业供给侧入手,推进政府管理方式创新,推动产业高质量发展,加强动力电池研发创新和智能制造能力建设,鼓励企业积极开拓国际市场,加快建立动力电池回收利用体系,构建锂、钴等资源供给的安全体系。

(一)推进政府管理方式创新,推动产业高质量发展

一是优化事前管理。根据行业技术进步和发展情况,不断完善动力电池产品的安全准入标准、产品耐久可靠性测试评价标准,加快制定回收利用相关政策和标准,建立动力电池产能预警机制,引导产业理性投资和发展。二是加强事中事后监管。研究适用于动力电池特性的新能源汽车安全检验制度、强制报废制度,引导生产销售企业建立维护保养制度,确保使用安全。加强产品质量和生产一致性监管,打击虚假承诺、弄虚作假现象,明确动力电池三包责任等,保障消费者权益。

（二）大力提升产品技术水平，积极开拓国际市场

一是加强研发创新能力建设。动力电池企业发展方式需要从盲目的产能扩张转到提质增效上来，坚持依靠科技创新，加快新型锂离子电池和新体系电池的研究开发进程，促进动力电池技术实现革命性突破。二是加快实现动力电池的智能制造。通过加强动力电池生产制造的信息化、网络化、智能化建设，保证动力电池制造的高安全性、高合格率、低成本和可追溯性。三是促进企业兼并重组和"走出去"。充分利用新能源汽车补贴政策的撬动作用，提高产业集中度，鼓励企业实施走出去战略，布局上游矿产资源和在海外建厂。

（三）加快建设回收利用体系，推动形成产业闭环

一是加快建立回收利用体系。贯彻落实《新能源汽车动力蓄电池回收利用管理暂行办法》，充分发挥市场作用，加快推行实施生产者责任延伸制度、实施信息溯源管理、加强标准体系建设、推进试点工作、营造良好发展环境。二是加大对回收利用技术和装备的研发支持。通过科技专项支持回收利用产学研用合作，加快拆解回收等技术的前瞻性研究和退役动力电池性能评价技术研究，攻克回收利用成套装备技术，推动回收利用技术进步。三是利用经济杠杆研究制定回收利用政策，培养壮大回收利用产业规模，推动建立回收利用的市场化机制，形成从动力电池生产到回收利用的产业闭环。

（四）构建资源供给安全体系，合理布局全球资源

一是加强锂钴资源布局。制定中长期资源规划，把锂、镍、钴等作为战略资源，支持国内企业加快"走出去"步伐，通过并购、参股等多种合作方式，参与全球锂、钴等资源配置。加强市场监管，引导价格理性回归。二是统筹规划和合理开发资源。加强各政府部门衔接和政策协同，按照开发和保护相结合的原则，统筹规划，分区施策，合理开发锂、钴等资源。三是加大力度支持提锂技术研发。通过国家专项支持骨干企业和科研院所建立工程技术研究中心，开展盐湖和锂云母等工程化技术攻关。

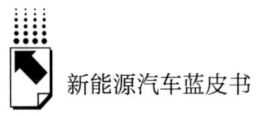

五 总结

本文详细分析了我国动力电池产业的发展现状,并从产业和技术两个角度分析了我国动力电池产业的发展趋势,深入剖析了我国动力电池在使用环节管理体系、产业结构、研发制造、国际化发展、回收利用、资源布局等方面存在的问题,最后提出促进我国动力电池产业发展的建议。我国动力电池市场需求巨大,但行业竞争日益激烈,行业洗牌和整合正在进行,市场将进一步向优势企业集中。在产业发展的过程中,动力电池企业必须将产品质量和安全性放到首位,不断加强动力电池研发创新和智能制造能力建设,只有拥有足够资金支撑、产品研发及制造能力强大、对市场快速反应的企业才能在未来激烈的市场竞争中存活下来。

B.10
车用驱动电机产业发展动态

贡 俊　张舟云*

摘　要： 2017年，我国驱动电机产品技术持续提升、产业发展规模进一步扩大。我国高速高集成度电驱动总成系统产品化开发加快，扁导线定子技术、新材料技术、高速减速器技术推动了电驱动总成水平进一步提升；基于IGBT封装的高密度电力电子集成控制器产品、碳化硅器件及全碳化硅控制器研发加快，产品技术指标接近国外先进水平；我国电驱动系统全产业链建设加快，自主创新能力进一步提升。

关键词： 电驱动总成　电力电子封装集成　扁导线　碳化硅

一　产业发展概况

（一）行业发展百花齐放，推动产业快速发展

2017年，我国新能源汽车继续保持快速增长势头。根据中汽协统计数据，我国2017年新能源汽车总体销量达到77.7万辆，占我国2017年汽车销售总量的2.67%，占全球新能源汽车销量的比例超过50%，我国已经成为最大的新能源汽车市场，我国驱动电机产业伴随新能源汽车产业同步快速发展。

从中汽协统计数据看，2017年新能源汽车公告中驱动电机和电机控制

---

* 贡俊，研究员级高工，上海电驱动股份有限公司总经理，国家科技部"十三五"新能源汽车重点研发专项总体组专家；张舟云，博士，教授级高工，上海电驱动股份有限公司副总经理兼总工程师。

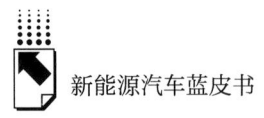

器生产企业都保持了200余家的规模，前20位生产企业的驱动电机和电机控制器产品占总量的比例分别达到74.2%和75.3%，较2016年略有下降。我国以比亚迪、北汽新能源、宇通客车、长安新能源等整车企业为代表，通过自建、合资合作等途径，整车驱动电机研发与制造能力快速提升；上海电驱动、联合电子、精进电动、深圳汇川、安徽巨一自动化、上海大郡、南车株洲所、蓝海华腾和上海华域等依然是我国独立的电机供应商中的主导企业；方正电机、山东德阳、杭州杰能、永康斯科诺、珠海英博尔、杭州德沃士等在小型纯电动汽车领域的配套份额依然保持快速增长；苏州绿控、南京越博等商用车动力总成企业自主驱动电机发展迅速，在市场崭露头角；同时，国外多个变速器企业与动力总成企业加快在华合作步伐，如麦格纳与华域汽车合资成立电机公司、安川电机与奇瑞汽车成立电驱动公司等，合资企业纷纷加快新能源汽车驱动电机产业布局。我国驱动电机总体发展多样化，行业发展热度不减。

（二）新材料新工艺不断涌现，集成化发展成为主流

在新能源汽车驱动电机方面，高速、高密度、低振动噪声、低成本是重点发展方向，扁导线绕组工艺成为提升转矩和功率密度以及效率的主要手段，是面向2020年量产电机的工艺路线重点方向之一。2017年，我国驱动电机在功率密度、系统集成度、电机最高效率和转速、绕组制造工艺、冷却散热技术等方面持续进步，与国外先进水平相差无几；低含量稀土材料开始样机研制和探索。同时，我国驱动电机研究开始延伸至振动噪声和材料层面，可进一步提升驱动电机的设计精度、工艺制造水平以及产品质量。

在电机控制器方面，IGBT芯片双面焊接与模块双面冷却技术、电力电子集成技术是不断提升电机控制器集成度、功率密度和效率的主要技术发展方向。2017年我国自主开发出了车用IGBT芯片、双面冷却IGBT模块封装和高功率密度电机控制器，样机水平接近国外同类产品；碳化硅器件、高温封装与焊接、全碳化硅控制器已经开始全面布局研发。我国在电机驱动系统符合ISO26262功能安全标准设计与认证、电驱动系统与整车的全工况匹配技术逐步普及。

在电驱动总成方面，机电耦合与电力电子集成、电力电子封装集成是

电驱动总成明确的发展方向。2017年我国自主研制的应用于乘用车的电驱动一体化总成开发成功并在国内多个新能源乘用车上进行试验验证；同时上汽、科力远、比亚迪等开发了多款高性能机电耦合动力总成产品并实现量产。

二 技术进展动态

（一）国外驱动电机向高速高密度化、集成化方向持续发展

1. 国外驱动电机技术进展

在高密度驱动电机方面，一方面为了降低电机体积、重量和成本，大众、沃尔沃、克莱斯勒等国外汽车企业通过不断提升电机转速要求，来降低电机体积和重量，沃尔沃与克莱斯勒电机最高转速需求达到14000rpm，大众汽车推出的模块化电驱动平台（MEB平台）电机最高达到16000rpm（见图1a）；另一方面，从电机定子绕组结构上看，发卡式绕组（Hairpin绕组）和扁导线成为明确的技术方向之一，通用第四代Volt电机依然采用Hairpin绕组结构（见图1b），电装为丰田开发的扁导线电机用于动力总成系统（见图1c），大众MEB平台明确提出了扁导线绕组结构的要求；采用Hairpin绕组的高速驱动电机，功率密度达到3.8~4.5kW/kg以上。

在驱动电机材料方面，丰田、通用汽车等国外企业开始研究采用混合磁体（含铁氧体等）部分替代钕铁硼材料的可能性，并研发出样机进行验证；低含量重稀土永磁材料已经在本田雅阁等新能源汽车上实现批量应用。

2. 国外电机控制器技术发展

在高密度电机控制器方面，IGBT芯片双面焊接和系统级封装是当前国外电机控制器主流封装形式（见图2a），如电装、博世、大陆等公司的集成电机控制器功率密度已达到16~24kW/L以上（见图2b）；在双电机插电式混动和高功率乘用车应用领域，为持续提升车辆电能转化效率和缩短快充时间，动力电池直流电压呈现提升的趋势，从250~450V提升至500~700V。在新型电机控制器拓扑方面，美国橡树岭国家实验室基于双三相半桥拓扑，采用载波移相脉宽调制算法将电容器纹波电流有效值降低55%~70%，将进入电池的纹波

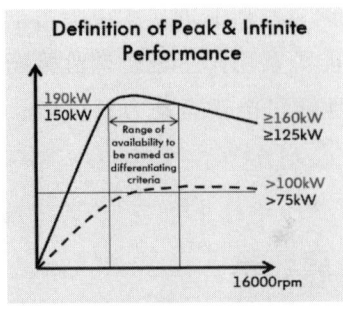

（a）大众MEB平台电机指标要求及电驱动总成

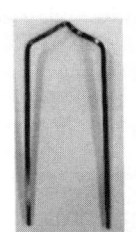
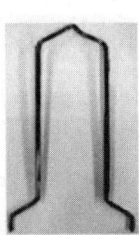

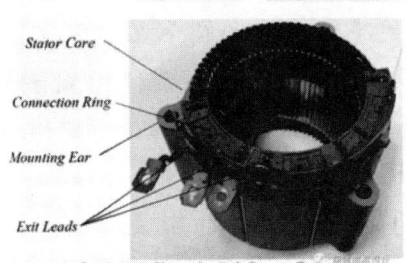

（b）第四代Volt电机　　　　　（c）电装为丰田开发的扁导线电机

图1　典型高速高密度电机技术

电流分量降低70%~90%，将进入电机的纹波电流分量降低60%~80%，有效地改善了电容发热、抑制了电机纹波电流损耗。

同时，充分利用碳化硅器件高温、高效和高频特性是实现电机控制器功率密度和效率进一步提升的关键要素。2015年罗姆公司率先开发了采用沟槽栅SiC MOS（碳化硅金属氧化物半导体场效应晶体管），开关损耗较平面栅SiC MOS降低42%；2016年英飞凌推出了1200V/100A SiC MOS的导通电阻降至11mΩ；2017年Wolfspeed推出了900V/150A（10mΩ）SiC MOS芯片，面向电动汽车开始应用。在碳化硅模块封装和全碳化硅控制器方面，

车用驱动电机产业发展动态

（a）IGBT模块封装及冷却形式

（b）国外典型高密度电机控制器

图2 国外典型封装式功率模块和高密度电机控制器

双面焊接平面封装结构和高温封装材料的应用使模块热阻大幅度降低，600V/100A SiC MOS 模块结温可达 225℃；丰田、安川推出全 SiC PCU（碳化硅功率控制单元），样车在工况下较 IGBT PCU 损耗降低 30%，如图 3 所示。2017 年美国国家能源部投资 2000 万美元资助 21 个宽禁带半导体项目；法国 Yole 公司也预测，2018 年后碳化硅器件将开始应用于电动汽车大功率电机驱动和大功率充电领域。

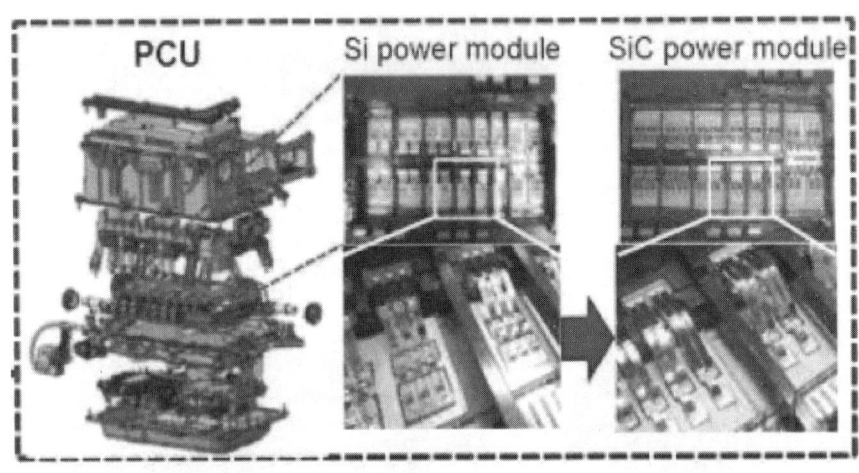

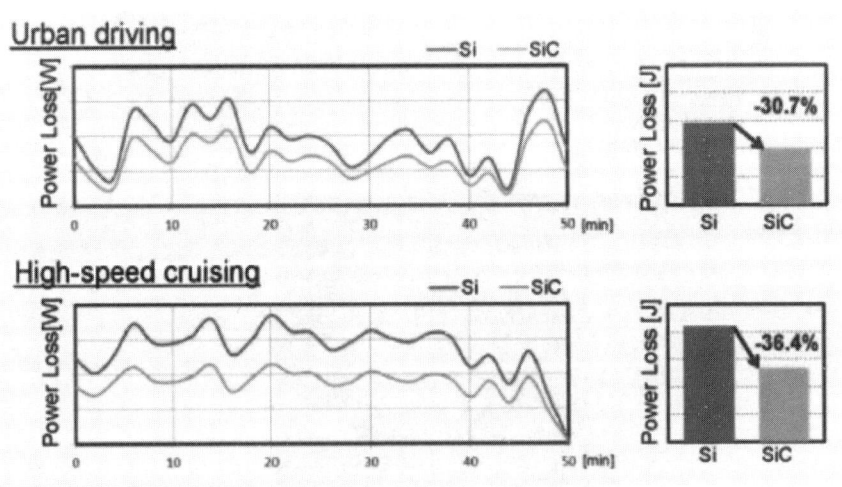

图 3　丰田公司全 SiC PCU 及其试验对比结果

3. 国外电驱动总成技术发展

在电驱动总成方面，以大陆、麦格纳、吉凯恩、西门子等为代表的电驱动系统集成商推出了电驱动一体化总成产品，包括电力电子与驱动电机及减速器总成，逐步成为乘用车驱动系统主要应用类型。其中，博格华纳、吉凯恩、欧瑞康、格特拉克等国外变速器企业均推出了高速单级减速器或高速两挡变速器产品（见图4a），最高转速达到14000rpm以上；博世、吉凯恩等提出了应用于乘用车的电驱动桥产品（见图4b），以大众MEB平台为典型应用，转速达到16000rpm以上，具有较高的集成度；采尔福也推出了应用于商用车的电驱动桥。

（a）麦格纳、吉凯恩电驱动总成

（b）博世、吉凯恩电驱动桥总成

图4 国外典型电驱动总成

（二）我国驱动电机与国外同步发展，控制器技术加快追赶

1. 我国驱动电机技术发展

在高密度驱动电机方面，我国主要的电机研制企业如上海电驱动、精进电动等开发出功率密度达到 3.8～4.6kW/kg 的样机和产品，最高转速达 13000～14000rpm，并实现了电驱动一体化集成，电机冷却方式涵盖水冷和油冷多种类型，技术指标达到国际先进水平，如表 1 所示。

表 1　我国典型驱动电机与国外同类产品对比

生产企业	上海电驱动	精进电动	美国通用 Bolt	德国宝马 i3
电机图片				
峰值功率（kW）	120	130	130	125
最高转速（rpm）	12800	13200	8810	12800
峰值转矩（Nm）	300	315	360	250
峰值效率（%）	97	97	97	97
功率密度（kW/kg）	3.82	4.56	4.60	3.80
冷却方式	水冷	油冷	水冷	水冷

在驱动电机精确设计方面，上海大学提出了基于电磁材料多域服役特性的车用电机多域多层面正向设计方法，综合电磁、机、热、流体、声多域仿真与验证，解决电磁材料宽温变和应变等服役特性的非线性问题。上海大学联合国内硅钢企业系统性开展了铁芯应力 - 磁特性研究，挖掘出硅钢材料加工、装配与运行过程中的温度和应力导致材料本身性能改变的规律（见图 5a）；中国科学院电工所应用非晶合金和硅钢片混合材料、分瓣式定子结构和粘接工艺，研制出非晶电机样机，样机最高效率达到 96.2%，连续功率密度达 1.2kW/kg（见图 5b）。

在电机绕组技术方面，华域汽车、精进电动等企业在国内较早地开展了扁

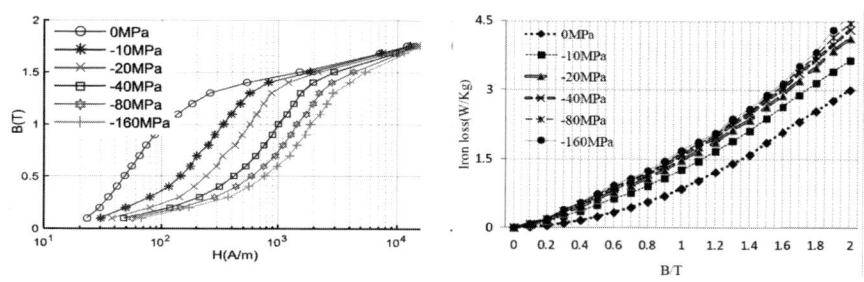

（a）不同应力下的磁感变化与不同应力下的铁耗变化曲线

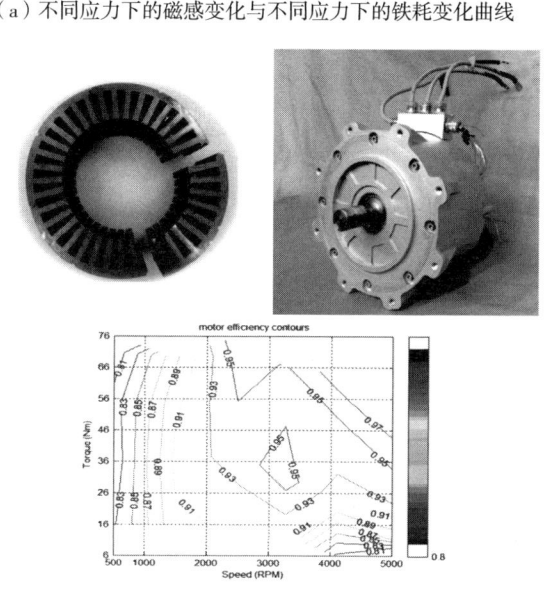

（b）中科院电工所非晶电机

图5　新材料特性及新材料电机技术

导线绕组工艺探索和实践，如图6所示。同时，精进电动开发出转矩密度达到20.3Nm/kg的商用车直驱电机，北京佩特来应用扁导线技术开发了3500Nm外转子直驱电机，我国商用车电机技术水平达到国际先进水平。

2. 我国电机控制器技术发展

结合我国"十三五"科技部重点研发计划新能源汽车重大专项实施，2016年、2017年分别设立了电力电子专项项目，上海电驱动、上海大郡、中车时代电气、深圳汇川等均推出了基于IGBT定制化封装模块和标准模块的电机控制器样机，我国高密度电机控制器技术水平迅速追赶国际先进水平。在高

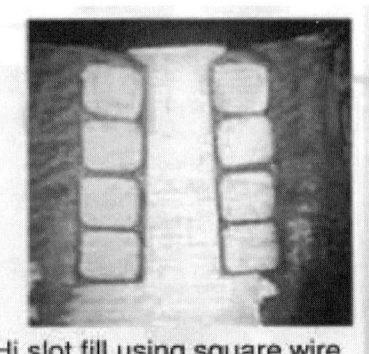

图6 扁导线技术及典型定子结构

密度电机控制器IGBT器件关键封装工艺方面，上海电驱动联合上海道之，采用芯片双面焊接工艺和电力电子功率组件的直焊互连工艺（见图7a），研制出高密度电机控制器，匹配峰值功率80kW电机的功率密度达到18kW/L；中车时代电气采用自主IGBT芯片、双面焊接与双面冷却技术、自主驱动芯片和电力电子集成封装技术（见图7b），开发出600A/750V双面散热模块及组件产品，基于双核MCU（微处理器）芯片开发出功率密度达到20kW/L的电机控制器；上海大郡联合上海道之采用双面水冷结构（见图7c），输入功率达到260kW，电机控制器功率密度达到21.7kW/L，双电机控制器与博世双控制器相比较，功率密度指标相当。

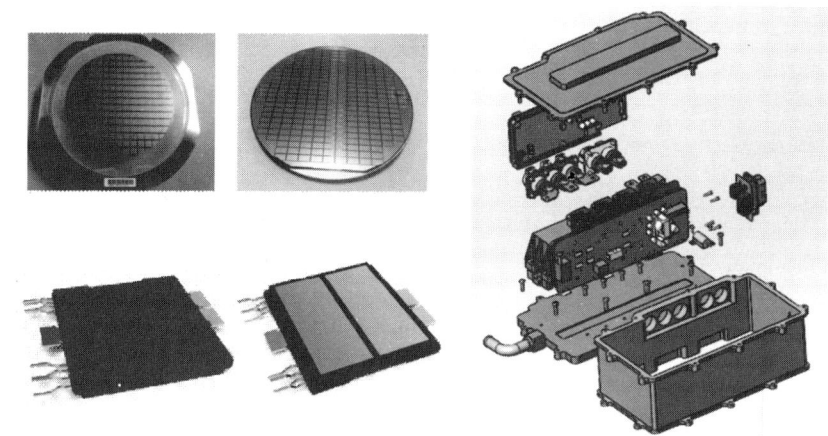

(a)上海道之芯片、模块与电机控制器直焊互连技术

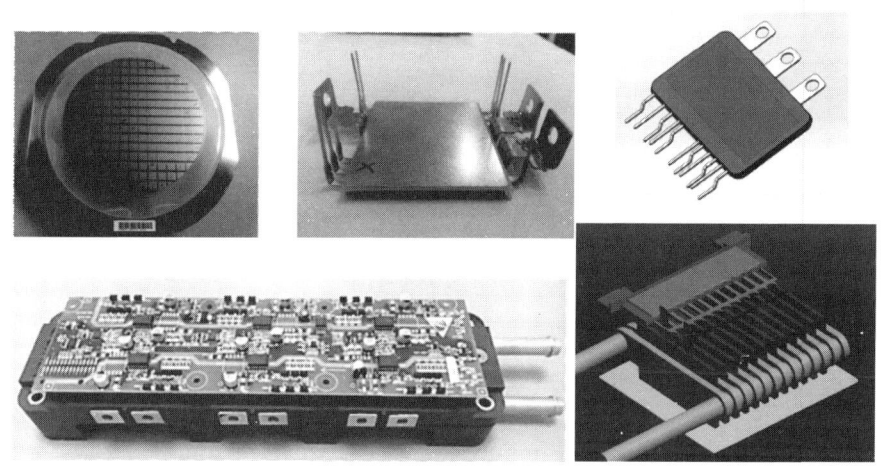

(b)中车芯片、模块及功率组件　　　（c）大郡双面焊接模块及功率组件

图7　国内典型高密度电机控制器封装与集成技术

我国典型高密度电机控制器样机与国外先进水平对比如表2所示。

在碳化硅器件及控制器开发方面，中科院微电子所研制的1200V/100A SiC SBD（肖特基势垒二极管）器件的正向电流密度为247A/cm^2（VF＝1.6V），与Cree第五代CPW5－1200－Z050B产品208A/cm^{2}相比具有优势（见图8a）；中车时代电气股份有限公司研制出750V/150A、1200V/50A、1200V/200A

表2 国内典型电机控制器与国外对比

对比项目	2017 Bosch 控制器	2017年苏州汇川电机控制器	2017年上海电驱动电机控制器	2017年上海大郡双电机控制器
电机控制器图片				
功率比体积(kW/L)	24.0	14.0	20.0	21.7
功率比重量(kW/kg)	21.5	12.0	18.0	19.0
功率器件	IGBT	IGBT	IGBT	IGBT
直流电压	300~480V	300~420V	300~480V	300~480V
器件电流	800A	800A	800A	800A
器件封装	定制	标准模块	定制	定制

SiC SBD芯片和1200V/30A平面栅SiC MOS芯片，并基于自主的SiC SBD和Si IGBT芯片，开发750V/600A、1200V/500A~800A SiC混合模块（见图8b）；中科院电工所采用P3/HP1封装型式、复合功能膜电容器和高密度控制板，在600Vdc供电条件下，适配峰值功率85kW驱动电机，功率密度达37kW/L（见图8c），开关频率达到20kHz以上，国内首次完成样机开发，达到国际先进水平。

同时，在功能安全ISO26262方面，基于英飞凌TC275芯片平台，深圳汇川在国内电机控制器领域首先通过功能安全认证；上海电驱动基于飞思卡尔MPC5744、上海大郡/精进电动基于TC275均启动了功能安全设计与认证项目，目前正在进行功能流程和产品认证。

3. 我国动力总成技术发展

在纯电驱动一体化总成方面，上海电驱动、中车时代、深圳汇川、上海大郡等均开发了集成电机、控制器和减速器的一体化总成（见图9a），总成峰值功率120~150kW，总成输出转矩2800~3200Nm，总成输出转速1200~1500rpm。在高速减速器方面，我国如重庆青山、株洲欧格瑞等已开发出了最高转速12000rpm的高速减速器，并实现了与国内驱动电机、电机控制器的一体化集成；上汽变速器开发了最高转速达到16000rpm高速减速器，为博世进行配套；我国高速减速器（大于12000rpm）技术和产品快速追赶国外先进水平。同时，在电驱动变速器总成方面，上汽捷能、科力远、精进电动均推出了可应用新能源乘用车和商用车的机电耦合动力总成产品，并实现了量产（见图9b）。

车用驱动电机产业发展动态

 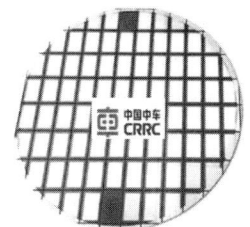 

(a)微电子SiC SBD芯片　　　　　　(b)中车SiC SBD芯片及SiC MOS模块

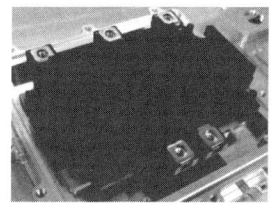 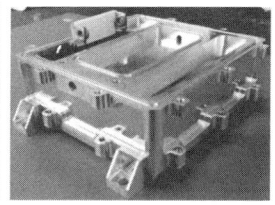 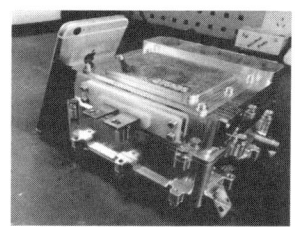

(c)电工所全SiC模块、集成膜电容器及全SiC控制器

图8　我国典型SiC芯片、模块及控制器

(a)国内典型纯电驱动一体化总成

(b)国内典型机电耦合动力总成

图9　国内典型电驱动总成

211

三 产业发展趋势

（一）技术发展趋势

（1）在驱动电机方面，以不断提高材料利用率、不断提升电机与整车工况效率匹配及提升电机品质和降低成本为主要方向，同时需要加大关注低重稀土永磁材料、耐电晕耐高温绝缘材料、高强度高热导耐高温绝缘骨架、直接油冷电机材料的兼容性、高导磁低损耗材料替代应用问题。

（2）在电机控制器方面，技术方向是更高功率密度和更高效率，双面焊接与单面/双面冷却是电机控制器主流封装工艺技术；我国IGBT功率模块封装、控制器系统级工程化集成能力提升很快，2018年有望量产。电力电子晶圆和芯片以及相关集成电路等方面材料、技术、工艺和产品有待加强。

（3）在碳化硅芯片和模块方面，高温高可靠性封装技术是碳化硅模块封装的主流，全碳化硅控制器具有高温、高效和高频优势，国外已经在加快碳化硅器件在汽车中的应用，我国从2018年开始将逐步加快应用探索及验证。

（4）电驱动一体化总成是乘用车领域一个明确的产品发展方向，我国起步与国外基本同步，我国需要加快自主高速减速器及其轴承、齿轮等配套关键零部件开发，并强化电机和减速器的深度集成。

（5）我国电驱动系统产业联盟持续发展，联盟成员数量增加到38家，涵盖了硅钢、磁钢、绝缘材料、高速轴承、IGBT器件、碳化硅器件、膜电容器、传感器、集成芯片等关键上游材料和器件，联盟在高密度电机控制器、全碳化硅电机控制器、高密度驱动电机、电驱动总成等方面取得进展。

（二）产业发展趋势

1. 持续降成本依然是驱动电机产业面临的主要挑战

2017年国家补贴政策持续退坡，整车单位对驱动电机企业提出了更低的目标价格要求，特别在商用车领域，新进电机企业出现了非理性的价格竞争。同时，钢材、铜材、稀土等原材料价格出现了较大的波动，国际功率半导体器件出现了一定程度的供货紧张。这些综合因素使得我国主要驱动电机企业的利润出现了大幅度降低。如何持续提升产品性能保持国际先进，持续降低产品成本依然是我国驱动电机企业需要解决的主要问题。笔者建议从以下三个方面入手：其一是通过持续技术攻关与工艺突破，提升原材料利用率和产品技术水平，降低电机及控制器材料成本。其二加快我国材料和器件应用验证。其三是通过产品的规格化和通用化，提升单个产品的产能，降低制造和管理成本；针对细分市场和产品，持续增加研发和制造投资，开发有竞争优势高性价比产品。

2. 多种形式的合资合作将推动驱动电机产业的发展

2019年即将实施的双积分政策和2020年油耗法规限值政策促使我国本土整车企业和合资企业均加快了在新能源汽车产业的布局，驱动电机作为新能源汽车核心关键零部件，我国驱动电机企业将获得更多的发展契机。同时，整车企业将持续加大在新能源汽车驱动电机方面的投入，通过提升自主设计和制造能力或者合资合作方式来实现对驱动电机产品的掌控；随着国家放开对合资企业股比限制，更多的国外整车企业、动力总成或驱动电机企业将通过合资合作方式进入中国，我国新能源汽车市场多样化发展将更加明显，产业和资源的竞争会继续加剧。

四 小结

2017年，我国驱动电机产业延续了多年来快速发展的势头，有效支撑了我国新能源汽车产业的快速发展。我国在高速高密度电机、高集成电机控制器、高集成度电驱动总成等方面产品化开发加快，扁导线定子技术、新材料技术、高速减速器技术推动了我国电驱动总成水平进一步提升。在电机控制器方面，基于IGBT封装的高密度电力电子集成控制器产品和碳化硅器件及全碳化硅控制器研发开始加速，我国电机控制器产品技术指标接近国外先进水平；我国电驱动系统全产业链建设加快，自主创新能力得到了进一步提升。同时，我们需要清晰地认识到，国外汽车巨头和动力总成企业正在通过多种形式加快在中国的新能源汽车产业布局，我国本土驱动电机企业、上游原材料和器件企业均需要加快技术创新和制造水平提升，以便提升产品竞争力。

B.11
充电基础设施行业发展动态

张帆 李康 秦雪亮*

摘　要： 2017年我国充电基础设施行业部分难题得以及时协调解决、先进充电技术不断突破、新运营模式不断涌现、产品品质不断提升，我国充电设施服务网络更趋完善，有力地支撑了电动汽车的推广应用。我国电动汽车充电基础设施产业虽然形成了一定的先发优势，但产业发展的基础还不牢固，充电建设运营、私人建桩难等问题还比较突出。下一步我们应持续提高产品品质并创新突破充电技术，探索可持续的充电服务运营模式，夯实行业发展基础。在此基础上，加强行业自律和安全监督，保障行业健康有序发展，积极促进桩企与车企联手开拓海外市场，推动充电设施制造和运营企业"走出去"。

关键词： 充电基础设施　运营模式　充电技术

一　发展综述

2017年充电基础设施建设规模持续高速增长，有力地支撑了电动汽车的推广应用。充电基础设施行业在取得成绩的同时也面临挑战，主要表现在以下几个方面。

---

* 张帆，硕士，工程师，中国电动汽车充电基础设施促进联盟综合部主任；李康，硕士，工程师，中国电动汽车充电基础设施促进联盟综合部主管；秦雪亮，中国电动汽车充电基础设施促进联盟综合部主管。

充电基础设施产业不断成熟发展。一是车企主动参与充电设施的建设和运营;二是运营商积极创新充电服务运营模式,行业普遍亏损的状态有所好转;三是充电用户对充电认识不断加强,各运营商接到的投诉量大幅降低;四是充电设备兼容性明显提高,充电接口标准逐渐统一;五是充电收入占运营商营业额占比有所下降,增值业务逐渐成熟。

充电安全仍需要行业重点关注。车企、充电运营商、设备制造商、第三方检测认证机构共同努力,有效提升了产品的安全性能,但在安全管理方面仍存在漏洞,一是存在用户使用物理手段偷电行为,二是存在设备被故意损坏情况,三是部分实力较弱的运营商未对充电站点配备必要的消防设备。信息安全目前仍是行业面临的重点难题之一。

充电设备质量品质有待进一步加强。随着2015版新国标的发布,充电设备制造产业的进入门槛有所提高,产品质量品质有所提升。但是仍存在不同企业对充电标准理解不统一、设备耐久性差、设备兼容性不高等问题。

国际交流与合作逐渐加强。2017年我国与日本、德国、挪威、俄罗斯等多个国家开展了技术交流合作。国外关注中国电动汽车和充电市场,中国企业希望"走出去"。

(一)我国充电基础设施发展现状

根据中国充电联盟统计,截至2017年12月,我国公共充电桩保有数量为21.4万个,比2016年净增约7万个,月均新增约6000个;私人充电桩数量为23.2万个。公共充电桩和私人充电桩总量超过44万个(见图1、图2)。

2017年充电运营行业的发展主要呈现如下特点:一是充电桩的建设和运营仍保持较高的集中度,特来电、国网、星星充电、普天新能源等四大运营商的市场占比约为86%;二是充电桩建设增速放缓,充电桩月均增长数量由2016年的8000个下降为6000个,主要影响因素是运营商由重建设转向重运营,提高充电设施利用率,另外充电设施新国标的升级改造也有一定影响;三是车辆的续驶里程增加使得充电难状况有了一定缓解,但是,充电难的总体态势并未根本改变,充电难、充电体验不佳的矛盾仍然突出。

从全球看,中国仍保持充电设施建设运营数量第一的地位,公共充电桩总量约为处于第二位的美国的4倍。

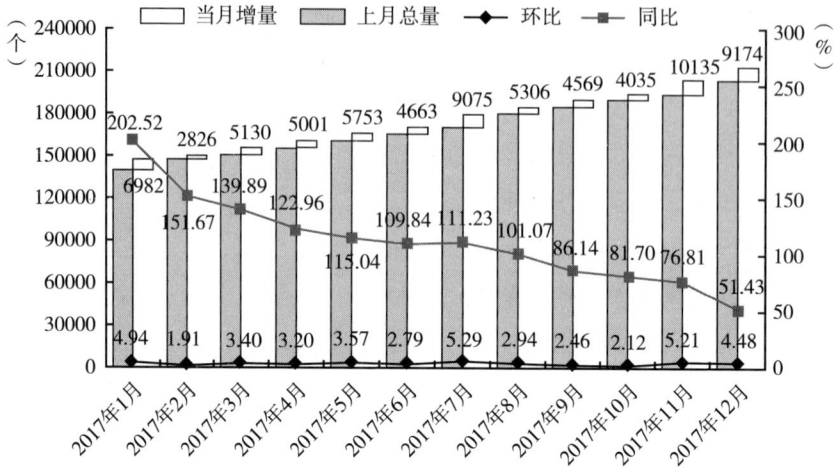

图1 2017年全国公共充电基础设施增幅情况

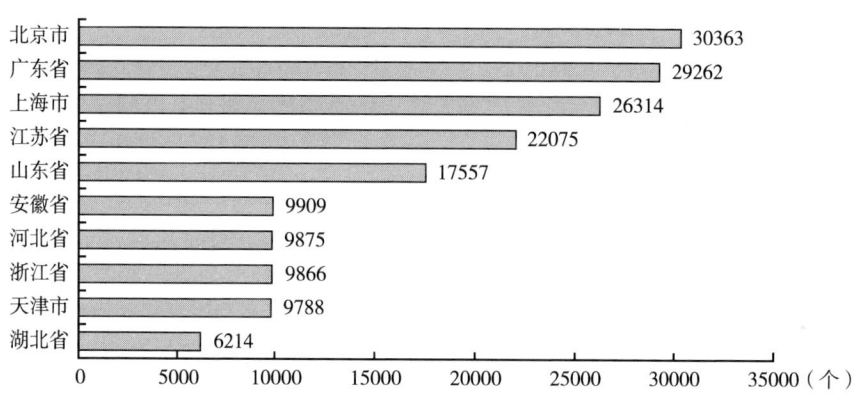

图2 2017年全国重点省市公共充电桩数量

（二）国际充电基础设施发展动态

由于各国国情不同，充电基础设施产业的发展思路也各有差异，但各国都坚定了汽车电动化发展的方向，并积极鼓励和扶持充电基础设施产业发展，保障电动汽车推广应用。欧洲和日本主要是整车企业主导充电设施建设运营，美国是整车企业和充电运营商共同主导市场，中国主要是充电运营商支撑市场发展。当前，各国充电市场关注快速充电技术，设计满足电动汽车便捷充电的能源补给方案，各国充电市场也不断加快合作步伐，打造全球化充电设施网络，可以预见未来充电市场将不再以国家划分，而以电动汽车的行驶范围为界限。

二　政策体系

从中央层面看，我国电动汽车充电基础设施政策体系已渐趋完善，涵盖了规划、建设运营奖励补贴、充电电价电费、土地、设施互联互通等方面。主要的地方政府也出台了配套的实施细则。中央和地方政策的协同引导，为我国充电基础设施行业发展营造了良好的政策环境。

（一）政策协同

1. 中央各部委协力推动充电设施产业发展

2015年国务院办公厅发布《关于加快电动汽车充电基础设施建设的指导意见》（国办发〔2015〕73号）以来，中央各部委积极落实政策执行，并相继出台了一系列政策，支持和引导充电基础设施产业发展。由于充电基础设施跨行业、跨学科、跨领域的产业属性，大部分文件为多部委联合发布。在中央部委多部门协同下，相继协调解决了充电设施规划、建设、财政奖补、电价、标准实施、互联互通等多个方面的产业难题，有力地支撑了充电基础设施产业的发展。例如，国家能源局会同国家发改委、工信部、住建部、国资委、国管局等部委联合发布《关于加快居民区电动汽车充电基础设施建设的通知》（发改能源〔2016〕1611号）、《关于统筹加快推进停车场与充电基础设施一体化建设的通知》（发改基础〔2016〕2826号）、《关于加快单位内部电动汽车充电基础设施建设的通知》（国能电力〔2017〕19号）等政策文件；国家发改委、财政部、住建部等部委也分别在充电电价、财政奖补、建设审批等领域给予了扶持性政策引导；工信部、环保部、交通部等部委也通过鼓励新能源汽车的应用，例如《乘用车企业平均燃料消耗量与新能源汽车积分并行管理办法》等间接推动充电基础设施在各应用场景的发展。中央各部委协同推进是我国充电基础设施产业发展的战略依据和方向指引，也是产业规模化发展的基础性保障。

2. 中央与地方政策协同

以中央政策为引导，部分地方政府制定了新能源汽车及充电基础设施"十三五"发展规划，提出了充电设施建设目标以及相关保障措施，通过制定地方性建设补贴、服务费价格、建设审批等政策细则，进一步落实中央对充电设施的产业政策。目前，我国充电基础设施产业已经形成国务院政策文件为总纲、中央政策为战略引导、地方性政策细则为基础保障的政策体系。部分地方政府还根据自身区域特点以及电动汽车发展规模出台了充电设施运营管理办法，规范市场行为，有力地支撑了中央对行业的管理。为保障充电服务质量，提升充电服务能力，中央和地方均大力支持充电运营商全面深化"互联网+"充电设施应用，鼓励建成集设施监控、充电服务、多元支付等为一体的充电设施运营服务平台，并与社会其他运营商实现互联互通。各地方政府根据市场需求建设了地方政府监管平台，将充电设施补贴、检测认证管理纳入平台管理，加强了政府对产业的监管。

3. 充电奖补资金

2017年，充电联盟在采集国内主要充电基础设施建设运营企业奖补资金申领情况中发现，《关于"十三五"新能源汽车充电基础设施奖励政策及加强新能源汽车推广应用的通知》中关于奖补政策资金落实的情况有待进一步加强。充电基础设施运营企业反映的申领奖补资金困难的问题主要集中在以下几个方面：部分地方缺乏政策实施细则，政策未出台或出台速度慢；部分地方存在地方保护、政策倾斜；各地备案要求不同，增加了申领难度；申请补贴门槛高，手续繁复；缺乏明确验收细则；部分地方资金量少，上级下发分配不均等。

中央奖补资金的拨付和使用方式有待进一步调整，地方政府配套补贴资金落实还需加强。目前，中央财政充电基础设施奖补资金补贴对象为充电基础设施配套较为完善、新能源汽车推广应用规模较大的省（区、市）政府，用于支持充电设施建设运营、改造升级、充换电服务网络运营监控系统建设等相关领域。未来应根据新能源汽车销售数量、能耗、配套建桩、充电服务等方面统筹考虑，定向补贴，鼓励使用新能源汽车的出行方式，逐步引导各类补贴资金转向补贴充电。

（二）地方政策补充

1. 充电服务费价格政策

各省市对电动汽车充换电服务费实行政府指导价管理。充换电服务费标准上限由省级人民政府价格主管部门或其授权的单位制定与调整。充电服务费主要有规定最高价格、按照燃油价格计费、按照公里计费、按照电价计费等几种模式，其中江西最高为1.723元/kWh，陕西最低为0.38元/kWh。

公共充电设施充电价格执行大工业电价政策，且包含服务费，造成在公共充电设施充电成本远高于在家庭充电。同时充电过程中产生的停车费等其他消费，降低了用户使用电动汽车的积极性。部分地方政府下调充电电价以及充电服务费价格，例如，山东省电费价格下调至0.6206元/kWh，充电价格随之下降；南京下调了换电价格，调整纯电动客车（12m）换电服务最高收费标准，每公里下调0.10元；广东省的电费价格根据《广东省发展改革委关于调整销售电价等有关问题的通知》全部做了调整，充电价格随之改变。

未来充电服务费限价或将全面放开，由政策引导转向市场调节。

2. 充电设施补贴政策

各地方政府根据当地发展情况制定补贴政策支持充电设施建设和运营，大致分为以下几个类别：一是按照投资总额或者投资额进行补贴，即按照投资总额或者投资额的一定比例对投资主体给予补贴；二是按照功率补贴，即按照所建设的交、直流充电桩功率大小给予补贴；三是运营补贴，按照充电服务电量给予补贴。

3. 其他政策

部分地方根据区域特点和需要制定了一些针对性政策，提升当地充电设施服务能力。例如，2017年5月，北京市城市管理委员会发布《北京市城市管理委员会关于加快推进本市电动汽车社会公用充电设施新国标升级改造工作的通知》（京管函〔2017〕282号），对完成新国标改造并通过检测验收的充电桩进行资金奖励。奖励标准：直流充电桩为3500元/接口，交流充电桩为2000元/接口。

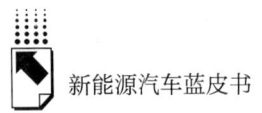

三 充电技术与标准

目前，传导充电在我国仍是主流的充电模式，应用较广泛的小功率的交流充电、中大功率的直流充电，均是通过充电接口进行充电。随着纯电动汽车动力电池容量的不断增加，充电功率呈现不断增大的趋势。目前快速充电主要通过直流充电接口和受电弓来实现。

无线充电可分为静态无线充电和动态无线充电两种，动态无线充电又可分为半动态无线充电和全动态无线充电。近年来国内外企业广泛开展了静态无线充电技术的研究工作，部分企业已计划在量产车型上实现静态无线充电技术。动态无线充电技术也受到多家企业及科研机构的关注并开展研究工作。目前，我国正在制定静态无线充电系列标准，而动态无线充电系列标准还在预研阶段。

（一）快速（大功率）充电技术

自2016年开始，我国就开始了快速充电的相关研究工作，快速充电技术已引起行业的普遍重视。实现快速充电的两种技术路径，一是沿用2015版充电连接器，与现有标准兼容，但提升空间有限；二是重新设计具有向前兼容但物理结构有所改进的连接器。无论通过何种方式实现快速充电，都需要改进动力控制单元（PEU）、直流转直流电源（DC/DC）、动力电池系统（BMS）、整车控制系统（VCU）等，高压线束方面也需要进行优化设计。

中国充电联盟提出适合我国国情的快速充电系统条件，其中到2020年乘用车充电功率达到80~200kW且30min内充满80%电量，即可视为快速充电车型，在2025年以前乘用车充电功率达到200~400kW且15min内充满80%电量可视为快速充电车型。

实现快速充电对动力电池、整车、充电桩和电网都提出了更高的要求。动力电池方面，轻量化和比能量提升是发展方向，实现3~6C充电倍率需要重新制定充电标准，电池热管理也是必须解决的问题。整车方面，电池、电机、电控的控制策略需要重新开发，电压、电流的显著提升要求整车的高压防护等级、热管理等安全性能更高。充电桩方面，需要重新设计元器件的耐压、绝缘、线缆的重量和粗细、温控、兼容性等方面。电网方面，由于接入电网时间较短、随机性、间歇性强，对电网需求响应的能力下降，降低了有序充电的潜力，提高了电网负荷峰谷差，增加了大电网的整体投入，在电力供应紧张时期，易出现过负荷问题。

发展快速充电，整车企业应要研发高电压平台车型，零部件供应商应注重高压零部件的研发，动力电池比能量和充电倍率要提升，充电设施运营企业要提高充电设备的功率兼容性，电网公司要做好电力规划，相关标准和管理制度也要跟上。

目前，日本CHAdeMO协会正在推进快速充电技术的研发；德国是大规模发展快速充电技术的主要国家，欧洲宝马、戴姆勒和奥迪等5家车企共同宣布打造350kW快速充电网络；美国特斯拉宣布全面升级特斯拉充电功率从120kW提升至350kW，充电运营商EVgo打造的350kW的超级充电站已经动工。国内在2017年7月召开的电动汽车大功率充电技术与标准预研工作组成立暨第一次工作会议上讨论了《大功率充电接口的可行性分析报告》，8月完成对现有标准体系的评估，10月前完成连接器样品，并于2018年6月前完成大功率充电示范项目。

（二）无线充电技术

近年来，新无线充电技术进展和产品不断涌现，但各种技术间缺乏互操作性，没有统一的无线充电标准。目前，无线充电是一个仍在发展中的新兴市场，从技术角度看磁共振和电磁感应占了主要地位，无线供电联盟（WPC）和Airfuel联盟是该领域中主要的行业组织。

我国静态无线充电产业链企业正蓄势待发，中兴、顺络电子、硕贝德、万安科技等软硬件供应商展开布局，并与比亚迪、长城、长安等车企合作共同推动产业的发展。奥迪、宝马、奔驰、特斯拉、沃尔沃、丰田、日产、铃木、现代起亚等国外车企也在大力开展研发工作，其中部分车企已计划在2018年量产具备静态无线充电功能的车型。

对于动态无线充电技术目前主要有韩国科学技术院（KAIST）、高通、Flanders、丰田、美国犹他州大学、美国橡树岭国家实验室、英国政府等机构或政府在开展研究和实验，但还没有投入市场的计划，相关标准还处于空白状态。

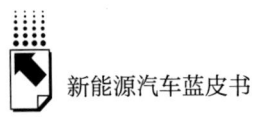

（三）标准体系建设与完善

2015 年，我国发布了 GB/T 18487《电动汽车传导充电系统》、GB/T 20234《电动汽车传导充电用连接装置》、GB/T 27930《电动汽车非车载传导式充电机与电池管理系统之间的通信协议》等 5 项国家标准。已经制定完成或正在编制的充电接口、通信协议、充电站建设运行、充电服务等相关国家、行业标准基本满足充电设施产业发展需要。

我国计划在两年内制定完成《电动客车大功率充电系统通用要求》《电动汽车柔性充电堆》《群控式充电系统技术要求》等标准，五年内制定完成《电动汽车大功率非车载直流充电系统通用要求》《电动汽车大功率交流充电系统通用要求》《电动汽车大功率非车载充电机技术要求》《电动汽车大功率充电连接组件（装置）技术要求》《电动汽车大功率非车载充电系统通信协议要求》等标准。

国标委拟于 2018 年对《电动车和混合动力车　无线电骚扰特性　用于保护车外接收机的限值和测量方法》《电动汽车无线充电系统　商用车应用特殊要求》《电动汽车无线充电系统　互操作性及测试》等 3 项与电磁干扰、无线充电相关的标准公开征求意见。

电动汽车充换电设施相关的国际标准主要由 IEC/TC69 和 IEC/SC23H 负责制定。目前，关于电动汽车充电系统系列标准 IEC 61851 由 TC69/WG4、MT5 负责维护；充电接口相关的标准 IEC 62196 系列由 IEC/SC23H/MT8 进行维护；通信协议 ISO/IEC 15118 系列由联合工作组 JWG1 负责。

四　充电运营模式

2016 年以前，我们将充电基础设施的商业模式归纳为：运营商主导、车企主导、车桩合作、众筹、分时租赁等五大典型商业模式，充电运营商也由单一充电服务向提供增值服务拓展。随着充电服务市场的规模不断壮大，以及长期以来公共类充电设施始终无法摆脱利用率低的窘境，"跑马圈地""拿补贴"的时代已经过去，充电运营已经开始由重建设转向重运营。

2017 年，国内充电运营商围绕电动汽车用户各相关领域又进行了多种有益的尝试与探索，充电运营模式呈现多元化、特性化、综合化、跨领域等多种特点。

充电服务费是早期运营商收入的主要来源，随着国家大力推行简政放权，部分地区将逐步取消充电服务费限价，可以预见收取充电服务费的标准将完全市场化。依靠单一收入来源必将无法支撑长期生存发展，充电运营商积极探索、丰富充电运营模式。

（1）众筹建桩。众筹建桩是万帮早期提出的商业模式，通过"投资方+充电服务运营方+场地资源方"有效整合社会资源、分摊成本、合力共赢，解决了"有场地的没资金建桩，想建桩的没有场地"等问题。在不断完善众筹建桩的过程中，万帮又引入了"司机定向消费与众筹建桩""私桩共享与人人电站"等模式，为众筹建桩赋予了新的理念。

（2）"批发零售电力+充电服务"。新电改放开售电侧，鼓励社会资本投资成立售电主体，充电运营商获得相关资质并拿到售电牌照，以批发价获得电力，零售价收取电费，赚取电价差。"批发零售电力+充电服务"的模式为充电运营商提供了新的获利点。

（3）"智能停车+充电服务"。充电运营商与智能停车系统，如ETCP、停简单、咪表等合作，加强停车管理与充电管理信息系统的互联互通、信息共享，实现充电与停车查询、预订车位、自动计费支付等功能一体化。

（4）"车位经营+充电服务"。随着全面放开社会资本全额投资新建停车设施收费的鼓励政策实施，充电运营商加紧抢占停车场资源，提高充电桩利用率，实现停车充电可调、可控，并以车位经营收入培育充电服务业务。

（5）交通工具租赁。解决电动汽车用户的充电地点与目的地还有一段距离的问题，充电运营商为其提供租赁电动滑板车、自行车、平衡车等交通工具，为车主解决"最后一公里"的问题，实现"充电+出租"双重收益。

（6）广告服务。被充电运营商广泛采用，在充电桩上安装液晶屏或广告灯箱，通过广告收入来降低充电桩运营成本。充电桩的广告服务随着不断发展已经成为服务推送、互动体验的终端。

（7）大数据应用。充电运营商通过抓取新能源汽车使用数据，为汽车维修、保养、电控电池等企业提供精准服务，通过分析用户出行行为，与商场、酒店、旅游、导航等商家合作，实现大数据价值。

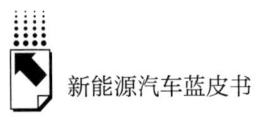

在将传统的充电运营模式与增值服务相结合的同时,充电运营商更加重视为用户提供具有吸引力的综合服务体验。例如富电上海欢乐谷光伏超级充电站,在停车充电的同时提供餐饮、休息、娱乐、健身等服务,通过广告服务增加运营收入。

在服务公共领域电动汽车用户的同时,充电运营商积极开拓公交、出租、环卫、物流等专用充电领域市场,特别是面向网约车、分时租赁车等营运车辆提供定向充电服务已经成为充电运营商的重要收入来源。部分充电运营商逐渐向电动汽车产业链上下游延伸,涉足汽车租赁、销售、维修、电池、零部件等多个领域,实现车桩深度融合,培育充电市场。

充电运营商正在推动充电网、车联网、互联网三网融合,提高技术水平,以智能设备为基础,应用大数据技术,创新智能化运维管理手段,融合互联网技术提高运维效率。以充换电业务为中心,整合带动了相关产业链发展。互相学习借鉴先进经验,加强合作,降低运维成本,提高服务水平,为电动汽车用户提供更好的充电服务体验。

五 充电互联互通

(一)新国标改造

随着全国各地大力发展充电基础设施建设,用户在实际充电使用过程中,车、桩的兼容性,设备接口、通信协议标准不统一的问题,会直接影响车主的充电使用安全,频繁发生车辆充电口卡住等问题。根据《关于电动汽车充电基础设施接口新国标的实施方案》(发改能源〔2016〕2668号)文件要求,自2017年1月1日起,新安装的充电基础设施、新生产的电动汽车必须符合新国标,同时,要求各地稳步推进旧标准升级转换。改造后,一方面可以提高充电过程中的安全性,如针对车辆的异常报警停止充电、电子锁、绝缘检测等功能,能够有效避免发生人员触电、设备燃烧等事故,保证充电时对电动汽车以及使用者的安全;另一方面,可以提高充电设施的通用性和开放性,只要是满足新国标的充电桩和电动汽车,就可以实现安全正常的充电。

北京市2017年5月发布了《关于加快推进本市电动汽车社会公用充电设

施新国标升级改造工作的通知》，对2017年1月1日前的既有社会公用充电设施进行的新国标改造工作，给予一定的补助政策。采取"第三方检测机构抽查与专家总体评审"相结合的方式，对其新国标符合性进行评审验收。截至2017年底，全市完成新国标升级改造的社会公用充电设施1.2万余个，均在明显位置张贴新国标充电接口的标识，保留旧标准充电桩近2000个。

上海市新能源汽车保有量较高，以插电式混合动力汽车为主，采用交流充电方式，购车用户拥有固定车位安装私人充电设备，新国标升级改造市场需求较小。上海市政府尚未出台公用充电设施新国标升级改造鼓励政策，但要求接入"上海充换电设施公共数据采集与监测市级平台"的充电设施完成充电桩升级改造工作。目前充电运营商根据充电用户需求对部分充电桩进行了新国标升级改造。

天津市发改委2017年1月发布了《关于实施电动汽车充电基础设施接口新国标的通知》，2017年底，国家电网天津分公司完成了全部906个非国标公共充电桩的改造，其中新国标硬件完成改造646个，新国标软硬件均改造类型260个；普天新能源完成4个充电桩改造；特来电天津分公司根据当地车辆运营情况未安排新国标改造；其他公司建设的充电设施均为新国标不需改造。

深圳市发改委2017年7月发布了《深圳市2017年新能源汽车推广应用财政支持政策》（深财规〔2017〕10号），要求充电设施（站、桩、装置）的建设应当符合国家、行业及地方关于充电设施的技术标准和安全运营技术规范，符合《深圳市新能源汽车充电设施运营商备案管理办法》及有关规定的方可享受政策补贴，通过财政奖补政策引导公用充电设施的新国标改造。

（二）兼容性测试

充电设备与电动汽车的兼容性是充电互联互通的基础，也是提升充电网络服务能力的重要措施。中电联、中国充电联盟于2016年11月至2017年4月组织12家检测机构和78家充电设施生产企业按照标准要求统计、测试方法统一、测试平台统一的原则开展互操作性测试活动，互操作测试活动分为两个阶段，第一个阶段为单边测试，有11家充电设施检测机构和1家电动汽车检测机构作为测试机构参与，参与测试的充电设备企业65家，电动汽车企业12家。第二阶段为实车实桩测试，共有40台充电设备和14台电动汽车进行了实车实桩互操作匹配验证。活动结果表明2015年颁布的电动汽车充电设施5项新国标经过近一年的宣贯实施正逐渐被广大充电设备制造企业、电动汽车制造企业和检测机构掌握，整个行业对充电互操作的重视得到进一步提高。此外，在充电互操作能力方面也有了大幅度提高，从测试结果来分析：相比于2015年，本次传导充电互操作活动单边测试的总体合格率情况为83.9%、比2015年第一次互操作活动40%的合格率有了显著提高；对此次互操作第一阶段、第二阶段测试合格率进行比较，测试合格率也从83.9%提升到91.9%。

由于市场对充电基础设施不了解，用户对充电操作不熟悉，由人为原因造成的充电问题也损害了产业形象。中国充电联盟于2017年4月至11月分别在北京、天津、京津冀高速、上海、环太湖高速组织实施了"车桩融合畅行游（内测）"活动。12家车企的19个车型共计27辆纯电动乘用车，13家充电运营商的51个充电站参与了测试，总计车辆和充电桩配对测试231次，充电成功率为91.3%。活动中反映出来的除充电设施与电动汽车兼容性问题以外，还发现存在找桩难、燃油车占位、设施操作不便、支付方式多样、安全防护措施有待加强等问题。活动结果显示，充电基础设施兼容性问题在市场应用环节已经基本得到解决。

（三）充电信息互联互通

实现充电信息互联互通，可以有效解决用户找桩、使用、结算不便利的问题，构建和完善国家级、城市级、企业级充电基础设施信息互联互通网络，可以为充电用户提供更好的充电服务，为政府决策、监管提供重要支撑。

目前，国家电网、特来电、星星充电、普天、上汽安悦、比亚迪、浙江万马、首钢、中兴新能源、北京富电科技、珠海驿联等国内规模化充电设施运营企业都建有企业级信息服务平台，北京、上海、深圳、贵州、浙江等省市已建成或在建城市级信息平台，并逐步完成与国家级信息平台的数据对接，整车企业也在建设完善新能源汽车运营监控平台。未来要进一步明确各级平台定位，优化提升平台服务功能。

充电设施运营企业信息平台要能够面向用户提供充电服务信息和对其建设运营的充电设施进行实时管控，及时准确提供充电设施查询的状态信息、充电信息，实现充电支付/结算管理、设备运行维护管理和充电安全性管理，提供优质充电服务,提升用户体验服务等。

整车企业要以为用户提供充电保障服务为目标,优化完善新能源汽车运营监控平台,拓展新能平台服务功能,积极与运营商、出行服务商建立战略合作,实现整车、充电运营、出行服务企业间的平台互联互通。

各新能源汽车推广应用城市的信息平台要能够为政府提供统计数据,方便为属地用户提供充电设施查询,对充电过程的安全性和设施完好率、利用率进行监管,为相关政策实施提供支撑。

国家级信息平台要能够进行充电电量统计、评价充电设施建设和运行情况,实施对充电设施行业自律、认证管理,面向企业、社会、用户提供相关统计数据信息和相关服务,为有关政府部门实行相关管理、制定政策措施提供数据统计分析支撑。

实现充电信息的互联互通,要加快推进国家新能源汽车监控平台和国家充电基础设施信息服务平台的融合发展。建立两个国家平台的数据共享机制,实施新能源汽车充电溯源管理,做到充电行为数据可追溯、节能减排数据可计算、车桩信息数据可统计。为全面提升充电设施信息服务水平,实现用一个标准、一个APP打通整车、充电运营商、出行服务商信息平台的互联互通,让充电用户找桩、使用、结算无障碍,相关企业要积极探索建立充电信息服务云平台,促进构建新能源汽车和充电基础设施创新合作生态。

六 国际充电市场

(一)欧洲充电市场

为加快电动汽车推广应用,欧洲主要整车企业积极推动充电设施建设以及充电技术研发,确保每个充电桩为用户提供便捷式服务,欧洲已经形成较完善的充电基础设施发展体系。

欧洲充电技术体系具有超前性,充电技术体系主要是由宝马、大众、奔驰等车企为主导,设备制造商参与研究开发,相关标准由德国汽车工业协会(VDA)、欧洲汽车工业协会(ACEA)及IOS研究制定。目前,欧洲市场上使用的主要是小于100kW的充电设备,但在技术规划、产品开发、设施建设时

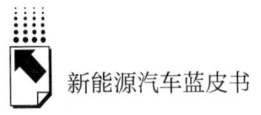

就考虑了大电流、400kW 容量以上的发展空间，同时考虑了智能充电、V2G 技术体系的建立。欧盟主要国家计划在 2020 年左右普及 350kW 及以上的大功率充电技术。

欧洲充电运营服务产业活跃，充电运营商数量众多且相对分散，为便利电动汽车用户充电，以 Hubject、PlugSurfing、NewMotion 为首的三大平台运营商分别通过建立充电运营平台实现整车企业、充电运营商、第三方的信息互联，其中德国 Hubject 规模最大，链接了欧洲 250 多个车企、充电服务运营商、第三方，平台运营商的特点是以数字化的方式将充电桩运营商和电动交通供应商联系在一起，不面向终端客户做充电服务，但是可以实现在任何地方为所有人提供无缝式电动汽车充电服务。

（二）美国充电市场

美国是充电运营商和整车企业共同主导充电设施建设，其中充电运营商以 Chargepoint 为主，整车企业主要以特斯拉和日产为主。截至 2018 年 2 月，美国公共充电设施数量已超过 5 万个，其中，Chargepoint 建有 46735 个、Chademo 建有 2290 个，特斯拉大约建有 3000 个。

美国公共充电基础设施建设速度相对落后于电动汽车发展，2017 年美国电动汽车大约销售 20 万辆，保有量达到 80 万辆，车桩比大约为 16∶1。

在美国，运营商将电动汽车驾驶者、充电站经营业主、整车企业有效地融合在一起，整车企业、终端 APP 服务提供商、网络运营商、充电站经营业主等合作伙伴建立合作共赢的网络，通过价值链企业的整合实现外部资源与运营商内部资源的互补，从而实现用户价值最大化，进而实现整个价值链所有企业的价值最大化。

（三）日本充电市场

作为能源短缺国家，日本政府也非常重视电动汽车推广应用，同时制定了一系列补贴和扶持政策推动充电基础设施建设。日本政府和整车企业主导充电设施建设和运营，三菱汽车、丰田汽车、日产汽车、本田汽车出资设立了 NCS 公司（银行、电力企业参与），实现了集中优势资源，统一调配、规划，财政补贴资金统一管理。NCS 仅对充电设施进行管辖但不进行建设，不以营利为目的，基本形成了充电桩建设政府补贴＋车企资助、支付结算充电卡统一标准规范、自由发卡、灵活计费的建设、运营模式。

日本也积极探索先进充电技术，日本在大功率充电的温度控制和相关材料、工艺技术的开发和验证已取得实质性进展，已基本建成以 CHAdeMO 为核心的标准认证体系，并推进标准全球化、检定制度本土化的发展策略。

当前日本充电市场产业缺乏市场活力，主要表现在：一是充电支付手段比较单一，目前日本充电支付手段主要采用充电卡或信用卡线上支付，没有采用移动支付方式，影响了用户充电体验；二是找桩方式较为单一，电动汽车用户查找充电桩主要通过充电桩网站（电脑、手机）查询，或通过设置的充电桩引导指示标识牌；三是充电车位不是专用车位，主要依靠车主的自觉性解决燃油车占位问题。

（四）其他国家充电市场

目前，全球形成以中国、欧洲、美国、日本为主的四大充电市场，其他国家和地区的电动汽车及充电基础设施规模较小，大部分国家还没有形成统一的标准规范。但在碳排放指标的压力下，各国也纷纷制订新能源汽车推广计划，泰国、马来西亚、韩国、俄罗斯等国开始在电动汽车和充电基础设施建设运营方面发力。

七　行业面临的问题

（一）充电设施建设运营问题

1. 充电设施需优化合理布局

目前，我国充电基础设施规模居世界首位，但是仍存在电动汽车用户找桩难、充电难的问题，同时充电设施利用率低，充电运营商普遍亏损，我国充电设施产业面临充电需求难以满足和设施利用率低的双重压力。由于我国城市停车位资源紧张、老旧小区改造困难等问题，难以保证居民私人充电桩100％的配套建设，公共充电桩作为电动汽车用户充电的有力补充，如何规划布局、设计运营模式、保障充电服务质量成为行业亟待研究解决的重要课题。

2. 充电设施建设成本居高

居民小区私人充电桩大部分为随车配送，但建设施工安装仍需要支付一笔可观的费用（接电距离一般超过30米），造成用户购买和使用电动汽车的积极性不高。随着技术进步和充电设备制造产业的不断成熟发展，充电设备价格也有所下降，但建设总体成本仍居高不下，充电设施建设运营商的投资回收周期长也制约了公共充电设施的规模化增长。

（二）充电设施产品质量问题

1. 充电设备质量参差不齐

由于各生产企业技术实力不同，且行业门槛较低，不同品牌的充电设备品质参差不齐。低品质充电设备为抢占市场份额低价倾销，扰乱正常市场秩序，造成充电设备故障率较高、安全性得不到保障，有损行业形象。

2. 充电兼容性有待提升

2015版新国标发布以后，充电运营商积极推进充电桩升级改造，同时留存一定比例的老国标充电桩，整车企业已售车辆往往通过软件升级的方式使车辆同时兼容新老国标，造成这部分车辆无法在新国标的充电设施上正常充电，兼容性问题时有发生。

3. 充电设施关键零部件的耐久性需要突破

由于充电设备的自身特性以及功能属性，大部分充电设施无人值守、工作环境恶劣，这就对充电设备的关键部件耐久性和灵敏性提出了较高的要求。目前，由于环境影响和用户违规操作，出现充电枪头锈蚀、充电枪线绝缘皮破损、充电桩屏幕反应不灵敏等问题，造成电动汽车无法正常充电甚至面临严重的安全问题，充电设施零部件耐久性需要突破。

（三）充电费用问题

1. 充电费用高

使用成本低是汽车电动化推进过程中的重要因素之一，我国居民私人充电桩享受居民用电价格，公共充电设施享受大工业电价政策，政府部门也对最高充电服务费价格进行了限定，这极大地降低了电动汽车的使用成本。目前，存在充电设施无法直接从电力公司接入电源,而通过第三方(物业、停车场管理机构等)接入电源,造成充电价格远远高于政策规定的价格。由于停车位资源紧张,充电过程中还需要支付停车费用,整体的充电成本较高。

2. 充电服务费不足以支撑充电设施运营

充电设施运营企业前期投资建设成本高昂,且因充电设备工作环境恶劣、设备寿命短、运维成本高。由于产业处于发展初期,相关配套服务还不完善,商业模式尚未成熟,充电服务费是运营商主要收入来源。目前,充电设施利用率低,仅靠收取充电服务费难以支撑高额的运维费用。

(四)充电体验需持续提升

目前,电动汽车充电时间较长,充电需要付出较多的时间成本,城市停车位资源紧张,燃油车占现象严重,充电过程中产生的额外消费(如停车费、休息室消费等)也降低了使用电动汽车的成本优势,充电体验需要提升。

(五)居民小区充电桩建设问题

2016年7月,国家能源局会同国家发改委、工信部和住建部等部门联合发布了《关于加快居民区电动汽车充电基础设施建设的通知》,随着政策的落实执行,我国居民小区私人充电桩建设比例大幅提升,但部分地区仍存在充电设施建设难题,其中居民地物业不配合、没有固定停车位是最主要的影响因素。

八 2018年产业发展展望

(一)地方政策将成为产业重要支撑

2018年能源工作指导意见中明确指出,年内计划建成充电桩60万个,其中公共充电桩10万个,私人充电桩50万个。在中央层面,各部委已经出台加快居民区、企事业单位内部停车场、公共停车场等区域充电设施建设的鼓励政策,未来将督促各地方政府出台配套的实施细则,同时加强政策执行监管,持续提升充电设施网络的服务能力。各地方政府按照财政部补贴政策指示,将逐渐将地方车辆购置补贴转向补贴充电运营,减轻运营商投资压力。

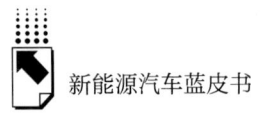

（二）充电市场将进一步细分

经过长时间的积累，我国充电基础设施产业已经从一拥而上转变为深耕细分市场，主流运营商也开始针对不同用户群体制订不同的服务解决方案。2018年运营商将重点细分市场领域，根据自身充电设施规模、布局、服务能力，倾向性地调整经营策略。

（三）充电关键技术将取得突破

2018年，在动力电池能量密度和寿命取得突破的基础上，大功率充电和无线充电技术也将取得关键性突破，充电连接器等关键部件也将实现产品化应用。同时在国际传统汽车强国大力推动充电技术进步和市场应用推广的大环境下，我国大功率充电和无线充电在市场定位、产业布局以及技术推广应用等方面将得到提升。

（四）充电设施实现互联互通

随着"互联网+"在充电领域的深化应用，充电信息互联已成为必然趋势。一是充电设施经过新国标改造，到2018年迎来市场检验验收阶段，充电设施运行维护专业化、充电设施经营与运维分离成为产业发展的主要方向。二是在国家大力支持国家级充电服务平台建设的背景下，充电信息互联互通的进程将得到提速，各地方政府平台也逐渐发挥市场监管作用，企业级平台将甩掉大部分历史包袱将重心转移到平台经营上来，未来将形成国家平台调控、政府平台监管、企业平台经营的发展态势。

（五）国际化趋势明显

作为充电行业发展领先的市场，中国一直积极促进与国际市场的交流与合作。2018年，与国际充电市场的交流将由原来的技术交流延伸至产业合作、产业链协同，行业协会组织也将进一步发挥桥梁纽带作用，为国内充电设备、运营商、车企等搭建国际展示与合作的平台，促进中国产品走出国门。

市 场 篇

Market Reports

本篇重点描述新能源汽车市场相关的情况，内容主要涵盖2017年我国新能源汽车市场表现及2018~2020年市场走势预测。

本篇希望通过横向和纵向地分析新能源汽车市场，向读者客观展示我国新能源汽车市场最新特点及变化趋势。第一篇重点描述市场现状。主要从新能源汽车车辆类型、动力类型、应用领域、市场区域分布四个维度，对2017年新能源汽车市场发展格局开展全面剖析。在全球新能源汽车市场排名中，中国已连续三年居世界首位，市场份额稳步增长。但与传统燃油车相比，我国新能源汽车市场体量仍然较小，未来发展空间巨大。第二篇重点描述未来市场变化情况。在把握关键影响因素未来预期的基础上，基于主体的系统动力学模型对市场运行特征加以模拟，分乘用车、客车、专用车三大领域剖析未来三年市场演变趋势，并结合国家发展规划，最终预测得出未来三年新能源汽车市场销量。

B.12
2017年我国新能源汽车市场变化及趋势

刘万祥 方海峰[*]

摘　要： 2017年我国新能源汽车销售77.7万辆，同比增长53.3%，市场继续保持快速平稳增长。全球新能源汽车市场排名中，中国已连续三年居世界首位，市场份额稳步增长。但与传统燃油车相比，我国新能源汽车市场体量仍然较小，未来发展空间巨大。本文主要从新能源汽车车辆类型结构、动力类型结构、应用领域分布、市场区域分布四个维度，对2017年新能源汽车市场发展格局开展全面剖析，并结合政策环境调整动向，分析未来新能源汽车市场结构、应用领域等方面的变化趋势。

关键词： 市场结构　区域销量　领域分布

一　增量提质，新能源汽车向市场驱动转变

在一系列政策支持下，我国新能源汽车市场发展迅速，产业规模保持全球领先，技术水平加速提升。

（一）全球新能源汽车规模快速扩张，中国连续三年居首位

近年来，主要汽车工业发达国家高度重视新能源汽车产业发展，将发展

---

[*] 刘万祥，中汽中心新能源汽车与财税政策研究室；方海峰，博士，高级工程师，中国汽车技术研究中心有限公司首席专家，中汽中心新能源汽车与财税政策研究室副主任。

新能源汽车作为国家战略。各国不断在新能源汽车领域发力，全球市场规模快速扩张，竞争日趋激烈。截至 2017 年底，全球新能源汽车销量已累计超过 330 万辆，2013~2017 年全球市场年销量从 20 万辆突破至 130 万辆，年均增速近 60%（见图 1）。英国、德国、日本、挪威等国家的新能源汽车市场近两年快速发展，年均增速超过 100%。尤其挪威新能源汽车市场发展逐渐成熟，2017 年市场渗透率已达 27%。

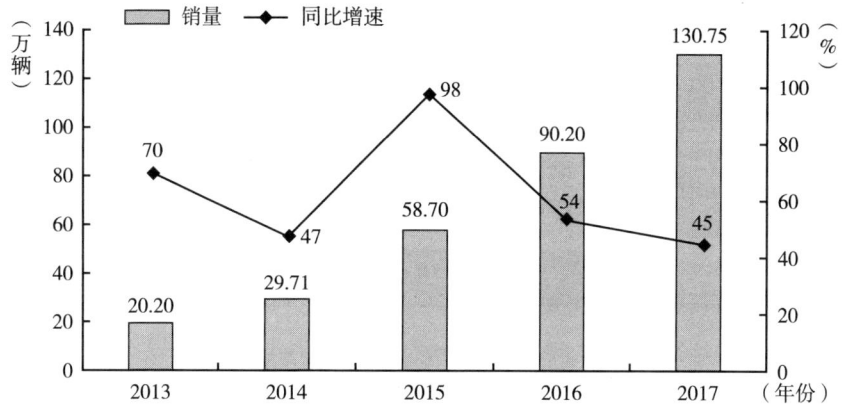

图 1　2013~2017 年全球新能源汽车销量及同比增速

数据来源：全球知名汽车统计机构。

在全球新能源汽车市场格局中，我国已占据主要地位。全球新能源汽车市场排名中，中国已连续三年居世界首位，市场份额同步保持稳步提升态势。2017 年中国、美国、挪威销量位居前三，销量分别为 77.7 万辆、19.8 万辆、5.4 万辆，占比分别为 59%、15%、4%（见图 2）。较之传统汽车近 30% 的市场份额，中国新能源汽车市场领先优势更加明显。

（二）中国新能源汽车市场渗透率逐年提升，替换燃油车进程提速

中国新能源汽车市场经过 2014 年、2015 年的翻倍式增长后（年增速均超 300%），2016~2017 年增速回落至近 50% 的水平，市场渗透率仍在逐年提升。根据汽车工业协会统计，2017 年新能源汽车产销量分别达到 79.4 万辆和 77.7

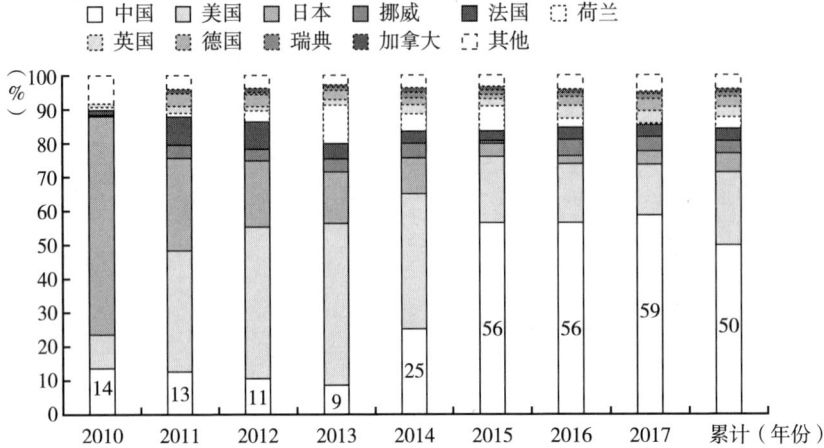

图 2　2010~2017年全球主要国家新能源汽车市场占比

数据来源：全球知名汽车统计机构。

万辆，同比增长分别为53.8%和53.3%，增速分别提高了2.1个和0.3个百分点。市场渗透率从2013年的0.08%增长至2017年的2.69%（见图3）。

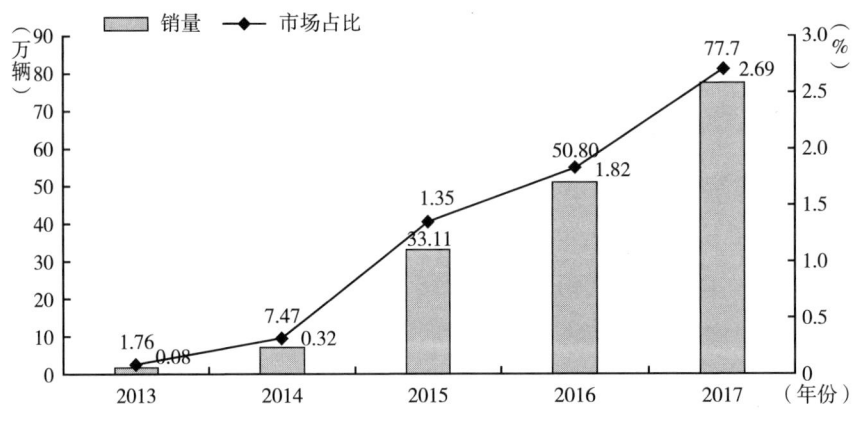

图 3　2013~2017年中国新能源汽车销量及市场渗透率

数据来源：中国汽车工业协会月度快报。

保有量方面，根据公安部数据统计，截至2017年我国汽车保有量达2.1亿辆（其中载客汽车保有量达1.85亿辆），新能源汽车保有量为153万辆，占汽车总量的比例为0.7%，基数相对较小。

二 车型结构：乘用车市场份额持续攀升，商用车市场回归理性

在新能源补贴、免征车购税、双积分等政策激励下，新能源汽车市场呈现持续增长态势，车型结构化特征走强，乘用车、商用车市场增速呈现差异化发展（见图4）。

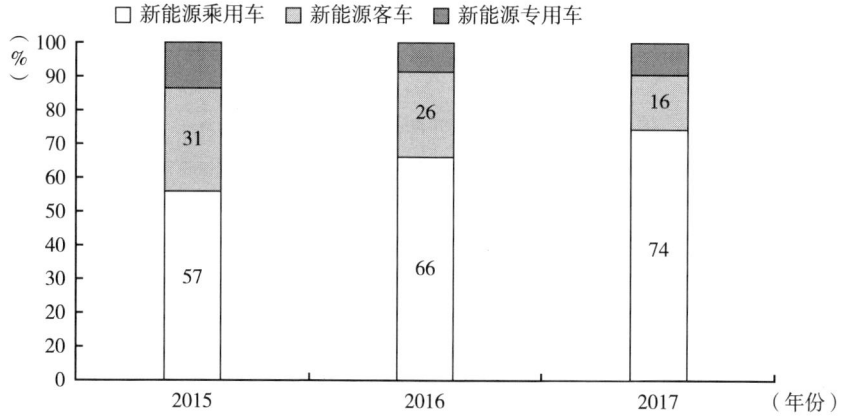

图4　2015～2017年新能源乘用车及商用车市场分布情况

数据来源：中国汽车工业协会月度快报。

（一）新能源乘用车高速增长，市场份额稳步提升

根据中国汽车工业协会（以下简称"中汽协"）统计数据，2017年新能源乘用车销售57.8万辆，同比增长72%，高于整体市场53%的增速，市场份额由2016年的67%提至75%，进一步向传统汽车市场分布靠拢，乘商比例保持近3∶1（见图5）。其中，纯电动乘用车产销分别完成47.8万辆和46.8万辆，同比分别增长81.7%和82.1%；插电式混合动力乘用车产销分别完成11.4万辆和11万辆，同比分别增长40.3%和39.4%。

2009年以来，我国新能源乘用车累计推广超过100万辆，占比近60%，乘用车为新能源汽车市场的主力车型。在节能减排压力以及各地支

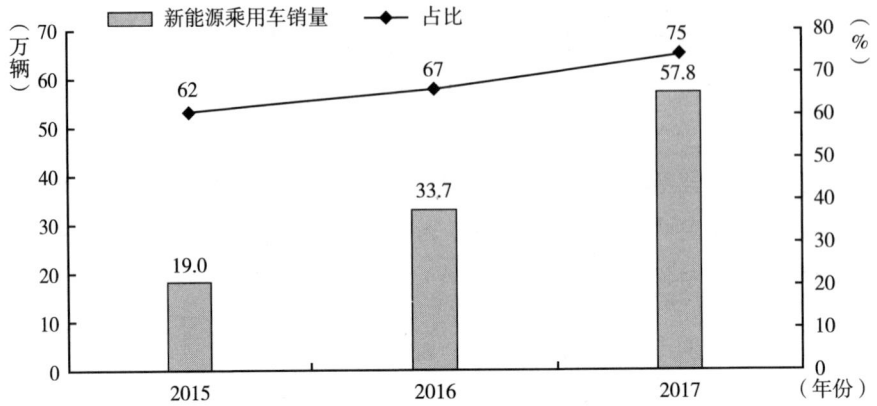

图 5 2015～2017 年新能源乘用车销量及占比

数据来源：中国汽车工业协会月度快报。

持政策的促进下，越来越多的车企加快投入新能源汽车产品，新能源乘用车无疑成为新能源市场增量的主力。根据 2018 年发布的第 5、6 批《新能源汽车推广应用推荐车型目录》统计，共涵盖乘用车企业近 65 家的 400 款产品，其中纯电动车型 340 款，续驶里程超过 250km 的车型占近 75%。随着国内传统车企新能源汽车技术不断迭代积累，市场车型数量大幅增加，车型更加实用化。

根据机动车保险数据统计，2017 年新能源乘用车 A00 级依旧是市场主力，占比 56%，但较之 2016 年的 61% 有所下降；A 级车型占 32%；A0 和 B 级共占 11%（见图 6）。分不同动力类型看，均呈现差异化分布特点，其中 BEV 车型以 A00 级别为主，占比 67%；PHEV 以 A 级车型为主，占比 95%；FCV 车型全为 B 级车。分企业看，排名前 10 企业中，多数企业以 A00 级车型为主，其中江淮、奇瑞、江铃、众泰、长安、上汽通用五菱旗下 A00 级车占比均超 80%。上汽通用五菱和长安旗下车型全为 A00 级。比亚迪、上汽以 A 级车为主，占比均超 85%。北汽、吉利旗下车型覆盖 A00 - B 级，A00 级占近 70%。2018 年初，市场开始出现续驶里程更长、产品智能化和网联化程度更高的产品，产品呈现大型化、品质化趋势。A 级及以上车型和 SUV 集中呈现，甚至包括 MPV、B 级车，如比亚迪宋 MAX、蔚来 ES8、威马 EX5/6。

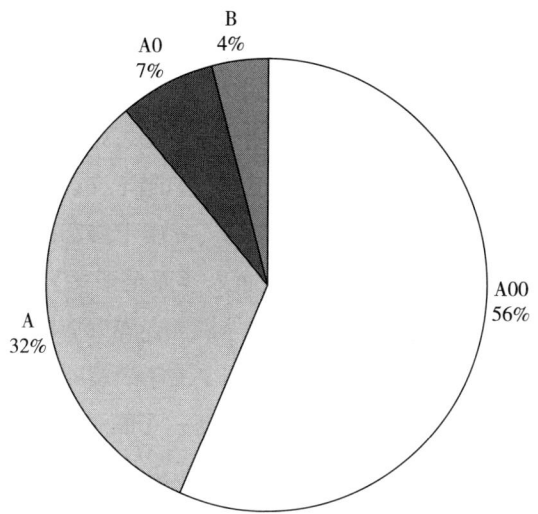

图6　2017年新能源乘用车车型级别分布

数据来源：机动车保险数据。

（二）新能源客车市场加速渗透，但呈现增长乏力态势

受益于各地公交电动化支持政策，客车领域新能源化进程加快。根据中汽协数据统计，2017年新能源客车销售12.7万辆；分车长看，2017年新能源客车以10～12m车型为主，占比62%；8～10（含）m车型占比35%（见图7）。

保有量方面，根据中国交通运输部统计，截至2017年底我国客车保有量达146.7万辆，新能源客车保有量近32.4万辆，客车新能源化达22%（见图8）。

尽管如此，从年度销量走势看，新能源客车则呈现增长乏力态势。2017年市场出现近1.9%的降幅，销售不足13万辆，占整体市场的16%。一是由于成本短期难以下降、补贴退坡导致市场有所下滑；二是新能源客车市场需求单一，现有产品难以满足长途客运等领域需求，导致市场需求主要集中在城市公交领域，目前一线城市公交基本替换完成，二、三线城市增长乏力；三是高铁和航运冲击下客车市场萎缩等多重因素影响下，新能源客车增长乏力态势或将持续。

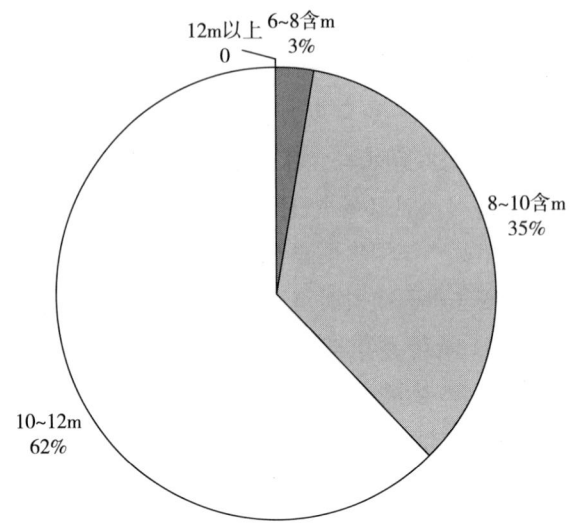

图 7　2017 年新能源客车不同车长分布

数据来源：机动车保险数据。

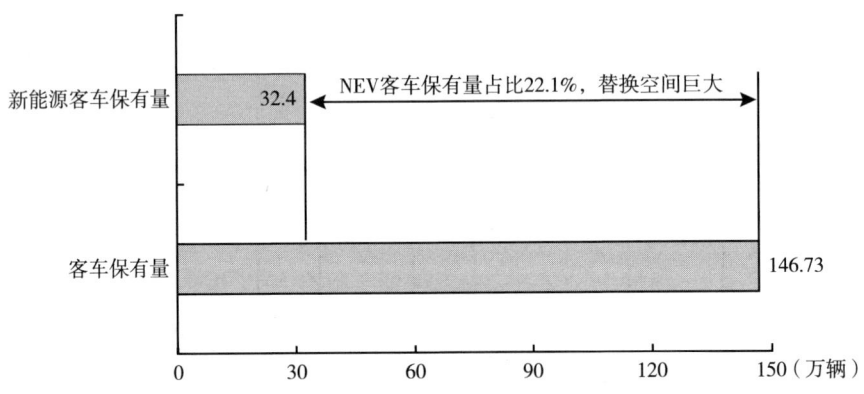

图 8　截至 2017 年新能源客车保有量及占比情况

数据来源：交通运输部；机动车保险数据。

（三）新能源专用车步入高速增长期，物流领域电动化进程加快

根据机动车保险数据统计，2017 年新能源专用车销量 8.8 万辆，同比增长近 260%，增速远高于同期乘用车、客车。分企业看，专用车领域市场集中

度较高,排名前10企业累计销售6.5万辆,占比74%。其中东风汽车稳居榜首,占专用车总量的23%。

现阶段,新能源专用车市场以纯电动运输车及厢式货车为主,2017年销量合计达8.3万辆,占新能源专用车的比例达94%,未来这一市场趋势将进一步加强。目前,在柴油货车排放治理、运力需求增长、技术进步等因素影响下,城市物流电动化态势已经形成,市场将迎来快速发展。随着各地方政府逐步提出物流车电动化规划,国内电商、物流巨头也纷纷响应,积极发起电动替换计划。包括京东物流、菜鸟网络等将形成超过100万辆新能源物流车的需求;国美、唯品会等大型电商,顺丰、四通一达等快递巨头也开始大批量采用纯电动物流车,以此判断未来包括纯电动货车在内新能源专用车市场将进入高速增长期,市场渗透率有望大幅提高。

三 动力类型结构:纯电动车型市场优势明显,插电式车型日渐丰富

新能源汽车经过近两年的发展,各动力类型车型结构日益稳定,纯电动车型主力地位日益明显,占比保持在80%以上。根据中国汽车工业协会统计数据,截至2018年5月年底,我国新能源汽车累计销量已超过200万辆,其中纯电动车型近164万辆,插电式混合动力车型42万辆,占比分别为80%和20%(见表1)。

表1 历年不同动力类型新能源汽车销量分布

单位:万辆,%

年份	BEV	PHEV	总销量	BEV占比
2010	0.04	0.01	0.05	80
2011	0.56	0.06	0.62	90
2012	1.14	0.14	1.28	89
2013	1.46	0.3	1.76	83
2014	4.5	2.97	7.47	60
2015	24.75	8.36	33.11	75
2016	40.9	9.9	50.8	81

续表

年份	BEV	PHEV	总销量	BEV占比
2017	65.2	12.5	77.7	84
2018年1~5月	25.0	7.8	32.8	76
合计	163.5	42.4	205.9	80

数据来源：中国汽车工业协会月度快报。

（一）纯电动车型销量高位增长，乘用车依旧保持较大优势

从历年销量走势看，2014年之前，插电式混合动力车型市场增速高于纯电动车型，2015年后，纯电动车型同比增速超过插电式混合动力车型。2017年纯电动车型销量达65.2万辆，同比增长59%，市场占比也提至84%，较之2016年增长3个百分点；插电式混合动力车型销量12.5万辆，同比增长26%，占比16%。

分车辆类型看，纯电动乘用车依旧保持较大优势，占比60%，2017年销量近47万辆，同比增速保持最大，超过80%，插电式混合动力乘用车同比增速近39%，占比14%；纯电动商用车销量为18.4万辆，同比增长21.5%；插电式混合动力商用车销量为1.4万辆，同比下降超过20%（见图9）。

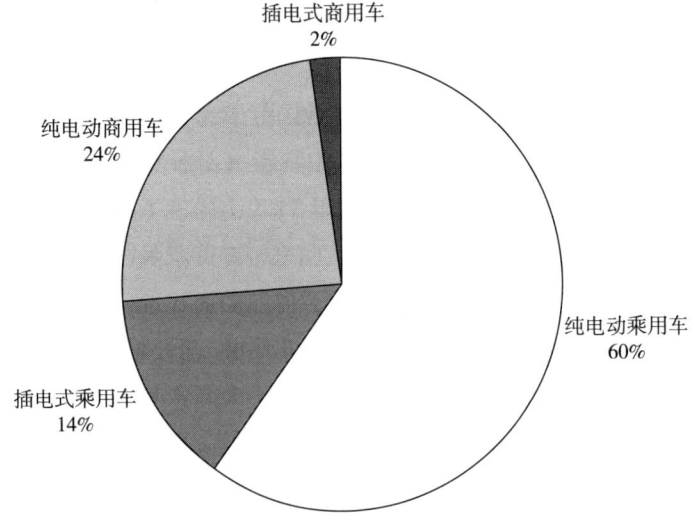

图9 2017年新能源汽车市场占比分布

数据来源：中国汽车工业协会月度快报。

（二）插电式乘用车市场两家独大，可选车型逐渐丰富

根据机动车保险数据，2017年插电式乘用车销量达8.9万辆，市场主力企业主要包括比亚迪、上汽、广汽、浙江豪情、上汽通用等，其中以比亚迪、上汽为主，两家销量合计近8万辆，占插电式乘用车市场的近90%。

市场可选择插电式车型逐渐丰富。2017年市场主销车型主要有比亚迪秦\唐\宋、上汽荣威eRX5\ei6\e550、广汽传祺GA5、吉利帝豪、奇瑞艾瑞泽7e等近30个车型。2018年初，插电式车型数量进一步增多，包括吉利博瑞GT、帝豪GL、领克01、比亚迪新款唐\G5DM、长安CS75、逸动、名爵eMG6、长城p8等超过10款新车型陆续推出，将为消费者提供更多选择（见图10）。

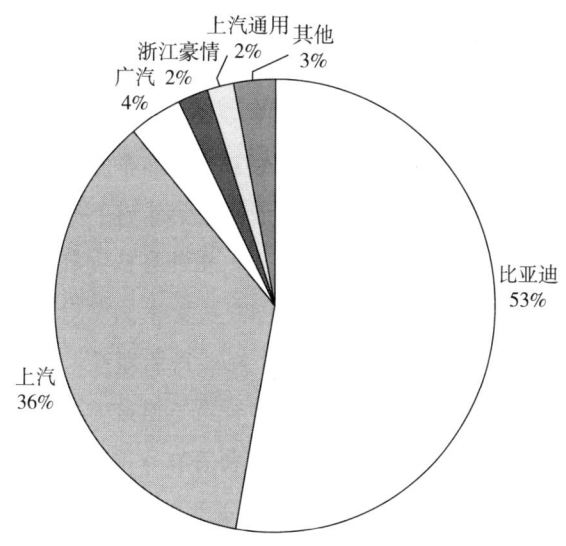

图10　2017年插电式乘用车企业销量分布

数据来源：机动车保险数据。

（三）燃料电池车型聚焦商用车领域，行业发展进入起步期

2017年燃料电池汽车销量达1098辆，其中燃料电池专用车销售932辆、客车116辆，乘用车50辆，占比分别为85%、11%、5%。细分看，2017年市场主销燃料电池车型共计8款，涉及上汽、北汽福田、东风汽车、金华青

年、上汽大通、宇通6个企业品牌。

主要受技术成本及基础设施建设的限制，燃料电池汽车仍处于应用示范的阶段，虽然部分车企已开始量产销售，但市场应用规模并不大。从国内市场布局来看，目前燃料电池汽车主要集中在客车与专用车领域。同时，燃料电池汽车加氢站技术和成本要求较高，发展较为缓慢，预计产业化及快速推广要到2020~2025年，市场普及预计要在2025~2030年。未来，随着燃料电池汽车技术进步、成本降低和基础设施不断完善，市场可能将迎来快速增长。

四 应用领域分布：私人消费占比提升，公共领域逐渐收窄

2016年之前新能源汽车私人消费市场的发展主要依靠限购城市的带动。受益于市场新能源汽车产品种类逐步丰富，产品技术不断迭代升级，产品日益符合消费者需求，私人领域消费占比呈现持续扩大态势，2017年合计销售41万辆，占比达57%，较之2016年提升近25个百分点。公共领域合计销售31万辆，占比43%，其中，以城市公交、出租租赁、企事业单位用车为主。2018年第一季度私人消费占比持续扩大至66%，公共领域应用占比34%（见图11）。

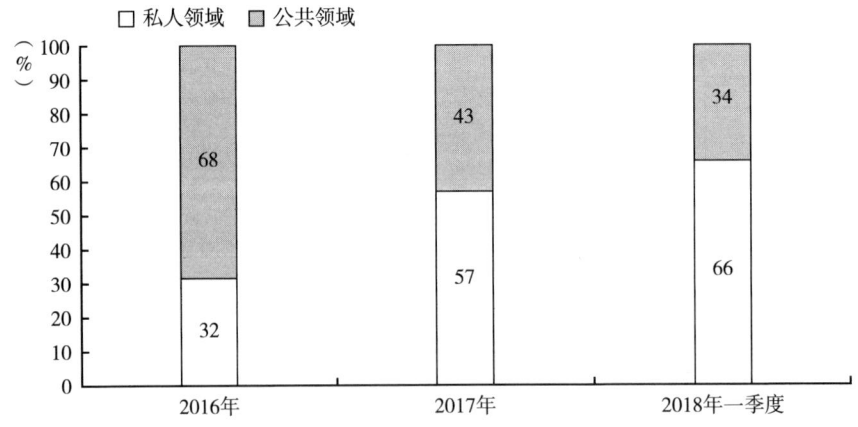

图11 新能源汽车公共领域及私人领域分布变化

数据来源：机动车保险数据。

（一）私人领域

1. 私人消费占新能源乘用车比例提至78%

从整体新能源汽车应用领域来看，消费主体由公共领域向私人购买转变明显。2016年私人消费比例近32%，2017年提至近6成。仅从新能源乘用车市场来看，2017年新能源乘用车私人领域销量累计41万辆，占比达78%，较之2016年提升近31个百分点，2018年第一季度私人消费占比继续提升至近80%（见图12）。产生这种转变的原因主要有三点：一是政策鼓励推动，从中央到地方均出台多项新能源汽车优惠支持政策，如免征购置税、路权优先等；二是新能源产品性能、性价比在快速提升，私人消费形态由被动接受向主动选购转变。三是新车型逐渐涌入市场，新能源车型种类逐渐丰富，产品日益契合消费需求，消费者选择增多。

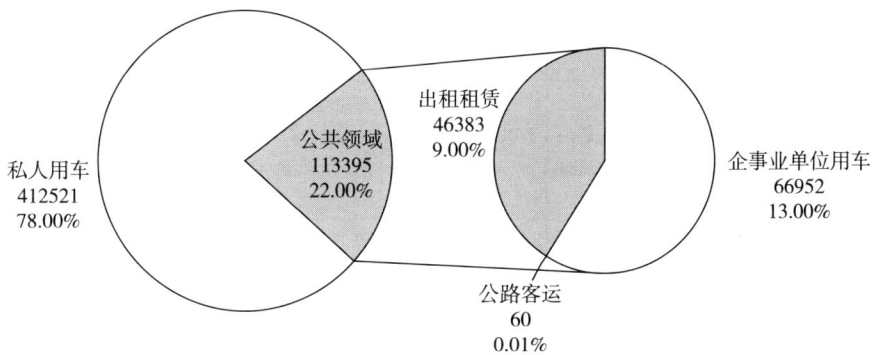

图12 新能源乘用车不同应用领域推广量分布

数据来源：机动车保险数据。

2. A00级依旧是私人消费主力车型

2017年私人购买新能源乘用车车型级别主要集中在A00级，合计推广近24万辆，占比达59%；其次A级车销量13万辆，占比32%；A0及B级车销量相对较少，分别占6%和3%（见图13）。

具体分车型看，2017年可供消费者购车选择的车型合计超过100个，纯电动车型居多，插电式车型相对较少，仅20余款。其中受消费者青睐的前10车型中涵盖比亚迪宋\秦、荣威eRX5 3款插电式车型和7款纯电动车型。10个车型合计销量达21.4万辆，占新能源乘用车的52%。其中北汽EC系列、知豆D2、江淮iEV6E微型车位居前三,销量均超2万辆。北汽EC系列领先优势明显,2017年销售6万辆,占私人购车的15%（见图14）。

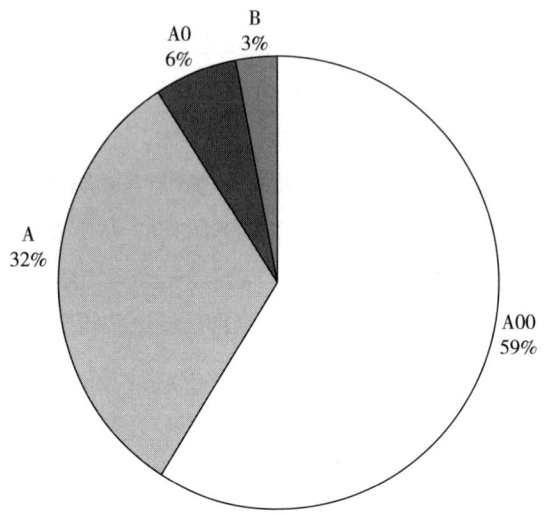

图13 私人购买车型级别分布

数据来源：机动车保险数据。

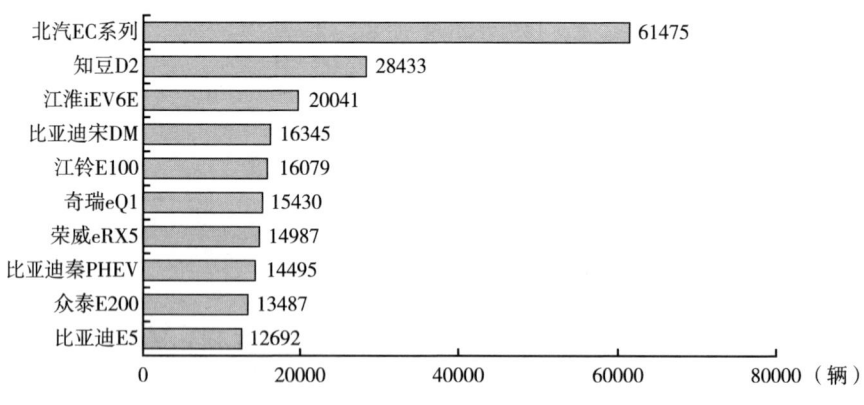

图14 私人购买的主流乘用车销量

（二）公共领域

根据机动车保险数据,2017年新能源汽车在公共领域合计推广31万辆,占总量的43%。主要以城市公交和企事业单位用车、物流货运、出租租赁为主,其中城市公交占公共领域的29%(见图15)。

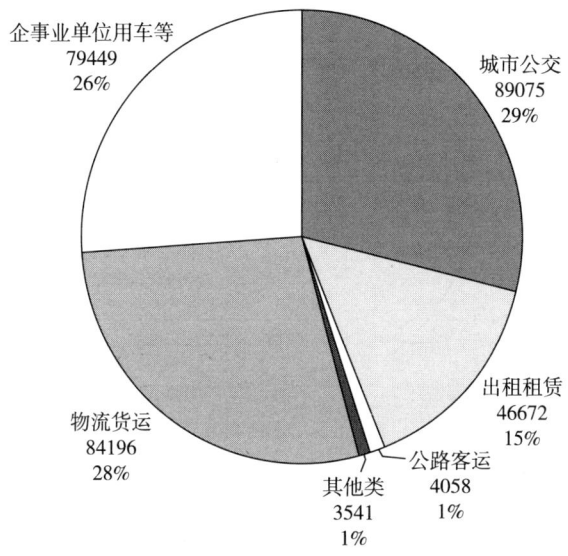

图15 2017年新能源汽车公共领域销量分布

数据来源:机动车保险数据。

1. 城市公交

2017年城市公交领域推广应用新能源汽车共计8.9万辆,占新能源客车总销量的近84%(见图16)。城市公交车型长度集中于10～12m和8～10m,占比分别为60%和39%。

分省市看,城市公交主要分布于广东、湖南、江苏、河南、山东等省市,排名前10位的推广量累计达5.7万辆,均超3000辆,占比近64%。其中多省市城市公交车长以10～12m为主,尤其广东、湖南、北京10～12m车型占比超7成,其他多数城市8～10m车型占比均近5成。

2. 出租租赁

2017年出租租赁领域新能源汽车累计推广4.7万辆,主要是新能源乘用车车型。车型级别集中于A级及A00级车型,两者占比81%(见图18)。分车型看,出租租赁领域中应用车型共计约60个,主要包括北汽EC180、

247

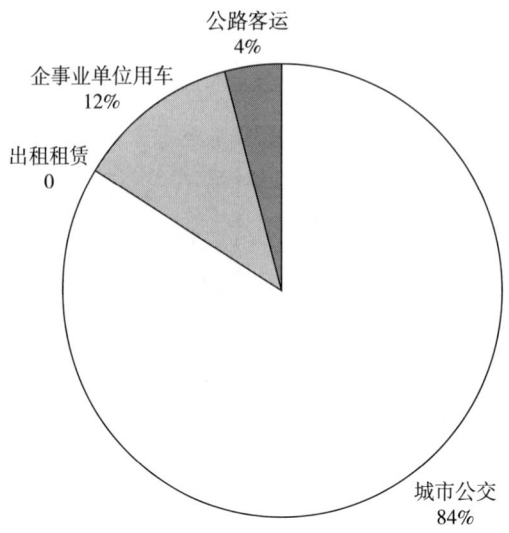

图16　2017年新能源客车应用领域分布

数据来源：机动车保险数据。

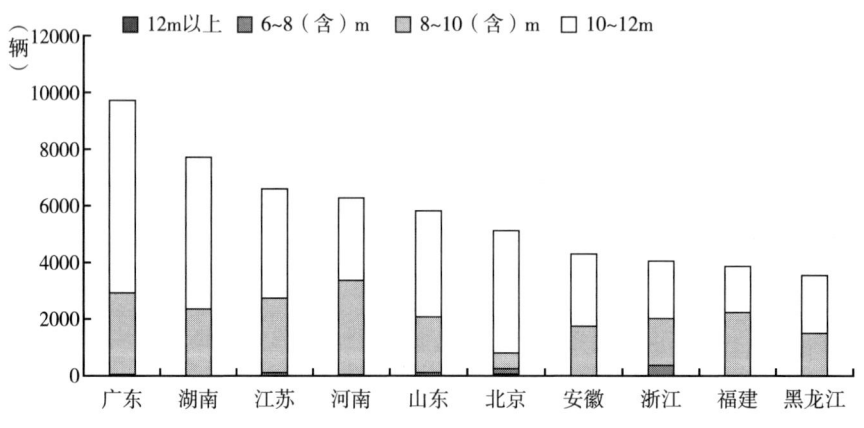

图17　2017年各省市城市公交推广量分布

帝豪EV、比亚迪e6\e5、江淮iEV6E、北汽EU\EV系列等。前10位车型合计3.4万辆，占比72%（见图19）。其中帝豪EV和北汽EC系列居前两位，均超8000辆，前者主要应用于曹操专车，分布于浙江、陕西等地，后者主要分布于上海、山东等省市。

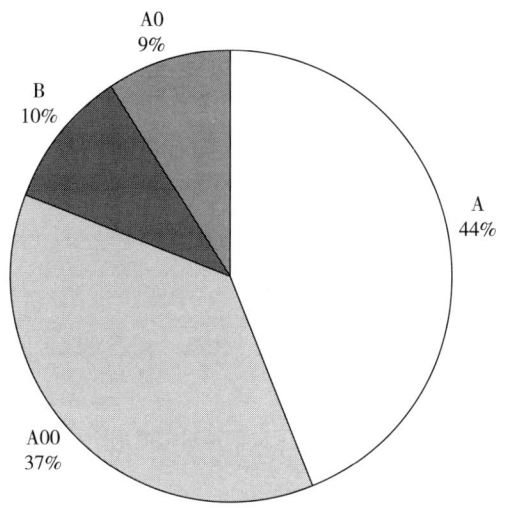

图18 出租租赁领域车型级别分布

数据来源：机动车保险数据。

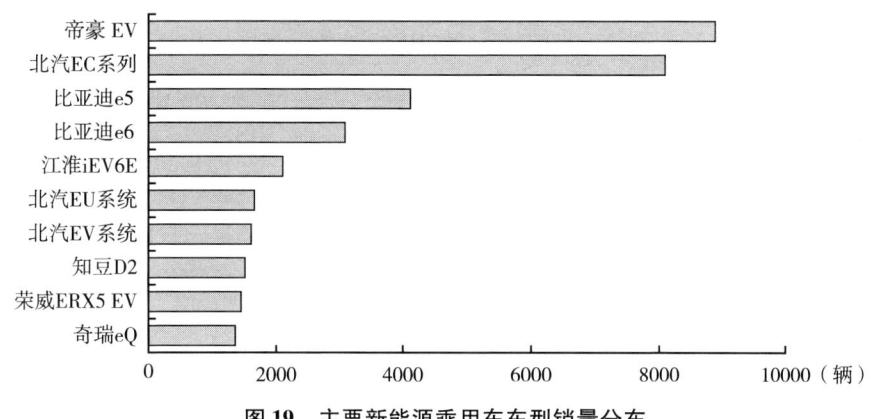

图19 主要新能源乘用车车型销量分布

3. 物流货运

2017年物流货运领域新能源汽车推广近8.4万辆，占新能源专用车总推广量的比例超过9成，物流车型以纯电动厢式运输车为主。细分市场看，物流货运分布相对集中，销量排名前十的城市有深圳、西安、成都、天津、襄阳、北京等，合计近6万辆，占比70%。其中深圳市销售2.8万辆，市场应用规模最大，居首位（见图20）。

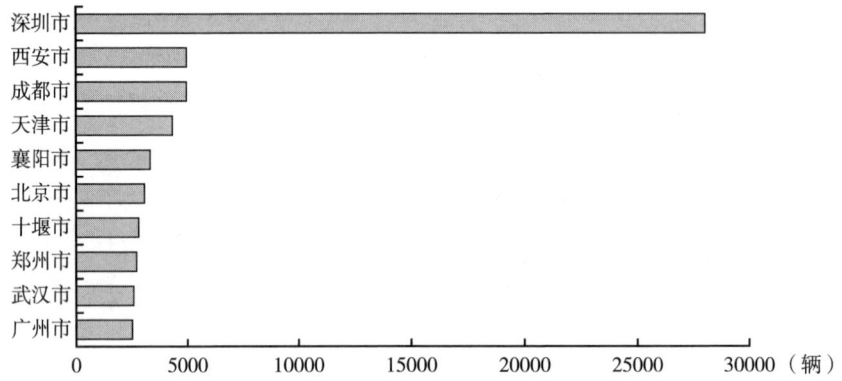

图20　新能源物流货车销量排名前十城市

数据来源：机动车保险数据。

五　区域分布：限购城市市场逐步饱和，消费市场逐步下沉

根据机动车保险数据进行分析，新能源汽车市场推广主要集中在经济发达省市。2017年，广东、浙江、上海、山东、北京推广量位居前五，占全国比例超过51%，其中广东省推广10.4万辆，居首位。

（一）主销区域由限购城市逐步向二、三线等非限行限购城市转移

新能源汽车消费区域主要分为限行限购城市（包括北京、上海、广州、深圳、杭州、天津、贵阳、石家庄）和非限行限购城市两类（见图21）。由于对新能源汽车限购豁免，2016年之前新能源乘用车私人消费市场的发展主要依靠限购城市的带动，2014年、2015年限购城市成为新能源汽车的主要推广应用区域，销量占比近70%。2017年受益于市场新能源汽车产品种类逐步丰富，产品技术不断迭代升级，产品日益符合消费者需求。北京、上海、杭州、广州、深圳等限行限购城市新能源汽车推广近30万辆，占全国总量比例约42%，2018年第一季度再降至40%。

一方面，受新能源汽车牌照数量限制，限购城市所能够带来的新能源汽车

销量是有限的，部分限购城市市场容量基本饱和，尤其北京新能源指标（每年5.4万个个人指标）已经轮候至2023年。另一方面随着公众对新能源汽车接受度的提升，二、三线城市及非限购城市的消费潜力也开始显现。私人领域分布中，2017年前十的省份排名中，山东、河南、江苏、江西、广西5个省份销量均超1万辆，合计推广近12万辆，占比近29%，山东居首位，推广4.9万辆，占比达12%（见图22）。

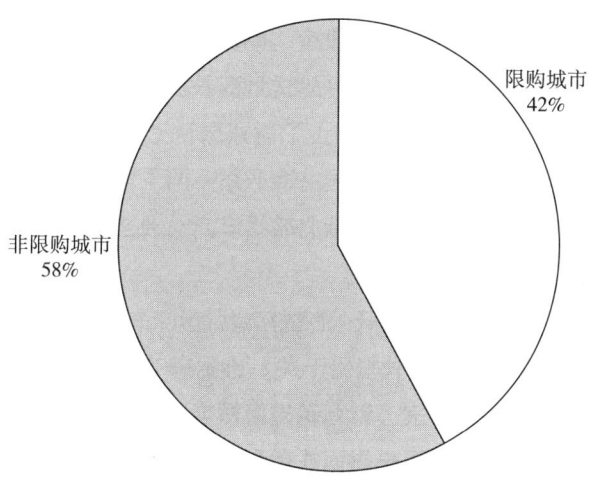

图21 限购城市新能源汽车市场占比

数据来源：机动车保险数据。

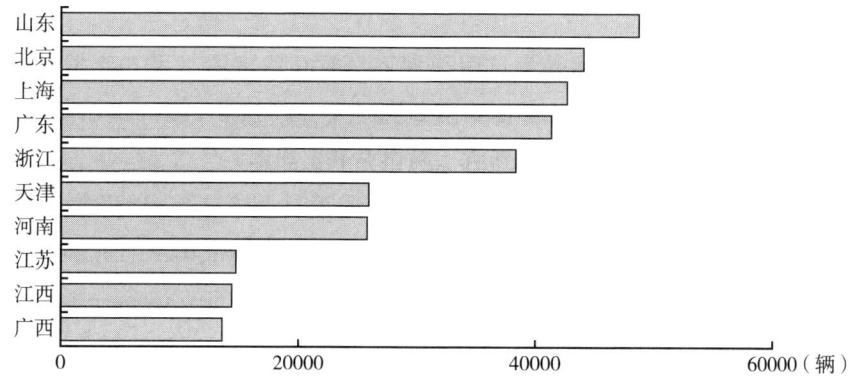

图22 私人领域新能源汽车主销省份排名

（二）乘用车、客车市场分布较为离散，新能源专用车相对集中

新能源乘用车市场覆盖区域较为广泛，分布于多个省份，2017年销量排名前十的省份累计销量40万辆，占新能源乘用车总量的77%。具体来看，广东、浙江、上海、山东、北京5个省市销量均超5万辆，合计占比52%。新能源客车市场以广东、湖南、江苏、河南、山东、北京为主，销量均超6000辆，合计占比46%。新能源专用车市场分布相对集中，排名前十的省份合计销量6.8万辆，占比近9成，其中，仅广东、湖北两地占比就达48%，销量合计3.6万辆（见图23）。

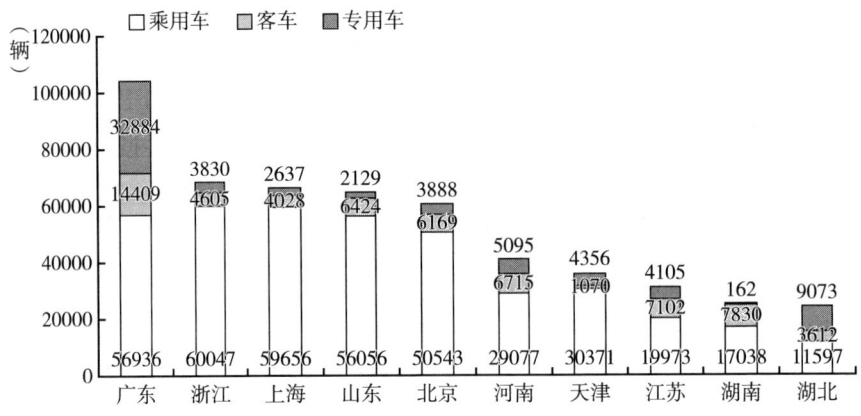

图23 各类新能源汽车重点省份销量分布

数据来源：机动车保险数据。

分动力类型看，受政策影响，2017年纯电动和插电式混合动力车型销量分布呈现较强区域性分布特点，纯电动车型销量分布省份较为分散，插电式车型销量分布省份相对集中。根据机动车保险数据分析，PHEV车型集中于上海、广东、浙江，销量均超1万辆，占PHEV总量的近70%。BEV车型以广东、山东、北京、浙江、河南、天津为主，销量均超3万辆，累计近33万辆，占比近54%。

（三）A00级集中于山东、河南、江苏，逐步挤占低速电动汽车市场

从2017年新能源汽车市场份额分布看，二至五线城市新能源乘用车销量大增，尤其A00级小型车成为当地主要贡献车型。根据机动车保险数据，2017

年新能源乘用车销量排名前十省份中多地以A00级及A级车型为主,其中山东、河南、江苏等低速电动汽车主销地区的A00级逐渐成为当地主流车型,尤其山东、河南A00级车型占当地新能源乘用车总量的近9成,销售分别达5.1万辆、2.5万辆,车型价格优势逐步挤占低速电动汽车市场。北京、上海、广东则以A级车为主,占比均超50%(见图24)。

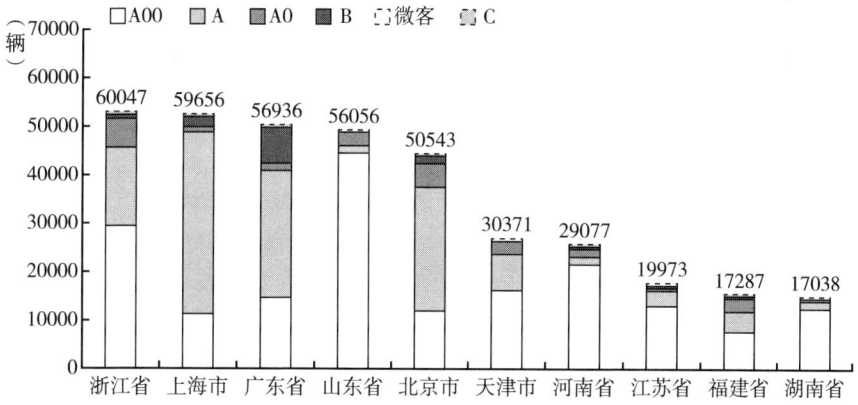

图24 2017年新能源乘用车销量排名前十省份

数据来源:机动车保险数据。

(四)各城市新能源汽车保有量占比处于较低水平,沪深位居前列

从保有量方面看,各城市新能源汽车推广仍处于较低水平。选取截至2017年底新能源汽车累计销量超过2.5万辆的13个城市,销量共计94万辆,占总累计量的61%,13个城市对应当地汽车保有量均超过200万辆。

从新能源汽车市场占比看,深圳、上海位居前列,占比超过4.5%,其余城市新能源汽车市场占比多集中在3%以下,尤其像成都、重庆等汽车保有量超过350万辆,而新能源汽车仅3万辆,占比不足1%。

具体来看,截至2017年,上海新能源汽车累计销量近17万辆,居首位,且新能源汽车保有量占汽车总量的比例也居全国首位,高达4.8%,高于深圳约0.1个百分点。北京累计销量达16.6万辆,但汽车保有量高达564万辆,导致新能源汽车保有量占比仅2.9%(见图25)。

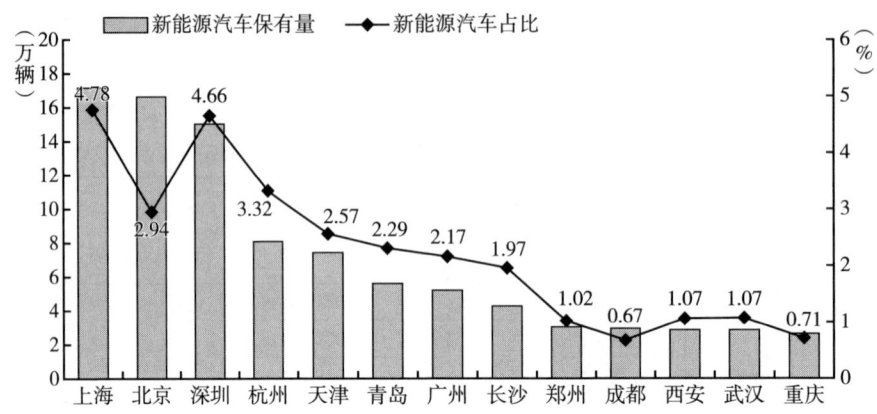

图 25 截至 2017 年主要城市新能源汽车保有量及占比情况

数据来源：汽车保有量来自公安部；新能源汽车保有量来自各地历年销量累计值。

京沪市场看，两地分布车型相对丰富，且具有明显区域特点。北京以纯电动为主，上海则以插电式混合动力车型为主。2017 年北京新能源汽车市场比亚迪 e5 领先，占比 17%，帝豪 EV\长安奔奔\北汽 EC\EU 系列均超 10%；上海市场以荣威 eRX5 为主，占比 22%，北汽 EC180 占比 11%，比亚迪秦\荣威 ei6 占比均为 8%（见图 26）。

六 市场趋势研判：新能源汽车向高质量发展，步入快速成长阶段

（一）新能源汽车市场化进程提速，市场竞争日益激烈

巨大的燃油车保有量带来严峻的资源和环境压力，出租车、公交、柴油货车等细分领域以及私家车也有望逐渐步入替代流程，电动化普及势不可当，替换燃油车进程逐步提速。同时，在中央及各地政府相关政策引领支持下，我国将建立起新能源汽车发展长效机制，加速新能源汽车的推广与普及，开启新能源汽车的"黄金时代"。

随着新能源汽车进程不断加快，中国市场也将不断开放，竞争日趋激烈。全球范围看，国外主要企业已将新能源汽车作为各自发展战略中的重要环节，

2017年我国新能源汽车市场变化及趋势

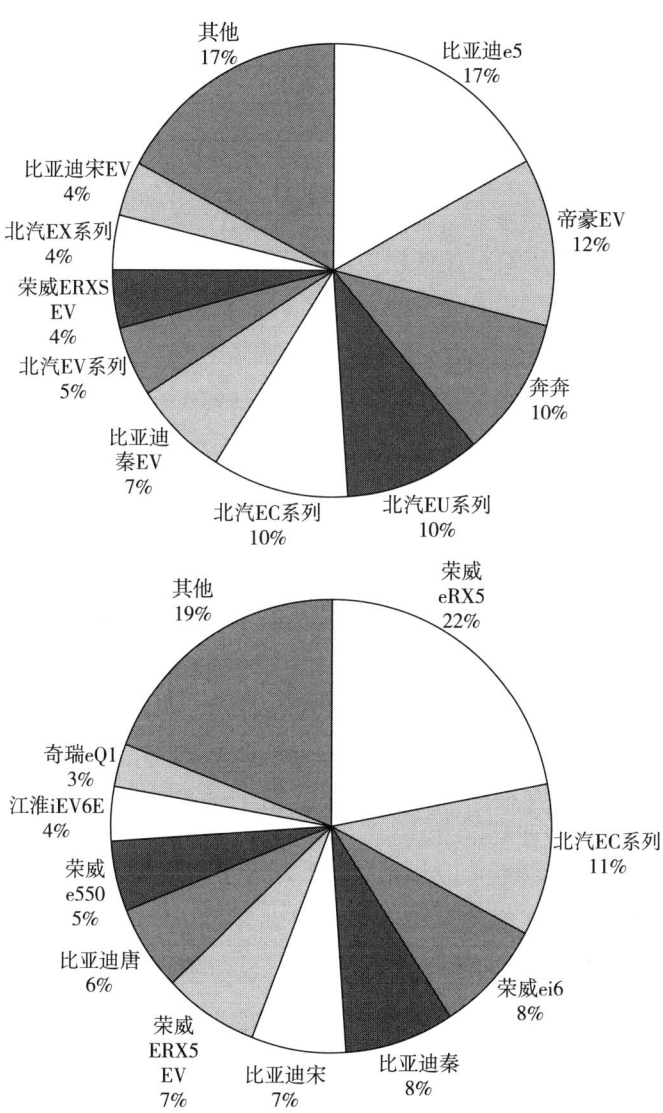

图 26 北京（上）、上海（下）主要新能源乘用车车型分布

数据来源：机动车保险数据。

且逐步加大在全球的布局和投入。包括大众、宝马、奔驰等企业都已明确电动化转型路线，产品线布局相对完整。国内整车企业也纷纷发布新能源汽车高端

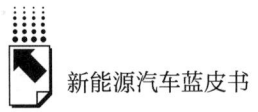
新能源汽车蓝皮书

品牌，明确了新能源汽车市场及产品规划，如吉利"2020 战略"、比亚迪"7+4"战略规划；北汽新能源双品牌战略、长安"香格里拉计划"等。初步统计，到 2025 年主要车企在新能源汽车领域的规划销量合计将超过 800 万辆。

（二）纯电动货车市场潜力巨大，有望迎来大爆发

现阶段新能源专用车市场以纯电动运输类货车为主，2017 年纯电动运输货车销量占比近 9 成，合计销量超 8 万辆，同比增速超 200%，保持高增速发展态势。随着集约化、信息化和智能化发展的物流企业对货运"降本增效"的诉求不断升级，推动物流市场运输车需求不断增长，尤其是在排放要求日趋加严、污染防治政策倒逼的趋势下，高排放柴油货车替换需求将不断激增，未来市场发展将持续呈现成倍增长。一方面，政策的限制将倒逼物流和运力平台推动物流电动化发展。另一方面，以纯电动物流车为载体联合打造智慧物流体系也将赋予电动物流车巨大推力。在市场、政策等多重有利因素驱动下，一些物流巨头相继提出了物流电动化的计划。如 2017 年菜鸟提出了"ACE"的计划，要打造百万辆绿色智慧物流车；京东要在未来五年，将数万辆货车全部替换成电动物流车，并将打造集智慧仓储、无人配送等全体系未来智慧物流应用场景蓝图，大幅降低物流配送成本。

（三）新能源汽车向品质化发展，私人消费将有望进一步提升

随着国内传统车企新能源汽车技术不断迭代积累，市场车型数量大幅增加，车型更加实用化。根据 2018 年第 5～6 批推荐车型目录统计，长续驶里程的纯电动乘用车车型集中出现，且续驶里程最高可达 460km。与此同时市场开始出现产品智能化、网联化程度更高的产品，产品呈现大型化、品质化趋势。A 级及以上车型和 SUV 集中呈现，甚至包括 MPV、B 级车，如比亚迪宋 MAX、蔚来 ES8、威马 EX5/6、上汽荣威 eRX5 等，以及即将上市的插电式混合动力领克 01、雷凌、卡罗拉、长城 P8、博瑞 GE 等。

新能源汽车产品种类的丰富，为消费者提供了更多的选择，产品技术不断升级，日益符合消费者需求，甚至部分新能源汽车新产品性能将有望与同级别燃油车相媲美，为私人消费进一步提升提供支撑。数据显示，2017 年私人消费比重达 57%，2018 年第一季度攀升至 66%，全年有望实现占比近 8 成。

（四）造车新势力陆续推出产品，量产车型聚焦SUV

汽车产业变革催生了一大批造车新势力，像蔚来、威马、小鹏汽车等，都是近两年新兴的汽车品牌。在2017年，大部分造车新势力都推出了各自旗下的首款车型。根据公开资料显示，大部分造车新势力都把纯电动SUV作为企业第一款量产车型，包括蔚来ES8、威马EX5、小鹏G3、云度π1等。可以预见，2018年造车新势力相关首款车型陆续交付市场后将与其他传统造车企业展开第一轮竞争。

B.13
2018~2020年中国新能源汽车市场预测

王宁 唐林浩[*]

摘 要： 在补贴退坡背景下，2018~2020年是新能源汽车产业发展最后的政策红利期，也是产业发展由政策驱动转向市场驱动的动能换挡期，新能源汽车市场的稳定健康发展十分重要。新能源汽车的推广应用受到政策环境、技术环境与基础设施配套环境等因素的影响，本文在把握关键影响因素未来预期的基础上，分乘用车、客车、专用车三大领域剖析未来三年的市场演变趋势，利用基于主体的系统动力学模型对新能源乘用车市场运行特征加以模拟，结合国家发展规划，最终预测得出2018~2020年新能源汽车销量分别为100万辆、150万辆和200万辆。

关键词： 新能源汽车 规模预测 市场结构

一 近五年中国新能源汽车市场简要回顾

（一）近五年中国新能源汽车产销规模持续快速增长

受政策持续发力、技术水平逐渐提升、基础设施配套逐步完善等因素影响，自2013年起，中国新能源汽车市场蓬勃发展，产销规模不断突破。根据中国汽车工业协会数据，2013年，中国新能源汽车产销量分别仅为1.75万辆

---

[*] 王宁，管理学博士，副教授，博士生导师，同济大学汽车学院；唐林浩，硕士，同济大学汽车学院。

和1.76万辆;到2017年,中国新能源汽车产销量分别达到79.4万辆和77.7万辆(见表1)。五年内,中国新能源汽车产销规模年均增长率超过110%,远高于同期内传统汽车市场不到5%的年均增长率。

表1 近五年新能源汽车产销规模情况

单位:万辆,%

类别\年份	2013	2014	2015	2016	2017
产量	1.75	7.85	34.05	51.70	79.40
销量	1.76	7.47	33.11	50.70	77.70
产量年增长率	39.7	347.7	333.7	51.8	53.6
销量年增长率	37.9	323.8	342.9	53.1	53.3

资料来源:中国汽车工业协会。

(二)乘用车与专用车成为新能源汽车重点推广领域

根据工信部机动车合格证数据,近五年来,新能源汽车市场规模在不断扩张的同时,市场结构也发生重大变化(见表2)。作为新能源汽车推广应用的主要阵地,五年来,新能源乘用车保持着良好的发展势头,以较高增速持续扩张。但新能源客车正逐渐失去其战略优势地位,在2016年已展示出增长颓势,到2017年甚至出现销量下滑,同比2016年下降21%。新能源专用车作为后起之秀,在2017年,其市场规模超过新能源客车,销量增速位居第一。虽然全国乘用车市场信息联席会秘书长崔东树指出,2017年新能源专用车的上牌保险数据(9.8万辆)与工信部机动车合格证数据存在较大出入,但新能源专用车的强势崛起是不容忽视的事实。

表2 近五年新能源汽车各领域产量情况

单位:万辆,%

类别\年份		2013	2014	2015	2016	2017
总量	狭义乘用车	1.46	6.74	21.38	32.02	54.80
	客车	0.42	2.72	11.29	13.78	10.90
	专用车	0.20	0.43	4.78	6.12	15.41
	总计	2.08	9.89	37.45	51.92	81.11

续表

类别	年份	2013	2014	2015	2016	2017
增速	狭义乘用车	49	360	217	50	71
	客车	71	551	315	22	-21
	专用车	14	114	1013	28	152
	总计	49	374	279	39	56
结构	狭义乘用车	70	68	57	62	68
	客车	20	28	30	27	13
	专用车	10	4	13	12	19
	总计	100	100	100	100	100

资料来源：根据全国机动车合格证数据整理。

（三）新能源汽车"纯电驱动"技术路线稳步推进

在产业发展初期，业界关于新能源汽车技术路线争议颇多，但现在看来，"纯电驱动"技术路线得到产业与市场多方认可。2012年3月，科技部《电动汽车科技发展"十二五"专项规划》正式提出确立"纯电驱动"技术转型战略，同年发布的《节能与新能源汽车产业发展规划（2012～2020年）》再次确认这一战略。"纯电驱动"的战略目标是通过纯电动汽车的率先产业化带动各种类型电动汽车的全面发展。2014年是新能源汽车产业化元年，根据中国汽车工业协会数据，2014～2017年，在保证数量提升的同时，纯电动汽车市场份额不断扩大。2017年，国内纯电动汽车销量达到65.2万辆，市场份额占比高达84%（见图1）。相比之下，插电式混合动力汽车的发展势头逊色不少。而燃料电池汽车尚处于示范推广阶段，未能实现产业化。"十三五"期间，"纯电驱动"技术路线将与轻量化、智能化融合发展，推动我国新能源汽车技术实力提升。

二 新能源汽车市场发展的关键影响因素

从产销数据来看，中国新能源汽车产业已粗具规模，但尚处于导入期发展

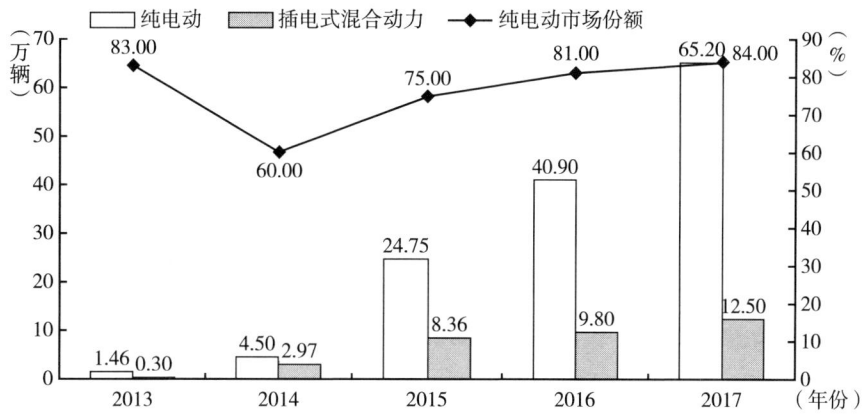

图 1 近五年中国纯电动汽车与插电式混合动力汽车市场情况

资料来源：中国汽车工业协会。

阶段，仍存在诸多问题，主要表现在政策依赖性较强、技术水平不足、市场开放程度不够以及基础设施配套不完善等方面，未来的发展受到政策、技术与基础设施配套等因素制约。

（一）新能源汽车产业政策调整以建立长效激励机制

在新能源汽车产业发展初期，为激励企业积极转型、培育用户打开市场，中央政府与各级地方政府从宏观综合、行业监管、推广应用、财税优惠、基础设施、科技创新等方面出台一系列政策。在产业政策助推下，我国新能源汽车产销规模不断突破，产业链逐渐完善，产业技术水平持续提升。但 2016 年曝光的部分企业"骗补"、2017 年初补贴政策调整造成的销量短期下滑、推广应用推荐车型目录变动造成的市场不稳定等现象表明我国新能源汽车产业对补贴政策有较强的依赖性，市场驱动力仍然不足。

2018～2020 年，我国政府已明确表示新能源汽车的财政补贴将逐年退坡，直至取消。为了保障产业长期稳定健康发展，我国政府积极调整新能源汽车产业政策导向，创新管理手段，以期建立市场化的长效机制，提升产业市场驱动力。2018 年 4 月 1 日起，油耗与新能源汽车双积分并行管理制度正式实施，接档需求侧的财政补贴政策。双积分制度的实施将刺激企业积极投入新能源汽车的研发生产，积分交易以市场化手段优化资源配置，推动技术水平提升、丰

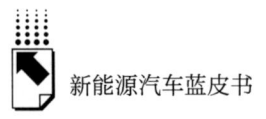

富车型多样性、降低汽车购置价格,从而影响需求侧消费者的购买决策行为,扩大新能源汽车市场规模。

此外,2018年4月17日,国家发改委宣布2018年取消新能源汽车的外资股比限制,5年内实现汽车市场全面开放。2017年6月28日,国家发改委、商务部发布的《外商投资产业指导目录》(2017年修订)提出放开纯电动汽车合资企业的数量限制。新能源汽车合资企业限制的放开,旨在充分发挥市场化机制的作用,完善新能源汽车产业发展环境。国内新能源汽车产业政策环境的不稳定,使得大部分外企尚未在华展开新能源汽车业务。在财政补贴退坡与双积分政策双管齐下的政策背景下,进一步放开合资生产新能源汽车的限制,激励有技术背书与市场基础的外企加速在华布局电动汽车,例如大众已与江淮合资,福特已与众泰合资。可以预见的是,未来将有更多外企入局,国内新能源汽车市场竞争将进一步加剧,从而实现我国新能源汽车产业质与量的同步提升。

(二)新能源汽车关键技术指标持续优化以提升性价比

技术不成熟是新能源汽车推广应用受限的主要因素,主要表现在整车价格高、续驶里程短、充电时间长、安全性能低等方面。过去五年间,在政策推动、资本进入的背景下,新能源汽车产业快速发展,带动新能源汽车关键技术指标持续优化,性价比不断提升。

1. 以动力电池为代表的核心技术取得重大突破

中国动力电池的技术发展可追溯到"十五"时期,但真正实现产业化的量产起始于2013年。国产第一代动力电池系统于2013年开始量产,采用磷酸铁锂电芯,系统单价高达4.8元/Wh,单体电芯单价为2.7元/Wh。第二代动力电池系统在2015年底量产,电芯开始改用三元材料,比能量的大幅提升带来成本显著下降,系统单价降至2.5元/Wh,单体电芯单价降至1.8元/Wh。第三代动力电池系统着重开发高比能量的新一代锂离子动力电池,已于2017年进入量产阶段,系统单价约为1.6元/Wh,单体电芯成本为1.3元/Wh(见图2)。从2013到2017年,动力电池系统成本下降了约2/3。伴随着整车补贴退坡,动力电池降成本压力增加,价格将会进一步下降,到2020年动力电池系统单价有望降至1元/Wh。

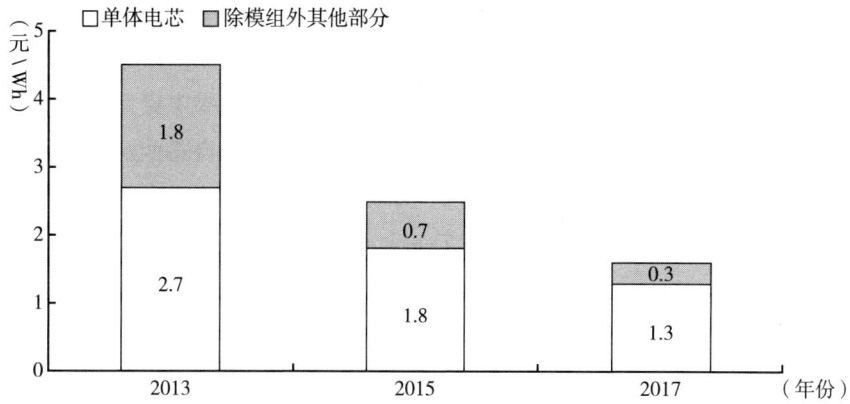

图 2　近年国内动力电池价格变化情况

资料来源：朱玉龙，《动力电池成本控制与能量密度提升的趋向》，第一电动网。

在动力电池成本不断下降的同时，系统比能量也在逐年提升，2014～2018年提高了近60%（见表3）。2017年，软包三元电池单体比能量在201～240Wh/kg，系统比能量为140～170Wh/kg。① 未来通过使用高容量原材料、优化电芯及模组结构、采用轻量化壳体等措施可提高动力电池比能量。

表3　新能源汽车免车购税目录分析之电池系统比能量

单位：Wh/kg

电池系统比能量 \ 年份		2014	2015	2016	2017	2018	2018 第16批	2018 第17批
纯电动	乘用车	88	99	104	117	133	128	137
	客车	85	89	88	114	140	138	141
	专用车	84	96	107	111	123	119	126
纯电动　汇总		85	90	92	113	136	132	137
插电式混合动力	乘用车	71	73	91	88	92	93	92
	客车	77	60	62	75	121	134	111
插电式混合动力汇总		76	61	64	75	108	113	104
总计		85	88	90	110	135	131	137

资料来源：崔东树，《新能源车免车购税第17批目录分析》。

---

① 高工产研锂电研究所（GGII）：《2017年中国动力电池产量44.5GWh产值725亿元》。

2. 新能源汽车的纯电续驶里程总体持续增长

根据新能源汽车免车购税目录数据，五年间新能源汽车总体纯电续驶里程提高了约62%，从2014年的平均182km提高到2018年的平均295km（见表4）。尤其是在纯电动乘用车领域，近年来出现了多款续驶里程达到400km的车型。新能源汽车，尤其是纯电动汽车，在续驶里程方面的短板最为消费者诟病，续驶里程的提升是增强新能源汽车产品竞争力的关键。当然，盲目提高纯电续驶里程的做法也不可取，保证性价比才是市场取胜的王道。

表4　新能源汽车免车购税目录分析之纯电续驶里程

单位：km

纯电续驶里程 \ 年份		2014	2015	2016	2017	2018	2018 第16批	2018 第17批
纯电动	乘用车	147	169	190	232	278	256	302
	客车	226	249	281	289	340	326	346
	专用车	142	166	224	234	283	280	286
纯电动汇总		199	223	252	262	310	291	321
插电式混合动力	乘用车	64	61	73	62	63	64	62
	客车	66	53	53	72	75	72	78
	专用车			105				
插电式混合动力汇总		66	54	55	72	67	66	67
总计		182	198	220	237	295	270	309

资料来源：崔东树，《新能源车免车购税第17批目录分析》。

（三）公共充电设施规模不足与低利用率制约新能源汽车发展

公安部统计数据显示，截至2017年底，全国新能源汽车保有量达153万辆。同期，中国电动汽车充电基础设施促进联盟内成员单位总计上报公共类充电桩213913个，其中交流充电桩86469个，直流充电桩61375个，交直流一体充电桩66069个。就公共充电基础设施而言，2017年底，我国新能源汽车车桩比约为7.15∶1。在整体规模远不能满足新能源汽车充电需求的情况下，公共充电基础设施还存在位置布局不合理、互联互通性不强、车桩不兼容等问题。充电基础设施的规模不足造成新能源汽车使用不便利，影响消费者对新能源汽车的接受度。而新能源汽车的保有量较小，导致公共充电桩利用率偏低，目前行业整体平均时间利用率和平均功率利用率均不足15%。① 新能源汽车与充电基础设施的发展是相辅相成的关系，协同发展才是正确方式。

三 2018~2020年新能源汽车市场销量预测

2018年2月26日，时任科技部部长万钢在国新办举行的新闻发布会上表示，按照国务院颁布的发展规划，到2020年，新能源汽车年产量要达到200万辆，希望下一步能够隔年翻一番。2018~2020年，在产量翻番目标的基础上，新能源汽车市场销量也应同步实现隔年翻一番，以达到产销基本均衡。据此预测，2018年新能源汽车销量约为100万辆，2019年销量约为150万辆，2020年可达到200万辆（数据有所调整，并未严格按照销量隔年翻一番），见图3。分领域来看，2018~2020年新能源汽车各细分市场销量不会都出现隔年翻一番现象，增量主要依赖于乘用车与专用车，客车市场增长乏力（见表5）。

图3 2016~2020年新能源汽车产销量

---

① 刘锴：《2017年度全国电动汽车充电基础设施应用情况》。

表5 2018~2020年各细分市场新能源汽车销量预测

单位：万辆

类别＼年份	2018	2019	2020
乘用车	75	114	153
客车	10	11	12
专用车	15	25	35
总计	100	150	200

（一）新能源乘用车在三年内将会保持稳定发展

利用基于主体的系统动力学模型预测得出，2018年新能源乘用车销量约为75万辆，2019年达到114万辆，2020年达到153万辆。总体来看，2018~2020年，新能源乘用车保持稳定健康发展态势。除新能源乘用车总体市场规模外，本文还对2018~2020年新能源汽车在不同产品结构、不同推广领域、不同销售区域的发展情况做出趋势性分析。

1. 基于系统动力学模型预测新能源乘用车市场

新能源汽车市场参与主体众多，行为机制复杂，动态性强，而且不同主体间存在相关关系，单一主体行为的变化可能诱发一连串的连锁反应。预测未来新能源汽车市场的发展，需要从不同主体出发，综合考虑技术发展不确定性、市场需求差异性、政策调整可能性等各方面因素，构建出预测模型，并基于历史数据与规律调整模型参数，以根据对关键变量的合理预期做出科学预测。传统的时间序列预测模型已经很难胜任这一工作。

系统动力学（System Dynamics，SD）是一门以反馈控制理论和计算机仿真技术为基础的学科，并且综合了信息理论、系统理论和决策理论。主要研究复杂系统的行为随着时间的变化而产生的动力学特征，认为系统在内外动力和制约因素作用下按一定的规律发展演化。从新能源汽车推广应用过程的复杂性与动态性来看，系统动力学正适合用来预测未来市场发展情况。

可采用基于主体的系统动力学模型，通过一系列变量与函数，对政府、生产企业、基础设施服务商、消费者四大利益相关主体的行为及其相互关系进行刻画。政府推出一系列政策，推动新能源汽车产业发展。生产企业根据对未来市场前景的预测，生产、进口和出口车辆，设定车辆售价，决定研发资金投入方向和举办市场宣传活动。基础设施服务商根据市场需求调整投资策略，建设加油站或充换电基础设施为消费者提供加油或充换电服务。消费者产生购车需求，评估不同车辆的价值，选择购买车型，继而使用并淘汰车辆。四大主体的行为相互影响，形成相互依赖的反馈环节，从而构成一个复杂的动态系统，如图4所示。

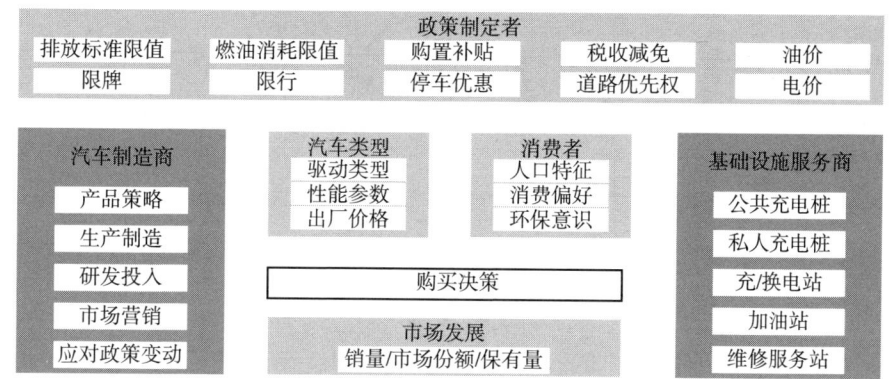

图4　新能源乘用车市场四大主体行为与关系

总体模型概图以不同参与主体为分类依据展现了模型包含的要素及反馈环节，但这并不是模型的全部。就模型整体而言将有上百个变量，数以千计的参数输入。最终基于历史数据和利用专家观点预估关键变量未来预期值，预测出新能源乘用车总体市场规模（见图5）。

2. 从产品结构来看，小微型纯电动车仍将是主流

从动力类型来看，2018~2020年，纯电动汽车仍将是市场主流，"纯电驱动"技术路线继续得以贯彻。短期内，插电式混合动力汽车市场份额将有小幅增长，主要原因在于传统车企在插电式混合动力产品投放力度方面有所加大，这一趋势在2018年北京车展初现端倪。从车型级别来看，纯电动汽车依旧以小微型为主，但A级紧凑型家用轿车的市场地位越发重要，A0级小型车市场正受其侵蚀（见表6）。未来，随着技术日益成熟、产品品类愈发全面，纯电动市场结构走向将逐渐朝传统汽车领域靠拢，虽然这一趋势在2018~2020年尚不明显。插电式混合动力汽车由于与传统汽车功能属性相似，其产品结构演化与传统汽车市场趋同。不过，受限于技术可行性与成本经济性，插

新能源汽车蓝皮书

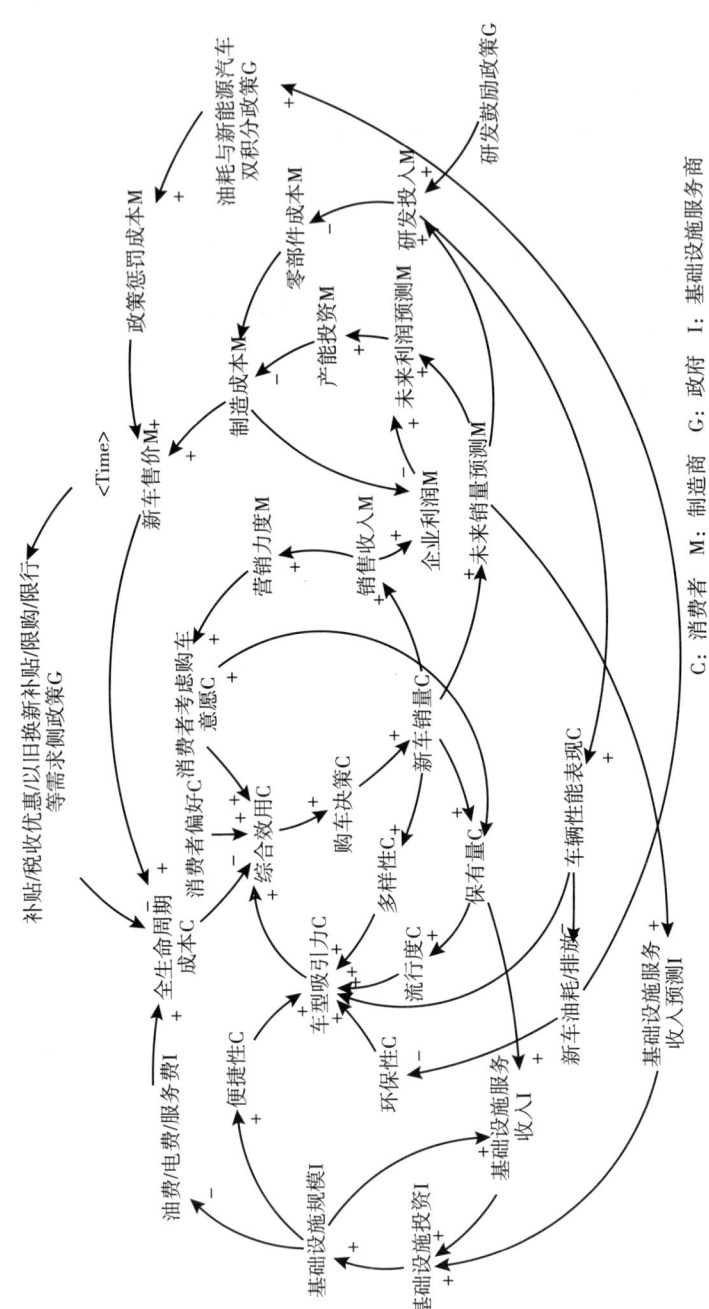

图 5 新能源乘用车市场预测系统动力学模型

电式混合动力汽车不存在 A00、A0 级小微车型细分市场，这一市场空间由 A 级紧凑型车填充，使得插电式混合动力紧凑型市场份额偏高于传统汽车领域。

表6 近五年中国新能源汽车产品结构

单位：%

动力类型	级别	2013年	2014年	2015年	2016年	2017年
纯电动	A00	65	68	63	45	67
	A0	21	21	24	16	6
	A	14	11	10	38	25
	B	0	0	3	1	1
	C	0	0	0	0	0
纯电动 汇总		86	93	64	76	81
插电式混合动力	A	86	100	67	51	82
	B	14	0	32	48	18
	C	0	0	1	1	0
插电式混合动力汇总		14	7	36	24	19

资料来源：根据公开数据整理。

3. 从推广领域来看，私人购买比例将进一步提升

从推广领域来看，新能源乘用车主要分布在私人购买、企事业单位用车、出租租赁三大领域。尽管在产业发展前期，公共领域是新能源汽车推广的切入口，但近年来私人购买比例逐步提升。2016年，在新能源乘用车领域，私人购买比例由2015年的40%提升至47%。2017年，新能源乘用车销量排名前十的城市中，私人购买比例已经占到68%；2018年第一季度的数据显示，新能源乘用车销量排名前十的城市中，私人购买比例高达87%。新能源乘用车私人购买比例的提升反映出市场正在良性发展，未来随着新能源汽车产品竞争力不断优化，这一趋势将更加明显。

单位用车是新能源乘用车推广的另一关键领域，包含非营业性质的企事业单位用车和营运性质的出租租赁用车。根据国家统计局数据，单位用车的小型载客汽车拥有量基本在1100万辆左右（见表7）。按照汽车平均寿命为10年计算，每年可有约110万辆的单位用车替换市场空间，而目前新能源汽车渗透率仅为15%~20%，短期内发展潜力较大，且易受政策调控。针对公务用车，

"十三五"期间,中央国家机关配备更新公务用车的比例要在50%以上,全国党政机关带头使用新能源汽车,并按照规定逐步扩大新能源汽车配备比例。针对出租车领域,在国家政策的支持下,地方政府将逐步加大对出租车电动化的推广力度,比如广州市计划到2022年底实现替换或新增的巡游出租车全部新能源化。在共享经济时代,汽车分时租赁与网约车成为方便居民的新型出行方式,同时为新能源汽车推广打开一片新天地。尽管电动化、智能化、网联化与共享化融合发展的趋势已成业界共识,但短期内共享汽车领域为新能源汽车市场发展提供的增量空间还比较有限。

表7 2012～2016年小型载客汽车拥有量情况

单位:万辆

类别	2012年	2013年	2014年	2015年	2016年
民用	8302.63	9951.46	11748.19	13580.48	15813.84
私人	7226.48	8810.51	10590.75	12342.26	14645.61
单位	1076.15	1140.95	1157.44	1238.22	1168.23

资料来源:国家统计局。

4. 从销售区域来看,限购城市将饱和、下沉趋势明显

限购城市的牌照价值和购车机会组合的地方政策优惠,使得前几年限购城市成为支撑新能源乘用车市场发展的主力军。但要在2018～2020年实现新能源乘用车隔年销量翻一番的目标,牌照优惠政策显然无能为力。以北京为例,截至2018年2月8日,个人新能源小客车配置指标申请和确认延期的超过21万个,但2018年北京市新能源小客车牌照指标数仅有6万个,其中个人指标数为5.4万个。有限的牌照资源使得限购城市无法在首次购车市场中贡献增量,短期内,存量产品的替换更新需求也难以释放出来。伴随着车企开拓市场的步伐,未来三年新能源乘用车的销售区域将逐渐下沉至二、三线城市。另外,山东低速电动市场在夹缝中的蓬勃发展,吸引微型电动车生产企业开发县乡市场。

(二)新能源客车市场规模有限且未来增长乏力

总体来看,客车市场规模不大,留给新能源客车深度渗入的空间有限。2017年,客车总体市场销量为228329辆,同比下降9.3%。其中,新能源客车市场销

量为105700辆，同比下降10.3%。可以看出，补贴政策调整导致的新能源客车销量下滑是客车总体市场萎缩的主要原因。而且相比于乘用车，客车领域新能源汽车渗透率已接近50%，进一步扩大将遭遇不小的阻力。

就各个细分市场来说，公交车与座位客车是新能源客车推广应用的两大主要阵地。尽管新能源公交车推广力度正从一、二线城市向三、四线城市扩散，但新能源公交车市场已趋于饱和，渗透率约为80%（见表8）。2017年11月27日，交通部发布《关于全面深入推进绿色交通发展的意见》，计划到2020年交通运输行业新能源和清洁能源车辆数量达到60万辆。相比于2015年发布的《关于加快推进新能源汽车在交通运输行业推广应用的实施意见》，交通运输业新能源汽车推广目标翻了一番。由此可预测，2018~2020年，3年内全国新能源公交车保有量将增加20万辆，新能源公交车年销量将在7万~8万辆。座位客车领域，新能源汽车渗透率不到20%，市场潜力较大，有待进一步挖掘。但受限于续驶里程短、充电基础设施配套不完善等问题，2018~2020年，用于长途客运、旅游客运与通勤类的新能源座位客车将不会有较大的发展，年销量预计在2万~4万辆。

表8 2016~2017年中国客车市场表现情况

单位：辆，%

类别	2016年			2017年		
	总体市场	新能源汽车	新能源汽车渗透率	总体市场	新能源汽车	新能源汽车渗透率
座位客车	101214	17403	17	83751	10857	13
校车	23814	1	0	21116	1	0
公交车	120772	99011	82	99640	75991	76
其他	5812	1436	25	23822	18671	78
合计	251612	117851	47	228329	105700	46

注：车长5m以上。
资料来源：史晨星，《新能源商用车2017总结&2018年展望（一）：客车篇》。

（三）新能源专用车依托电动物流车拉动大发展

尽管整体市场在快速增长，但专用车市场电动化起步晚于乘用车和客车，目前其政策依赖性明显强于其他两个细分市场，主要表现为政策调整对月度产销量的节奏变化影响明显，产销量不均衡。从2015~2017年月度产量表现来看，产量主要集中在每年的11~12月，该节点一般也是新能源政策调整的时间。① 此外，根据工信部机动车合格证和上牌保险数据差值，2017年，新能源专用车产销量数据相差5.6万辆。产销数据缺口如此巨大，表明生产企业的预期与市场实际需求偏差较大，反映出新能源专用车产品市场驱动力仍显不足。

在补贴退坡背景下，新能源专用车正加快市场化进程，主要依靠电动物流车的市场需求拉动。2017年，我国专用车市场销量117.1万辆，同比提升30.1%；其中，物流车销量89.8万辆，市场份额为76.7%，同比提升24.8个百分点，物流车市场是专用车市场的重要增长动力与主要发展方向。② 在新能源领域，电动物流车同样是拉动新能源专用车大发展的引擎，纯电动物流车在新能源专用车市场中的份额超过95%（见图6）。

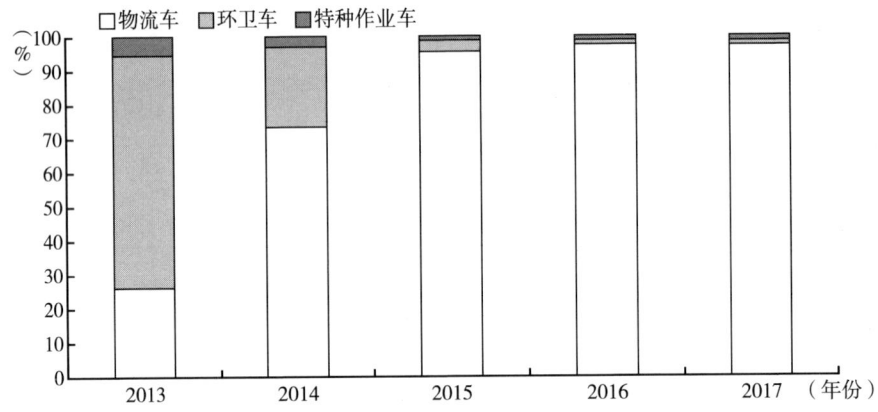

图6 近五年新能源专用车细分市场表现情况

资料来源：根据公开数据整理。

随着我国进入互联网消费经济时代，城市物流需求将持续增长，为电动物流车的发展提供了广阔的市场空间。与乘用车、客车不同，城市物流用车功能

---

① 王建建、梁晶晶：《2017年电动物流车发展回顾与2018年展望》，《专用汽车》2018年第3期。
② 黄睿：《2017年我国专用车市场回顾及2018年市场展望》，《专用汽车》2018年第2期。

属性要求不高,电动物流车在续驶里程、充电便利性、动力性能等方面可满足日常使用需求。此外,电动物流车在全生命周期成本上拥有优势。路权激励更是对电动物流车的市场化推广应用形成强有力的政策支持。有不少物流和快递企业逐步认识到电动物流车在环保性、经济性、通行便利性上的优势,纷纷提出物流车电动化战略,比如京东物流的"青流计划"、菜鸟物流联盟的"ACE计划"。电动物流车强劲的市场需求,将成为未来新能源专用车市场发展的主推力。据预测,2018~2020年,新能源专用车销量将分别达到15万辆、25万辆、35万辆,其中物流车占据95%以上的市场份额。

政 策 篇

Policy Reports

本篇主要介绍了我国新能源汽车的政策动态，对地方政策进行了量化评估，并对电动汽车最新标准制定工作进展进行了介绍。

2017年1月至2018年7月，国务院有关部门从宏观综合、科技创新、投资管理、生产准入、财政补贴、税收优惠、积分合规、动力电池、基础设施、智能化发展、安全保障、金融保险、交通运输等13个方面出发全方位支持新能源汽车的发展。《国家新能源汽车政策动态及未来展望》对重点政策进行了梳理和分析，总结了2017年以来的政策动态，并展望了2018年及未来的政策趋势。

2009年以来，城市一直是我国新能源汽车推广的前沿阵地。《地方性新能源乘用车激励政策量化评估》选择上海、北京、天津、重庆四个直辖市作为案例城市，梳理总结了它们在2017年所采用的地方性新能源乘用车激励政策，对各项激励政策为当地消费者带来的货币化收益进行了量化评估，深入分析了它们在地方性推广政策方面的成功经验，从城市的角度探索了实现新能源乘用车可持续发展的可行路径，并提出相关政策建议。

新能源汽车的快速发展离不开标准的规范和引导，目前我国已经形成一套完整的电动汽车标准体系，伴随着技术的进步和管理要求的提高，该标准体系也在不断完善。《中国电动汽车标准化工作进展》介绍了2017年多项重点标准的工作进展，并对未来电动汽车标准化工作规划进行了展望。

B.14
国家新能源汽车政策动态及未来展望

石红 刘斌 孟顺*

摘　要： 本文分析了2017年1月至2018年7月新能源汽车相关政策，从宏观综合、科技创新、投资管理、生产准入、财政补贴、税收优惠、积分合规、动力电池、基础设施、智能化发展、安全保障、金融保险、交通运输等13个方面对重点政策进行了梳理和分析。汽车产业将以新能源汽车和智能网联汽车为"两翼"转型升级。新能源汽车依旧得到国家大力支持并更加多样化，国家重点研发计划拟安排9亿元经费继续支持新能源汽车研发创新，补贴政策逐步退坡，2018~2020年车辆购置税再免三年，贷款最高比例比同类传统汽车高5个百分点，专用号牌全国启用。油耗和新能源汽车积分并行考核分别于2018年和2019年实施，废旧动力电池回收工作实质性推进，电池行业白名单接替规范条件实现行业自律。新能源汽车发展环境发生变化，对外开放力度越来越大。2017年，新能源汽车政策导向为稳定、升级、合规、开放、环保。建议加强顶层设计并出台未来5~8年新能源汽车发展指导文件，从技术和环保方面双管齐下出台支持政策，循序渐进地构建更加公平开放的产业发展环境，政策导向应加快优胜劣汰步伐。

关键词： 新能源汽车　政策动态　政策解读

2017年是党的十八大的收尾之年，也是党的十九大的召开之年。十八大

---

* 石红，硕士，工程师，中汽中心新能源汽车与财税政策研究室；刘斌，博士，教授级高级工程师，中汽中心首席专家、新能源汽车与财税政策研究室主任；孟顺，工程师，中汽中心新能源汽车与财税政策研究室。

以来的5年是我国新能源汽车飞速发展的5年，一系列激励政策密集发布，助推我国在2014年成为全球第二大新能源汽车市场，并从2015年起连续三年稳居全球首位。2017年是政策转型的交替年，产业发展环境今非昔比，各项支持及管理政策根据新的发展要求不断完善。

一 2017年1月至2018年7月新能源汽车政策分析

2017年以来，国家出台的新能源汽车政策覆盖了宏观综合、科技创新、投资管理、生产准入、财政补贴、税收优惠、积分合规、动力电池、基础设施、智能化发展、安全保障、金融保险、交通运输等13个方面。据中国汽车技术研究中心有限公司政策研究中心统计，2017年1月至2018年7月，共出台新能源汽车直接相关政策36项，其中宏观综合政策2项、科技创新政策4项、投资管理政策5项、生产准入政策2项、财政补贴政策1项、税收优惠政策2项、积分合规政策2项、动力电池政策5项、基础设施政策2项、智能化发展政策4项、安全保障政策2项、交通运输政策3项、金融保险政策2项。具体如表1、表2所示。

表1 2017年1月至2018年7月国家发布的新能源汽车相关政策

分类	编号	政策名称	文号	发布部门	成文时间
宏观综合	1	战略性新兴产业重点产品和服务指导目录(2016版)	国家发改委公告2017年第1号	国家发改委	2017年1月25日
	2	关于印发汽车产业中长期发展规划的通知★	工信部联装〔2017〕53号	工信部 国家发改委 科技部	2017年4月6日
科技创新	3	关于印发《国家高新技术产业开发区"十三五"发展规划》的通知	国科发高〔2017〕90号	科技部	2017年4月14日
	4	关于发布国家重点研发计划新能源汽车等重点专项2018年度项目申报指南的通知★	国科发资〔2017〕294号	科技部	2017年9月27日
	5	关于印发《产业关键共性技术发展指南(2017年)》的通知	工信部科〔2017〕251号	工信部	2017年10月18日
	6	关于印发《增强制造业核心竞争力三年行动计划(2018~2020年)》的通知	发改产业〔2017〕2000号	国家发改委	2017年11月20日

续表

分类	编号	政策名称	文号	发布部门	成文时间
投资管理	7	关于完善汽车投资项目管理的意见★	发改产业〔2017〕1055号	国家发改委 工信部	2017年6月4日
	8	国务院办公厅关于印发自由贸易试验区外商投资准入特别管理措施（负面清单）(2017年版)的通知	国办发〔2017〕51号	国务院办公厅	2017年6月5日
	9	外商投资产业指导目录（2017年修订）★	国家发改委 商务部令第4号	国家发改委 商务部	2017年6月28日
	10	国务院关于促进外资增长若干措施的通知	国发〔2017〕39号	国务院	2017年8月8日
	11	外商投资准入特别管理措施（负面清单）(2018年版)★	国家发改委 商务部令第18号	国家发改委 商务部	2018年6月28日
生产准入	12	新能源汽车生产企业及产品准入管理规定★	工信部令第39号	工信部	2017年1月6日
	13	关于做好《机动车运行安全技术条件》(GB7258-2017)贯彻实施工作的通知	公交管〔2017〕673号	公安部交通管理局	2017年11月13日
财政补贴	14	关于调整完善新能源汽车推广应用财政补贴政策的通知★	财建〔2018〕18号	财政部 工信部 科技部 国家发改委	2018年2月12日
税收优惠	15	关于免征新能源汽车车辆购置税的公告★	财政部公告2017年第172号	财政部 国家税务总局 工信部 科技部	2017年12月26日
	16	加强《免征车辆购置税的新能源汽车车型目录》管理的公告	工信部 财政部 国家税务总局 公告2018年第17号	工信部 财政部 国家税务总局	2018年3月30日
积分合规	17	乘用车企业平均燃料消耗量与新能源汽车积分并行管理办法★	工信部 财政部 商务部 海关总署 国家质量监督检验检疫总局 令第44号	工信部 财政部 商务部 海关总署 国家质量监督检验检疫总局	2017年9月27日
	18	关于2016年度、2017年度乘用车企业平均燃料消耗量管理有关工作的通知	工信部联装〔2017〕266号	工信部 商务部 海关总署 质检总局	2017年11月2日

续表

分类	编号	政策名称	文号	发布部门	成文时间
动力电池	19	关于印发《促进汽车动力电池产业发展行动方案》的通知	工信部联装〔2017〕29号	工信部 国家发改委 科技部 财政部	2017年2月20日
	20	关于促进储能技术与产业发展的指导意见	发改能源〔2017〕1701号	国家发改委 财政部 科学技术部 工信部 国家能源局	2017年9月22日
	21	关于组织开展新能源汽车动力蓄电池回收利用试点工作的通知	工信部联节函〔2018〕68号	工信部 科学技术部 环境保护部 交通运输部 商务部 国家质量监督检验检疫总局 国家能源局	2018年2月22日
	22	关于印发《新能源汽车动力蓄电池回收利用管理暂行办法》的通知★	工信部联节〔2018〕43号	工信部 科学技术部 环境保护部 交通运输部 商务部 国家质量监督检验检疫总局 国家能源局	2018年2月26日
	23	关于开展汽车动力蓄电池和氢燃料电池行业白名单申报工作的通知		中国汽车工业协会	2018年4月26日
基础设施	24	关于加快单位内部电动汽车充电基础设施建设的通知	国能电力〔2017〕19号	国家能源局 国资委国管局	2017年1月13日
	25	关于深入推进供给侧结构性改革做好新形势下电力需求侧管理工作的通知	发改运行规〔2017〕1690号	国家发改委 工信部 财政部 住房城乡建设部 国务院国资委 国家能源局	2017年9月20日

续表

分类	编号	政策名称	文号	发布部门	成文时间
智能化发展	26	关于印发《增强制造业核心竞争力三年行动计划(2018~2020年)》重点领域关键技术产业化实施方案的通知	发改办产业〔2017〕2063号	国家发改委	2017年12月13日
	27	关于印发《促进新一代人工智能产业发展三年行动计划(2018~2020年)》的通知	工信部科〔2017〕315号	工信部	2017年12月13日
	28	关于印发《国家车联网产业标准体系建设指南(智能网联汽车)》的通知	工信部联科〔2017〕332号	工信部	2017年12月27日
	29	关于印发《智能网联汽车道路测试管理规范(试行)》的通知	工信部联装〔2018〕66号	工信部 公安部 交通运输部	2018年4月3日
交通运输	30	在全国分三批推广新能源汽车专用号牌		公安部交管局	2017年11月17日
	31	交通运输部关于全面深入推进绿色交通发展的意见	交政研发〔2017〕186号	交通部	2017年11月27日
	32	107个城市启用新能源汽车专用号牌★		公安部	2017年12月28日
安全保障	33	关于贯彻落实《工业和信息化部关于进一步做好新能源汽车推广应用安全监管工作的通知》相关要求的通知	中机函〔2017〕128号	中机车辆技术服务中心	2017年4月11日
	34	关于落实企业监测平台与国家新能源汽车监管平台平稳对接的通知★	中机函〔2017〕497号	中机车辆技术服务中心	2017年11月15日

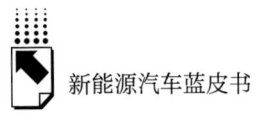

续表

分类	编号	政策名称	文号	发布部门	成文时间
金融保险	35	汽车贷款管理办法	中国人民银行银监会令〔2017〕第2号	中国人民银行 中国银行业监督管理委员会	2017年10月13日
	36	中国人民银行 中国银行业监督管理委员会关于调整汽车贷款有关政策的通知	银发〔2017〕234号	中国人民银行 中国银行业监督管理委员会	2017年10月16日

注：标注"★"为新能源汽车产业重要政策。
资料来源：根据《2017新能源汽车产业与汽车税收政策白皮书》整理。

表2 2017年1月至2018年7月新能源汽车相关重要政策征求意见稿及管理措施

编号	政策名称	文号	发布部门	落款时间
1	关于《车辆购置税法（征求意见稿）》向社会公开征求意见的通知		国家税务总局	2017年8月7日
2	关于《智能汽车创新发展战略（征求意见稿）》公开征求意见的公告		国家发改委	2018年1月5日
3	2016年度中国乘用车企业平均燃料消耗量与新能源汽车积分核算情况	工信部 商务部 海关总署 质检总局公告2018年第14号	工信部 商务部 海关总署 质检总局	2018年3月9日
4	关于2017年度乘用车企业平均燃料消耗量与新能源汽车积分情况的公示		工信部	2018年4月9日
5	关于《道路机动车辆生产企业及产品准入许可管理办法（征求意见稿）》公开征求意见的通知		工信部	2018年4月18日
6	对《新能源汽车动力蓄电池回收利用溯源管理暂行规定》（征求意见稿）公开征求意见		工信部	2018年5月17日
7	关于就《汽车产业投资管理规定（征求意见稿）》公开征求意见的公告		国家发改委	2018年7月4日

资料来源：根据《2017新能源汽车产业与汽车税收政策白皮书》整理。

二 主要政策要点分析[①]

与2016年相比,2017年以来发布的与新能源汽车直接相关的宏观政策较少。2017年4月,工信部、国家发改委、科技部共同发布了《汽车产业中长期发展规划》,其指导思想是以新能源汽车和智能网联汽车为"两翼",引领产业转型升级,将为未来十年汽车产业发展提供指导。2017年以来的政策更多地注重进一步细化和落实各个环节,通过各个环节的联合发力落实《节能与新能源汽车产业发展规划(2012~2020年)》《关于加快新能源汽车推广应用的指导意见》《汽车产业中长期发展规划》的各项任务,推动产业高质量发展。

(一)科技创新

2017年,科技部、工信部、国家发改委先后发布了支持新能源汽车科技创新的政策,覆盖电驱动系统、动力电池、智能化、电驱电子等领域。

1. 2018年重点专项申报工作启动,拟安排9亿元经费

《国务院关于深化中央财政科技计划(专项、基金等)管理改革的方案》要求在关系国计民生和未来发展的重点领域先行启动5~10个试点专项,"新能源汽车"被列为首批试点专项。"新能源汽车"重点专项在动力电池与电池管理系统、电机驱动与电力电子、电动汽车智能化、燃料电池动力系统、插电/增程式混合动力系统、纯电动力系统等6个创新链(技术方向),共部署38个重点研究任务。专项实施周期为2016~2020年。2016年和2017年该重点专项在6个技术方向分别启动了18个和20个项目。2017年10月,科技部印发《关于发布国家重点研发计划新能源汽车等重点专项2018年度项目申报指南的通知》。2018年启动24个重点研究任务,拟安排经费9亿元支持24~48个项目。凡企业牵头的项目须自筹配套经费,配套经费总额与国拨经费总额之比不低于1∶1。

[①] 2017年1~6月新能源汽车产业主要政策分析已收录在《中国新能源汽车产业发展报告(2017)》,此处不再赘述。

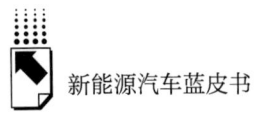

2. 新能源汽车产业核心技术仍是装备制造业关键共性技术

2011年《产业关键共性技术发展指南》首次发布后，每两年修订一次。2017年工信部对该指南进行了第三次修订并于10月印发《产业关键共性技术发展指南（2017年）》，提出优先发展的产业关键共性技术共174项。新能源汽车相关共性关键技术主要集中于"装备制造业"中，包括电驱动系统技术、动力电池能量存储系统技术、动力电池全自动信息化生产工艺与装备、废旧电池回收技术等5项技术。

（二）投资管理

习近平总书记在2017年10月召开的党的十九大报告上指出，中国开放的大门不会关闭，只会越开越大；李克强总理在2018年政府工作报告中要求，加大改革开放力度，促进外商投资稳定增长，扩大新能源汽车等领域开放。2017年以来的投资管理政策加大了对外开放力度，新能源汽车及相关零部件领域正逐步开放。

1. 自贸区外商投资负面清单仅列明对外资的特别管理措施

2017年6月，国务院印发《自由贸易试验区外商投资准入特别管理措施（负面清单）（2017年版）》，负面清单列明了不符合国民待遇等原则的外商投资准入特别管理措施，适用于自由贸易试验区。凡清单之内的非禁止投资领域，须进行外资准入许可；清单之外的领域，在自贸试验区内按照内外资一致原则实施管理。2017年版负面清单是我国自贸试验区内第四版负面清单，此前曾于2013~2015年每年更新一版，2016年没有发布新的版本。具体到汽车行业，比上一版减少的措施共1项——"新建纯电动乘用车生产企业生产的产品须使用自有品牌，拥有自主知识产权和已授权的相关发明专利"。因外商投资准入负面清单中列出的应该是仅针对外资的特别管理措施，而该条目已在同时适用于内外资企业的《新建纯电动乘用车企业管理规定》（2015年发布实施）中提及，故2017年版删除了该规定。

2. 对外商实行"准入前国民待遇+负面清单"管理模式，外商可在华独资设立能量型动力电池企业

2017年6月，国家发改委、商务部发布第4号令《外商投资产业指导目录（2017年修订）》，自2017年7月28日起施行，2015年版同时废止，这是该目录自1995年首次颁布以来的第7次修订。2017年版目录进一步减少了30条外资限制性措施。与此同时，鼓励类条目数量基本不变，继续鼓励外资投向先进制造、高新技术、节能环保等领域。2017年版目录的另一个主要变化是对结构进行了调整，明确提出外商投资准入特别管理措施（外商投资准入负面清单），对外开放管理模式已与国际通行规则接轨，实行"准入前国民待遇＋负面清单"管理模式，将部分原鼓励类有股比要求的条目，以及限制类、禁止类整合为外商投资准入负面清单。负面清单之外的领域，原则上不得实行对外资准入的限制性措施，对外商投资项目和企业设立实行备案管理。具体到新能源汽车产业，2017年版目录取消了上一版目录鼓励类中能量型动力电池的合资股比限制，并取消了同一家外商在国内建立纯电动汽车整车生产合资企业不超过两家的限制。至此，汽车零部件制造与研发已完全在外商投资负面清单以外。

3. 专用车和新能源汽车制造领域率先对外开放

2017年8月8日，国务院发布《关于促进外资增长若干措施的通知》。在进一步减少外资准入限制、制定财税支持政策、完善国家级开发区综合投资环境、便利人才出入境、优化营商环境等方面提出了若干促进外资增长、提高利用外资质量的措施。要求全面实施准入前国民待遇加负面清单管理制度，尽快在全国推行自由贸易试验区试行过的外商投资负面清单。具体到汽车行业，要进一步扩大市场准入对外开放范围，持续推进专用车和新能源汽车制造领域对外开放。

2018年6月，国家发改委、商务部发布《外商投资准入特别管理措施（负面清单）（2018年版）》，大幅度放宽市场准入标准，清单长度由63条减至48条，共在22个领域推出开放措施。在汽车领域，规定2018年取消专用车、新能源汽车整车制造外资股比限制，2020年取消商用车外资股比限制，2022年取消乘用车外资股比限制以及合资企业不超过两家的限制。

4. 统一完善汽车产业投资管理

2015年《新建纯电动乘用车企业管理规定》实施以来，已有15家新建纯电动乘用车企业通过国家发改委的投资核准。为进一步规范新建投资项目、提高产能利用率、遏制无序低水平建设，国家发改委于2017年5月暂停新项目的申报和核准工作，并深入调研行业现状和发展趋势。2018年7月4日，国家发改委就《汽车产业投资管理规定（征求意见稿）》公开征求意见，对传统燃油汽车整车、纯电动整车、专用车和挂车、电池和发动机等核心零部件投资项目进行了统一规定和管理。具体到纯电动汽车投资项目，新增投资区域和企业法人条件、要求新建纯电动乘用车产能不低于10万辆（纯电动商用车产能不低于5000辆），并进一步放开境外企业投资新建纯电动汽车的限制。

（三）财政补贴

2017年1月1日实施的补贴政策调整对进一步鼓励技术进步、净化产业发展环境、促进产业健康快速发展、规范市场秩序起到较好的作用。随着新能源汽车技术不断进步、成本不断下降，2018年补贴政策调整的首要诉求是进一步鼓励先进技术，促进产业高质量发展。

1. 以关键技术指标提升为核心，补贴逐步退坡将常态化

2018年2月，财政部、工信部、科技部、国家发改委联合发布《关于调整完善新能源汽车推广应用财政补贴政策的通知》。该政策的具体思路为：在保持现行补贴基本框架不变的前提下，通过调整补贴方法、加强监督管理、优化推广环境等措施，进一步突出鼓励先进技术，加快促进产业提质增效，实现高质量发展。2018年补贴政策可总结为"一升一降，2万公里；一立一破，4月过渡"。

"一升"是指技术门槛提升。补贴的主要目的之一是引导企业技术研发和解决产业升级的主观能动性问题，促进新能源汽车产业技术进步，逐步缩小新能源汽车与传统燃油车之间的差距，间接提高新能源汽车企业准入门槛，防止产业过剩和低水平盲目扩张。2018年补贴政策提高了纯电动乘用车、非快充类纯电动客车、专用车动力电池系统能量密度的门槛要求，提高了新能源汽车整车能耗要求。有关部委还将根据产业发展、技术进步、推广应用规模等因素，提前研究发布2019年和2020年指标门槛。

"一降"是指补贴标准下降。逐步降低企业对补贴的依赖，增加了过度依赖补贴企业的生存难度，在一定程度上有利于产业结构调整。随着新能源汽车产业规模化效应日益显现，新能源汽车与传统燃油车的成本差距

逐渐缩小。在全面调研行业成本变化的基础上，2018年补贴政策降低了新能源客车、新能源专用车和部分新能源乘用车补贴标准。燃料电池汽车补贴力度保持不变。

"2万公里"是指运营里程要求调整为2万公里。针对部分领域非个人用户车辆正常使用难以满足3万公里运营里程的问题，2018年补贴政策对非个人用户购买的车辆进行了进一步细分，其中作业类专用车（含环卫车）、党政机关公务用车、民航机场场内车辆等申请财政补贴不做运营里程要求；其他类型车辆申请财政补贴的运营里程要求下调为2万公里。

"一立"是指建立一套与补贴挂钩的"面点线"监管体系。为警惕可能出现的新骗补手段，2018年补贴政策以企业、地方、国家三级联网的新能源汽车监管平台为抓手，动态掌握各环节情况，实现监管的全面覆盖；将整车和电池一致性抽检结果与补贴挂钩，进一步督促车辆生产企业保证生产一致性，实现以点制面的监管效果；通过设立举报热线、加大力度处罚骗补企业、从严追责有关单位及个人，拉紧监管红线。

"一破"是指破除地方保护。针对部分地区通过设置地方目录或备案、限制补贴资金发放、对新能源汽车进行重复检验、要求生产企业在本地设厂、要求整车企业采购本地零部件等措施提高非本地企业产品进入门槛的问题，2018年补贴政策明确了扣减充电基础设施奖补资金的处罚措施，并在2017年版要求地方补贴不得超过国补资金一半的基础上，鼓励地方将补贴逐渐转向充电基础设施建设和运营、新能源汽车使用和运营等环节。

"4月过渡"是指设置4个月的新老政策过渡期。考虑到新能源汽车技术改造和升级周期较长，消化产品库存需要一定时间，2018年2月12日至2018年6月11日为过渡期。过渡期间上牌的新能源乘用车、新能源客车按照2017年政策对应标准的0.7倍补贴，新能源货车和专用车按0.4倍补贴，燃料电池汽车补贴标准不变。

2018年车辆申请补贴仍需纳入《新能源汽车推广应用推荐车型目录》，但与往年不同的是，2017年目录中符合2018年要求的车型，可直接列入新目录，无须重复申报，减轻企业负担。中机车辆技术服务中心开展了新能源推荐目录车型的"老"转"新"审核工作，对2017~2018年发布的1~15批《新

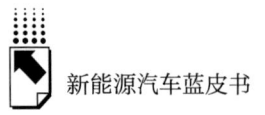

能源汽车推广应用推荐车型目录》车型数据进行了核对,已于2018年4月向社会公布。相关补贴关键参数对比如表3、表4、表5所示。

表3 新能源乘用车2017年与2018年补贴关键参数对比

指标			2017年政策	2018年政策	2018年新增限制条件
纯电动	纯电动续驶里程段补贴金额(工况法,km)	100≤R<150	2万元	/	单位电池电量补贴上限(不考虑补贴倍数)为1200元/kWh
		150≤R<200	3.6万元	1.5万元 ↓	
		200≤R<250		2.4万元 ↓	
		250≤R<300	4.4万元	3.4万元 ↓	
		300≤R<400		4.5万元 ↑	
		R≥400		5万元 ↑	
	不同电池系统能量密度补贴比例(密度单位:Wh/kg)	90~105	1倍	/	
		105(含)~120		0.6倍 ↓	
		120(含)~140	1.1倍	1倍	
		140(含)~160		1.1倍 ↑	
		≥160		1.2倍 ↑	
	按整车能耗较现行门槛提升程度设定补贴比例	2017年能耗门槛	1倍	/	
		优于2017年门槛条件10%~15%		0.5倍 ↓	
		优于2017年门槛条件15%(含)~35%		1倍	
		优于2017年门槛条件35%(含)以上		1.1倍 ↑	
插电式	纯电动续驶里程介于50~80km	B状态燃料消耗量相比标准限值的比例	70%(含)~65%	2.4万元	/	/
			65%(含)~60%		1.1万元 ↓	
			≥60%		2.2万元 ↓	
	纯电动续驶里程不低于80km	A状态百公里耗电量		2017年纯电动乘用车能耗门槛条件	2018年纯电动乘用车能耗门槛条件	

表4 新能源客车2017年与2018年补贴关键参数对比

指标		2017年			2018年		
非快充类客车	单位载质量能量消耗量（Wh/km·kg）	不高于0.24			0.21（含）~0.15		0.15及以下
		1倍			1倍		1.1倍↑
	电池系统能量密度（Wh/kg）	85~95（含）	95~115（含）	115以上	115~135（含）		135以上
		0.8倍	1倍	1.2倍	1倍		1.1倍↑
	单位电量补贴标准（元/kWh）	1800			1200		
	单车补贴金额（万元）	6m<L≤8m	8m<L≤10m	L>10m	6m<L≤8m	8m<L≤10m	L>10m
		9	20	30	5↓	12↓	18↓
快充类客车	单位电量补贴标准（元/kWh）	3000			2100		
	单车补贴金额（万元）	6m<L≤8m	8m<L≤10m	L>10m	6m<L≤8m	8m<L≤10m	L>10m
		6	12	20	4↓	8↓	13↓
插电式混合动力客车	节油率	40%~45%（含）	45%~60%（含）	60%以上	60%~65%（含）	65%~70%（含）	70%以上
		0.8倍	1倍	1.2倍	0.8倍	1倍	1.1倍
	单位电量补贴标准（元/kWh）	3000			1500↓		
	单车补贴金额（万元）	6m<L≤8m	8m<L≤10m	L>10m	6m<L≤8m	8m<L≤10m	L>10m
		4.5	9	15	2.2↓	4.5↓	7.5↓

表5 新能源专用车2017年与2018年补贴关键参数对比

指标		2017年	2018年
技术指标	电池系统能量密度门槛	90Wh/kg	115Wh/kg
	单位载质量能量消耗量门槛（纯电动货车/运输类专用车）	0.5Wh/km·kg	0.35Wh/km·kg（其中，0.35~0.40Wh/km·kg为过渡门槛，按照0.2倍补贴）
	吨百公里电耗门槛（其他类纯电动专用车）	13kWh	8kWh
补贴	30（含）kWh以下部分	1500元/kWh	850元/kWh
	30~50（含）kWh部分	1200元/kWh	750元/kWh
	50kWh以上部分	1000元/kWh	650元/kWh
	国家单车补贴上限	15万元	10万元

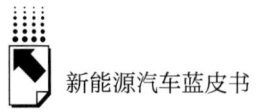

（四）税收优惠

2014年9月1日至2017年12月31日实施新能源汽车车辆购置税免征政策，使得各项优惠政策的叠加效应充分显现，刺激市场增长效果明显。2017年底，在该政策到期前发布了2018~2020年新能源汽车继续免征车辆购置税的公告。李克强总理也将新能源汽车车辆购置税将再免三年的决定在2018年政府工作报告中向全社会公布，体现出政府支持新能源汽车发展的坚定决心。

1. 新能源汽车继续免征车辆购置税，原目录仍然有效

2017年12月26日，财政部、国家税务总局、工信部、科技部发布《关于免征新能源汽车车辆购置税的公告》，实施日期为2018年1月1日至2020年12月31日。同2014年公告相比，此次主要做了以下几方面调整：一是发布的部门增加了科技部，由四部门共同发布；二是提升了免税车型需满足的技术要求，技术要求基本参照2017年新能源汽车推广应用财政补贴政策进行调整，同时电池系统质量能量密度和能耗技术门槛适度提升；三是根据工信部产品准入相关要求更新新能源汽车产品专项检验标准目录，并更新了新生效的国家强制标准GB 19755-2016《轻型混合动力电动汽车 污染物排放测量方法》，补充添加了GB/T 34014-2017《汽车动力电池编码规则》；四是根据新能源汽车生产企业准入规定以及与2017年新能源汽车推广应用财政补贴政策相一致，新增对新能源汽车企业产品质量保证、产品一致性、售后服务、安全监测、动力电池回收利用等方面的要求，并增设附件。此外，2017年12月31日之前已列入目录的新能源汽车，对其免征车辆购置税的政策继续有效。

新政策的修订，既充分评估了行业技术发展水平，防止产品低质化发展，适当提升了部分关键指标，又充分考虑企业应对政策变化的成本，最大限度地减轻企业负担。一是2017年底前已进入免税目录产品（即全部"老"目录产品）仍有效，使得原有车型能继续享受优惠并顺利进入一线城市市场。二是更新的技术要求总体同2017年新能源汽车推广应用财政补贴政策相一致，虽个别指标的技术门槛略有调整，但大部分新能源汽车产品可满足技术要求，仅10%的车型需技术提升，对企业总体影响较小。三是更新的车型专项检验标准同产品准入相关规定基本一致，企业可较快适应政策要求，避免因不满足检验

要求延误目录申报。四是新增的"企业要求"同现行准入及补贴政策要求基本一致，企业无须应对额外附加要求。具体如表6所示。

表6 免征车辆购置税政策适度调整的技术指标

调整指标	涉及车型	限值
动力电池系统质量能量密度	纯电动乘用车 非快充类纯电动客车 新能源货车和专用车	95Wh/kg
单位载质量能量消耗量	纯电动货车 运输类专用车	0.49Wh/km·kg
吨百公里电耗	其他类纯电动专用车	10kWh

2. 对免购置税目录实行动态管理

为进一步加强《免征车辆购置税的新能源汽车车型目录》（以下简称《目录》）管理，建立健全动态管理机制，2018年2月，工信部公开征求对《关于加强新能源汽车免征车辆购置税目录管理的公告（征求意见稿）》的意见，并于3月30日与财政部、国家税务总局发布正式管理公告。主要内容：①加强《目录》动态管理，对于2017年前列入《目录》时无产量以及2017年起列入《目录》后12个月内无产量车型，经公示后将予以撤销，撤销车型将不再享受免税政策，如要恢复资格需重新申报；②明确购置新车时已享受购置税优惠的车辆，后续转让、交易时无须补缴税款；③明确工信部将强化监督检查工作；④明确企业上传机动车整车出厂合格证信息时应标注免税标识；⑤明确组织申报、宣贯培训及具体技术审查、监督检查等工作转为委托工业和信息化部装备工业发展中心承担。公告发布后，一是有利于清理《目录》中存在的"僵尸车型"，避免资源浪费，有利于推动技术进步；二是强化了政府的监管职责，也明确了《目录》技术审查、监督检查的具体承担部门；三是明确企业义务，针对此前政策执行出现的《目录》内车型因未标注免税标识而无法享受优惠政策等问题，明确企业标注免税标识责任，促使政策执行流程更为顺畅。

3. 车辆购置税征收将上升为法律，拟采取税制平移方式

为贯彻落实税收法定原则，完善车辆购置税法律制度，增强其科学性、稳

定性和权威性，2017年8月，财政部、国税总局发布《车辆购置税法（征求意见稿）》，向社会公开征求意见。立法完成后，车辆购置税征收的法定依据将从条例级别上升为法律级别。同现行的由国务院于2000年颁布的《车辆购置税暂行条例》相比，此次征求意见稿基本采取税制平移的方式，各税制要素变动较小，主要修改了在税收征管环节易引起征收矛盾的条款。

主要变动内容有以下几方面：①征税对象根据国家最新的机动车技术标准进行了调整，由汽车、摩托车、电车、挂车和农用运输车辆5类调整为汽车、摩托车、挂车和有轨电车4类；②取消了国家税务总局关于应税车辆最低计税价格的规定，有利于减少征纳双方矛盾，同时也强化了事后监管规定，"纳税人申报的应税车辆计税价格与实际不符的，由税务机关依照《税收征收管理法》及相关规定核定应纳税额"；③在税收征管方面，取消了纸质"完税证明"，新增了"税务、公安、商务、海关、工业和信息化部等部门应税车辆信息共享平台和工作配合机制"，以及"车辆生产销售企业应当按照税务机关的要求，提供应税车辆生产销售相关信息"，有利于加强税务机关与相关部门、单位的征管协作配合，提高征税效率（见表7）。

表7 《车辆购置税暂行条例》与《车辆购置税法（征求意见稿）》税制要素对比

政策名称		《车辆购置税暂行条例》	《车辆购置税法(征求意见稿)》
审议会议		国务院常务会议	将由全国人民代表大会常务委员会会议审议
纳税人		我国境内购置应税车辆的单位和个人	
征税对象		汽车、摩托车、电车、挂车和农用运输车辆	汽车、摩托车、挂车和有轨电车
应纳税额		应纳税额＝计税价格×税率	
税率		10%	
计税价格	购买自用	纳税人购买应税车辆支付给销售者的全部价款和价外费用,不包括增值税税款	
	进口自用	计税价格＝关税完税价格＋关税＋消费税	
	自产自用	最低计税价格核定	纳税人生产的同类应税车辆的销售价格确定,不包括增值税税款
	受赠、获奖或者以其他方式		购置应税车辆时相关凭证载明的价格,不包括增值税税款

续表

政策名称	《车辆购置税暂行条例》	《车辆购置税法(征求意见稿)》
最低计税价格	国家税务总局参照应税车辆市场平均交易价格,规定不同类型应税车辆的最低计税价格	取消
征收机构	国家税务局	税务机关
减免税情形	(1)依照法律规定应当予以免税的外国驻华使馆、领事馆和国际组织驻华机构及其有关人员自用的车辆,免税; (2)中国人民解放军和中国人民武装警察部队列入装备订购计划的车辆,免税; (3)设有固定装置的非运输车辆,免税; (4)国务院批准免税或者减税的其他情形	
临时减免税情形更改机构	国务院	全国人大授权国务院决定
税收征管	纳税人应当持主管税务机关出具的完税证明或者免税证明,向公安机关车辆管理机构办理车辆登记注册手续; 税务机关应当及时向公安机关车辆管理机构通报纳税人缴纳车辆购置税的情况。公安机关车辆管理机构应当定期向税务机关通报车辆登记注册的情况	公安机关交通管理部门在办理车辆登记时,应当核对税务机关提供的应税车辆完税或者免税电子信息; 税务、公安、商务、海关、工业和信息化等部门建立应税车辆信息共享平台和工作配合机制; 车辆生产销售企业应当按照税务机关的要求,提供应税车辆生产销售相关信息

(五)积分合规

为提升乘用车节能水平,缓解能源和环境压力,建立节能与新能源汽车管理长效机制,根据《节约能源法》等规定,工信部会同财政部、商务部、海关总署、质检总局于2017年9月发布《乘用车企业平均燃料消耗量与新能源汽车积分并行管理办法》(主要内容见表8)。其主要遵循了以下思路:一是协同推进,同时设立企业平均燃料消耗量和新能源汽车两种积分,"降低汽车油耗"并"推广新能源汽车"。二是市场导向,建立积分交易机制,由企业自主确定负积分抵偿方式,政府主要发挥顶层设计、监督管理等作用。三是平等对待,实行统一的积分核算规则。双积分政策是2020年后从供给侧推动新能源汽车发展的有力措施,为使双积分充分发挥作用,需要在执行层面科学、全面地进行完善。双积分政策的核心是"交易",健全交易端管理办法,营造良好的交易环境，有利于发挥市场在资源配置中的作用，降低行政管理风险，尽快实现拉动市场增长的政策预期。

表8　《乘用车企业平均燃料消耗量与新能源汽车积分并行管理办法》概要

项目	内容	
	CAFC 积分	NEV 积分
实施时间	2018年4月1日	2019年
实施区域	全国	
适用对象	境内各乘用车生产企业和各进口乘用车供应企业	
	年度产量或进口量少于2000辆的小规模企业可以给予适度宽松的CAFC达标要求	对中国传统能源乘用车年度生产或者进口量大于3万辆（含）的乘用车企业，设定新能源汽车积分比例要求
管理思路	对企业平均燃料消耗量（CAFC积分）及新能源乘用车生产（NEV积分）情况分别进行考核	
核算方法	为实际值与达标值的差额乘以年度生产或进口量（实际值和达标值按GB 27999规定计算）	为实际值与达标值之间的差额。其中： ·实际值：核算年度内生产或进口的新能源乘用车各车型的积分与该车型生产量或者进口量乘积之和； ·达标值：企业在核算年度内传统能源乘用车的生产量或者进口量乘以新能源汽车积分比例要求（2019~2020年的比例要求分别为10%、12%，以后年度的比例要求另行制定）
积分管理	·CAFC正积分可以按照一定比例结转至下一年，但最多可结转三年； ·CAFC负积分抵偿归零方式如下（可组合使用）：使用本企业结转的CAFC正积分、使用本企业产生的NEV正积分、使用受让的CAFC正积分、向其他企业购买NEV正积分； ·CAFC积分与NEV积分的抵扣关系为1∶1； ·接受转让的CAFC正积分与购买的NEV正积分仅限本企业当年度使用	·NEV正积分允许自由交易，不能结转，2019年除外（2019年正积分可以等额结转至2020年）； ·NEV负积分抵偿归零方式为向其他企业购买NEV正积分； ·购买的NEV正积分仅限本企业当年度使用。其中2019年产生的NEV负积分可以用2020年NEV正积分抵偿，2018年NEV正积分可以抵偿当年CAFC负积分
监督与罚则	工业和信息化部会同相关部门建立核查监管机制，对不履行信用承诺书的企业按失信企业处理并列入黑名单进行公示。对积分未达标企业，对其燃料消耗量达不到《乘用车燃料消耗量评价方法及指标》车型燃料消耗量目标值的新产品，不予列入《道路机动车辆生产企业及产品公告》或者不予核发强制性产品认证证书。工业和信息化部会同财政部、商务部、海关总署、质检总局对乘用车企业平均燃料消耗量与新能源汽车积分进行核查	

资料来源：根据《乘用车企业平均燃料消耗量与新能源汽车积分并行管理办法》整理。

2017年11月，工信部、商务部、海关总署、质检总局印发《关于2016年度、2017年度乘用车企业平均燃料消耗量管理有关工作的通知》。对乘用车企业2016年度、2017年度平均燃料消耗量和新能源汽车积分实施核算。积分计算方法与《乘用车企业平均燃料消耗量与新能源汽车积分并行管理办法》相同（见表9），2016年度和2017年度，不对NEV积分进行考核，达标值按照零计算。2016年度CAFC负积分可以使用2017年度自身产生的CAFC正积分、NEV正积分，或通过关联企业间转让、购买NEV正积分等方式于2017年度积分考核时抵偿归零。2013年度至2016年度企业平均燃料消耗量正积分每向后结转一次，均需乘以80%的比例，结转有效期不超过三年。2016年度的新能源汽车正积分可以等额结转一年。

表9 新能源乘用车车型积分计算方法

车辆类型	标准车型积分	备注
纯电动乘用车	$0.012 \times R + 0.8$	（1）R为纯电动模式下综合工况续驶里程，单位为km （2）标准车型积分上限为5分 （3）车型积分计算结果按四舍五入原则保留两位小数 （4）P为燃料电池额定功率，单位kW（车型技术要求略）
插电式混合动力乘用车	2	
燃料电池乘用车	$0.16 \times P$	

注：部分达到要求的纯电动乘用车车型可获得标准车型的1.2倍积分，即最多可得6分。
资料来源：根据《乘用车企业平均燃料消耗量与新能源汽车积分并行管理办法》整理。

（六）动力电池

随着新能源汽车的大规模推广，汽车动力电池安全以及退役动力电池再利用成为行业持续关注的热点问题。为明确退役动力电池产业发展方向和行业规范，2017年以来《关于促进储能技术与产业发展的指导意见》《新能源汽车动力蓄电池回收利用管理暂行办法》先后发布。为通过行业自律督促企业提高电池安全性和可靠性，2018年工信部授权中国汽车工业协会和动力电池产业创新联盟开展动力电池白名单管理工作。

1. 动力电池梯次利用成为储能产业发展重点任务

2017年9月，国家发改委联合财政部、科技部、工信部、国家能源局发

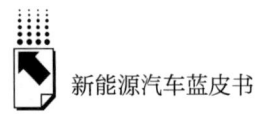

布《关于促进储能技术与产业发展的指导意见》，提出未来10年储能产业的发展目标、5项重点任务和7项保障措施。要求拓展电动汽车等分散电池资源的储能化应用，积极开展电动汽车智能充放电业务，探索电动汽车动力电池等分散电池资源的能源互联网管控和储能化应用。完善动力电池全生命周期监管，开展对淘汰动力电池的储能梯次利用研究。汽车生产企业和综合利用企业正积极开展废旧动力蓄电池回收利用示范研究，初步在通信基站、低速车、充电站等应用场景取得一定进展。中国汽车技术研究中心有限公司也已联合国内新能源汽车和电池生产、综合利用等20多家企业成立电动汽车动力蓄电池循环利用战略联盟，开展相关技术标准、法规、课题前期研究。

2. 车企承担动力蓄电池回收利用主体责任，试点工作启动

2018年2月26日，工信部等七部门联合发布《关于印发〈新能源汽车动力蓄电池回收利用管理暂行办法〉的通知》，自2018年8月1日施行，标志着我国新能源汽车动力蓄电池回收利用管理进入有章可循、责任明确以及规范实施的新阶段。暂行办法分为总则、设计、生产及回收责任、综合利用、监督管理、附则及术语定义等7章31个条款。提出落实生产者责任延伸制度，将汽车生产企业定为动力蓄电池回收的主体，对汽车生产企业的责任要求覆盖产品设计、准入规定、信息公开、电池溯源、生产过程中报废电池移交、维修服务、回收网络建设、与报废汽车回收拆解企业合作等方面。该办法作为规范性文件，缺乏罚则等惩戒效力，需进一步完善，但在我国动力蓄电池回收利用市场发展初期，有一定的导向和规范作用。

2018年2月22日，工信部等七部门联合发布《关于组织开展新能源汽车动力蓄电池回收利用试点工作的通知》，正式启动试点工作，标志着动力电池回收利用工作进入实质化推进阶段。试点工作基本涵盖了《新能源汽车动力蓄电池回收利用管理暂行办法》所提出的各项重要管理工作。明确在选取的试点区域内，以汽车生产企业、电池生产企业和综合利用企业等为试点主体，开展试点内容的各项工作。

3. 电池行业白名单接替规范条件实现行业自律，未与补贴、准入挂钩

2015年3月，工信部发布《汽车动力蓄电池行业规范条件》，截至2016年底，共57家企业进入目录。为进一步加强汽车动力蓄电池和氢燃料电池行业自律，做好规范条件的后续承接工作，中国汽车工业协会于2018年4月发

布《关于开展汽车动力蓄电池和氢燃料电池行业白名单申报工作的通知》。白名单由中国汽车工业协会、中国汽车动力电池产业创新联盟负责组织实施并公告，工信部负责指导监督，并在工信部网站同步推送。实施白名单管理为行业自律行为，企业按自愿原则申请。自愿申请的企业应满足企业基本要求、生产条件要求、技术能力要求、产品要求、质量保证能力要求、售后服务能力要求等 6 项要求。每 3 年对白名单内企业进行复评，被撤销企业 3 年内暂停接受进入白名单申请。白名单目前未与补贴、准入政策挂钩。

（七）交通运输

新能源汽车专用号牌政策于 2016 年底在 5 个城市试点，2017 年扩至各省，2018 年上半年在全国启用。公安部交通管理局部署，自 2017 年 11 月起，在前期 5 个试点城市推广应用的基础上，增加河北保定、吉林长春、福建福州、山东青岛、河南郑州、广东中山、广西柳州、重庆、四川成都、云南昆明 10 个城市试点启用新号牌；2017 年 12 月底前，除直辖市、省会市、自治区首府市启用外，各省（区、市）至少有 1~2 个城市启用新号牌；2018 年上半年，全国所有城市全面启用新号牌。截至 2017 年底，已发放新能源汽车专用号牌 26.57 万副，全国共有 107 个城市（覆盖 31 个省、区、市）启用新能源汽车专用号牌。

（八）金融保险

新能源汽车贷款最高比例比同类传统汽车高 5 个百分点。2017 年 10 月，央行、银监会共同发布最新修订的《汽车贷款管理办法》（自 2018 年 1 月 1 日起实施，原办法同时废止）和《关于调整汽车贷款有关政策的通知》。新增了新能源汽车，包括纯电动汽车、插电式混合动力汽车及燃料电池汽车，并对新能源汽车贷款给予优惠政策，自用新能源汽车贷款最高发放比例为 85%，商用新能源汽车贷款最高发放比例为 75%，均比同类传统汽车高 5 个百分点。此举将有利于从销售端激励新能源汽车扩大市场。

三 政策总结及展望

此前较长一段时间由于市场前景不明、投资政策不明确，进入新能源汽车领域的企业很少。2009年以后，在国家支持发展新能源汽车政策的指引下，一些社会资本开始投资新能源汽车产业。2015年国家正式发布了《新建纯电动乘用车企业管理规定》，社会资本掀起新能源汽车投资热，未来有可能面临产能过剩，为此，产业政策正在从此前引导新能源汽车投资的阶段转向强化竞争的阶段。2017年以来产业政策倾向于技术升级，鼓励高技术、硬质量，避免产业重复建设和低质化发展。在继续鼓励支持的同时，辅以倒逼机制，加快优胜劣汰。2017年以来产业政策导向可总结为稳定、升级、合规、开放、环保。

（一）政策总结

1. 国家支持新能源汽车发展的政策总体保持稳定

新能源汽车作为战略性新兴产业的地位愈加突出，肩负引领汽车产业转型升级的重任。自"八五"科技攻关项目起，连续20余载国家给予研发支持；自2009年示范推广起，连续10年国家给予购置补贴。目前还在税收、交通、保险、金融、后市场等诸多方面特殊考虑，给予优待，优惠政策趋于多样化和全方位。2017年以来的新能源汽车政策支持力度基本保持不变，尤其是对消费直接影响较强的不限行、不限购政策，补贴和税收优惠政策均保持在原有政策框架下，未发生大幅修改。国家补贴继续支持产业发展，逐步退坡，并设置了4个月的过渡期，帮助企业稳定渡过政策变动期；2018~2020年仍继续对新能源汽车免征车辆购置税，并且原有目录车型继续有效，更新修改的指标也基本与其他已执行政策保持一致；车船税与汽车消费税继续对新能源汽车实施减免。除财税政策外，各地仍继续遵守曾两次在国务院常务会议上提出的"不得对新能源汽车实行限行、限购"的要求。随着补贴的退坡，该政策已成为促进限行限购城市新能源汽车市场规模增长的最有力推手。

2. 新能源汽车产业各个环节的政策全面升级

2017年以来，新能源汽车投资热潮持续，未来有可能面临产能过剩，同时汽车产业转型升级压力不断加大，产业技术不断进步，新能源汽车政策在产业各个环节进行了全面升级，更能满足产业新的发展和管理需要。投资环节修订了《新建纯电动乘用车企业管理规定》，暂停受理新投资申请；生产准入环节发布了新的《新能源汽车生产企业及产品准入管理规定》；市场供给侧发布了双积分政策；购置环节的补贴及车辆购置税优惠政策新增或提升了技术及安全门槛要求；使用环节的新能源汽车专用号牌逐渐在全国铺开启用；回收环节发布了《新能源汽车动力蓄电池回收利用管理暂行办法》。在升级政策的同时，充分权衡企业应对新政的成本。《新能源汽车生产企业及产品准入管理规定》引用标准采取新老标准并行的方法；双积分政策对新能源汽车的技术要求基本与2017年补贴政策一致；补贴政策提出符合2018年新政策要求的2017年补贴目录车型，可直接列入新目录，无须重复申报；免购置税政策明确已发布车型目录仍然有效并实行动态管理，清理"僵尸"车型。

3. 积分合规倒逼汽车企业布局新能源汽车

双积分政策的发布和实施表明新能源汽车生产已由单向支持转向支持和惩罚双向并举。此前不论是研发端发布国家级支持项目，还是为新能源汽车消费者提供财税补贴和各项税收优惠，都是单向鼓励汽车企业加大在新能源汽车领域的投入，未对未生产新能源汽车的企业实施任何约束。但双积分政策的发布要求车企积分合规，传统车企必须生产（或进口）一定比例的新能源汽车，否则将承担经济损失或行政处罚，此举将促使资金由新能源汽车"后进生"流向"尖子生"，倒逼企业投入更多资源布局新能源汽车。

4. 新能源汽车成汽车领域开放的排头兵

构建开放型经济新体制，开放的大门只会越开越大。2017年1月，《汽车产业中长期发展规划》提出完善内外资投资管理制度，有序放开合资企业股比限制；2017年6月，《外商投资产业指导目录（2017年修订）》取消了能量型动力电池企业外商股比限制，取消了同一家外商在国内建立生产纯电动汽车整车产品的合资企业不超过两家的限制；2017年8月8日，《国务院关于促进外资增长若干措施的通知》要求进一步扩大市场准入对外开放范围，持续推进专用车和新能源汽车制造领域对外开放；2017年11月，中美元首会晤中，中方表示将按照自己扩大开放的时间表和路线图，逐步适当降低汽车关税，在2018年6月前在自贸试验区范围内开展放开专用车和新能源汽车外资股比限制试点工作；2018年5月，汽车整车进口关税税率由20%和25%都下降为15%，部分汽车零部件进口关税下降为6%。在新能源汽车领域乃至整个汽车领域的深度开放形势下，国内传统企业将面临与跨国公司、国内新进势力正面同台角逐的挑战，为在竞争中脱颖而出，企业必须提升核心竞争力，而竞争力

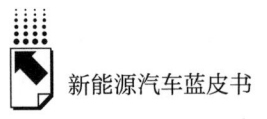

较弱的企业将在角逐中被淘汰,形成马太效应,促使优胜劣汰进程加快。

5. 汽车行业正面临更严格的环保要求

党的十九大要求加快生态文明体制改革,建设美丽中国。生态文明建设需求日益迫切,蓝天保卫战势在必得。机动车是交通排放大户,汽车产业又与产业结构优化、能源结构优化、运输结构优化等影响"蓝天"质量的重要举措关系密切,来自环保的压力和约束越来越大。一方面,对燃油汽车排放限值要求愈加严格,监管大力加强。2018年1月,环保部依据新《大气污染防治法》向两家车企下发行政处罚书,起到了不小的震慑作用;2018年4月以来,习近平总书记、李克强总理多次提出要打好柴油货车污染治理攻坚战;2018年4月,环保部审议并原则通过重型柴油车污染物排放限值及测量方法(中国第六阶段),同时整体推进轻型车中国第六阶段环保信息公开工作。环保压力的加大将倒逼企业重视环保问题,投入更多精力研发包括新能源汽车在内的环境友好型汽车产品。另一方面,环保压力也要求新能源汽车加快普及的同时大力推动上游电力清洁化进程。2017年12月,国家发改委印发了《全国碳排放权交易市场建设方案(发电行业)》,利用市场机制控制和减少发电行业温室气体排放,推动绿色低碳发展。

(二)政策展望

人民对美好生活的需要日益增长,对满足日常出行需求的汽车产品的要求也越来越高,新能源汽车产业的发展重点正由高速增长转变为高质量发展,产业增长动力正在转换,产业结构需进一步优化。《节能与新能源汽车产业发展规划(2012~2020年)》等新能源汽车产业顶层设计文件将陆续到期,来自环保、开放的压力越来越大,产业正面临与以往大为不同的发展环境,竞争将更加激烈,为推动新能源汽车产业高质量发展,提出以下四方面建议。

1. 做好未来5~8年新能源汽车发展的顶层设计

2013年以来,尤其是2014年国务院办公厅发布《关于加快新能源汽车推广应用的指导意见》,为2014~2017年新能源汽车推广应用指明了方向和具体思路,18个部委按照分工协力推进各项政策相继出台,新能源汽车销量由2013年的1.76万辆跃居2017年的77.7万辆,是2013年的44倍,社会资本积极进入,产业发展面貌焕然一新。但新能源汽车占总体汽车的比例仍较低,仅为2.7%，竞争力有待提高。为此，建议下一步仍要以推广应用为主要着力点，从供给侧和需求侧发力，覆盖研发、生产、销售、使用、保有、回收利用等全产业链，从国家层面出台继续做好推广应用工作的顶层设计文件，发挥政府合力，保持政策定力，创新支持手段，稳定企业信心，为到2025年产业实现健康可持续发展提供稳定的政策保障。结合产业发展实际，在出台新能源汽车推广应用指导政策的同时，更要尽快明确2021~2025年的财税支持政策、能耗标准、节能积分与新能源汽车积分政策、车牌管理政策、使用支持政策。

2. 从技术和环保方面双管齐下出台支持政策

2009年以来，我国新能源汽车政策的主要目的是以培育和促进产业发展为出发点的，因此主要支持规模提升、产业链建设以及技术创新进步。中兴事件也给新能源汽车发展敲响了警钟，关键零部件和核心技术的缺乏也将使得我国新能源汽车可能重蹈汽车产业大而不强的覆辙，规模领先不等于产业领先，因此，未来政策的长期导向是技术和环保双管齐下。一方面，应大力推动技术进步，把着力点放在核心技术和关键零部件的供应上，避免在关键技术环节受制于人。另一方面，未来随着国内环保压力的增大和国际上低碳发展的趋势，新能源汽车的发展会更多地考虑生态环保的要求，在交通领域节能减排中发挥更大的作用，如除了公交客车、出租车外，污染物排放比较大的中重型货车也应该探索电力化推进措施，为政府打好蓝天保卫战做出更大的贡献，同时也要求新能源汽车车辆的能效改进和上下游的清洁化必须齐头并进，电力生产清洁化、电池梯次利用和回收等工作力度必须加大。

3. 循序渐进地构建更加公平开放的产业发展环境

以2017年11月9日外交部发布的在自贸区放开股比限制试点和逐步适当降低关税为标志，我国汽车产业将以更加开放的局面来迎接全球的竞争与合作。2018年6月，《外商投资准入特别管理措施（负面清单）（2018年版）》正式宣布取消新能源汽车整车制造外资股比限制。更多伙伴或者竞争对手的加入会使得企业竞争压力加大，但也要注意到，政府对新能源汽车产业管理的不确定性也会增加，因为中国政府在开放经济条件下没有更多的可借鉴的管理经验，对是否需要政府管理、如何管理、实施后果存在很大的困惑，这也会加大政策管理的难度。为此，建议循序渐进地推进改革开放、构建更加自由开放的发展环境。一方面，尽快对内开放，早日发布对27号令的修改，批准更多的

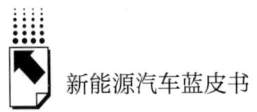

国内民间资本投资新能源汽车产业,尤其是对已具备相关技术实力并完成相关检测及申请通过的应尽快审批;另一方面,要对内外资一视同仁,既要避免对外资的不公平——如歧视对待,也要避免对内资的不公平——如给外资企业过多的优惠。此外,在产业发展规划等相关文件中,要弱化市场销量目标和自主品牌占比要求,这类指标在实践中没有辅以任何具有约束力的政策,同时又会引起外资企业对政府干预市场的担忧。

4. 竞争政策加快新能源汽车优胜劣汰进程

随着新能源汽车产业规模的不断扩大、社会资本的不断投入,新能源汽车产业也出现类似传统汽车的"小散乱"问题。根据机动车整车出厂合格证统计,2017年新能源汽车总产量达80万辆,共215家汽车企业参与新能源汽车生产,但仅18家企业生产规模超过1万辆。汽车产业发展环境正在发生重大变化,产业主体将由合资企业、自主品牌企业转变为合资、自主、外资企业,竞争将更加激烈。新能源汽车产业发展阶段的变化,使产业政策也从此前吸引新能源汽车投资的阶段转向强化竞争的阶段,这个阶段主要比拼企业竞争力,不仅实力较弱的企业会在更公平的市场竞争中被淘汰,同时政府还将通过以下四方面淘汰落后的政策加快优胜劣汰进程:一是有保有压,从投资、生产、使用等环节抑制传统燃油汽车发展的力度将进一步增大,对新能源汽车将继续全方位支持。二是投资准入门槛提高,保证优质资本进入汽车产业,防止劣币驱逐良币,扰乱市场秩序。三是补贴等财税政策将进一步鼓励企业提高技术水平,防止紧盯补贴低质化发展。四是积分合规要求强制企业生产新能源汽车,无力投入新能源汽车研发生产的企业将逐渐被淘汰。

B.15
地方性新能源乘用车激励政策量化评估[*]

崔洪阳　何卉　金伶芝　刘金周[**]

摘　要： 从2009~2012年的"十城千辆"项目到2013~2015年的"88个新能源汽车推广试点城市"项目，一直以来，城市都是我国新能源汽车推广的前沿阵地。部分城市在多年的实践过程中已经初步探索出在地方层面推动新能源汽车市场发展的经验和可行路径，这对于未来中国新能源汽车市场的有序、健康、可持续发展意义重大。在定性、定量分析我国地方新能源乘用车市场发展特征的基础上，选择上海、北京、天津、重庆四个直辖市作为案例城市，梳理总结了它们在2017年所采用的地方性新能源乘用车消费激励政策，并采用创新性的分析方法对各项激励政策为当地消费者带来的货币化收益进行了量化评估，深入分析了它们在地方性推广政策方面的成功经验，从城市的角度探索了推动新能源乘用车市场可持续发展的可行路径，并提出相关建议。如继续扩大新能源推广应用、破除地方保护、完善激励措施、给予上牌和路权优惠、重视鼓励新能源汽车使用。

关键词： 新能源乘用车　消费者收益　政策激励

---

[*] 本研究得到了中美清洁能源研究中心－清洁汽车联盟（CERC－CVC）的大力支持。
[**] 崔洪阳，硕士，国际清洁交通委员会（ICCT）研究员；何卉，硕士，国际清洁交通委员会（ICCT）高级研究员、中国项目负责人；金伶芝，硕士，国际清洁交通委员会（ICCT）助理研究员；刘金周，硕士、工程师，中汽中心新能源汽车与财税政策研究室。

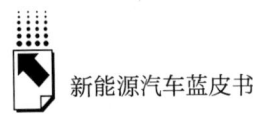

近年来，我国新能源汽车在销售总量和市场占比上都稳居全球第一并逐渐攀升。2015～2017 年，中国新能源乘用车的年销量分别为 20.7 万辆、33.6 万辆和 60 万辆，分别占当年全球新能源乘用车总销量的 37.8%、45.4% 和 49%。这样的成绩得益于过去十年国家和地方政策的大力扶持与推动，以及 88 个新能源汽车示范城市的先试先行和辐射作用。

但是，在全国新能源汽车红火发展的同时，通过对地方新能源汽车市场数据的观察，我们也发现，在同样享有国家各项鼓励政策的情况下，各地的发展态势却迥然不同，甚至有云泥之别。比如上海、北京、深圳、杭州等城市的新能源乘用车年销量已经多达几万辆，成功跻身"世界电动车应用先进城市"的行列，而部分东北、西北省份的城市推广量尚不足百。这说明优化及有针对性地实施地方层面的新能源汽车推广措施，在未来中央补贴全面退出后，可以成为我国新能源汽车市场持续增长的强大动力。

对地方层面新能源汽车推广政策及其市场推广结果的深入、量化分析能帮助政策制定者了解地方新能源汽车发展的特征、路径，总结共性的实践经验，有助于制定出更加符合中国特色、地方和产业需要的可持续、健康的新能源汽车发展政策措施。本文通过分析各省份和部分城市的新能源汽车市场数据、近年推广和激励政策信息，力图梳理和总结地方新能源汽车市场特征、政策影响力和制约新能源汽车持续、健康发展的主要障碍。本文定位于分析乘用车市场，不含商用车和其他用途车辆。主要数据包括 2017 年地方车辆交强险数据、汽车工业统计数据以及对地方近年新能源汽车相关政策的梳理和解析。本文主要分为两部分，首先介绍地方新能源汽车市场、推广特征，其次定性、定量分析代表性城市（北京、上海、天津、重庆）的政策影响。

一 我国地方层面新能源乘用车市场发展特征

通过对省级和城市级新能源乘用车销量数据的分析，我们得出 2017 年市场发展的三个主要特征。

（一）地区间和城市间新能源汽车推广情况差别显著

从各省（自治区、直辖市）数据看，新能源乘用车销量领先的仍然是北京、上海两个直辖市以及浙江、广东和山东三个沿海省份，它们构成了2017年年销量超过5万辆的第一梯队，并贡献了超过全国总量半数的新能源乘用车销量。接下来，由天津市、河南省、江苏省、福建省、湖南省、江西省、广西壮族自治区、河北省、安徽省、重庆市、湖北省、云南省、四川省构成了年销量在1万到3万辆的第二梯队。最后，由海南省和我国西北、东北12个省份构成了年销量在1万辆以下的第三梯队（见图1）。

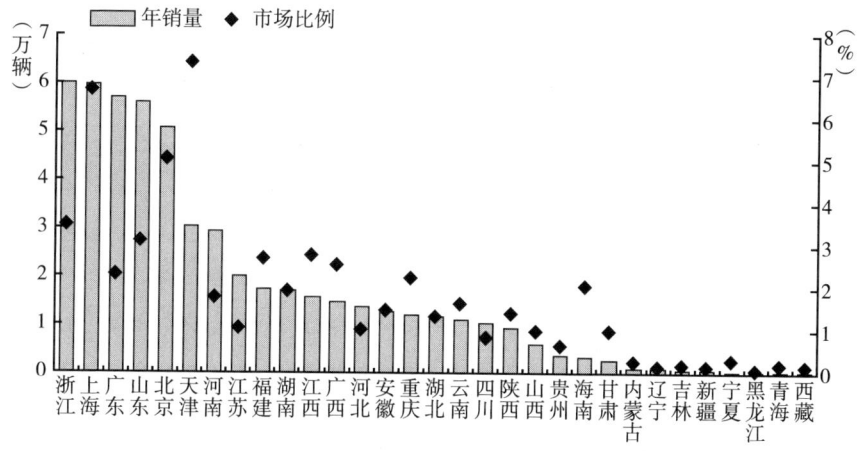

图1　2017年各省份新能源乘用车年销量和市场占比

数据来源：根据相关机构保险数据整理。

除了销量绝对值，新能源乘用车销量占同年乘用车总销量的比例也是衡量新能源汽车市场表现的重要指标。从新能源乘用车市场比例来看，北京、上海、天津超过了5%，是新能源乘用车推广的佼佼者。浙江省、广东省、山东省、福建省、江西省、广西壮族自治区、重庆市均超过了全国平均水平（2.1%），是新能源乘用车推广的先进地区。

从城市级数据看，新能源汽车销量主要集中于少数一、二线特大城市和省会城市。根据2017年最新发布的中国城市分级名单①，中国338个地级及以上城

---

① 百度百科：中国城市新分级名单，https://baike.baidu.com/item/%E4%B8%AD%E5%9B%BD%E5%9F%8E%E5%B8%82%E6%96%B0%E5%88%86%E7%BA%A7%E5%90%8D%E5%8D%95/12702007?fr=aladdin。

市被分为六个等级,即一线、新一线、二线、三线、四线以及五线城市。从图2可见,一线、新一线、二线、三线和四线及五线城市新能源乘用车的销量跨度明显,大致呈逐级递减趋势。从一线到五线城市新能源乘用车平均销量分别为40223、11454、3000、901、263和146辆。这从一定程度上反映了当前我国新能源乘用车市场的发展仍是与城市的政治和经济地位、资源以及产业发展程度紧密相关的。

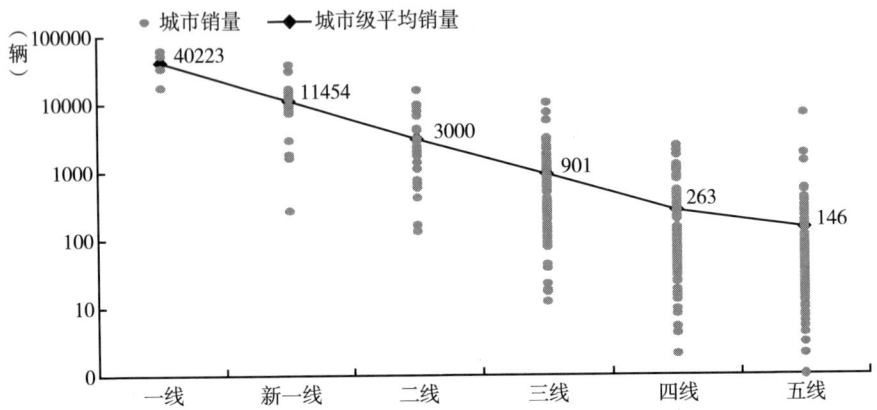

图2　2017年各城市的新能源乘用车销量及各级别城市的新能源乘用车平均销量

数据来源：根据相关机构保险数据整理。

当然,从城市的新能源乘用车销量分布来看,除了几个一线城市之间差异较小外,其他城市级别的各城市销量分布均较为分散,领先者和落后者之间差异较大。比如五线城市中销量的领先者几乎可以媲美一、二线城市的水平。这也意味着随着城市自行探索适合自身的发展之路,在任何一类城市里都可能实现新能源汽车推广的规模化。

(二)推广新能源乘用车尚未与助力地方实现空气质量目标有机结合

众所周知,对于地方而言,发展新能源汽车的核心作用之一就是减少常规污染物排放,从而助力空气质量提升,这对于正在经受严重雾霾困扰的省份来说尤为重要。但从目前的数据来看,很多地区还未将推广新能源乘用车作为实现当地空气质量目标的有效手段。从图3不难看出,饱受$PM_{2.5}$污染困扰的河北、山西、陕西等省份的新能源乘用车市场表现不佳。

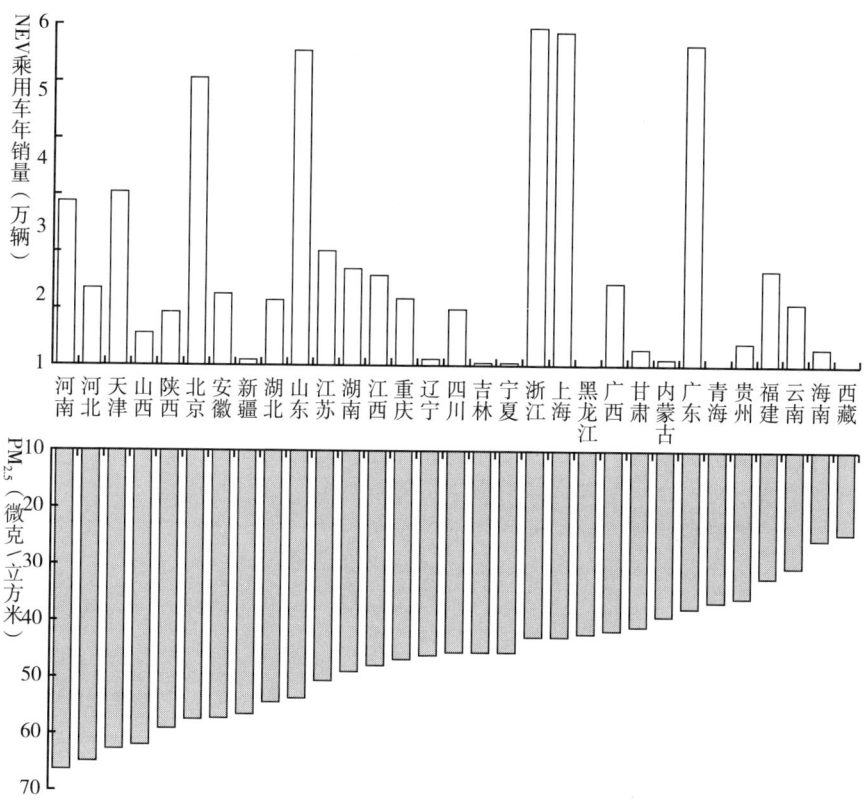

图 3　2017 年各省份年均 $PM_{2.5}$ 浓度值和新能源乘用车年销量

数据来源：生态环境部 74 城市空气质量状况报告。

（三）地方市场开放取得一定进展，但本地推广为主的现象犹存

近年若干轮新能源汽车政策调整的重要内容之一就是破除地方保护。从 2017 年分省的新能源乘用车销量数据看，这些政策调整已经初见成效。表 1 描绘了新能源乘用车年销量破万的 14 个省（自治区、直辖市）中主要新能源乘用车品牌的分布情况，以评估地方市场的开放程度。在每个省份的数据行中色块颜色越深代表某一品牌在该地区的销量越高，各省份的黑色色块代表了该地区销量最高的新能源乘用车品牌，白色色块则代表销量最少的品牌。从表 1 可以看出浙江省、北京市、天津市、河南省和湖南省的数据行中分布着较多灰色的色块，这意味着不同品牌新能源汽车在这些省份中都占有较显著的市场份

额，即市场开放程度较高。相对来说，上海市、广东省、江西省、广西壮族自治区中各自都有一家本地品牌独大，占到本地新能源乘用车市场的至少半壁江山。尤其是江铃在江西省、宝骏在广西壮族自治区几乎占到90%的市场份额。这意味着这些省份新能源乘用车市场开放程度较低，而且走的是产地推广模式，也说明可能存在地方保护主义。

表1　2017年新能源乘用车推广量较大省份分品牌的新能源乘用车销量分布

单位：辆

省份	北汽	比亚迪	荣威	众泰	知豆	江铃	长安	奇瑞	江淮	吉利	康迪	宝骏	东风	华泰	海马
浙江	3892	6264	1474	6752	5260	2608	3286	1387	852	11349	9035		4171	187	134
上海	8286	12569	27652	80	22		1260	2756	2890	256	4			1	
山东	22125	960	290	4316	3392	5928	2884	4977	7950	252				775	319
广东	5717	27132	4954	3520	5258	728	828	2709	788	383	78	2	10	104	19
北京	14407	15607	2270	1309	590		77	5458	1331	1677	5935			68	
天津	3898	3466	831	3181	4499	207	819	2684	2425	1396	320		20	3325	172
河南	6022	791	314	3464	4424	2549	1699	1059	11	50			2	576	4974
江苏	7236	1302	943	1639	2326	1569	636	1171	888	427	698		100	218	184
湖南	2627	801	74	4683	3308	1331	194	242	2003	383		5	811	153	38
江西	1009	176	54	138	164	13381	6	29	1	7		1		24	18
福建	5868	2178	106	634	1177	326	959	1645	563	364	89			43	
广西	95	442	52	104	22	154		412	112	1		11458		44	1
安徽	439	254	162	257	11	181	418	3908	6452	3				60	
云南	4528	821	84	318	355	312	3488	400			1			31	

数据来源：根据相关机构保险数据整理。

二　京津沪渝新能源乘用车激励政策梳理

2017年，上海、北京、天津、重庆四个直辖市在新能源乘用车推广方面成绩突出。如图4所示，2017年四市的年销量分别为59656、50543、30371和11881辆，在全国321个有新能源乘用车销量的城市中分别位列第1、2、5、11位，新能源乘用车市场占比也分别达到6.7%、5.0%、7.4%和2.2%，无论是在全国还是全球都处于领先地位。

以上推广成绩的取得在很大程度上得益于各地方出台的种类多样且切实有

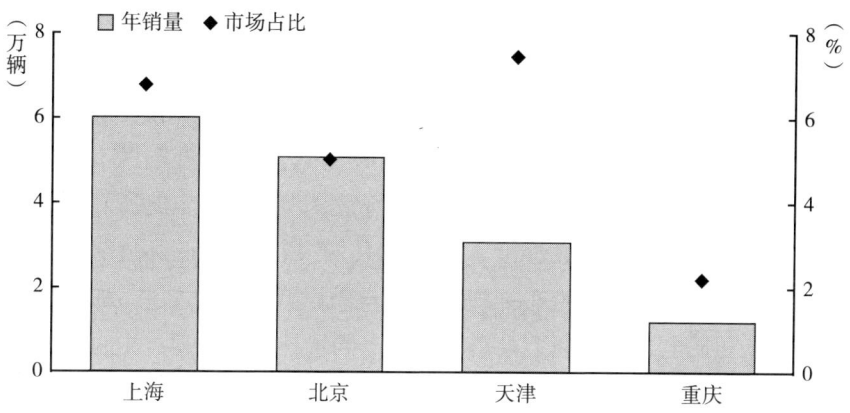

图 4　2017 年京津沪渝四市的新能源乘用车年销量及市场占比

数据来源：根据相关机构保险数据整理。

效的地方性激励政策。我们对这四个城市在 2017 年所采用的地方性新能源乘用车激励政策进行了归纳梳理，总结为三大类（直接激励政策、间接激励政策、车队激励政策）共 11 个小类政策，如表 2 所示。可以看到，2017 年京津沪渝四市所采用的地方性政策的数量在 7～9 项，较为丰富。

表 2　2017 年京津沪渝四市所采用的地方性新能源乘用车激励政策一览

单位：项

城市一级的新能源乘用车激励政策		上海	北京	天津	重庆
直接激励政策	纯电动乘用车（以下简称 BEV）地方购置补贴	√	√	√	√
	插电式混合动力电动车（以下简称 PHEV）地方购置补贴	√		√	√
	车船税减免	√	√	√	√
	充电费用优惠	√	√	√	
	路桥通行费用减免				√
间接激励政策	新能源汽车上牌优惠	√	√	√	
	新能源汽车路权优惠		√	√	
	公共充电基础设施建设补贴	√	√		√
	配桩停车位建设要求	√	√	√	√
车队激励政策	新能源出租车购置补贴		√		
	公务车队电动化要求	√	√	√	
该城市采用的激励政策总数		8	9	8	7

资料来源：根据公开资料整理。

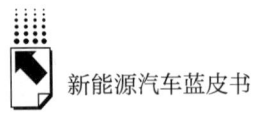

（一）BEV/PHEV 地方购置补贴

现阶段，购置补贴仍然是中国政府用于激励消费者购买新能源汽车最直接的政策措施，按补贴资金来源可以分为中央补贴和地方补贴两类，补贴资金由各级政府直接拨付给新能源汽车生产企业，消费者购车时所支付的价格已经是扣除补贴之后的优惠价格。按照 2016 年 12 月 29 日财政部等四部委发布的《关于调整新能源汽车推广应用财政补贴政策的通知》，地方给予纯电动乘用车和插电式混合动力乘用车的单车购置补贴不得超过中央单车购置补贴的 50%。

表 3 和表 4 分别总结了 2017 年北京、上海、天津、重庆四座城市针对 BEV 和 PHEV 的地方购置补贴政策。可以看到，四座城市给予 BEV 的地方购置补贴额度相当，北京、上海、天津均为当年中央购置补贴额度的 50%，重庆略低。而对于 PHEV，上海、天津按照中央购置补贴额度的 50% 配置地方补贴，重庆略低，北京则不给予 PHEV 任何地方补贴。此外，北京、上海、天津三座城市均规定了单车可享受的总购置补贴（中央补贴+地方补贴）上限，上海、天津为车辆售价的 50%，北京稍高，为车辆售价的 60%。

表 3　2017 年不同续航里程 R（km）的纯电动乘用车在京津沪渝四市所享受的市级购置补贴额度

城市	地方购置补贴额度（万元）*			中央和地方补贴总额的上限
	100≤R<150	150≤R<250	R≥250	
上海	1	1.8	2.2	车辆售价的 50%
北京	1	1.8	2.2	车辆售价的 60%
天津	1	1.8	2.2	车辆售价的 50%
重庆	0	1.5	2	N/A

注：*上海、北京、天津销售注册的纯电动乘用车如果满足动力电池系统的质量能量密度高于 120Wh/kg 的条件，就可以获得表中数值 1.1 倍的地方购置补贴（上海销售的续航里程在 150km 以下的除外），但其所获中央和地方补贴的总额仍需符合表中所给出的上限要求。本研究所选择的 BEV 代表车型（北汽 EC180）不满足该条件，故而不能获得表中数值 1.1 倍的地方购置补贴。

资料来源：根据公开资料整理。

表4 2017年纯电续航里程R≥50（km）的插电式混合动力乘用车
在京津沪渝四市所享受的市级购置补贴额度

城市	地方购置补贴额度（万元）*	中央和地方补贴总额的上限
上海	1.2**	车辆售价的50%
北京	0	车辆售价的60%
天津	1.2	车辆售价的50%
重庆	1	N/A

注：*插电式混合动力乘用车的纯电续航里程需不低于50km才能获取表中所列的地方购置补贴。

**在上海销售注册的插电式混合动力乘用车如果同时满足①发动机排量不大于1.6L；②混合动力工况百公里油耗不大于5.9L；③油箱容量不大于40L 三个条件，可在1.2万元之外，额外获得1.4万元/车的市级购置补贴。本研究所选择的PHEV代表车型（比亚迪秦）不能同时满足以上三个条件，故而不能获得这1.4万元/辆的额外补贴。

资料来源：根据公开资料整理。

（二）车船税减免

按照《中华人民共和国车船税法》规定，机动车车主每年都需要缴纳一笔车船税，乘用车按发动机排量分段收取，高排量的车需要缴纳更多的税款。为鼓励节能和新能源汽车发展，按照《关于节约能源使用新能源车船车船税政策的通知》的规定，1.6L及以下排量的节能乘用车减半征收车船税，纯电动乘用车和插电式混合动力乘用车免征车船税。

虽然车船税减免是国家层面的政策，但其具体落地是在地方层面。由于不同地区征收的车船税额度不同，车船税减免这项政策为购买和使用新能源乘用车的消费者带来的货币化收益就因城市而异，因此，在本研究中，我们将车船税减免作为一项地方性激励政策进行分析。2017年，北京、上海、天津、重庆四座城市的消费者均可从这项政策中获益。

（三）充电费用优惠

充电费用是新能源汽车在使用阶段的主要费用之一。2017年，上海、北京、天津、重庆四座城市均通过为新能源汽车提供充电费用优惠来降低消费者的用车成本，从而激励消费者购买和使用新能源汽车。

如果车主用私人充电桩充电，那么充电费用只包括电费本身；但如果车主

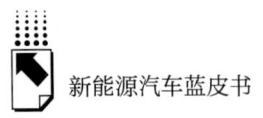

在公共充电桩进行充电，那么其需缴纳的充电费用就不只是电费本身，还包括充电服务费，充电服务费由充电基础设施的运营商（如国家电网、特来电等）自行决定，不同的运营商收取的充电服务费有所不同。京津沪渝四市的充电费用优惠政策都是在充电服务费上下功夫，对运营商收取的充电服务费设置上限。2017年，上海的充电服务费上限为1.3元/度，北京的上限为当日北京92号汽油最高零售价的15%（为0.9~1.1元/度），天津的上限为1.0元/度，重庆的上限为执行电价的50%。

（四）路桥通行费用减免

自2002年始，重庆市主城区以内的机动车每年需一次性缴纳2300元的路桥通行费，主城区以外的机动车进入主城区，也需按次缴纳路桥通行费，标准为每天25元。

2017年9月28日，重庆市发布《重庆市新能源汽车路桥通行年费免缴实施细则（暂行）》，从2017年1月1日起至2020年12月31日止，对新能源汽车免除主城区路桥通行年费，已经上牌的车辆可以申请退返已经缴纳的2017年1月1日至2017年9月28日的路桥通行费。2017年11月27日，重庆市又发布《重庆市人民政府关于主城区路桥通行费征收改革的通告》，规定自2018年1月1日起，对所有机动车辆取消征收主城区路桥通行费，绕城高速公路及其以内渝邻、渝涪、渝湘、渝黔、成渝、渝遂射线高速公路按高速公路收费规定、标准及方式收取通行费。综合以上两份政策文件，2017年成为新能源汽车在重庆市享受区别于燃油车的主城区路桥通行费用减免的第一年也是唯一一年。

（五）新能源汽车上牌优惠

为解决交通拥堵和大气污染等问题，部分中国城市对本地注册的机动车进行总量控制，主要控制方式就是对每年新增机动车号牌的数量进行限制，也就是所谓的限牌或者限购。北京、上海、天津均属限牌/限购城市，这三座城市每年可供分配的燃油车号牌总数都是有限的，但具体的号牌分配方式各不相同，北京采用摇号得牌的方式，上海采用竞价购牌的方式，而较晚实施限牌的天津则吸收了北京和上海的经验，采用摇号得牌与竞价购牌相结合的方式来分配本地燃油车号牌。

无论采用哪一种号牌分配方式，这三座城市的消费者想要获得一块燃油车号牌,不可避免地都要付出一定的成本,或是有形的金钱成本,或是无形的时间成本,而新能源汽车上牌优惠正是通过减少消费者在获取号牌方面所需付出的金钱/时间成本来激励消费者购买新能源汽车。例如,2017年,上海市购买新能源汽车用于非营运的且个人消费者没有在上海本市注册登记新能源汽车的,可以免费获得一块新能源汽车专用号牌,不需要参与竞价,这就免除了消费者获得号牌所需付出的金钱成本。北京市2017年可供分配的15万个小客车指标中,燃油车(包括PHEV)占9万个,BEV占6万个。燃油车(包括PHEV)号牌通过摇号进行分配,2017年12月,北京燃油车(包括PHEV)的摇号中签率仅为0.11%。[1] 相比之下,BEV号牌的获得就要容易得多,首先BEV有6万个单独的指标,不需与燃油车及PHEV竞争,其次是BEV号牌不需摇号,可以直接申请,先到先得,消费者获得一块号牌的等待时间和不确定性都大大减少,从而极大地降低了消费者在获取号牌方面所需付出的时间成本。

(六)新能源汽车路权优惠

限牌是从控新车增量的角度出发,旨在减少新车的进入;而限行则是从控行驶里程的角度出发,旨在减少车辆的使用。二者异曲同工,都是为了解决城市的交通拥堵和大气污染等问题。2017年,北京[2]和天津两座城市对燃油车实施尾号限行和重污染天气单双号限行,而新能源汽车则不限行。

尾号限行是指将十类车牌尾号(0到9)两两配对分为五组,分别对应周一至周五作为限行日(例如尾号为0和5的周一限行,尾号为1和6的周二限行),定期轮换,每辆燃油车每周都要限行一个工作日。北京的限行时间为工作日的7时至20时,限行范围为五环路以内道路(不含五环路);天津的限行时间为工作日的7时至19时,限行范围为外环线以内道路(不含外环线)。

根据《北京市空气重污染应急预案》和《天津市空气重污染应急预案》的规定,当本市启动空气重污染红色预警时,机动车实施单双号限行。具体来说,当日期为单号的时候,车牌尾号为双号的机动车限行,当日期为双号的时候,车牌尾号为单号的机动车限行,每辆燃油车每两天就要限行一次。

---

[1] 资料来源:http://www.xinhuanet.com/local/2017-12/26/c_1122165470.htm。
[2] 在北京,只有BEV不限行,PHEV不享受此优惠政策。

（七）公共充电基础设施建设补贴

续航里程不足一直是制约 BEV 发展的主要因素之一，国家信息中心发布的一份调查报告显示，有 24.2% 的消费者是因为续航里程太短而放弃购买 BEV。①建设桩站密集、布点合理、有效可靠的公共充电基础设施网络是减少消费者里程焦虑，提高新能源汽车使用便利性，从而助力城市新能源汽车推广的重要举措。

2017 年，上海、北京和重庆三市均对公共充电基础设施的建设提供财政补贴，以促进当地公共充电基础设施的尽快完善。具体来说，北京按照充电设施建设的总投资给予不超过 30% 的市政府固定资产补助资金支持；上海对专用和公用充电设备给予 30% 的财政资金补贴，交流充电设施每千瓦的补贴上限为 300 元，直流充电设施和交直流一体机每千瓦的补贴上限是 600 元；重庆则是按照公共充电桩的功率进行定额补助，其中交流桩每千瓦补贴 300 元，直流桩每千瓦补贴 600 元。

（八）配桩停车位建设要求

2017 年，上海、北京、天津、重庆四座城市均对本市公共停车场等多类停车场内配有充电桩的停车位数量提出强制要求，以此来提升新能源汽车的使用便利性，从而促进本地消费者更多地选择购买和使用新能源汽车。

例如，北京要求新建及改扩建的办公类建筑按照配建停车位的 25% 建设充电桩，商业类建筑及社会停车场库（含 P + R 停车场）按照配建停车位的 20% 规划建设充电桩，居住类建筑按照配建停车位的 100% 规划建设充电桩，其他类公共建筑（如医院、学校、文体设施等）按照配建停车位的 15% 建设充电桩。再比如重庆市要求新建公共停车场按照不低于总停车位数量 10% 的比例建设充电桩，已经建好的公共停车场，则需要通过改造、加装等方式提供充电桩。

（九）新能源出租车购置补贴

2017 年，北京对新能源出租车提供专项购置补贴，以加快新能源汽车在出租车行业的渗透。具体来说，凡 2015 年 5 月 1 日之前注册登记的出租汽车，

---

① 资料来源：https://www.d1ev.com/kol/54313。

更新为符合要求的纯电动出租车，在中央、地方购置补贴及其他优惠政策的基础之上，还可以获得一笔专项购置补贴，补贴的金额由纯电动出租车的新车购置价格与市交通运输管理部门确定的普通汽油出租车各车型新车平均价格的差价决定。如果差价不高于5万元，则提供与差价等额的购置补贴，如果差价高于5万元，则提供每辆5万元的购置补贴。

（十）公务车队电动化要求

2017年，上海、北京、天津三座城市对本市政府机关的公务用车提出电动化的强制要求，以加快新能源汽车在公务车领域的渗透。具体来说，上海市要求新增或更新的公务用车中新能源汽车的占比不得低于50%；北京市要求新增的公务车、具备更新条件的公务车及党政机关机要通信车原则上均采用电动汽车，同时要求在本市党政机关和企事业单位现有公共停车位建设一定比例的充电桩，专门用于电动汽车的充电和停车；天津市则要求政府机关更新车辆优先购置新能源汽车或面向社会租赁新能源汽车，购置或租赁的新能源汽车所占比例不得低于30%。

三 京津沪渝新能源乘用车激励政策量化评估

（一）量化评估方法

我们采用一套创新性的评估体系，定量分析了最核心、面向最广泛群体的七项地方性新能源乘用车激励政策在2017年为京津沪渝四座城市消费者带来的货币化收益。这七项政策包括BEV/PHEV地方购置补贴、车船税减免、充电费用优惠、路桥通行费用减免、新能源汽车上牌优惠、新能源汽车路权优惠以及公共充电基础设施建设补贴等。

很多激励政策为消费者带来的货币化收益因车型的技术水平而异，因此我们需要选择代表车型并根据代表车型的技术水平来进行消费者收益的量化评估。在本研究中，我们选择2017年在中国市场上销量最高的BEV和PHEV车型——北汽EC180和比亚迪秦——分别作为代表车型来进行消费者收益的量化评估。在量化一些与发动机性能直接挂钩的政策措施（如车船税减免）时，由于 BEV 没有发动机，我们需要选择一款与 BEV 代表车型技术参数类似的汽油机车型作为对比车型，本研究中我们选择长安铃木奥拓作为北汽 EC180 的汽油机对比车型。表5 给出了北汽 EC180、长安铃木奥拓和比亚迪秦三款车型的主要技术参数。

表5　北汽EC180、长安铃木奥拓和比亚迪秦三款车型的主要技术参数

主要参数	北汽 EC180	长安铃木奥拓	比亚迪秦
级别	微型车	微型车	紧凑型车
动力类型	BEV	汽油车	PHEV
整备质量（kg）	1050	915	1760
车长（mm）	3675	3570	4740
发动机排量（L）	N/A	1.0	1.5
百公里油耗（L/100km）	N/A	5.7	1.4
电池容量（kWh）	20.3	N/A	15
电池能量密度（Wh/kg）	101	N/A	85
纯电续航里程（km）	156	N/A	80
百公里电耗（kWh/100km）	12.82	N/A	18.75
发动机/电动机最大扭矩（N·m）	N/A/140	92/N/A	240/200
发动机/电动机最大功率（kW）	N/A/30	52/N/A	113/110
厂商指导价（万元）	15.18~15.78	3.68~6.29	18.59

数据来源：根据公开资料整理。

需要指出的是，地方购置补贴等政策为消费者带来的货币化收益是一次性的，但另外一些激励政策确实每年都可以为消费者带来一定的货币化收益，例如车船税减免、充电费用优惠等，对于这些政策，我们假设车主平均的持车时间为4年，并按照4.35%的贴现率来计算车主在持车周期内的总收益。下面我们就逐一介绍七项主要激励政策的具体量化评估方法。

1. BEV/PHEV 地方购置补贴

由于 BEV 和 PHEV 地方购置补贴均为一次性补贴，且消费者在购车当时即可享受该笔补贴，因此这项激励政策为每个城市的消费者所带来的货币化收益十分直接明了，就是 BEV 和 PHEV 代表车型在该城市所享受的地方购置补贴额度。唯一需要注意的一点是，上海、北京和天津均对单车可享受的总购置补贴（中央补贴+地方补贴）额度设置了上限，如果代表车型在其中某一个

城市的总购置补贴超过了上限,就需要重新计算其在该城市实际享受的地方补贴额度,计算的方法是用该城市所设总补贴的上限值减去代表车型可享受的中央补贴额度。本研究中,由于 BEV 代表车型(北汽 EC180)和 PHEV 代表车型(比亚迪秦)的定价均明显高出其所享受的中央补贴额度,因此这两款车型在上海、北京、天津这三个设置了总购置补贴额度上限的城市仍然可以享受到表 2 和表 3 中所列出的全额地方补贴。

2. 车船税减免

对于 PHEV,如果没有车船税减免的激励政策,车主就需要根据所购 PHEV 车型的排量缴纳车船税。例如,对于本研究中的 PHEV 代表车型比亚迪秦来说,其排量为 1.5L,在上海对应的车船税为 360 元/车·年(不同城市的税额不同)。实施车船税减免的激励政策以后,车主所需缴纳的税款就变成了零,即购车当年车主可获得的收益就是 360 元。由于车船税需要年年缴纳,按照 4 年的平均持车时间和 4.35% 的贴现率计算,车船税减免这项政策为上海消费者带来的货币化收益就是 360 × [1 + (1 + 4.35%)^(-1) + (1 + 4.35%)^(-2) + (1 + 4.35%)^(-3)] - 0 = 1352 元。京津沪渝四市的消费者从这项激励政策中所能获得的货币化收益不同,在 1128 ~ 1466 元。

对于 BEV,计算的过程则稍微复杂一些。由于 BEV 本身没有发动机排量,因此无法直接计算在没有车船税减免这项激励政策的情况下 BEV 车主所需缴纳的税款额度。为此,我们选择长安铃木奥拓这一款微型汽油车作为替代,并按照长安铃木奥拓的排量(1.0L)来计算在没有车船税减免这项政策的情况下,北汽 EC180 的车主所需缴纳的车船税。对于上海市的车主而言,第一年的税额是 180 元(不同城市的税额不同),按照 4.35% 的贴现率计算,上海车主在 4 年的持车时间内所能获得的总收益为 180 × [1 + (1 + 4.35%)^(-1) + (1 + 4.35%)^(-2) + (1 + 4.35%)^(-3)] - 0 = 676 元。京津沪渝四市的消费者从这项激励政策中所能获得货币化收益不同,在 450 ~ 1014 元。

3. 充电费用优惠

我们采用下面的公式来计算充电费用优惠这项政策为购买和使用新能源乘用车的消费者所提供的单年货币化收益。

$$AB = [(SF_{w/o} - SF_{w/}) \times EC \times DS \times 365] \times (1 - SC)$$

其中，*AB*，annual benefit，单年货币化收益；

$SF_{w/o}$：service fee without this policy，无政策下每千瓦时的充电服务费；

$SF_{w/}$：service fee with this policy，实际每千瓦时的充电服务费；

EC：electricity consumption，百公里电耗；

DS：typical daily driving distance，日均行驶公里数；

SC：share of vehicle owners with a home charger，安装有私人充电桩的车主百分比。

我们通过调研获得每个城市实际每千瓦时的充电服务费（当地主要充电基础设施运营商收取的充电服务费平均值），但无政策背景下（城市不对充电服务费设置上限时）每个城市每千瓦时的充电服务费是未知的，需要进行一些假设和处理。上海设定的充电服务费上限是1.3元/kWh，实际的充电服务费却只有0.82元/kWh，距离这个上限值还有很大的差距。这就说明如果取消上限约束，那么上海市的充电服务费很有可能上浮，但不会上浮到1.3元/kWh这么高。本研究中，我们用上海市实际的充电服务费（0.82元/kWh）和政策设定的充电服务费上限值（1.3元/kWh）的平均值（1.06元/kWh）作为上海市在没有充电费用优惠这项政策时的平均充电服务费。由于大城市主要的公共充电基础设施运营商构成比较接近，因此我们将上海市1.06元/kWh这个值也用在北京身上。天津和重庆，我们用杭州市实际的充电服务费（0.72元/kWh，杭州市对充电服务费不设上限）作为这两座城市在无政策背景下平均的充电服务费。车辆的日均行驶里程数据（39公里/天）来自清华大学张晓斌和王贺武的研究。

如果车主用私人充电桩充电，则不需要缴纳充电服务费，因此也就无法从此项政策中获得货币化收益。每个城市安装有私人充电桩的车主比例我们参考国际清洁交通委员会（ICCT）和中国电动汽车百人会的研究报告。①

以上计算的是单年的消费者收益，我们按照4年的持车时间和4.35%的贴现率评估了车主在整个持车周期内从该项政策中得到的总的货币化收益。

4. 路桥通行费用减免

2017年，只有重庆一个城市采用路桥通行费用减免政策来激励当地的消

---

① 崔洪阳等：《中国城市新能源乘用车激励政策评估》，国际清洁交通委员会（ICCT），https：//www.theicct.org/publications/evaluation-incentive-policies-China-urban-NEVs，2017年。

费者购买和使用新能源汽车。由于重庆市从 2018 年 1 月 1 日起对所有机动车免除主城区路桥通行年费，因此，2017 年购买新能源汽车的重庆消费者在 4 年的持车时间内仅有第一年可以从该项激励政策中获得收益，收益的总额就是一年的主城区路桥通行年费，即 2300 元。

5. 新能源汽车上牌优惠

在上海、北京、天津这三个限牌（限购）城市，无论本地号牌分配的方式是竞价购牌、摇号得牌，还是竞价购牌+摇号得牌，消费者想要获得一块燃油车车牌，不可避免地都要付出一定的成本。换句话说，限牌（限购）城市的燃油车车牌都是有价值的，它的价值体现就是消费者为了获得它所需付出的金钱或时间成本。而新能源汽车在这些城市享有上牌优惠，因此选择新能源汽车的消费者在本地号牌上所付出的成本可以认为是零。① 因此，这项政策能够为购买新能源汽车的消费者带来的货币化收益就等于当地一块燃油车车牌的价值。

如表 6 所示，对于采用竞价购牌方式分配燃油车号牌的上海以及采用竞价购牌+摇号得牌方式分配号牌的天津，我们调研了 2017 年 1~12 月当地个人指标燃油车号牌的平均拍卖价格，并用其来反映当地一块燃油车号牌的价值，分别为 90687 元/车②和 30967 元/车③；对于采用摇号得牌方式分配燃油车（及 PHEV）号牌的北京，我们用带北京牌照和不带北京牌照的同一款车在二手车交易市场④上的价格差值来反映当地一块燃油车号牌的价值，约为 13 万元/车⑤。显然，新能源汽车上牌优惠这项政策能够为限牌（限购）城市中购买新能源汽车的消费者带来极高的货币化收益。

---

① 前文提到，北京市 BEV 号牌的分配方式是直接申请、先到先得。由于 2017 年北京 BEV 号牌的申请人数多于可供分配的号牌总数，因此对于部分北京消费者来说，想要获得一块 BEV 号牌也需要等待，也会产生一定的时间成本。但是，考虑到 2017 年 12 月北京市燃油车（包括 PHEV）号牌低至 0.11% 的摇号中签率，消费者为获取北京市 BEV 号牌所付出的时间成本就可以忽略不计。
② 资料来源：http://sh.auto.sina.com.cn/bdcs/2017-12-16/detail-ifyptkyk4805411.shtml。
③ 资料来源：http://k.sina.com.cn/article_1245286342_4a398fc6001002dst.html。
④ 目前北京市的二手车不允许带牌出售，但根据 2011 年北京市交通委和工商局发布的通知，从 2011 年 4 月 1 日开始，北京有 1.2 万辆已经备案的二手车可以带牌出售，http://news.cntv.cn/20110412/110430_1.shtml。
⑤ 资料来源：http：//life.xinhua08.com/a/20110414/459454.shtml。

表6 2017年上海、北京、天津三座限牌（限购）城市的号牌分配方式及其为购买新能源汽车的消费者带来的货币化收益

城市	燃油车号牌分配方式	新能源汽车号牌分配方式	新能源汽车上牌优惠政策为当地消费者带来的货币化收益
上海	总量控制 竞价购牌	免费号牌	2017年个人指标的平均竞价（90687元/车）
北京	总量控制 摇号得牌	总量控制 先到先得	带北京牌照和不带北京牌照的同一款车在二手车交易市场上的价格差值（约130000元/车）
天津	总量控制 竞价购牌+摇号得牌	免费号牌	2017年个人指标的平均竞价（30967元/车）

资料来源：根据公开资料整理。

6. 新能源汽车路权优惠

在自家车辆被限行的日子里，车主需要选择其他交通方式来满足刚性的出行需求（上下班），例如搭乘出租车或使用公共交通，这就为车主带来额外的出行成本。由于新能源汽车不限行，因此就为购买新能源汽车的消费者省去了这部分额外的出行成本，这也就是这项激励政策能够为消费者带来的货币化收益。

具体来说，我们采用下面的公式来计算新能源汽车路权优惠这项政策为购买和使用新能源汽车的消费者所提供的单年货币化收益。

$$AB = [(S_{taxi} \times C_{taxi}) + (S_{pub} \times C_{pub})] \times AD \times SD$$

其中，AB：annual benefit，单年货币化收益；

S_{taxi}：share of vehicle owners who choose taxi at days with driving restrictions，车主选择出租车作为替代交通方式的概率；

C_{taxi}：typical cost of taking a taxi，限行日搭乘出租车出行的成本；

S_{pub}：share of vehicle owners who choose public transportation at days with driving restrictions，车主选择公共交通作为替代交通方式的概率；

C_{pub}：typical cost of public transportation，限行日使用公共交通出行的成本；

AD：annual days with driving restrictions，每年总的限行天数；

SD：share of vehicle owners who drive to work，有车的人选择开车上下班的百分比。

公式中括号以内的部分计算的是车主在每一个限行日因选择其他交通出行方式而产生的额外出行成本，用它乘上一年中总的限行天数就得到了一年内总的额外出行成本。本研究中，我们假设在限行日，车主选择出租车和公共交通作为替代交通方式的概率各占50%，出租车的单程价格假设为30元，公共交通出行的单程价格假设为4元，每年总的限行天数既考虑了常规的尾号限行，也考虑了重污染天气时临时采取的单双号限行措施。

需要注意的是，很多人尽管拥有汽车，却不选择开车上下班，这些车主不能够从新能源汽车路权优惠这项政策中获得与其他车主等额的货币化收益，因此我们需要在公式的最后再乘上一个"有车的人选择开车上下班的百分比"来估算实际的消费者收益，在本研究中，我们假设这个百分比为20%[1]。最后，我们按照4年的持车时间和4.35%的贴现率评估了车主在整个持车周期内从该项政策中得到的货币化收益。

7. 公共充电基础设施建设补贴

在理想的公共充电桩覆盖率状态下，车主可以在任何地点随时为自己的电动车充电，因此就不会出现因电动车续航里程不足而无法完成某些长距离出行的情况。但目前的公共充电基础设施的便利性显然还没有达到理想状态，如果车主某次出行的距离超过了电动车的续航里程，而出行路线上充电桩的覆盖率又不足以完全保证及时的充电补给，那么车主就没有足够的信心依靠自己这辆电动车完成此次出行。换句话说，里程忧虑会影响车主的出行选择，对于一些出行距离超过自己电动车续航里程的行程，车主会倾向于选择租车以确保能够完成出行，因此也就产生了额外的成本。

发展和完善公共充电基础设施网络的价值就在于它能为消费者带来里程信心。一个城市的公共充电基础设施网络越完善、充电越便利，那么电动车车主因自己车辆续航里程不足而选择租车出行的可能性就越低，额外的租车花费也就会随之降低。这些减少的租车花费就是公共充电基础设施建设补贴这项政策

---

[1] 崔洪阳等：《中国城市新能源乘用车激励政策评估》，国际清洁交通委员会（ICCT），https://www.theicct.org/publications/evaluation-incentive-policies-China-urban-NEVs，2017年。

能够为消费者带来的货币化收益。当然，以上分析仅适用于 BEV，不适用于 PHEV。众所周知，PHEV 并不完全依赖充电，也可以在加油站加油，因此，我们假设 PHEV 车主没有里程忧虑。

具体来说，我们采用下面的公式来计算公共充电基础设施建设补贴这项政策为购买和使用 BEV 的消费者所提供的单年货币化收益。

$$AB = AD \times CR \times (PC_{real}/PC_{ideal}) \times SC$$

其中，AB：annual benefit，单年货币化收益；

AD：typical annual number of days with insufficient BEV range，典型车主在一年中出现日行驶里程超过纯电动车续航里程的天数；

CR：cost of rental car，单日的租车费用；

PC_{real}：real number of public chargers，现有公共充电桩的数量；

PC_{ideal}：ideal number of public chargers，理想状态下公共充电桩的数量；

SC：share of city-funded public chargers，获得地方政府资助的公共充电桩的比例。

其中，典型车主指的是年行驶里程为中位数的驾车人群。美国橡树岭国家实验室的林镇宏和 David Greene 的一项研究①基于消费者出行调查数据给出了典型车主在一年中日出行里程超过纯电动车续航里程的天数，本研究所选择的 BEV 代表车型北汽 EC180 的续航里程为 156 公里（约 97 英里），典型车主在一年中续航里程不能满足需求的天数大约为 30 天。

单日的租车费用随车辆类型、租车时间、租车地点的变化而变化。在本研究中，我们根据神州租车的报价数据，选择 300 元/天的价格（包括保险）来近似反映平均的单日租车费用。

将"典型车主在一年中出现日行驶里程超过纯电动车续航里程的天数"与"单日的租车费用"相乘，就得到了消费者在理想的公共充电基础设施覆盖率情况下的货币化收益，即 BEV 车主完全不需要担心里程问题，在一年 365 天内都不需要租用替代车辆。但现有的公共充电基础设施网络还远未达到理想

---

① Lin, Z. & Greene, D. (2011), "Promoting the Market for Plug-in Hybrid and Battery Electric Vehicles: Role of Recharge Availability," *Transportation Research Record*: *Journal of the Transportation Research Board*, (2252), 49-56.

的覆盖率,因此我们需要用一个修正因子来反映这一实际情况,这个修正因子可以用城市现有的公共充电桩数量除以理想状态下的公共充电桩数量得到,其中,每个城市理想状态下的公共充电桩数量是基于美国加州大学戴维斯分校的Marc Melaina 和 Joel Bremson 的研究[1]中给出的方法,用各个城市的人口密度和城区面积计算得到的;而京津沪渝四市现有的公共充电桩数量则来自中国电动汽车充电基础设施促进联盟的统计数据[2]。

此外,本研究中我们分析的是城市政策为消费者带来的货币化收益,而以上计算得到的是由该市所有公共充电桩带来的货币化收益,因此我们还需要乘上另一个修正系数(即获得地方政府资助的公共充电桩的比例),从而将这些货币化收益中应该归功于城市政策的部分剥离出来。上海和北京都对本地公共充电桩建设给予了一定比例的支持,在这种情况下,直接将这个百分比作为修正系数即可;而重庆则是根据所建充电桩的总千瓦时来给予财政支持的,在这种情况下,我们根据典型公共充电桩的成本和千瓦时数来计算重庆的财政补贴占充电站总投入的比例,并将其作为该城市的修正系数。

计算完单年的消费者收益后,我们按照4年的持车时间和4.35%的贴现率评估了车主在整个持车周期内总的货币化收益。

(二)量化评估结果

利用上面介绍的方法,我们得到了上海、北京、天津、重庆四座城市在2017年所采用的各项地方性激励政策为消费者购买和使用新能源乘用车所带来的货币化收益。表7和图5展示了七项BEV激励政策的量化结果,表8和图6则展示了六项PHEV激励政策的量化结果,此外图5和图6还分别对应给出了四座城市2017年纯电动乘用车和插电式混合动力乘用车的市场占比。

可以看到,虽然2017年京津沪渝四座城市所采用的地方性新能源乘用车激励政策数目大体相当,在7~9项,但其给当地消费者实际带来的货币化收

---

[1] Melaina, M. & Bremson, J. (2008), "Refueling Availability for Alternative Fuel Vehicle Markets: Sufficient Urban Station Coverage," *Energy Policy*, 36 (8), 3233 – 3241.

[2] 资料来源:http://evcipa.org.cn/。

益相差极大。对于购买BEV的消费者来说，北京提供的货币化收益最大，超过16万元，上海紧随其后，以118091元位列第二，天津和重庆为购买BEV的消费者提供的货币化收益较京沪两市逊色不少，分别仅有51556元和18482元。对于购买PHEV的消费者来说，上海提供的货币化收益最大，达到105455元，天津和重庆分别为消费者提供了46122元和14060元，位居第二和第三，北京市不鼓励PHEV的发展，为购买PHEV的消费者提供的货币化收益仅为3398元，远低于其他三座城市。

较高的消费者收益是带动当地新能源乘用车推广的关键因素之一。从图6不难看出，地方性激励政策为当地购买PHEV的消费者提供的货币化收益越大，当地的PHEV市场占比就越高；我们在图5中也能够看到类似的趋势，购买BEV的消费者能够从地方性激励政策中获得的货币化收益越高，当地的BEV市场占比通常也越高。但天津是一个特例，其为购买BEV的消费者提供的货币化收益并没有北京和上海那么高，但其2017年BEV的市场占比却高达6.3%，高于北京和上海两市，这在很大程度上得益于天津市为新能源汽车推广所营造的高度开放的市场环境。从表1可以明显地看到，2017年，我国很多省（自治区、直辖市）的新能源乘用车市场仍存在本地企业一家独大的现象，这意味着这些省份新能源乘用车市场的开放程度较低；反观天津，2017年有7家企业的新能源乘用车销量在2000～4000辆，销量最高的北汽在天津的市场占比也仅为14%，高度开放的市场环境显而易见，这是天津市2017年在新能源乘用车推广方面取得很大成功的重要因素。

从单一政策激励力度的角度来说，地方购置补贴仍然作用突出，其为四座城市购买BEV和PHEV的消费者分别带来了15000～18000元和10000～12000元（北京除外）的货币化收益。但是在上海、北京、天津这样的限牌（限购）城市，对消费者的货币激励效益最大的政策已经不是地方购置补贴，而是新能源汽车上牌优惠这样的间接激励政策，尤其是在北京和上海，新能源汽车上牌优惠带来的等值货币激励高达9万～13万元，这极大地刺激了新购车者对新能源汽车的购买意愿。此外，在上海、北京两市，公共充电基础设施建设补贴政策通过大幅改善当地的充电便利性，也为购买BEV的消费者提供了7000～11000元的较高货币化收益，仅次于新能源汽车上牌优惠和地方购置补贴政策，在激励力度方面居所有被量化的地方性政策中的第三位。此外，虽然京津沪渝四市采用了多种新能源乘用车使用阶段的激励手段，如车船税减免、充电费用优惠、路桥通行费用减免、新能源汽车路权优惠等，但量化结果显示这些政策的激励幅度均较小，未能为消费者在新能源汽车的使用阶段提供足够的货币化激励。

表7 2017年京津沪渝四市的地方性激励政策为购买和使用BEV的消费者带来的货币化收益

单位：元

激励政策为消费者购买和使用BEV带来的货币化收益	上海	北京	天津	重庆
BEV地方购置补贴	18000	18000	18000	15000
车船税减免	676	940	1014	450
充电费用优惠	987	1399	247	432
路桥通行费用减免	0	0	0	2300
新能源汽车上牌优惠	90687	130000	30967	0
新能源汽车路权优惠	0	1328	1328	0
公共充电基础设施建设补贴	7741	10143	0	300
总计	118091	161810	51556	18482

资料来源：根据公开资料整理。

表8 2017年年京津沪渝四市的地方性激励政策为购买和使用PHEV的消费者带来的货币化收益

单位：元

激励政策为消费者购买和使用PHEV带来的货币化收益	上海	北京	天津	重庆
PHEV地方购置补贴	12000	0	12000	10000
车船税减免	1314	1352	1466	1128
充电费用优惠	1444	2046	361	632
路桥通行费用减免	0	0	0	2300
新能源汽车上牌优惠	90687	0	30967	0
新能源汽车路权优惠	0	0	1328	0
总计	105455	3398	46122	14060

资料来源：根据公开资料整理。

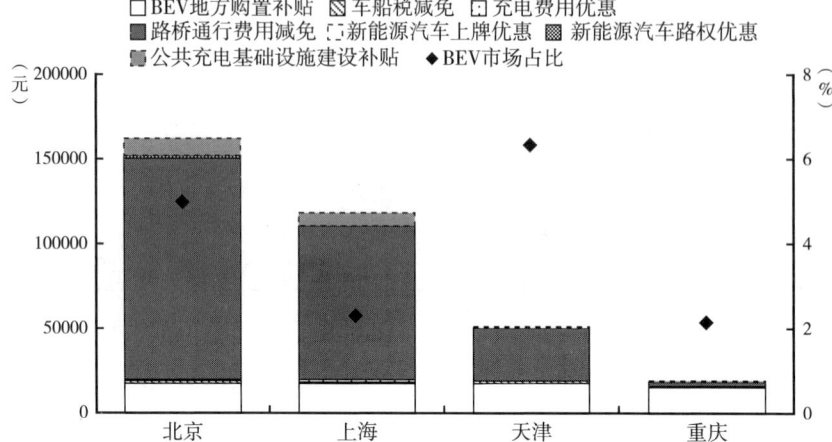

图 5　2017 年京津沪渝四市的地方性激励政策为购买和使用 BEV 的消费者带来的货币化收益以及 2017 年当地的 BEV 市场占比

资料来源：根据公开资料整理。

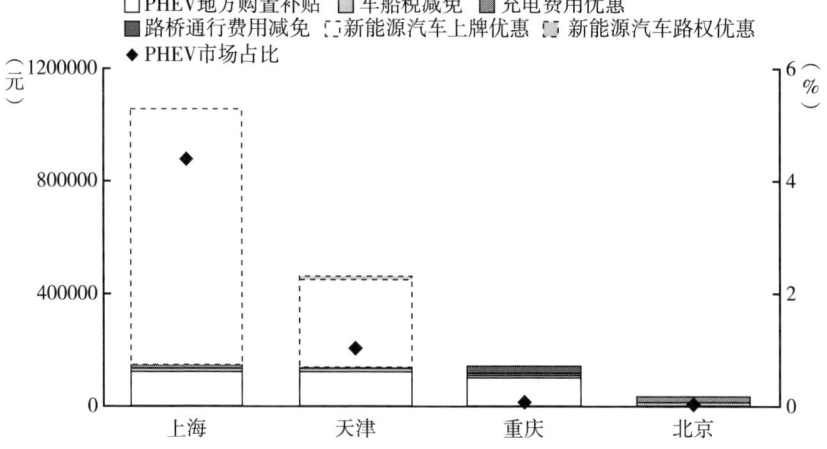

图 6　2017 年京津沪渝四市的地方性激励政策为购买和使用 PHEV 的消费者带来的货币化收益以及 2017 年当地的 PHEV 市场占比

资料来源：根据公开资料整理。

四 政策建议

中国新能源汽车发展已经进入新时代，各主要城市应更加积极主动地参与到新能源汽车推广的大潮之中，积极出台更加全面、有效的政策措施引领中国新能源汽车市场有序、健康发展。结合前文的政策和市场分析，提出以下建议，为我国城市在后补贴时代实现新能源汽车市场的可持续发展提供参考。

（1）在新能源汽车推广方面处于领先地位的城市应继续保持先发优势，积极探索当地新能源汽车市场高质量发展的可行路径，争创国际电动车应用先进城市；目前推广情况并不理想的二线及以下城市仍有广大的发展空间，应积极向先进城市学习，努力扩大新能源汽车推广规模。

（2）未来，城市可以把推广新能源汽车作为当地治理大气污染的手段之一，结合城市空气质量改善目标来制定地方性推广政策。

（3）进一步破除地方保护主义，包括废除地方目录、地方技术门槛等隐性要求，推动新能源汽车市场开放，为用户和产业提供公平有效的市场和消费环境。

（4）城市可以根据自身情况，因地制宜地采用综合性地方性政策激励措施来推动当地新能源汽车市场发展。

（5）在新能源汽车推广初期，可以优先考虑公共服务领域，积极推动出租车队、租赁车队、公务车队、共享车队、公交车队的电动化。

（6）在新能源汽车推广的中后期，私人市场的作用尤为重要。要针对私人购买和使用需求，通过政策手段在购买和使用阶段给予消费者充分的经济激励（包括直接和间接激励）。

（7）在需要对汽车总保有量或总使用量进行管控的城市，应继续给予新能源汽车上牌和路权优惠，此类间接性激励手段在这些城市效果明显。

（8）未来，政策不能只关注购买，更应该着重鼓励新能源汽车的使用。应加大使用阶段各项直接、间接激励政策（如充电费用优惠、停车费用优惠、道路通行费用减免等）的激励力度。

B.16 中国电动汽车标准化工作进展

刘桂彬 徐枭 曹冬冬*

摘 要： 电动汽车的快速发展离不开标准的规范和引导。目前我国已经形成一套完整的电动汽车标准体系，伴随技术的进步和管理要求的提高，该标准体系也在不断完善。2017年，多项重点标准完成审查，基础通用、电动车辆整车、关键系统及零部件和接口及设施等分领域标准的研究和起草工作稳步推进，其中，行业广泛关注的三项电动汽车强制性国家标准成熟草案已经形成。下一步将按照"十三五"电动汽车标准体系规划的指导，在各细分领域继续推进标准化工作。

关键词： 电动汽车 标准体系 标准化工作

近年来我国新能源汽车产业飞速发展，2017年我国新能源汽车产销量和保有量均位居世界第一，持续保持世界最活跃新能源汽车市场地位。电动汽车产业的快速发展离不开标准的引导和规范，标准法规在支撑和规范产业发展、促进技术改进和水平提升方面发挥着重要作用。经过多年的工作积累，我国已经在电动汽车标准化方面形成了一整套成熟的体制机制，在推荐性国家标准和行业标准两个层次的体系基础上，加强强制性国家标准建设，注重团体标准的培育，努力构建强制性国家标准、推荐性国家标准、行业标准、团体标准、行业标准多层次相结合、重点突出、覆盖全面、结构合理的新型电动汽车标准体系。

---

* 刘桂彬，教授级高级工程师，中汽中心汽车标准化研究所副总工程师；徐枭，硕士，高级工程师，中汽中心汽车标准化研究所；曹冬冬，硕士，工程师，中汽中心汽车标准化研究所。

一 着眼现在——电动汽车标准体系日益完善

（一）我国电动汽车标准体系建设现状

电动汽车标准化工作以保证电动汽车行业健康快速发展为着眼点，结合电动汽车技术发展及产业管理需求，不断完善标准制修订规划，进一步细化标准领域，在各分领域查找不足、补齐短板，通过整体统筹，保证电动汽车行业资源的合理配置与科学管理。标准体系的不断完善在引导技术发展方向、规范产品质量、促进产业发展以及支撑政府管理等方面具有重要作用。

全国汽车标准化技术委员会电动车辆分技术委员会（SAC/TC114/SC27）自1998年成立以来，立足于电动汽车行业的发展，以构建合理完善的电动汽车标准体系为目标，依托行业力量，不断细化标准规划，以各个细分领域为工作落脚点，努力构建适应新能源汽车发展要求的标准体系。2017年，电动车辆分标委努力贯彻落实《节能与新能源汽车产业发展规划（2012~2020年）》《汽车产业中长期发展规划》等文件要求，完成了《中国电动汽车标准化工作路线图》发布工作，并以此为行动指南，逐步推进各领域标准的制修订工作。

经过多年的工作积累，我国电动汽车标准体系已经形成并趋于完善，截至2017年底，电动汽车领域已经发布且现行有效的国家和行业标准共计81项（标准清单见附录），其中2017年发布标准及标准修改单23项，已经正式立项的在研标准21项。以上标准主要分为基础通用、电动车辆整车、关键系统及零部件和接口及设施四大领域，各领域按照研究内容又分为不同细分领域，如图1所示。

（二）电动汽车标准化工作最新进展

1. 多项标准完成审查

2017年，电动车辆分标委秘书处从标准的立项、草案、征求意见稿、送审稿以及报批稿等标准制修订全流程提出高标准要求，进一步优化标准质量，保证标准的有效性、可行性。按照《中国电动汽车标准化工作路线图》的规划，2017年电动汽车领域完成10项标准的审查工作，如表1所示。所审查标

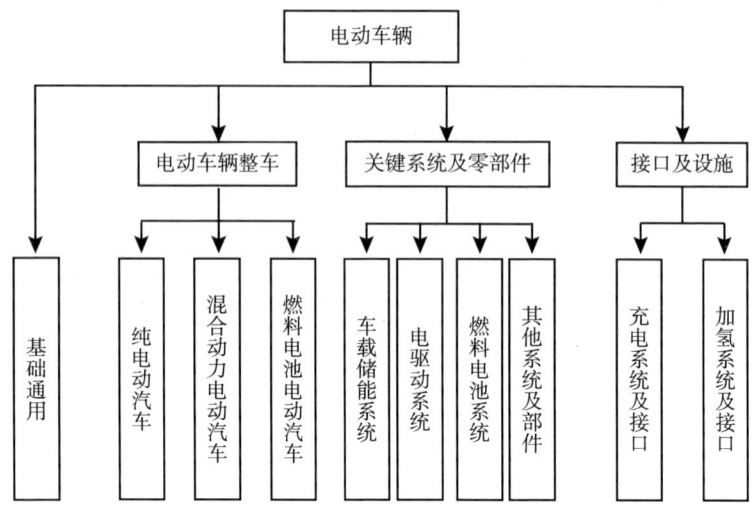

图1 电动汽车标准体系框架

准涉及电动汽车高压安全、行驶告警、无线充电、基础设施、灾害应急救援以及动力电池回收利用等多个关键领域,部分标准已经完成报批,将陆续进入发布实施阶段。以上标准的实施将会对电动汽车安全性能提高、市场推广起到重要的推动作用。

表1 2017年度完成审查的标准

序号	标准号	标准名称	制修订
1	GB/T	电动汽车低速提示音	制定
2	GB/T	电动汽车用高压大电流线束和连接器技术要求	制定
3	GB/T	电动汽车无线充电系统 通用要求	制定
4	GB/T	燃料电池电动汽车整车氢气排放测试方法	制定
5	GB/T 24548-2009	《燃料电池电动汽车 术语》第1号修改单	制定
6	GB/T 26779-2011	《燃料电池电动汽车 加氢口》第1号修改单	制定
7	GB/T	电动汽车产品使用说明:应急救援	制定
8	GB/T	电动汽车灾害事故应急救援指南	制定
9	GB/T	车用动力电池回收利用 梯次利用	制定
10	GB/T 19836	电动汽车仪表	修订

2. 各细分领域标准项目不断推进

（1）三项强制性国家标准形成成熟草案

2016年10月，电动汽车首批三项强制性国家标准GB《电动汽车安全要求》、GB《电动客车安全技术条件》以及GB《电动汽车用锂离子动力蓄电池安全要求》制定工作正式启动，自三项强标制定工作开展以来，获得了整个电动汽车行业的持续关注，经过了数十次大小会议讨论，标准制定过程中充分听取了行业专家的观点，通过行业的整体协调，起草组完成三项标准的成熟草案。下一步将会挂网征求意见。

（2）电动汽车用动力蓄电池领域两项国家标准处于起草阶段

2017年，电动汽车用动力蓄电池标准工作组启动了GB/T《电动汽车用混合电源技术要求》的编制工作，通过工作组专家讨论，该标准已经形成基本的制定框架和性能要求的修改意见；工作组完成GB/T《电动汽车电池管理系统技术条件》制定工作的推进，经过工作组专家对提出的问题的研究讨论，最终达成一致意见，形成该标准的新一版草案，草案中确定了SOC估算精度要求、镍氢电池特殊性以及不同结构形式的管理系统区分要求等。

（3）电动汽车用驱动电机领域三项标准处于起草阶段

2017年，电动汽车用驱动电机工作组继续推进QC/T《电动汽车用电动动力系统噪声测量方法》和QC/T《电动汽车用绝缘栅双极晶体管（IGBT）模块环境试验要求和试验方法》两项标准的制定工作，两项标准经过工作组的多次讨论已形成第二版草案，对于驱动电机运行工况噪声测量、IGBT试验要求及试验条件等行业共同关注的问题点，与会专家进行了重点讨论，并形成较为一致的意见。与此同时，工作组启动了GB/T 24347《电动汽车DC/DC变换器》标准的修订工作，目前起草组已经确定标准修订的基本框架和需要重点讨论的主要问题点。

（4）燃料电池汽车领域多项标准处于研究阶段

2017年，燃料电池工作组在襄樊和大连分别召开了两次工作组会议，会议期间对燃料电池电动汽车试验方法、基础设施要求等多个议题进行了研究讨论。主要议题集中在燃料电池电动汽车70Mpa相关的标准修改，GB/T 24554-2009《燃料电池发动机性能试验方法》中燃料电池发动机性能试验方法的主要修订意见，燃料电池电动汽车发动机耐久寿命加速工况标准制定，以及GB/T《燃料电池

电动汽车 定型试验规程》标准讨论和 GB/T《燃料电池电动汽车 加氢通信协议》标准预研。

（5）电动汽车电磁兼容标准领域两项国家标准处于起草阶段

2017年，电动汽车电磁兼容工作组组织开展了 GB/T《电动汽车充电耦合系统的电磁兼容性要求和试验方法》和 GB/T《无线充电系统电磁兼容性要求和试验方法》两项推荐性国家标准的研究和制定工作。其中，GB/T《电动汽车充电耦合系统的电磁兼容性要求和试验方法》经过多轮讨论，目前已经形成较为成熟的标准草案，GB/T《无线充电系统电磁兼容性要求和试验方法》目前处于标准预研阶段。

（6）动力电池回收利用领域多项标准进展迅速

2017年，动力电池回收领域开展了4项标准的制定工作，其中 GB/T《车用动力电池回收利用 梯次利用》已经完成审查，GB/T《车用动力电池回收利用 材料回收要求》、GB/T《车用动力电池回收利用 包装运输规范》以及 GB/T《车用动力电池回收利用 拆卸要求》三项标准经过多轮讨论已经形成较为成熟的草案，下一步将挂网征求意见。

3. 国际合作进一步深化

作为新兴产业中的支柱产业，新能源汽车已成为我国科技创新、产品进步的代表性产业，而我国电动汽车标准也已经完成从无到有、从弱到强的过渡，科学的管理模式、高质量的标准内容、雄厚的专家团队，支撑我国电动汽车形成了一套不亚于传统汽车强国的标准体系。

在对国际标准"引进来"的同时，我国也在加快电动汽车标准"走出去"的步伐，中国作为联合国世界车辆法规协调论坛（WP.29）下设的电动汽车安全（EVS）、电动汽车环境（EVE）以及燃料电池电动汽车（GTR13）三个非正式工作组的副主席国，深度参与并开始主导该领域国际法规的制定工作。

分标委继续保持与美、日、欧盟等传统汽车强国和地区的电动汽车标准交流，与以上国家和地区分别就电动汽车安全、无线充电、电磁兼容以及电池安全等议题，进行多次双边或多边交流，保证中国标准与世界标准的互联互通。重视"一带一路"沿线国家的电动汽车标准沟通，参与 APEC 汽车对话论坛，对外输出我国电动汽车标准化工作思路。

二 展望未来——电动汽车标准化工作规划

(一)促进电动汽车标准体系进一步完善

目前,我国已形成以推荐性国家标准和行业标准为主体的较为完整的电动汽车标准体系,四大领域基本满足了电动汽车设计、制造、测试、回收利用等各方面的使用需求。下一步,分标委将继续贯彻落实《节能与新能源汽车产业发展规划(2012~2020年)》《汽车产业中长期发展规划》指导思想,围绕《汽车行业"十三五"技术标准体系建设方案编制大纲——电动车辆领域》的内容,充分调动行业参与的积极性,保证发挥企业在标准化工作中的核心作用,按照标准所起的规范产品、引领技术、保证管理的作用,进一步完善各细分领域的标准规划。

重点完成强制性国家标准。分标委将重点开展GB《电动汽车用蓄电池安全要求》、GB《电动汽车安全要求》以及GB《电动客车安全要求》电动汽车领域首批三项强制性国家标准的征求意见、标准审查以及标准报批工作,保证以高质量、高效率完成强标的制定工作。

着力培育团体标准。团体标准作为国家标准和行业标准的有效补充,成为发展标准的另一方向。根据团体标准制定的灵活性,培育一批能够满足行业发展需求、规定目标明确、可行性充足的团体标准;通过增加团体标准基数,扩大行业对标准的选择范围,利用行业自主选择能力,优胜劣汰,保留高质量、高水准的团体标准。作为现有国家标准与行业标准的有效补充,电动汽车团体标准的培育从不同构建层次对标准体系进行了完善,有助于构建层次分明、结构合理、覆盖全面的新型标准体系。

完善标准项目节点规划。启动《中国电动汽车标准化工作路线图》(第一版)(以下简称《路线图》)修订工作,《路线图》按照标准项目的需求紧迫性,分为紧急、短期、中期、长期四个阶段,对我国2016~2025年电动汽车标准化工作进行了梳理和部署。目前《路线图》中规划的紧急、短期两个阶段的标准制修订目标已经基本完成,一些中期、长期目标变得较为紧急,并且行业技术和管理方向有了新的发展,一些新项目需要适时提出,为保证《路线图》的应用性及适时性,下一步将启动第一版的修订工作。

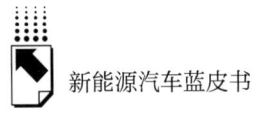

（二）我国电动汽车标准近期重点部署

1. 基础通用领域

加快电动汽车基础通用领域相关技术标准的研究工作，努力完成传导充电电磁兼容性标准起草工作；启动 GB/T 31498-2015《电动汽车碰撞后安全要求》修订方案的预研；开展电动汽车电子电器环境适应性标准预研工作。

2. 电动汽车整车领域

推进 GB/T 24549-2009《燃料电池电动汽车安全要求》修订进程，完成该标准的审查和报批工作；推进四轮低速电动车标准的制定；推动纯电动汽车、轻型混合动力汽车和重型混合动力汽车能耗测试标准的修订。

3. 关键系统部件领域

加强动力电池回收利用分领域标准体系建设，推进动力电池回收利用拆卸要求、包装运输和材料回收标准的起草进程，完成以上三项标准的审查和报批，开展动力电池梯次利用标准预研工作；加快关键系统部件标准制定工作，完成电池管理系统和车载充电机标准的起草，开展燃料电池发动机耐久、燃料电池堆性能、轮毂电机、高压熔断器及高压接触器标准的预研。

4. 充电基础设施领域

整合汽车行业与基础设施行业资源，共同推进充电基础设施领域标准预研工作。对充电接口及通信协议现行标准实施效果评估，探索研究大功率传导充电技术方案，开展无线充电系统互操作性测试活动和标准预研，推进电动客车接触式充电系统标准的制定，推动传导放电、充电信息安全、加氢通信协议及加氢口标准的预研与立项。

（三）加大国际标准参与力度

密切关注全球电动汽车技术发展状况，加强与美、日、欧盟等传统汽车强国和地区的对话交流，在电动汽车整车、动力蓄电池、电动汽车基础设施等方面，建立广泛的双边或多边交流机制；进一步加强与国际标准化组织（ISO）、国际电工委员会（IEC）等国际组织的交流，掌握国际标准发展动态，保证国内标准与国际标准的互联互通，通过标准交流方式打破汽车出口壁垒，提高我国电动汽车产业国际化水平；加强"一带一路"沿线国家标准交流，促进我国新能源汽车标准的兼容与开放；进一步参与 WP.29 法规编制工作，以电动汽车安全（EVS）、电动汽车环境（EVE）及燃料电池电动汽车（GTR13）三个工作组的法规起草工作为突破口，不断提升我国在国际标准法规工作中的参与度。

三 任重道远——电动汽车标准工作砥砺前行

电动汽车是国家战略性新兴产业，标准化建设是国家核心竞争力的重要体现，其已经逐步上升为国家战略。需要从战略的角度，布局标准、规划产业，促进二者的协调兼容，成就电动汽车的长久事业。

全国汽车标准化技术委员会电动车辆分技术委员会秘书处及挂靠单位中国汽车技术研究中心有限公司以服务发展产业为己任，立足全行业，在电动汽车的标准化事业上将继续努力奋斗、开拓创新，通过不断优化我国电动汽车标准体系，为我国电动汽车的发展保驾护航。

热 点 篇

Hot Issue Reports

热点篇从补贴政策、后补贴政策、双积分政策、大数据平台建设四个方面展开介绍，围绕产业热点问题，阐述新能源汽车产业发展趋势。

车辆购置补贴政策已成为我国新能源汽车支持政策体系中影响最大、效果最突出的政策类别之一。《新能源汽车购置补贴与市场发展》总结了 2009 年以来补贴政策的实施经验，提出下一步新能源汽车购置补贴政策调整的重要方向，推动产业实现高质量发展。

随着财政补贴政策逐步退出，后补贴时代政策支持体系将是保障新能源汽车产业可持续发展的关键措施。《后补贴时代新能源汽车支持体系畅想》提出着重解决技术创新、市场增长、地方保护、推广环境等问题，从生产、研发、购置、使用、基础设施等方面探讨后补贴时代解决关键问题的建议。

双积分政策成为推动我国新能源汽车产业市场化发展的长效机制。《对"双积分政策"的认识及展望》重点分析了双积分政策的内容、要点以及相关实施情况，最终提出相关工作建议，并对下一阶段双积分政策进行展望。

新能源汽车监控平台成为加强产业安全监管工作的重要途径。《上海新能源汽车大数据挖掘及应用案例分析》介绍上海数据平台的用户行为分析情况及数据开发分析模块，提出提高数据质量与加强数据治理、通过横向交流与数据共享发挥数据价值等建议。

B.17
新能源汽车购置补贴与市场发展

周玮 姚占辉*

摘 要： 国家对新能源汽车给予购置补贴已进入第10个年头，并已成为我国新能源汽车支持政策体系中影响最大、效果最突出的政策类别之一。补贴政策对我国新能源汽车市场的培育起到了重要的推动作用，在技术创新、经济发展、节能减排等方面带来显著溢出效应的同时，积累了诸多宝贵经验。在国家扩大对外开放与未来激烈市场竞争的形势下，建议补贴政策继续深化鼓励先进导向，延续对重点领域和先进产品的支持，推动指标体系与相关支持政策相衔接，并实现由支持购置向鼓励使用转变。

关键词： 新能源汽车 购置补贴 溢出效应

中国已连续三年成为全球最大的新能源汽车市场，这一成绩的取得与国家政策的支持密不可分。据中汽中心统计，截至2017年底，我国国家层面已出台新能源汽车相关政策达到200余项，地方层面更是超过500项。在诸多与新能源汽车相关的政策中，补贴政策作为持续时间最长、影响最深远、效果最突出的新能源汽车扶持政策之一，从2009年启动至今，已经历10个年头，深入研究补贴政策与市场发展的关系，对指导我国下一阶段新能源汽车产业政策的制定具有重要的借鉴意义。

---

* 周玮，硕士，工程师，中汽中心新能源汽车与财税政策研究室；姚占辉，硕士，高级工程师，中汽中心新能源汽车与财税政策研究室。

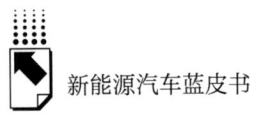

一 回顾历史，补贴政策有效培育了市场

从2009年起，财政部、科技部、工信部、国家发改委发布新能源汽车推广支持政策，首先在13个城市公共服务领域开展试点推广，后来逐步扩大到25个城市，并进一步扩大到对私人消费者购买新能源汽车给予财政补贴。2016年后，补贴政策已从最初的少数城市示范试点扩展到全国范围实施，力度不断加大。总体看来，新能源汽车补贴政策在我国新能源汽车发展过程中起到非常关键的作用。

（一）新能源汽车市场获得了明显发展

自2009年我国针对新能源汽车实施补贴政策以来，我国新能源汽车市场获得了明显发展，销量由2009年不足300辆的水平，经过9年的时间跃升至2017年的77.7万辆规模（见图1）。根据推广规模和范围的不同，我国新能源汽车补贴政策可以分为试点示范（2009~2012年）、扩大推广应用（2013~2015年）和全面推广应用（2016~2020年）三个阶段。

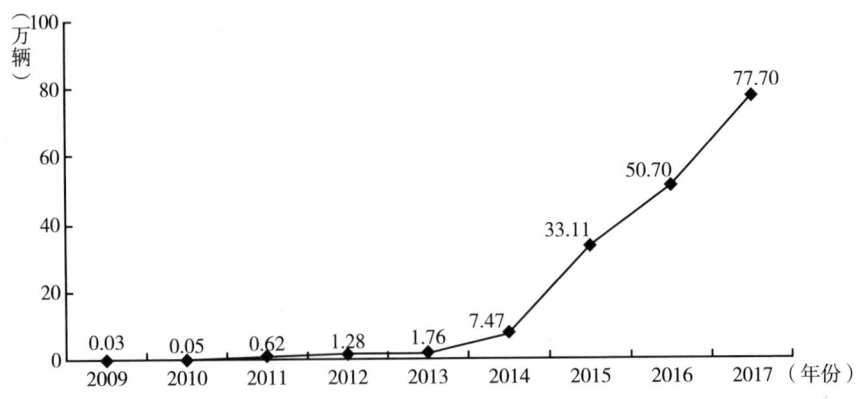

图1 2009~2017年我国新能源汽车销量

资料来源：中国汽车工业协会。

试点示范阶段（2009~2012年）：经过"十五""十一五"国家相关科技专项的扶持和积累，我国已初步掌握了部分节能与新能源汽车相关关键技术，个别企业也开始向市场小规模投放节能与新能源汽车产品，国家也

将发展新能源汽车上升为国家战略予以支持。为加快推动节能与新能源汽车由研发向产业化转变，2009年1月，财政部、科技部发布了《关于开展节能与新能源汽车示范推广试点工作的通知》（财建〔2009〕6号），决定在北京等13个城市（后扩展至25个城市）启动公共服务领域的节能与新能源汽车示范推广试点工作（俗称"十城千辆"工程），以财政补贴的方式鼓励在公交、出租、公务、环卫和邮政等公共服务领域率先推广使用节能与新能源汽车，由此我国新能源汽车财政补贴工作正式拉开帷幕。2010年6月，财政部、科技部、工信部、国家发改委发布《私人购买新能源汽车试点财政补助资金管理暂行办法》（财建〔2010〕230号），进一步选取5座城市（后增加至6座）开展私人购买新能源汽车补贴试点，推动新能源汽车向私人领域推广。在补贴政策的刺激下，我国新能源汽车市场销量由2009年的不足300辆增长至2012年的1.28万辆。这一阶段，补贴政策的导向意义大于实际作用。推广应用初期观望者居多，市场反应较为冷淡，但补贴政策的最直接效果就是营造了有利于新能源汽车发展的社会舆论氛围，尤其是对汽车企业发出明确积极的信号。

扩大推广应用阶段（2013~2015年）：2012年，国务院发布《节能与新能源汽车产业发展规划（2012~2020年）》，进一步明确了新能源汽车定义、技术路线、发展思路。在此基础上，结合上阶段示范推广工作中暴露出的一些问题和不足，2013年9月，财政部、国家发改委、工信部、科技部等联合发布《关于继续开展新能源汽车推广应用工作的通知》，进一步将推广应用范围扩大到39个城市（群），共88个城市，并进一步细化了补助范围、对象及标准。经过本阶段的推广应用，我国新能源汽车技术水平获得明显提升，并吸引了大量企业和社会资本参与新能源汽车产业发展，市场销量出现井喷，从2013年的1.76万辆爆发增长至2015年的33.11万辆。尽管该阶段国内新能源汽车产业链粗具规模，但仍处于高投入、低收益的起步阶段，补贴政策提高了企业加大研发资金和人力资本投入的积极性，成为撬动产业的有力杠杆之一。

全面推广应用阶段（2016~2020年）：为坚定企业发展新能源汽车的信心，更好地推动我国新能源汽车产业健康、持续、稳定发展，2015年4月，四部委提前发布《关于2016~2020年新能源汽车推广应用财政支持政策的通知》（财建〔2015〕134号），提出将推广范围由部分城市试点扩大至全国范围。随后在2016年和2018年,四部委又先后发布了《关于调整新能源汽车推广应用财政补贴政策的通知》(财建〔2016〕958号)、《关于调整完善新能源汽车推广应用财政补贴政策的通知》(财建〔2018〕18号),进一步突出鼓励先进的政策导向,推动企业不断提升技术水平、降低生产成本。新能源汽车市场规模也进一步增长至2017年的77.7万辆水平。经过一段时间的实践证明,引导企业提升技术水平的补贴政策,有效推动了技术进步和产业发展质量的提升,产品实际性能和功能大幅提升,这为新能源汽车私人消费市场的爆发奠定了重要且坚实的基础。

(二)新能源汽车市场发展带来了巨大的溢出效应

在新能源汽车市场规模快速增长的带动下,其成功吸引大量的资本、人才、技术加速集聚,以新能源汽车为纽带,促进各产业交织融合发展,带动了投资、就业、税收和出口的增长,新产业正在孕育新的发展动能。新能源汽车产业带来的溢出效应主要表现在以下几个方面。

1. 技术迭代效应:整车及零部件技术进步明显

一是整车产品加速迭代,技术性能和产品质量大幅提高。比亚迪、上汽等企业产品不断更新换代,产品品质稳步提升,纯电动乘用车平均续驶里程由2014年的160km增长至2018年中的318km,价格持续下降,新能源汽车性价比和消费者接受程度逐步提高。二是关键零部件技术提升明显,我国在新能源汽车动力电池性能、成本和寿命等方面都有很大进步,动力电池单体能量密度已达240Wh/kg、价格1元/Wh,较2012年能量密度提高150%、成本下降80%[①],安全性和稳定性等关键技术指标提升明显。

2. 创新溢出效应:生产要素资源加速聚集

我国新能源汽车行业的高速增长,吸引了海内外各方的关注与资源的投入。一是企业纷纷利用全球技术资源推动技术创新。如通用、宝马、特斯拉等外资企业纷纷在华设立新能源研发中心,北汽新能源、吉利、比亚迪等中资企业也走出国门,在美国、德国、日本等汽车工业发达国家建立研发中心,集合

---

① 陈清泰:《动力电池市场出现了供应紧张和产能过剩并存的现象》,http://www.sohu.com/a/238043273_422119。

国际资源开展全球研发布局。在全球研发资源的助力下，我国新能源汽车专利数量和质量均大幅提升，2016年整车企业在华新能源汽车专利公开数量增长至2009年的5.6倍，累计已超过10万件。二是我国成为新能源汽车人才培育沃土，吸引了大量国内外优秀人才来华创新创业。新能源汽车产业不仅集聚大批本土人才，使大量传统汽车企业管理、研发人员积极投身到新能源汽车行业，也吸引大批海外优秀创新人才来华创业。如蔚来、威马、拜腾等造车新势力企业创始人团队中许多都有大型国际整车集团高管背景。三是成为跨界合作的风口。百度、阿里、腾讯等互联网巨头纷纷聚焦汽车行业，"新能源汽车+交通+互联网"成为跨界合作热点，新能源汽车不仅是工业产品，也成为承担未来智能出行任务的理想载体。

3. 经济带动效应：产业孕育新的发展动能

新能源汽车产业既是高新技术产业，又是资本密集型、劳动密集型产业，能有效拉动税收和就业，具有较好的经济带动作用。据中汽中心初步测算，2011～2017年我国新能源整车投资超过1800亿元，带动装备制造、原材料、关键零部件、充电设施等产业链投资超过1.8万亿元。2017年新能源汽车产业链投资达到7000亿元，超过汽车制造业投资的50%，占制造业总投资的3.6%。特别是新能源汽车领域民营资本投资活跃，初步统计，新能源汽车整车投资项目中民营资本投资约占70%。税收方面，2017年新能源汽车产业主营业务收入超过4600亿元，利润总额超过600亿元，生产企业缴纳税收超过400亿元，尽管目前新能源汽车产品税收优惠政策较多，购置和保有环节均对新能源汽车免税，但新能源汽车仍占到全国汽车生产和销售环节税收收入的5%，成为我国经济发展的新动能。

4. 节能减排效应：保障能源安全，有效改善环境

新能源汽车可对保障我国能源安全发挥重要作用。2017年，我国年石油消耗量达到6.1亿吨[1]，对外依存度达到67.4%。预计到2020年我国新能源汽车保有量达到500万辆后，每年可减少石油消耗量750万吨[2]，石油对外依

---

[1] 中国石油集团经济技术研究院：《2017年国内外油气行业发展报告》。
[2] 《我国清洁能源汽车对石油消费量和消费结构的影响》，http://www.jzoilgas.com/dynamic/3985.html。

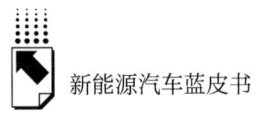

存度可下降近 2 个百分点。同时，新能源汽车已成为汽车行业减排的中坚力量。纯电动汽车使用阶段零排放，在使用终端直接改善空气质量，尤其是排放污染物较大的燃油客车、货车被逐步替代，将有效改善城市空气环境，有利于人民健康。未来，随着我国电力生产清洁化和火电比例的逐步降低，纯电动汽车全生命周期减排成效还将显著提高，这有利于贯彻落实环境保护基本国策，推动我国绿水青山生态文明建设。

（三）在推动市场发展过程中补贴政策也积累了诸多宝贵经验

1. 补贴政策只有紧抓发展的战略机遇期才能充分发挥作用

进入 21 世纪以来，随着各主要工业国的能源与减排压力不断增加，向低碳化与电动化方向转型成为汽车产业重要发展趋势。全球汽车工业的变革也为我国汽车产业发展提供了绝佳的历史机遇。补贴政策适时介入成功点燃了我国新能源汽车产业发展的星火。经过近几年的快速发展，国产新能源汽车在技术水平和性能上有了较大提升，国内也已建立较为完整的新能源汽车产业链，在相当程度上缩短了与汽车工业发达国家的差距。

2. 补贴政策不断调整完善才能适应新能源汽车快速发展需求

在财政政策引导和各方努力下，我国新能源汽车产业从无到有，逐步发展壮大，在研发推广、技术进步等方面快速发展，导致补贴政策难以完全与产业发展实际相衔接。如 2017 年客车动力电池的补贴门槛是 85Wh/kg，奖励门槛是 115Wh/kg，实际上 70% 以上的车型电池系统能量密度已经超过 115Wh/kg，不仅补贴基准门槛过低，奖励门槛也失去了作用。同时，随着规模增长、成本下降，部分车型的补贴标准已偏高，影响了市场上各类车型的公平竞争。因此，需要及时根据技术进步、产业发展、推广规模等因素适度调整完善补贴政策。

3. 补贴政策需要与监管政策有效结合才能更好地撬动市场

新能源汽车产业仍处于培育和成长期，在发展过程中不可避免地会出现一些阶段性问题。2016 年初发生的新能源汽车"骗补"事件中，曾出现虚假上传合格证、动力电池"缺斤少两"甚至反复拆装重复申请补贴等现象。究其原因，除个别企业受利益驱动诚信与法律意识淡薄以外，政府监管失责也是重要原因之一。尤其是个别地方政府在新能源汽车推广目标压力下，放松了对本地企业申报补贴材料的审核和监管,导致个别企业车辆在未生产或产品与车辆公告参数严重不符的情况下就获得车辆牌照,进而冒领国家补贴。不仅造成财政资金的浪费,还在一定程度上导致"劣币驱逐良币"的情况发生。"骗补"事件发生后,四部委对涉事企业做了严肃处理,对行业企业起到了较强的警示教育作用。为有效防止类似事情再次发生,四部委进一步加强完善监督管理,由工信部牵头建成企业、地方、国家三级联网的新能源汽车监管平台,实现对生产准入、目录审核、上牌查验、补贴发放、安全运营等环节监管的全覆盖,有效保证了后续补贴政策的顺利执行,促进新能源汽车市场健康良性发展。

4. 补贴政策需要把握好"多补"与"少补"的关系

在产业发展初期,受投入高、风险大、消费环境不完善、产品缺乏竞争力等因素制约,新能源汽车难以完全依靠市场自身来发展壮大,此时需要对"先行者"企业给予较高的补贴,以吸引行业的关注与投入。但随着产业规模逐渐增长与技术进步,新能源汽车成本快速下降,2015年前后甚至出现单车补贴金额高于个别企业产品成本的情况,此类现象在车长6~8m的纯电动客车类产品中尤为明显。这与中央与地方按1∶1比例给予配套补贴导致单车补贴过高也有很大关系,过高的补贴也引发"骗补"等现象的发生。随后四部委及时对补贴政策进行调整,在下调单车补贴标准的基础上,又设定了地方购置补贴比例不得超过中央补贴标准50%的条件,才避免了过度补贴现象重演。同时,目前新能源汽车的技术进步和成本下降幅度尚不足以完全弥补与传统汽车的差距,美国、丹麦等国外经验表明,补贴下调过快过低可能导致市场发生"断崖式"下滑。因此,补贴政策需要把握好调整力度,既不能过多导致"骗补"与财政资金的浪费,也不宜过低影响产业的健康、可持续发展。

二 新形势下,补贴政策应与市场发展相协调

(一)新能源汽车产业发展面临新的形势

新能源汽车被国家列为战略性新兴产业,承担我国汽车产业转型升级和节

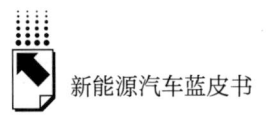

能减排、大气污染防治的重任。但当前新能源汽车产业发展也面临由扩大对外开放带来的国际竞争加剧的新局面，同时产业高速发展掩盖的一些深层次问题开始显现，补贴政策也需要根据新时代、新变化及时做出调整。

1. 在国家扩大开放环境下，未来市场竞争将更加激烈

随着我国市场进一步扩大对外开放，跨国汽车企业正在加速进入我国市场，其在产品技术水平、品牌美誉度等方面具有比较优势，进入后势必对国内市场产生巨大冲击。目前，我国新能源整车企业超过200家，技术水平参差不齐。动力电池企业超过250家，仅个别企业进入国际整车配套体系，技术尚未取得根本性突破，产品性能还有极大的提升空间。因此，补贴政策需要充分发挥引导作用，推动企业加快技术升级，在有限的时间空窗期迎头赶上，才能在未来参与激烈的国际竞争而不被淘汰。

2. 优质产品供给不足，产业发展质量亟须加快提高

从当前在售产品性能看，新能源汽车与传统汽车相比仍存在差距，加之在充电便利性、使用习惯等方面的不足，离开政策支持，新能源汽车短期内无法与传统汽车同台竞争。从产业发展看，我国市场上存在大量技术水平不高、装备水平较差的整车和动力电池企业，低端产能过剩与高端产能不足并存。在补贴诱惑下，不少企业为抢占市场，重生产销售，轻技术研发攻关，造成低成本、低品质产品挤占了市场，形成"劣币驱逐良币"现象。党的十九大明确提出，要把提高供给体系质量作为主攻方向。当前，我国新能源汽车产业正处于爬坡过槛的关键阶段，逆水行舟、不进则退，我国新能源汽车产业应把握难得且短暂的发展机遇，加快从追求发展数量向以提高发展质量为中心转变。

3. 市场刚性需求不足，依靠补贴政策驱动市场难以持续

目前，我国新能源汽车市场主要靠补贴、不限行不限购等政策驱动，私人消费刚性需求不足。与传统汽车相比，新能源汽车在续驶里程等指标表现上仍存在差距，以目前的技术进步和成本下降速度看，动力电池技术成本在2020年前难以发生革命性改变。受动力电池价格、生产规模等因素限制，新能源汽车成本与同级别传统汽车相比也不具备竞争优势，即使扣除国家财政补贴，也高于同级别传统汽车价格。2017年，新能源汽车在公共领域和租赁领域销售占比仍超过4成，且主要集中在北京、上海、天津、杭州、广州等限行限购城市，而三、四线城市多以补贴后价格极低的小型纯电动乘用车为主。随着补贴

政策退坡及退出，政策驱动下的市场难以持续，新能源汽车需尽快由政策驱动向"市场＋政府"双轮驱动转变。

（二）推动新能源汽车高质量发展应正确处理好两个关系

1. 处理好政策技术指标门槛与打造高质量精品的关系

提升政策技术指标门槛在一定程度上有利于提升产品性能。但衡量产品综合水平的指标，除了电池能量密度、能耗外，还包括产品的可靠性、操控性、安全性等，但这些性能难以在政策中简单量化衡量，而企业也需要充足的时间不断改进和提升这些指标，才能推出真正高质量的精品车型。如果政策技术指标门槛设置过高，可能导致企业将大量资源投入政策指标的达标工作之中，而忽略了对产品可靠性、操控性、安全性的升级，不利于精品车型的开发。甚至会使企业盲目跟随政策指标，将一些未得到充分验证的不成熟技术过早投放市场，对消费者的人身财产安全构成隐患，并影响企业的品牌形象。

2. 处理好自主发展与对外开放的关系

历史经验表明，依靠闭关锁国政策保护的产业不具备长久生命力，在目前扩大对外开放的大环境下，通过闭关锁国、一味保护的方式发展新能源汽车决不可行。跨国公司具备品牌、技术优势，我国企业与其相比仍存在差距，将对自主品牌企业构成巨大竞争压力。因此，补贴政策也需要结合新形势进行调整，营造公平竞争的市场环境，鼓励优胜劣汰，使中国新能源汽车企业在竞争中不断发展壮大。

三 展望未来，补贴政策仍需继续发挥作用

在补贴政策不断退坡直至退出的情况下，产业可持续发展能力还没有完全形成。为了防止2021年国家新能源汽车购置补贴政策退出后市场发生断崖式下跌，必须要在当前良好发展势头的基础上，继续调整完善政策措施，进一步激发企业活力和动力，保障我国新能源汽车产业在补贴完全退出后能够持续健康发展。

（一）在支持方式上应继续深化鼓励先进的政策导向

大部分新能源汽车产品在动力性、安全性、耐用性等方面与传统汽车仍有

一定差距，造成消费者认可度和接受度不高。且动力电池技术仍未获得革命性突破，循环寿命、安全性等关键性能指标和生产一致性保障能力与国际先进水平尚有差距，成本依然偏高。因此，补贴政策应继续发挥对产业技术创新的激励作用，加强质优价廉的优质产品研发和供给，引导企业进一步增强创造力和竞争力、加快产品更新迭代、淘汰落后产能，推动新能源汽车全产业链高品质发展，缩短与传统汽车的差距。

（二）延续对重点领域和先进产品的补贴支持

根据新能源汽车产品技术、成本和市场发展情况，建议对优质产品和燃料电池汽车产品继续给予政策支持。一是结合产业长远发展趋势，进一步完善调整燃料电池汽车补贴标准，促进技术进步，并缩小与传统燃油汽车的成本差距。二是依据国内外产业发展形势，进一步调整对先进产品的补贴门槛，在更长的时间范围内激励新能源汽车整车和关键零部件技术水平的持续提升。

（三）推动补贴政策指标体系与相关支持政策相衔接

为巩固补贴政策在推动产业技术进步方面已取得的积极成果，避免补贴政策退出后一些低水平劣质产品再度充斥市场。建议在未来的准入、税收、积分等新能源汽车相关支持政策中，借鉴利用补贴政策已有的指标与体系框架，制定适用于不同车型、不同管理需求的差别化政策。

（四）优化完善支撑环境，推动由补贴购置向鼓励使用转变

一是建议中央和地方政府加大对充电基础设施建设和运营的支持力度，如可推动企事业单位停车场地充电桩建设；二是尽快启动研究降低新能源汽车充电服务费、减免停车费和通行费、给予消费者运营或使用补贴等使用和运营环节支持政策。

B.18
后补贴时代新能源汽车支持体系畅想*

李鲁苗 姚占辉**

摘 要： 当前，我国新能源汽车在技术、产品、市场等方面仍存在一系列突出问题，需要国家继续发挥政策导向性作用，进一步优化消费环境。随着财政补贴政策逐步退出，后补贴时代政策支持体系将是保障新能源汽车可持续发展的关键因素。本文从需求侧市场发展、供给侧产业转型、政策衔接的必要性等方面阐述制定后补贴时代新能源汽车支持政策的重要性，明确维持市场稳定可持续发展、提高消费者购买积极性的政策方向，坚持政策经验借鉴、部门统筹协调、政策力度衔接、差异化设计等制定原则，提出着重解决技术创新、市场增长、地方保护、推广环境等问题，从政策角度探讨后补贴时代解决关键问题的建议，优化新能源汽车产品发展环境。

关键词： 新能源汽车 后补贴时代 支持政策

目前，政策支持对新能源汽车的可持续发展发挥着关键性作用。随着补贴政策的大幅度退坡甚至退出，后补贴时代的政策支持体系将成为我国新能源汽

---

* 2017年9月，中国汽车技术研究中心有限公司、中国汽车学会、中国电动汽车百人会联合启动"后补贴时代新能源汽车支持政策体系研究"；2017年底，工信部装备司委托中汽中心开展研究，此文为部分成果。
** 李鲁苗，硕士，工程师，中汽中心新能源汽车与财税政策研究室；姚占辉，硕士，高级工程师，中汽中心新能源汽车与财税政策研究室。

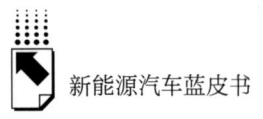

车由市场启动阶段逐步向高速发展、应用成熟阶段过渡的重要支撑。由于补贴退坡机制已明确，新能源汽车产品成本的下降速度跟上政策退坡幅度，并依靠市场机制推动消费稳定增长，将成为新能源汽车可持续发展的关键。

一 后补贴时代的支持政策保障消费市场的稳定发展

经过多年的政策支持和全行业的共同努力，我国新能源汽车产业从无到有、从小到大，新能源汽车整车及动力电池技术水平明显提升，我国已成为全球最大的新能源汽车生产国和消费国。但与传统汽车相比，我国新能源汽车在产品类型、技术性能、市场推广等方面的竞争力尚不充足，只有形成综合竞争优势，才能进一步扩大市场规模。后补贴时代的支持政策是当前以补贴为主的支持政策体系的延续，是关系新能源汽车延续良好发展势头的重要支撑。

（一）当前及今后一段时间，新能源汽车仍需政策驱动

目前，我国新能源汽车仍存在整体市场体量小、技术水平不成熟、购置成本高、消费习惯有待培育、产业监管不完善等一系列突出问题，仍需要国家发挥政策导向性作用，推动市场平稳发展。

1. 从需求侧看，仍需政策撬动市场消费

目前，我国新能源汽车市场发展仍是补贴等综合政策驱动的结果。一是公共领域车辆销售大多受政策驱动。根据中国汽车工业协会统计数据，2017年，我国新能源汽车销售72万辆，其中公共领域新能源汽车销量是31万辆，占比43%。[①] 二是私人领域刚性消费需求不足。2017年，私人消费领域销售新能源汽车41万辆，其中北京、上海、天津、杭州、深圳、广州、贵阳、石家庄8个限购城市的新能源汽车销量近30万辆，占新能源汽车总销量的比例接近42%，主要因为新能源汽车采取不限行不限购等政策措施，有效引导了消费者购买新能源汽车，而并非私人消费真正的刚性需求。

在需求侧，自2009年以来，国家通过财政补贴及相关支持政策，在一定

---

① 本文公共领域包括公交、通勤、旅游、公务、出租、租赁、邮政、物流、环卫、工程，其他为私人领域。

程度上弥补了新能源汽车技术不成熟、成本偏高、使用环境不健全等方面的不足，激励消费者购买新能源汽车。新能源汽车补贴如果取消，会导致车辆售价上涨，进而可能会引起市场的剧烈下挫。例如，美国佐治亚州2015年7月取消州政府的税收减免奖励，丹麦2017年逐步取消实施电动汽车税收减免政策，均造成电动汽车销量大幅下滑，给产业发展造成严重的影响。因此，仅依靠市场驱动力，2020年后新能源汽车市场自身无法承担补贴取消的压力。新能源汽车要遏制补贴取消造成的市场剧烈下挫，仍需要相关配套政策扶持。

2. 从供给侧看，仍需政策驱动以提升产品竞争力

目前，我国新能源汽车产业仍存在一些突出问题。一是优质产能供给不足。当前，市场上存在大量技术水平不高、装备水平较差、产品不过关的整车和动力电池企业，造成部分低成本、低品质产品挤占技术水平较高产品的市场，形成"劣币驱逐良币"的不良现象。二是与传统汽车相比，新能源汽车在技术和成本上仍有差距。新能源汽车整车技术水平、用户出行和使用方便性、可靠性及成本等与传统汽车相比仍存在差距，以目前的技术进步和成本下降速度看，动力电池到2020年也难以发生革命性改变。新能源汽车与同级别传统汽车相比，短期内还不具备竞争优势。

在供给侧，仍需政策驱动来推进产品结构转型升级，提升新能源汽车产品竞争力。一方面，大部分企业创新能力差、研发投入严重不足，造成具备可靠性、稳定性、安全性和经济性要求的新能源汽车产品较少，需要国家层面加强在技术创新、产业监管等方面的政策驱动，加快可与同级别传统燃油车竞争的产品供给。另一方面，随着财政补贴完全退出，近期新能源汽车的技术进步和成本下降不足以完全弥补与传统汽车的差距，需要相关非补贴政策的支持，促进新能源汽车实现规模效益。

（二）加快做好2020年后政策衔接，维持市场可持续、稳定增长

1. 国家层面尚缺乏对后补贴时代支持政策的顶层设计

到2021年，我国计划取消新能源汽车财政补贴政策，产业将进入以非补贴政策为主的后补贴时代。目前，借鉴美国零排放汽车法案和CAFE政策，我国已制定了节能与新能源汽车积分管理政策，在供给侧建立了传统汽车反哺新能源汽车发展的市场化激励机制。但是，我国新能源汽车产业尚处于市场发展

阶段，仍需综合考虑研发、生产、销售、推广、使用、基础设施等全产业链，研究后补贴时代的支持政策体系。对于后补贴时代的支持政策体系，一些研究机构虽提出了初步的非补贴政策工具，但其对非补贴政策工具缺乏系统研究和设计，也未对政策工具包实施的实用性进行合理分析，更没有系统建立从补贴时代到后补贴时代的平稳过渡方案。因此，对后补贴时代新能源汽车非补贴政策工具包的系统研究规划和顶层设计，是当前新能源汽车市场稳定发展面临的一项重大而紧迫的任务。

2. 后补贴时代需要力度合适、层次丰富的政策体系承接，才能实现可持续发展

一是我国新能源汽车发展仍处于爬坡过坎、攻坚克难的关键阶段，需要建立可持续发展的长效机制，保持产品品牌和市场优势。若补贴政策退出、后补贴政策接力不畅，新能源汽车市场可能会面临断崖式下降，造成企业效益不佳、亏损破产等一系列连锁反应。即使后续再恢复支持政策，新能源汽车市场已遭遇严重下挫，错过了良好的发展机遇期，直接影响我国汽车行业节能减排、转型升级战略目标的实现。

二是后补贴时代是由政策驱动向市场驱动转变的重要过渡期，对推动新能源汽车市场化发展至关重要。后补贴时代支持政策需打破新能源汽车对补贴政策的依赖性，在一个过渡时期，用非补贴的政策工具承接补贴政策，逐步推动新能源汽车由政策驱动为主逐步向市场驱动为主转变，通过技术提升、成本下降、消费习惯改变、使用环境完善等措施，促使新能源汽车真正实现市场化发展。

二 关于后补贴时代有关问题的初步认识

当前，新能源汽车发展不平衡不充分的一些突出问题尚未解决，供给体系质量有待提升，新能源汽车相对传统汽车的竞争力不足，技术研发相对国际先进水平仍有一定差距，亟须通过后补贴时代支持政策进一步优化新能源汽车发展环境。因此，本文对后补贴时代面临的一些热点问题进行了初步探讨和分析。

（一）关于政策体系的制定方向和设计原则

1. 以继续推进新能源汽车推广应用为政策支持方向

根据新能源汽车发展的不同阶段，我国对新能源汽车支持政策的出发点进行适时调整，保证政策制定的科学性、实施的有效性，扩大汽车消费，推动市场稳步发展。

第一阶段，产业布局，着重研发支持。2009年以前，新能源汽车产业处于起步阶段，主要是探索发展技术路径，政策以技术研发创新支持为主。其中，最早的研发支持政策是由科技部组织开展的"十五"电动汽车重大科技专项，确立"三纵三横"的研发布局，为我国新能源汽车产业发展奠定了良好的基础。第二阶段，示范运营，推动市场推广。2009~2015年，随着产业技术水平的不断提升、产品市场化的逐步应用，新能源汽车从小范围的"十城千辆"试点示范开始，逐步扩大示范推广规模，到2015年在全国范围内开展新能源汽车推广应用，政策以加快市场推广的中央财政补贴支持为主。第三阶段，规模发展，提升竞争实力。2016~2020年，我国新能源汽车产业已进入发展阶段，在技术水平、产品开发、产业链、市场等方面取得良好的成绩，并逐步缩小与传统燃油车之间的差距。政策将通过提升补贴门槛和加快补贴退坡等方式，进一步鼓励先进。第四阶段，市场成熟，加强竞争优势。2020年以后，我国新能源汽车产业将转向市场驱动发展阶段，由补贴政策主导转向非补贴政策支持，一方面通过政策扶持继续保持新能源汽车产品相对于传统燃油汽车产品的使用环境优势，另一方面通过降本增质加快实现新能源汽车成本与传统燃油汽车成本持平，增强产品竞争实力。

2. 政策制定加强统筹协调

后补贴时代的新能源汽车产业将步入依靠市场驱动的新阶段，为保证政策支持更好地适应市场发展新需求，在政策体系设计上要统筹协调以下方面。

一是汲取已有政策经验教训，避免产业偏离发展方向。自2009年以来，补贴政策对新能源汽车的市场推广、技术进步发挥了关键性作用。其间，根据新能源汽车发展情况，国家动态调整补贴政策内容以适应发展需求，但是也出现了地方保护、"骗补"等行业问题，在一定程度上影响了产业的健康发展。因此，后补贴政策体系要加强对已有政策支持体系的评估研究，充分借鉴政策

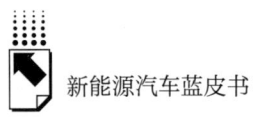

经验,汲取教训,保证政策实施的科学性、持续性。

二是做好统筹协调工作,充分发挥职能部门作用。后补贴时代支持政策将以非财政体系为主,优化新能源汽车发展环境,包括路权、充电设施、动力电池回收利用、商业保险、二手车等内容,将涉及交通部、能源局、住建部、商务部、保监会等相关职能部门。因此,随着新能源汽车产业链的不断完善,后补贴时代支持政策将综合考虑相关职能部门在推广应用中的作用,促进相关部门各司其职、共同推进汽车产业转型升级。

三是保证政策效果连续性,实现市场稳定发展。按现行政策,新能源汽车在2020年的补贴标准相当于2016年的60%左右,到2021年补贴将全部退出。由于新能源汽车产业仍受政策驱动,重要政策支持力度的连续性和稳定性对市场可持续发展发挥了关键作用。因此,要对后补贴时代的新能源汽车政策力度和效果进行科学预测,保证后补贴时代的政策力度能够承接2020年的补贴力度,防止因政策力度断档而导致市场大幅下滑。

四是适应市场发展的阶段性特点需求。从目前我国新能源汽车产品发展态势来看,2021年及以后,各类车型发展水平、竞争力并不统一。从能源类型看,纯电动汽车、插电式混合动力汽车技术进步快,燃料电池汽车技术进步较慢。从应用角度看,乘用车、物流车等的市场化更加明显,客车、环卫等专用车市场化进程较慢。因此,在政策设计上应区别对待,对竞争力较弱的车型,应加大支持力度;在特定应用领域,甚至仍需要一定的补贴支持政策。

(二)关于后补贴时代需要解决的突出问题

1. 正确处理好国内与国外产品的关系

目前,我国已经大幅降低了新能源汽车进口关税,并取消了新能源汽车领域外资股比限制,这是我国进一步扩大改革开放的重大举措。一方面,有利于推动我国新能源汽车产业供给侧结构性改革,促使我国新能源汽车产业加强技术创新,倒逼产业提质增效;另一方面,主流外资企业的新能源汽车产品在中国市场的加速投放,将进一步满足消费者对产品多样化的市场供给需求。因此,随着我国新能源汽车自主品牌逐渐与国际新能源汽车品牌同台竞争,后补贴时代政策体系要处理好国内新能源汽车产品与国外新能源汽车产品的关系,保证支持政策出台的公平性,这既关系WTO国际规则的合规性,也关系我国自主新能源汽车的发展。

一是处理好产品技术路线的政策导向问题。当前，国外新能源汽车产品以插电式混合动力车型为主，国内新能源汽车产品以纯电动车型为主。由于在动力性能、续航里程、充电等方面存在差别，纯电动车型和插电式混合动力车型适用于不同的出行场景，均可有效实现节能减排、保护环境等效果。因此，政策制定不宜对产业技术路线的发展产生重大影响，避免政策的有形之手直接干预企业的发展战略。

二是处理好产品市场推广的竞争环境问题。目前，我国是全球新能源汽车最大的市场，已成为国内外企业发展新能源汽车的主要竞争之地。相对于国外新能源汽车产品以配置和性能等高端化为主的定位，近期我国新能源汽车产品在技术、性能等方面仍存在一定的差距，以高性价比的定位为主，可满足不同消费者的市场需求。因此，政策制定不宜对产品的市场推广直接干预，避免市场分割而造成资源浪费，这既不利于推进国内新能源汽车产品技术发展，又约束了消费者对不同产品的市场选择。

2. 着重解决补贴时代存在的发展问题

一是解决技术创新问题。新能源汽车企业对补贴政策过度依赖，造成其创新能力普遍薄弱，部分核心关键技术受制于人。后补贴时代要继续支持新能源汽车产业技术创新，坚持"补短板、奖先进、促前瞻"的定位，一方面保留对先进优质产品的补贴支持，另一方面发挥非财税政策的倒逼作用，推动优势企业技术创新，加强优势企业和产品培育。

二是解决市场稳定增长问题。新能源汽车发展仍处于政策驱动阶段，政策调整对市场的影响明显。后补贴时代要着重处理好政策过渡期的市场增长问题，避免新能源汽车市场大幅下降，在政策力度上保证企业发展新能源汽车的积极性，保障市场稳定持续增长。

三是解决地方保护问题。地方保护造成市场无法发挥优化资源配置的积极作用，反而加剧新能源汽车的盲目投资和恶性竞争。新能源汽车进入后补贴时代后，坚决破除地方保护行为刻不容缓，需要国家层面建立统一市场，充分发挥市场机制作用，加强企业规模产能建设、降本增效，加强先进技术产品的市场推广、品牌建设，丰富消费者产品选择、提高市场接受度，解决新能源汽车行业产能过剩、投资过热等问题。

四是解决推广应用环境问题。与传统汽车相比,新能源汽车产品在性能和价格上仍不具备竞争优势的情况下,良好的使用环境将成为推动市场发展的重要因素。在使用环境方面,新能源汽车主要涉及充电基础设施、停车、交通路权等方面,可充分发挥地方政府灵活统筹协调各职能部门的作用,落实完善新能源汽车使用环境的优惠措施。在财税政策逐渐减弱的后补贴时代,优化使用环境的非财税政策或措施将成为推动新能源汽车可持续发展的重要途径。

(三)关于可用的政策工具

后补贴时代的政策体系,要区别于前期以补贴政策为核心的支持方式,建立以非补贴政策工具为手段,通过非补贴政策工具推动新能源汽车逐渐走向市场化的政策体系。同时,也不能完全取消财税政策,在特定领域应辅以一定的财税支持。

一是非补贴政策手段。包括新能源汽车不限牌和不限行(可适当增加燃油车限牌、限行城市);新能源汽车发放便于识别的特殊牌照,向其提供公交车道使用权或设立新能源汽车专用车道;新能源汽车减免交强险;新能源汽车停车收费优惠;新能源汽车免收过路过桥费、高速费等;稳步提高燃油消费税等。

二是财税政策手段。燃油车提前报废更新再购置新能源汽车给予补贴;新能源汽车继续免征购置税、车船税;企业或个人购置新能源汽车抵免所得税;以使用补贴的方式为新能源车主减免充电费、服务费;加大充电基础设施建设力度(提供建设和运营补贴支持、加快推动私人充电桩建设);创新端配套相关财税鼓励措施(为减轻新能源汽车生产企业前期产能扩建与研发经费投资的资金压力,可采取低息贷款、税收减免及研发奖励措施);设置不同于传统燃油汽车企业的新能源汽车企业营业税及所得税制等。

在实施时,要以出台难度与实施难度为依据,由政策效应与可操作性最终得出未来政策措施优先级排序及分类。要深入评价各类政策效果,对政策效应好、可操作性强的措施建议在全国优先推行;对政策效应好但操作难度大的措施可在一定范围内适度推广;针对政策效应较差但操作难度小的措施建议以地方政府为主进行推广。

（四）关于财税支持政策延续性问题

在新能源汽车发展初期，购置补贴、税收优惠等政策对市场推广、技术进步发挥了关键性作用。随着市场规模扩大、技术水平提高，财税政策由原来的普惠制、广覆盖逐步过渡到择优扶强、突出先进，倒逼企业进一步加强技术研发，提高产品性能，鼓励优势企业扩大优势，加强消费者对新能源汽车的质量认可。

一是实施税收优惠政策撬动市场。税收优惠政策可进一步有效降低企业生产成本和用户购置、使用成本，凸显新能源汽车的替代优势，保证新能源汽车相对于传统汽车的市场竞争优势，这也是关系企业发展和市场推广的重要因素。主要汽车强国也采取了税收优惠措施，包括美国减免个人所得税、日本实施绿色税制额车辆减税、德国减免年度保有税、荷兰减免购置税和流通税等，成为推动国家新能源汽车发展的重要支撑。后补贴时代已取消了普惠制的新能源汽车购置补贴政策，但仍需要普惠制的税收优惠政策。税收优惠政策的持续实施，一方面可保障各技术水平的新能源汽车产品稳定发展，另一方面保障消费者购买和使用新能源汽车的积极性。

二是通过实施补贴政策鼓励先进。大部分新能源汽车产品的动力性、安全性、耐用性等与传统汽车仍有一定差距，造成社会认可度和接受度不高。动力电池技术仍未获得革命性突破，能量密度、循环寿命、安全性等关键性能指标和生产一致性保障能力与国际先进水平有差距，成本依然偏高。因此，后补贴时代仍需继续发挥补贴政策对产业技术创新的激励作用，加强质优价廉的优质产品研发和供给，引导企业进一步加快技术进步，推动新能源汽车全产业链高品质、低成本的系统性发展，缩短与传统汽车产品的成本差距。

三 相关政策建议

（一）加强顶层设计，出台推进后补贴时代新能源汽车发展的指导意见

后补贴时代的政策体系涵盖内容广、涉及部门多，需要从统筹协调、系统方案研究、适用性分析、操作实施等方面建立明确的保障措施。一是由行业主

管部门牵头，组建后补贴时代新能源汽车支持政策研究工作组，系统开展课题研究，保证政策制定的权威性、落地的可操作性。二是系统研究各类支持政策工具的主要内容、实施时间、作用对象、实施区域、政策环境等合理性和适用条件，保证政策实施的科学性和连续性。三是明确从补贴时代到后补贴时代的平稳过渡方案，综合运用各项政策实施效应优化消费环境，从政策力度上保证新能源汽车产品的竞争力。

（二）政策保障措施

结合新能源汽车发展趋势和政策支持体系的转变，从生产、研发、购置、使用、基础设施等方面提出后补贴时代具体政策建议，通过一揽子非补贴政策工具，促进新能源汽车市场可持续发展。

1. 狠抓地方保护破除工作，力争取得实效

破解地方保护，应建立地方自查问题、中央督查整改、加大问责力度等多措并行机制。具体来讲，一是加强地方自查，认真清理现行不合理规定和前置性备案程序，要求一律取消地方保护措施，对所有新能源汽车一视同仁地实施利好政策或措施。二是建立督察整改机制，对未取消地方保护性政策条款或措施的城市，责令其限期整改，否则依据严重程度予以相应处分。三是健全问责机制，细化地方保护惩治措施，加强监管和问责，将地方保护事项纳入党政干部政绩问责体系。

2. 延续先进产品的补贴政策

根据新能源汽车产品技术、成本和市场发展情况，建议2020年后继续对优质产品和燃料电池汽车产品保留补贴政策。具体来讲，一是建立领跑者制度，依据技术路线图和国际先进水平，对技术指标和成本降幅提前达到目标要求、市场规模排名靠前的车型和企业持续给予奖励，采取树立标杆、政策激励等方式，引导行业企业追赶技术领跑者，形成推动新能源汽车产业持续提升技术的长效机制。二是依据产品发展需求，保留并调整完善燃料电池汽车补贴标准，研究燃料电池堆功率密度、冷启动温度、系统功率等指标对产品推广的作用，促进技术进步，不断完善燃料电池汽车产业链，并逐步缩小与传统燃油汽车的成本差距。

3. 进一步完善税收优惠政策体系

分阶段完善新能源汽车税收政策体系。2020年以前保证现行税收政策稳定。一是继续执行现行新能源汽车车辆购置税、车船税优惠政策，且不将电动汽车纳入消费税征收范围，建立技术指标动态调整机制，在降低新能源汽车购置及保有成本的同时促进技术进步；二是进一步完善鼓励研发创新、促进技术进步的税收优惠政策，促进新能源汽车技术研发；三是研究出台购置新能源汽车抵扣所得税政策，进一步激励消费者购买新能源汽车产品；四是进一步提高成品油消费税税率，提高新能源汽车相对于传统汽车的使用成本优势。2020～2025年，随着新能源汽车销量及保有量大幅增长，逐步收紧优惠政策，并适时将能效指标引入税制中。一方面税收优惠政策逐步退坡，建立针对新能源汽车产品的领跑者制度，仅对能效高的产品予以优惠；另一方面在完善汽车燃料消耗量管理制度的基础上，对乘用车依据百公里油耗（综合工况下百公里燃油消耗量指标）征税（消费税、车辆购置税、车船税等），针对新能源汽车则可考虑依据百公里电耗指标分档征税。

4. 使用环节实施多措并举的政策工具包

借鉴国内外在使用环节的支持政策及实施效果，充分发挥地方政府在使用环节的重要支撑作用，突出新能源汽车在使用环节的竞争优势。具体来讲，一是突出交通使用优势，包括建立低排放区、实施限行限购措施并对新能源汽车豁免等。二是设立城市交通专用车道，包括新能源汽车专用车道、共享城市公交车道和多乘员车道等。三是设置绿色通道，包括注册登记绿色通道、车检绿色通道、环保标志发放绿色通道等。四是实施减免优惠措施，包括免高速费、免过路过桥费、免停车费、免牌照费、免交强险、保险费优惠、充电费优惠等。五是给予使用环节补贴，包括按照纯电行驶里程或充电量进行补贴支持。通过出台需求侧的激励政策，一方面与供给侧的支持政策形成互补，另一方面突出新能源汽车使用环节的竞争优势。

5. 进一步加大充电基础设施建设力度

主要从建设、供电、使用等各环节加强政策支持。具体来讲，一是优化供电环境，推动售电业务进一步改革，放宽服务业准入限制，允许充电设施运营商提供售电服务，提升二次转售电便利性。二是适度建设充电设施，鼓励地方政府因地制宜地在公共场所收费车位、路边临时停车带、住宅小区停车场等建

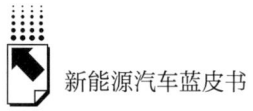

设充电车位，提升充电车位使用率，并引导地方财政补贴路径从整车转向运营企业充电服务，按照充电量、利用率等发放补贴。三是落实国家建设数量的政策要求，保证住宅小区、公共机构等按照一定比例配建充电设施，建立有效的奖惩措施，形成倒逼机制。四是发挥财政激励作用，推进地方积极完成新建充电桩、旧国标改造升级、互联互通的工作，坚持改造与新建充电桩相结合。

6. 积极引导产业融合与模式创新

推动电动化、智能化、共享化等新兴技术融合和跨行业协同发展。一是加强政策引导，鼓励新能源汽车同智能化、网联化等相关技术或应用融合发展，挖掘可推广的商业模式。二是建立跨行业协同发展机制，推动新能源汽车与交通体系、能源体系、出行结构等多领域融合发展，促进出行服务与充电服务的衔接与融合。三是鼓励在公共服务领域和个人使用领域探索与创新运营模式，加强政策导向、资金导向和资源配置，制定商业模式推广专项鼓励政策，建立模式创新专项支持资金，推进电动化、共享化、智能化融合发展。

7. 推动新能源汽车行业供给侧结构性改革

适应新能源汽车产业市场化发展趋势，完善行业管理政策。一是继续完善新能源汽车投资准入管理制度，坚持"放管服"改革原则，发挥政府服务企业的根本作用，将管理权限逐渐下放全地方，加强事中事后监管，做到有条件的下放、严格监管、稳步有序推进发展。二是加快完善新能源汽车积分交易制度，明确2020年后的双积分比例与车型分值，加强研究经济惩罚与行政惩罚相结合的措施，引导搭建积分交易平台，营造良好的交易市场和公平的交易环境。

B.19 对"双积分政策"的认识及展望

赵冬昶 柳邵辉 葛鹏 任焕焕*

摘 要： "双积分政策"作为我国汽车产业重大政策，近几年持续受到社会各界高度关注，正确认识"双积分政策"对企业发展具有重要意义。本文从"双积分政策"出台的相关背景出发，重点分析了"双积分政策"内容及要点，介绍了"双积分政策"相关实施情况，最终提出相关工作建议，并对下一阶段"双积分政策"进行展望。

关键词： 双积分政策 积分办法 信用管理

2017年9月，工业和信息化部、财政部、商务部、海关总署、质检总局联合发布了《乘用车企业平均燃料消耗量与新能源汽车积分并行管理办法》（以下简称《积分办法》），自2018年4月1日起正式实施。全球主要汽车大国对此高度关注，国内汽车行业也多次召开会议进行专题研讨。笔者有幸作为《积分办法》相关工作的参与者，受邀来谈一谈对"双积分政策"的认识及后续相关工作展望。

一 "双积分政策"出台背景

（一）我国面临较大的能源和环保压力

改革开放以来，尤其是进入21世纪以来，中国经济获得了高速发展，经

---

* 赵冬昶，博士，中汽中心首席专家、数据资源中心副总工程师；柳邵辉，硕士，中汽中心数据资源中心节能研究部技术总监；葛鹏，硕士，中汽中心数据资源中心节能研究部高级技术经理；任焕焕，硕士，中汽中心数据资源中心节能研究部部长。

济的发展直接伴随着能源消耗的增加,这些不断增长的化石燃料消耗又给环境带来了较大的压力。受制于我国的资源禀赋,石油、天然气等对外依存度逐年上升。机动车作为化石燃料汽柴油的消耗主体,根据《节能与新能源汽车发展报告2017》[①] 统计,2016年我国车用汽柴油消费已占到社会汽柴油表观消费总量的81.4%。此外,部分城市机动车排放已成为$PM_{2.5}$等大气污染物的重要来源。随着我国汽车保有规模的不断增长,由此带来的能源和环保问题也将更加突出,发展节能与新能源汽车已成为有效缓解我国能源和环保压力、推动汽车产业健康可持续发展的重要举措。

(二)汽车产业转型升级的迫切需求

汽车工业已经经历了100多年的发展历史,但我国的汽车工业真正迎来大发展却只有不到20年的时间。经过不懈努力,我国汽车产销规模已经持续多年居世界首位,但在技术水平尤其是附加值更高的动力总成、电气化零部件方面,与国外汽车企业仍然存在较大差距。目前,世界主要汽车生产国已经建立了相对完善的汽车燃料经济性(或二氧化碳排放)管理体系,提升了当地汽车节能水平。2015年日本乘用车平均油耗为4.5L/100km,2016年欧盟为4.7L/100km,均已达到我国2020年5L/100km的节能目标。此外,国外政府纷纷布局新能源汽车发展战略,配套实施相关制度予以保障;英国、德国、法国、挪威等国更是开始探讨禁售传统燃油汽车的可能性,将发展新能源汽车作为国家战略,加快推进技术研发和产业化,同时大力发展和推广应用汽车节能技术。在全球汽车产业加速转型升级,我国汽车产业步入中高速增长阶段的背景下,配套出台相关制度推动我国汽车产业发展的同时,促进新能源汽车发展,促进汽车产业优化升级,是应对全球汽车产业竞争的迫切要求。

(三)现有政策体系进一步完善的需要

为加快培育和发展节能与新能源汽车产业,我国采取了多种措施予以推动,总体可归纳为"提前规划、标准先行、财税扶持、逐步完善"的管理思路。2012年国务院印发了《节能与新能源汽车产业发展规划(2012~2020

---

① 中国汽车技术研究中心:《节能与新能源汽车发展报告2017》,人民邮电出版社,2017。

年)》,明确了直至 2020 年的节能与新能源汽车发展目标;2017 年工业和信息化部、国家发改委、科技部发布的《汽车产业中长期发展规划》更是为节能与新能源汽车发展明确了具体方向。在相关规划文件指引下,相关部门通过制定和升级燃料消耗量标准、实施新能源乘用车推广应用补贴、减免车购税和车船税等方式,从生产端和使用端对节能和新能源汽车产业予以支持。经过前期的共同努力,我国节能与新能源汽车发展取得了显著成绩,新能源汽车规模居全球首位、新车油耗持续降低,但也存在着新能源汽车"补贴依赖症"、国内外汽车油耗差距尚存等问题。目前,我国节能与新能源汽车产业正处于发展的关键时期,尤其是在 2020 年后财政补贴退出的预期下,需要采取相关措施避免出现类似丹麦补贴退出后新能源汽车规模断崖式下降的局面。因此,进一步丰富政策管理体系,建立健全节能与新能源汽车产业管理制度,加快形成促进新能源汽车产业发展的长效机制十分必要。

(四)已经具备了实施积分管理的基础

2005 年,我国即实施了《乘用车燃料消耗量限值》标准,开始对单车油耗进行准入管理。2010 年,工业和信息化部门户网站开通了"轻型汽车燃料消耗量通告",建立了燃料消耗量公示制度,定期向社会公布轻型汽车燃料消耗量。2012 年,进一步实施了《乘用车燃料消耗量评价方法及指标》标准,在单车限值管理基础上纳入企业平均油耗目标管理,丰富了管理方式。2013 年,工业和信息化部、国家发展改革委、商务部、海关总署、质检总局(以下简称"五部门")出台了《乘用车企业平均燃料消耗量核算办法》,明确了数据报送与公示、企业平均燃料消耗量核算方法、核算与公示流程、积分结转与使用等方面的要求,全面建立起国产、进口乘用车企业统一的燃料消耗量核算制度。2014 年 10 月,五部门再次联合发布《关于加强乘用车企业平均燃料消耗量管理的通知》,提出对达不到年度要求的企业,暂停受理达不到第三阶段油耗标准目标值的新产品公告,对新建企业、跨类生产、扩大生产等予以限制,并在海关通关、进口检验、生产一致性等方面加强监管,这个也就是最初期的油耗管理制度。正是基于以上工作,在数据平台建立、油耗核算、新能源汽车产业监控等方面积累了经验,也为实施双积分制度奠定了坚实基础。

二 对"双积分政策"的认识

《积分办法》总体可以用"一二三四"4个数字进行概括,也就是"一个平台、二项目标、三种方式、四重保障":"一个平台"是建立统一的汽车燃料消耗量与新能源汽车积分管理平台,对政策目标进行统筹推进管理;"二项目标"是基于积分管理平台,开展企业平均燃料消耗量、新能源汽车积分比例两个目标的管理工作;"三种方式"是在燃料消耗量积分、新能源汽车积分管理时,部分借鉴国外相关做法,并结合我国汽车产业具体情况,共提出结转、转让、交易三种积分使用方式,充分给予企业合规灵活性,减轻企业达标压力;"四重保障"是为促进积分机制顺利运转,从信用管理制度、数据核查机制、产品结构调整约束、综合管理手段四个方面提供有效保障。《积分办法》相关内容也充分体现了政府部门的调控思路,主要如下。

(一)转变管理方式,优化管理思路

1. 积分方式丰富了政府管控手段

前期,我国在汽车节能与新能源汽车管理方面主要采用标准推动、财税拉动两种方式。采用多种标准政策联动管理的方式虽然在产业发展初期具有一定效果,但也存在着标准与政策独立性强、政府主导投入过大等限制,往往产生无法有效发挥政策合力、加大企业应对负担的问题。积分管理有别于汽车产业管理中传统的"一刀切"手段,其既有油耗标准目标的硬约束,也有积分交易的灵活引导,通过允许不合规企业使用积分方式实现产业管理目标,激发市场在资源配置中发挥决定性作用,更好地发挥政策合力,是对现有管理体系的理论补充与创新。

2. 制度设计有效地避免了分散管理的不足

"双积分政策"构建的双积分单向挂钩机制,有力促进了节能与新能源汽车的协调发展。双积分挂钩机制有利于汽车企业集中配置资源完成政策合规,避免了"多头管理、多重要求"局面的产生,在降低企业政策应对成本方面起到了很好的作用。美国作为最早在汽车行业管理中实施区域零排放汽车积分与全国企业平均燃料经济性管理制度的国家,由于多种制度管理范围和实施区

域存在差异，在具体执行过程中，美国汽车企业常年面临 CAFÉ、ZEV、GHG 多个政策目标协调的难题。既要面临全国范围的燃料经济性考核，又要接受少数地区的零排放汽车积分考核，进入美国市场的汽车企业需要针对不同政策目标进行独立割裂的产品研发与规划，对此美国汽车制造商联盟也多次呼吁美国政府对多个政策进行整合。我国提出的"双积分政策"有效规避了美国政府遇到的政策难题，满足了企业统一制定产品规划的需要，减少了多部门管理的资源浪费，属于典型的制度创新。

（二）充分考虑产业实际，实施企业差异化管理

《积分办法》无论是在积分灵活性设计，还是小规模企业管理等方面，均体现了对我国汽车产业实际情况和发展要求的考虑，在给予一定灵活度的同时也实现差异化。我国汽车企业数量多，多以集团化形式存在，政策应对时往往从整体层面出发，需要考虑并给予灵活性。双积分管理制度不同于国外的单积分管理制度，设计时如果简单照搬国外管理措施，势必会造成政策目标的相互干扰或政策目标的稀释。《积分办法》对油耗与新能源汽车积分给予差异化的灵活性，油耗积分允许结转和在关联企业间转让，新能源汽车积分不允许结转但是可以进行自由交易。此外，考虑到部分企业在降低油耗、新能源汽车技术投入方面不具备规模分摊优势的现实情况，如果统一要求降低产品油耗或者考核新能源汽车积分比例要求的难度很大，为保持市场和消费者对产品多样化的需求，"双积分政策"提出对产量/进口量在 2000 辆以下的企业核算燃料消耗量积分时，根据其油耗下降幅度给予 30% 或者 60% 的宽松考核，对传统乘用车产量/进口量在 3 万辆以下的企业暂不考核积分比例要求，数据显示近三年产量/进口量在 3 万辆以下的企业占比仅为 2% 左右，给予宽松考核的影响非常有限。

（三）创新积分指标设计，引导先进车型发展

"双积分政策"在单车积分指标设定上体现了与现有政策协调的同时，也在一定程度上实现了创新，引导企业发展技术先进的新能源车型。前期财政补贴政策对纯电动车型提出了续驶里程和能耗的要求，这一点在《积分办法》中进行了吸收。对于《积分办法》没有延续财政补贴中按照续驶

里程分段管理的方式,笔者认为是合理的,也是可以操作的。如果按照里程分段的方式给予相应积分,很容易导致两方面风险:一是企业通过大量堆积电池片面追求长续驶里程,容易忽略整车百公里耗电量、电池能量密度、安全性等方面的提升;二是企业为以较小的成本获得更多的积分,更多的是按照分段的"左边"进行设计和生产。2017年数据显示,纯电动续驶里程在150km左右的纯电动车型已经占到62.3%。"双积分政策"在进行纯电动乘用车积分指标设计时,对标准车按照线性方式进行分值设计,避免出现企业"跨边"设计、生产的问题。同时在已有补贴的能耗考核基础上,对相应的百公里耗电量进一步提出了要求,并对达到更高要求的车型给予1.2倍积分,在一定程度上对能耗较低的新能源车型进行了鼓励。插电式混合动力车型积分指标的设定,做到了与现有政策的协调,以纯电动续驶里程80km为分界点,分别提出不同的能耗要求。值得说明的是,对于不满足条件的车型给予0.5倍积分,且不允许对外出售,一定程度上起到了限制低端车型发展的作用。

(四)依托组合手段促使企业主动合规

为加快汽车行业先进技术的研发进程,促使汽车产品结构调整优化,倒逼企业采取相关措施降低汽车产品油耗、发展新能源汽车,《积分办法》对积分交易后仍未完成负积分抵偿归零的企业提出了信用管理、行政管理两种处理措施。

1. 信用管理将成为新型约束利器

"双积分政策"提出了将失信企业纳入"车辆生产企业信用信息管理平台"的管理手段,与国家大的调控方向是一致的。2016年国务院办公厅发布《关于建立完善守信联合激励和失信联合惩戒制度加快推进社会诚信建设的指导意见》以来,多部门间实施联合惩戒的行为越来越多,信用管理已经成为政府行之有效的管理方式。随着汽车行业信用管理体系的建立,以及后续与国家统一的信用平台实现对接,未来可以实现失信企业"一处违规、处处受限"。相信,随着国家信用体系的建设完善,信用管理将会成为政府管理的利器。

2.行政管理手段促使政策闭环形成

《积分办法》还明确了对负积分未清偿企业在部分产品公告、CCC方面进行限制，增强了"双积分政策"的约束力。依托行政处罚手段进行管理，贯彻践行了全面依法治国的重大战略部署。尤其是在现阶段积分经济管理措施尚未出台，行政处罚作为一个"兜底"措施是合理，也是非常必要的。只有通过具备威慑力的惩处手段，让积分管理的政策整体框架形成闭环，才有可能促进《积分办法》的切实落地实施。据统计，2017年行业达到GB27999标准目标值的产品占比仅在3%左右，这种形势也倒逼企业严格遵守《积分办法》相关要求，避免落入新车受限的局面。此外，《积分办法》提出后续将开展经济管理措施的研究，也将为积分政策的完善构建关键一环。

三 对"双积分政策"实施情况的看法与建议

（一）加快了行业节能与新能源汽车导入步伐

《积分办法》作为我国汽车产业管理创新的大胆尝试，在全球范围内也属于首例，制度的实施势必带来产业重大变革，引领产业发展新方向：一是在行政处罚措施的压力下，企业加快了节能技术升级进程，涡轮增压、缸内直喷、多挡变速器等实现快速普及，混合动力、48V电气系统、米勒循环等节能技术应用比例也将得到提升。2017年，涡轮增压和缸内直喷技术的应用比例已经达到40%左右，应用米勒循环发动机车型的比例达到5.6%，比2016年增加了2.1个百分点。二是政策将倒逼企业加快发展新能源汽车。目前我国新能源汽车生产主要集中于部分具有先发优势的自主企业，2017年新能源乘用车产量前五的自主企业产量占比达到47%，产业集中度高。"双积分政策"对规模以上传统乘用车企业进行考核，倒逼行业整体加快电动化转型升级，合资和外资企业普遍将新能源车型规划提前了1~2年。根据截至2017年各企业发布的规划信息统计，大型合资企业新能源产品规划数量均超过5款，合资企业新能源产品规划总量已超过110款。此外，吉利、长安、北汽、沃尔沃、大众、奔驰等多家车企公开发布电动化宣言（见表1）。

表1　部分企业车型电气化时间

汽车企业	计划内容
吉利汽车	2015年实施"蓝色吉利行动"战略：到2020年新能源汽车销量占吉利整体销量90%以上；其中，插电式与油电混动汽车销量占比达到65%，纯电动汽车销量占比达35%
长安汽车	2017年10月发布了"香格里拉计划"：在2020年成功打造"大、中、小"三大新能源专用平台，宣布2025年停售传统意义的燃油车，实现全系产品的电气化
北汽集团	2020年率先在北京市全面停止自主品牌传统燃油乘用车的销售，到2025年在中国境内全面停止生产和销售自主品牌传统燃油乘用车
丰田	2025年所有车型都将实现纯电动或混合电动两种配置。2030年，旗下的电动汽车将占据其销量的半数以上，全球范围电动化汽车年销量超过550万辆，纯电动、燃料电池等零排放车型年销量力争达到100万辆以上
沃尔沃	从2019年起，沃尔沃汽车所有新上市车型均将配备电动机，到2025年纯电动汽车将占总销量的50%，另外50%是插电式混合动力和中混车型
奔驰	2022年，奔驰旗下所有车型均具有混动或纯电动版本，传统燃油车型逐步停产停售，并将再推出50款以上全新的电动车型
大众	2017年9月大众汽车集团发布全面电动化战略，正式启动"Roadmap E"；最晚到2030年，集团内全部车型将实现电动化

（二）企业需要做好节能与新能源汽车协调发展工作

《积分办法》的最终目的是促进节能与新能源汽车协调发展，实现节能减排与新能源汽车产业发展的双重目标。企业只有统筹协调好节能与新能源汽车的关系，合理布局产品序列才是应对良策。中国汽车技术研究中心有限公司数据资源中心对国家规划目标达成路径的研究认为，假设在保持现有新能源汽车规模不变的情况下，企业仅通过传统车节能技术升级，受技术成本、产品开发周期及车型大型化等因素影响，预计2020年行业平均油耗在5.6L/100km左右；如果假设行业传统车节能技术未改善，仅依靠发展新能源汽车争取达标，受新能源汽车核算优惠降低、财政补贴退坡与市场容量等因素限制，预计2020年行业平均油耗在6L/100km左右，可见无论是单纯的传统车节能技术改善还是发展新能源汽车路径，行业层面都是无法实现国家提出的5.0L/100km目标的。目前，仍有部分企业主要依赖新能源汽车路径合规，这种路径选择方式随着新能源汽车核算倍数退坡将会有很大的合规风险。数据统计显示，2016年计入和不计入新能源汽车的行业平均油耗相比2015年行业平均油耗（不计入新能源）分别降低 0.61L/100km 和 0.17L/100km，新能源汽车对于油耗下降的贡献度达到 70% 以上，剔除新能源汽车核算后 22 家企业油耗从达标变为不达标。因此，协调发展节能与新能源汽车技术将是行业整体发展趋势。

（三）"双积分政策"实施细则仍待完善

1. 对2016~2017年度积分情况的分析

针对 2016 年度、2017 年度乘用车企业平均油耗管理工作，为加强相关政策的连贯性与协调性，给予企业更多的合规灵活空间，继 2017 年 9 月发布《积分办法》之后，2017 年 11 月，工业和信息化部、商务部、海关总署、质检总局联合发布了《关于 2016 年度、2017 年度乘用车企业平均燃料消耗量管理有关工作的通知》，进一步明确了对 2016 年度、2017 年度企业平均燃料消耗量实施积分管理，并提出了"两年合并管理"的总体要求。根据 2018 年 3 月工业和信息化部、商务部、海关总署、质检总局公布的《2016 年度中国乘用车企业平均燃料消耗量与新能源汽车积分情况》，行业总体油耗达标形势还是可控的：2016 年行业平均燃料消耗量为 6.43L/100km，年度达标值为 6.98L/100km，实际情况符合国家标准要求；行业共产生 1174.86 万平均燃料消耗量正积分、142.99 万燃料消耗量负积分、98.95 万新能源汽车正积分。如果考虑关联企业间油耗积分的充分转让，行业新能源汽车正积分是可以满足油耗负积分的抵偿需求的。

2. 行业需要相关部门搭建市场化积分平台

美国作为最早实施积分交易的国家，其 CAFE 积分、ZEV 积分均由企业间自主交易。目前美国政府没有建立国家层面的积分交易平台，只有行业层面的 Mobilis 汽车积分交易平台，是 2012 年 7 月由 Mobilis 私人建立的线上积分拍卖交易平台，为汽车制造商、发动机制造商、燃料供应商和替代燃料车辆运营商提供积分交易的网络平台，参与者可在 Mobilis 交易平台上进行积分拍卖。

由于积分交易在我国属于首次应用，仍具有一定的不确定性，需要政府部门完善相关手段予以保障，降低企业交易成本。与美国汽车市场不同，我国乘用车企业数量多，且股权关系复杂，如果没有一个正式的积分交易平台，将大大增加企业的合规成本，此外对于政府部门积分管理工作的准确性、及时性也将产生较大挑战。为降低企业积分管理工作负担，提升企业间积分交易、转让效率，主管部门应根据《积分办法》要求，加快搭建积分交易及管理平台，

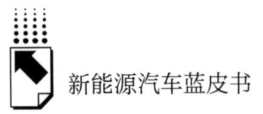

为企业提供市场化、公开透明的交易载体,激活积分交易市场。从满足企业积分交易需求来看,积分平台应包括信息公示、市场化交易大厅、积分账户管理等功能。

3. 政府部门应完善相关机制,注重对积分价格的引导

按照相关政策要求,2018年下半年负积分企业需要通过积分交易等活动完成抵偿工作,此时积分交易价格直接影响企业付出成本。据中国汽车技术研究中心有限公司数据资源中心调研,企业在评估当年购买成本时面临无基准价格参考的现实困难,行业企业对积分价格的认知存在很大差异,从每分1000到50000元不等,相差很大,这势必会阻碍积分交易的顺利达成。此外,在无市场指导价或者限价的情况下,政策实施初期单纯依靠市场自发成交,由于2016年度、2017年度正积分远多于负积分,很容易出现新能源正积分恐慌性抛售行为,导致积分价格远远偏离实际情况,对积分政策接替财政补贴退坡政策的效用产生很大的影响。此时,政府相关部门应加快制定积分经济管理措施,尽快为市场交易活动提供参考标杆。在政府出台价格指导之前,支持由行业机构开展相关积分价格研究工作,稳定企业交易价格预期。

四 对"双积分政策"的展望

(一)"双积分政策"是落实2025年政策目标的重要手段

现阶段"双积分政策"规定了到2020年新能源积分比例目标,为实现2020年国家目标提供了制度保障。对于国家提出的2025年乘用车油耗4.0L/100km、新能源汽车产销占比20%以上的目标,仍需要政府部门出台相关措施予以保障。目前,新能源汽车产业目标的实现主要有两大类方式:一是财税补贴等拉动措施,另一类是标准、积分等推动方式。根据行业预期,2021年后财政补贴将大幅减少,甚至完全退出,政府部门将加强使用环节的政策鼓励。如果后期完全依靠市场行为引导,缺乏强力的政策约束,新能源汽车的市场需求量将远远低于国家规划目标。"双积分政策"作为生产端管理措施,仍将发挥重要作用。在2021年后的积分政策指标设定时,如何保障2025年的新能源汽车目标是需要重点考虑的因素。

（二）需要加强对现有积分政策实施效果的监控

2018年是"双积分政策"实施的第一年，切实保障该项政策顺利落实十分重要。工业和信息化部等相关部门应在开展事后管理的同时，应加强对政策实施效果的监控与评估，尤其是对政策实施风险、潜在问题等的评估，以便及时制定防范措施。行业一直担心"双积分政策"的实施会对国家节能目标产生过大影响，对此进行研究发现，对于节能目标的影响主要有新能源核算优惠和双积分挂钩管理两个因素。根据第四阶段燃料消耗量标准核算方法，如果2020年新能源汽车达到预期规模，当年度新能源汽车核算优惠对行业节能目标的影响约0.7L/100km；由双积分挂钩管理带来的影响最大不超过0.1L/100km，双积分挂钩管理对于节能目标的影响有限。对于新能源汽车核算优惠的问题，在我国新能源汽车产业发展初期，通过核算倍数优惠引导其发展，确实具备很好的引导作用，切实带动了企业发展新能源汽车的积极性，这个也属于国际通行做法，欧洲、美国都有采纳。随着第五阶段油耗标准的制定，在新能源汽车核算优惠逐步降低的预期下，企业应加大在传统能源汽车节能技术升级上的投入。后续也希望国家相关部门根据产业发展实际情况，进一步加大对节能汽车的引导力度。

（三）"双积分政策"应处理好与其他政策的关系

目前我国新能源汽车产业管理政策较多，且提出了不同的技术要求，对此汽车企业反映也存在一定压力，应对不当或将导致前期研发投入付诸东流。笔者认为在制定相关政策时应该根据政策设定目的，在技术指标选取上有协调也要有差异。对于"双积分政策"而言，主要是保障新能源汽车产业持续发展，带动行业整体规模和技术水平提升，这点与车购税、财政补贴等"鼓励先进"目的还是有一定差异的，预计这也将对"双积分政策"中技术指标的选取产生影响。比如电池系统能量密度作为衡量电池先进性的重要指标，用于财政补贴评价是合理的，但是是否引入车型积分指标，用于评价新能源整车先进性需要行业各方进一步研究。此外，针对电动汽车能耗限值标准与单车积分中的能耗要求应做到方向协调，也应体现对技术先进性引导的差异。

B.20
上海新能源汽车大数据挖掘及应用案例分析

丁晓华[*]

摘　要： 上海市新能源汽车公共数据采集与监测研究中心是上海市政府批准的全市新能源汽车数据采集与分析研究平台，已累计接入超过18万辆新能源汽车，采集车辆行驶、电池、电机、充电信息等80项实时数据，已成为国内最大的城市级新能源汽车数据采集与分析平台。上海数据平台已开发了用户出行行为分析模块、用户充电能耗分析模块、安全抽查监管分析模块、用户问卷调查分析模块。通过分析上海平台数据发现，纯电里程100km可满足上海90%插电式混合动力汽车用户日常出行需求，用户实际日平均充电时间为2~3小时，应加强对插电式混合动力汽车加入网约车运营业务的监管。目前，上海、北京、重庆、南京等均已建成各自的城市级新能源汽车数据采集平台，广州、杭州、武汉、镇江等城市级新能源汽车平台也正在建设或已规划起步，应有效发挥地方数据采集平台的作用，做好新能源汽车产业安全监管工作，提高数据质量与加强数据治理，通过横向交流与数据共享发挥数据价值，共同推进新能源汽车产业发展。

---

[*] 丁晓华，上海市新能源汽车公共数据采集与监测研究中心主任。本文汇集了上海市新能源汽车公共数据采集与监测研究中心近四年的部分研究成果。本文编写得到了其他同事的很多基础性工作支撑，包括数据中心数据研究部的钟鸣荟、张文杰、杨杰、程煜，数据分析部的邓斯文、仇实、唐立颖，数据开放实验室的张英杰，车企管理部的项军、朱宇杰、李婷，以及技术保障部的李学跟、李程等。

关键词： 新能源汽车 地方平台 数据挖掘

上海是我国最早开展新能源汽车示范推广的城市之一，新能源汽车推广应用具有三个特征。一是规模最大，截至2018年5月，上海新能源汽车上路运营规模已超过19万辆，是全球保有量最大的城市；二是结构最全，既有纯电动汽车、插电式混合动力汽车也有氢燃料汽车，并且私人购买的乘用车占比最大；三是数据最多，上海是中国最早建立新能源汽车公共数据采集与分析研究平台的城市，目前拥有所有上海新能源汽车运营数据，以乘用车数据为主，也包括客车和物流车数据。利用"上海新能源汽车公共数据采集与监测研究中心"（以下简称"上海数据中心"）的数据，通过大数据挖掘及应用案例分析，将对了解中国新能源汽车用户使用行为、新能源汽车产品需求以及基于数据的分时出行方式起到重要的作用。

一 上海市新能源汽车监控平台简介

上海数据中心是上海市政府批准的全市新能源汽车数据采集与分析研究平台。截至2017年底，平台已累计接入超过18万辆新能源汽车，包括86家企业、421款车型（见表1、图1），实现了在沪销售新能源汽车的全接入；采集的数据共计80项，包含车辆行驶、电池、电机、充电信息等实时数据，采集频率为30秒。经过3年多的快速发展，上海数据中心已成为国内最大的城市级新能源汽车数据采集与分析平台，并参与了中美、中德电动汽车示范城市国际合作计划。

表1 上海数据中心历年采集车辆的结构与数量（截至2017年底）

累计接入	乘用车	商用车	总计
车企（家）	44	42	86
车型（款）	214	207	421
车辆（辆）	165092	17535	182627

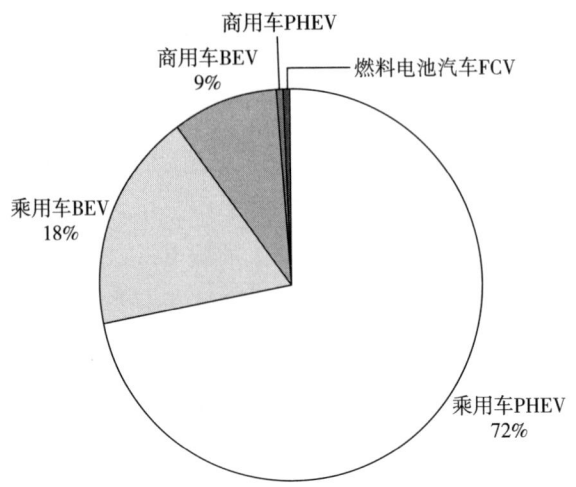

图 1　上海数据中心采集数据的车型结构

二　新能源汽车用户行为的大数据挖掘

从消费端看，不同驱动方式、不同纯电行驶里程的新能源汽车用户在出行行为和充电行为方面的特征，是汽车全行业、配套基础设施行业和能源供应行业都非常关心的话题，也是交通行业和城市规划行业关心的问题。上海数据中心对 2015 年度以来累计采集的 18 万辆新能源汽车用户行为进行不断挖掘研究，随着分析指标体系日趋完善、分析方法和模型日益增加，不同新能源汽车用户的行为特征被逐步挖掘呈现。本文截取上海数据中心团队的部分研究成果做一些简单介绍。

（一）纯电里程100km可满足上海90% PHEV用户日常出行需求

上海数据中心从 2014 年开始，每年发布一份《上海新能源汽车市场特征与用户行为研究报告》，分析上海新能源汽车用户日均出行里程、出行时间等行为特征。通过分析 2015~2017 年典型纯电动车型和插电式混合动力车型用户日均出行里程数据发现：对公告纯电行驶里程为 150~170km 的纯电动汽车用户而言，90% 的日均出行里程在 30~60km；对公告纯电行驶里程 50~80km

的插电式混合动力汽车用户而言,90%的日均出行里程不超过120km。具体如表2、图2、图3所示。

表2 2015年至2017年上半年上海新能源汽车私人用户车辆结构与数量

年份	PHEV		BEV		合计
	数量(辆)	工况法纯电里程(km)	数量(辆)	工况法纯电里程(km)	数量(辆)
2015年	19415	50~70	404	150	19819
2016年	28941	50~70	2240	150~170	31181
2017年1~6月	25000	50~80	—	—	25000

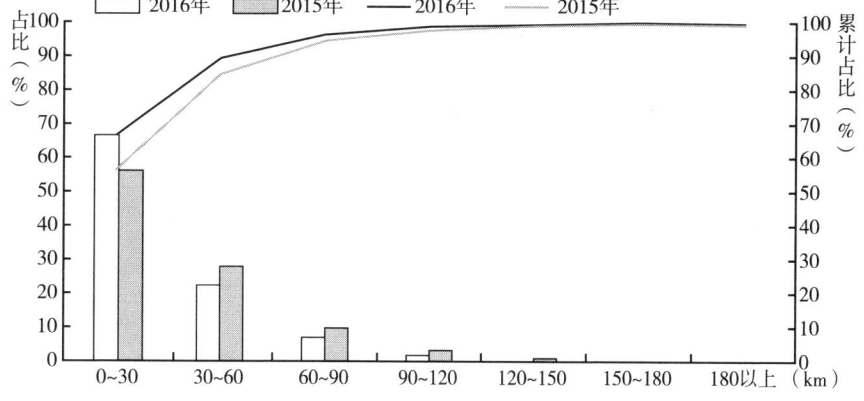

图2 2015~2016年上海纯电动汽车用户日均出行里程分布

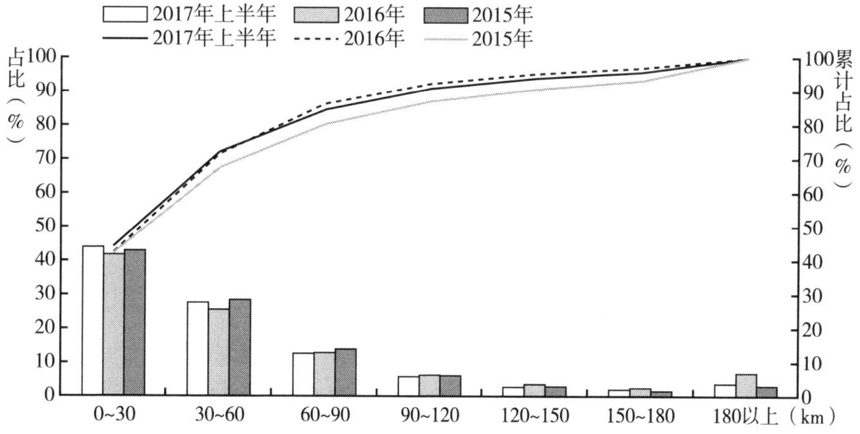

图3 2015年至2017年上半年上海插电式混合动力汽车用户日均出行里程分布

根据法国政府2008年所做的交通和出行调查，居民日均上下班出行距离服从威布尔分布。基于上述研究，本文利用上海数据中心上万辆插电式混合动力汽车用户日均出行数据，通过极大似然估计方法，得出上海PHEV用户出行概率分布符合如下威布尔分布函数。

$$F(x) = 1 - e^{-(\frac{x}{48.17})^{1.03}}$$

图4为2015年至2017上半年上海PHEV用户日均出行里程实际统计平均值与威布尔分布函数预测值的关系。

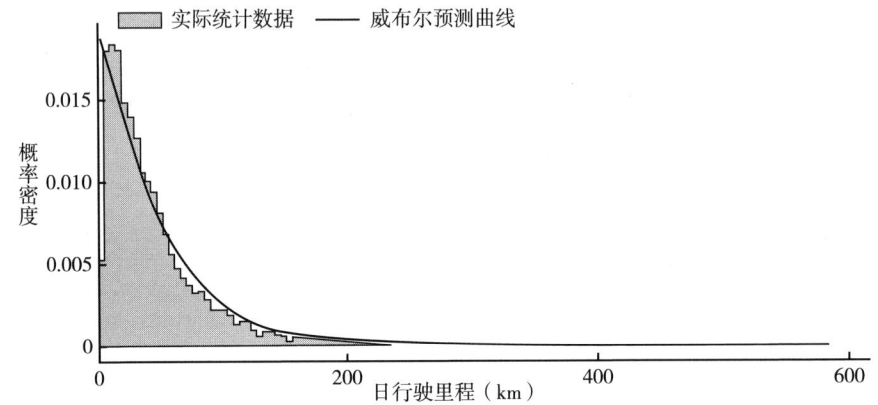

图4 上海PHEV用户日均行驶里程与威布尔分布预测

通过上述分析，结合上海数据中心2016年、2017年两次消费者访谈问卷分析，本文得出以下结论。

（1）随着动力电池比能量的提高与价格的下降，插电式混合动力乘用车的最佳纯电续航里程建议从当前的50~80km提升到100~120km。

（2）纯电动车型最佳续航里程有待进一步分析确认。本文得出的上海90%纯电动汽车用户日均出行里程在30~60km的分析结果，是建立在纯电动汽车工况法下续航里程在150~170km范围基础上的，尚不能代表纯电续航里程250km以上纯电动汽车用户的日常出行需求。

（二）上海新能源汽车用户实际日平均充电时间为2~3小时

《上海市电动汽车充电设施建设管理暂行规定》要求，"电动汽车生产企业应将充电设施建设维护纳入其销售服务体系,与私人用户签订销售车辆合同之前,必须自行或委托充电设施建设企业为用户在住宅小区或办公场所落实一处自用或专用充电设施,消费者在购买新能源汽车时,需要出具可以在居住地或工作地安装充电设施的证明文件。"2017年结束的美国能源基金会资助开展的六城市消费者访谈问卷得出,上海的私人用户家庭安装充电桩的比例是最高的。

表3为上海新能源汽车用户常用充电方式的问卷调查结果。由此可知,除特斯拉外,上海新能源汽车公共充电市场需求还没有形成。

表3 上海新能源汽车消费者常用充电方式问卷调查结果

单位:人,%

	常用的充电方式	纯电动用户(除特斯拉)120	混动用户 120	特斯拉用户 60	充电方式重要度排序
1	公司/单位的固定停车位	38	38	8	第三位(18)
2	居住小区的固定停车位(自用充电桩)	86	80	73	第一位(37)
3	居住小区的其他停车位(小区自建充电桩)	3	2	0	第二位(23)
4	商场/路边的固定停车位	1	3	2	第四位(9)
5	社会公用充电站(快充桩)	12	5	48	第六位(5)
6	社会公用充电站(慢充桩)	4	3	2	第五位(8)
1	租赁	35	39	11	自有车位租赁/购买情况
2	自己购买	65	61	89	

为了进一步研究上海消费者的充电行为,本文选择了四种型号的新能源乘用车用户进行充电行为的研究。车辆结构以及对应的平均充电时间如表4所示,实际充电时间分布如图5所示。

表4 上海四种车型新能源汽车用户充电时长统计

分析车辆类型	纯电驾驶里程(km)	分析车辆数(辆)	实际平均充电时间(小时)
PHEV乘用车	51~60	3668	2.5
PHEV SUV	61~80	12885	3.3
BEV乘用车	151~200	843	3.1
BEV乘用车	201~300	118	3.1

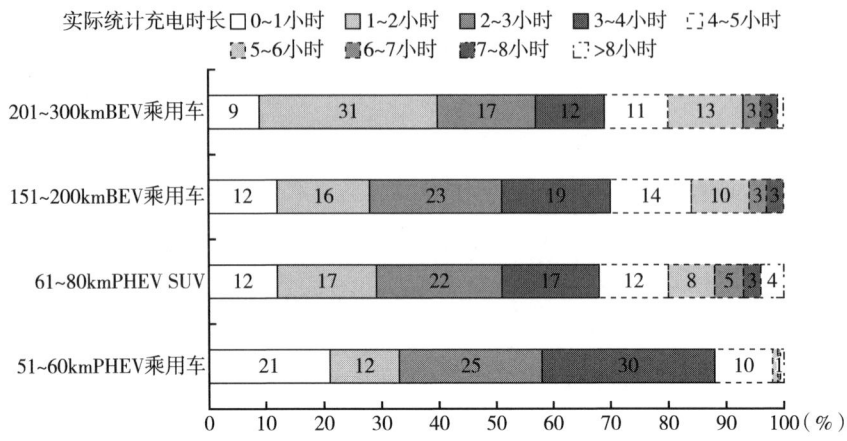

图 5　上海四种新能源汽车用户实际充电时间分布

虽然2016年和2018年上海数据中心开展的两次消费者调查中消费者反馈的平均充电时间分别为6~7小时以及5~6小时（见图6），但其仅仅是插电时间。而实测的大数据统计显示，实际的平均充电时间为2~3小时。

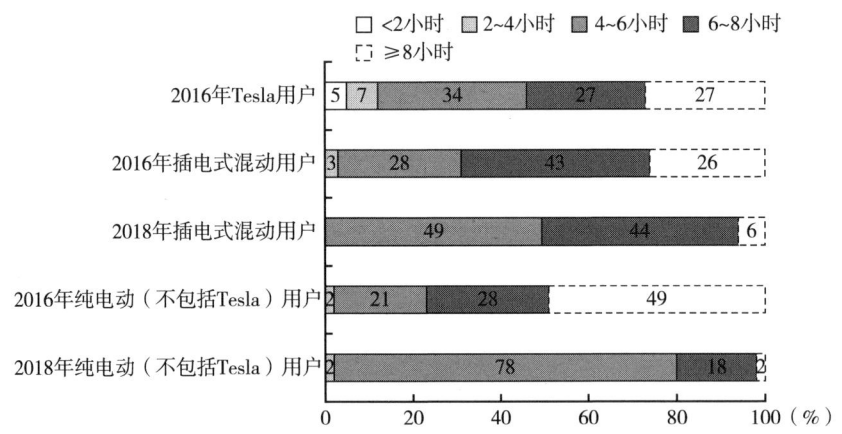

图 6　上海两次消费者调查问卷中用户插电时长统计

这个结论有如下两个启发。

其一，对新建居住社区而言，只要在规划总量30%~40%的停车位上安装充电桩，并通过大数据赋能以及技术手段，就可以满足居住区全部车辆的夜间充电需求。这既有利于有序分段充电,也有利于居住区配电容量的规模控制。

其二,在城市居住地和工作地,多数车主没有固定停车位。但是,利用上述消费者实际充电特征数据,就可以通过在居住地或工作地安装3个充电桩,满足9辆新能源汽车在夜间时段或白天时段的共享分时充电。特别是购置补贴退坡后,如何发挥政府、物业、车主、充电设施服务商的协同效应,让绝大多数新能源汽车在居住地和工作地实现充电,将成为非常重要意义的研究领域。

(三)禁止充电标签未达标的PHEV车辆加入网约车运营业务

美国UCDAVIS"插电式混合动力研究中心"主持完成的"推动插电式汽车的市场——从ZEV项目的经验教训"研究认为:"PHEV车辆是消费者从燃油车时代转向纯电动车时代的重要过渡"。

由于PHEV用户可以不充电出行,因此对于PHEV乘用车用户占全部新能源乘用车用户近70%的上海而言,关注PHEV充电行为就尤为重要。

2015年和2016年,清华大学王贺武教授团队对上海数据中心的样本车辆数据分析发现,对纯电驾驶里程50~70km的PHEV车型而言,消费者在不同充电情形下的纯电驾驶里程占比如图7所示。如果消费者两天充电一次,纯电驾驶里程占比约为56%;如果消费者每天充电一次,纯电驾驶里程占比约为67%;如果消费者每天充电两次,其纯电驾驶里程占比可以达到近80%。

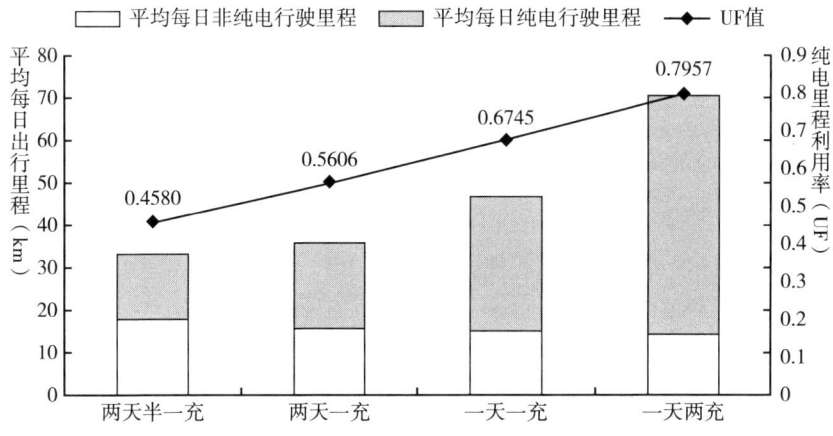

图7 上海PHEV车型样本用户在不同充电情形下的纯电驱动占比

上海数据中心从2015年开始对上海插电式混合动力车型用户充电行为进行持续的跟踪分析，其充电次数标签定义如表5所示。

表5 充电标签定义

正常充电标签 = 0.5 < 车辆实际出行天数/车辆充电次数 ≤ 7
不正常充电标签 = 车辆从不充电或实际出行天数/车辆充电次数 > 7

如图8所示，日均出行里程小于50km的用户，正常充电标签比例大于75%；日均出行距离大于150km的用户，其正常充电标签比例不到57%。因此，2016年，上海典型PHEV用户的日均实际行驶里程和充电标签之间，存在随着里程增加而正常充电标签减少的现象。

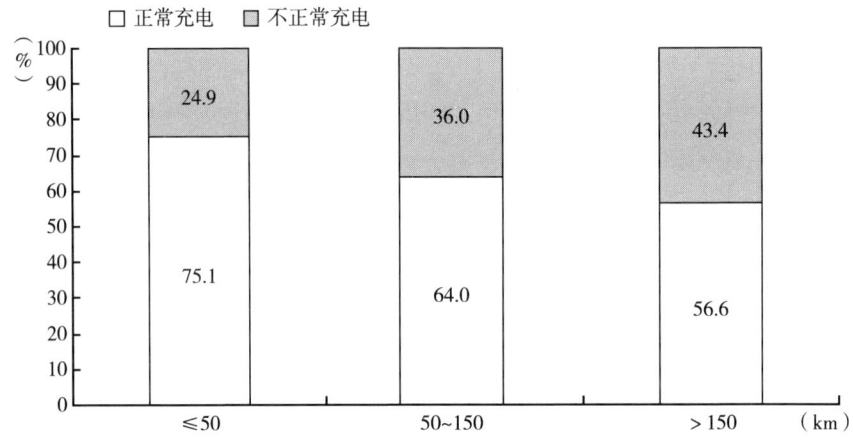

图8 2016年上海PHEV用户出行距离与充电特征的关系

其中，日均出行里程小于50km属于典型的通勤出行场景，PHEV车辆的纯电驾驶里程一般在50~80km，符合正常充电标签基本包含的场景。因此，正常充电能保证这类用户基本实现纯电出行。当日均出行距离大于150km时，很大一部分用户属于车队用户场景，其中也包含网约车用户场景。他们或是没有时间充电，或是没有固定充电桩充电，也可能二者兼具。

因此，结合前文的分析，可以形成如下结论。

其一，如果未来上海PHEV乘用车纯电续航里程可以达到100~120km，从图3可以得出，消费者日均出行中纯电驾驶里程占比将大大提高，而从图8可以得出，消费者的充电意愿也将增强，进而促进上海消费者日均出行里程中纯电驾驶里程占比的提高。

其二，从图8可以得出，如果PHEV车辆用于经营性车队运营场景，就必须监管其充电特征。

2015年10月，上海市交通委正式宣布向滴滴快的专车平台颁发网络约租车平台经营资格许可。从2016年起，上海市场中部分插电式混合动力汽车用户利用牌照不限行、油耗比传统燃油车低两大优势，纷纷加入平台成为网约车经营用户。根据上述分析，如果政府职能部门要求网约车平台将注册的PHEV运营车辆VIN码信息向上海地方平台全面申报，可实现地方平台对PHEV网约车充电特征的监管。只有车辆充电标签达标的PHEV，才能继续在网约车平台运营服务。否则，政府职能部门有权要求网约车平台对不充电的PHEV网约车限期退出。此外，地方平台还可以发挥大数据时空分析优势，挖掘分析网约车未在平台注册，但实际涉嫌运营的PHEV车辆VIN码和充电标签特征。通过对网约车平台的现场针对性检查，就可以全面实现对运营PHEV车辆的充电监管，以确保国家财政补贴达到推进节能减排的目标。

三 新能源汽车大数据服务安全监管与政策评价的案例

新能源汽车大数据采集的主要应用之一是服务于政府对运行安全的监管和政策实施效果的评价。从2014年起，上海数据中心经过多年的实践与摸索，形成了如图9所示的大数据服务安全监管与政策评价框架。

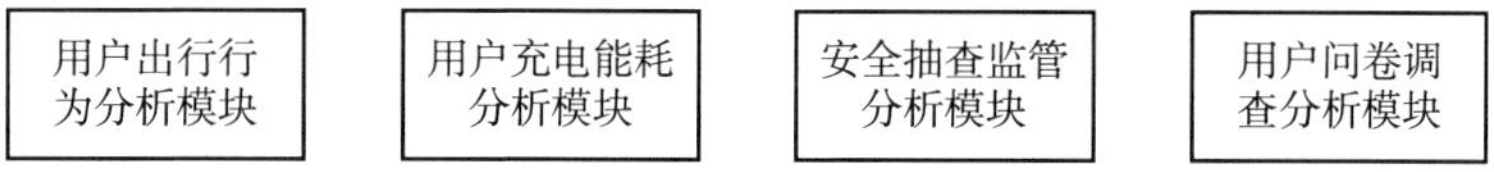

| 用户出行行为分析模块 | 用户充电能耗分析模块 | 安全抽查监管分析模块 | 用户问卷调查分析模块 |

图9 上海数据中心服务安全监管与政策评价的四大工作模块

（一）用户出行行为分析模块

用户出行行为分析包含了出行时间、出行里程、出行速度、出行频次、出行结构、空间特征等六大类22项参数。例如,利用空间特征数据和出行时间、出行强度等数据可以分析出某一个用户属于上班族还是网约族,进而建立每一辆车的动态出行标签。图10为上海A00级纯电动汽车次均出行里程分布统计。

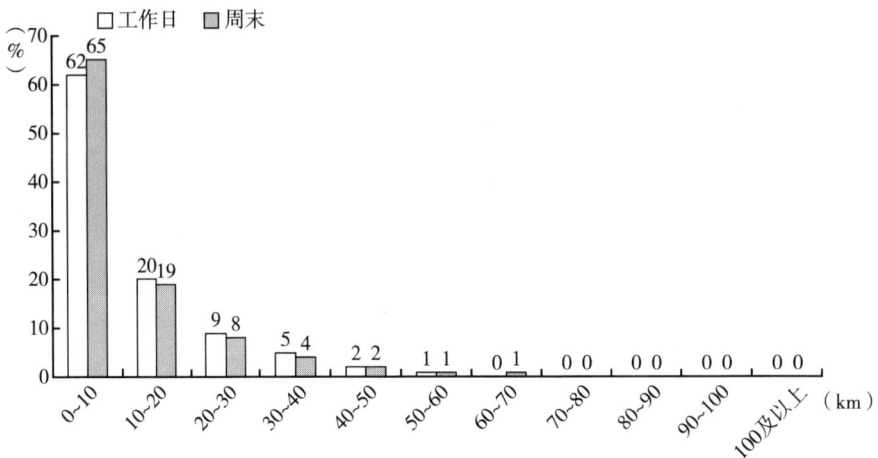

图10 上海A00级纯电动汽车次均出行里程分布

BEV用户每次平均行驶里程为13.5km,工作日单次平均行驶里程为13.7km,稍高于周末的12.9km。从上海BEV用户的次均行驶里程分布可以看出,次均行驶集中在短途出行,行驶距离在10km以内的超过60%;工作日单次行驶30km以内的出行累计占比91%,周末单次行驶30km以内的出行累计占比92%;工作日和周末的次均行驶里程分布特征基本趋同。

因此,通过对不同城市新能源汽车用户次均和日均出行数据的分析研究,可以找到最适合中国的新能源汽车纯电里程利用率(UF),进而为企业寻找出最适合用户需求的纯电里程配置,满足纯电动汽车用户和插电式混合动力汽车用户需求。

(二)用户充电能耗分析模块

用户充电能耗分析包含了SOC、充入电量、充电频次、充电时间、充电地点和出行能耗等六大类32项参数。例如,分月度、季度以及根据环境温度、出行道路特征、车速等,可以比较精准地评价不同车型的能耗特征,为政府提供定量的新能源汽车电耗和油耗数据。同样，统计每次充入的 SOC 值和充电电流分布，可以评价消费者每次充入电量的特征。因此，如果在空间上把数据聚合起来，就可以预测新能源汽车渗透率达到一定规模后对城市电网总容量的需求。

图 11 是上海 A0 级和 A 级纯电动汽车用户月度平均百公里电耗分布，及该月份上海平均温度。夏季（6~8 月）的平均百公里电耗和春季（3~5 月）、秋季（9~11 月）接近，分别为 18.5kWh/100km、17.9kWh/100km 以及 16.8kWh/100km。但是，冬季的百公里电耗平均值为 20.6kWh/100km，比最低的秋季平均电耗要高出约 23%，比夏季平均电耗也要高出约 11%。

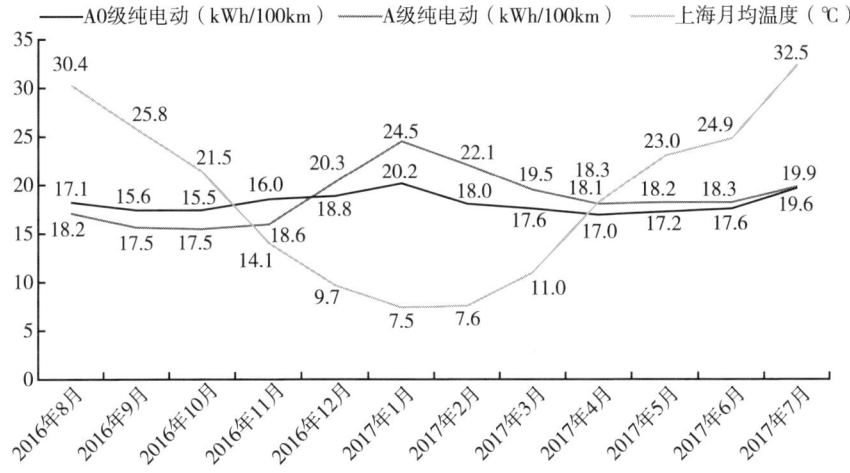

图 11 上海两种车型的纯电动汽车按月统计电耗分布

（三）安全抽查监管分析模块

2016 年，工业和信息化部下发了《关于进一步做好新能源汽车推广应用安全监管工作的通知》（工信部装〔2016〕377 号）。上海数据中心根据上海市新能源汽车推进办的要求，具体负责上海新能源汽车安全监管工作的执行，编制了《上海市新能源汽车安全事故处理机制》，包括新能源汽车事故应急预案、紧急救援预案和事故调查方案，并在 2018 年上半年就安全事故处理机制进行数据和实车的抽查工作。截至 2018 年 4 月底，上海数据中心已经抽查企业共 46 家（其中乘用车企业 22 家、商用车企业 24 家），车型共 128 款（其中乘用车57款、商用车71款)。

上海利用数据平台开展的安全抽查内容包括：整车企业平台与数据中心平台对三级报警数据的响应是否一致；企业平台收到的报警信息是否完整、准确；收到的三级报警是否及时处理；整车企业平台收到重大报警数据后是否实时发送责任部门、责任人员；企业提供的"安全事故应急预案"文档有无具体的处理流程，责任人员是否能正确理解，在沪销售车辆是否全部接入等。经实车模拟故障以及平台检查，存在的主要问题如下。

(1) 整车企业平台上的总报警数与数据中心平台上的总报警数不匹配。具体表现在：某些车企的关键三级报警指标现场触发后，整车企业平台有报警数据，但数据中心平台没收到同样的报警数据；或者整车企业平台和数据中心平台均没有收到报警数据。其中，报警指标包括绝缘故障报警、制动系统报警、充电高压系统故障报警、高压互锁状态报警、电池高温报警、电池过压报警等。

(2) 不合格企业中存在的问题：对三级报警指标不处理或无法判定是否做出了处理，三级报警指标信息与普通报警指标混合出现、显示不突出，个别整车企业平台不能根据车型批量查询三级报警，难以发现成规模的重大报警问题并及时处理。这类三级报警指标多集中在欠压报警、SOC低报警、DC-DC状态/温度报警、电池一致性差报警、驱动电机温度报警等方面，而且这类问题一旦出现，往往在该整车企业所有抽检车型上均出现。

(3) 个别整车企业针对国标定义的19项报警，只有一级和二级报警，没有最严重的三级报警；个别整车企业"安全事故应急预案"有文档，但无处理流程，没有明确具体业务人员或业务人员对如何处置不明确，也有企业平台未能按要求完成三级报警模拟及上报。

通过这次安全事故模拟的实车抽检，部分整车企业暴露出对安全监管的重视度、执行度不足。因此，利用数据中心平台可以非常有效地发现问题，并帮助政府做好安全监管工作。

(四)用户问卷调查分析模块

数据分析结果只能表明统计特征，但是不能解释原因。平台数据可以统计上海新能源汽车消费者在公共充电设施的充电特征，并由此得出公共充电设施使用率的空间热力图。但是，数据统计不能解释消费者在该公共充电设施充电的原因，以及消费者对公共充电设施的满意度以及主要痛点等,为此需要问卷调查。

上海数据中心的问卷调查包括两个模块:一是潜在消费者问卷调查,二是实际消费者问卷调查。

潜在消费者问卷调查以上海新能源汽车试乘试驾中心的试驾或试乘用户为对象,问卷包括三部分内容:潜在新能源汽车用户个体特征、对试驾和试乘过的新能源汽车的产品认知特征和购买需求特征。这项工作从2011年开始,一直持续到现在。2018年起,上海数据中心将进一步修改调查问卷,以适应不断变化的政策环境和市场需求。

(1)"个体特征信息"主要分析试驾者的个体特征,包括试驾者性别、年龄、年收入、学历、实际驾龄、家庭拥有私人汽车数量、主要出行方式、上下班驾驶单程距离等基本信息。

(2)"产品认知特征"主要分析试驾者对新能源汽车的认知程度,包括试驾者对新能源汽车了解程度、以前是否驾驶过新能源汽车、对满足日常出行的最低时速要求、可接受的最短行驶距离、对新能源汽车的主要担忧等。

(3)"购买需求特征"主要分析潜在新能源汽车消费者具有的购买特征,包括最可能购买新能源汽车的潜在用户期望的合理纯电里程、购买的顾虑和主要痛点、购买目的、期望的新能源汽车充电地点、充电方式等。

从图12可知,5年来,上海潜在用户偏好的主要充电地点首选夜间居住

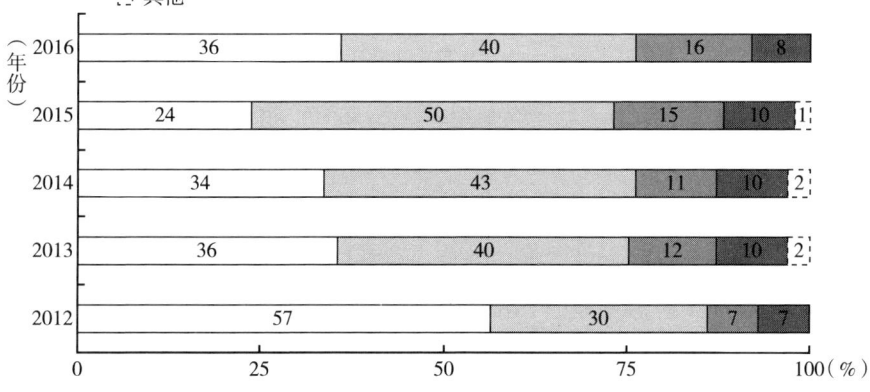

图12 2012~2016年上海潜在用户充电地点偏好问卷结果

地、次选白天工作地，且接受商业网点快充的占比逐年稳步提高。

实际消费者问卷调查以市场上已购买并使用3个月以上的新能源乘用车用户为对象，在2016~2018年已开展三轮问卷调研工作，涉及消费者个体特征、补贴政策和牌照政策对触发购买动机的影响、充电基础设施使用痛点与满意度、充电地点与时间选择性等一系列问题。

2018年上海新能源汽车充电行为的问卷调研①包括充电行为、充电满意度和充电偏好三部分，涉及上海等三个城市。图13为上海和北京新能源汽车消费者主要充电偏好的分布情况。

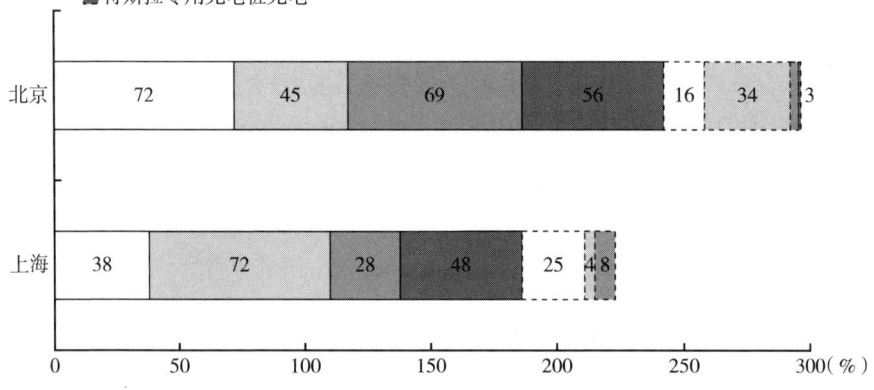

图13　2018年上海、北京新能源汽车消费者充电偏好统计

在本次调研中，上海的样本人数大于300人，北京的样本人数大于240人。其中，上海的样本结构中纯电动汽车用户占比30%，而北京的样本结构中纯电动汽车用户占比87%。结合2016年以来的三次问卷调查，可得到以下结论。

（1）上海消费者最主要的充电方式排序是"居住地物业充电桩充电"、"商场/路边停车充电"以及"居住地自用充电桩充电"；而北京消费者最主要的充电方式排序是"居住地自用充电桩充电"、"工作地充电桩充电"以及"商场/路边停车充电"。

---

① 问卷调研的题目设置为多选题。

(2)北京以纯电动汽车用户为主,因此在公共充电桩(包括慢充/快充)的充电行为明显高于上海(以插电式混合动力汽车用户为主)。特别是在对公共直流快充桩的需求上,两地差别很大。

(3)北京消费者的充电方式选择比上海消费者更加多样,"居住地自用充电桩充电"、"居住地物业充电桩充电"、"工作地充电桩充电"以及"商场/路边停车充电"四项之和就超过了上海消费者八类充电偏好之和,这与北京市场以纯电动车型为主紧密相关。

四 对中国新能源汽车大数据应用的建议

中国的城市级新能源汽车大数据平台建设正在稳步发展。目前,上海、北京、重庆、南京等均已建成各自的城市级新能源汽车数据采集平台,广州、杭州、武汉、镇江等城市级新能源汽车平台也正在建设或已规划起步。上海新能源汽车公共数据采集与监测研究中心的城市级平台建设起步于2012年,2014年发布了上海市新能源汽车数据采集地方标准,2017年发布了新能源汽车开放实验室计划,2018年将完成平台软硬件系统二次迭代,已形成了一支30人的从数据采集到大数据分析应用的专业队伍。根据多年的实践探索,本文对新能源汽车大数据平台建设与分析应用提出如下建议。

(一)新能源汽车地方平台要利用数据来做好安全监管工作

新能源汽车替代传统燃油车已成为不可逆转的趋势。但是,新能源汽车大规模应用还不满5年,对越来越大功率的车载动力电池使用全过程的安全监管、对越来越高的车载高电压以及对应的绝缘状态的动态监测、对越来越大的车辆和充电桩端的充电电流以及响应的充电温度的实时监测将成为地方平台的重要任务。对报警数据的真实性识别,对出现严重报警后与车企平台的联动与闭环监管,对车辆和车企平台能否及时、正确上报报警数据的定期抽检制度的建立与执行等,都考验着地方新能源汽车数据平台建设的必要性与有效性,为此需要配备专业的监管队伍与相应的技术制度。

(二)数据质量与数据治理是地方平台建设运营的重中之重

新能源汽车大数据的采集需要经过从车载采集装置、2G/3G/4G的通信信道到汽车企业大数据平台再到地方平台很长的数据采集与传输链路。上海数据中心发现个别知名企业个别车型采集到的数据质量很差,经与企业深入交流,发现原因来自其车载采集装置。所以,无论是车企平台还是地方平台都可能面临采集到的数据存在缺失、错误、采集项不全等质量问题。

因此,地方平台在规划阶段就要把数据质量与数据治理纳入平台软硬件设计框架内,在实施阶段,需要编制数据质量与数据治理规则库,并配备专人长期关注数据的质量监管与治理工作。对不合格的车企平台或不合格车型要及时发出整改通知,严重的可以通过地方政府职能部门暂停其新车销售。数据平台只有采集到的数据经过质量监管与数据治理等环节证明其具有可信度,后续的安全监管与分析研究才有价值。

(三)各新能源汽车地方平台要加强横向交流与数据共享

中国新能源汽车地方平台建设多数处于刚刚的起步阶段,其初始投资规模、所监管的车辆结构、平台专职人员的配备数量与分析能力以及年度运营管理经费等差别很大,但面向政府的监管内容、政策评价内容基本相同。因此,在顶层架构设计上,应由权威机构牵头成立城市级新能源汽车数据平台联盟;加强地方平台的横向交流、制定数据共享的标准与机制;在执行层面,上海数据中心可以将已经成熟的面向政府监管、政策评价、分析模型的工具包通过一定方式应用于各新能源汽车地方平台;形成数据地方化、监管同质化,共同实现新能源汽车地方平台服务政府、服务市场和服务消费者的终极目标。

借鉴篇

Experience and Lessons

他山之石，可以攻玉，本篇对燃油车禁售、车辆碳排放评价、交通领域三个革命的相关情况进行了介绍，并在部分议题中结合中国国情给出了中国实践的建议。

多国禁售燃油车时间表在社会中广泛流传，已成为业界热烈讨论的话题。《燃油车禁售国内外动态与中国实施预案建议》客观研究国际燃油车禁售现状，并结合中国实际情况，提出分车型、分领域、分区域、分时间节点的中国禁售燃油车实施路径。

对于新能源汽车在使用阶段的排放问题，不同国家采取不同的管理态度。《中国语境下车辆碳排放辨析》借鉴新加坡评价方法，基于我国电网高火电比例构成和输充电损失，计算用于驱动新能源汽车的电力 CO_2 排放强度，辨析纯电动汽车、插电式混合动力汽车、普通混合动力汽车、汽油车 CO_2 排放强度的影响因素，并对 2020 年不同技术路线的碳排放变化趋势进行了展望。

电动化、智能化、共享化三化技术正改变汽车产业的传统格局，加快汽车与相关产业融合进程。《交通领域三个革命畅想——驾驶智能化、共享化、电动化的汽车通往更好的未来》提出只有三个革命整合为一体，才能建立起低成本、低碳、公平的交通系统，建议由政府介入并引导市场来避免过分的以自我利益为中心的行为，促进三个革命协调发展。

B.21
燃油车禁售国内外动态与中国实施预案建议

石红 姚占辉*

摘 要： 2017年，多国禁售燃油车时间表在社会中广泛流传，真伪难辨，引起了极大的舆论反响。经查证，仅英国、荷兰、挪威、法国在正式的政府文件中提及燃油车禁售问题，但停留在规划愿景层面，未上升为具有约束性的法规。能源转型、低碳发展、电力清洁是以上四国提出禁售时间表的基础背景。部分跨国公司也先后提出电动化转型时间表，但多以内燃机电动化为主。新时代的中国汽车产业发展需满足环境保护和转型升级的双重诉求，深圳、海南、太原等地方层面已在不同领域、不同车型部署禁售计划。燃油车禁售问题引发了业界的热烈讨论，由于涉及面广、影响力大、内涵丰富，理性看待该问题，是科学、客观研究燃油车禁售问题的基础和前提。禁售不等同于全面禁止燃油车销售、不等同于全国"一刀切"停止燃油车销售，禁售的根本目的是改善大气环境，禁售也是关系汽车产业转型升级的前瞻性战略问题。要提前做好燃油车禁售的基础研究工作，制定更契合国情和产业发展实际的行动预案。可按照总体规划、分步实施的原则，综合考虑中国国情，确定分车型、分领域、分区域、分时间节点的实施预案。

关键词： 燃油车 禁售 新能源汽车

---

* 石红，硕士，工程师，中汽中心新能源汽车与财税政策研究室；姚占辉，硕士，高级工程师，中汽中心新能源汽车与财税政策研究室。

2017年起，诸多媒体发布全球多国禁售燃油车时间表，主流跨国车企也先后发布产品电动化时间表。我们对相关情况进行了研究，结合中国实际情况来看，建议中国审慎推出禁售燃油车时间表，但也要进行前瞻性研究，提出预案，推动新能源汽车健康发展。

一 国际燃油车禁售实况

国家层面，目前仅英国、荷兰、挪威、法国公布了与燃油汽车禁售相关的正式政府文件。以上四国的文件均属于规划类政策，尚停留在"规划愿景"层面，未有管理办法或正式法案生效。企业层面，大众、奔驰、宝马、沃尔沃、奥迪等陆续提出电动化战略规划，但未完全放弃燃油车路线。

（一）英国："计划"提及2040年停止传统燃油新车销售

2017年7月，英国环境、食品和农村事务部与英国交通部在联合发布的《英国道路近旁氮氧化物减排计划》中提及"到2040年，政府将停止所有新增和更新的传统汽油、柴油车（包括乘用车和厢式轻型商用车）销售；到2050年，争取实现几乎每辆在用乘用车或厢式轻型商用车都是零排放车"。插电式混合动力汽车（PHEV）及常规混合动力汽车（HEV）均属于具有减排技术的车辆，目前暂不属于2040年禁售范围。文件指出替代燃料汽车具有减排潜力，但影响减排效果的因素较多，将继续研究评估后再制定相应措施。

（二）荷兰："执政协议"指出2030年销售新车全部为零排放车

2017年10月，荷兰新内阁在四政党联合执政协议中指出"到2030年，所有新增和更新的汽车全部为零排放车（零碳排放汽车）；零排放车全面普及后，逐步取消零排放汽车的税收优惠"。该联合执政协议是未来5年的内阁施政纲领性文件，涉及文化、交通、外交、国防、可持续发展等多方面内容，文件未明确具体的禁售非零排放车类型，预计后续将出台具体支持政策。

（三）挪威："规划"提出2025~2050年分车型逐步推进

2017年6月，挪威政府修订的《国家交通规划（2018~2029）》（每四年修订一次）交由议会讨论，现已通过并生效。该文件就禁售车型及时间制定了较详细的计划，分为4个阶段：①在零排放车全面普及之前销售的汽油和柴油车必须是PHEV，并尽可能使用生物燃料；②2025年后，新增和更新的汽车（包括私家车、城市客车和轻型货车）是零排放车辆；③到2030年，100%的新重型厢式货车、75%的新长途客车、50%的新卡车是零排放车辆；④到2050年，交通运输（覆盖海陆空）领域全面实现零排放或使用100%生物燃料。

（四）法国："计划"指出2040年停止销售汽油车和柴油车

2017年7月，法国生态转型与团结部发布《气候计划》，指出"政府将主动在欧盟提出欧7标准，并在2040年停止出售排放温室气体的汽车。并将联合其他国家（如荷兰、印度等）形成联盟共同推进实现这一目标"。政府宣贯该政策时表示"2040年，法国将停止销售排放温室气体汽车：停止销售汽油车和柴油车"。该文件的目的是推动法国履行其在《巴黎协定》中的承诺，表明法国与气候变化斗争的决心，是法国未来五年在气候方面的行动纲领，但具体支持政策尚未出台。具体如表1所示。

表1 英、荷、挪、法燃油车禁售计划及新能源汽车渗透率

单位：辆，%

国家	新车禁售计划	保有车停用计划	不属于禁售范围车型	2017年			2010年以来		
				汽车销量	NEV销量	NEV销量占比	汽车累计销量	NEV累计销量	NEV销量占比
英国	2040年	2050年	PHEV、HEV、替代燃料暂不属于禁售范围	2909841	46192	1.59	21359097	103812	0.49
荷兰	2030年			414538	8135	1.96	3991824	116002	2.91
挪威	2025年	2050年	生物燃料不属于禁售范围	201925	58827	29.13	1469905	131464	8.94
法国	2040年			2590976	41085	1.59	19334628	126412	0.65

资料来源：公开资料、全球汽车数据库。

（五）能源转型、低碳发展、电力清洁是欧洲国家推出禁售燃油车计划的基础背景

总体来看，环保压力是欧洲国家出台禁售计划的主因，同时也基于能源

转型、低碳发展、电力清洁等基础背景及发展诉求。一是欧洲化石能源对外依存度较高，减少化石能源依赖迫在眉睫。德国、英国、法国、意大利、西班牙等欧洲主要经济体的能源自给率普遍较低，英国石油公司（BP）数据显示，除挪威外，欧洲其他国家整体原油对外依存度约89%，天然气对外依存度将近80%。二是欧盟成员国普遍向低碳经济转型。"禁售"四国经济发展稳定，公众的环保意识较强，政府面临较大的环保压力，公民环保诉求甚至高于经济发展诉求。欧盟成员国已普遍向低碳经济转型，普及零排放汽车，试图在绿色经济中寻求新增长点。三是减碳压力剧增，其他领域减排难度高、潜力低，交通领域成为减排主战场。四是欧洲可再生能源发电比例全球领先。据世界银行数据统计，挪威电力结构中可再生能源比例甚至高达98%。

（六）部分跨国车企确定电动化转型时间表

为应对汽车能源转型和电动化浪潮，大众、奔驰、宝马、沃尔沃、奥迪等跨国车企提出电动化战略，沃尔沃、奔驰未来将禁售纯燃油车，而大众、宝马、奥迪未来仍主要推广纯燃油车，辅以混合动力和插电式混合动力汽车以及少量纯电动汽车。沃尔沃、奔驰分别提出到2019年、2022年不再提供纯燃油车；大众提出到2030年全系车型均有电动版，包括混合动力版、插电式混合动力版、纯电动版；宝马提出未来所有车型均有纯电动版本；奥迪提出到2030年实现电气化转型，纯燃油汽车不会马上退出市场。

二 国内形势

2010年9月《国务院关于加快培育和发展战略性新兴产业的决定》发布以来，新能源汽车就被列为战略性新兴产业，以期带领传统产业转型升级，形成新的经济增长点。党的十八大做出"大力推进生态文明建设"的战略决策，首次将生态文明建设作为"五位一体"总体布局的一个重要部分，五年来生态文明建设成效显著，但生态环境保护依旧任重道远。汽车产业发展需满足转型升级和环境保护的双重诉求，部分地区正在结合自身特点，分车型、分领域地推进汽车清洁化，打好污染防治攻坚战。

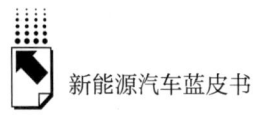

（一）汽车作为城市重要污染源之一环保压力倍增

党的十九大要求加快生态文明体制改革，建设美丽中国。推进绿色发展，构建清洁低碳、安全高效的能源体系。着力解决突出环境问题，持续实施大气污染防治行动，打赢蓝天保卫战。积极参与全球环境治理，落实减排承诺。

国家高规格会议多次提出打赢蓝天保卫战，打好柴油货车污染治理攻坚战。习近平总书记主持召开中央财经委员会第一次会议时指出，打好污染防治攻坚战，要明确目标任务，到2020年使主要污染物排放总量大幅减少，生态环境质量总体改善。要打赢蓝天保卫战，打好柴油货车污染治理等六场攻坚战，确保3年时间明显见效。李克强总理在2018年政府工作报告中提出开展柴油货车、船舶超标排放专项治理，继续淘汰老旧车，并在全国生态环境保护大会上强调要抓住重点区域重点领域，突出加强工业、燃煤、机动车"三大污染源"治理，坚决打赢蓝天保卫战。

各主要城市大气细颗粒物来源解析结果显示，机动车排放已经占到城市大气污染贡献率的三成以上。传统燃油车排放量较大且主要在使用阶段排放，对城市大气污染贡献巨大，迫使主管部门思考淘汰传统燃油车。

（二）产业转型升级需要倒逼机制

2017年9月，工信部副部长辛国斌在泰达论坛上指出，"新一轮科技革命和产业变革愈演愈烈，汽车产业生态和竞争格局面临重构。许多国家纷纷调整战略，在新能源、智能网联产业加快布局，抢占新一轮制高点。一些国家已经制定了停止销售传统能源汽车的时间表，工信部也启动了相关研究，将会同相关部门制定我国的时间表。"旨在推动我国汽车产业发展环境和动力发生深刻变化，引领产业转型升级，相关部门认为可通过禁售传统燃油车倒逼新能源汽车发展。

（三）部分地方政府在环保压力下在不同领域、不同车型部署淘汰传统燃油车计划

1. 深圳拟通过补贴、路权等差异化政策治理机动车污染，涉及重型和轻型柴油车、出租车、网约车等

2018年5月，深圳市政府印发《2018年"深圳蓝"可持续行动计划》，

为减少大气 $PM_{2.5}$ 来源，提出了十大工程合计 125 项具体任务。其中强化机动车污染防治是主要措施之一。力争实现车油路协调，加快新能源汽车更新替代。具体措施包括：一是研究对存量轻型柴油货车给予补贴。二是通过控制增量、消化存量，推动营运类轻型柴油货车逐步更换为纯电动车辆。三是申报建设绿色货运配送示范城市，同步在深圳边界区域试点建设生活物资转运基地，异地重型货车运输的物资在转运基地卸货，再通过纯电动货车集中统一配送。四是建设"绿色物流区"，即仅允许电动汽车营运，给予了电动汽车在营运方面的优先权。五是进一步加大异地货车的限行力度。六是给予纯电动车优先路权，如对柴油货车限行的时段和路段，在不影响交通安全和城市景观的前提下，对纯电动货车不限行。七是加强充电桩的建设，提高电动货车充电便利性。

2. 海南为首个提出全域汽车清洁能源化的省份，在公共领域先行

海南省省长沈晓明在 2018 年博鳌亚洲论坛上表示，初步考虑在 2030 年前全岛全面覆盖清洁能源汽车。2018 年 5 月，海南发布《关于深入推进车辆运输车治理工作的通知》，要求在 2017～2020 年新增和更换的公交车中新能源公交车的比例分别达到 60%、70%、80%、90%；城市物流配送、邮政用车每年新增和更换车辆中新能源汽车的比例不低于 50%；分时租赁汽车新增和更换全部使用新能源汽车。海南省省长表示政府已起草《海南清洁能源汽车发展规划（讨论稿）》，界定了清洁能源汽车的概念，提出了分阶段发展目标，并从基础设施、使用环境、交通管理、产业发展等方面提出了重点任务。公务用车先行一步，尽早产生带头示范效应，为后续社会运营、私人使用等领域的全面推进奠定基础，预计将于 2030 年禁售传统燃油车。

3. 太原为首个实现出租车全电动化的城市

太原市出租车更新工作开始于 2016 年 1 月 20 日，当时太原市六城区出租汽车经营许可期限已到期，且车辆也已达到或即将达到报废期限，需进行重新许可。2016 年 9 月，太原市 8292 辆出租车全部更新为纯电动汽车。出租车更新的同时规划建设充电基础设施，对出租车落客、人流集散的区域进行了分析，划定充电桩合理分布区域并现场踏勘，为纯电动出租车提供便利的使用环境。

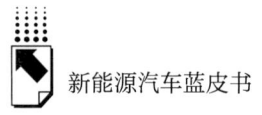

(四)两家国内企业已发布传统燃油车禁售计划

自2014年起,比亚迪、北汽、江淮、长安、吉利、上汽等国内车企先后发布新能源汽车战略或汽车电动化战略,其中长安汽车和北汽集团明确提出了传统燃油车禁售计划。长安汽车于2017年10月发布"香格里拉计划",将在2020年建成三大新能源专用平台,并在2025年全面禁售传统意义上的燃油车,同时至2025年投入全新纯电动汽车产品21款,插电式混合动力汽车产品12款。北京汽车集团于2017年12月表示,将致力于在中国境内,加严限制并最终停止旗下自主品牌乘用车中所有未采用新能源和广义新能源技术的传统燃油车的生产和销售。除特种车、专用车外,到2020年率先在北京市全面停止自主品牌传统燃油乘用车的销售,到2025年在中国境内全面停止生产和销售自主品牌传统燃油乘用车。

三 各方观点

燃油车禁售一直是行业关注的热点话题,尤其是2017年9月,工信部副部长辛国斌在泰达论坛上首次提出燃油车禁售议题后,国际舆论广泛关注,行业企业、专家、各类媒体围绕我国是否有必要出台燃油车禁售计划、我国实施燃油车禁售是否具备条件、实施燃油车禁售带来哪些影响等方面,开展了初步讨论。

(一)关于燃油车禁售的必要性

行业企业、专家和媒体在政府是否有必要出台燃油车禁售计划方面进行了诸多讨论,争议较大。该问题的实质是如何处理好政府和市场的关系,即在禁售燃油汽车和推动新能源汽车发展上,政府是否应该有所作为、政府应该如何作为等深层次问题。

1. 部分专家认为,政府制定一份符合国情的燃油车禁售计划,有利于更好地推动产业发展

一是更好地稳定市场预期,加快促进转型升级。陈清泰等专家认为,政府果断出手的重要意义在于,要给社会一个长期的预期,因为要充分发挥电动汽

车的潜能必须未雨绸缪，从能源、基础设施、电动化、信息化、产业链转型、员工转岗、政府监管和法律法规等方面有序地做好准备。有一个时间表，将有利于政府和企业协调配合、平稳推动，时间表的提出对于电动汽车企业来说是一种鼓励，对传统的燃油车企业来说是一种倒逼，最终对大家都有好处。

二是汽车电动化是我国产业发展的重大战略机遇。全国乘用车市场信息联席会秘书长崔东树认为，我国动力电池、驱动电机的技术水平和产业化能力高于内燃机，电力能源安全强于石油能源安全，全球汽车市场向电动化转型对我国来说是重大战略机遇。因此，我国加速推进传统燃油车禁售的时间表不仅是环保课题，也是重大的产业机遇。

三是传统化石能源制约要求燃油车加快退出。《科技日报》有文章指出，推广新能源交通工具，不仅是未来的趋势，还是人类交通发展的必然选择。化石能源终究会枯竭，燃油汽车污染环境并产生各种问题，推出燃油车退出时间表迫在眉睫。

四是技术变革离不开政府的有效推动。《科技日报》有文章指出，从工业革命到信息革命，每一次科学技术的飞跃，都离不开外部社会环境的推动，技术发展不是被动的、孤立的。如果把新能源交通工具的普及视为一场技术革命，那么这场变革也离不开社会环境和意识层面的配合。

2. 部分专家认为，应按照科学规律办事，由市场决定使用哪类产品，政府不宜干预过多

一是燃油车禁售影响太大，政府不宜过早提出禁售计划。中国汽车工程学会理事长付于武认为，燃油车禁售事关重大，要慎之又慎，要按照市场规律，不要盲目跟进，无论是政府还是行业，都要对历史负责。国家新能源汽车技术创新工程专家组组长王秉刚认为，中国制定燃油车退出时间表的时机尚未成熟，不必急于像欧美国家一样列出时间表。新华社记者李安定认为，对于部分欧洲国家制定的燃油车禁售时间表，我国政府的明智作为应该是制定战略性应对措施，而不是"紧跟"时髦，轻易做出限时全面禁售燃油车的表态。

二是能源战略应多样化，不宜押宝电动化一条技术路线。中国汽车工程学会理事长付于武认为，中国汽车产业发展战略一定要与国家能源战略相契合。目前，国家的能源战略已明确立足国情、多元替代。多元化是我国能源战略的

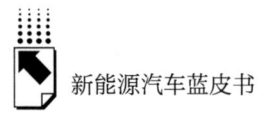

基点,在汽车技术路线上,如果将新能源汽车单纯看成电动化,其描述或者引导方向是不完整的。

三是汽车行业转型应由市场力量推动,政府不宜过多干预技术路线。一些专家和媒体提出,汽车行业转型升级应由政府推动转向市场推动,政府无须提出淘汰或推动某些技术。政府应定位于从标准上推动节能减排,制定符合民生的环境标准来实现优胜劣汰。

(二)关于燃油车禁售的可行性

完备的客观条件是燃油车禁售的基础。目前关于燃油车禁售是否具备客观条件的讨论,大多与汽车电动化的推广应用密切相关。因此,相关讨论和观点主要集中在新能源汽车的推广普及是否具备条件。

1. 部分专家认为,我国具备大力发展新能源汽车的客观条件,如果充分考虑国情,制定相应的战略措施、实施燃油车禁售是可行的

一是电动化技术替代具备可行性。中国电动汽车百人会理事长陈清泰认为,随着电池、电机、电控技术的不断进步,以及纯电动车信息化、网联化、智能化的日趋成熟,到2025年,电动汽车的性价比将达到或超过传统燃油车。中国科学院院士欧阳明高认为,中国的新能源汽车有先发优势,互联网有技术优势,光伏技术有产业优势,如果对三个优势进行整合,中国汽车产业的弯道超车一定能够实现。前瞻产业研究院指出,我国新能源汽车整车研发水平不断提高,中国品牌的市场认可度大幅提升,在某些细分市场已经能够和国际品牌同台竞争。从这个层面上说,禁售传统燃油车成为可能。

二是分领域、分车型、分区域而非"一刀切"才可行。北京航空航天大学教授徐向阳认为,如果禁售车型是以传统石化燃料的内燃机为唯一动力源的乘用车,不包括电机作为辅助动力的混合动力汽车(包括HEV、PHEV),禁售燃油车并非不可行。全国乘用车市场信息联席会秘书长崔东树认为,禁售燃油车、全面发展新能源汽车是趋势,但是一个漫长的过程,"一刀切"的禁售燃油车在我国不可行。我国地域辽阔,能源与道路交通状况也相差较大,不同区域应差异化安排,同时也要按车型类别分类推进,乘用车和客车先行、货车最后,混合动力和插电式混合动力汽车作为过渡选择,过渡期会较长。在实施方式上,中国汽车技术中心情报所总工程师黄永和认为,与欧

美汽车市场的相对成熟稳定不同，中国汽车产业依然在快速发展中，因此禁售方式不应该采取"一刀切"的时间表方式，而采取禁售比例这种渐进的方式更可行；能源基金会中国交通项目主任龚慧明建议，禁售燃油车可从城市和行业试点开始。

三是关于电动汽车的环保效果，《科技日报》提出电动汽车环保有较大潜力可挖。纯电动汽车不直接排放尾气，对解决当前困扰大城市的雾霾问题有很大裨益。只要逐步淘汰煤电，发电环节污染就可以得到有效控制；处理废旧电池已经形成了完善的产业链，处理汽车动力电池比处理分散的小型电池，可能性更高，成本也可以得到控制。

2. 部分专家认为，电动汽车在实际应用中还存在诸多问题，完全替代燃油车在我国不具备可行性

一是纯电动汽车产品仍存在技术制约。一些专家和媒体认为，电动汽车技术并没有根本性的突破，动力电池仍是瓶颈制约，纯电动汽车续驶里程、耐久性等也不足以完全支撑一些特殊领域消费者使用需求。今后很长一段时间内，传统燃油汽车和新能源汽车将会共存于市场，这是产业发展必将经历的一个过程。同时，中国市场需求多样化，单一纯电动产品路线难以完全满足市场多样化需求。

二是能源和基础设施存在制约。一些专家和媒体认为，纯电动汽车的大规模推广应用，需要上游能源尤其是电力能源负担庞大的电力需求，电力结构也应足够清洁和高效，才能应对燃油车禁售带来的能源结构变革。目前，智能电网仍在研究阶段，尚没有规模化应用，难以科学调节电网的负载能力。此外，充电设施是短板，充电桩少、充电不方便、充电车位被占等问题，成为我国电动汽车无法普及的重要原因。

三是电动汽车环保性存在质疑。一些专家和媒体提出，部分欧洲国家发电采用水利、风力、太阳能、原子能等清洁能源，发电过程中没有污染排放，不造成温室效应，因此纯电动汽车使用"干净的电"，比起燃油汽车更环保。如英国能在2040年全部采用电动汽车，是因为其先制定了一个在2023年之前全部关掉境内燃煤发电厂的时间表。相比之下，我国电动汽车应用环节做到了减排，但在能量来源、生产制造、回收利用等环节都存在污染，纯电动汽车是否环保还存在较大的不确定性。

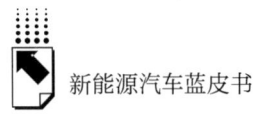

四是科技发展日新月异使得燃油车禁售时间表难以确定。李安定等一些专家认为,2025~2040年,在部分领域和地区实施具体的时间表有可能实现,但全国范围实现的难度极大。如果我国禁售燃油车时间表定在2050年,由于时间跨度较大,能源科技发展到何种程度难以预测,无法制定合理的禁售时间表。

五是国家安全问题难以保障。李安定等专家认为,我国发展电动汽车的重要出发点之一是保障石油安全,如果电动汽车和燃油汽车并行发展,石油安全可以得到很大保障。但实施去燃油化将威胁国家安全,因为民间运力是战时运输的毛细血管,对战争和重大自然灾害中平民疏散、伤病员运送、军事物资补给起着关键作用,电力的产、变、输环节在战争和地震中是非常脆弱的,离开电力供应,战区或震区范围内所有的电动汽车无法应用,将导致运输网络彻底瘫痪,这种代价是惨痛和不可接受的。

(三)关于燃油车禁售的影响

燃油车禁售牵涉面广、影响力大,行业对其利弊进行了初步讨论和分析。总结各方观点,主要如下。

1. 有利影响:在改善城市大气环境、促进产业转型升级、减少化石能源依赖、推动汽车社会加速变革等方面,具有重要的推动和促进作用

一是改善城市大气环境、促进汽车产业转型升级。一方面,燃油汽车是城市污染物和CO_2排放的主要贡献者,禁售传统燃油车可降低污染物和CO_2排放,减少大气污染对人体健康的影响。另一方面,燃油车禁售将进一步明确产业发展方向,倒逼传统汽车企业加快转型步伐。其中,对于创新转型能力较强的企业,可利用资源优势及时完成对资源的再分配,向新能源化方向倾斜;对于创新转型能力不足的企业,其原有资源禀赋将变为转型负担,在市场竞争中逐渐被淘汰。此外,汽车零部件供应链产业将面临深度洗牌,电池、电机供应商及其上游材料产业将加速发展,传统发动机、传动装置等供应商需大幅调整产品结构。

二是加快能源结构调整优化。车用燃油消耗占交通行业燃油消耗的近70%,燃油车禁售将大幅降低我国交通行业燃油消耗,促进形成绿色低碳的交通能源体系,同时减少上游原油消耗,降低我国原油对外依存度,有助于缓解

石油供给压力。

三是推动社会、交通和基础设施加速变革。燃油车禁售将推动全社会基础设施建设、道路交通网络建设，由满足传统燃油汽车需要向满足新能源汽车需求转变，进一步加快电动化、智能化、网联化发展，推动汽车社会向更加电动化、清洁化、智能化方向变革，这种变革将带动整个社会的技术进步。

2. 不利影响：加大自主品牌竞争压力、影响传统石化行业和内燃机行业发展、不利于能源多元化发展

一是加剧自主新能源汽车企业竞争压力。在欧洲等国制定燃油车禁售计划的背景下，大众、奔驰、宝马等汽车集团纷纷宣布新能源汽车战略，竞相加大投入发展新能源汽车。我国作为全球最大汽车市场，一旦宣布燃油车禁售计划，将导致跨国汽车企业提前加速布局新能源汽车，我国自主新能源汽车企业提前面临跨国公司竞争，自主品牌竞争压力加剧。

二是加快石化行业萎缩削减，影响国民经济。石油和化学工业是国民经济的重要支柱产业，经济总量大、产业关联度高，与经济发展、人民生活和国防军工密切相关，在我国工业经济体系中占有重要地位。初步统计，我国石化行业从业人员达 300 万人，建有加油站 10 万座。2016 年车用成品油消费税和增值税收入达 4500 亿元。实施燃油车禁售计划，导致车用燃油需求削减，会引起一系列就业、税收等问题，影响国民经济发展。

三是不利于能源多元化发展。我国能源需求总量高，难以依靠单一能源品种解决供应问题，采取多元化能源供应战略，可使各种资源发挥最大作用。汽车产业发展应与能源战略相适应，燃油车禁售容易引起"全电动化"趋势，使天然气、生物燃油等其他替代能源产生浪费，这与我国多元化能源发展战略不符。

四是影响传统内燃机产业发展。传统内燃机特别是融合了电动机的新一代内燃机，节能减排还有较大潜力，将在相当长一段时间内作为汽车的主要动力源。实施燃油车禁售将导致企业在传统内燃机方面投入减少，混动动力等节能减排技术没有了发展空间，甚至放弃传统内燃机的技术创新，必将产生重大而深远的不利影响。

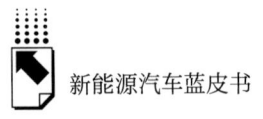

四 对燃油车禁售的初步认识

（一）科学理解燃油车禁售问题，不宜"谈禁售色变"

目前，燃油车禁售属于敏感问题，很多行业专家抵制研究该问题，甚至一些专家认为不应该提及燃油车禁售议题。讨论和研究燃油车禁售与实施燃油车禁售是不同层面的问题，行业避讳燃油车禁售议题，出现"谈禁售色变"，其归根结底是没有正确理解和认识燃油车禁售。燃油车禁售涉及面广、影响力大、内涵丰富，正确理解燃油车禁售，是科学、客观研究燃油车禁售问题的基础和前提。

一是禁售的根本目的是环保。交通领域汽车排放对城市大气环境影响巨大，而城市大气环境保护既是关乎美丽中国建设的重大环境问题，也是与居民身体健康息息相关的重大民生问题。小康全面不全面，生态环境质量是关键。人民美好生活的愿望和要求随着经济的发展日益提升，对环境的要求也在提高。通过禁售传统燃油车减少城市污染有其必然性。

二是禁售是关系汽车产业转型升级的战略问题。研究燃油车禁售问题是具有前瞻性的战略问题，应与如何加快推动汽车产业转型升级、增强企业发展内生动力相结合。在此基础上研究探讨燃油车禁售有关问题，才能形成最广泛共识，才会找到科学合理的办法和解决措施。

三是禁售不等同于全面禁止燃油车销售。需求的多样性导致技术路线的多样性。从技术路线上看，其涵盖传统燃油汽车、非插电式混合动力汽车、插电式混合动力汽车、替代燃料汽车（天然气、甲醇等）、纯电动汽车、燃料电池汽车等多种技术形式；从应用领域看，包括公交、客运、城市物流、长途货运、专用车、租赁、私人用车等多方面。因此，燃油车禁售不能片面理解为"仅使用纯电动汽车，对使用汽柴油的车辆全部禁售"。具体禁售车辆类型、禁售领域等都需要根据我国车辆技术水平、实际应用需求等科学研究论证。

四是禁售不等同于全国"一刀切"停止燃油车销售。我国东、中、西部区域经济发展不平衡，各地气候、道路条件差异也较大，短期内难以改变。燃油车禁售不可能全国"一刀切"，而是要充分考虑各地区经济发展状况、实际应用需求、自然环境特点等因素，在部分有条件的地区开展试点，再逐步扩大禁售区域。

总之，汽车产业电动化、清洁化是时代要求，也是大势所趋。目前，汽车行业不宜避讳谈及燃油车禁售问题，而应该正视环保发展与汽车产业转型升级双重诉求，加快研究燃油车禁售相关问题，提前研究制定科学合理的应对方案，引导行业发展。

（二）提前做好基础研究工作，掌握工作主动权

燃油车禁售影响力大、牵涉面广，不仅需要与新能源汽车发展统筹考虑，也要与能源结构、资源禀赋、城市交通、基础设施等统筹协调，还需要考虑能源安全等因素，是一项长期性、战略性、系统性课题，处理不好会对汽车产业甚至国民经济造成负面影响。因此，只有提前充分研究，集合各行各业的智慧和力量，充分讨论和研究论证，才能更好地推动汽车产业转型升级、促进汽车行业节能减排。建议国家加强顶层设计，做好统筹协调，提前重点做好以下几方面工作。

一是正确把握国际汽车产业发展大势。把握好国际汽车产业发展趋势，尤其是关注车用能源技术新趋势，加强对汽车产业技术、成本、市场的战略预判；深入研究主要国家燃油车禁售的深层次背景和原因等，密切跟踪国际燃油车禁售动态、政策趋势；充分利用我国汽车市场规模优势，适当引导国际汽车产业发展趋势。

二是全面做好战略可行性评估工作。深入研究燃油车禁售对国民经济、产业、社会、交通等各方面的影响；做好不同技术路线车型的节能环保效果论证和评估；深入研究不同技术路线产品的技术替代可行性、市场可行性等，实现多角度、全覆盖研究论证。同时，在已开展燃油车禁售的地方和城市，做好政策研究和评估工作，积累经验、发现问题，为下一步研究提供经验支撑。

三是建立覆盖全部相关行业的研究平台。燃油车禁售问题牵涉面广，不仅需要汽车行业广泛研究讨论，也需要石化、电力、机械、电子等相关行业充分参与。目前，国内缺乏有效的沟通平台，导致已有的研究和讨论形式松散，难以形成合力。建议建立统一的沟通和研究平台，组织汽车及相关行业共同开展讨论和研究，汲取各方面意见和建议，深入认识问题的本质和影响，形成最广

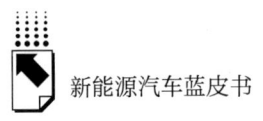

泛的行业共识。

总之，提前做好燃油车禁售基础研究论证工作，任务艰巨、意义重大。做好该项工作是是否实行燃油车禁售的基础和前提，越早研究越有利于抓住工作的主动权，避免错过战略机遇期，防止政策出现偏差。

（三）制定更契合国情和产业发展实际的行动预案，更有助于引导市场

目前，海南、深圳等部分地方已经开展燃油车禁售或燃油车淘汰相关工作，其他一些地方也在研究制定禁售相关措施。在实施中，一些地方出现了全面禁售燃油车辆的"一刀切"措施和倾向。汽车作为极具市场特征的消费产品，其技术成熟过程需要一定的周期，禁售计划需遵循市场规律。若禁售措施过度激进，新能源汽车产品不能良好地衔接燃油汽车产品，市场可能将对其失去信心，使得新能源汽车和传统汽车均陷入发展困境，不利于汽车产业健康发展，对国民经济也十分不利。因此，亟待加强燃油车禁售相关工作的顶层设计，通过制定一个科学合理的行动计划和行动预案，广泛凝聚共识、统一思想、一致行动，这样既可更好地指导地方政府、引导行业理性发展、避免激进不切实际的行动计划，也有利于进一步坚定企业发展新能源汽车的信心，倒逼传统燃油车企业加快转型升级。

综合考虑我国国情和汽车产业发展情况，建议综合考虑车型、应用领域、实施区域等因素，按照不同的时间节点，研究适合我国国情的传统燃油车禁售、节能与新能源汽车推广使用的路线图。初步思路如下。

1. 关于鼓励车型

从目前来看，纯电动汽车在技术成熟度、成本等方面还不完全具备竞争优势，在一些领域的应用还存在使用环境、里程忧虑等的制约。建议研究燃油车禁售相关路线图，要充分结合各类车型的节能减排效果，统筹考虑，深入研究车型界定问题，引入零排放概念。

鼓励推广的车型不宜"一刀切"地全面使用纯电动汽车，也应包括插电式混合动力汽车、增程式混合动力汽车等新能源汽车产品。对节能减排效果好的非插电式混合动力汽车、节能汽车等产品也应鼓励推广应用，鼓励有条件的地区因地制宜地推广应用各类符合国家标准法规要求的替代燃料汽车。

2. 关于实施区域和实施方式

我国东、中、西部区域经济发展不平衡，各地气候、道路条件差异也较大，短期内难以改变。一是实施区域应充分考虑各地区经济发展水平、气候环境等差异，建议在大气污染治理重点区域和重点省市研究实施。二是在实施方式上，建议首先选择积极性较高的城市或地区开展试点，通过设置零排放区或近零排放区等方式，在部分车型领域逐步引导消费者使用节能与新能源汽车，积累经验后再逐步扩大范围。

3. 关于应用领域

汽车产品应用在国民经济各个领域，公交、物流、货运、出租、公务、私人等各领域车辆使用特点差异较大，"一刀切"地设定燃油车禁售比例不符合产业发展实际。建议结合各应用领域的需求特点，按时间顺序先后分别设置禁售比例。

（1）公交领域具备较好的基础，率先全面禁售传统燃油公交车基本可行。近年来，国家积极推动新能源汽车在公交车领域的运营使用，《关于完善城市公交车成品油价格补助政策加快新能源汽车推广应用的通知》（财建〔2015〕159号）规定，东部地区2019年新增及更换的公交车中新能源公交车比重不低于80%，中部为65%，其他地区为30%，且公交车行业基础好，产品成熟度高，新能源公交车全生命周期成本将与燃油车接近，在公交领域率先禁售传统燃油车，技术和成本上可行，也具备较好的市场基础。在具体实施时间上，不宜操作过快，宜通过5~8年时间逐步过渡，即到2025年前后，基本可禁售传统燃油公交车。但是，长途客运等车型受使用条件和环境限制，短期内完全被新能源汽车取代的难度大，其他客车总体禁售时间应再延长。

（2）货车领域，在城市物流配送、环卫等领域率先推广替代新能源货车。城市物流配送等领域车辆行驶路线相对固定，里程忧虑、充电制约小，且综合购置和使用成本已经与传统燃油车接近，实现纯电动汽车在城市部分货运、物流领域的替代，技术和经济上可行。在具体实施时间上，不宜操作过快，可通过5~8年时间逐步过渡，即到2025年前后，货车领域基本禁售传统燃油车，但城际货运车、大中型货车受使用条件、充电设施等因素限制，短期内难以完全被新能源汽车取代，少数特定领域还会长期应用燃油车辆，其禁售时间应推迟。

(3）乘用车领域，可在出租、公务等领域率先禁售传统燃油乘用车。一是出租、公务等领域。根据《节能与新能源汽车技术路线图》，2030年动力电池系统成本达到0.8元/Wh，系统比能量达到350Wh/kg，此时纯电动汽车与同级别传统能源汽车相比，综合经济性具有明显竞争力。在公务、出租等公共领域政府支持力度大，推广新能源乘用车阻力小，在2030年左右实现禁售传统燃油车基本可行。二是私人用车领域。主要发达国家提出禁售燃油汽车的计划大多在2030~2040年，从国民经济发展水平、汽车产业发展形势方面考虑，我国全面禁售燃油乘用车计划应略晚于主要发达国家，但也不宜差距过大。从技术发展趋势和成本下降幅度看，2030年以后新能源乘用车才可能具备与传统燃油汽车同台竞争的能力，但私人用车领域要实现全面禁售传统燃油乘用车，至少还需10~20年的替代期，在2050年即建国100周年左右。此时，我国将步入中等发达国家行列，全面禁售传统燃油汽车，战略上可行。

B.22
中国语境下车辆碳排放辨析

王贺武 石 红[*]

摘 要： 参照新加坡的车辆碳排放计算方法，基于我国电网高火电比例构成和输充电损失，计算了用于驱动新能源汽车的电力二氧化碳（CO_2）排放强度，分析了我国近几年乘用车尾气 CO_2 排放趋势，辨析了纯电动汽车（BEV）、插电式混合动力汽车（PHEV）、普通混合动力汽车（HEV）CO_2 排放强度的影响因素，并与汽油车进行了比较，展望了 2020 年三种车辆技术指标下的 CO_2 排放变化趋势。结果表明，2017 年，汽油乘用车平均 CO_2 排放强度为 157g/km，BEV 平均 CO_2 排放强度为 100g/km，PHEV 平均 CO_2 排放强度为 125g/km；2020 年，汽油乘用车平均 CO_2 排放强度为 115g/km，BEV 平均 CO_2 排放强度为 80g/km，纯电续驶里程为 70km 的 PHEV（PHEV70）平均 CO_2 排放量为 104g/km。2017 年，BEV CO_2 排放强度比汽油乘用车降低 36%；2020 年，若规划目标实现，则 BEV CO_2 排放强度比汽油乘用车降低 30%，PHEV 70 CO_2 排放强度比汽油乘用车降低 10%；在电力清洁化之前，过高的充电频率和过长的纯电续驶里程对 PHEV 碳排放强度的改善作用不明显。

关键词： 车辆碳排放 电力碳排放 新能源汽车碳排放

---

[*] 王贺武，博士，博士生导师，清华大学汽车系副教授，中国电动汽车百人会副秘书长；石红，硕士，工程师，中汽中心新能源汽车与财税政策研究室。

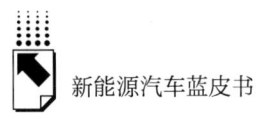

一 车辆碳排放的国际比较方法

针对车辆碳排放的讨论主要有两种争执,起源于如何处理新能源汽车使用阶段电或氢气的间接CO_2排放问题,不同国家对于车辆碳排放管理也有不同的选择。

不考虑发电端碳排放的地区。包括美国、挪威、荷兰、英国等在内的大部分注重车辆碳排放管理的地区均没有将电力生产或氢气生产过程的碳排放计算在车辆碳排放内,即将BEV和FCEV视为"零排放汽车"。

考虑发电端碳排放的地区。采用该计算方法的国家为新加坡,其陆路交通局参考环境署公布的年度发电过程的CO_2排放强度,经适当修正后用于对新能源汽车的碳排放核算。2017年电网碳排放强度是400g/kWh,在此之前采用的是500g/kWh。

由于中国的电力结构中化石能源所占比例较高,不考虑发电端碳排放衡量中国新能源汽车的减碳效果易引起部分行业研究者的争议。为更加客观、全面地评估中国新能源汽车的减碳效果,将发电端碳排放考虑在内的方法更具说服力。

全生命周期评价可综合评价电力、氢气、生物燃料、汽油等车用能源在生产阶段和使用阶段的碳排放,使用全生命周期评价方法对比不同技术路径车辆碳排放强度,一直是学术界研究的热点。但车用传统燃料从生产到使用的碳排放计算,涉及工艺路线和技术路径的多样性、地域性、时效性,量化难度大。目前,全球汽车行业或交通领域甚至环保机构并没有一致的、公认的计算方法。基于此,参照新加坡车辆碳排放计算方法,提出一种适用于中国语境的车辆碳排放计算方法,即对于油路径,不考虑车用传统燃料开采、生产、运输阶段的碳排放,仅计算其在车辆使用阶段燃烧的碳排放;对于电路径,将电力生产阶段的发电端碳排放计算到车辆碳排放内。该方法的优点是计算依据来自业界认可度较高的权威数据,在实践阶段具有较高的可操作性和可实施性。

二 中国语境下车辆碳排放的界定

车辆碳排放来源于化石燃料燃烧。化石燃料燃烧过程直接碳排放,指含碳燃料在能量转换过程中,与氧气发生反应直接生成并排放到大气中的CO_2量。

1. 汽油和柴油等传统车用燃料燃烧碳排放

传统车用燃料碳排放是指其在内燃机内与空气中的氧气完全反应生成的CO_2量。尽管在内燃机内会有未燃的碳氢化合物（HC）、一氧化碳（CO）等非完全燃烧产物产生，但其含碳量占燃料中总碳量的比例小于千分之一，可以忽略处理。传统车用燃料碳排放强度可由燃料消耗通过碳平衡法计算得出。汽油和柴油在燃烧过程中的碳排放强度，分别为每升汽油2.32 $kgCO_2$，每升柴油2.63 $kgCO_2$。

2. 新能源汽车驱动用电力生产碳排放

火力发电是煤炭、天然气和石油经过燃烧的方式将化石能源转换为电力，也可以采用碳平衡法计算发电过程的CO_2排放强度。我国火力发电的电力碳排放强度来自各类火力发电的燃料燃烧产生的CO_2排放强度，包括煤炭发电、天然气发电和燃油发电。由于发电效率的变化，单位发电煤耗和天然气消耗量不同，总的趋势是发电煤耗越低，CO_2排放强度越低。我国每年都会公布火电企业的平均CO_2排放强度，可以作为我国电力碳排放强度的计算依据。

3. 新能源汽车驱动用氢气生产碳排放

对于氢气的制取，无论是天然气重整制氢还是煤制氢，均是将水中的氢元素提取出来，在此过程中，化石燃料中的碳元素与水中的氧元素结合形成CO_2排放到大气中，因此也可以采用碳平衡的方法获得氢气制取的CO_2排放强度。

4. 生物质燃料及可再生能源发电在碳排放计算中按比例减除

对于内燃机中生物质燃料的CO_2排放强度，由于生物质在生长过程中吸收大气中的CO_2，抵消了其燃烧的CO_2排放量，因此按照其在混合燃料中的比例，予以减除，国内目前主要推广的乙醇汽油中乙醇的体积比为10%，相应的每升乙醇汽油的CO_2排放强度减少10%，约为2.1kg/L。对于电力生产过程中的可再生能源发电，CO_2排放强度以0计算，同样可再生能源发电电解水制氢的CO_2排放强度也以0计算。

三 中国车辆碳排放历史发展过程

我国并没有从CO_2排放强度角度对乘用车进行规范制约，而是对燃油消耗量进行了阶段性限值。从平均燃料消耗可以推算出我国乘用车CO_2排放强度的历史。根据工信部公布的我国乘用车企业平均燃料消耗量限值和年度实际达标值，绘制出我国2010年以来乘用车使用阶段CO_2排放强度（未考虑新能源汽车的零排放）。在计算时，由于柴油乘用车的比例低于0.5%，其燃料的CO_2排放强度与汽油之间的差异对车队的影响可以忽略。

由图1可以看出，随着我国汽油乘用车百公里平均油耗的下降，内燃机乘用车的尾气CO_2排放强度呈现下降趋势。2010年每公里的CO_2排放量为185g，2015年降低为163g，5年下降了22g，降幅达到12%；2017年又降低了6g，达到157g，与2010年相比，CO_2排放强度降低了15%。

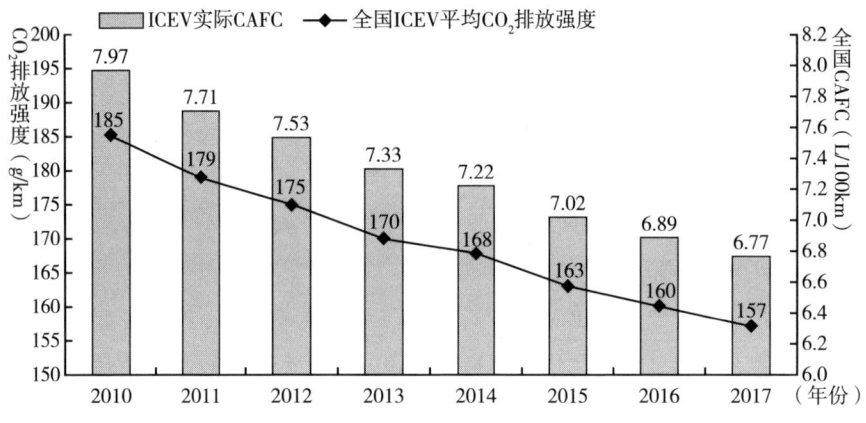

图1 2010年以来我国汽油乘用车CAFC演化与CO_2排放强度

就目前我国乘用车CO_2排放水平与国际的比较，由于采用的测试循环存在差异，仅和采用与我国相同测试方法的国家或地区进行比较，目前采用NEDC循环的地区包括亚洲国家新加坡以及欧洲的所有国家。与欧洲平均水平相比，2010年欧洲汽油乘用车的车队平均CO_2排放强度是142.5g/km，2015年为122.5g/km。与我国2017年157g/km相对应的欧洲年份是2008年（156.6g/km）。从一定意义上讲，我国乘用车的CO_2排放水平比欧洲滞后10年。2016年的排放值（160g/km）比欧洲当年的122g/km高出约31%（见图2）。这与我国车辆大型化趋势导致的车辆重量大有直接关系（2016年，欧洲汽油乘用车平均车重1230kg，我国乘用车平均车重1360kg），我国乘用车的车重比欧洲高出130kg，车重增加导致油耗上升0.6~0.8L/100km，相应的CO_2排放强度增加16g/km。

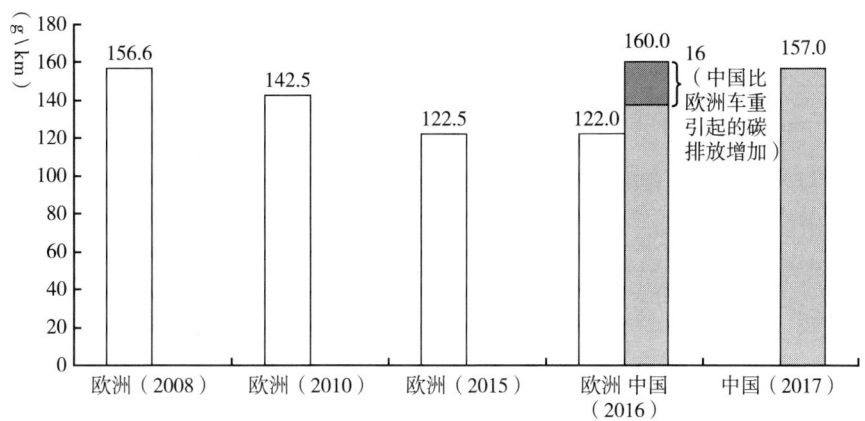

图 2　中欧汽油乘用车碳排放强度对比

2015 年开始,我国新能源乘用车占市场份额的 1%,并在 2017 年达到 2.4%,逐渐成为乘用车不可忽视的组成部分,而新能源汽车的 CO_2 排放强度主要受到电网碳排放和百公里电耗的影响,对于 PHEV 还要考虑用油和用电比例的影响。

火力发电碳排放强度取电网平均值(参考中电联公布的数据),并考虑 6.5% 与 10% 的输电与充电损失(合计约 15% 损失),2015~2016 年电网碳排放强度分别是 724g/kWh、694g/kWh,2017 年估算为 666 g/kWh(见表 1)。

表 1　2015~2017 年车辆碳排放强度关键参数

类别 \ 年份	2015	2016	2017
电网碳排放强度(g/kWh)	724	694	666
其中:火电碳排放强度(g/kWh)	835	822	797
火电比例(%)	73.7	71.8	70.9
输充电损失(%)	15	15	15
BEV 电耗(kWh/100km)	17	16	15
PHEV 综合油耗(L/100km)	2	1.8	1.6
PHEV 纯电续驶里程(km)	50	60	70

针对纯电动乘用车，2015年工况百公里电耗为17kWh，CO_2排放强度为123g/km；2016年由于电网碳排放强度的降低和车辆电耗的降低，CO_2排放强度减少至111g/km；初步估算2017年纯电动乘用车的CO_2排放水平进一步降低至100g/km，主要来自电网结构的进一步低碳化和车辆电耗的降低。

针对插电式混合动力乘用车，燃油导致的CO_2排放强度根据国家公布的车型油耗进行估算，电耗导致的CO_2排放强度与纯电动车估算方法一致。2015~2017年我国插电式混合动力乘用车平均CO_2排放强度分别为133g/km、129g/km、125g/km（见图3）。在CO_2排放的构成中，电力消耗所占比例在65%~70%。

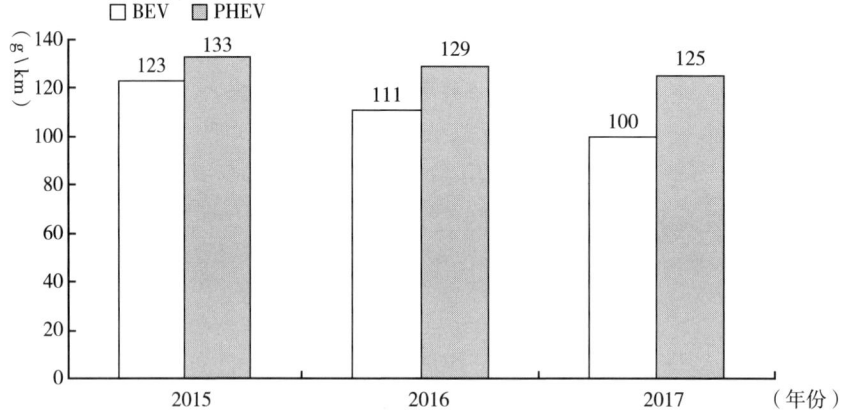

图3　2015~2017年纯电动乘用车与插电式混合动力乘用车碳排放强度

四　影响车辆碳排放的技术路径辨析

车辆的技术路径是影响能量来源、能耗量以及相应CO_2排放强度的最重要因素。从宽泛意义上说，车辆的技术路径主要指传统内燃机及混合动力、纯电动、插电式混合动力。目前我国氢燃料电池乘用车尚未进入商业化销售阶段，本次暂不分析。

（一）传统内燃机及混合动力路径

传统内燃机动力路径的节能技术措施直接导致了车辆运行阶段燃料燃烧中

CO_2排放强度的减少。来自动力系统方面的先进节能技术包括汽油机增压、缸内直喷、多气门和可变气门、急速启停、停缸技术、变速器多档技术以及汽油压燃技术等。混合动力技术由于充分利用了发动机高效区并采用回收制动能量等技术，突破了传统内燃机无法逾越的效率限值，大幅度提高了燃油的利用效率，CO_2排放强度也得到同等程度的降低。

采用传统内燃机及混合动力技术的国内车辆百公里油耗随着先进技术的逐渐应用而降低，全国平均油耗的变化趋势如图1所示，其中也包括了混合动力汽车。目前国内油耗最低的几款车型大多采用了混合动力技术，包括合资企业和自主企业。无论是采用混合动力技术还是其他节能技术，以汽油为燃料的内燃机汽车，其CO_2排放强度均与百公里油耗直接相关。当油耗降低到5L/100km时（我国2020年油耗目标），CO_2排放强度为115g/km；目前部分已经在国内生产和销售的日系混合动力汽车油耗为4.2L/100km，CO_2排放强度约为96g/km。

（二）纯电动技术路径

BEV碳排放强度直接与车辆的百公里电耗和电网的碳排放强度相关。电耗越低、电网火电比例越低，其CO_2排放强度也越低。如前所述，2015~2017年，我国纯电动车电耗从17kWh/100km降低到15kWh/100km，结合充电碳排放强度从724g/kWh降低到666g/kWh，BEV碳排放强度从123g/km下降到100g/km。

进一步的估算表明，甚至在全部采用火电的区域，BEV也已经有显著的减排效果。2017年电耗为15kWh/100km的BEV在北方地区使用时，火电CO_2排放强度为797g/kWh，以15%的输电损失和充电损失考虑，电动汽车充电的CO_2排放强度为938g/kWh，BEV碳排放强度为140g/km，低于当年全国乘用车平均碳排放水平156g/km（油耗6.77L/100km），降低幅度为10%。

（三）插电式混合动力路径

PHEV的普及使车辆的能源结构多元化，也带来了排放源头的多头化。对于PHEV，车辆使用过程中部分里程实现了零排放；但仍然存在部分里程由于汽油燃烧产生CO_2排放。当进一步考虑发电端的排放时，受运行工况、行驶距

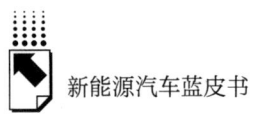

离、驾驶习惯、充电习惯等多因素影响,随着用电和用油比例的变化呈现个体间的差异性,从而导致了 CO_2 排放强度评价的复杂性。

利用传统车出行特征计算不同续驶里程 PHEV 的电里程比例,即电网利用的效用因子(Utility Factor,UF),进而研究车辆使用环节的能耗与其带来的 CO_2 排放强度,是 PHEV 车辆大量进入市场之前的常见方法,如 Hewu Wang 等人使用北京市传统车出行特征估计了北京市 PHEV 车辆推广的 CO_2 减排效果,结果表明在 2010 年电网结构下,纯电续驶里程为 64km 的 PHEV 碳排放水平与当年油耗为 8L/100km 的汽油车碳排放水平(185g/km)相当。

基于上海市 PHEV13 万 km 运行数据的研究结果则表明,平均纯电续驶里程为 70km 的 PHEV(PHEV70)在全年范围内平均两天半充一次电,有 53% 的行驶里程来自电力驱动,剩余的 47% 使用汽油发动机驱动;当达到每天都充电的情况时,纯电行驶里程的比例升高到 62%,只有 38% 的里程是燃油驱动。由此计算出 PHEV70 车辆的平均碳排放强度为 136g/km,其中,来自发电的碳排放强度为 71g/km,汽油燃烧的碳排放强度为 65g/km。作为比较,2014~2016 年全国乘用车相对应的碳排放水平分别是 168g/km、163g/km 和 160g/km。与此相比,PHEV70 的碳排放强度分别降低了 32g/km、27g/km 和 24g/km,降低幅度达到 15%~19%。

深度分析则进一步揭示了充电频率的影响。当充电频率变化时,排放量在 135.8~136.6g/km 之间不等,充电频率升高时,PHEV 碳排放强度小幅度下降;与此同时,纯电续驶里程在 50km 和 100km 之间变化时,车辆碳排放强度在 136.6g/km 和 135.6g/km 之间变化。充电频率和纯电续驶里程对 PHEV 碳排放强度的影响在 0.3%~0.7%。由此可见,在目前的电网碳排放强度下,纯电续驶里程对 PHEV 碳排放强度的影响十分有限并呈现边际收益递减的趋势,纯电续驶里程超过 90km 时,每增加 10km 续驶里程,碳排放强度降低幅度不足 0.1g/km。因此,仅从 CO_2 减排角度看,在目前的技术水平下,从全国平均意义上讲,PHEV 不宜采用更高的纯电续驶里程。

我国电网结构区域性差异导致 PHEV 碳排放强度有所不同。我国西南、华南地区水电、西北地区风电和太阳能发电所占比例远高于全国平均水平,如四川省非化石发电比例为 84%,青海省为 65%。由于可再生能源高比例的稀释作用,青海省和四川省的电网碳排放强度已经降低到 336g/kWh 和

158g/kWh。在青海地区PHEV70碳排放强度为99g/km，四川地区PHEV70碳排放强度为81g/km，相比全国PHEV70碳排放强度降低了27%和40%。在此区域，充电频率和续驶里程的影响会呈现另一种情景。如在青海省和四川省，随着充电频率从两天一次提高到每天一次，PHEV70碳排放强度可继续降低5%~8%；随着PHEV续驶里程从50km增加到90km，碳排放强度可继续降低12%~24%。

（四）典型车型碳排放对比

为对比不同技术路线车型在中国语境下的碳排放强度，选取在能耗方面表现较好的4款日系车型与2017年全国汽油乘用车及新能源汽车碳排放水平进行比较（见表2、图4），其中日产轩逸纯电、丰田卡罗拉1.8双擎、丰田普瑞斯已在中国上市，日产e-POWER NOTE已在日本上市，尚未在中国上市。结果表明：①在当前中国平均电网碳排放水平下，当发动机油耗足够低时，也具有较好的碳排放减排效果；②BEV碳排放强度深受电网碳排放强度影响，其减排潜力巨大，在四川、青海地区的碳排放强度分别减少50%和76%。

表2 典型车型碳排放强度对比

类别	油耗（L/100km）	电耗（kWh/100km）	碳排放强度（g/km）
2017年全国汽油乘用车	6.77	—	157
2017年PHEV	1.6（综合油耗）		125
2017年BEV（全国电网水平）	—	15	100
日产轩逸纯电（全国电网水平）			92
日产轩逸纯电（青海地区）	—	13.8	46
日产轩逸纯电（四川地区）			22
丰田卡罗拉1.8双擎	4.2		96
丰田普瑞斯	4.3		99
日产e-POWER NOTE	3.4		78

资料来源：油耗、电耗数据来自《道路机动车辆生产企业及产品公告》，其中日产e-POWER NOTE未在中国上市，缺少油耗数据，为方便对比，根据其在JC08标准下的油耗数据（37.2km/L）估算其在NEDC工况下的油耗数据为3.1~3.7 L/100km，取3.4L/100km。

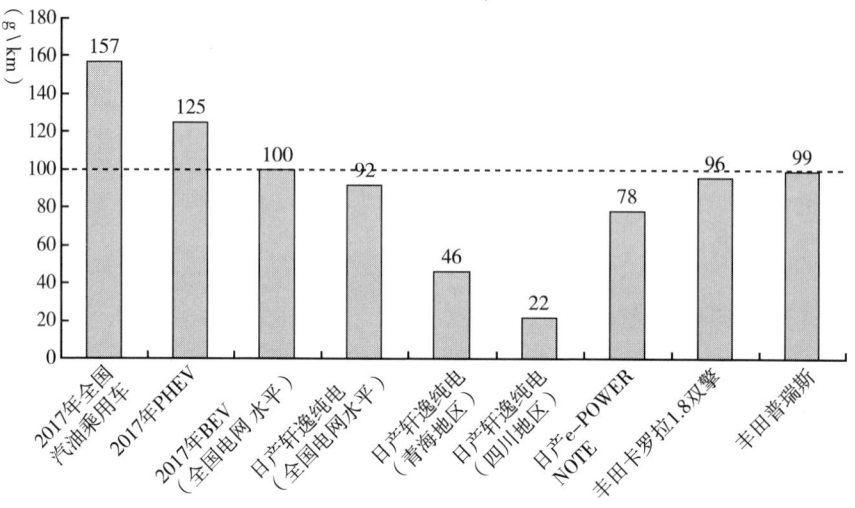

图 4 典型车型碳排放强度对比

五 规划情景下中国车辆碳排放展望

根据《节能与新能源汽车技术路线图》，2020 年我国乘用车新车平均燃料消耗量应达到 5L/100km；BEV 和 PHEV 在纯电驱动时电耗应达到 13kWh/100km。估算出 2020 年各车型碳排放强度如图 5 所示。

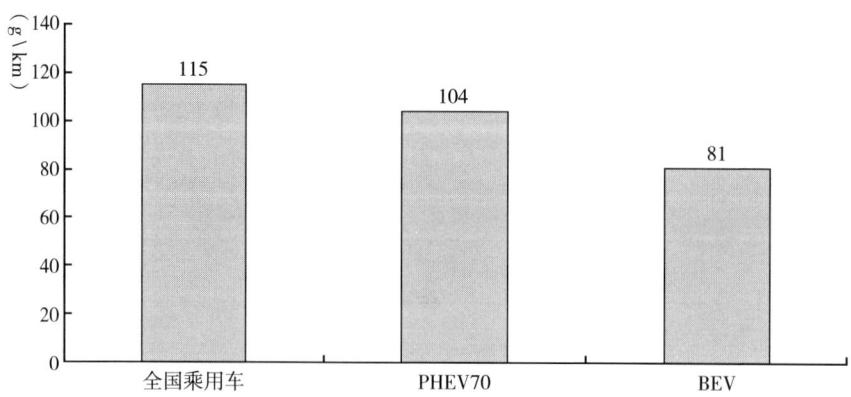

图 5 2020 年各车型碳排放强度展望

- 电力驱动阶段 CO_2 排放强度取决于电网 CO_2 排放强度,以我国相关规划为参考,随着可再生能源比例进一步增加（主要来自弃风弃光弃水的消纳）,2020 年全网平均 CO_2 排放强度将比 2017 年的 666g/kWh 降低 6%,达到 626g/kWh;
- 2020 年,百公里油耗为 5L 的汽油乘用车碳排放强度为 115g/km,比 2017 年的 157g/km 下降 27%;
- 2020 年,百公里电耗为 13kWh 的 BEV 碳排放强度为 81g/km,比 2017 年的 100g/km 下降 19%;
- 2020 年,纯电续驶里程为 70km 的 PHEV 碳排放强度可从目前的 136g/km 降至 104g/km,降低 24%;
- 2020 年,BEV CO_2 排放强度比汽油乘用车降低 30%,PHEV CO_2 排放强度比汽油乘用车降低 10%。

B.23
交通领域三个革命畅想
——驾驶智能化、共享化、电动化的汽车通往更好的未来

王云石*

摘　要： 信息技术革命在交通领域正引发汽车行业的三个革命——智能化、共享化、电动化。三个革命的到来将有望以更低廉的成本搭建出为所有人提供既满足出行需求又没有交通堵塞的理想交通系统。汽车智能化和电动化随着市场的需求在未来必将实现，但共享化不能仅依靠市场的需求来实现。缺少共享化的两化革命，可能引起更多的拥堵和污染排放，并使得富人和穷人可享受到的出行服务差别越来越大，没有驾驶执照和汽车的低收入人群被进一步边缘化。只有三个革命整合为一体，才能建立起低成本、低碳、公平的交通系统。政府需介入并引导市场这只无形的手来避免过分的以自我利益为中心的行为，促进三个革命协调发展。

关键词： 智能化　共享化　电动化

一　三个革命下的未来交通场景

我们正处于一个十字路口。在过去的半个世纪里，我们所认识的汽车几无

---

* 王云石，加州大学戴维斯分校中国交通能源中心主任。原著 Three Revolutions: Steering Automated, Shared, and Electric Vehicles to AX Better Future，作者为 Daniel Sperling，加州大学交通研究院院长兼加州空气委员会董事。本文由王云石编译。

变化。尽管它们变得更安全、更可靠，而且更舒适，但它们仍以同样的速度前行，仍是同样的容量，仍有一个内燃机消耗同样的汽油。尽管在世界某些城市从20世纪70年代开始出现了现代城市轨道交通，公交系统也是变化不大。同样，公路也无变化——以沥青或混凝土铺面。美国现在的交通系统还是以私人汽车来满足绝大部分需求的，而且公路也只为汽车服务（自行车除外）。这是个难以想象的昂贵、低效率和高资源消耗的系统。

大部分汽车通常只载一个人且95%的时间待在原地一动不动。在许多地方，私人汽车的使用几乎替代了公共交通。在美国，公交系统只占有1%的乘客公里数（洛杉矶就是个典型的例子），汽车提供的前所未有的自由和灵活性是以高昂的成本为代价的。美国新车拥有者平均每年每车要花费8500美元，占家庭收入的约17%。不仅如此，传统汽车还带来道路过度建设、死伤、空气污染、碳排放、石油战争、不健康的生活方式等问题及其造成的社会成本。仅在美国，2016年交通事故造成了4万人死亡、460万人重伤；在美国，汽车每天几乎烧掉1000万桶油；在所有排放二氧化碳的领域里，交通行业是罪魁祸首。

但变化终于开始了，在Model T出世100年后的今天我们第一次有了新的选择。在改变了我们通信、做研究、听音乐、交朋友的方式后，信息技术革命最终来到了交通领域。因为汽车的共享化、电动化、智能化，我们现在可以在远远低于系统所需成本的情况下，创造满足所有人出行需求且没有交通堵塞的理想交通系统。若不是如此，它可能会失去控制，变成一场噩梦。

让我们想象一下2040年两种截然不同的前景。

（一）2040年的交通：一场美梦

此时，政府能用前瞻性的战略和政策把三个革命引向对这个社会有利的方向。在某个典型的一天，潘太太和她的先生与两个孩子共享早餐后，潘太太要坐一辆由出行枢纽公司发送的电动智能汽车到地铁站去坐车上班。她家原先通往车库的私家车道被改装成菜园了。车库被改装成客人卧室。家后面是连接每家的公园，孩子们可安全玩耍。当潘太太走近无人驾驶车，它认出潘太太，车门自动打开。同时她的家庭账号自动支付了车费；也可支付共享自行车、公交及其他交通服务。仅需支付很少的月费加单位英里的使用费，潘家可使用各种交通服务，包括智能汽车、电摩和城市轨道交通。途中，智能汽车又接上了潘太太的邻居。汽车在一条宽广的大道上行驶，其中两条道是私家车道，中间的一条专用道用于卡车和客车，大道两边是自行车道，旁边是步行道。

潘家其他人用共享自行车去学校（下雨天乘电动智能汽车），潘先生继续骑车到他工作的健身中心。午饭时，他将骑上一辆共享电动自行车到城市的另一边与母亲吃午饭，她居住的地方是个密集型社区，停车位好几年前就消失了。午饭后，潘先生安排母亲坐老年人智能专车去附近的医疗中心检查。回家的路上，他母亲会顺道访问她的朋友。她的退休金足够支付她的出行会费，这为她和其他低收入市民提供了许多出行选择。对那些收入更低的市民而言，他们的出行会费会得到补贴，在非高峰期使用智能汽车，补贴就更多了。

上班时，潘太太通过微信为潘先生安排晚上的计划：孩子们骑自行车到他们的外婆家，潘先生和潘太太搭一辆智能汽车去一家新的饭店参加朋友的生日晚会。他们知道不必再为酒后不能开车而烦恼，因为他们不再需要自己开车。

（二）2040年的交通：一场噩梦

现在请想象一个完全不同的社会：对三个革命毫无准备的社会。政府不采用鼓励共享拼车的政策，而让居民的私人愿望与汽车公司的竞争性本能来主导。富人的私人智能汽车来回穿梭办大大小小的事导致交通更加拥堵，且大多数车辆不是电动的，温室气体排放大大增加，孩子的社区交流时间几乎不存在。因为富人放弃了轨道交通和大巴并不再支持公交设施，公交服务大大减少，富人和穷人之间可享受到的出行服务的差别变成一道鸿沟，没有驾驶执照和汽车的人被进一步边缘化。与此同时，为了寻求支付得起的房子，普通市民不得不迁往越来越远的郊区，每天出行时间越来越长。

在这样的未来场景下，潘家拥有他们自己的电动智能汽车，并以电影《2001太空漫步》里的超能电脑来命名它——Hal。他们住在远郊的一个普通平房。因为汽车仍旧是私人财产而公共交通几乎没有，潘家一半的钱都花费在他们珍爱的智能汽车上了。他们不仅要支付昂贵的购车款还要支付停车费、软件更新费、硬件软件安全检查费、智能汽车专用道使用费。他们到市中心单程通常需要一个半小时，当他们支付电动智能汽车专用道使用费时，Hal可以每小时 80 英里的速度前行，但离开专用道进入混车道时，车速就慢了下来。使用混合道可以省钱，但单程就需要两个小时。

假如他们中一位需要加班时，他们命令 Hal 空车驶入市区，接回在市区加班的人，或者不加班的人坐在 Hal 上，让车在市区街上荡悠以等待加班的人下班一起出城回家。当然，车还是挺舒服的，可在车里做自己的事或打个盹。Hal 为了接孩子等家事行驶了许多里程，包括到仓库去取包裹（机器人认出了 Hal 并给它取了包裹）、周末远足等，Hal 每月要行驶 5000 英里。

（三）岔道口

以上所说的场景是否会实现？三个革命会使我们对汽车的依赖性更强，城市越来越大，出行无特权者进一步被边缘化，交通变得更贵，温室气体排放越来越多？还是会减少拥堵和环境压力，建立安全的社区，促成对所有人一视同仁、低价公平的交通系统？现在我们无法回答这个问题，而且不同的国家和社区也会有不同的变化。在不同的地方三个革命会以不同的速度展开，产生一波又一波无法预测的结果。在一定程度上，只有等我们对这个变化的速度和范围及这些革命对出行和城市的影响有了清醒的了解以后，我们才能决定如何变化。我们今天对基础设施和汽车技术所做的决定将决定这个变化的途径和速度（这就是所谓的途径决定论，Path Dependency）。

其中两个革命——汽车电动化和智能化——是无法避免的。第三个，共享化，就不是那么确定了。但从许多方面来说共享拼车更加关键。三个革命可为汽车社会提供很大的好处：汽车电动化将减少对化石燃料的依赖和温室气体的排放；汽车共享化将减少路上的车辆所造成的拥堵和排放；汽车智能化将减少车祸（见图 1）。只有三个革命整合为一体，这些好处才会实现，甚至大大增强。整合意味着智能化的电动汽车同时载多名乘客，将建立起低成本、低碳、公平的交通系统。

这种美梦般的整合是否会实现？如汽车业的主要行业杂志《汽车新闻》所说的，"有缺陷、乱哄哄、有时不顾他人的人类会有上百万个方式搅烂一个完美无缺的乌托邦情景"。许多因素决定着未来，包括消费者是否愿意接受新的服务和与别人拼车，公共交通工作人员是否会对新的出行服务张开双臂把它作为对公交和轨道服务的辅助，汽车公司是否愿意放弃汽车公司的身份成为交

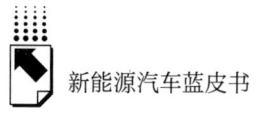

```
全球三个革命协调发展场景

到2050年，三个革命协调发展将产生全球性的影响
·全球城市客运能源消耗减少70%以上
·二氧化碳排放减少80%以上
·车辆、基础设施、运输系统运营成本降低40%以上
·每年节省近5万亿美元
```

图 1　全球三个革命协调发展场景

资料来源：Lew Fulton（UC Davis），Jacob Mason（ITDP），Dominique Meroux（UC Davis）. *Three Revolutions in Urban Transportation*。

通服务公司。同样重要的是各级政府的各种政策、法规及税务决策和地方政府是否愿意提倡拼车共享服务。

二　三个革命的综述

（一）汽车电动化

汽车的电动化，是一个缓慢而多变的长征。1900年，美国1/4的轿车是电动的，但很快被内燃机汽车替代，并等了100多年才回来。1990年，加州迈出重要的一步，采纳了零排放汽车强制法规，以此来控制笼罩洛杉矶的空气污染物。零排放汽车强制法规因企业界的法律诉讼和比预期慢的技术发展速度，经历了饱受折磨的20年。20世纪90年代通用汽车出租了1000辆赛车型电动轿车并得到了赞扬，但几年后这些车都报废了。

2008年才迎来了突破。在政府对电池和能源电子产品研发的支持持续了几十年后，2008年特斯拉以高性能电动跑车震动了汽车界，紧接着在2012年推出了Model S轿车；2010年日产推出了聆风，这是100多年后第一辆大批量生产的纯电动汽车，并在此后成为全球畅销车型；通用汽车紧接着推出插电式混合动力汽车沃蓝达。加州注意到这些重要的技术发展，在2012年重启零排放汽车强制法规，要求汽车厂商增加电动汽车的销售并在2025年达到新车销量的15%。法规发布实施后，美国其他九个州纷纷响应，现在中国也已采纳了类似的政策，欧盟也在考虑引入。

中国的电动汽车销量很快就超过了加州，更在2016年销售了50万辆新能源汽车。中国的主要目的是改善地方空气污染、减少石油对外依赖，并激励国内汽车工业提升技术，缩小与跨国汽车公司的差距。到2016年底，全球电动汽车保有量达200万辆，但市场占比只有1%。在部分小国家却有大的作为，如挪威这个只有520万人口的国家，2017年电动汽车销量占了新车市场的35%。

到2017年，主要汽车厂商均在电动汽车方面大量投资。在美国，有35款新的车型；在其他国家，特别是中国新车型就更多了；每一家企业都计划增加产品；电池成本下降得比任何人想象的都快。世界各国都在采取积极有效的措施来支持电动汽车，在挪威和中国等为电动汽车提供较高补贴或较大税收优惠的国家，电动汽车销量大增；但在财税政策较温和的国家，电动汽车销量增长迟缓。2016年加州电动汽车占新车市场的5%，在加州的许多地方，因为"慷慨"的补贴，消费者能买到比同等级汽油车价格更低的高质量的电动汽车，潜力很大但进步有限。

（二）拼车和共享化

得益于iPhone在2007年的出现，共享经济和信息技术终于来到了交通领域。早期成功者优步和Lyft首先用手机APP来招募私家车车主提供按需乘车服务。最初的服务只不过是出租车服务改进版。之所以称之为出租车服务改进版是因为它们虽仍像出租车那样提供服务，但在成本和便利度方面要比传统出租车服务好。这是通向交通领域根本变化的第一步。

Lyft在2014年开始了拼车服务，两个去同一个方向的陌生人可无缝拼车。就可持续交通而言，这确实是改变游戏规则的关键事件，优步很快模仿Lyft开始了拼车服务，乘车者付平时单人乘车一半的钱但必须与其他乘车者共享一辆车，并接受为接送第二（或第三）个陌生人改道而多出的时间。2016年Lyft和优步在旧金山的一半乘客使用拼车服务。

Lyft、优步等类似公司的下一个新业务领域是把无人驾驶车融入车队。2016年Lyft与通用汽车建立了合作伙伴关系，开始在美国各地开发按需乘车服务的网络，Lyft联合创始人John Zimmer预测，2021年，大部分Lyft的约车

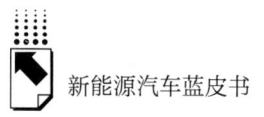

服务将由无人驾驶车提供。同年，优步在比兹堡开始了它的第一支无人驾驶车队，并宣布与沃尔沃合作用智能汽车来提供拼车服务。

但是大部分乘客是否愿意与陌生人拼车，一起乘坐无人驾驶汽车呢？基于数目很少并且正在不断减少的传统车拼车人数（carpoolers），我们不应该设想仅仅因为APP和智能手机提供了方便，人们就会自愿放弃拥有汽车，纷纷共享拼车。

（三）汽车智能化

无人驾驶汽车曾经被认为属于遥远的科幻未来。在1939年纽约世界博览会上通用展示了这种设想，接着1997年通用和本田在现实世界里展示了这一技术，现在这些技术已经接近商业化了。2010年谷歌宣布，其开发的一辆自动驾驶车在完全不依靠特殊路边基础设施和城市改建的情况下，在旧金山以自动驾驶模式安全的行驶。在这短短的六年前，没有一辆汽车能够在当年支持网联化的美国军工部门——国防先进研究项目局——在沙漠中设立的一条路上完成全程自动驾驶。

目前，欧洲、美国、韩国、日本的大部分新车已实现部分自动驾驶。许多车型配有自适应巡航控制系统，使车辆能随着前方车辆的速度变化而加减速度；还配有当车察觉到即将到来的碰撞能控制汽车使其停车的应急刹车系统；许多车型还配有车道保持和盲点协助功能。自动驾驶所需的许多硬件和软件在2015年已开始商业化。

今天，少数几家公司带头开发自动驾驶技术，特斯拉和谷歌（现在称Waymo）加入主要汽车厂商的队伍。2016年，特斯拉已销售5万辆装有自动导航技术的车，这些车至少在没有信号灯和障碍物的高速公路上能达到全自动驾驶。大量的测试数据和部分自动驾驶经验给了日产、特斯拉、通用、福特、丰田、宝马、奔驰、沃尔沃承诺在2020年实现自动驾驶车（但不是无人驾驶）商业销售的信心。优步等公司宣布将尽快转换，采用自动驾驶车，以削减最明显的成本——驾驶员。对货运业来说，自动驾驶车也可能带来成本的大幅降低，Otto（前谷歌雇员创立，在2016年被优步收购）这样的新兴企业正在测试长距离货运自动驾驶。

这些充满希望的前景主要取决于技术的发展。但像这样大规模的转型，成功往往不仅仅在于技术进步，也在于种种管理及社会问题能跟上技术进步的步伐：将会有汽车上牌的管制争议，汽车公司从制造商向出行服务公司转型的争议，也会有一些遥远但难解的困境，如当碰撞在所难免时，是撞向一队天真可爱的少先队员还是伤害一个老太太的道德困境。

三 走向三个革命

三个革命是更高层面社会和经济变革的一部分。全球化、工业智能化、临时服务性工作的普遍化已对社会凝聚力产生了威胁并引起了收入差距。交通行业会是产生问题的一部分还是解决问题的一部分？如果让市场和个人决定，那极有可能会造成更多的车、更多的出行，而且向电动汽车转型的速度将极为缓慢，前文所述的噩梦场景可能都会发生；如果政府介入并引导市场这只无形的手来避免过分的以自我利益为中心的行为，那未来将会更美好，前文所述的美梦场景可能实现。反托拉斯法、反污染的法规、劳工保护条例等都是针对资本主义最肮脏极端问题的治理对策，在理想的情景下，政府的干预可以把利益相关者引向公共利益。

这就是挑战。在几十年后的今天，第一次，我们的出行快要进入不是一个转型而是多个转型的集合叠加期，理想化的情景取决于电动化、共享化、智能化的融合。变化必将到来，而且将是转型式的变化。许多人将试图让它来得慢一些，而其他人试图让它加速到来。我们可以成为埋头的鸵鸟期望漠不关心、袖手旁观，但我们也可以用最佳的思维来驾驭汽车三化革命，从而建造更好的城市、更宜居的星球、一个为我们所有人服务的未来！

智能汽车篇

Intelligent Vehicles

　　智能网联汽车作为多产业融合的产物，正逐步成为汽车行业未来的主要竞争领域和重要经济增长点，世界各国已充分认识到培育和发展智能网联汽车的重要性，并纷纷围绕智能网联汽车进行战略布局。本篇主要从国内外智能网联汽车支持政策、示范区建设和自动驾驶立法研究三个方面展开对比研究，旨在系统梳理国外发展智能网联汽车方面的先进经验，为促进中国智能网联汽车的健康发展提供建设性意见与建议。

　　智能网联汽车的发展离不开国家政策的支持。《智能网联汽车支持政策体系及产业发展建议》在梳理美国、日本和中国智能网联汽车支持政策的基础上，剖析了中国智能网联汽车产业政策环境存在的问题，并结合产业发展趋势，从组织体系建设、技术研发支持、产业环境改善、产业监管等多方面提出了相关政策建议。

　　示范区是推动智能网联汽车产业化的重要途径。《国内外智能网联汽车测试示范区情况概述》着重梳理并介绍国内外智能网联汽车示范区情况，旨在为相关行业研究提供最新、最全面的国内外智能网联汽车示范区建设进展及政策情况，并就中国智能网联汽车测试示范区的建设提出了具有可操作性的建议。

　　现阶段智能网联汽车的推广应用尚面临诸多法律问题。《中外自动驾驶立法研究及立法建议》基于对国外自动驾驶立法经验的研究，着眼于中国特色自动驾驶法律体系的建设，就中国智能网联汽车法律制度构建的难点提出了专业性和前瞻性建议。

B.24
智能网联汽车支持政策体系及产业发展建议

陈春梅 李鲁苗*

摘　要： 美国、日本等汽车强国将智能网联汽车作为重要的产业发展战略，以ITS发展为载体，加快推进智能网联汽车产业发展，并通过政策支持、标准规范、法规建设、示范测试等积极推动全产业链发展，应用车辆智能化技术有效解决道路安全、交通出行等方面突出的社会问题。我国也将发展智能网联汽车作为汽车产业转型升级的重要途径，积极推进政策支持、标准建设、道路测试等。本文通过梳理美国、日本、中国在发展智能网联汽车产业方面的支持政策体系，对比分析中国智能网联汽车产业发展存在的问题，并结合产业发展趋势在产业顶层设计、技术研发支持、产业环境改善、产业监管等方面提出相关政策建议。

关键词： 智能网联汽车　车辆智能化　车辆网联化

智能网联汽车可有效带动互联网、车联网、大数据、新能源汽车等多个产业融合协同发展，成为未来汽车产业技术和市场竞争的重要方向。主流企业抢抓产业发展机遇，纷纷开展前瞻布局，加强产品技术研发，推进产业市场化进程。但目前，智能网联汽车产业尚不成熟，需要国家层面出台配套产业支持政策或措施，鼓励企业开展技术研发和示范测试，推动产业发展。

---

* 陈春梅，北京理工大学管理与经济学院，应用经济学方向博士生；李鲁苗，硕士，中汽中心新能源汽车与财税政策研究室。

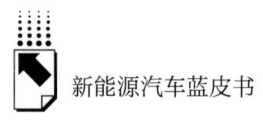

一 国外智能网联汽车产业支持政策

美国、日本是较早发展智能网联汽车产业的国家,为充分利用先进技术解决交通安全出行、老龄化出行等社会问题,以智能交通系统(ITS)发展为载体,推动智能网联汽车技术发展和应用,并在组织领导、技术研发、示范测试、产业规范等方面给予政策支持。

(一)美国:以ITS发展为载体,推动车辆智能化与网联化发展

1. 利用车辆智能网联技术解决交通系统安全问题

随着汽车的普及,安全、拥堵、能耗等已成为美国道路交通系统面临的突出问题。2017年,美国道路交通事故死亡人数达到4万人,在车祸中受重伤的约为457万人,均比2016年下降仅1%;且产生的社会成本超过4000亿美元,比2016年提高25%左右。据统计,美国每年道路死亡人数约为3.2万人,带来千万亿美元的经济损失,对美国社会安全和经济发展产生严重的影响。所以,美国高度重视改善道路交通安全,并于2016年提出,拟在未来30年内,实现美国"零"道路交通事故死亡人数。据美国国家高速公路交通安全管理局调查,人为因素造成交通事故的比例高达90%以上,主要是由超速、不系安全带、驾驶分心等危险驾驶行为造成的。

因此,美国将发展智能网联汽车作为国家重要战略,并通过智能交通系统,建立安全、经济、高效的自动化全国综合运输系统,大幅度降低人为因素的潜在驾驶危险,提高车辆使用安全性,减少道路交通事故伤亡。美国是发展智能网联汽车相对较早、技术水平最为前沿的国家,并采取了建立产业推进机制、完善支持政策、加强示范测试、强化安全监管等一系列措施。

2. 建立政府主导、多方资源参与的推进机制,合力推动产业发展

在国家层面,美国建立ITS推进机制,采取政府主导模式,由美国交通部统筹协调下属的高速公路管理局、交通管理局、公路交通安全管理局、铁路管理局等各职能部门,建立了ITS管理评议会制度,并充分利用研究机构、企业、大学、地方政府等各方资源优势,在技术研发、政策制定、技术安全、使用监管等方面发挥关键作用,如图1所示。

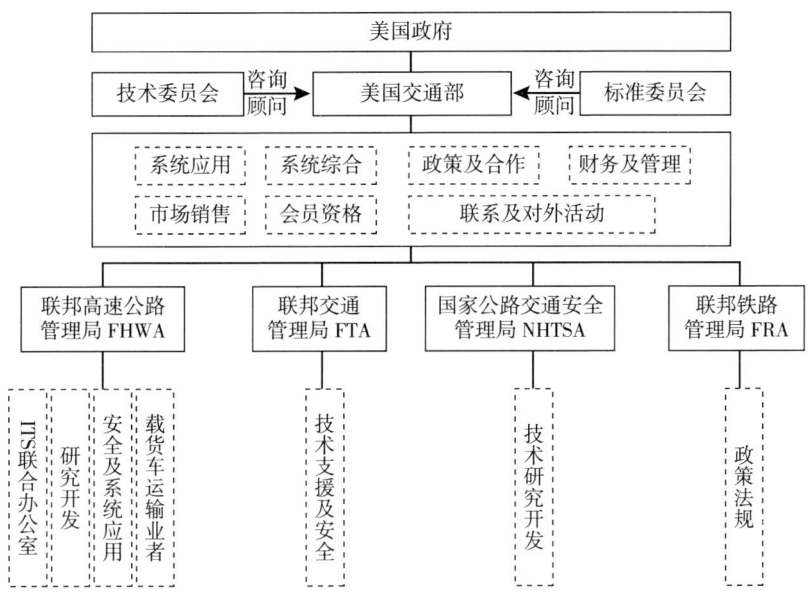

图 1　美国 ITS 推进机制体系框架

资料来源：根据行业机构发布的文件和信息整理。

政府层面提供研究资金，支持美国交通部联合企业、大学等研究开发机构开展 ITS 技术研发和标准研究。美国交通部设立技术委员会和标准委员会，技术委员会开展车辆控制及运行管理、通信技术、智慧交通等研究，标准委员会开展体系框架、交通通信标准等研究。美国联邦高速公路管理局负责技术测试资金支持和车辆安全控制、系统应用等技术支持，联邦交通管理局负责制定智能网联技术发展路线，国家公路交通安全管理局负责车辆数据和交通信息安全技术研发，铁路管理局负责制定智能网联技术相关的政策法规。因此，美国交通部统筹下属各职能部门，在车辆、交通、技术、政策、标准、法规等方面建立明确的推进机制，有效推动智能网联在汽车行业的发展。

3. 形成自上而下、从国家到州政府的政策支持体系，优化产业发展环境

美国以发展智能交通体系为战略方向，着重布局车辆网联化、交通智能化技术研发，从战略规划、产业规范、示范测试等方面给予政策支持，为产业发展创造良好的政策环境。

在战略规划方面，美国自 1999 年适时调整并发布 ITS 战略规划，分别包

括 1999~2003 年、2002~2011 年、2010~2014 年、2015~2019 年，以汽车和交通系统智能化发展为基准方向，逐步完善交通网络建设、车辆安全技术、数据管理、测试规范、法律法规等方面内容，达到阶段性目标高效完成、长期性目标逐步实现的目的（见表1）。

表1 美国关于ITS（含汽车智能化）的宏观规划政策及方案

时间	发布部门	政策名称	主要内容
1999年	美国国会	《国家ITS五年项目计划（1999~2003年）》	●定位:落实"21世纪交通公平法案"执行计划，发展智能化汽车、交通设施，实现交通与车辆的无缝对接，优化交通出行的安全性和移动性
2002年	美国ITS协会与美国交通部	《国家ITS项目计划-十年计划（2002~2011年)》	●明确技术目标:建立综合交通信息网络、布局先进的车辆防撞技术、探索自动车辆碰撞和事故预警，研究碰撞后的反应和先进的交通管理。 ●提出社会和经济效益目标:减少15%的交通事故，节省200亿元/年的交通成本，提高交通出行系统的抗恐怖袭击能力
2010年	美国交通部	《国家ITS五年战略规划（2010~2014年)》	●技术研究目标:包括车辆间(V2V)安全通信系统、车辆及基础设施(V2I)安全通信系统、实时数据处理与管理、动态机动应用程序、道路天气管理、实时信息融合、人为因素等。 ●技术支持环境:创建出行模式试验环境、协调关于车载应用程序等统一的国际标准、技术和应用程序验证、系统工程、数据和通信安全等
2014年	美国国家公路交通安全管理局	《关于自动化车辆的初步政策》	●制定汽车智能等级标准:划分为4个自动驾驶技术水平等级，包括L1实现驾驶支援、L2实现部分自动化、L3实现有条件自动化、L4实现高度自动化和完全自动化。 ●明确研究方向:提出人为因素研究、电控系统安全性、系统性能需求开发3个方向，具体包括L2和L3级别车辆的人机交互需求、电控系统网络信息安全、L2~L4级别的系统技术要求定义和应用场景研究。 ●加强州地区开展自动驾驶应用和测试的车辆认证和要求:驾驶员培训、州法规制定、测试原则、车辆要求等
2014年	美国交通部智能交通系统联合办公室	《智能交通系统战略规划（2015~2019年)》	●明确两大核心战略:实现车联网技术应用、推进车辆自动化技术发展。 ●提出五大战略目标:一是提高车辆防撞系统、性能及基础设施安全系统技术水平，打造更安全的车辆和交通;二是完善网联化车辆和智能化交通的管理办法;三是发挥车联网技术优势，优化交通流量管理;四是全面推进智能化交通体系建设;五是完善车辆与交通设施间的信息交互

资料来源：根据相关政府部门发布的文件和信息整理。

在示范测试方面，美国密歇根州建立了全球第一个自动驾驶测试区 M-City，开展 V2V/V2I 车联网技术的封闭测试，有效带动各国建设自动驾驶测试场。美国交通部根据不同州之间的气候条件和地貌特征差异，在 9 个州指定 10 个自动驾驶试验场（见表 2），丰富自动驾驶场景库、提高技术可靠性。另外，美国 33 个州和特区颁布州议会法案，允许自动驾驶技术测试，为自动驾驶技术产业化发展提供丰富的道路测试。

表 2　美国交通部指定的自动驾驶测试试验场分布及适用场景

测试场	区域	适用场景
托马斯·D. 拉尔森交通研究所	匹兹堡市和宾夕法尼亚州	封闭测试区、城市区
自动驾驶汽车试验场合作伙伴	得克萨斯州	模拟实验室、封闭测试区、园区、城市区、公路通道
美国陆军阿伯丁测试中心	马里兰州	模拟实验室、封闭测试区
美国移动中心	密歇根州	封闭测试区
康特拉科斯塔交通管理局 Go Mentum Station	加利福尼亚州	封闭测试区、园区、城市区、公路通道
圣迭戈政府联合会	加利福尼亚州	公路通道
爱荷华城市地区开发集团	爱荷华州	模拟实验室、城市区、公路通道
威斯康星大学麦迪逊分校	威斯康星州	模拟实验室、封闭测试区、园区、城市区、公路通道
中部自动驾驶汽车合作伙伴	佛罗里达州	模拟实验室、封闭测试区、园区、城市区、公路通道
北卡罗来纳州收费公路管理局	北卡罗来纳州	公路通道

资料来源：根据相关政府部门和机构发布的文件和信息整理。

在产业规范方面，美国交通部注重自动驾驶技术可靠、数据安全、功能稳定等方面。2016~2018 年，美国制定并出台专门的规范政策要求（见表 3），并根据自动驾驶技术发展情况，不断调整和完善自动驾驶系统规范条件，对测试车辆、驾驶员、数据存储及处理、事故处理等提出严格要求，并逐步扩大自动驾驶技术在个人出行、公共交通、货物运输等方面的运用。

表3 美国自动驾驶汽车规范政策

时间	发布部门	政策名称	主要内容
2016年	美国交通部	《自动驾驶汽车政策指南》	●制定适用范围:企业包括生产、设计、供应、测试、销售、运营或应用高度自动驾驶汽车的传统汽车厂商和其他机构,车辆包括轻型、中型和重型车辆,应用在测试级别和量产级别的车辆。 ●搭建指南框架:明确15项安全评估文件,具体到数据采集和使用、隐私保护、系统安全、整车网路安全、人机界面、防撞性、客户教育与培训、碰撞后反应、适用法律、道德考量、设计的适用范围、目标和意外的检测与响应、功能退出、测试方法等内容。 ●明确监管方式:包括解释信(新技术与现行标准的合规性)、豁免(暂时2~3年)、法规制定、执行(技术评估,可最大限度行使执法权)
2017年	美国交通部	《自动驾驶系统2.0:安全愿景》	●政策更新:取代2016年发布的《自动驾驶汽车政策指南》。 ●战略目标:发挥政策、技术、安全标准、商业模式、基础设施、公共交通领域的领导作用,鼓励在机动车和公共道路上引入自动驾驶技术。 ●优化技术布局:包括系统安全、设计使用范围、目标和意外的检测与响应、退出机制、明确测试方法、人机交互界面、整车网路安全、耐撞性、碰撞后行为、数据记录和维护、用户教育与培训、法律法规等
2018年	美国交通部	《自动驾驶政策3.0》	●政策状态:正在制定,预计2018年夏季发布,是2017年《自动驾驶系统2.0:安全愿景》的修订版。 ●坚持6项原则:安全第一、技术中立、以性能为评价标准、统一标准、强化V2V及V2I等互补性技术、公平道路使用权等。 ●政策内容:明确专业术语,建立标准词汇库;明确联邦和州政府的监管职责;解决产业发展关键问题等。推动自动驾驶技术在个人出行、公共交通、货车运输等多模式交通运输体系中的应用

资料来源:根据相关政府部门和机构发布的文件和信息整理。

(二)日本:全面加速推进智能网联汽车市场化应用

1. 有效解决少子老龄化社会的出行问题

目前,日本面临着突出的少子化和老龄化问题,且两者的差距越来越大,造成严重的出行问题。在少子化问题上,日本国立社会保障人口问题研究所的《未来人口预测》调查报告表示,预测到2050年,总人数将跌破1亿大关,比当前减少30%。在老龄化问题上,2017年日本65岁以上老年人口占总人口的27%,是15岁以下人口的2倍以上。据日本警察厅统计,2017年日本75岁以上的驾照持有人超过500万人,由高龄驾驶者造成的致命车祸事故占比超过25%,存在突出的交通出行安全隐患。

因此,为利用自动驾驶技术应对少子化、老龄化带来的公共交通的衰退,减少道路交通事故,日本高度重视智能网联汽车相关技术及产业发展。日本在组织领导、技术研发、示范测试、法规建设等方面给予自动驾驶汽车政策支持,通过消费者、政府、汽车行业、出行服务行业、基础设施数据服务行业、地面物联网服务行业、保险公司等的合作,建立人、车、社会的新型关系。

2. 建立系统的组织框架,职责分明、统筹协调

日本已形成分工明确、各司其职的自动驾驶产业推进组织体系,由内阁官房发挥司令塔作用、布局自动驾驶政策顶层设计,统筹经济产业省(简称"经产省")、国土交通省、警察厅、总务省、内阁府等有关省厅互相协调和合作,如图2所示。

内阁官房作为日本最高行政机关,负责制定及修改自动驾驶产业的战略性规划。经济产业省作为推进自动驾驶产业发展的重要部门,由下设的经济业政策局、产业技术环境局、制造产业局等机构,具体负责制定和实施支持自动驾驶产业发展的政策体系。国土交通省具体负责制定自动驾驶道路测试和运营的政策和标准,下设道路局、自动车交通局等,并设立自动驾驶战略本部。警察厅具体负责制定自动驾驶车辆道路使用的法律法规,明确各参与主体的条件、责任和义务,下设交通局、警备局等,负责交通规则制定、信号灯基础设施建设及安全警备维护等工作。此外,总务省负责自动驾驶通信网络建设及示范测试,内阁府负责自动驾驶技术研发支持。因此,日本各职能部门分工明确、形成合力,针对负责的领域制定行之有效的支持措施或政策,高效、有序地推进自动驾驶产业发展。

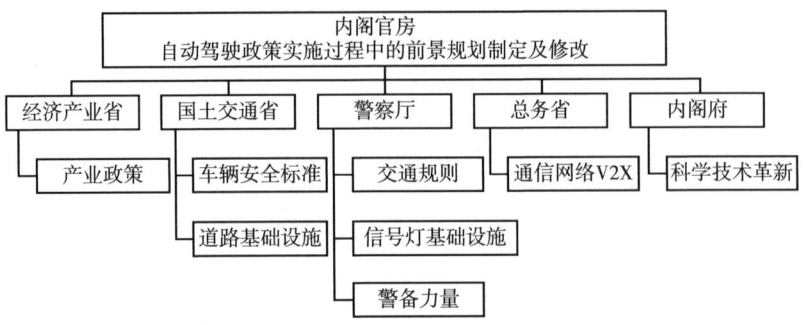

图 2　日本自动驾驶汽车职能体系框架

资料来源：日本经产省。

3. 全方位制定政策体系或措施，优化产业发展环境

日本从顶层设计、技术攻关、市场推广、安全监管等环节出发，形成涵盖宏观规划、研发支持、示范测试、产业规范等的政策支持体系，有效推动自动驾驶产业发展。

在宏观规划方面，日本早在1996年就制定《ITS全体构想》，提出未来20年ITS发展构想、技术开发和实施计划，并明确9个技术研发领域的20项服务，为自动驾驶产业发展奠定良好的技术基础。2013年，日本启动《战略性创新创造促进计划》（SIP），明确无人驾驶汽车商用化时间节点，并提出2014~2030年ITS技术发展路线图，着重推进重要的基础技术研发和市场化发展。2016年，《官民ITS构想及路线图》细化了自动驾驶技术场景化推进目标，进一步加快产业商业化发展。2018年2月，日本确定《关于强化产业竞争力的执行计划（2018版）》，提出完善交通道路规则、事故责任认证等使用环境，建立产业闭环管理体系（见表4）。

表4　日本关于自动驾驶产业的宏观规划政策及方案

时间	发布部门	政策名称	主要内容
1996年	国土交通省、经产省等5个部门	《ITS全体构想》	●明确9个技术研发领域：包括安全辅助驾驶、交通管理优化等，涉及危险警告、自动驾驶、路线引导、交通信息控制等功能开发

续表

时间	发布部门	政策名称	主要内容
2013年	日本内阁	《战略性创新创造促进计划》	• 无人驾驶汽车商用化时间节点：①2015~2017年，完成Level2相关技术商业化普及，包括自动跟随系统、转向避撞系统、多车道自动驾驶系统；②2020~2025年，完成Level3自动合流系统技术商业化普及；③2025~2030年，完成Level4全自动驾驶技术商业化普及。 • ITS技术发展路线：①2014~2016年（近期阶段），大力支持V2X协同系统及终端设备研发；②2017~2020年（中期阶段），完成V2X协同系统终端设备商业化应用，完成Level2智能化配置；③2021~2030年（远期阶段），完成智能交通设备的市场、技术部署和演示系统研发
2015年11月	日本内阁	《第2次面向未来投资的官民对话》	• 2020年实现无人自动驾驶出行服务，及高速公路自动驾驶，为奥运会及残奥会提供服务。 • 加快推进自动驾驶商业化发展的配套基础设施建设，以及完善相关交通法律法规等制度
2016年5月	IT综合战略本部	《官民ITS构想及路线图》	• 明确自动驾驶推进时间表：①2020年左右，实现半自动的、高度的L2、L3级别自动驾驶，及限定区域内的L4级别的无人驾驶；②2022年，实现高速公路的货车自动编队行驶；③2025年，实现个人在限定区域内、高速公路上货车的超高度自动驾驶的L4级别。 • 针对L3级别及以上的自动驾驶市场化应用，需适当修改相关法律法规
2017年6月	日本内阁	《2017年未来战略》	• 2022年，无人驾驶货车实现高速公路商业化。 • 2022年，新都美高速公路启动"协作自适应巡航控制"货车的公路示范测试
2018年2月	日本内阁	《关于强化产业竞争力的执行计划（2018版）》	• 实施Sandbox项目，在限定人员、区域等要素下，支持自动驾驶等技术自由开展实证实验。 • 2018年期间，明确自动驾驶在交通规则、事故责任认定等方面的方针政策，为较高级别的自动驾驶完善制度

资料来源：根据相关政府部门和机构发布的文件和信息整理。

在研发支持方面，日本政府综合考虑企业在单独开发和实施自动驾驶技术过程中获取资源、技术的难度，确定9个重点合作的技术研发和标准制定领域，协调各方资源优势，合力创新攻关突破关键技术，推动自动驾驶技术统筹稳步发展。其中，技术研发合作领域包括高精度地图、通信技术、图像识别、判断逻辑等，标准制定涉及车辆安全性、数据保密、管理驾驶员的人体工学等（见图3）。

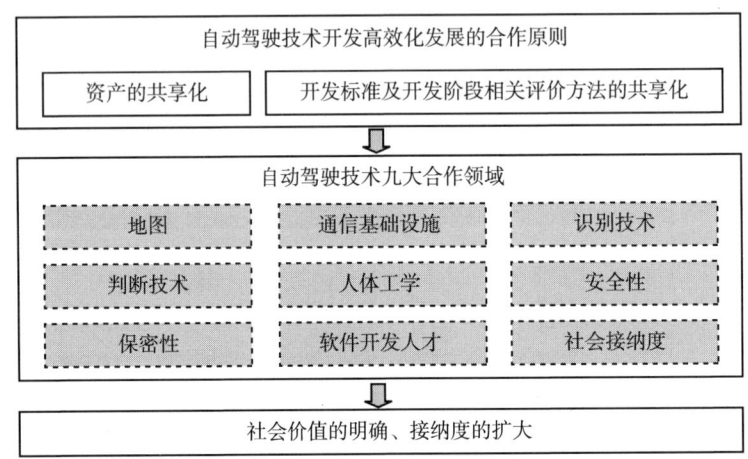

图3 日本自动驾驶汽车技术合作领域

资料来源：日本经产省。

在示范测试方面，日本政府根据不同场景和使用需求，开展自动驾驶道路测试及数据分析，有效推动自动驾驶技术产业化、市场化发展。

（1）经产省和国土交通省开展的"最后一公里自动驾驶"：包括冲绳县北谷町的观光地模式、石川县轮岛市的市区模式、福井县永平寺町的郊区模式、茨城县日立市的社区联络巴士模式，使用雅马哈的小型载人车及SB Drive的小型巴士。数据获取采取两个途径：一是驾驶环境及车辆系统的相关数据，二是乘客及周边车辆使用者、行人、居民等问卷调查。其中，冲绳县北谷町自动驾驶示范区利用沿海公有土地人行跑道，实现从酒店到观光地等之间约3km的循环自动驾驶服务。

（2）内阁府、国土交通省开展的"以中山间地区的沿路车站等为据点的自动驾驶服务"：包括5个地区指定型地点、8个公开募集型地点和5个可行性研究地点（见表5）。

表5 "以中山间地区的沿路车站等为据点的自动驾驶服务"测试区

类型	地区
地区指定型地点	秋田县上小阿仁村、栃木县栃木市西方町、滋贺县东近江市蓼畑町、岛根县饭石郡饭南町、熊本县苇北郡芦北町
公开募集型地点	北海道大树町、山形县高畠町、茨城县常陆太田市、富山县南砺市、长野县伊那市、冈山县新见市、德岛县三好市、福冈县MIYAMA市
可行性研究地点	新潟县长冈市、岐阜县郡上市、爱知县丰田市、滋贺县大津市、山口县宇部市

（3）内阁府开展的"巴士自动驾驶、大规模第三方评估试验"：一是先进Mobility、SB Drive在冲绳县重申本岛开展的巴士自动驾驶，二是汽车和零部件制造商、大学等在关东等地区的汽车专用道、东京临海部联合开展的大规模第三方评估。

（4）经产省和国土交通省开展的"高速公路上的卡车队列行驶"：是日本新能源与产业技术综合开发机构（NEDO）开展的"能源ITS推进事业"项目，实现编队、车道保持、车距控制、碰撞制动等功能，相关技术已应用到五十铃汽车、日野汽车等货车车型上。

在产业规范方面，日本政府加强完善使用环境，明确交通管理、道路测试、事故保险等事项。日本警察厅于2016年5月颁布《自动驾驶汽车道路测试指南》，2017年6月发布《远程自动驾驶系统道路测试许可处理基准》，允许车辆"无人状态下"上路测试，推动自动驾驶系统实用化技术的开发（见表6）。

表6 日本关于自动驾驶产业规范的相关政策

时间	发布部门	政策名称	主要内容
2016年5月	日本警察厅	《自动驾驶汽车道路测试指南》	●明确测试机构要求、驾驶人资质、测试车辆安全技术要求：①测试机构分阶段实施实验场地、公共场地、复杂交通道路下的测试策略，具备意外事故赔偿能力等；②驾驶人符合驾驶执照、经验要求，明确驾驶责任和义务，按照规定操作；③车辆符合《道路运输车辆安保基准》的安全要求，有效采集测试数据，升级软件系统的稳定性和安全性

续表

时间	发布部门	政策名称	主要内容
2017年6月	日本警察厅	《远程自动驾驶系统道路测试许可处理基准》	●明确测试场地、车辆技术、许可有效等内容：①选择无线通信不会中断、避开明显影响公众正常通行的路段和时间段；②车辆符合《道路运输车辆安保基准》，在紧急情况下实现自动停止行驶；③测试许可有效期原则上为6个月以内，可根据不同试验场所的交通状况，指定适当的有效期
2018年4月	日本政府	《自动驾驶相关制度整备大纲》	●明确事故责任主体：①自动驾驶车辆处于自主驾驶状态下发生的事故，由车辆所有者承担赔偿；②外部黑客入侵造成的事故，由政府赔偿；③车辆满足有驾驶员乘坐、以有限条件实现L3级自动驾驶

资料来源：根据相关政府部门和机构发布的文件和信息整理。

二 中国智能网联汽车支持政策现状及问题

智能网联汽车是我国汽车产业转型升级的重要突破口，既可解决道路安全、交通拥堵、污染排放等问题，又可构建新型智慧交通出行服务新格局，是落实党的十九大报告"建设科技强国、交通强国、智慧社会"的重要举措。因此，我国高度重视智能网联汽车产业发展，积极推进政策支持、标准建设、道路测试等。

（一）中国智能网联汽车支持政策情况

1. 在政策支持层面，明确产业发展方向

2015年，工信部、国家发改委、科技部联合印发《汽车产业中长期发展规划》，明确智能网联汽车是汽车产业转型升级的突破口。2018年，国家发改委发布《智能汽车创新发展战略（征求意见稿）》，加强产业顶层设计和规划引领，全方位推动智能网联汽车产业发展。同年，工信部加快制定《车联网产业发展行动计划》及《车联网和智能网联汽车发展三年行动计划》，建立涵盖车辆、通信、道路设施等的标准体系。此外，交通部、公安部、国测局等相关职能部门积极探索产业发展政策，助力智能网联汽车产业化（见表7）。

表7 中国关于自动驾驶汽车产业发展的相关政策

时间	发布部门	政策名称	主要内容
2015年	工信部、国家发改委、科技部	《汽车产业中长期发展规划》	●智能网联汽车推进工程：强调加强核心关键技术攻关，积极开展示范推广，推进产品市场化应用。2020年，DA、PA、CA系统新车装配率超过50%，网联式驾驶辅助系统装配率达到10%；2025年，DA、PA、CA新车装配率达80%
2016年	工信部	《智能网联汽车发展技术路线图》	●明确发展目标的3个阶段：2016~2020年（起步期），形成自主创新体系，DA、PA、CA新车装备率超过50%，网联式辅助系统装配率10%；2020~2025年（发展期），基本建成自主式智能网联汽车产业链和ITS，DA、PA、CA新车装备率超过80%，HA/FA级别自动驾驶技术市场化应用；2025~2030年（成熟期），建成完善的产业链和ITS，DA、PA、CA新车装备率接近100%，HA/FA达到10%。 ●明确关键零部件技术5项：环境感知、高精度定位与地图、通信与信息交互、车载智能终端及HMI产品、集成控制与执行系统。 ●明确关键共性技术7项：多源信息融合、车辆协同控制、电子电气架构、信息安全、人机交互共驾、道路基础设施、标准法规
2017年	国家发改委	《增强制造业核心竞争力三年行动计划（2018~2020年）》	●明确8项任务：建立基础技术体系和数据库、突破关键共性技术、开展信息安全技术攻关、提升关键软硬件水平、完善测试评价技术、开展技术示范运行验证、加强创新能力建设、推进军民融合发展。 ●布局3项重点工程：技术能力提升工程（高精度位置服务、软件研制测试）、软硬件技术突破工程（车载芯片、视觉增强系统、控制系统）、综合测试评价能力建设工程（安全评价、测试示范）
2018年	国家发改委	《智能汽车创新发展战略（征求意见稿）》	●战略目标：2020年，智能汽车新车占比达到50%，中高级别智能汽车实现市场化应用；大城市、高速公路的车用无线通信网络（LTE-V2X）覆盖率达到90%。 ●战略任务：构建自主技术创新体系、产业跨界融合、完善路网设施体系、完善标准法规体系、科学产品监管体系、高效信息安全体系等

资料来源：根据相关政府部门和机构发布的文件和信息整理。

2. 在标准法规层面，引导产业健康发展

国家层面已制定了智能网联汽车产业辅助控制系统的相关标准，包括车道偏离报警系统、自适应巡航系统、汽车前撞报警系统等。2017年，工信部、国家标准化管理委员会联合发布《国家车联网产业标准体系建设指南（智能网联汽车）》，明确标准体系框架，涉及基础类、通用规范类、产品及技术应用类、相关标准类4个部分的99项标准，明确产业相关的术语、分类，加强规范功能评价、人机界面、信息安全等，推动信息感知、决策预警、辅助控制、自动驾驶等关键技术发展，统一通信协议和界面接口。同年，工信部发布《2018年智能网联汽车标准化工作要点》，明确加快制定盲区监测、自动紧急制动、泊车辅助等先进驾驶辅助系统标准。同时，国家注重通信标准、智能地图构架、试验场地标准等体系建设。

3. 加强道路测试区建设，推进市场化应用进程

国家级智能网联汽车示范区满足产业技术发展的不同测试需求。目前，工信部已批准了上海、杭州、京津冀、重庆、长春、武汉、无锡共7个国家级智能网联汽车试点示范区，涵盖无人驾驶和V2X测试场景建设、LTE-V/5G车联网应用、智慧交通技术应用等功能，提供涉及安全、效率、信息服务、新能源汽车应用以及通信能力等的测试内容，旨在推进智能网联汽车关键技术研发创新和产业化应用进程，并为产业标准制定和规范管理提供重要支撑。2018年，工信部、交通部、公安部联合发布《智能网联汽车道路测试管理规范（试行）》，对测试主体、驾驶人和车辆、测试申请及管理、事故处理等重要内容提出明确要求，进一步保证安全、有序开展道路测试。

地方级智能网联汽车示范区集成区域资源推动产业技术进步。目前，常熟、芜湖、深圳、长沙、漳州、盘锦、银川等多个城市建立智能网联汽车示范区，加强产学研政合作，充分利用整车企业、互联网企业、高校、科研院所、政府等各方资源优势，推进关键零部件产品实现产业化，加强智能网联汽车产业链建设，探索整合汽车、通信、人工智能、大数据等信息的创新商业模式。

（二）中国智能网联汽车产业支持政策存在的问题

相对于美国、日本等国家在汽车智能化、网联化领域的发展，我国智能网联汽车在产业顶层设计、技术研发、标准规范、配套设施等方面面临挑战。

一是尚无明确的产业发展战略顶层设计。智能网联汽车产业涉及汽车、通信、电子、交通、信息等多行业的交叉融合，可与能源、交通、出行服务等多领域协同发展。美国和日本等国家在战略层面上基于ITS建设推进车辆智能化与交通体系智能化的协同发展，形成智能网联技术带动汽车产业、通信产业、出行产业等发展的格局。而目前，我国国家层面尚未建立清晰的产业发展顶层设计，难以有效整合发展资源、推进产业长远发展布局。

二是关键零部件自主研发基础薄弱。我国汽车企业对发展智能网联汽车的关键零部件和关键共性技术的研发能力不足，尤其是在芯片、雷达、摄像头、高精度地图、通信、车载终端、集成控制等方面技术水平薄弱，与美国、日本等汽车强国的先进技术水平仍有较大差距。我国智能网联汽车产业缺乏可持续的研发体系，存在长期依赖国外进口产品、技术研发空心化严重等突出问题。

三是相关配套环境发展不完善。智能网联汽车产业布局包括车辆、配套基础设施和服务体系等多个方面，涉及车辆与车辆间、车辆与信号灯等基础设施间、车辆与出行服务平台间的信息交互，存在出行安全和数据安全等问题。而目前，我国智能网联汽车缺乏智能化交通体系、商业保险制度、信息安全制度等建设及道路交通法规修订及事故责任认定等方面的研究，不利于推动市场培育。

三 对中国智能网联汽车支持政策体系建设的建议

（一）完善组织领导框架，加强产业顶层设计

智能网联汽车涉及技术、测试、标准、评测等各方面，也涉及电子控制、信息网络、交通安全、基础元器件及汽车等多个行业，中国应按照《汽车产业中长期发展规划》《智能汽车创新发展战略（征求意见稿）》等相关政策中关于智能网联汽车产业发展的目标，整合现有车联网及智能网联汽车研究资源。工信部会同发展改革委、公安部、交通部等20个部门已组建了车联网产业发展专项委员会，但仍需进一步明确并细化各部门的职能，加强与相关科研机构、企业等的联合，充分发挥"政产学研"协同创新体系的作用，统筹研究解决智能网联汽车发展涉及的法规、技术、标准等综合性产业发展问题，并根据各部门职能搭建分工明确的组织框架，保证自动驾驶技术相关研发和推广

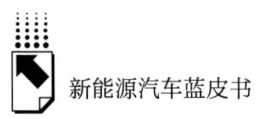

工作有序开展,促进智能技术产业与汽车产业深度融合发展。此外,加强产业顶层设计,推动电动化、智能化、共享化等新兴技术产业融合,加快建立汽车、通信、交通、能源、出行等领域的协同发展机制,推动智能网联汽车产业链的全面布局。

(二)加强关键技术研发,鼓励产业创新发展

中国需加强对智能网联汽车关键零部件、关键共性技术方面的研发支持,全力创新攻关突破关键技术,提升先进技术自主研发实力,推动新兴产业技术发展。一是提升自适应巡航、车道偏离、防碰撞预警、车道保持等现有辅助智能驾驶技术水平,强化自主智能化产品的竞争力,进一步增强市场优势,完全实现规模化商业应用。二是重点加强传感器、车载芯片、北斗定位装置、无线通信设备等关键硬件技术的提升,突破智能网联汽车产业链薄弱领域,逐步研发适用于 DA、PA、CA、HA、FA 级别自动驾驶技术的支撑硬件,不断完善自主式智能网联汽车产业链。三是重点突破智能网联汽车控制系统、通信协议、虚拟测评、操作系统等软件系统技术水平,加强车—车、车—路等的信息交互和共享,建立车辆与基础设施之间的智能协同与配合机制,提高智能网联汽车可靠性、安全性。四是加快建设智能网联汽车创新中心,聚集研发机构、高校、企业等研究资源,打造具备技术研发能力、生产规模等优势的研发团队,促进协同创新研发并推进研发体系建设。

(三)优化产业配套环境,统筹推进产业发展

智能网联汽车涉及车、路、网等多方面主体,路、网是推进智能网联汽车产业发展的重要配套基础设施,其中最主要的是通信基础设施、智慧道路交通设施。一是加快车用无线通信网络(LTE – V2X/5G – V2X)技术研发和应用,布局路侧智能基站系统建设,为智能网联汽车使用提供稳定的通信基础设施,推动 V2V 通信建设,利用大数据、物联网等技术及时准确获取周边车辆运行状态,并采取相关自治措施。二是推进交通设施智能化建设,包括交通信号灯、交通标志、公交站、立交桥、隧道等与车辆行驶密切相关的基础设施,发挥 V2I 技术优势,实现对车距、速度、车辆交会方式等的控制,提高交通通行率和车辆使用安全性。

（四）制定产业监管措施，完善产业使用环境

智能网联汽车在使用方面与传统汽车有差异，应在车辆界定与使用、交通事故认定、商业保险等方面研究建立相适应的监管体系。一是在保障道路交通安全和通畅情况下，在现有道路交通安全管理等法律法规基础上，逐步制定和完善智能网联汽车产业发展所需的标准法规。二是在现有车辆准入及公告管理的基础上，明确不同级别智能网联汽车的技术要求，包括性能检测、售后服务等；并完善车辆公告对智能网联汽车技术的条件要求，严加管理车辆使用安全。三是在现有道路运输及安全规定基础上，根据需要制定新的法律法规，尤其是开启高度自动驾驶时可能承担的法律责任。四是探索适合智能网联汽车的专门保险制度，完善产业发展环境，为实现智能网联汽车技术完善、功能齐全、应用广泛奠定基础。

B.25
国内外智能网联汽车测试示范区情况概述

李赞峰 潘新福 祝月艳*

摘　要： 在"互联网+"和工业智能化的场景下，传统制造业逐渐向"智能制造"转型升级，汽车产业向智能化、网联化方向发展的趋势也愈发明显。作为汽车、互联网、人工智能、云计算等多个产业融合发展的产物，智能网联汽车逐步成为汽车行业未来的重要经济增长点和竞争领域。目前，智能网联汽车尚处于产业化前夕，大规模应用尚存在诸多技术、标准、法律法规等方面的障碍，于是，智能网联汽车测试示范区应运而生。截至目前，多个国家或地区已经认识到智能网联测试示范区建设的必要性和紧迫性，纷纷展开相关布局。但由于各个国家或地区发展智能网联汽车的基础、侧重点有所不同，各个国家或地区的示范区情况也各具特点。本文着重梳理并介绍国内外智能网联汽车示范区情况，旨在为行业内相关研究人员提供最新、最全面的国内外智能网联汽车示范区建设进展及政策情况。

关键词： 智能网联汽车　测试示范区　试验场

---

* 李赞峰，工商管理硕士，高级工程师，中国汽车技术研究中心有限公司副总工程师，中汽中心盐城汽车试验场有限公司董事长；潘新福，工学硕士，工程师，中汽中心盐城汽车试验场有限公司智能汽车项目组组长；祝月艳，硕士，中汽中心新能源汽车与财税政策研究室。

一 背景概述

《智能网联汽车技术路线图》指出,"智能网联汽车是指搭载先进的车载传感器、控制器、执行器等装置,并融合现代通信与网络技术,实现车与X(车、路、人、云端等)智能信息交换、共享,具备复杂环境感知、智能决策、协同控制等功能,可实现'安全、高效、舒适、节能'行驶,并最终可实现替代人来操作的新一代汽车。"智能网联汽车通常也被称为自动驾驶汽车、无人驾驶汽车和智能汽车。智能网联汽车作为创新发展的新方向,将汽车产业带入多领域、大系统融合的高速发展时期,整车厂、零部件厂商、互联网公司等业内业外企业都在积极开展相关技术研发和产业布局工作,并不断推出智能网联汽车、共享汽车、车联网等概念和技术。国家层面也高度重视智能网联汽车的发展,从顶层设计、发展战略、技术标准、道路测试等方面出台了多项政策推动智能网联汽车产业发展。其中,工信部、国家发改委、科技部联合发布的《汽车产业中长期发展规划》(工信部联装〔2017〕53号)明确提出智能网联汽车的产业化发展目标:"到2020年,汽车DA(驾驶辅助)、PA(部分智能网联)、CA(有条件智能网联)系统新车装配率超过50%,网联式驾驶辅助系统装配率达到10%,满足智慧交通城市建设需求。到2025年,汽车DA、PA、CA新车装配率达80%,其中PA、CA新车装配率达25%,高度和完全智能网联汽车开始进入市场。"而智能网联汽车作为新技术融合的产物,其产业化、市场化离不开测试示范。测试本身就属于汽车产品从研发到生产过程中的重要一环,其中场地测试,又是验证整车安全性、可靠性、操控性、舒适性等方面性能的重要途径,所以智能网联汽车对场地测试的需求更加迫切。同时,智能网联汽车在功能设计、使用方式、商业模式等方面也与传统汽车差异较大,迫切需要通过示范工作助推其市场化进程。

目前,在智能网联汽车测试示范领域,尚未形成统一的测试规范,测试标准更是严重缺失。因此,有必要梳理国内外已建成或正在建设的智能网联汽车示范区的相关情况及其政策,为中国智能网联汽车测试示范区的建设提供参考,为中国智能网联汽车的产业化贡献力量。

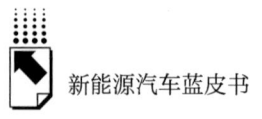

二 国外智能网联汽车测试示范区情况

国外方面,美国、英国、德国、瑞典、日本等充分结合各自的国情,积极布局智能网联汽车测试示范区,如美国的Mcity试验场、英国的Mira科技园、瑞典的AstaZero、日本的JARI测试场等。这些测试示范区功能齐全的同时又兼具特色,鼓励带动了其他国家或地区智能网联汽车测试示范工作的开展。此外,为促进自动驾驶技术发展和推动汽车行业技术变革,美国、德国、英国、瑞典、日本等国家已陆续允许自动驾驶汽车在特定路段或公共道路上开展测试。其中大部分国家均要求自动驾驶汽车在开展公共道路测试前需进行充分的封闭场地测试,以确保安全。各国智能网联汽车测试示范区情况及其针对自动驾驶汽车开展公共道路测试时的相关安全性能要求情况介绍如下。

(一)美国

对于上市销售的传统汽车,美国政府仅要求汽车制造商根据相关法规和标准开展自行检验,而对于智能网联汽车,美国政策则实行严格监管的方针。美国政府于2016年9月发布《美国自动驾驶汽车政策指南》,该指南要求自动驾驶汽车制造商在申请开展公共道路测试前,需从数据记录与分享、隐私、系统安全、整车网络安全、人机界面、防撞性、客户教育与培训、注册与认证、碰撞后反应、联邦政府与州政府法规、道德考量、设计的适用范围、目标和意外的检测和响应、自动驾驶功能退出、测试方法等15个方面进行安全性评估。其中,测试方法应包括一系列仿真测试、封闭场地测试以及上路测试,可以自行测试也可由第三方实施;测试内容应包括车辆在正常操作时、碰撞情况下以及退出自动驾驶策略时的性能参数等。此外,汽车制造商应建立合适的测试验证方法,以确保自动驾驶汽车在高安全等级下运行。政策还鼓励汽车制造商与美国高速公路交通安全管理局(NHTSA)或其他标准组织,如美国汽车工程师学会(SAE)及美国科学和技术研究院(NIST),开展合作,以开发升级新的测试方法、测试设备及相关标准。

1. 密歇根Mcity试验场

Mcity试验场是全球首个专门为智能网联汽车打造的测试示范区,位于美国密歇根州安娜堡市。该测试示范区占地32英亩,约13万 m^2,由密歇根大学交通改造中心(MTC)主导建设,并于2015年正式建成并投入使用。

在基础设施方面,Mcity充分考虑了现实并最大限度地还原现实场景,同时设置了不同材料的道路路面、不同形态的道路结构和不同样式的路边基础设施(见表1),这些基础设施都可以根据真实道路情况进行灵活布置,以满足智能网联汽车系统及传感器在不同环境下工作的测试需求(见图1)。

表1 美国Mcity试验场部分设施

类别	设施内容
路面	• 沥青路面、混凝土路面、砖面路、碎石路、泥土路等
道路结构	• 道路形态:直线道路、不同曲率的弯曲道路、斜坡道路等 • 交叉口形态:交通环岛、十字路口、T字形路口等
路边基础设施	• 交通设施:灵活变更的标志牌、信号灯等 • 附属设施:可移动的路边邮箱、消防栓、林荫树木、金属桥梁、隧道等

资料来源:根据公开资料整理。

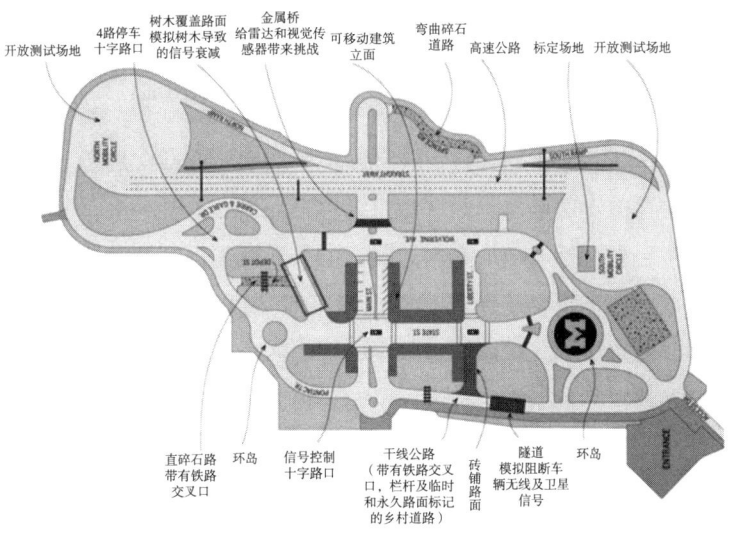

图1 美国Mcity试验场

资料来源:https://mcity.umich.edu。

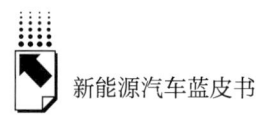

在建设运营方面，Mcity 不仅为其他测试示范区提供了良好的借鉴，同时也发挥了非常大的示范引领作用，如 Mcity 秉承柔性化设计理念，采用了大量可移动、可替换、可升级的测试设施，大大提高了测试场内测试场景构建的灵活性和兼容性。但是，Mcity 作为全球较早的测试场，也存在一些建设上的局限性，如 Mcity 的直线道路长度不足，尚不能进行速度 70km/h 以上的自动驾驶测试。另外，受场地大小限制，Mcity 只能构建相对简单的场景，测试场景的真实性和复杂性都有待提高。

在平台搭建方面，Mcity 吸引了传统汽车制造商、零部件制造商、汽车电子制造商和互联网企业等几十家相关汽车企业的投资和测试，如丰田、通用、长安、广汽、电装、德尔福等。

2. 美国移动出行中心（ACM）

为了更大程度地促进当地智能网联汽车发展，继 Mcity 之后，密歇根州政府正在全力打造第二个智能网联汽车测试场地：ACM（The American Center for Mobility）。ACM 总体占地面积 $1.5km^2$，投资预计在 8000 万美元左右，初步计划由密歇根大学、密歇根州交通局以及密歇根经济开发公司共同投资 2000 万美元，剩余资金希望由联邦政府基金或其他个人投资完成。

ACM 更加注重于智能网联汽车的测试、验证与认证服务，汽车制造商与零部件制造商可以在这里测试车辆及通信系统。ACM 试验场将所有区域按功能进行划分，包括高速区域、城市区域、校园区域、商业区域、乡村区域、野外区域、用户自定义区域与预留区域（见图 2）。ACM 场地建成后，将提供高速公路以及多层立交桥等更加完善的测试场景和更先进的测试设备，以适应日新月异的汽车科技进步，并促进与周边汽车制造商（丰田、日产等）的交流与合作。

3. 其他典型试验场概况

此外，基于安全测试、形成实践共同体方面的考虑，美国联邦交通部（DOT）指定了 10 个智能网联汽车试验场。这 10 个试验场分别位于美国的 9 个不同的州（其中加州 2 个），在测试设施提供方面各具特色，可以提供多种类型的道路及交通测试场景，能够支持不同类型车辆进行测试，并提供智能网联汽车的安全性测评（见表 2）。例如，GoMentum Station 试验场始建于 2014 年，位于美国加州，由康特拉科斯塔交通管理局负责运营，该试验场总面积约 850 万 m^2，

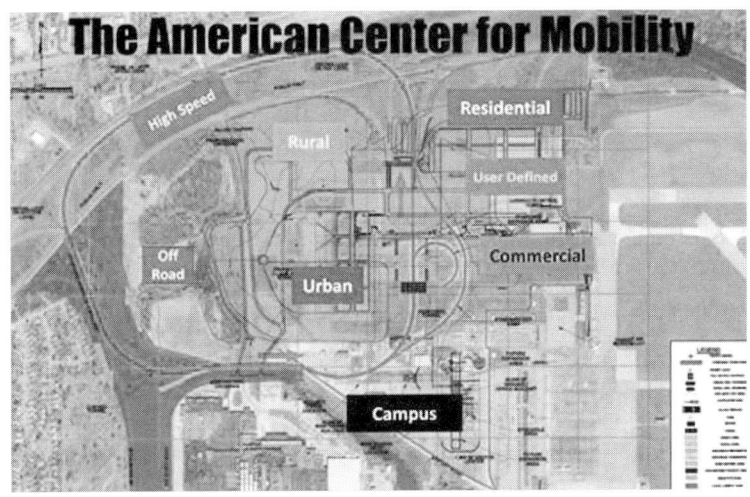

图 2　美国 ACM 测试场

资料来源：http://www.acmwillowrun.org。

拥有 32km 铺装公路和街道,其中约 11km 可用于智能网联车辆的高速测试。除了交通部指定的 10 个自动驾驶试验场,美国还有多个具有代表性的自动驾驶测试设施,例如,Castle Air Force Base 试验场建于 2011 年,目前由谷歌负责运营,总面积约 24.3 万 m^2,该测试场可以提供简单的智能网联测试环境。

表 2　美国十大国家级智能网联汽车试验场

所属单位	所属州	规模及特点
匹兹堡市和宾夕法尼亚州托马斯·D.拉尔森交通研究所	宾夕法尼亚州	封闭测试区+城市区(匹兹堡市)
德克萨斯州智能网联试验场	德克萨斯州	10 个城市开放区+3 个研究机构封闭区
美国陆军阿伯丁测试中心	马里兰州	封闭测试场,特殊路况和地貌
美国移动中心(ACM)	密歇根州	331 英亩封闭测试区,真实高速公路、危险场景测试
康特拉科斯塔交通管理局和 GoMentum Station	加利福尼亚州	2100 英亩封闭测试区,大量测试设施
圣迭戈政府联合会	加利福尼亚州	依托发达的公路系统开展测试
爱荷华城市地图开发集团	爱荷华州	城市走廊+研究设施

续表

所属单位	所属州	规模及特点
威斯康星大学麦迪逊分校	威斯康星州	侧重网联和公共交通测试,寒冷冰雪气候
佛罗里达州中部智能网联合作伙伴	佛罗里达州	400英亩封闭测试区+城市公路+州际公路
北卡罗来纳州收费公路管理局	北卡罗来纳州	高速公路+研究设施

资料来源：根据公开资料整理。

（二）英国

2015年7月，英国政府发布了《自动驾驶汽车发展道路：道路测试指南》，针对自动驾驶汽车开展测试时的驾驶人、助手、车辆等方面进行了规定。针对自动驾驶汽车，要求其必须符合英国现行道路交通法的相关规定；要求其必须能够对所有道路使用者（包括更易受伤害的道路使用者，例如残疾人、有视力或听力障碍的人、行人、骑自行车的人、骑摩托车的人、儿童和骑马者）做出合适响应；要求其必须配备数据记录装置，并以至少10Hz的频率记录车辆传感器和控制系统的相关数据（包括当前自动驾驶模式、车速、转向、制动、车灯和指示器、声音报警、周边环境传感器、远程命令等），以备管理部门检查。此外，为确保自动驾驶汽车开展公共道路测试时不给其他道路使用者带来额外风险，汽车制造商必须确保其车辆已在封闭道路或测试场地上成功完成内部测试，并保存相关证据以供管理部门审计跟踪。

此外，英国政府也积极致力于推动智能网联汽车测试示范工作。据悉，英国政府计划在英国汽车产业核心区域投资1亿英镑，沿伯明翰和伦敦之间（包括考文垂、伯明翰、米尔顿凯恩斯、牛津和伦敦等地区）的M40走廊建设智能网联汽车先进技术集群，以迅速推动英国智能网联技术发展、构建国家级产业生态系统，满足从研发到路测所有技术的发展需求。2017年3月30日，英国启动第一阶段项目投资竞标工作，该阶段主要任务是构建多种智能网联汽车测试环境，如复杂城市环境中公共测试设施的建设工作和真实可控的高速测试环境的建设工作等。

Mira科技园占地约350万m^2，由英国Horiba Mira汽车工程与开发咨询公司和考文垂大学联合成立的网联与智能网联汽车技术研究中心建设运营，核心目标是构建、模拟、测试与评估自动驾驶汽车安全性环境,并开展研究工作,以推动网联和智能网联领域新产品、新服务的开发,同时为该领域发展输送人才。研究中心内部设施能够实现将自动驾驶汽车的真实和虚拟研究环境相结合,并基于一系列模拟器实现"真实-虚拟"环境的交互(见图3)。

图3 Mira科技园

资料来源:https://www.horiba-mira.com。

(三)德国

德国现有的机动车管理模式遵循严格的型式批准制度,自动驾驶汽车的管理模式将继续沿用现有的管理模式。修改后的《道路交通法》规定:自动驾驶汽车在开展公共道路测试前,必须在汽车制造厂商自主检验的基础上,由第三方技术服务机构对自动驾驶汽车开展检验认证,通过审查核发测试许可后,方可在指定的高速公路或城市道路上开展测试。其中,联邦政府负责高速公路测试审批,州政府负责该州的城市道路测试审批。

德国智能网联汽车的测试示范工作以真实道路测试为主。2017年2月8日,德国交通部宣布,德国和法国计划在德国西部的梅尔齐希(Merzig)至法国东部的梅斯(Metz)两地之间约70km长的跨国公路上开展智能网联汽车测试工作。其不仅测试智能网联汽车技术,还将测试车路之间的5G无线通信技术、应急警报和呼救系统等功能。

（四）瑞典

2017年5月，瑞典政府一项关于自动驾驶汽车开展测试的法令《自动驾驶公共道路测试规范》开始生效。该法令规定汽车制造商开展自动驾驶汽车公共道路测试前必须取得许可证，该许可证的审查及授予由瑞典运输机构负责。该法令规定，汽车制造商在申请许可证时应明确说明在开展公共道路测试时将如何确保道路以及其他道路使用者的安全，并要求提交在模拟器或封闭测试场地开展测试的报告和结果。另外，法令还要求测试车辆外部必须安装摄像机和麦克风，并对数据进行永久保存。

AstaZero是位于瑞典哥德堡附近的大型测试区域，占地面积3000亩，约200万m^2，主要研究如何通过主动安全技术来避免事故，如驾驶人注意力分散情况的研究。AstaZero的建设运营情况比较特别，采用多方合作模式，建设上由政府、行业研究机构及企业共同出资，持有上由瑞典SP技术研究院和查尔姆斯理工大学共同所有。其中，企业领域，沃尔沃轿车公司既是AstaZero的主要投资方，也是AstaZero的主要使用方。

2014年8月，AstaZero一期完成建设并投入使用，目前，AstaZero二期建设工作已经进入筹备阶段，二期将在一期的基础上进一步丰富、完善基础设施和测试场景，并根据最新的行业需求，围绕汽车主动安全打造最全面的测试和研究环境。

AstaZero主要包含乡村路段、多车道路段、高速区和城市区四种测试环境（见图4），可针对不同场景灵活设置，进行系统化测试，具体如表3所示。

表3 AstaZero测试场测试场景情况

场景	概况	内容
乡村路段	●环绕测试区域 ●总长5.6km	●道路两侧有遮挡视野的树木，可模拟意外路况 ●限速:70km/h和90km/h ●路口:2个丁字形路口、1个十字路口 ●其他:2个临时停车处、多个可供选择的标识牌
多车道路段	●总长700m ●四车道 ●与高速区相连	●一条300m长的加速路段 ●设置环形车道，以便大型车辆测试 ●多种交通场景:交叉路口、变道行为、多种碰撞情形等 ●其他:可更改行驶方向,可设置不同类型护栏

续表

场景	概况	内容
高速区	• 测试区域中心	• 1 个直径 240m 的圆形区域 • 2 个长 1000m 的水滴形加速路段区域 • 主要测试汽车高速行驶情况下安全性能问题,如避免碰撞的技术等
城市区	• 测试区域南部 • 与乡村路段有 2 个交会点	• 4 座方形建筑物,未来将再增加 5 座建筑物 • 主要测试汽车与周围环境的交互能力,如汽车与其他交通主体的碰撞 • 测试场景:市中心、公交车站 • 测试设施:环岛、丁字路口、环形车道、人行道、自行车道、路灯故障、逼真的房屋等

资料来源:根据公开资料整理。

(五)日本

2016 年 5 月,日本警察厅制定了《自动驾驶测试试验规定》,对自动驾驶汽车开展公共道路测试的安全保障措施、测试流程、自动驾驶系统、测试数据记录、交通事故处理等方面提出了要求。具体包括:自动驾驶汽车在开展公共道路测试前,需根据公共道路的测试内容,充分考虑行驶条件和情况,在封闭测试场地内进行试验;封闭测试场地可以是自有的,也可以使用第三方场地;在开展公共道路测试前需对相关的公共道路设施进行确认(包括安全性、环境变化等),防止意外情况发生;测试使用的公共道路应尽量选择行人、自行车较少的道路,或者行人、自行车不允许通行的高速公路;公共道路测试应分阶段实施等。

2016 年 2 月,日本经济产业省发布"无人驾驶评价据点整备项目",并公开征集承接单位。该项目主要资助企业、科研院所等机构开展智能网联汽车测试场地建设工作,并明确要求中标单位建设恶劣环境测试区、城市道路测试区和多功能测试区三个不同项目测试区。该项目希望通过资助活动,达到三个目标:一是参与国际智能网联汽车测试规则与标准的制定;二是促进节能型智能网联技术的研发;三是减少 CO_2 的排放。日本汽车研究所(JARI)最终获得了该项目资助,并于 2016 年在筑波市茨城县开始建设工

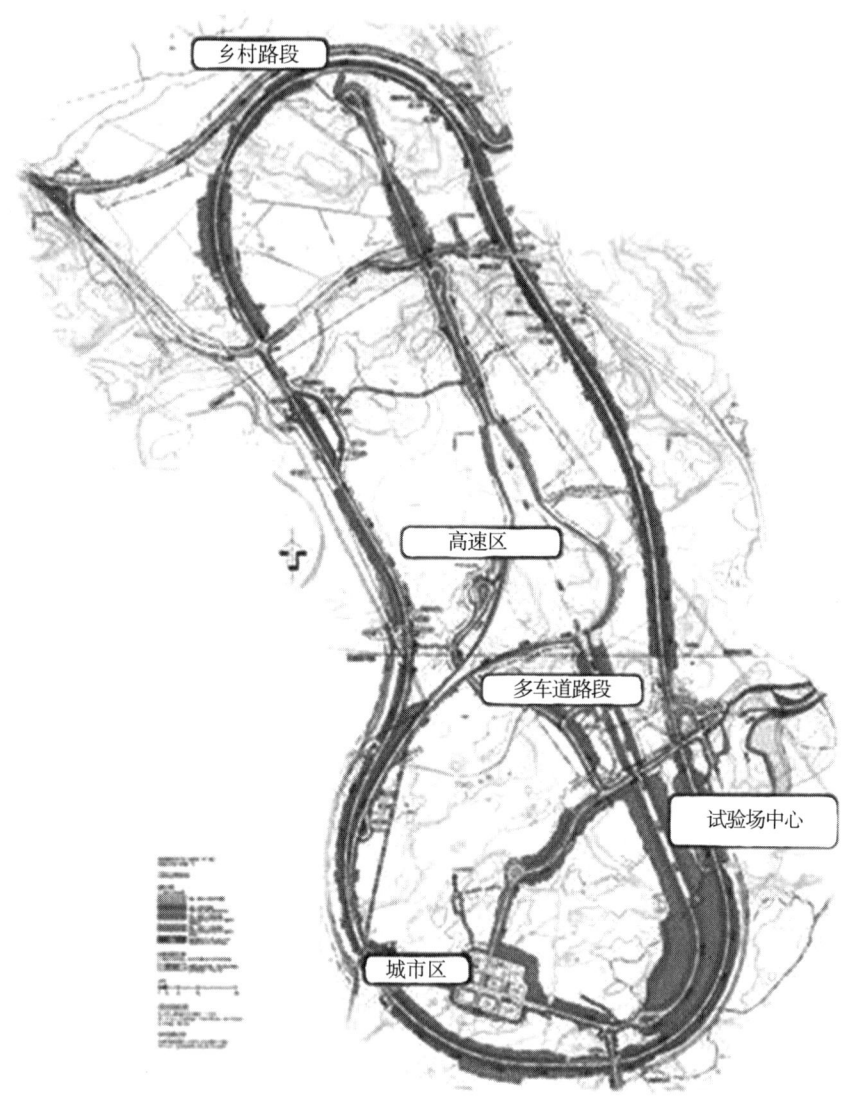

图 4　AstaZero 测试示范区

资料来源：http://www.astazero.com。

作。截至目前，JARI 测试场的规模已达到 302 万 m^2，具备 9 条测试道路，并已对外开放（见图 5）。

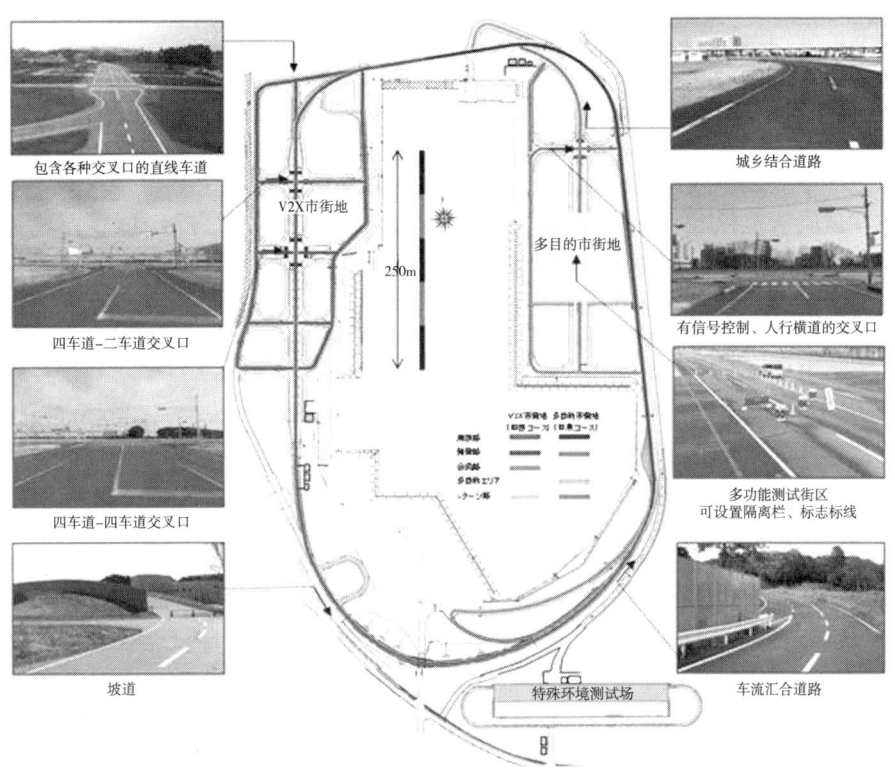

图5　日本汽车研究所 J-town 试验场地

资料来源：根据公开资料整理。

三　中国智能网联汽车测试示范区情况

截至2018年6月，国家层面先后批准了上海市、浙江省、北京市和河北省、重庆市、湖北省、吉林省、江苏省共7个国家级智能网联汽车测试示范区，旨在为我国智能网联汽车领域相关创新提供土壤，推进我国智能网联汽车产业化进程。其中，上海、重庆等地区的智能网联汽车测试场地已经投入使用，并继续完成阶段性建设目标，测试示范功能日趋完善。浙江和北京试点示范区分别在G20峰会、乌镇世界互联网大会以及北京世界机器人大会期间，联合相关企业及科研单位进行了智能网联汽车技术及示范区建设的成果展示。现对已有相关阶段性成果的示范区情况介绍如下。

（一）上海

2015年7月，经工信部批准，上海国际汽车城开始第一个国家智能网联汽车试点示范区建设工作。示范区将从封闭测试与体验区逐步扩展到覆盖150km^{2}的示范城市和共享交通走廊（见图6）。

目前投入使用的封闭测试区内，测试道路总长约3.6km，有50个功能场景投入测试使用。例如通过搭建临时隧道模拟测试信号屏蔽工况，设置林荫道模拟车辆对光线变化的应对，通过在路口设置仿真模拟建筑物复现城市场景。此外，还可以模拟泊车位和小型加油站等。未来该示范区将逐步增加形成近百个测试场景，并将在总计20km的道路上开展车路系统示范应用，逐步在公共道路上探索实现公交优先、自动泊车、车辆通信等示范应用。2018年，上海示范区已经在部分区域实现1000辆以上不同类型智能网联汽车的实车示范，实现预警类、信息协同类等智能化、网联化技术应用，推动车辆和路网的融合，并改善道路拥堵状况，提升车辆安全性和道路通行能力。

上海示范区目前典型的应用场景包括自动紧急制动、碰撞预警、盲点监测、换道辅助、交叉口信息预警等。现阶段，园区已有包括上汽、蔚来、福特、宝马、德尔福等在内的企业入园进行测试。

上海市已于2018年3月1日发布实施《上海市智能网联汽车道路测试管理办法（试行）》，对自动驾驶车辆、驾驶员、第三方管理机构等提出一系列要求。

（二）浙江

2015年9月11日，工信部与浙江省人民政府签署《基于宽带移动互联网的智能网联汽车与智慧交通应用示范合作框架协议》，由工信部和浙江省联合指导，浙江省经信委、中国电子信息产业发展研究院、中国信息通信研究院联合规划，以阿里、浙江移动、华为、大唐、数源、海康等企业为技术支撑，浙江省开展基于宽带移动互联网的智能网联汽车、智慧交通应用示范。

该应用示范计划以智能网联汽车、智慧交通的应用示范为重点，结合行业典型应用，研发示范区综合数据平台（或示范区管理中心），并基于此平台开

国内外智能网联汽车测试示范区情况概述

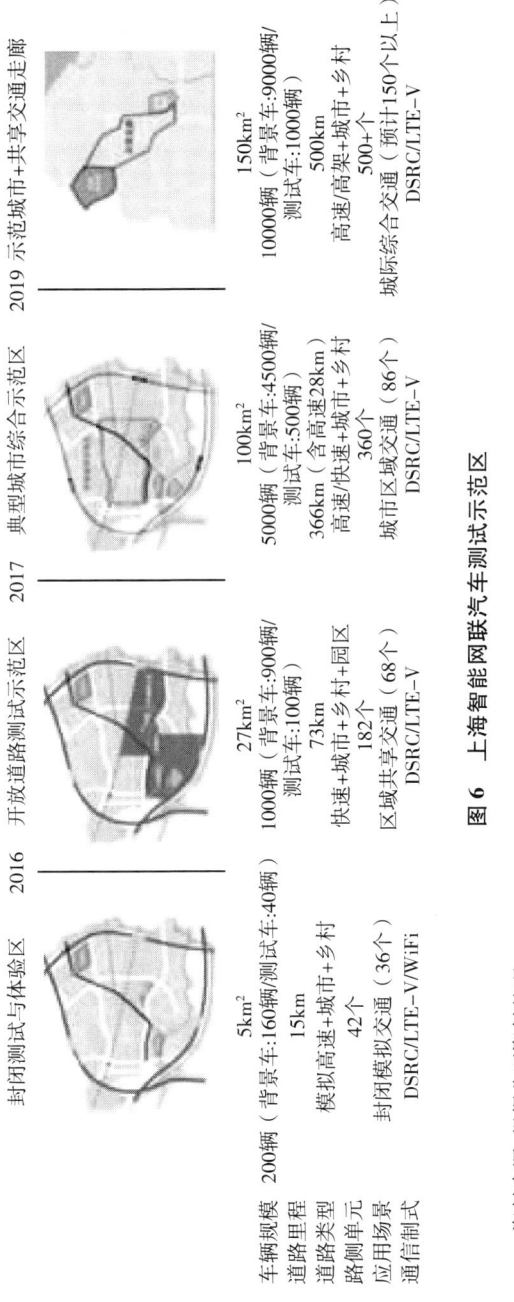

图 6　上海智能网联汽车测试示范区

资料来源：根据公开资料整理。

发示范区智能网联汽车信息服务及管理系统，完成车－人协同示范、车－车协同示范、车－路协同示范、信息安全示范、智慧交通综合应用示范等示范场景的建设，实现智能网联汽车、智慧交通新特性的示范，尤其是对提高通行效率的示范。项目将以桐乡市乌镇和杭州市云栖小镇为核心区域，旨在打造一个集智能网联汽车、智能交通、宽带移动互联网于一体的试验验证示范区。其中，杭州试点示范区侧重于演示，包括绿色出行、V2X、快捷停车、智能网联等智能交通领域的各个方面，目前该示范区共搭建了11个微基站（LTE－V）、4个混基站。

（三）北京、河北

2016年1月18日，工信部、北京市、河北省签订框架合作协议，共同推进智能网联汽车与智慧交通应用示范。根据协议，北京市和河北省将联合创建智能网联汽车与智慧交通产业创新示范区，开展"智能网联、绿色用车、便捷停车、智慧管理、智慧路网和快乐车生活"六大应用示范工作，并构建京津冀智能网联汽车与智慧交通的联合创新平台和产业生态。此外，以框架协议目标为基础，千方科技、亦庄国投、乐视、北汽等十几家单位联合发起成立了北京智能车联产业创新中心，以促进多方交流与协作，打造带动产业发展的技术、资本创新平台。

在示范区建设方面，智能网联汽车封闭测试场地建设方案已确定，建设工作正在有序推进中。封闭测试场地综合考虑了京津冀城市道路交通特征，科学构建模拟实际道路的典型交通场景，为智能网联汽车的研发测试、试验验证、检测认证等提供环境。其中，示范区封闭试验场位于北京亦庄开发区，分为城市交通试验区、高速公路试验区及乡村交通试验区。其中，城市交通试验区涵盖7个常见城市道路类型、五大类基本交叉路口以及16个多种变形路口，还包括3个大中型城市特色道线类型。此外，城市交通试验区还将设置提供六大类273个交通标志，五大类信号灯，加油站、充电站、室内外停车场、公交车站、路侧停车位、铁道等八大类城市交通设施。高速公路试验区涵盖上下匝道、收费站、紧急停车带、超车道等13类场景设施。同时，城市道路与高速道路环形设计还可满足7×24小时不间断智能网联车辆测试需求（见图7）。

国内外智能网联汽车测试示范区情况概述

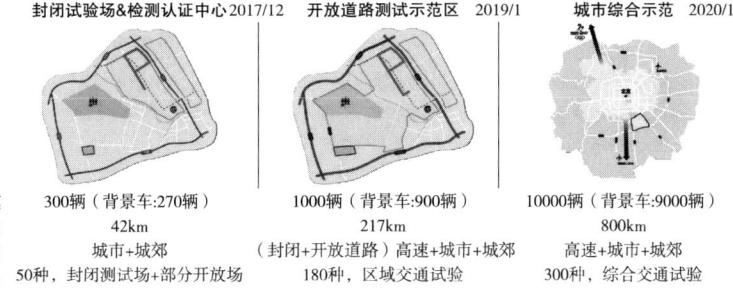

图7　北京智能网联汽车测试示范区

资料来源：根据公开资料整理。

北京市已于2017年12月15日发布实施《北京市关于加快推进自动驾驶车辆道路测试有关工作的指导（试行）》，对自动驾驶车辆、驾驶员、第三方管理机构等提出一系列要求。

（四）重庆

2016年1月27日，工信部和重庆市签署"基于宽带移动互联网的智能网联汽车与智慧交通应用示范"的合作协议，双方将在推动4.5G/5G基础设施建设的基础上，促进智能网联汽车和智慧交通领域关键技术研发，构建智能网联汽车与智慧交通融合发展的产业生态，并带动汽车制造、汽车电子、移动互联网等相关产业发展。

在场景建设方面，该项目充分考虑西部地区的特点，包括晴天、雨天、雾天、冰雪等各类气候环境，城市、城镇、城乡结合地区以及乡村等地理环境，商圈、住宅区、学校、医院、政府部门、工业园区等社会环境，高速公路、城市道路、山区道路、乡村道路以及隧道、桥梁、高架与立交桥等交通环境。此外，项目将开发一个可控的测试评价和验证平台，通过对各种复杂场景进行模拟测试，来加快和重复进行各种场景的测试评价和验证工作。

该项目具体实施分为三个阶段。

（1）第一阶段（2016年1~12月）：中国汽研（礼嘉）园区模拟城市道路封闭场景以及中国汽研1号门前的金渝大道"环岛"道路建设。

（2）第二阶段（2016年7月至2017年6月）：建设垫江试验场多车道及

高速环道的封闭、可控场景。

（3）第三阶段（2017年1月至2018年12月）：北部新区、两江新区以及主城区高速公路、城市道路、乡镇道路、乡村道路、立交桥路、隧道、桥梁等开放场景建设（见图8）。

图8 重庆智能网联汽车测试示范区

资料来源：根据公开资料整理。

重庆市已于2018年3月14日发布实施《重庆市自动驾驶道路测试管理实施细则（试行）》，对自动驾驶车辆、驾驶员、第三方管理机构等提出一系列要求。

（五）武汉

2016年11月，工信部与湖北省签署"基于宽带移动互联的智能网联汽车与智慧交通应用示范"的共建协议。武汉市选定以武汉开发区为核心区域建设智能网联汽车示范区，该示范区将围绕智能化、网联化概念，开展智能网联、智慧交通、绿色用车、智慧停车等多种应用示范工作，并以此完成相关产业的交流、融合，推动产业健康发展。

武汉示范区计划用 5 年时间，逐步打造智能网联汽车封闭测试场、融入现实城市交通的开放测试环境和 90km² 的智慧城市。其中，第一阶段的重点将放在开发区生态城约 2km² 的核心区域建设上，进行水网、桥梁建筑、湿滑路面等场景的设计与搭建。

（六）无锡

2016 年 11 月，工信部、公安部和江苏省签订三方协议，共同推动国家智能交通综合测试基地建设。该基地将以"功能完善、设施先进、基础健全"为基本要求，力争成为智能交通管理技术综合测试平台、交通警察实训平台和智能网联汽车运行安全测试平台，并成为"国内一流、国际知名、特色鲜明"的智能交通管理综合测试基地。

该基地位于无锡市滨湖区，主要包括公路测试区、高速测试区、环道测试区、多功能测试区和城市街区模块，分两期建设：一期规划面积为 178 亩（约 11.9 万 m²），二期将在两年内将规划面积扩展至 208 亩（约 13.9 万 m²）。该基地的建设和运营管理由公安部交通管理科学研究所负责。

最具特点的是，该基地将是我国首个面向自动驾驶汽车上路行驶考试和安全评估的测试场，将通过功能符合性、性能可靠性和稳定性等指标对自动驾驶车辆进行全面测试评估，同时根据评估结果，该基地也将为自动驾驶汽车考发"驾驶"执照，对需要进行公共道路测试的自动驾驶汽车颁发"试验用临时行驶车号牌"，并提供第三方权威测试和认证。该基地除了提供测试场所外，也将推动解决我国智慧交通、车联网等发展面临的交通法律问题。

四 国内外智能网联汽车测试示范区比较分析

国内外智能网联汽车示范区建设基本兼顾了本国政府对智能网联汽车封闭测试的要求、汽车制造商的要求和场地规划限制等方面的要求，各示范区的功能定位及政策并不相同，主要特色如下。

（1）封闭测试场地是首选。虽然美国较早允许智能网联汽车上路测试，但这是基于美国特殊的管理模式在小范围内开展的。大部分国家或地区把封闭

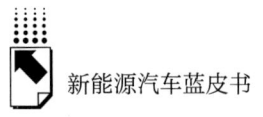

测试场地的规划建设作为首要目标,主要工作都集中在封闭测试场地的建设和改造领域。

（2）高度还原现实场景。测试场地建设过程中,保证交通场景的现实还原度十分必要。道路形态的设置、路边基础设施的设置、路边场景的设置、不同交通参与主体的设置等,都应以接近现实为宜,以保证智能网联汽车测试评价的真实性与可靠性。

（3）基础设施配套齐全。除了必要的交通测试基础设施外,如不同类型的道路和不同形式的道路交叉口,各测试场还应该提供齐全的配套基础设施,如车辆维修间、操作间、充电站等,以满足客户全方位的测试需求。

（4）测试能力虚实结合。除了提供尽可能接近真实的测试道路和齐全的配套基础设施外,众多典型测试场也同步构建测试场的虚拟仿真测试能力,通过自由化的场景和车辆定义功能,大幅提高车辆的测试效率。

（5）预留未来升级空间。同智能网联汽车分级一样,智能网联汽车的测试示范也应该是分级开展的。因此,测试示范区在建设上也要在保证当前测试需求的情况下,预留充足的升级空间,以满足后续测试需求。目前,大部分测试示范区都预留了升级空间,如 Mcity 预留的多用途空地和 Mira 科技园配备多种制式的通信设备等。

（6）科学定位服务内容。不同测试示范区既要满足智能网联汽车最基础的测试需求,也要避免功能设置的同质化,避免重复建设造成资源浪费,这也有利于打造不同测试示范区的核心优势。目前已经建成的测试场,在场景设置和功能定位上均各具特色,既实现了资源的有效集聚,也实现了测试场的科学发展。

（7）开放社会道路测试是必然。受土地、真实度、建设成本等各方面因素的限制,封闭测试场地并不能完全满足智能网联汽车所有的测试需求。据有关专家预测,封闭测试场地可能只能完成 10%～20% 的测试任务。随着智能网联汽车的开发水平越来越高,封闭测试场地所能承载的功能会越来越少,开放社会道路测试将成为必然选择。近期,做好封闭测试与社会道路测试的有机结合工作将成为不同国家和机构之间主要的竞争领域。各试验场对比情况如表 4 所示。

表4 国内外主要智能网联汽车试验场对比

名称	地点	占地面积(㎡)	建成时间	测试功能	特色分析
Mcity	美国	13万	2015年	智能网联技术、V2X技术	强化试验、柔性化设计
AstaZero	瑞典	200万	2014年	车辆动力学、驾驶员行为、V2X技术、功能可靠性、通信技术	ADAS背景测试及模拟设备,具备完整的测试功能
Smart Road	美国	长度为9.17km	19世纪80年代	智能网联技术、智能交通系统、V2X通信	天气模拟系统、照明和能见度检测系统
City Circuit	英国	304万	—	传统汽车、智能交通系统、智能网联汽车测试	网联汽车测试设备、跟踪定位于监控设备
GoMentum Station	美国	850万	2014年	智能网联技术、V2X技术	两条真实的隧道,测试面积大
Castle Air Force Base	美国	24.3万	2011年	智能网联技术	—
Willow Run	美国	136万	2018年	智能网联技术、V2X技术	天然坑洞、三层立交桥
茨城县测试场	日本	15万	2017年	智能网联技术、V2X技术	无线电干扰设备,针对不利条件和意外状况
国家智能网联汽车(上海)试点示范区	中国	500万	2016年	智能网联技术、V2X技术	DSRC与LTE-V两种制式的通信设备

资料来源:根据公开资料整理。

五 中国智能网联汽车测试示范区建设的思考与建议

根据目前国内已建成智能网联汽车示范区的实际运行情况,应该借鉴国外先进的智能网联汽车测试示范区场地规划、管理及政策方面的经验教训,发展我国智能网联汽车测试场地。

国内的智能网联汽车测试示范区还存在如下不足:①建设进度上,除上海、重庆、北京外,其他地区智能网联汽车测试示范区建设进度明显落后;②建设内容上,功能定位重合度较高,未在功能上进行差异化定位;③建设细节上,封闭测试场目前普遍缺乏高速环路的测试内容;④建设主体上,国内测试场建设过程中汽车制造商的参与较少；⑤运营模式上，国内测试场的运营模式目前尚不是很清晰。在智能网联汽车测试场规划建设方面，建议在充分参考以上五点不足的基础上，实行三步走方针，加快推进国内智能网联汽车测试场地建设工作。

（1）第一步：建设封闭试验场。构建典型的城市、高速、乡村场景，部署路侧设备、差分定位基站、V2X设备等，并配备一定数量的假人、假车，按照一定的测试流程，检验智能网联汽车的基本功能。

（2）第二步：建设半开放试验区。一般选择地广人稀且交通流量不大的区域开展建设，部署智能网联相关的基础设施。将车辆置于自然道路上进行测试，在必要的时候可以控制社会车辆在该区域的进出，以降低风险。有些试验场还可引入无人驾驶小巴等体验项目，在进行测试验证的同时提升宣传影响力。

（3）第三步：建设开放式试验区。利用自然的高速公路、城市道路、乡镇道路、立交桥路、隧道、桥梁以及社会车辆、人员，为智能网联汽车提供天然的测试场景，全面测试智能网联汽车的各项能力，目前国内尚未有地区实现这一步。

总之，包括上海智能网联汽车测试示范区在内的各个地方示范区建设都在稳步推进中。下阶段，各示范区之间在场地建设、经验及成果方面应互相借鉴，充分发挥各自产业集群、地理位置等优势，为推动智能网联汽车发展提供良好的环境，为智能网联技术研发、标准法规制定等提供有力支撑。此外，地方在出台自动驾驶上路测试政策法规方面也应有创新、有突破，助推智能网联汽车产业化。

B.26
中外自动驾驶立法研究及立法建议

何姗姗 胡晓雯*

摘 要： 自动驾驶技术的推广应用，带来了诸多法律问题，如数据安全和隐私权保护问题，自动驾驶情况下侵权责任、产品责任、行政责任以及刑事责任的主体和内容认定问题等。为了加快自动驾驶技术的落地和商业化应用，各国根据自身国情开始进行相关的立法活动。其中，最具代表性的是对自动驾驶技术发展持开放态度的美国和持审慎态度的德国。与此同时，我国也在逐步加快自动驾驶相关政策的制定和实施，以及既有法律法规的调整和修订等工作。近日，国家部委层面和地方政府层面陆续发布了有关自动驾驶汽车公开道路测试的管理规范及实施细则。可以预见的是，在涵盖面越来越宽广、体系越来越完善的法律、法规、政策及技术标准的保驾护航之下，自动驾驶技术商业化应用的实现指日可待。本文基于对国外自动驾驶立法经验的研究，着眼于我国特色自动驾驶法律体系的建设，希望前者的经验可为我国提供借鉴，并从法律框架搭建、责任主体划分、信息安全保护等方面提出了增强我国在自动驾驶立法领域的专业性和前瞻性的建议。

关键词： 自动驾驶 自动驾驶法律 立法建议

---

* 何姗姗，硕士，智联出行研究院自动驾驶法律中心主任，北京市安理律师事务所合伙人，汽车和人工智能法律业务组负责人；胡晓雯，硕士，智联出行研究院自动驾驶法律中心高级研究员，北京市安理律师事务所律师。

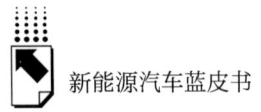

自动驾驶技术承载着"降低道路交通事故发生率,改善人们出行体验,变革当下生活方式"的美好愿景步入公众的视野。伴随自动驾驶技术的迅猛发展,全新的应用场景也应运而生,冲击着构建于传统概念和思路基础上的既有法律制度体系。因此,解决这种创新技术与传统法律制度之间的冲突和矛盾,成为推动技术应用合法化和社会化的重要任务。当前,世界各国在推动自动驾驶技术发展的同时,也在着手梳理、修订现行法律法规及标准中对自动驾驶发展构成障碍的内容,从而为自动驾驶技术的发展打造一个更为适用、适合的法律制度。此外,除了修订既有法律规范之外,部分国家也开始对自动驾驶技术进行专门的立法工作,以期形成一套完整且成体系的自动驾驶专门法。

一 国外自动驾驶立法情况

针对当前自动驾驶技术带来的法律问题,世界各国纷纷在原有法律框架的基础上,结合科技与社会发展的实际状况,在自动驾驶领域开展了路径不一的立法部署和实践活动。在立法进度上,不同国家基本可以分为两大梯队:第一梯队是以美国和德国为代表的自动驾驶立法先行者;第二梯队为正在国内统一部署,开始着手梳理和修订现行不适用和存在障碍的法律法规的国家,如英国、日本、澳大利亚、韩国等。

(一)美国

自2011年美国内华达州出台首个自动驾驶汽车上路测试规定起,美国自动驾驶技术研发和相关立法工作的推进步伐就一直在加速,至今已取得相当丰硕的成果,"既能促进技术产业发展又要确保落地实施安全"是贯穿美国立法工作探索过程的主要原则。

1. 联邦

(1)2017年7月,美国众议院能源与商务委员会批准《确保车辆安全进化的未来部署和研究法案》(简称《自动驾驶法案》)①,随后美国众议院于9

---

① 'Safely Ensuring Lives Future Deployment and Research in Vehicle Evolution Act' or the 'SELF DRIVE Act'.

月 6 日表决通过该法案草案。该法案草案的目的是提请联邦发挥其职能，通过鼓励高度自动化车辆的测试和研发以确保该等级车辆在设计、构造和性能等方面的安全性。该法案草案就自动驾驶车辆监管制定了一个基本的联邦框架，共有 13 节，除简称和目录、立法目的以及定义外，其他 10 节主要包括以下几个方面的内容：明确了联邦和州在自动驾驶立法上的职权和分工；制定新的自动驾驶汽车安全标准——安全评估证书及安全优先计划等；确保自动驾驶系统的网络安全——网络安全计划；在无损安全的情况下，增加汽车制造商在联邦机动车安全标准项下的豁免数量；对自动驾驶车辆的测试和评估提出要求；要求美国国家公路交通安全管理局（National Highway Traffic Safety Administration，NHTSA）向潜在购买者提供自动驾驶汽车相关信息；吸纳各行业专业人士形成智库，成立自动驾驶汽车咨询委员会；要求部分自动驾驶车辆安装后座检查警报系统；要求 NHTSA 开展前照灯安全性能标准研究；要求开展自动驾驶汽车隐私保护计划。

虽然目前《自动驾驶法案》已经过众议院的表决通过，但要成为真正的生效法律还需经过参议院的审议表决通过和总统签署等步骤。

（2）2017 年 9 月 12 日，美国联邦交通部（Department of Transportation，DOT）和美国国家公路交通安全管理局又发布了最新的《自动驾驶系统 2.0：安全愿景》（简称"2.0 版本"），2.0 版本在 2016 年 1.0 版本——《联邦自动化车辆政策指南》（Federal Automated Vehicles Policy，FAVP）的基础上，充分参考了公众评价和国会听证会中的反馈意见，通过对自动驾驶系统的自愿性指导和对各州监管的技术支持两大部分规定了自动驾驶的方方面面，并替代 1.0 版本成为最新的指引性文件。

相较于 1.0 版本，2.0 版本精简了内容，简化了流程，采用非监管、自愿的方式，加大了对自动驾驶部署的鼓励力度。2.0 版本删除了 FAVP 中要求汽车制造商将涉及 15 项安全规范的评估报告提交给监管机构的相关内容，并重点关注 SAE 国际自动驾驶分级标准中的 L3～L5 级别，即有条件自动驾驶、高度自动驾驶和完全自动驾驶系统；明确指导过程，并且测试实体不需要等待测试或部署的自动驾驶系统（Automated Driving Systems，ADSs）；修正自我安全评估中不必要的设计元素；将联邦指导与最新的发展和行业术语联系在一起，并明确联邦和州的角色。2.0 版本主要包括"自动驾驶系统的自愿性指导（自愿性指导)"和"对各州的技术支持（自动驾驶系统立法的最佳实践)"两个部分。

在美国联邦交通部的动态监管原则下，该政策指南将随着自动驾驶技术的更新而不断更新，旨在更加灵活地伴随技术的发展而发展。事实上，DOT和NHTSA已经计划于2018年9月左右出台自动驾驶系统政策指南的3.0版本。

(3) 2017年10月4日，美国参议院商业、科学和交通委员会口头表决通过了《通过革命性技术进步实现安全运输的美国愿景法案》（简称《美国安全愿景法案》)①，该法案整合了以往的立法成果和经验，使得未来自动驾驶专门统一法的轮廓更加清晰明朗。《美国安全愿景法案》全文共包括15节，分别是简称与目录、定义、与其他法律的关系、加快解决标准冲突、测试、豁免、无效控制、自动驾驶分级、安全评估报告、高度自动化车辆技术安全委员会、立法、消费者教育、交通安全和执法、网络安全以及保留条款。

与《自动驾驶法案》相比，两法案的共同之处在于，均采用了SAE国际J3016报告里的定义，强调了联邦和州政府的监管职责区分；强调修改联邦机动车辆安全标准以适应自动驾驶汽车发展的必要性，规定了汽车制造商对自动驾驶车辆的安全测试和评估；要求汽车制造商提交安全评估报告；提供安全标准豁免；要求成立自动驾驶技术委员会或咨询委员会以及要求提供网络安全计划等。但《美国安全愿景法案》没有"后座检查警报系统""前照灯安全性能标准""自动驾驶汽车隐私保护计划"3节，但独有"无效控制""自动驾驶分级""消费者教育""交通执法""保留条款"5节。

与《自动驾驶系统2.0：安全愿景》相比，颁布时间在后的《美国安全愿景法案》也相对吸收了其精髓，二者强调的内容呈现一定程度上的一致性，例如对汽车安全标准中自动驾驶系统的关注、对人机交互特性的关注、对是否包含驾驶员的自动驾驶车辆设计的关注以及对落实消费者教育的具体计划的关注等。

目前，《美国安全愿景法案》的最新状态是由参议院的商业、科学和交通委员会提交至参议院审议，要成为真正的生效法律还需经过参议院的审议表决通过，众议院的审议表决通过，继而提交至总统签署等步骤。

---

① 'American Vision for Safer Transportation through Advancement of Revolutionary Technologies Act' or the 'AV START Act'.

2. 各州

自 2012 年起，美国至少有 41 个州及华盛顿哥伦比亚特区考虑过进行与自动驾驶相关的立法工作。截止到 2018 年 6 月 25 日，已有 29 个州颁布了自动驾驶生效法案，已生效法案共计 62 个。

美国各州关于自动驾驶车辆的立法内容主要包括以下几个方面：①阐明立法目的，表明政府对自动驾驶车辆的支持立场；②在法律文件中明确界定自动驾驶技术、自动驾驶车辆以及相关术语，明确法律调整的对象；③规定自动驾驶车辆的驾驶者或操作者资质；④规定自动驾驶车辆处于运行过程中，车辆驾驶者或操作者的行为规范；⑤规定自动驾驶车辆的技术和性能标准；⑥建立自动驾驶车辆上路测试的保险制度；⑦规定自动驾驶车辆的注册和牌照管理制度；⑧规定自动驾驶车辆上路测试必须向主管部门提出申请以及申请的内容和程序，获许可后方可进行测试活动；⑨规定自动驾驶车辆测试主体在测试过程中向主管机关报告事故的义务；⑩规定自动驾驶车辆在无人随车，或车辆本身未安装手动控制装置情况下的测试条件；⑪规定自动驾驶车辆发生交通事故时的法律责任制度；⑫规定州议会授权相关部门制定具体的实施细则；⑬规定政府对自动驾驶车辆产业的投入。

（二）德国

2017 年 6 月，德国联邦议院发布了《道路交通法》（第八修正案），在法律层面对自动驾驶进行了规定。同年 8 月，德国联邦运输和数字基础设施部对外发布了《道德委员会报告：自动化和互联化驾驶》（简称《伦理准则》）。

《道路交通法》（第八修正案）规定，自动驾驶汽车应满足六个要求，比如在任何情况下驾驶员都可以手动取代或关闭自动驾驶系统并接管车辆；自动驾驶系统应可以识别出需要驾驶员亲自操控的情形，并在移交接管前向驾驶员做出足够的提示等。此外，该修正案还明确了使用自动驾驶系统时驾驶员的权利和义务。在自动驾驶系统接管状态下，驾驶员可以不对交通状况和车辆进行监控，但是驾驶员仍需时刻保持清醒戒备状态准备随时接管。在自动驾驶系统向驾驶员发出接管请求以及驾驶员发现自动驾驶系统不能正常工作时，驾驶员应立刻接管车辆。由此可见，德国立法更侧重于对装备有 L3 级别自动驾驶系统的车辆进行规制。对于自动驾驶导致的交通事故，该修正案提高了责任人的最高赔偿

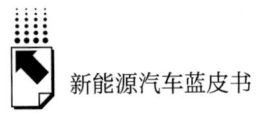

金额：造成人员伤亡的，最高赔偿额从500万欧元提高到1000万欧元；对于财产毁损的情形，最高赔偿金额从100万欧元提高到200万欧元。

德国还公布了有关自动驾驶的《伦理准则》，在价值追求上确立了以下原则：道路安全优于出行便利；个人保护优于其他功利主义的考量；法律对技术的规制方式是在个人自由与他人自由及他人安全之间取得平衡；对人身权益的保护必须优于对动物或财产权利的保护。该准则还要求，不得对必须在两个人的生命之间做出选择的极端情况进行标准化设定或编程；法律责任和审判制度必须根据责任主体从传统的驾驶员扩大到技术系统的制造商和设计者等这一变化做出有效调整；自动驾驶汽车的软件和技术必须被设计成已经排除了突然需要驾驶员接管的紧急情况的出现；在有效、可靠和安全的人机交互中，系统必须更适应人类的交流行为，而不是要人类提高适应它们的能力；驾驶系统需要政府许可和监督，公权力部门应确保公共道路上自动驾驶车辆的安全等。另外，在探讨上述伦理准则时，道德委员会还对L4和L5级别的高度和完全自动驾驶车辆所存在的技术决策风险进行了前瞻性的考量。这部伦理准则为自动驾驶的技术发展以及立法监督划定了边界、提供了方向，对于自动驾驶技术真正落地和实现产业化具有里程碑意义。

（三）其他国家和国际组织

1. 联合国

国际上，唯一一个有关自动驾驶汽车的国际公约《维也纳道路交通公约》已于2016年3月23日正式修订，此次修订废除了1968年11月8日发布的公约版本中对于自动驾驶技术发展的根本限制，修订后的版本为"在全面符合联合国车辆管理条例或者驾驶员可以选择关闭自动驾驶技术的情况下，将驾驶车辆的职责交由自动驾驶系统自行操控，是被允许应用到交通运输当中的"。目前，欧洲绝大多数国家已加入该公约，美国、加拿大、澳大利亚、中国、日本等国没有加入该公约。

此外，联合国汽车技术法规 UN/ECE R.79.5.1.6.1 则规定，当车速超过10km/h，汽车的自动转向功能就应当被自动禁用，该规定极大地限制了汽车自动转向系统，特别是变道辅助和车道保持辅助系统在智能汽车上的应用。

2. 英国

2015年2月，英国交通部公布了《通往无人驾驶汽车之路：对自动驾驶技术规划的详细审查》，旨在审查英国国内的立法和规章制度，构建一个完整的机制来保证自动驾驶汽车能够在英国公开道路上进行测试。审查内容主要包括驾驶员测试与许可、驾驶员行为、产品责任、新的汽车标准、数据保护和隐私以及盗窃和网络安全等。2015年7月，英国交通部发布《通往无人驾驶汽车之路：测试实践规范》[1]，主要内容是为自动驾驶汽车在道路上进行测试提供详细的指南和建议，以规范自动驾驶汽车的公路测试。根据规范，只要符合本规范的规定，任何组织都可以在英国道路上进行测试活动，不需要其他特殊的许可。

2016年7月，英国交通部联网及自动驾驶汽车中心发布《通往无人驾驶之路：驾驶辅助系统及自动驾驶汽车技术改进建议》，旨在通过提出改进建议，以建立更适合自动驾驶汽车的相关法律制度。内容主要包括自动驾驶汽车的保险制度，自动驾驶汽车规章制度，包括驾驶员行为、车队式测试活动等在内的《公路法》。

2017年10月，英国下议院公布了《自动化和电动化汽车法案》，旨在通过对自动驾驶汽车保险问题的规定推动自动驾驶汽车的发展。该法案的前半部分围绕自动驾驶汽车中承保人责任展开，主要涉及内容包括：国务大臣（Secretary of State）准备和实时更新的自动驾驶汽车相关清单（列明自动化机动车辆可以在英国哪些区域的公开道路上被使用，是否能确保安全驾驶，以及列明车型等相关信息）；规定了承保人在自动驾驶汽车造成事故时应负损害责任的情形；共同过失下的责任问题；由未授权软件变更或未更新软件而造成事故时的责任等。该法案目前仍处于草案阶段，还需要经过后续的立法程序才能成为生效的法案。

3. 日本

2016年以来，日本正逐步放宽自动驾驶汽车相关法律法规，着手修订《道路交通法》和《道路运输车辆法》，并开展关于自动驾驶汽车发生事故的赔偿机制讨论，提出要在2020年之前实现自动驾驶汽车方面的立法。2016年5月，日本警察厅公布了《自动驾驶汽车道路测试指南》，该指南旨在为实施恰当且安全的自动驾驶汽车的公共道路测试提供有益指导意见。该指南以驾驶

---

[1] 'The Pathway to Driveless Cars: A Code of Practice for Testing'.

员乘车并遵守《道路交通法》等法律法规为条件，允许开展自动驾驶的公共道路测试。

在日本的自动驾驶立法过程中引起较多关注的是 2018 年 4 月 17 日高度情报通信网络工作社会推进战略本部发布的《自动驾驶相关制度整备大纲》（简称《整备大纲》）。《整备大纲》的主要亮点在于民事责任与刑事责任的责任划分。其中，民事责任部分规定了《机动车损害赔偿保障法》的适用，即在自动驾驶系统造成事故损害时，继续适用由车辆所有者承担责任的规定，并确保保险公司在先行赔付后能够对机动车辆制造商行使求偿权。对于黑客引起的事故损害，民事责任部分认为将其纳入政府保障中更为妥当，但若机动车所有者没有采取必要措施，或将承担相应责任。同时，民事责任部分还涉及软件责任问题，即在软件安装和售后软件更新时的责任认定。此外，该部分还规定了自动驾驶汽车使用上的指示及警告责任，即为了使消费者正确理解自动驾驶汽车的使用方法和风险，日本要求在自动驾驶汽车上有相应的使用说明及警告，使用说明或警告不当，指的是被判断为缺乏"通常应有的安全性"的情况。在刑事责任上，规定在因机动车事故致人死伤时，应根据具体事实，对相关主体是否尽到了注意义务以及是否存在因果关系等进行判断。

该大纲仅为战略政策层面的政府文件，尚不属于法律文件。

4. 其他国家

表 1　其他国家自动驾驶立法/规划进展

国家	立法/规划进展情况
澳大利亚	2017 年 11 月，澳洲交通委员会发布《国家自动驾驶汽车实施指南》，旨在说明《澳大利亚道路规则 297》中"适当控制"对具有自动驾驶功能汽车的应用要求。同时，还确认了当汽车处于有条件自动驾驶状态时，驾驶员有遵守道路交通法规的责任。该指南仅针对现行的道路交通法规，且其对表明"适当控制"行为的举例只适用于 L0～L3 级别的汽车，高度自动驾驶如 L4 及 L5 级别的汽车，则不在本指南规制的范围内
韩　国	韩国在 2014 年修订并于 2015 年生效的《机动车管理法案》中增加了"自动驾驶车辆"的概念及登记测试的内容。此外，韩国也比较早地制定了自动驾驶车辆测试检测标准和方法，从法律法规、政策的角度推动韩国自动驾驶产业的发展
新　加　坡	为平衡科技发展与既有法律的冲突，新加坡于 2017 年 2 月通过《道路交通法修正案》。该修正案新增了针对自动驾驶测试有关的条文，从法律角度为公开道路测试提供了依据

续表

国家	立法/规划进展情况
新西兰	新西兰政府于2014年5月公布了《智能交通系统技术行动计划》。2016年,新西兰政府又相继发布《新西兰人工智能的机遇与挑战:呼吁行动》和《新西兰自动驾驶车辆测试规定》
瑞典	2014年,瑞典交通部开展了一项自动驾驶汽车的试点研究,旨在通过该研究审查当前的立法是否需要修改。2016年3月,瑞典发布有关自动驾驶公共道路测试规范的初稿,该初稿适用于各级自动驾驶水平的车辆。随后,国会启动了自动驾驶相关政策、法律的分析工作,希望确保自动驾驶车辆能够在2020年前合法销售和使用。2017年5月,瑞典颁布法律,对测试中自动驾驶汽车的责任与条件等问题进行了规定
法国	2014年7月,法国发布自动驾驶汽车的发展规划,并规定了测试的试点区域,其中,试点项目开展时间为2015~2018年。2016年8月,法国政府宣布允许国外汽车公司在公共道路测试自动驾驶汽车,在此之前,法国政府只允许本土汽车制造商在道路上测试自动驾驶系统技术
加拿大	2018年1月,加拿大检察署网联化和自动化车辆工作组发布了名为《加拿大自动驾驶车辆的未来发展》的工作报告,其中提到加拿大-美国监管合作委员会正在编写一份关于监管机动车管理人员的高速公路交通安全管理报告。该报告预计将涉及行政管理、制造商在公共道路上测试车辆、检验司法许可、驾驶员培训和考试以及第一责任人和执法等内容

二 国外立法特点及经验总结

整体来看,国外立法具有以下特点:①实行规范测试活动与审修法律法规并行的方针。在鼓励公共道路测试开放、兼采模拟测试及轨迹跟踪测试等多种模式的同时,审查修订现有道路交通相关的法律法规,积极调整其中与自动驾驶车辆应用不相适应的地方。②立法讨论参与者涵盖多层次的社会团体。以在自动驾驶立法领域处于领先地位的美国和德国为例,立法讨论参与者主要包括汽车制造商联盟、汽车业其他参与组织(汽车租赁协会、公路和汽车安全倡导者、汽车设备制造商协会等)、保险业主体、消费者权益保护组织、隐私保护组织、研究机构、安全和能源倡导者、特殊人群权益保护组织、法律咨询机构等。下面将以自动驾驶立法先行者——美国和德国为例,具体分析其立法特点和经验。

1. 美国将建立"自动驾驶专门法"

美国在世界自动驾驶立法潮流中走在前列,不仅各州完成了对现行法律阻碍自动驾驶发展相关规定的修订、废除工作,联邦层面更是围绕自动驾驶进行整体布局，制定了世界上第一部自动驾驶专门法案（草案）。截至2018年5月，该法案正处于两院草案阶段，下一步有待整合形成统一的法案，并在总统签字后正式生效。从这部法案草案的结构和内容来看，美国的"自动驾驶专门法"几乎包含了自动驾驶涉及的所有法律问题，如自动化分级、安全标准更新、联邦和州的职权划分、测试、豁免、网络安全、数据隐私等重要议题，并进一步拓展到对自动驾驶系统特殊性能的考虑、消费者教育、交通安全和执法等方面。

纵观美国过去六年的立法经验，其立法过程经历了以下阶段。

（1）从实践到经验：一方面，在联邦的综合布局下，各州随着测试经验的积累，不断更新调整法案的内容，以快速适应技术的发展，为自动驾驶技术发展提供更为科学和宽松的空间。以消费者教育这一章节为例，该章节是在美国出现特斯拉交通事故后才补充的法律内容，重在加强汽车制造商对消费者进行自动驾驶技术的使用指导，并要求联邦交通部定期向公众公开自动驾驶技术状况，从而引导公众和消费者对自动驾驶形成更为客观的认识。这一内容是各国现行法规中都不曾涉及的，属于针对自动驾驶独特需求由法律加以引导和规范的内容。另一方面，通过不断总结各州各企业的测试经验和采用"最佳立法实践"等引导性规范来引导技术发展的方式，逐步形成具有强制性的法律规则。同时，在立法推进过程中，联邦和州政府也积极听取和吸纳各类团体的声音，并在联邦和州层面上逐步实现步调统一。

（2）从片面到系统：美国各州早期的法律制度仅仅局限于对自动驾驶测试行为的规范，但发展至今，已经不仅仅局限于测试，而是涉及驾驶员/操作者的资质、驾驶行为、标准、数据保护、交通执法等更为全面系统的法律问题，形成了自动驾驶相关完整的法律框架。

（3）从僵化到灵活：美国早期的各州立法较为僵化，用传统规制汽车的方式来规制自动驾驶，后来意识到，严苛的法律规则有可能会限制技术发展，自动驾驶汽车的发展需要更为灵活且科学的规则。比如，对于人机交互而言，早期法规的措辞是"视觉方式"，后期则更改为"可感知的方式"，这是因为早期采用"视觉方式"的要求可能会限制其他感知技术的发展，这也是美国目前采用"最佳立法实践"作为引导性规定的原因。

（4）从保守到开放：从2011年开放自动驾驶测试以来，美国各州对于自动驾驶的测试从最初的L3级别发展到今天，已经有部分州允许了L5级别的测试。

2. 德国修订《道路交通法》，突破L3级别车辆应用涉及的法律问题

德国通过修订本国的《道路交通法》，实现了高度或完全自动驾驶技术在汽车交通领域得以有条件运用的合法化。修正案涵盖了对自动驾驶车辆的要求、驾驶员及驾驶员在使用自动驾驶功能时的权利和义务、责任人的最高赔偿金额以及自动驾驶车辆的数据处理等重要内容。德国修正案基于现有法律制度构建了较为弹性的法律规则和一个较为全面的权责体系。

总体上，德国自动驾驶立法以L3级别为突破点，对于自动驾驶涉及的部分重要法律问题做出了回应。修订后的《道路交通法》强调了驾驶员在启动自动驾驶汽车时负有较高的注意义务，如自动驾驶系统启用时，驾驶员可以脱离交通状况和车辆控制，但必须保持清醒戒备以便随时接管车辆；当自动驾驶系统发出请求或者驾驶员发现自动驾驶系统故障时，驾驶员必须毫不迟疑地接管车辆。德国的这一规定也受到了一些质疑，质疑者认为自动驾驶系统并没有减轻驾驶员的注意义务，反而增加了驾驶员的责任；自动驾驶汽车的软件和技术应该被设计成已经排除了突然需要驾驶员接管的紧急情况的出现；在有效、可靠和安全的人机交互中，系统必须更适应人类的交流行为，而不是要人类提高适应他们的能力。

基于现在的修正案，未来需要立法进一步明确和完善的内容主要有以下几个方面：第一，自动驾驶系统的技术标准及其审批要求，驾驶员"按规定使用"及制造商"系统说明"的模糊内涵均有待进一步明确。第二，驾驶员与自动驾驶系统之间的关系有待完善。第三，赔偿责任的划分模式有待完善。第四，有关数据处理和信息安全方面的规定仍待细化。第五，监管与保险相关制度有待补足。美、德自动驾驶立法模式比较如表2所示。

表2 美、德自动驾驶立法模式比较

美国	德国
开放与实务主义	审慎与道德主义
• 州立法百花齐放,联邦着手统一管理； • 联邦政策、各州法案迭代速度快； • 两院法案有待整合，有望近年出台； • 整体布局，制定路线图和时间表； • 美国有望出台世界上第一部自动驾驶专门法	• 修订了《道路交通法》,对自动驾驶进行法律规制； • 就基本标准、责任划分、数据保护等自动驾驶相关的重要问题首先做出回应； • 出台全球第一部自动和互联车辆的道德准则，为立法提供了前瞻性的伦理思想
共同点：鼓励发展与保障安全	

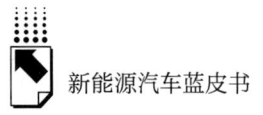

三 中国自动驾驶立法进展和思考

在中国，自动驾驶汽车也被称为智能网联汽车或智能汽车，随着自动驾驶技术不断发展，我国发布了一系列涉及自动驾驶的政策文件。同时，在自动驾驶道路测试方面，国家层面及部分城市也出台了相关规定，以推动自动驾驶汽车的测试和技术进步。

首先，国家重要政策重视自动驾驶相关法律规制问题。

2017年7月，国务院发布了《新一代人工智能发展规划》，其中提到"重点围绕自动驾驶等应用基础较好的细分领域，加快研究制定相关安全管理法规，为新技术的快速应用奠定法律基础"，采用"设计问责和监督应用并重"的法律规制模式。

2018年1月，国家发展改革委发布了《智能汽车创新发展战略（征求意见稿）》。该征求意见稿中指出，智能汽车已成为汽车产业发展的战略方向，并给出了智能汽车法规的建立时间表：到2020年，中国智能汽车法规标准体系的框架基本形成；到2025年，中国的法规标准体系全面形成。

其次，国家三部委发布智能网联汽车道路测试管理规范文件。

2018年4月12日，工信部、公安部、交通部联合颁布了《智能网联汽车道路测试管理规范（试行）》（简称《管理规范》）。《管理规范》属于国务院部门规章，是我国中央政府出台的第一个规范自动驾驶汽车道路测试的法规文件（见表3）。

《管理规范》所涵盖的内容可以总结成十二大核心部分，即管理机构及其职责、测试主体、测试车辆、测试驾驶员、交通事故责任认定、测试门槛与考核、保险和赔偿金要求、数据的记录和保存、安装监管装置、自动驾驶脱离情况报告、违规操作法律责任和测试规范的更新。作为针对自动驾驶测试的规范性文件，该规范体系完整，与国外自动驾驶测试规范接轨，同时也结合国情，具有中国创新之处，如保留地方政府选取路段的权利，对于测试车辆进行实时监控的要求，以及测试车辆需要先行通过考核才能获得测试牌照。这些特色之处体现了我国对自动驾驶的审慎态度，主张在保证安全的前提下发展自动驾驶技术。

表3　《智能网联汽车道路测试管理规范（试行）》内容概览

管理机构	测试申请条件	测试管理
一、国家层面 ● 工业和信息化部、公安部、交通运输部定期联合发布智能网联汽车道路测试相关信息。 二、省、市级地方层面 ● 省、市级政府相关主管部门可以根据当地实际情况，依据国家测试规范制定实施细则，具体组织开展智能网联汽车道路测试工作。 ● 省、市级政府相关主管部门，包括各省、自治区、直辖市及计划单列市、新疆生产建设兵团工业和信息化主管部门、公安机关交通管理部门和交通运输主管部门	一、测试主体要求 ● 中国境内注册的独立法人单位； ● 具备研发、生产制造或者试验检测等智能网联汽车业务能力； ● 智能网联汽车测试产生的风险，具备足够的民事赔偿能力； ● 具备自动驾驶测试评价规程； ● 具备对测试车辆进行实时远程监控的能力； ● 具备对测试车辆的相关事件进行记录、分析和重现的能力； ● 法律、法规规定的其他条件。 二、测试车辆要求 ● 未办理注册登记； ● 满足对应车辆类型强制性检验要求（除耐久性外）； ● 具备"自动驾驶"和"人工操作"两种操作模式； ● 具备车辆状态记录、存储及在线监控功能，能实时回传数据； ● 自动驾驶系统应安装具备安全提醒功能的装置； ● 测试车辆应在封闭道路、场地等特定区域进行充分实车测试； ● 测试车辆自动驾驶功能应由国家或省市认可的从事汽车相关业务的第三方检测机构进行检测验证。 三、测试驾驶员要求 ● 资质条件要求：一般和特别条件 √ 一般条件：取得相应准驾车型驾驶证；3个记分周期未满分；无酒驾、毒驾；无重大交通事故责任记录； √ 特别条件：经受自动驾驶培训、熟悉自动驾驶测试规程等；与测试主体签订有劳动合同或劳务合同	● 省、市级政府部门在辖区内道路选择若干典型路段用于测试，并对外公布。 ● 测试车辆需要遵守临时行驶车号牌的管理规定。 ● 测试车辆车身以醒目的颜色标示"自动驾驶"字样，提醒周边车辆注意。 ● 在推进工作小组选定的典型道路上进行测试，其他路段不得使用自动驾驶模式行驶；测试车辆从停放点到测试路段转场，应使用人工操作模式行驶。 ● 测试主体每6个月应提交阶段性测试报告，测试结束后1个月内提交总结报告。 ● 撤销测试主体测试资格情形： √ 地方主管部门认为测试活动有重大安全风险的；测试车辆有严重交通违法行为； √ 发生交通事故造成人员重伤、死亡等严重情形，车辆方负主要责任的。 ● 第三方机构对测试过程实施监管，必要时可暂停测试计划，甚至取消测试主体资格。 ● 事故责任认定：认定测试驾驶员为车辆驾驶员。按照现行道路交通法律法规对驾驶员进行处理。 ● 测试数据管理：实时回传车辆控制模式、位置及速度等信息；自动记录和存储车辆事故或失效状况发生前至少90秒数据，存储时间不少于3年。 ● 测试驾驶员行车注意义务： √ 驾驶员始终处于驾驶座位上，始终监控车辆状态及周围环境； √ 需要人工操作时，及时接管车辆

《管理规范》在整体上对全国范围内的自动驾驶道路测试进行了规划，同时保留各地方政府针对自身特点进行相关规制的权利，实现了国家和地方之间

的有效配合，为我国自动驾驶技术的进步和落地提供了较为有利的测试条件。目前，北京、上海、重庆等地方政府也针对自动驾驶路测分别发布了规范性文件，并各具特色，呈现百花齐放的局面。

目前，中国在构建智能网联汽车的法律制度方面，面临着和世界其他各国相似的问题（见表4）。解决这些问题不能一蹴而就，而需要考虑优先等级，建立以安全为自动驾驶立法核心要素的渐进式路径，对自动驾驶汽车的发展采取逐渐放宽的法律态度，避免激进措施引发安全隐患。本文在下面列出针对自动驾驶的十条立法建议。

表4 中国智能网联汽车法律制度构建难点

	新技术革命与现行法律、传统监管模式之间的不协调和不融合
测试情况	● 开放自动驾驶汽车在公共道路（如高速公路）上的测试 ● 更新调整针对测试的法规和政策
相关部门	● 跨行业带来的管理职能不清，涉及国家多个部门的协调
法律法规	● 既有法律体系中，存在多个与自动驾驶发展不相适应的法律、法规和标准等 ● 网络和数据带来的便利，与国家安全及网络安全之间的不平衡
涉及领域	● 中国有关自动驾驶的法规研究刚刚起步，涉及的法律法规层级多、部门多、领域多、修订难度大 ● 超过七个领域：强制性标准、交通类、测绘类、电信类、安全类、互联网类、其他类别

1. 扫清自动驾驶测试阶段的法律障碍，开放高速公路等的测试

目前，正在进行自动驾驶汽车产业推进的国家基本上均开放了自动驾驶公开道路测试。我国自2017年底起也陆续从国家部委层面以及各地方政府层面推出了允许自动驾驶进行公开道路测试的相关规范。但与其他国家的开放程度相比，我国公开道路测试规范尚存在以下不足：首先，我国目前未能开放自动驾驶典型应用场景——高速公路及被视同为高速公路的城市快速路的测试；其次，在测试道路和具体测试项目的选择上仍存在诸多有待清除的限制。既有的法律法规障碍总结如下。

（1）《道路交通安全法实施条例》第八十二条第一款第五项规定，机动车在高速公路上行驶时，不得进行试车或者学习驾驶机动车。

此条是当下测试规范层面上不能开放高速公路测试的上位法规限制。但考

虑到高速公路测试场景对于自动驾驶技术落地的重要意义，建议从法律解释、法律条文重新修订或者给予自动驾驶在一些法律规定项下的特殊豁免的角度，逐步消除这一限制。

（2）《公路法》第五十一条规定，机动车制造厂和其他单位不得将公路作为检验机动车制动性能的试车场地。第七十七条规定，……违反本法第五十一条规定，将公路作为试车场地的，由交通主管部门责令停止违法行为，可以处五千元以下的罚款。《公路安全保护条例》第十六条第一款规定，禁止将公路作为检验车辆制动性能的试车场地。

《公路法》第五十一条和第七十七条均是对于在公路上进行机动车制动性能测试的禁止性规定，未来如果想要开放公路上的机动车辆制动性能测试，则必须对这些条款进行重新解释、修订或者在适用上对自动驾驶车辆给予特殊豁免。

（3）《城市道路管理条例》第二十七条第一款第三项规定，城市道路范围内禁止机动车在桥梁或者非指定的城市道路上试刹车。

根据此条，试刹车行为只能在指定的城市道路上进行，不能在非指定的城市道路上或者桥梁上进行。未来，随着测试车辆对于测试场景和测试行为的丰富性和交互性的要求逐步提高，将会要求对这些条款进行重新解释、修订或者豁免适用。

2. 建立完整的自动驾驶法律问题框架，制定针对自动驾驶综合完整的专门法

在清除对自动驾驶技术形成障碍或不融合的法律规范方面，一种方法是采取对既有法律法规等进行逐一修订的方式，例如，德国出台《道路交通法》（第八修正案）对既有的道路交通基本法进行适用于自动驾驶的修订。但该种方法的局限性在于不够系统全面，容易出现空白地带，对传统法律的修补不足以解决自动驾驶技术发展带来的所有法律问题，未来对自动驾驶法律的整体更新和调整而言也增加了难度。

另一种方法是考虑建立能够全面规制自动驾驶的专门法律法规——自动驾驶法律，专门法生效后，其他法律中不融合的部门法将自动失效或不予适用。例如，美国众议院和参议院分别就自动驾驶颁布的《自动驾驶法案》和《美国安全愿景法案》，英国下议院颁布的《自动化和电动化汽车法案》均是这一思路。制定综合完整专门法的优势在于可以针对表5自动驾驶涉及的16个法

律问题采取系统、有针对性的解决方式，立法逻辑和结构更加完整，也有利于未来开展进一步的修订。

表5 自动驾驶涉及的16个法律问题

• 测试	• 产品责任	• 数据保护	• 地图测绘
• 标准	• 侵权责任	• 隐私权保护	• 知识产权
• 市场准入	• 保险责任	• 网络信息安全	• 刑事犯罪
• 驾驶员行为	• 国家和公共安全	• 交通法规、交通执法	• 行政责任

3. 立法应是针对不同等级自动驾驶的通盘考量

目前，从德国《道路交通法》（第八修正案）的内容可以看出，德国的此次法律修订主要是针对L3级别自动驾驶车辆做出规制并推动其量产和上路，这在一定程度上顺应了德国国内的主流声音，但其也存在一些不足之处，例如，此次修正案下，原有的赔偿责任分配模式并未被改变，即在德国现有法律制度下，驾驶员在事故中被推定负有过错，只有当其提供证据推翻此推定时，才能免责，车主则负有严格的无过错责任，而对生产商，其产品责任的成立需要证明产品存在缺陷，并且是由该产品缺陷导致了事故的发生。而立足于L3级别的自动驾驶法律也会一定程度上限制L4和L5级别的技术发展，如物流运输车队等。据悉，德国将会根据产业发展在两到三年后对该法进行再次修订。

相较于德国这种阶段性较强的立法模式，美国则采用了一种从联邦到各州齐头并进的立法和监管模式，从技术术语到自愿性指导政策再到专门的自动驾驶法案，同时涉及L2～L5级别的情况，所考虑的内容包括了技术标准、测试阶段的申请流程和监管、各级监管机构的职能分工、消费者教育、数据和隐私保护等诸多方面，形成了一个较为全面的推进框架，使得自动驾驶所涉及的每个问题基本都能得到响应。

因此，在立法模式上，我们建议采用美国和德国融合的模式，通盘考量自动驾驶的不同层级，结合中国国情创设有中国特色的法律制度。

4. 测绘领域监管思路需革新，以适应自动驾驶技术发展并兼顾国家安全

自动驾驶技术依赖传感器对车辆周边环境信息进行感知，并建立实时模型。感知由车载传感器完成，包括激光雷达、摄像头、毫米波雷达等，这些传感器搭配 GPS 可实时获取探测物体的位置信息。根据《中华人民共和国测绘法》第二条[①]关于"测绘"的界定以及实践中对该条的解释和应用，前述自动驾驶汽车感知和收集数据的行为均属于"测绘"。根据测绘法第五章关于测试资质资格的规定，国家对从事测绘单位实行测绘资质管理制度，相关单位进行有关测绘活动应当取得相对应的资质。第五十五条明确规定了违反测绘法规定，未取得测绘资质证书，擅自从事测绘活动的应当承担相应法律责任。

根据《关于加强自动驾驶地图生产测试与应用管理的通知》的规定，自动驾驶地图属于导航电子地图的新型种类和重要组成部分，其数据采集、编辑加工和生产制作必须由具有导航电子地图制作测绘资质的单位承担，导航电子地图制作单位在与汽车制造商合作开展自动驾驶地图的研发测试时，必须由导航电子地图制作单位单独从事所涉及的测绘活动。因此，有些自动驾驶研发公司在不具备导航电子地图测绘资质的情况下，事实上"生产、制作自动驾驶地图"的行为在当下将面临极高的不合规风险。

2018 年 1 月，国家发改委公布的《智能汽车创新发展战略（征求意见稿）》要求，"完善测绘地理信息相关法律法规，为车用基础地图的测绘和应用提供制度保障。"目前，自然资源部（原国家测绘地理信息局，在 2018 年国务院机构改革后不再保留）正在对高精度地图相关的制度，尤其是测绘资质准入问题进行研究。本文认为，未来针对自动驾驶高精度地图测绘资质的构建，需要突破传统监管模式，创设新的适合高精地图发展的模式，降低涉密程度及调整门槛要求，以适应自动驾驶的需求。

5. 保险产品需创新，保险责任需结合自动驾驶技术特点重新划分

无论是当下测试阶段还是未来量产阶段，自动驾驶汽车都十分依赖保险作为法律责任的补充，以更好地分担新技术的风险，为受损害方提供及时的赔偿。

国外立法方面可以借鉴的：①在测试阶段，美国各州的自动驾驶法案中都明确了对于测试主体在提交申请时需要同时提供的保险工具（保险、担保债

[①] 《中华人民共和国测绘法》第二条规定："本法所称测绘，是指对自然地理要素或者地表人工设施的形状、大小、空间位置及其属性等进行测定、采集、表述，以及对获取的数据、信息、成果进行处理和提供的活动。"

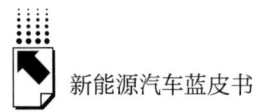

券、保证金等）购买证明，并有最低金额要求。据了解，美国多数保险公司提供此类特殊的保险产品或担保债券。②英国专门制定了《自动化和电动化汽车法案》，该法案的前半部分均是针对保险人和被保险人之间对于自动驾驶引发的事故责任的承担和豁免规定。③日本东京海上日动火灾保险将自动驾驶期间的交通事故列入汽车保险的赔付对象，并将作为一项特别条款，在汽车保险合同签约及续约时免费提供给所有保户。当时日本的自动驾驶级别认定为4级，东京海上日动火灾保险已经将新保险的赔偿对象设想到紧急情况下由驾驶员进行处置的3级，尚未将完全自动驾驶的4级纳入设想对象。

6. 应对法律义务和责任在自动驾驶的诸参与方之间进行重新分配

车辆自动化和网联化系统的引入，使得无论是在车辆层面还是在道路交通跨系统合作层面都出现了关于谁在事故发生时应该承担责任的问题。这种情况下，责任是指一个人为了自动驾驶系统或自动驾驶基于的软件所做出的决策和所履行的附随行为承担责任以及接受任何法律后果（如必要）。① 传统的制度安排通常是将道路交通事故的风险分配给汽车的保管员或驾驶员，此外，制造商在法定产品责任范围内负有责任。而与此相比，自动驾驶车辆会受到更深远、更复杂的决定因素的影响。

自动驾驶车辆的潜在责任主体将从"驾驶员/车辆保管员"的"一元"状态，扩展到包括车辆相关的原始设备制造商、组件提供商、汽车修理站等；道路基础设施相关的公共部门；V2X 相关的通信基础设施提供商和通信网络运营者等；V2V 相关的原始设备制造商（Original Equipment Manufacturers, OEMs）；OEMs 的后端，如信息技术服务提供者；交通管理的后端，如相关的监管执法部门；组件提供商的后端，如一级供应商、数字化地图供应商等；驾驶系列场景的后端，如相关国家认证机构；以及其他中立服务者，如信息技术服务提供者等。自动驾驶所带来的义务和责任必须在这些主体间进行分配，而自动驾驶法律需要对这些新主体所承担的义务进行规定。

7. 加强数据安全和个人信息保护

自动驾驶车辆在道路行驶中产生和收集的数据大体上包括这几类：①地理

---

① 参见德国联邦运输和数字基础设施部《道德委员会报告：自动化和互联化驾驶》（*Ethics Commission Report：Automated and Connected Driving*），2017 年 6 月。

信息；②车辆行驶数据；③车主/驾驶员/乘客以及在车辆可感知的环境范围内出现的行人等的个人信息；④道路环境中其他机动车辆和非机动车辆的信息等。这种数据爆炸的态势将在自动驾驶车辆实现与周围环境要素——X（人、车、路、云端等）的智能信息交换过程中更加突出。

在美国和欧盟的相关立法中，个人隐私与数据的保护具有非常重要的地位。例如，2017年美国众议院通过的《自动驾驶法案》中规定：自动驾驶汽车的制造商必须制定"隐私方案"，说明其如何收集、使用、分享和存储自动驾驶汽车用户的信息。对于不希望共享自己数据的用户，制造商应当有相应的处置方案。2018年正式生效的欧盟《通用数据保护条例》为个人信息的收集和使用规定了合法、公平和透明原则，目的限制原则，数据最少化原则，准确性原则，存储限制原则，完整和保密原则以及责任原则，并赋予数据主体包括获取信息权、修正错误信息权、信息移动权、遗忘权、限制信息使用权、限制程序分析权等在内的多项权利。数据控制人或数据使用人有义务遵守各项原则并保证数据主体实现相应的权利。

8. 重视并预防黑客攻击和不法入侵给网络安全和国家安全带来的威胁

自动驾驶汽车的网络安全是一个涉及车辆安全、联网安全、云平台安全和外部生态安全的完整体系，用于控制自动驾驶汽车的手机应用、内部复杂的传感器控制系统、软件漏洞都有可能成为新的风险点，出现黑客攻击和不法侵入。自动驾驶相关法律有待明确车联网中各参与者的法律义务，以便实现维护自动驾驶汽车网络安全的目的。

美国NHTSA发布的网络安全最佳实践提出，汽车制造商和软件设计商应实现"多层次防御"，加强汽车电子系统抵御潜在攻击的能力，并确保即使汽车遭到攻击，车辆系统也能够采取适当、安全的行动；汽车行业监管机构应建立车辆网络评估机制。欧盟网络和信息安全部门发布的《智能汽车网络安全与适应力指南》，列举了智能汽车存在的敏感问题以及相应的威胁、风险，降低风险的因素和可以采取的安全措施。

对于黑客攻击导致的损害后果的赔偿，日本围绕《机动车损害赔偿保障法》探讨了关于自动驾驶系统以及黑客入侵导致事故产生侵权责任的问题：关于因黑客入侵引起的事故的损害，车主不承担自动驾驶系统提供者的责任，由政府承担责任以保障自动驾驶产业的发展，但在车主没有采取必要的安全措

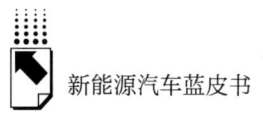

施、违反检查义务的情况下，则不能排除其责任。

9. 修订道路交通法律法规中关于驾驶员行为义务和责任设定的内容

因为传统汽车的"驾驶"完全是由驾驶员来主导和操控的，因而不存在为驾驶传统汽车承担行为责任的其他主体。但"自动驾驶"的出现则突破了传统的驾驶员一元论，不仅引入了人机交互，还将逐步使驾驶员得以从驾驶任务和行为中全身而退。反观既有的道路交通法律法规，这种驾驶员一元论主导下的规制结果，强化了驾驶员义务和责任，例如法律法规中关于驾驶员应安全驾驶的具体要求，双手不得离开方向盘、不得接打电话、需要实时保持警惕等，这正是自动驾驶技术意欲消灭的对象。而对于残疾人士和服用精神药品及麻醉药品、患有妨碍驾驶疾病的人群，自动驾驶将很好地解决他们的驾车出行问题。

此外，需要注意的是，对于驾驶员的行为要求应区别测试阶段和量产阶段，其要求是不同的。通常认为，在测试阶段，对测试驾驶员的行为要求和对车辆予以监管的要求要高于未来技术成熟后自动驾驶汽车成为日常消费品时对消费者/车主/使用者的要求。

10. 尽快制定自动驾驶汽车相关技术标准

自动驾驶以及智能网联相关的技术标准和未来智能汽车的产品标准，贯穿于测试、量产、进口以及事故责任认定等多个方面。

首先，在测试阶段，测试主体为车辆申请测试牌照的前提条件之一就是测试车辆应满足相应车辆技术安全标准要求。在我国，这些标准通常是指以《GB 7258 机动车运行安全技术条件》为首的一系列国家标准。但《GB 7258 机动车运行安全技术条件》《GB 21861 机动车安全技术检验项目和方法》《GB 1589 汽车、挂车及汽车列车外廓尺寸、轴荷及质量限值》等标准均是针对传统汽车制定的，其中有很多不适用于自动驾驶汽车的内容，比如关于传统车外观尺寸的要求、关于转向系的要求等。如何处理这些不符合既有标准的问题是推动自动驾驶发展的重要议题。目前，工信部、公安部、交通部出台的《智能网联汽车道路测试管理规范（试行）》中是以"满足对应车辆类型除耐久性以外的强制性检验项目要求；对因实现自动驾驶功能而无法满足强制性检验要求的个别项目，测试主体需证明其未降低车辆安全性能"这样的规定来处理的。

其次，在量产阶段（生产准入＋销售准入），既有的国家标准未涵盖对自动驾驶相关特殊技术的规定，可能会导致自动驾驶汽车的生产、销售无法获得准入许可。根据《道路交通安全法》第一百零三条[①]第二款和第三款、《标准化法》第二十二条[②]的规定，以及该法规所援引的《GB 21861 机动车安全技术检验项目和方法》和《GB 7258 机动车运行安全技术条件》等国家标准：机动车生产企业生产的机动车产品必须是经过国家机动车产品主管部门按照机动车国家安全技术标准严格审查并许可的车型；机动车产品的销售必须经过相关认证。但目前审查机动车产品生产的国家标准并未涵盖自动驾驶汽车所特有的驾驶辅助主控单元等零件、系统等。

再次，自动驾驶汽车标准的缺失也导致汽车产品的进口检验无标准可依。例如，根据《标准化法》第二十条[③]，生产、销售、进口的产品应符合强制性标准。根据《进出口商品检验法》第七条，列入目录的进出口商品，按照国家技术规范的强制性要求进行检验；尚未制定国家技术规范的强制性要求的，应当依法及时制定，未制定之前，可以参照国家商检部门指定的国外有关标准

[①] 《道路交通安全法》第一百零三条：国家机动车产品主管部门未按照机动车国家安全技术标准严格审查，许可不合格机动车型投入生产的，对负有责任的主管人员和其他直接责任人员给予降级或者撤职的行政处分。

机动车生产企业经国家机动车产品主管部门许可生产的机动车型，不执行机动车国家安全技术标准或者不严格进行机动车成品质量检验，致使质量不合格的机动车出厂销售的，由质量技术监督部门依照《中华人民共和国产品质量法》的有关规定给予处罚。

擅自生产、销售未经国家机动车产品主管部门许可生产的机动车型的，没收非法生产、销售的机动车成品及配件，可以并处非法产品价值三倍以上五倍以下罚款；有营业执照的，由工商行政管理部门吊销营业执照，没有营业执照的，予以查封。

生产、销售拼装的机动车或者生产、销售擅自改装的机动车的，依照本条第三款的规定处罚。

有本条第二款、第三款、第四款所列违法行为，生产或者销售不符合机动车国家安全技术标准的机动车，构成犯罪的，依法追究刑事责任。

[②] 《标准化法》第二十二条：产品未经认证或者认证不合格而擅自使用认证标志出厂销售的，由标准化行政主管部门责令停止销售，并处罚款。

[③] 《标准化法》第二十条：生产、销售、进口不符合强制性标准的产品的，由法律、行政法规规定的行政主管部门依法处理，法律、行政法规未作规定的，由工商行政管理部门没收产品和违法所得，并处罚款。根据法释，违反规定有强制性标准内容的法律、法规，如《药品管理法》《食品卫生法》《环境保护法》等，由该法所规定的行政主管部门依法处理。县级以上政府标准化行政主管部门的行政处罚权，依据《中华人民共和国标准化法实施条例》规定进行。

进行检验。《进出口商品检验法》第三十三条,违反本法规定,将必须经商检机构检验的进口商品未报经检验而擅自销售或者使用的,或者将必须经商检机构检验的出口商品未报经检验合格而擅自出口的,由商检机构没收违法所得,并处货值金额百分之五以上百分之二十以下的罚款。

最后,根据《产品责任法》第四十一条的规定,因产品存在缺陷造成人身、缺陷产品以外的其他财产(以下简称他人财产)损害的,生产者应当承担赔偿责任。生产者能够证明有下列情形之一的,不承担赔偿责任:①未将产品投入流通的;②产品投入流通时,引起损害的缺陷尚不存在的;③将产品投入流通时的科学技术水平尚不能发现缺陷的存在的。第四十六条规定,本法所称缺陷,是指产品存在危及人身、他人财产安全的不合理的危险;产品有保障人体健康和人身、财产安全的国家标准、行业标准的,是指不符合该标准。此外,根据《缺陷汽车产品召回管理条例》的有关规定,自动驾驶汽车产品的相关标准是判断是否存在前述缺陷以及是否需要承担产品责任和实施召回的前提。

总而言之,法律对于自动驾驶汽车的发展应采取一条渐进式的路径,力争实现从滞后到同步再到前瞻。对待智能网联汽车,立法者应当具备创新精神,法律应当在鼓励发展、保障安全的同时起到积极的引导和监督作用。

附　录

Appendices

B.27
附录一：中国新能源汽车大事记（2017年1~12月）

1月6日，工业和信息化部发布《新能源汽车生产企业及产品准入管理规定》（中华人民共和国工业和信息化部令第39号），并于7月1日开始实行。新政对新能源汽车生产企业的准入要求有所提高，强化了新能源汽车产品的安全要求。

6月1日，大众汽车集团与安徽江淮汽车集团股份有限公司于德国柏林正式签署了合资企业协议。

6月28日，国家发改委和商务部联合发布《外商投资产业指导目录（2017年修订）》，其中规定同一家外商可在国内建立两家及两家以下生产同类（乘用车类、商用车类）整车产品的合资企业，如与中方合资伙伴联合兼并国内其他汽车生产企业以及建立生产纯电动汽车整车产品的合资企业可不受两家的限制。

7月5日，在中国国家主席习近平与德国总理默克尔的共同见证下，北汽集团与戴姆勒签署了新的框架协议，双方表示，将共同投资50亿元人民币，引入梅赛德斯-奔驰品牌的纯电动汽车产品，在北京奔驰建立纯电动汽车生产基地及动力电池工厂。

8月29日，日产汽车及其联盟伙伴雷诺公司与中国东风汽车集团股份有限公司宣布组建一家新的合资公司——易捷特新能源汽车有限公司（eGT），以便在中国共同开发和销售电动汽车。

9月9日，在2017中国汽车产业发展（泰达）国际论坛上，工业和信息化部副部长辛国斌表示工信部已启动对燃油车退出时间表的研究。

9月27日，《乘用车企业平均燃料消耗量与新能源汽车积分并行管理办法》正式发布，对传统能源乘用车年度生产量或者进口量达到3万辆以上的车企设定了新能源汽车积分比例要求，2019年度、2020年度新能源汽车积分比例要求分别为10%、12%。该政策自2018年4月1日起实施。

9月29日，海马汽车与小鹏汽车签署协议，双方将合作开展研发、生产、销售小鹏新能源汽车。

10月19日，长安汽车新能源发布全新战略——"香格里拉计划"，提出2025年长安汽车将开始全面停止销售传统意义的燃油车，实现全谱系产品的电气化。

11月8日，众泰汽车与福特汽车签署合资经营合同，建立纯电动车生产合资企业。

11月9日，外交部网站发布《中美元首会晤达成多方面重要共识同意共同努力推动两国关系取得更大发展》指出，中国将在2018年6月前在自贸试验区范围内开展放开专用车和新能源汽车外资股比限制试点工作。

11月20日起，公安部将在全国分三批推广新能源汽车专用号牌。2017年底前在所有省份省会市及部分地市正式启用，2018年上半年全国全面启用。

12月9日，北汽集团党委书记、董事长徐和谊表示，北汽到2020年率先在北京市全面停止自主品牌传统燃油乘用车的销售，到2025年在中国境内全面停止生产和销售自主品牌传统燃油乘用车。

12月11日，中共中央办公厅、国务院办公厅印发了《党政机关公务用车管理办法》，明确规定党政机关应当配备使用国产汽车，带头使用新能源汽车，按照规定逐步扩大新能源汽车配备比例。

12月16日，首届NIO Day蔚来日在北京五棵松体育馆举行，蔚来旗下首款量产车蔚来 ES8 正式发布，并开启预订。

12 月 27 日，财政部、国家税务总局、工信部、科技部四部委联合发布《关于免征新能源汽车车辆购置税的公告》（2017 年第 172 号），自 2018 年 1 月 1 日至 2020 年 12 月 31 日，对购置的新能源汽车免征车辆购置税。

12 月 27 日，广汽集团与蔚来汽车共同出资设立广汽蔚来新能源汽车有限公司（暂定名）。

（以上根据网络公开材料整理）

B.28
附录二：世界新能源汽车大事记（2017年6月至2018年7月）

年月	企业/国家	摘要
2017年6月	英国	英国政府将向无人驾驶技术和新能源技术领域投资8亿英镑。对研发和全新再充电基础设施的投资将促使英国成为电动汽车和无人驾驶汽车领域的领导者。预计到2035年，该技术为经济创造的价值将达到280亿英镑
2017年7月	宝马	宣布旗下所有品牌和车系均可实现电气化，除内燃机版本，所有系列均配有纯电动或油电混合动力版，新的电气化车型将在未来几年或2020年以后上市
2017年7月	英国	英国政府拟投入2000万英镑（约合2577万美元），用于研发电动车的"车辆到电网"（vehicle-to-grid）技术，旨在实现电流从车辆到电网的回流
2017年8月	比亚迪	在以色列获得首份纯电动客车大订单，公司将向以色列第三大城市——北部的港口城市海法（Haifa）交付由17辆单层客车组成的车队，车身长度为12米
2017年9月	戴姆勒	戴姆勒透露将向其位于美国亚拉巴马州万斯的工厂追加10亿美元的投资，用于扩建拥有20年历史的工厂，以便打造EQ子品牌旗下的纯电动车及电池组
2017年11月	雷诺	雷诺发布新款纯电动轿车SM3 Z.E.续航里程数提升50%
2017年11月	英国	英政府拟投入5亿英镑用于推动电动车应用及充电站建设
2017年12月	美国	美国总统签署税改法案，电动汽车购置个税抵免政策保留
2017年12月	英国	英国电动车充电难，或通过五项措施扭矩局面：路灯柱改装为充电桩、无线充电、换电模式、加油站配置充电桩、工作场所付费充电
2017年12月	日产	日产将为LEAF车主免费安装太阳能电池板推动新能源的使用
2017年12月	本田	本田计划在印度建电池厂推动电动车发展
2017年12月	欧盟	欧盟颁布指令，截至2030年新能源占整体能源消耗的27%
2017年12月	印尼	印尼政府与三菱汽车签订合作备忘录，三菱向印尼工业部、国立大学及研究学院等机构提供10辆电动车及4个充电站，助力印尼电动车推广

附录二：世界新能源汽车大事记（2017年6月至2018年7月）

续表

年月	企业/国家	摘要
2017年12月	新加坡	推出大规模的共享电动汽车项目，旨在为通勤者提供更多的交通选择，以期转变用户需求，使其不再需要购买汽车，未来将部署1000辆共享电动汽车
2018年1月	奔驰	将投资124亿美元在全球建6座工厂生产电动汽车，计划到2022年推出50余款电动汽车，旗下每款车型推出至少一款电动汽车车型
2018年1月	日产	日产汽车与日本四国电力公司（Shikoku Electric）达成合作，双方规定凡是在日本西部地区购买新款日产电动版LEAF车型的车主可获得积分，车主可使用该积分支付四国电力公司的电费，以推广电动汽车
2018年2月	中国香港	推出"一换一"计划，符合条件的燃油车置换为纯电动私家车，可享受首次登记税减免，最多减免25万港元
2018年2月	美国	延长燃料电池车个税抵免优惠政策，该政策原计划于2016年年底停止，美国决定将其延长至2017年年底。凡在2017年购买燃料电池车的车主，都可在2017年报税单中申请享受税收抵免
2018年2月	保时捷	宣布到2022年将投资超60亿欧元（约合74.3亿美元）生产插电式混合动力车和纯电动汽车
2018年2月	英国	英国政府拨付4200万英镑，用于电动车电池技术研发项目
2018年3月	日产	全新日产聆风荣获2018世界年度车（World Car Awards）颁发的"2018世界年度环保车"大奖，并成为该奖项设立以来，首款获奖的纯电动车型
2018年3月	日产	计划到2022财年（截止到2023年3月）旗下电动化车型在华销量达100万辆，均是纯电动车或配有e-POWER动力系统的车辆
2018年3月	德国	德国电讯将1.2万个配电箱升级为电动车充电设备，旨在推动电动车的应用
2018年4月	日产	发布中国市场首款合资品牌量产电动车型——轩逸·纯电SYLPHY Zero Emission
2018年4月	通用	斥资1亿多美元升级旗下两家工厂，打造Cruise自动驾驶汽车及雪佛兰Bolt电动车
2018年4月	丰田	计划在2020年底前在中国推出10款新电动车辆，其中包括：2019年推出卡罗拉和雷凌PHEV版，2020年推出基于C-HR/奕泽（IZOA）紧凑型SUV的纯电动汽车（在中国将分别以广汽丰田C-HR和一汽丰田IZOA出售）
2018年4月	日本	发布升级版e-NV200轻型商用车，该款车型搭载了新款40kWh的蓄电池组，新蓄电池组使该款车型在WLTP循环工况下的续航里程为124英里（约200公里）

487

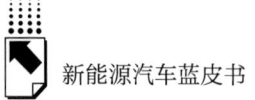

续表

年月	企业/国家	摘要
2018年4月	瑞典	开通第一条充电道路,该道路连接斯德哥尔摩阿兰达机场货运站和鲁瑟什贝格物流区,道路长2千米,由许多节50米的独立路段构成,仅供在该节路段上行驶的车辆充电
2018年4月	美国	宝马、FCA、福特、通用汽车、本田、现代、捷豹路虎、起亚、马自达、梅赛德斯-奔驰、三菱、日产、斯巴鲁、丰田、大众及沃尔沃等16家车企与美国州政府合作宣传活动,旨在助推全美电动车销量
2018年5月	松下	松下正在研发不含钴车用电池以降低成本风险
2018年5月	劳斯莱斯	受市场法规变化推动,劳斯莱斯将于2040年进行全面电动化
2018年5月	松下	松下将联合特斯拉在华生产电池芯
2018年5月	奥迪	奥迪将使用母公司大众集团的新MEB平台以及和保时捷共同研发的电动车架构,在2025年前将推出20余款电动车车型,计划2025年电动车销量达80万辆
2018年5月	标致雪铁龙	标致雪铁龙集团旗下高端品牌DS宣布,从2025年开始,该品牌推出的所有车型都将只搭载纯电动系统或混合动力系统
2018年5月	美国	美国能源部斥资1900万美元助力12个电动车及快充技术研究,旨在将蓄电池组的成本降至100美元/瓦时以下,并将电动车的续航里程数提升至300英里以上,还计划于2028年,将电动车的充电时间缩短至15分钟以内
2018年6月	日产	日产汽车凭借其在电动汽车技术和能源服务系统方面的杰出表现,荣获英国金融时报(Financial Times,FT)和世界银行集团旗下国际金融公司(International Finance Corp.,IFC)共同颁发的"气候解决方案卓越奖"(Excellence in Climate Solutions Awards)
2018年6月	英国	公布技术创新资助项目,包括研发新一代更安全、更高能量密度的电动车电池,25分钟快充技术等
2018年6月	巴拉德	巴拉德动力系统公司收购汽车燃料电池公司(AFCC)的部分战略资产,AFCC是一家戴姆勒股份公司和福特汽车公司共同拥有的私营公司
2018年6月	日本	日本国立研究机构——新能源产业技术综合开发机构宣布启动第二阶段固态锂离子电池研发项目,并为此斥资100亿日元(约合人民币5.9亿元),成员包括23家整车及电池、材料厂商,另外还有15家大学及公共研究机构
2018年6月	日产	在阿姆斯特丹的Johan Cruijff ArenA完成安装基于LEAF电池的储能系统。该储能系统能够存储3兆瓦的电力,相当于148个新的和使用过的LEAF电池组将与Eaton电源转换器配合使用,为体育场提供更可持续电力

488

附录二：世界新能源汽车大事记（2017年6月至2018年7月）

续表

年月	企业/国家	摘要
2018年6月	沃尔沃	设于南卡罗纳州查尔斯顿的在美第一家工厂正式调试并进行开工前准备工作
2018年6月	大众	奥迪与其合作伙伴空中客车与德国政府签署了意向书，宣布将在德国英戈尔施塔特及其周边地区测试空中出租车。该测试已被地方政府批准
2018年6月	日产－雷诺－三菱联盟	联盟已决定冻结与德国戴姆勒和美国福特汽车共同推进的燃料电池车商用化计划，将经营资源集中于纯电动汽车
2018年7月	宝马	计划在德国丁戈尔芬工厂投产纯电动车型
2018年7月	特斯拉	Model 3 达成每周 5000 辆产能目标
2018年7月	智利	智利生产促进委员会将在拥有丰富锂资源的安托法加斯塔设立智利第一个锂电技术中心
2018年7月	现代	现代启用一组大型自动驾驶卡车，在韩国高速公路上开展自动驾驶卡车结队测试，该测试项目获得韩国政府批准
2018年7月	印度	印度安得拉邦能源部正计划在该邦推广电动汽车的使用,该部门将在该州的不同城市开设 50 个电动汽车充电站
2018年7月	比亚迪	在智利获得 100 台 K9FE 型纯电动大巴的订单,由智利首都圣地亚哥市公交运营商 METBUS 负责运营
2018年7月	雷诺	雷诺卡车发布了第二代纯电动卡车：雷诺 Master Z. E.、雷诺卡车 D Z. E. 和雷诺卡车 D Wide Z. E.，均为都市用车辆,载重量从 3.5 吨到 26 吨

B.29
附录三：主要国家及企业新能源汽车销量

表1 2017年及2018年1~5月新能源汽车销量排名前15国家全

单位：辆，%

国家	2017年					国家	2018年1~5月				
	BEV	FCV	PHEV	合计	市场份额		EV	FCV	PHEV	合计	市场份额
中国	652235	143	124292	776670	59	中国	250373		77654	328027	57
美国	104487	2298	90091	196876	15	美国	49068	1288	42730	93086	16
挪威	31068	17	27742	58827	4	德国	14786		12292	27078	5
德国	24807		25475	50282	4	日本	13305	191	8397	21893	4
日本	17441	849	31504	49794	4	英国	6669	26	13713	20408	4
英国	16636	35	29521	46192	3	法国	14756	19	5076	19851	3
法国	30727	11	10347	41085	3	挪威	11751	19	6	11776	2
瑞典	4480	14	15548	20042	2	瑞典	1959		8453	10412	2
比利时	2765	8	11542	14315	1	韩国	7979	141	546	8666	1
韩国	13541	61	466	14068	1	加拿大	4777		2332	7109	1
加拿大	6661		4313	10974	1	荷兰	5245		906	6151	1
荷兰	7040	2	1093	8135	1	比利时	1368	7	4554	5929	1
奥地利	5485		1819	7304	1	奥地利	2670		1008	3678	1
西班牙	3585		2843	6428	0	西班牙	1965		1288	3253	1
意大利	2119	0	2495	4614	0	葡萄牙	1518		1405	2923	1
总计	932846	3446	383567	1319859	100	总计	393727	1694	183077	578498	100

附录三：主要国家及企业新能源汽车销量

表2 2017年及2018年1~5月新能源汽车销量排名前10企业集团

单位：辆

集团	2017年 BEV	2017年 FCV	2017年 PHEV	2017年 总计	集团	2018年1~5月 BEV	2018年1~5月 FCV	2018年1~5月 PHEV	2018年1~5月 总计
比亚迪	42715		66253	108968	比亚迪	16185		38810	54995
北汽集团	101063			101063	雷诺-日产	52585			52585
吉利	80553		18623	99176	北汽集团	49320			49320
雷诺-日产	84870			84870	Tesla	43644			43644
Tesla	80764			80764	宝马	12470		26568	39038
宝马	27801		51769	79570	吉利	23473		9521	32994
通用	38826		28062	66888	上汽	7236		24013	31249
大众	17152		41472	58624	通用	16669		7246	23915
丰田		2682	48725	51407	大众	6547		16787	23334
上汽	10489		33791	44280	丰田		864	18595	19459
合计	484233	2682	288695	775610	合计	228129	864	141540	370533

B.30 附录四：国内已上市新能源乘用车车型信息

车辆动力类型	企业名称	车辆名称	整备质量（kg）	最高车速（km/h）	纯电动模式下续驶里程（km，工况法）	百公里耗电量（kWh/100km）/燃料消耗量（L/100km，B状态）	驱动电机峰值功率/转速/转矩（kW/r/min/Nm）
纯电动	福建省汽车工业集团云度新能源汽车股份有限公司	云度π3	1432	120	251	16.2	55/8350/170
	福建省汽车工业集团云度新能源汽车股份有限公司	云度π1	1370	120	251	15.8	55/8350/170
	奇瑞汽车股份有限公司	奇瑞3xe	1515	100	401	15	95/3629/250
	奇瑞汽车股份有限公司	Arrizo5e	1545	152	401	14.6	95/3629/250
	奇瑞汽车股份有限公司	奇瑞eQ	1140	100	251	13.6	41.8/2660/150
	比亚迪汽车工业有限公司	腾势500	1900	150	451	15.1	135/12100/300
	比亚迪汽车工业有限公司	腾势	2120	150	451	15.9	135/4297/300
	浙江吉利汽车有限公司	帝豪EV	1575	140	300	14.67	120/12000/250
	上汽通用五菱汽车股份有限公司	宝骏E100	830	100	230	9.4	29/7500/110
	兰州知豆电动汽车有限公司	知豆D4	950	100	315	11.7	30/7300/95
	兰州知豆电动汽车有限公司	知豆D3	915	100	255	11.2	30/7300/95
	浙江豪情汽车制造有限公司	帝豪GSE400	1635	140	353	14.38	120/12000/250
	海马汽车集团股份有限公司	海马IDENTY	1472	170	304	14.8	140/12000/300
	安徽江淮汽车集团股份有限公司	iEV7S	1480	130	355	16	85/9000/270

附录四：国内已上市新能源乘用车车型信息

续表

车辆动力类型	企业名称	车辆名称	整备质量（kg）	最高车速（km/h）	纯电动模式下续驶里程（km，工况法）	百公里耗电量（kWh/100km）/燃料消耗量（L/100km，B状态）	驱动电机峰值功率/转速/转矩（kW/r/min/Nm）
纯电动	安徽江淮汽车集团股份有限公司	iEV6E	1175	102	255	13.5	50/7000/200
	安徽江淮汽车集团股份有限公司	江淮蔚来ES8	2460	200	355	21	前:240/15000/420 后:240/15000/420
	广州汽车集团乘用车（杭州）有限公司	传祺GE3	1648	156	410	14.7	132/12000/290
	广州汽车集团乘用车有限公司	传祺GS4	1771	156	270	18.2	132/12000/290
	东风汽车集团有限公司	轩逸	1520	144	338	13.8	80/3008/254
	上海汽车集团股份有限公司	荣威Ei5	1360	145	251	12.4	80/3000/255
	上海汽车集团股份有限公司	MarvelX	1870	170	370	16	前:85/3200/255/ 后1:85/3200/255/ 后2:52/3200/155
	上海汽车集团股份有限公司	荣威ERX5	1710	135	320	15.49	85/3200/255
	比亚迪汽车有限公司	秦Pro	1650	150	420	13.8	120/15000/280
	比亚迪汽车工业有限公司	e6	2450	140	450	20.5	120/3696/310
	比亚迪汽车工业有限公司	e5	1650	130	320	14.1	100/12100/180
	比亚迪汽车工业有限公司	元EV	1495	120	305	13.6	70/12100/180
	比亚迪汽车工业有限公司	宋EV	2070	150	400	16.3	160/12000/310
	北汽新能源汽车常州有限公司	EC180	1030	101	170	12.6	30/7500/140
	北汽新能源汽车常州有限公司	EX260	1410	100	250	16.4	53/9000/180
	北汽新能源汽车常州有限公司	LITE	1030	120	270	12.1	40/9200/140
	北京汽车股份有限公司	EU300	1613	100	300	15.5	100/10000/250
	北汽新能源汽车常州有限公司	EV300	1360	125	301	14.6	53/9000/180
	北京现代汽车有限公司	新伊兰特	1470	140	310	13	81.4/9800/285

续表

车辆动力类型	企业名称	车辆名称	整备质量（kg）	最高车速（km/h）	纯电动模式下续驶里程（km，工况法）	百公里耗电量（kWh/100km）/燃料消耗量（L/100km，B状态）	驱动电机峰值功率/转速/转矩（kW/r/min/Nm）
插电式混合动力	长城汽车股份有限公司	P8	2281	210	50	6.5	85/13300/195
	华晨宝马汽车有限公司	BMW5系	1955	225	61	6.2	70/2700/250
	大庆沃尔沃汽车制造有限公司	S90T8	2177	230	53	6.4	65/12500/240
	浙江豪情汽车制造有限公司	帝豪GL	1650	200	66	4.8	60/11500/160
	浙江豪情汽车制造有限公司	领克01PHEV	1769	210	51	5.6	60/11500/160
	浙江吉利汽车有限公司	博瑞GT	1840	210	60	5.2	60/11500/160
	比亚迪汽车工业有限公司	唐	2390	180	100	7.8	前110/4202/250，后110/4202/250
	广汽三菱汽车有限公司	祺智	1760	180	58	5.6	130/4138（基准转速）/300
	广州汽车集团乘用车有限公司	广汽GS4PHEV	1760	180	58	5.2	130/4138/300
	广州汽车集团乘用车有限公司	传祺GA6PHEV	17751785	180	70	5.8	130/4138（基准转速）/300
	长安福特汽车有限公司	新蒙迪欧	1836	166	52	5.5	92/15000/228
	重庆长安汽车股份有限公司	CS75	2020	180	60	5.1	70/3342/200，80/3918/195
	重庆长安汽车股份有限公司	逸动	1600	185	55	4.8	80/2940/260
	比亚迪汽车股份有限公司	宋	2050	180	81	5.7	110/4202/250
	比亚迪汽车股份有限公司	秦	1760	185	65	5.7	110/10000/200
	上海汽车集团股份有限公司	名爵eMG6	1465	200	53	4.39	59/7000/318
	上海汽车集团股份有限公司	eRX5	1730	200	60	5.42	56/7000/318
	上海汽车集团股份有限公司	荣威ei6	1430	200	53	4.7	60/7000/318
	比亚迪汽车有限公司	秦Pro	1670	200	62	4.1	110/12000/250

B.31
附录五：国家新能源汽车重要政策原文（2017年7月至2018年5月）

《关于调整完善新能源汽车推广应用财政补贴政策的通知》

财建〔2018〕18号

各省、自治区、直辖市、计划单列市财政厅（局）、工业和信息化主管部门、科技厅（局、科委）、发展改革委：

为贯彻落实党的十九大精神，加快促进新能源汽车产业提质增效、增强核心竞争力、实现高质量发展，做好新能源汽车推广应用工作，现将有关事项通知如下：

一 调整完善推广应用补贴政策

（一）提高技术门槛要求

根据动力电池技术进步情况，进一步提高纯电动乘用车、非快充类纯电动客车、专用车动力电池系统能量密度门槛要求，鼓励高性能动力电池应用。提高新能源汽车整车能耗要求，鼓励低能耗产品推广。不断提高燃料电池汽车技术门槛。新能源汽车产品纳入《新能源汽车推广应用推荐车型目录》（以下简称《目录》）后销售推广方可申请补贴，2017年目录内符合调整后补贴技术条件的车型，可直接列入新的目录。有关部委将根据新能源汽车技术进步、产业发展、推广应用规模等因素，提前研究发布2019年和2020年关键技术指标门槛。

（二）完善新能源汽车补贴标准

根据成本变化等情况，调整优化新能源乘用车补贴标准，合理降低新能源客车和新能源专用车补贴标准。燃料电池汽车补贴力度保持不变，燃料电池乘用车按燃料电池系统的额定功率进行补贴,燃料电池客车和专用车采用定额补贴方式。鼓励技术水平高、安全可靠的产品推广应用。

(三)分类调整运营里程要求

对私人购买新能源乘用车、作业类专用车(含环卫车)、党政机关公务用车、民航机场场内车辆等申请财政补贴不作运营里程要求。其他类型新能源汽车申请财政补贴的运营里程要求调整为2万公里,车辆销售上牌后将按申请拨付一部分补贴资金,达到运营里程要求后全部拨付,补贴标准和技术要求按照车辆获得行驶证年度执行。

二 进一步加强推广应用监督管理

(一)加快完善信息化监管平台

各级行业主管部门牵头,尽快建成企业、地方、国家三级联网的新能源汽车监管平台并发挥作用,动态掌握车辆生产、销售、运行、充电设施运营情况,结合现有管理手段实现对生产准入、目录审核、补贴发放、安全运营、运营里程等环节监管的全覆盖。

(二)建立与补贴挂钩的整车和电池"一致性"抽检制度

在整车和动力电池生产、销售等环节随机抽查一定比例产品,进行动力电池能量密度、整车能耗等关键参数一致性检测。建立常态化信息发布机制,对抽检产品参数与推荐车型目录内参数值不一致的,根据情节轻重程度,暂停推荐车型目录、按型号扣减或缓拨补贴资金,并按有关规定对相关企业和检测机构给予处罚。

(三)拓宽监督渠道,夯实监管责任

设立并公开举报电话或网上举报平台,充分发挥社会监督的作用。加大对骗补企业的处罚力度,除依据《财政违法行为处罚处分条例》予以没收违法所得和罚款外,还将视情节轻重采取暂停或取消推荐车型目录、取消补贴资格

并纳入"黑名单"等限制性措施。有关地方应进一步落实推广主体责任,健全管理制度,加强审核把关和监督检查,对玩忽职守、徇私舞弊的单位和个人应予以严肃追责,对监管不严、骗补等问题多发的地区按有关规定严肃处理。

三 进一步优化推广应用环境

(一)破除地方保护,建立统一市场

各地不得采取任何形式的地方保护措施,包括但不限于设置地方目录或备案、限制补贴资金发放、对新能源汽车进行重复检验、要求生产企业在本地设厂、要求整车企业采购本地零部件等措施。对经有关部门认定存在地方保护行为的地方,中央财政将视情节相应扣减充电基础设施奖补资金。各地对列入《车辆生产企业及产品公告》的新能源汽车产品应一视同仁执行免限行、免限购、发放新能源汽车专用号牌等支持措施。地方应不断加大基础设施建设力度和改善新能源汽车使用环境,从2018年起将新能源汽车地方购置补贴资金逐渐转为支持充电基础设施建设和运营、新能源汽车使用和运营等环节。

(二)落实生产者责任,提高生产销售服务管理水平

企业应进一步落实生产者责任,对自身生产和销售环节加强管理与控制,建立企业监控平台,及时准确上报新能源汽车推广补贴申报信息,确保真实、可查。新能源汽车生产企业应按有关文件要求对消费者提供动力电池等储能装置、驱动电机、电机控制器质量保证。建立新能源汽车安全事故统计和审查机制,对已销售产品存在安全隐患、发生安全事故的,企业应提交产品事故检测报告、后续改进措施等材料。对由于产品质量引起安全事故的车型,视事故性质、严重程度等给予暂停车型推荐目录、暂停企业补贴资格等处罚,并扣减该车型补贴资金。

本通知从2018年2月12日起实施,2018年2月12日至2018年6月11日为过渡期。过渡期期间上牌的新能源乘用车、新能源客车按照《财政部 科技部 工业和信息化部 发展改革委关于调整新能源汽车推广应用财政补贴政策的通知》(财建〔2016〕958号)对应标准的0.7倍补贴,新能源货车和专

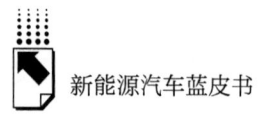

用车按 0.4 倍补贴，燃料电池汽车补贴标准不变。

落实推广应用主体责任、建立惩罚机制等其它相关规定继续按《财政部 科技部 工业和信息化部 发展改革委关于调整新能源汽车推广应用财政补贴政策的通知》（财建[2016]958号）、《财政部 工业和信息化部 科技部 发展改革委关于新能源汽车推广应用审批责任有关事项的通知》（财建[2016]877号）、《财政部 科技部 工业和信息化部 发展改革委关于2016~2020年新能源汽车推广应用财政支持政策的通知》（财建[2015]134号）等有关文件执行。

附件：新能源汽车推广补贴方案及产品技术要求

财政部 工业和信息化部 科技部 发展改革委
2018年2月12日

附件：

新能源汽车推广补贴方案及产品技术要求

一 新能源乘用车补贴标准和技术要求

（一）新能源乘用车补贴标准（万元/辆）

车辆类型	纯电动续驶里程 R（工况法、公里）					
	150≤R<200	200≤R<250	250≤R<300	300≤R<400	R≥400	R≥50
纯电动乘用车	1.5	2.4	3.4	4.5	5	/
插电式混合动力乘用车(含增程式)	/					2.2
单车补贴金额=里程补贴标准×电池系统能量密度调整系数×车辆能耗调整系数。单位电池电量补贴上限不超过1200元/kWh。						

（二）新能源乘用车技术要求

1. 纯电动乘用车30分钟最高车速不低于100km/h。
2. 纯电动乘用车工况法续驶里程不低于150km。插电式混合动力（含增程式）乘用车工况法续驶里程不低于50km。

3. 纯电动乘用车动力电池系统的质量能量密度不低于105Wh/kg，105（含）~120Wh/kg的车型按0.6倍补贴，120（含）~140Wh/kg的车型按1倍补贴，140（含）~160Wh/kg的车型按1.1倍补贴，160Wh/kg及以上的车型按1.2倍补贴。

4. 根据纯电动乘用车能耗水平设置调整系数。按整车整备质量（m）不同，工况条件下百公里耗电量（Y）应满足以下门槛条件：m≤1000kg时，Y≤0.0126×m+0.45；1000＜m≤1600kg时，Y≤0.0108×m+2.25；m＞1600kg时，Y≤0.0045×m+12.33。百公里耗电量（Y）优于门槛0（含）-5%的车型按0.5倍补贴，优于门槛5（含）~25%的车型按1倍补贴，优于门槛25%（含）以上的车型按1.1倍补贴。

5. 工况法纯电续驶里程低于80km的插电式混合动力乘用车B状态燃料消耗量（不含电能转化的燃料消耗量）与现行的常规燃料消耗量国家标准中对应限值相比小于65%，比值介于60%（含）~65%之间的车型按0.5倍补贴，比值小于60%的车型按1倍补贴。工况法纯电续驶里程大于等于80km的插电式混合动力乘用车，其A状态百公里耗电量应满足纯电动乘用车门槛要求。

二 新能源客车补贴标准和技术要求

（一）新能源客车补贴标准。具体如下：

车辆类型	中央财政补贴标准（元/kWh）	中央财政补贴调整系数			中央财政单车补贴上限（万元）		
					6＜L≤8m	8＜L≤10m	L＞10m
非快充类纯电动客车	1200	系统能量密度（Wh/kg）			5.5	12	18
		115~135（含）		135以上			
		1		1.1			
快充类纯电动客车	2100	快充倍率			4	8	13
		3C~5C（含）	5C~15C（含）	15C以上			
		0.8	1	1.1			

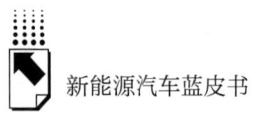

续表

车辆类型	中央财政补贴标准（元/kWh）	中央财政补贴调整系数			中央财政单车补贴上限(万元)		
					6<L≤8m	8<L≤10m	L>10m
插电式混合动力（含增程式）客车	1500	节油率水平			2.2	4.5	7.5
		60%~65%（含）	65%~70%（含）	70%以上			
		0.8	1	1.1			

单车补贴金额＝Min｜车辆带电量×单位电量补贴标准；单车补贴上限｜×调整系数（包括：电池系统能量密度系数、单位载质量能量消耗量系数、快充倍率系数、节油率系数）

（二）新能源客车技术要求

1. 单位载质量能量消耗量（Ekg）不高于 0.21Wh/km·kg，0.15~0.21（含）Wh/km·kg 的车型按 1 倍补贴，0.15Wh/km·kg 及以下的车型按 1.1 倍补贴。计算 Ekg 值所需的附加质量按照《关于 2016～2020 年新能源汽车推广应用财政支持政策的通知》（财建〔2015〕134 号）执行，能量消耗率按《电动汽车能量消耗率和续驶里程试验方法》（GB/T 18386－2017）测试（新能源货车和专用车也按此计算）。

2. 纯电动客车（不含快充类纯电动客车）续驶里程不低于 200 公里（等速法）。插电式混合动力（含增程式）客车纯电续驶里程不低于 50 公里（等速法）。

3. 非快充类纯电动客车电池系统能量密度要高于 115Wh/kg，快充类纯电动客车快充倍率要高于 3C，插电式混合动力（含增程式）客车节油率水平要高于 60%。

三 新能源货车和专用车补贴标准和技术要求

（一）新能源货车和专用车补贴标准

新能源货车和专用车以提供驱动动力的动力电池总储电量为依据，采取分段超额累退方式给予补贴，具体如下：

附录五：国家新能源汽车重要政策原文（2017年7月至2018年5月）

补贴标准(元/kWh)			中央财政单车补贴上限(万元)
30(含)kWh以下部分	30~50(含)kWh部分	50kWh以上部分	
850	750	650	10

（二）新能源货车和专用车技术要求

1. 装载动力电池系统能量密度不低于115Wh/kg。

2. 纯电动货车、运输类专用车单位载质量能量消耗量（Ekg）不高于0.4Wh/km·kg，对0.35~0.4 Wh/km·kg（含）的按0.2倍补贴，对0.35Wh/km·kg及以下的按1倍补贴。

3. 作业类纯电动专用车吨百公里电耗（按试验质量）不超过8kWh。

四 燃料电池汽车补贴标准和技术要求

（一）燃料电池汽车补贴标准

燃料电池乘用车按照搭载燃料电池系统的额定功率进行补贴，燃料电池客车、货车采取定额补贴，具体如下：

车辆类型	补贴标准(元/kW)	补贴上限(万元/辆)
乘用车	6000	20
轻型客车、货车	—	30
大中型客车、中重型货车	—	50

（二）燃料电池汽车技术要求

1. 燃料电池系统的额定功率与驱动电机的额定功率比值不低于30%，比值介于0.3（含）~0.4的车型按0.8倍补贴，比值介于0.4（含）~0.5的车型按0.9倍补贴，比值在0.5（含）以上的车型按1倍补贴。

2. 乘用车燃料电池系统的额定功率不小于10kW，商用车燃料电池系统的额定功率不小于30kW。

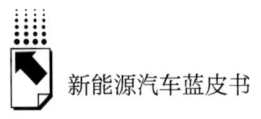

3. 燃料电池汽车纯电续驶里程不低于 300 公里。

4. 燃料电池汽车所采用的燃料电池应满足《道路车辆用质子交换膜燃料电池模块》(标准号 GB/T 33978-2017) 标准中的储存温度要求。

《关于免征新能源汽车车辆购置税的公告》

财政部公告 2017 年第 172 号

为贯彻落实党的十九大精神，进一步支持新能源汽车创新发展，经国务院同意，现将免征新能源汽车车辆购置税有关事项公告如下

一、自 2018 年 1 月 1 日至 2020 年 12 月 31 日，对购置的新能源汽车免征车辆购置税。

二、对免征车辆购置税的新能源汽车，通过发布《免征车辆购置税的新能源汽车车型目录》(以下简称《目录》) 实施管理。2017 年 12 月 31 日之前已列入《目录》的新能源汽车，对其免征车辆购置税政策继续有效。

三、2018 年 1 月 1 日起列入《目录》的新能源汽车须同时符合以下条件：

（一）获得许可在中国境内销售的纯电动汽车、插电式（含增程式）混合动力汽车、燃料电池汽车。

（二）符合新能源汽车产品技术要求（附件 1）。

（三）通过新能源汽车专项检测，达到新能源汽车产品专项检验标准（附件 2）。

（四）新能源汽车生产企业或进口新能源汽车经销商（以下简称企业）在产品质量保证、产品一致性、售后服务、安全监测、动力电池回收利用等方面符合相关要求（附件 3）。

财政部、税务总局、工业和信息化部、科技部根据新能源汽车标准体系发展、技术进步和车型变化等情况，适时调整列入《目录》的新能源汽车条件。

四、企业应当向工业和信息化部提交《目录》申请报告（附件 4），并对申报材料的真实性和产品质量负责。工业和信息化部会同税务总局组织技术专家进行审查，通过审查的车型列入《目录》，并由工业和信息化部、税务总局发布。

五、对列入《目录》的新能源汽车，企业上传机动车整车出厂合格证信息时，在"是否列入《免征车辆购置税的新能源汽车车型目录》"字段标注"是"（即免税标识）。工业和信息化部对企业上传的机动车整车出厂合格证信息中的

附录五：国家新能源汽车重要政策原文（2017年7月至2018年5月）

免税标识进行审核，并将通过审核的信息传送税务总局。税务机关依据工业和信息化部审核后的免税标识和机动车统一销售发票（或有效凭证）办理免税手续。

六、对产品与申报材料不符、产品性能指标未达到要求、提供其他虚假信息等手段骗取列入《目录》车型资格的企业，取消免征车辆购置税申请资格，并依照相关法律法规规定予以处理处罚。对已销售产品在使用中存在安全隐患、发生安全事故的，视事故性质、严重程度等依法采取停止生产、责令立即改正、暂停或者取消免征车辆购置税申请资格等处理处罚措施。

七、从事《目录》申请报告审查、审核，办理免税审核的工作人员履行职责时，存在滥用职权、玩忽职守、徇私舞弊等违法违纪行为的，按照《公务员法》《行政监察法》等国家有关规定追究相应责任；涉嫌犯罪的，移送司法机关处理。

附件：1. 新能源汽车产品技术要求
   2. 新能源汽车产品专项检验标准目录
   3. 新能源汽车企业要求（略）
   4.《免征车辆购置税的新能源汽车车型目录》申请报告（略）

财政部 税务总局 工业和信息化部 科技部
2017年12月26日

附件1

新能源汽车纯电动续驶里程要求

单位：km

类别	乘用车	客车	货车	专用车	测试方法
纯电动	≥80	≥150	≥80	≥80	M1、N1类采用工况法，其他暂采用40km/h等速法
插电式（含增程式）混合动力	≥50（工况法） ≥70（等速法）	≥50	≥50	≥50	M1、N1类采用工况法或60km/h等速法，其他暂采用40km/h等速法
燃料电池	≥150	≥150	≥200	≥200	M1、N1类采用工况法，其他暂采用40km/h等速法

注：1. 超级电容、钛酸锂快充纯电动客车无纯电动续驶里程要求。
  2. M1类是指包括驾驶员座位在内，座位数不超过九座的载客车辆。
   N1类是指最大设计总质量不超过3500kg的载货车辆。

附件 2
新能源汽车产品专项检验标准目录

序号	标准编号	标准名称
1	GB/T 4094.2－2005	电动汽车操纵件、指示器及信号装置的标志
2	GB/T 18384.1－2001	电动汽车安全要求第1部分:车载储能装置
3	GB/T 18384.2－2001	电动汽车安全要求第2部分:功能安全和故障防护
4	GB/T 18384.3－2001	电动汽车安全要求第3部分:人员触电防护
5	GB/T 18385－2005	电动汽车动力性能试验方法
6	GB/T 18386－2005	电动汽车能量消耗率和续驶里程试验方法
7	GB/T 18387－2008	电动车辆的电磁场辐射强度的限值和测量方法宽9kHz－30MHz
8	GB/T 18388－2005	电动汽车定型试验规程
9	GB/T 18488.1－2006	电动汽车用电机及其控制器第1部分:技术条件
10	GB/T 18488.2－2006	电动汽车用电机及其控制器第2部分:试验方法
11	GB/T 19750－2005	混合动力电动汽车定型试验规程
12	GB/T 19751－2005	混合动力电动汽车安全要求
13	GB/T 19752－2005	混合动力电动汽车动力性能试验方法
14	GB/T 19753－2013	轻型混合动力电动汽车能量消耗量试验方法
15	GB/T 19754－2005	重型混合动力电动汽车能量消耗量试验方法
16	GB/T 19755－2005	轻型混合动力电动汽车污染物排放测量方法
17	GB/T 19836－2005	电动汽车用仪表
18	GB/T 20234.1－2011	电动汽车传导充电充电连接装置第1部分:通用要求
19	GB/T 20234.2－2011	电动汽车传导充电充电连接装置第2部分:交流充电接口
20	GB/T 20234.3－2011	电动汽车传导充电充电连接装置第3部分:直流充电接口
21*	GB/T 24347－2009	电动汽车DC/DC变换器
22*	GB/T 24549－2009	燃料电池电动汽车安全要求
23	GB/T 24552－2009	电动汽车风窗玻璃除霜除雾系统的性能要求及试验方法
24*	GB/T 24554－2009	燃料电池发动机性能试验方法
25*	GB/T 26779－2011	燃料电池电动汽车加氢口
26*	GB/T 26990－2011	燃料电池电动汽车车载氢系统技术条件
27*	GB/T 26991－2011	燃料电池电动汽车最高车速试验方法
28	GB/T 27930－2011	电动汽车非车载传导式充电机与电池管理系统之间的通信协议
29	GB/T 28382－2012	纯电动乘用车技术条件
30*	GB/T 29126－2012	燃料电池电动汽车车载氢系统试验方法
31*	GB/T 29307－2012	电动汽车用驱动电机系统可靠性试验方法
32	GB/Z 18333.2－2001	电动道路车辆用锌空气蓄电池

附录五：国家新能源汽车重要政策原文（2017年7月至2018年5月）

续表

序号	标准编号	标准名称
33	QC/T 741–2006	车用超级电容器
34	QC/T 743–2006	电动汽车用锂离子蓄电池
35	QC/T 744–2006	电动汽车用金属氢化物镍蓄电池
36*	QC/T 838–2010	超级电容电动城市客车
37*	QC/T 895–2011	电动汽车用传导式车载充电机
38*	QC/T 925–2013	超级电容电动城市客车定型试验规程

注：1. 序号中加"*"标准实施时间以工业和信息化部《车辆生产企业及产品公告》要求的实施时间为准。
2. 本目录将根据新能源汽车标准变化情况进行调整。

《乘用车企业平均燃料消耗量与新能源汽车积分并行管理办法》

工业和信息化部　财政部　商务部　海关总署　国家质量监督检验检疫总局

令第 44 号

《乘用车企业平均燃料消耗量与新能源汽车积分并行管理办法》已经2017年8月16日工业和信息化部第32次部务会议审议通过，并经财政部、商务部、海关总署、质检总局审议同意，现予公布，自2018年4月1日起施行。

工业和信息化部部长　苗　圩

财政部部长　肖　捷

商务部部长　钟　山

海关总署署长　于广洲

质检总局局长　支树平

2017 年 9 月 27 日

乘用车企业平均燃料消耗量与新能源汽车积分并行管理办法

第一章　总则

第一条　为了提升乘用车节能水平，缓解能源和环境压力，建立节能与新

505

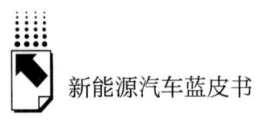

能源汽车管理长效机制，促进汽车产业健康发展，根据《中华人民共和国节约能源法》等规定，制定本办法。

第二条 中华人民共和国境内的乘用车企业平均燃料消耗量与新能源汽车积分管理，适用本办法。

第三条 工业和信息化部会同财政部、商务部、海关总署、质检总局实施乘用车企业平均燃料消耗量与新能源汽车积分管理。

第四条 本办法所称乘用车，是指《汽车和挂车类型的术语和定义》（GB/T 3730.1-2001）第2.1.1.1款至第2.1.1.10款规定的、最大设计总质量不超过3500千克的车辆，包括新能源乘用车和传统能源乘用车。

本办法所称新能源乘用车，是指采用新型动力系统，完全或者主要依靠新型能源驱动的乘用车，包括插电式混合动力（含增程式）乘用车、纯电动乘用车和燃料电池乘用车等。

本办法所称传统能源乘用车，是指除新能源乘用车以外的，能够燃用汽油、柴油或者气体燃料的乘用车（含非插电式混合动力乘用车）。

第五条 乘用车企业包括中华人民共和国境内乘用车生产企业、进口乘用车供应企业。

本办法所称境内乘用车生产企业，是指取得工业和信息化部乘用车生产企业准入并获得强制性产品认证的乘用车企业。

本办法所称进口乘用车供应企业，是指从中华人民共和国境外进口并在境内销售获得强制性产品认证的乘用车的企业，包括获境外乘用车生产企业授权的进口乘用车供应企业和未获授权的进口乘用车供应企业。

第六条 工业和信息化部建立汽车燃料消耗量与新能源汽车积分管理平台，统筹推进企业平均燃料消耗量与新能源汽车积分公示、转让、交易等工作。

乘用车企业应当按照工业和信息化部的要求（见附件1），报送其生产、进口的乘用车燃料消耗量和新能源乘用车相关数据；通过汽车燃料消耗量与新能源汽车积分管理平台，开展积分转让或者交易。

第二章 乘用车企业平均燃料消耗量积分核算

第七条 境内各乘用车生产企业和各进口乘用车供应企业，是乘用车企业平均燃料消耗量积分的核算主体,单独实施核算。

第八条 乘用车企业平均燃料消耗量积分,为该企业平均燃料消耗量的达标值和实际值之间的差额,与其乘用车生产量或者进口量的乘积(计算结果按四舍五入原则保留整数)。

实际值低于达标值产生正积分,高于达标值产生负积分。

第九条 乘用车企业平均燃料消耗量达标值,是指该企业平均燃料消耗量目标值与该核算年度的企业平均燃料消耗量要求的乘积(计算结果按四舍五入原则保留两位小数)。

乘用车企业平均燃料消耗量目标值,按照《乘用车燃料消耗量评价方法及指标》(GB 27999-2014)第5.2款计算(计算结果按四舍五入原则保留两位小数)。同一车型在核算年度有多个不同的燃料消耗量目标值的,按照不同的目标值分开计算。

核算年度的企业平均燃料消耗量要求,是指《乘用车燃料消耗量评价方法及指标》第5.3款规定的相关比值。

第十条 乘用车企业平均燃料消耗量实际值,按照《乘用车燃料消耗量评价方法及指标》第5.1款计算(计算结果按四舍五入原则保留两位小数)。同一车型在核算年度有多个不同的燃料消耗的,按照不同的燃料消耗量分开计算。

第十一条 境内乘用车生产企业的乘用车生产量,按照该企业在核算年度内生产的、用于境内销售的乘用车实际产量核算。

进口乘用车供应企业的乘用车进口量,按照该企业在核算年度进口用于境内销售的、获得强制性产品认证并经出入境检验检疫机构检验的乘用车数量核算。

第十二条 对核算年度生产量2000辆以下并且生产、研发和运营保持独立的境内乘用车生产企业,进口量2000辆以下的获境外乘用车生产企业授权的进口乘用车供应企业,按照以下规定放宽其企业平均燃料消耗量积分的达标要求:

企业2016年度至2020年度平均燃料消耗量较上一年度下降6%以上的,其达标值在《乘用车燃料消耗量评价方法及指标》规定的企业平均燃料消耗量要求基础上放宽60%;下降3%以上不满6%的,其达标值放宽30%。

未获境外乘用车生产企业授权的进口乘用车供应企业按照前款的规定管理,并自2019年度起实施企业平均燃料消耗量积分核算;但是,核算年度进口量2000辆以下的,暂不实施积分核算。

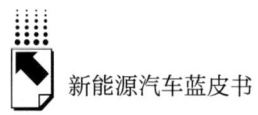

第三章 乘用车企业新能源汽车积分核算

第十三条 境内各乘用车生产企业和各进口乘用车供应企业,是新能源汽车积分的核算主体,单独实施核算。

第十四条 乘用车企业新能源汽车积分,为该企业新能源汽车积分实际值与达标值之间的差额。

实际值高于达标值产生正积分,低于达标值产生负积分。

第十五条 乘用车企业新能源汽车积分实际值,是指该企业在核算年度内生产或者进口的新能源乘用车各车型的积分与该车型生产量或者进口量乘积之和(计算结果按四舍五入原则保留整数)。

前款规定的生产量、进口量,按照本办法第十一条规定的方法核算。

新能源乘用车车型积分按照《新能源乘用车车型积分计算方法》(见附件2)确定。

第十六条 乘用车企业新能源汽车积分达标值,是指该企业在核算年度内传统能源乘用车的生产量或者进口量,与新能源汽车积分比例要求的乘积(计算结果按四舍五入原则保留整数)。

第十七条 对传统能源乘用车年度生产量或者进口量不满3万辆的乘用车企业,不设定新能源汽车积分比例要求;达到3万辆以上的,从2019年度开始设定新能源汽车积分比例要求。

2019年度、2020年度,新能源汽车积分比例要求分别为10%、12%。2021年度及以后年度的新能源汽车积分比例要求,由工业和信息化部另行公布。

第四章 积分报告和公示

第十八条 乘用车企业应当于每年12月20日前,向工业和信息化部提交下一年度乘用车企业平均燃料消耗量与新能源汽车积分年度预报告。

预报告的内容包括本企业平均燃料消耗量预期达标值、预期实际值和新能源汽车积分预期值等(见附件3)。

第十九条 乘用车企业应当于每年3月1日前,向工业和信息化部提交上一年度乘用车企业平均燃料消耗量与新能源汽车积分执行情况年度报告。

报告的内容包括本企业生产或者进口的各车型乘用车数量、关键参数、燃料消耗量、电能消耗量和对应车型的燃料消耗量目标值，以及本企业平均燃料消耗量达标值、实际值和新能源汽车积分等（见附件3）。

第二十条 工业和信息化部于每年4月10日前，通过汽车燃料消耗量与新能源汽车积分管理平台，向社会公示上一年度乘用车企业平均燃料消耗量与新能源汽车积分相关情况。

对公示的乘用车企业平均燃料消耗量与新能源汽车积分相关情况有异议的，可以在30日内向工业和信息化部提出。工业和信息化部在收到异议后30日内作出答复。

第二十一条 工业和信息化部会同财政部、商务部、海关总署、质检总局于每年6月30日前，对乘用车企业提交的企业平均燃料消耗量与新能源汽车积分执行情况年度报告和相关数据进行核实，并发布上一年度乘用车企业平均燃料消耗量与新能源汽车积分核算情况报告。

第五章 积分并行管理

第二十二条 乘用车企业平均燃料消耗量正积分可以结转或者在关联企业间转让。

乘用车企业新能源汽车正积分可以依据本办法自由交易。新能源汽车正积分不得结转，但2019年度产生的新能源汽车正积分可以等额结转一年。

乘用车企业有平均燃料消耗量负积分、新能源汽车负积分的，应当在乘用车企业平均燃料消耗量与新能源汽车积分核算情况报告发布后60日内，向工业和信息化部提交其平均燃料消耗量负积分和新能源汽车负积分抵偿报告（见附件4），并在核算情况报告发布后90日内完成负积分抵偿归零。

第二十三条 具有下列关系之一的乘用车企业，属于本办法第二十二条第一款规定的关联企业：

（一）境内乘用车生产企业与其直接或者间接持股总和达到25%以上的其他境内乘用车生产企业；

（二）同为境内第三方直接或者间接持股总和达到25%以上的境内乘用车

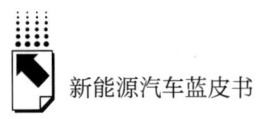

生产企业；

（三）获境外乘用车生产企业授权的进口乘用车供应企业，与该境外乘用车生产企业直接或者间接持股总和达到25%以上的境内乘用车生产企业。

第二十四条 乘用车企业平均燃料消耗量正积分结转后续年度使用的，按照一定比例进行结转，结转有效期不超过三年。2018年度及以前年度的正积分，每结转一次，结转比例为80%；2019年度及以后年度的正积分，每结转一次，结转比例为90%。

第二十五条 乘用车企业受让的平均燃料消耗量正积分，仅限其在当年度使用，不得再次转让。

第二十六条 乘用车企业平均燃料消耗量负积分应当采取下列方式抵偿归零：

（一）使用本企业结转的平均燃料消耗量正积分；

（二）使用本企业受让的平均燃料消耗量正积分；

（三）使用本企业产生的新能源汽车正积分；

（四）购买新能源汽车正积分。

前款所列的抵偿方式，可以组合使用。

新能源汽车正积分可以抵扣同等数量的平均燃料消耗量负积分。

第二十七条 乘用车企业的新能源汽车负积分，应当通过购买新能源汽车正积分的方式抵偿归零。

第二十八条 乘用车企业2019年度产生的新能源汽车负积分，可以使用2020年度产生的新能源汽车正积分进行抵偿。

第二十九条 乘用车企业购买的新能源汽车正积分，仅限其在当年度使用，不得再次交易。

第三十条 乘用车企业发生分立、合并等情形，影响积分结转、转让、交易、抵偿等的，应当及时向工业和信息化部办理变更手续。

第六章 监督管理

第三十一条 工业和信息化部会同财政部、商务部、海关总署、质检总局建立乘用车企业平均燃料消耗量与新能源汽车积分信用管理制度。

乘用车企业提交平均燃料消耗量与新能源汽车积分执行情况年度报告时，

应当同时向工业和信息化部提交信用承诺书（见附件5），由工业和信息化部向社会公示其信用承诺书。企业法定代表人未发生变动的，信用承诺书无需逐年提交。

乘用车企业不履行承诺的，工业和信息化部将其作为失信乘用车企业进行通报，并录入车辆生产企业信用信息管理平台。

第三十二条　工业和信息化部会同财政部、商务部、海关总署、质检总局对乘用车企业平均燃料消耗量与新能源汽车积分进行核查。

工业和信息化部负责对境内乘用车生产企业及其乘用车燃料消耗量、新能源乘用车参数、乘用车生产量等进行核查。

商务部负责对进口乘用车供应企业有关情况进行核查。

海关总署负责对乘用车进口量进行核查。

质检总局负责对进口新能源乘用车参数、进口乘用车燃料消耗量和获得强制性产品认证并经出入境检验检疫机构检验的乘用车进口量等进行核查。

第三十三条　对违反本办法的行为，任何单位和个人都有权向工业和信息化部举报。接到举报后，工业和信息化部会同有关部门及时依法调查处理，并为举报人保密。

第七章　法律责任

第三十四条　乘用车企业有下列情形之一的，工业和信息化部等部门按照职责给予通报，并按照核查值核算平均燃料消耗量与新能源汽车积分；情节严重的，作为失信乘用车企业进行通报，并录入车辆生产企业信用信息管理平台：

（一）未按照本办法的规定报送乘用车燃料消耗量和新能源乘用车相关数据的；

（二）报送的乘用车燃料消耗量数据、新能源乘用车数据与核查结果不符的；

（三）报送的乘用车生产量、进口量数据与实际数量不符的；

（四）未按照本办法的规定提交企业平均燃料消耗量与新能源汽车积分报告，或者报告的内容与事实不符的。

第三十五条　乘用车企业平均燃料消耗量负积分、新能源汽车负积分未按照本办法抵偿归零的，应当向工业和信息化部提交其本年度乘用车生产或者进

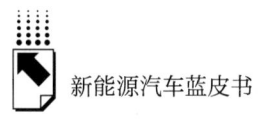

口调整计划,使本年度预期产生的正积分能够抵偿其尚未抵偿的负积分。

第三十六条 乘用车企业平均燃料消耗量与新能源汽车积分管理要求,纳入乘用车生产企业及产品准入条件。乘用车企业有下列情形之一的,在其负积分抵偿归零前,对其燃料消耗量达不到《乘用车燃料消耗量评价方法及指标》车型燃料消耗量目标值的新产品,不予列入《道路机动车辆生产企业及产品公告》或者不予核发强制性产品认证证书,并可以依照《汽车产业发展政策》《强制性产品认证管理规定》等有关规定处罚:

(一)平均燃料消耗量负积分未按照本办法抵偿归零的;

(二)新能源汽车负积分未按照本办法抵偿归零的;

(三)未按照本办法第三十五条的规定提交年度乘用车生产或者进口调整计划,或者提交生产或者进口调整计划但本年度平均燃料消耗量积分、新能源汽车积分未满足要求的。

第八章 附则

第三十七条 本办法所称核算年度是指每年 1 月 1 日至 12 月 31 日。境内生产的乘用车以机动车整车出厂合格证上记载的制造日期为准确定相应的年度;进口乘用车以获得强制性产品认证车辆的随车检验单的签发日期为准确定相应的年度。

工业和信息化部收到乘用车企业依据本办法规定提交的材料后,转送其他相关部门。

第三十八条 本办法涉及的标准修订的,按照修订后的文本执行。

本办法中的"以上""以下""不超过"均含本数,"不满"不含本数。

第三十九条 工业和信息化部会同有关部门依据国家有关规定,完善乘用车企业平均燃料消耗量与新能源汽车积分管理的经济措施。

根据我国国情和汽车产业发展的需要,适时调整本办法有关制度、附件,并重新公布。

第四十条 本办法自 2018 年 4 月 1 日起施行。2013 年 3 月 14 日公布的《乘用车企业平均燃料消耗量核算办法》(工业和信息化部 2013 年 15 号公告)、2014 年 10 月 14 日公布的《关于加强乘用车企业平均燃料消耗量管理的通知》(工信部联装〔2014〕432号)同时废止。本办法施行前制定的规定与本办法不一致的,按照本办法执行。

附件:1. 乘用车燃料消耗量与新能源乘用车数据报送要求(略)
   2. 新能源乘用车车型积分计算方法
   3. 乘用车企业平均燃料消耗量与新能源汽车积分报告(略)
   4. 乘用车企业平均燃料消耗量负积分和新能源汽车负积分抵偿报告(略)
   5. 信用承诺书(略)

附件2

新能源乘用车车型积分计算方法

车辆类型	标准车型积分	备注
纯电动乘用车	$0.012 \times R + 0.8$	(1) R为电动汽车续驶里程(工况法),单位为km。
插电式混合动力乘用车	2	(2) P为燃料电池系统额定功率,单位为kW。
燃料电池乘用车	$0.16 \times P$	(3) 标准车型积分上限为5分。
		(4) 车型积分计算结果按四舍五入原则保留两位小数。

1. 对纯电动乘用车30分钟最高车速不低于100km/h,电动汽车续驶里程(工况法)不低于100km,且按整备质量(m,kg)不同,纯电动乘用车工况条件下百公里耗电量(Y,kW·h/100km)满足条件一、但是不满足条件二的,车型积分按照标准车型积分的1倍计算;满足条件二的,按照1.2倍计算。其余车型按照0.5倍计算,并且积分仅限本企业使用。
   条件一:m≤1000时,Y≤0.014×m+0.5;1000<m≤1600时,Y≤0.012×m+2.5;m>1600时,Y≤0.005×m+13.7。
   条件二:m≤1000时,Y≤0.0098×m+0.35;1000<m≤1600时,Y≤0.0084×m+1.75;m>1600时,Y≤0.0035×m+9.59。
2. 插电式混合动力汽车纯电驱动模式续驶里程不低于50km。纯电驱动模式续驶里程不满80km的插电式混合动力乘用车车型,其条件B试验燃料消耗量(不含电能转化的燃料消耗量)与《乘用车燃料消耗量限值》(GB 19578-2014)中车型对应的燃料消耗量限值相比应当小于70%;比例不小于70%的,车型积分按照标准车型积分的0.5倍计算,并且积分仅限本企业使用。纯电驱动模式续驶里程在80公里以上的插电式混合动力乘用车车型,其条件A试验电能消耗量应当满足纯电动乘用车条件一的要求;不满足的,车型积分按照标准车型积分的0.5倍计算,并且积分仅限本企业使用。
3. 燃料电池乘用车续驶里程不低于300km,燃料电池系统额定功率不低于驱动电机额定功率的30%,并且不小于10kW的,车型积分按照标准车型积分的1倍计算。其余车型按照标准车型积分的0.5倍计算,并且积分仅限本企业使用。

注:在核算乘用车企业新能源汽车积分实际值时,同一车型在核算年度有多个新能源乘用车车型积分的,按照不同的积分分开计算。

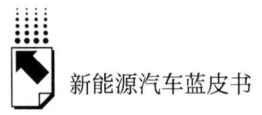

新能源汽车蓝皮书

《新能源汽车动力蓄电池回收利用管理暂行办法》

工信部联节〔2018〕43号

各省、自治区、直辖市及计划单列市、新疆生产建设兵团工业和信息化、科技、环保、交通、商务、质检、能源主管部门，各有关单位：

为加强新能源汽车动力蓄电池回收利用管理，规范行业发展，推进资源综合利用，保护环境和人体健康，保障安全，促进新能源汽车行业持续健康发展，工业和信息化部、科技部、环境保护部、交通运输部、商务部、质检总局、能源局联合制定了《新能源汽车动力蓄电池回收利用管理暂行办法》。现印发给你们，请认真贯彻执行。

工业和信息化部　科学技术部　环境保护部　交通运输部
商务部　国家质量监督检验检疫总局　国家能源局
2018年1月26日

新能源汽车动力蓄电池回收利用管理暂行办法

一　总则

第一条　为加强新能源汽车动力蓄电池回收利用管理，规范行业发展，推进资源综合利用，保障公民生命财产和公共安全，促进新能源汽车行业持续健康发展，依据《中华人民共和国环境保护法》《中华人民共和国固体废物污染环境防治法》《中华人民共和国清洁生产促进法》《中华人民共和国循环经济促进法》等法律，按照《国务院关于印发节能与新能源汽车产业发展规划（2012～2020年）的通知》及《国务院办公厅关于加快新能源汽车推广应用的指导意见》要求，制定本办法。

第二条　本办法适用于中华人民共和国境内（台湾、香港、澳门地区除外）新能源汽车动力蓄电池（以下简称动力蓄电池）回收利用相关管理。

第三条　在生产、使用、利用、贮存及运输过程中产生的废旧动力蓄电池应按照本办法要求回收处理。

第四条　工业和信息化部会同科技部、环境保护部、交通运输部、商务部、质检总局、能源局在各自职责范围内对动力蓄电池回收利用进行管理和监督。

第五条 落实生产者责任延伸制度，汽车生产企业承担动力蓄电池回收的主体责任，相关企业在动力蓄电池回收利用各环节履行相应责任，保障动力蓄电池的有效利用和环保处置。坚持产品全生命周期理念，遵循环境效益、社会效益和经济效益有机统一的原则，充分发挥市场作用。

第六条 国家支持开展动力蓄电池回收利用的科学技术研究，引导产学研协作，鼓励开展梯次利用和再生利用，推动动力蓄电池回收利用模式创新。

二 设计、生产及回收责任

第七条 动力蓄电池生产企业应采用标准化、通用性及易拆解的产品结构设计，协商开放动力蓄电池控制系统接口和通讯协议等利于回收利用的相关信息，对动力蓄电池固定部件进行可拆卸、易回收利用设计。材料有害物质应符合国家相关标准要求，尽可能使用再生材料。新能源汽车设计开发应遵循易拆卸原则，以利于动力蓄电池安全、环保拆卸。

第八条 电池生产企业应及时向汽车生产企业等提供动力蓄电池拆解及贮存技术信息，必要时提供技术培训。汽车生产企业应符合国家新能源汽车生产企业及产品准入管理、强制性产品认证的相关规定，主动公开动力蓄电池拆卸、拆解及贮存技术信息说明以及动力蓄电池的种类、所含有毒有害成分含量、回收措施等信息。

第九条 电池生产企业应与汽车生产企业协同，按照国家标准要求对所生产动力蓄电池进行编码，汽车生产企业应记录新能源汽车及其动力蓄电池编码对应信息。电池生产企业、汽车生产企业应及时通过溯源信息系统上传动力蓄电池编码及新能源汽车相关信息。

电池生产企业及汽车生产企业在生产过程中报废的动力蓄电池应移交至回收服务网点或综合利用企业。

第十条 汽车生产企业应委托新能源汽车销售商等通过溯源信息系统记录新能源汽车及所有人溯源信息，并在汽车用户手册中明确动力蓄电池回收要求与程序等相关信息。

第十一条 汽车生产企业应建立维修服务网络，满足新能源汽车所有人的维修需求，并依法向社会公开动力蓄电池维修、更换等技术信息。新能源汽车售后服务机构、电池租赁等运营企业应在动力蓄电池维修、拆卸和更换时核实新能源汽车所有人信息，按照维修手册及贮存等技术信息要求对动力蓄电池进行维修、拆卸和更换，规范贮存，将废旧动力蓄电池移交至回收服务网点，不得移交其他单位或个人。

新能源汽车售后服务机构、电池租赁等运营企业应在溯源信息系统中建立动力蓄电池编码与新能源汽车的动态联系。

第十二条 汽车生产企业应建立动力蓄电池回收渠道，负责回收新能源汽车使用及报废后产生的废旧动力蓄电池。

（一）汽车生产企业应建立回收服务网点，负责收集废旧动力蓄电池，集中贮存并移交至与其协议合作的相关企业。

回收服务网点应遵循便于移交、收集、贮存、运输的原则，符合当地城市规划及消防、环保、安全部门的有关规定，在营业场所显著位置标注提示性信息。

（二）鼓励汽车生产企业、电池生产企业、报废汽车回收拆解企业与综合利用企业等通过多种形式，合作共建、共用废旧动力蓄电池回收渠道。

（三）鼓励汽车生产企业采取多种方式为新能源汽车所有人提供方便、快捷的回收服务，通过回购、以旧换新、给予补贴等措施，提高其移交废旧动力蓄电池的积极性。

第十三条 汽车生产企业与报废汽车回收拆解企业等合作，共享动力蓄电池拆卸和贮存技术、回收服务网点以及报废新能源汽车回收等信息。回收服务网点应跟踪本区域内新能源汽车报废回收情况，可通过回收或回购等方式收集报废新能源汽车上拆卸下的动力蓄电池。

报废新能源汽车回收拆解，应当符合国家有关报废汽车回收拆解法规、规章和标准的要求。

第十四条 新能源汽车所有人在动力蓄电池需维修更换时，应将新能源汽车送至具备相应能力的售后服务机构进行动力蓄电池维修更换；在新能源汽车达到报废要求时，应将其送至报废汽车回收拆解企业拆卸动力蓄电池。动力蓄电池所有人（电池租赁等运营企业）应将废旧动力蓄电池移交至回收服务网点。废旧动力蓄电池移交给其他单位或个人，私自拆卸、拆解动力蓄电池，由此导致环境污染或安全事故的，应承担相应责任。

附录五：国家新能源汽车重要政策原文（2017年7月至2018年5月）

第十五条 废旧动力蓄电池的收集可参照《废蓄电池回收管理规范》（WB/T 1061-2016）等国家有关标准要求，按照材料类别和危险程度，对废旧动力蓄电池进行分类收集和标识，应使用安全可靠的器具包装以防有害物质渗漏和扩散。

第十六条 废旧动力蓄电池的贮存可参照《废电池污染防治技术政策》（环境保护部公告2016年第82号）、《一般工业固体废物贮存、处置场污染控制标准》（GB 18599-2016）等国家相关法规、政策及标准要求。

第十七条 动力蓄电池及废旧动力蓄电池包装运输应尽量保证其结构完整，属于危险货物的，应当遵守国家有关危险货物运输规定进行包装运输，可参照《废电池污染防治技术政策》（环境保护部公告2016年第82号）、《废蓄电池回收管理规范》（WB/T 1061-2016）等国家相关法规、政策及标准要求。

三　综合利用

第十八条 鼓励电池生产企业与综合利用企业合作，在保证安全可控前提下，按照先梯次利用后再生利用原则，对废旧动力蓄电池开展多层次、多用途的合理利用，降低综合能耗，提高能源利用效率，提升综合利用水平与经济效益，并保障不可利用残余物的环保处置。

第十九条 综合利用企业应符合《新能源汽车废旧动力蓄电池综合利用行业规范条件》（工业和信息化部公告2016年第6号）的规模、装备和工艺等要求，鼓励采用先进适用的技术工艺及装备，开展梯次利用和再生利用。

第二十条 梯次利用企业应遵循国家有关政策及标准等要求，按照汽车生产企业提供的拆解技术信息，对废旧动力蓄电池进行分类重组利用，并对梯次利用电池产品进行编码。

梯次利用企业应回收梯次利用电池产品生产、检测、使用等过程中产生的废旧动力蓄电池，集中贮存并移交至再生利用企业。

第二十一条 梯次利用电池产品应符合国家有关政策及标准等要求，对不符合该要求的梯次利用电池产品不得生产、销售。

第二十二条 再生利用企业应遵循国家有关政策及标准等要求，按照汽车生产企业提供的拆解技术信息规范拆解，开展再生利用；对废旧动力蓄电池再生利用后的其他不可利用残余物,依据国家环保法规、政策及标准等有关规定进行环保无害化处置。

四 监督管理

第二十三条 工业和信息化部会同国家标准化主管部门研究制定拆卸、包装运输、余能检测、梯次利用、材料回收、安全环保等动力蓄电池回收利用技术标准,建立动力蓄电池回收利用管理标准体系。

第二十四条 建立动力蓄电池回收服务网点上传制度,汽车生产企业应定期通过溯源信息系统上传动力蓄电池回收服务网点等信息,并通过信息平台及时向社会公布有关信息。

第二十五条 工业和信息化部、质检总局负责建立统一的溯源信息系统,会同环境保护部、交通运输部、商务部等有关部门建立信息共享机制,确保动力蓄电池产品来源可查、去向可追、节点可控。

第二十六条 工业和信息化部会同有关部门对梯次利用电池产品实施管理,加强对梯次利用企业的指导,规范梯次利用企业产品,保障产品质量和安全。

第二十七条 鼓励社会资本发起设立产业基金,研究探索动力蓄电池残值交易等市场化模式,促进动力蓄电池回收利用。

第二十八条 工业和信息化部会同质检总局等部门,在各自职责范围内,通过责令企业限期整改、暂停企业强制性认证证书、公开企业履责信息、行业规范条件申报及公告管理等措施,对有关企业落实本办法有关规定实施监督管理。

第二十九条 任何组织和个人有权对违反本办法规定的行为向有关部门投诉、举报。

五 附则

第三十条 本办法由工业和信息化部商科技部、环境保护部、交通运输部、商务部、质检总局、能源局负责解释。

第三十一条 本办法自 2018 年 8 月 1 日施行。

附录五：国家新能源汽车重要政策原文（2017年7月至2018年5月）

附录　术语和定义

一、动力蓄电池：为新能源汽车动力系统提供能量的蓄电池，由蓄电池包（组）及蓄电池管理系统组成，包括锂离子动力蓄电池、金属氢化物/镍动力蓄电池等，不含铅酸蓄电池。

二、废旧动力蓄电池是指：

（一）经使用后剩余容量或充放电性能无法保障新能源汽车正常行驶，或因其他原因拆卸后不再使用的动力蓄电池；

（二）报废新能源汽车上的动力蓄电池；

（三）经梯次利用后报废的动力蓄电池；

（四）电池生产企业生产过程中报废的动力蓄电池；

（五）其他需回收利用的动力蓄电池。

以上废旧动力蓄电池包括废旧的蓄电池包、蓄电池模块和单体蓄电池。

三、回收：废旧动力蓄电池收集、分类、贮存和运输的过程总称。

四、拆卸：将动力蓄电池从新能源汽车上拆下的过程。

五、拆解：对废旧动力蓄电池进行逐级拆分，直至拆出单体蓄电池的过程。

六、贮存：废旧动力蓄电池收集、运输、梯次利用、再生利用过程中的存放行为，包括暂时贮存和区域集中贮存。

七、利用：废旧动力蓄电池回收后的再利用，包括梯次利用和再生利用。

八、梯次利用：将废旧动力蓄电池（或其中的蓄电池包/蓄电池模块/单体蓄电池）应用到其他领域的过程，可以一级利用也可以多级利用。

九、再生利用：对废旧动力蓄电池进行拆解、破碎、分离、提纯、冶炼等处理，进行资源化利用的过程。

十、汽车生产企业：获得《道路机动车辆生产企业及产品公告》的国内新能源汽车生产企业和新能源汽车进口商。

十一、电池生产企业：国内动力蓄电池生产企业和动力蓄电池进口商。

十二、回收服务网点：汽车生产企业在本企业新能源汽车销售的行政区域（至少地级）内，通过自建、共建、授权等方式建立的废旧动力蓄电池回收服务机构。

十三、报废汽车回收拆解企业：取得资质认定，从事报废汽车回收拆解经营业务的企业。

十四、综合利用企业：是指符合《新能源汽车废旧动力蓄电池综合利用行业规范条件》要求的废旧动力蓄电池梯次利用企业或再生利用企业。

十五、梯次利用企业：即梯次利用电池产品生产企业，是指对废旧动力蓄电池（或其中的蓄电池包/蓄电池模块/单体蓄电池）进行必要的检测、分类、拆解和重组，使其可应用至其他领域的企业。

十六、再生利用企业：是指对废旧动力蓄电池进行拆解、破碎、分离、提纯、冶炼等处理，实现资源再生利用、原材料回收利用等的企业。

B.32
附录六：地方新能源汽车政策汇总
（2017年1月至2018年5月）

政策类型	城市	发布日期	新能源汽车相关政策
交通管理	北京市	2018年3月	《关于实施工作日高峰时段区域限行交通管理措施的通告》
推广方案	北京市	2018年2月	《北京市推广应用新能源汽车管理办法》
管理办法	北京市	2017年12月	《关于2018年小客车指标总量和配置比例的通告》
管理办法	北京市	2017年9月	《北京市推广应用新能源商用车生产企业及产品备案管理细则》
财政补贴	北京市	2017年7月	《关于进一步做好2016年度北京市推广应用新能源汽车市级财政补助资金兑付工作的通知》
财政补贴	北京市	2017年6月	《北京市推广应用新能源商用车管理办法》
基础设施	北京市	2017年8月	《关于进一步加强电动汽车充电基础设施建设和管理的实施意见》
综合政策	北京市	2017年5月	《关于顺义区加快促进新能源汽车推广应用的实施意见》
基础设施	北京市	2017年5月	《北京市顺义区电动汽车充电设施补贴实施细则(暂行)》
财政补贴	北京市	2017年5月	《顺义区新能源汽车(置换)补贴实施细则(暂行)》
管理办法	北京市	2017年2月	《关于进一步完善北京市新能源小客车生产企业及产品备案工作的通知》
财政补贴	北京市	2017年2月	《关于调整北京市示范应用新能源小客车相关政策的通知》
财政补贴	上海市	2018年5月	《上海市燃料电池汽车推广应用财政补助方案》
管理办法	上海市	2018年2月	《关于2018年度上海市鼓励购买和使用新能源汽车相关操作流程的通知》
管理办法	上海市	2018年1月	《上海市鼓励购买和使用新能源汽车实施办法》
财政补贴	上海市	2017年4月	《上海市关于本市申请2016年度国家新能源汽车补助资金清算情况的公示》
管理办法	上海市	2017年9月	《上海市燃料电池汽车发展规划》
基础设施	上海市	2017年6月	《关于经营性集中式充换电设施认定条件的通知》
财政补贴	上海市	2017年5月	《市政府办公厅关于调整〈上海市鼓励购买和使用新能源汽车暂行办法(2016年修订)〉部分内容的通知》

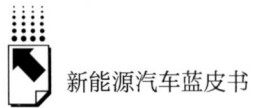

续表

政策类型	城市	发布日期	新能源汽车相关政策
管理办法	上海市	2017年4月	《关于上海市新能源汽车数据平台正式启用的通知》
管理办法	上海市	2017年4月	《上海市新能源汽车备案信息》
管理办法	上海市	2017年2月	《新能源汽车生产厂商、车型备案登记要求(2017年)》
管理办法	天津市	2017年12月	《天津市新能源汽车充电基础设施建设运营管理办法》
基础设施	天津市	2017年12月	《关于加快推动我市单位内部电动汽车充电设施建设的通知》
推广方案	天津市	2017年12月	《关于发布天津市新能源汽车推广应用车型名单(2017年第3批)的通知》
推广方案	天津市	2017年12月	《天津市新能源汽车安全服务保障审查信息公示(2017年第3批)》
综合政策	天津市	2017年4月	《关于进一步加强在津推广应用新能源汽车安全服务保障的通知》
财政补贴	天津市	2017年4月	《天津市推广应用新能源汽车地方补助管理办法(2017年)》
用电价格	天津市	2017年4月	《关于开发区电动汽车用电价格和充换电服务费有关问题的通知》
基础设施	天津市	2017年1月	《天津市新能源电动汽车充电基础设施发展规划(2016~2020年)》
充电设施	重庆市	2017年12月	《重庆市关于2017年充电设施奖补有关事项的通知》
管理办法	重庆市	2017年10月	《重庆市电动汽车充电基础设施建设运营管理办法》
交通管理	重庆市	2017年7月	《重庆市新能源汽车路桥通行年费免缴实施细则(暂行)》
基础设施	重庆市	2017年7月	《关于加强主城区公共停车场建设管理的通知》
财政补贴	重庆市	2017年8月	《重庆市2017年度新能源汽车推广应用财政补贴政策》
基础设施	河北省	2017年6月	《关于加快推进全省充电设施建设的通知》
基础设施	河北省	2017年10月	《保定市新能源汽车充电基础设施专项规划(2016~2025年)》
财政补贴	河北省	2018年3月	《唐山市2016年和2017年新能源汽车推广应用地方财政补贴办法》
充电设施	河北省	2018年1月	《唐山市关于降低电动汽车充电服务费标准的通知》
交通管理	河北省	2017年10月	《关于实行冬春季机动车限行的通告》
交通管理	河北省	2017年10月	《唐山市人民政府关于实行冬春季机动车限行的通告》
交通管理	河北省	2017年10月	《关于秦皇岛市建成区机动车限行的通告》
推广应用	山西省	2018年4月	《山西省新能源汽车产业2018年行动计划》
财政补贴	山西省	2017年9月	《新能源汽车营销补助补充通知》
财政补贴	山西省	2017年3月	《关于调整新能源汽车补贴政策的通知》

附录六：地方新能源汽车政策汇总（2017年1月至2018年5月）

续表

政策类型	城市	发布日期	新能源汽车相关政策
交通管理	山西省	2017年7月	《太原市机动车停放服务收费管理办法》
交通管理	山西省	2017年7月	《太原市机动车停放服务收费标准与停车区域类别》
充电设施	辽宁省	2018年4月	《大连市鼓励电动汽车充电基础设施发展专项资金管理办法》
交通管理	辽宁省	2017年4月	《关于纯电动载客汽车不受香炉礁桥、东快路机动车尾号限行的通告》
充电设施	吉林省	2018年2月	《长春市电动汽车充电基础设施建设运营管理暂行办法》
综合政策	黑龙江省	2017年12月	《黑龙江省关于推动新能源汽车产业创新发展的意见》
财政补贴	黑龙江省	2017年8月	《黑龙江省新能源公交车推广应用省级补助资金管理办法》
基础设施	黑龙江省	2017年6月	《关于加快电动汽车充电基础设施建设的意见》
推广方案	黑龙江省	2017年12月	《关于促进哈尔滨市新能源汽车推广应用和产业发展若干政策规定》
综合政策	江苏省	2017年7月	《关于做好新能源汽车推广应用安全隐患排查工作的通知》
基础设施	江苏省	2017年4月	《江苏省"十三五"电动汽车充电设施专项规划》
财政补贴	江苏省	2017年3月	《关于做好2017年新能源汽车推广应用地方财政补助工作的通知》
财政补贴	江苏省	2017年8月	《2017年常州市新能源汽车推广应用地方财政补贴实施细则》
充电设施	江苏省	2018年1月	《南京市"十三五"电动汽车充电基础设施规划》
综合政策	江苏省	2017年11月	《关于南京市市域巡游出租汽车运价政策的通知》
基础设施	江苏省	2017年10月	《南京市物价局关于调整纯电动汽车充换电服务收费标准的通知》
推广方案	江苏省	2017年8月	《关于印发南京市"十三五"新能源汽车推广应用实施方案的通知》
财政补贴	江苏省	2017年6月	《2017年南京市新能源汽车推广应用财政补贴实施细则》
财政补贴	江苏省	2017年6月	《2017年南京市新能源汽车推广应用财政补贴实施细则》
用电价格	江苏省	2017年4月	《关于调整电动汽车充换电服务收费的通知》
财政补贴	江苏省	2017年2月	《完善公交企业成本规制财政补贴实施方案》
财政补贴	江苏省	2017年9月	《2017年淮安市新能源汽车推广应用地方财政补贴实施细则》
财政补贴	江苏省	2017年9月	《2017年江阴市新能源汽车推广应用市级财政资金补贴实施细则》
财政补贴	江苏省	2017年5月	《2017年无锡市新能源汽车推广应用财政补贴实施细则》
财政补贴	江苏省	2017年6月	《2017年南通市新能源汽车推广应用地方财政补贴实施细则》

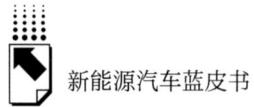

续表

政策类型	城市	发布日期	新能源汽车相关政策
财政补贴	江苏省	2017年9月	《2017年泰州市新能源汽车推广应用地方财政补贴实施细则》
推广方案	江苏省	2017年6月	《连云港"十三五"新能源汽车推广应用实施方案》
综合政策	江苏省	2017年12月	《扬州市市区机动车停放服务收费管理实施办法》
财政补贴	江苏省	2017年11月	《2017年扬州市新能源汽车推广应用地方财政补助实施细则》
财政补贴	江苏省	2017年4月	《关于申报2016年度新能源汽车充电设施省、市两级财政补贴资金的通知》
管理办法	江苏省	2017年11月	《镇江市物价局关于调整和明确市区机动车停放有关收费政策的通知》
综合政策	江苏省	2017年7月	《镇江市新能源汽车推广应用实施方案(2017~2020年)》
财政补贴	江苏省	2017年8月	《2017年镇江市新能源汽车推广应用地方财政补贴实施细则》
财政补贴	江苏省	2017年7月	《2017年宿迁市新能源汽车推广应用地方财政补贴实施细则》
发展规划	江苏省	2018年3月	《苏州市氢能产业发展指导意见(试行)》
综合政策	江苏省	2017年7月	《关于做好新能源汽车推广应用安全隐患排查工作的通知》
基础设施	浙江省	2017年1月	《浙江省电动汽车充电基础设施建设运营管理暂行办法》
管理办法	浙江省	2018年2月	《关于印发杭州市网络预约出租汽车经营服务管理实施细则的通知》
财政补贴	浙江省	2017年8月	《关于组织申报2016年新能源汽车推广应用和2017年第一批充换电设施市级财政补贴的通知》
管理办法	浙江省	2017年8月	《关于进一步完善参与本市新能源汽车推广应用企业及车型备案相关事宜的通知》
财政补贴	浙江省	2017年7月	《2017~2018年杭州市新能源汽车推广应用财政支持政策》
推广方案	浙江省	2017年12月	《关于印发湖州市新能源汽车推广应用安全监管实施办法的通知》
财政补贴	浙江省	2017年7月	《关于调整湖州市市本级新能源汽车推广应用地方配套补助政策的通知》
推广方案	浙江省	2017年5月	《2017年湖州市新能源汽车推广应用和产业培育推进计划》
财政补贴	浙江省	2017年6月	《关于调整2017年宁波市新能源汽车推广应用资金补助政策的通知》
财政补贴	浙江省	2017年9月	《绍兴市区2017年新能源汽车推广应用财政补助办法》
财政补贴	浙江省	2017年4月	《台州市市区新能源汽车推广应用财政补助暂行办法》(补充说明)

附录六：地方新能源汽车政策汇总（2017年1月至2018年5月）

续表

政策类型	城市	发布日期	新能源汽车相关政策
推广方案	浙江省	2017年12月	《关于开展温州市区新能源汽车销售单位登记备案工作的通知》
推广方案	浙江省	2017年12月	《关于温州市区新能源汽车推广应用地方补助事项的通知》
基础设施	浙江省	2017年4月	《温州市中心城区电动汽车充电设施专项规划》
推广方案	浙江省	2017年	《舟山市新能源汽车推广应用地方配套补助办法》
管理办法	浙江省	2018年3月	《义乌市新能源汽车销售企业管理暂行办法》
综合政策	安徽省	2017年8月	《安徽省支持新能源汽车产业创新发展和推广应用若干政策》
基础设施	安徽省	2017年8月	《安徽省电动汽车充电基础设施建设规划（2017~2020年）》
发展规划	安徽省	2017年2月	《安徽省"十三五"汽车和新能源汽车产业发展规划》
财政补贴	安徽省	2018年5月	《关于申报2017年度合肥市级新能源汽车部分财政补助资金的通知》
管理办法	安徽省	2018年3月	《关于做好支持新能源汽车产业创新发展和推广应用若干政策有关工作的通知》
综合政策	安徽省	2017年12月	《合肥市新能源汽车绿色出行实施方案（2017~2020年）》
管理办法	安徽省	2017年7月	《合肥市推广应用新能源汽车生产企业及产品管理细则（2017年修订）》
财政补贴	安徽省	2017年6月	《合肥市新能源汽车推广应用财政补助管理细则（2017修订）》
基础设施	安徽省	2017年5月	《国网合肥供电公司充电设施专项规划（2016~2020）》
财政补贴	安徽省	2017年5月	《关于调整新能源汽车推广应用政策的通知》
推广方案	安徽省	2017年	《亳州市支持新能源汽车产业创新发展和推广应用若干政策》
推广方案	安徽省	2018年3月	《贯彻落实支持新能源汽车产业创新发展和推广应用若干政策的意见》
基础设施	福建省	2017年9月	《福建省关于加快充电基础设施建设促进新能源汽车推广应用的实施方案》
综合政策	福建省	2017年9月	《关于加快全省新能源汽车推广应用促进产业发展的实施意见》
综合政策	福建省	2017年9月	《关于支持新能源汽车产业加快发展八条措施的通知》
用电价格	福建省	2017年6月	《进一步完善电动汽车充电服务价格的通知》
充电设施	福建省	2018年	《福州市"十三五"电动汽车充电基础设施专项规划（修编）》
推广方案	福建省	2017年11月	《福州市新能源公交车置换计划》

续表

政策类型	城市	发布日期	新能源汽车相关政策
充电设施	福建省	2018年1月	《平潭综合实验区电动汽车充电设施建设补助资金实施细则(暂行)》
推广方案	福建省	2018年1月	《漳州市人民政府关于印发加快新能源公交车置换实施方案的通知》
推广方案	福建省	2017年11月	《关于印发南平市新能源公交车推广应用实施方案的通知》
推广应用	福建省	2018年3月	《关于加快推进新能源汽车在旅游行业推广应用的实施方案的通知》
推广应用	福建省	2018年2月	《关于加快新能源汽车推广应用建设电动莆田的实施意见》
基础设施	福建省	2017年11月	《莆田市新能源汽车充电设施专项规划》
推广方案	福建省	2017年11月	《关于加快推进新能源汽车推广应用和产业发展的实施意见》
财政补贴	福建省	2017年7月	《厦门市2017~2020年新能源汽车推广应用财政补贴办法》
推广应用	江西省	2018年5月	《关于加快推进新能源汽车产业发展的实施意见》
财政补贴	江西省	2017年5月	《2017年江西省新能源汽车推广应用财政补助和奖励方案》
财政补贴	江西省	2017年10月	《2017年南昌市新能源汽车推广应用财政补助和奖励方案》
基础设施	江西省	2017年9月	《赣州石城县加快电动汽车充电基础设施建设实施方案的通知》
财政补贴	江西省	2018年1月	《九江市2016~2017年新能源汽车推广应用财政补助实施细则》
财政补贴	山东省	2018年2月	《青岛市2016年新能源汽车推广应用财政补助的通知》
用电价格	山东省	2017年5月	《关于确定我市电动汽车充电服务费的通知》
用电价格	山东省	2017年6月	《关于电动汽车充电服务收费标准的通知》
充电设施	山东省	2017年12月	《潍坊市"十三五"电动汽车充电基础设施发展规划(2016~2020年)》
用电价格	山东省	2017年12月	《东营市物价局关于我市电动汽车充电服务收费标准有关问题的通知》
基础设施	山东省	2017年2月	《东营市"十三五"电动汽车充电基础设施发展规划》
基础设施	山东省	2017年2月	《临沂城区电动汽车充电设施布局》
基础设施	山东省	2017年8月	《金乡县人民政府办公室关于印发加快全县电动汽车充电基础设施建设实施方案的通知》
基础设施	山东省	2017年6月	《加快全市电动汽车充电基础设施建设实施方案》
管理办法	河南省	2018年1月	《河南省人民政府关于促进外资增长的实施意见》
发展规划	河南省	2017年1月	《河南省"十三五"战略性新兴产业发展规划》
发展规划	河南省	2018年3月	《郑州市汽车及零部件产业转型升级行动计划(2017~2020年)的通知》

附录六：地方新能源汽车政策汇总（2017年1月至2018年5月）

续表

政策类型	城市	发布日期	新能源汽车相关政策
基础设施	河南省	2017年5月	《郑州市加快电动汽车充电基础设施建设实施方案（2017~2020年）》
综合政策	河南省	2017年4月	《关于明确郑州市巡游出租汽车车辆技术和设施要求的意见》
发展规划	河南省	2017年11月	《关于印发许昌市新能源汽车产业转型发展行动计划（2017~2020年）的通知》
推广方案	河南省	2017年12月	《河南安阳关于进一步加快新能源汽车推广应用的实施意见》
交通管理	河南省	2018年4月	《关于实施机动车限行措施的通告》
发展规划	湖北省	2017年1月	《湖北省新能源汽车及专用车产业"十三五"发展规划》
财政补贴	湖北省	2018年1月	《关于印发武汉市新能源汽车推广应用地方财政补贴资金实施细则的通知》
发展规划	湖北省	2017年12月	《关于印发武汉市碳排放达峰行动计划（2017~2022年）的通知》
综合政策	湖北省	2017年8月	《武汉市人民政府关于加快新能源汽车推广应用若干政策的通知》
推广方案	湖北省	2017年8月	《武汉市新能源汽车推广应用和产业化工作实施方案（2017~2020年）》
管理办法	湖北省	2017年11月	《恩施州发改委关于进一步完善机动车停放服务收费政策的通知》
推广方案	湖北省	2017年12月	《关于襄阳市2017年新能源汽车推广应用财政支持政策的通知》
综合政策	湖北省	2017年6月	《促进招商引资等四项措施（暂行）》
交通管理	湖南省	2017年1月	《关于调整农村客运和出租车等行业油价补贴政策的通知》
交通管理	湖南省	2017年7月	《郴州市网络预约出租汽车经营服务管理实施细则（暂行）》
基础设施	湖南省	2017年12月	《长沙市电动汽车充电基础设施规划（2017~2020）》
财政补贴	湖南省	2017年1月	《关于调整新能源汽车推广应用财政补贴政策的通知》
基础设施	湖南省	2017年7月	《关于加快充电基础设施建设步伐推动新能源汽车应用的通知》
财政补贴	广东省	2018年4月	《关于2017、2018年度省级新能源汽车推广应用专项资金安排计划的公示》
充电设施	广东省	2018年4月	《广东省高速公路充电基础设施规划建设方案（2018~2020年）》
财政补贴	广东省	2018年1月	《关于印发做好广东省新能源汽车推广应用地方财政补贴工作的通知》

续表

政策类型	城市	发布日期	新能源汽车相关政策
财政补贴	广东省	2017年10月	《广东省新能源汽车推广应用省级财政补贴政策(征求意见稿)》
交通管理	广东省	2017年5月	《关于进一步完善机动车停放服务收费政策的实施意见》
财政补贴	广东省	2017年5月	《关于加强2015年度新能源汽车省级补助资金核查工作的通知》
发展规划	广东省	2017年1月	《广东省节能减排"十三五"规划》
发展规划	广东省	2018年4月	《广州市汽车产业2025战略规划》
推广方案	广东省	2018年2月	《广州市交通委员会关于加快新能源出租车推广应用工作的通知(征求意见稿)》
分时租赁	广东省	2017年10月	《广州市关于征求促进广州市共享汽车(分时租赁)行业健康发展的指导意见(征求意见稿)意见的通告》
财政补贴	广东省	2017年7月	《2016、2017年新能源汽车购置地方财政补贴标准的通知》
推广方案	广东省	2017年5月	《广州市新能源汽车发展工作方案(2017~2020年)(征求意见稿)》
管理办法	广东省	2018年4月	《深圳市新能源汽车充电设施管理暂行办法(征求意见稿)》
财政补贴	广东省	2018年4月	《深圳市老旧车提前淘汰奖励补贴办法(2018~2020年)》
管理办法	广东省	2018年3月	《深圳市开展国家新能源汽车动力电池监管回收利用体系建设试点工作方案(2018~2020年)》
交通管理	广东省	2018年3月	《关于继续对异地号牌载货汽车实施限制通行措施的通告》
管理办法	广东省	2018年3月	《关于组织实施深圳市重大科技产业专项(新能源汽车)2018年第一批扶持计划的通知》
交通管理	广东省	2018年1月	《关于重新发布深圳市小汽车增量调控管理实施细则的通知》
管理办法	广东省	2017年12月	《深圳市发展和改革委员会关于完善我市机动车停放服务收费政策的通知》
综合政策	广东省	2017年12月	《关于对新能源纯电动物流车继续实施通行优惠政策的通告》
综合政策	广东省	2017年12月	《关于组织实施深圳市新能源产业和节能环保产业2018年第一批扶持计划的通知》
财政补贴	广东省	2017年5月	《深圳市新能源公交车示范推广期运营补贴办法》
财政补贴	广东省	2017年7月	《深圳市2017年新能源汽车推广应用财政支持政策》
财政补贴	广东省	2017年6月	《深圳市新能源公交车示范推广期运营补贴办法》
财政补贴	广东省	2017年5月	《深圳市2015~2019年城市公交车成品油价格补助资金及新能源公交车运营补助资金分配办法(试行)》
管理办法	广东省	2017年7月	《关于落实新能源汽车远程监控设备安装事宜的通知》

附录六：地方新能源汽车政策汇总（2017年1月至2018年5月）

续表

政策类型	城市	发布日期	新能源汽车相关政策
基础设施	广东省	2017年6月	《关于调整电动汽车充电服务费标准的通知》
基础设施	广东省	2017年5月	《关于加快推进我市范围内高速公路服务区电动汽车快充站建设工作的通知》
综合政策	广东省	2017年7月	《东莞市新能源汽车产业发展"十三五"规划》
用电价格	广东省	2017年6月	《关于调整电动汽车充电服务费标准的通知》
充电设施	广东省	2018年3月	《关于印发2018年中山市公共场所充电基础设施推广建设计划的通知》
交通管理	广东省	2017年9月	《关于公开征求中山市机动车停放服务收费管理实施细则（征求意见稿）意见的通告》
推广方案	广东省	2017年8月	《关于印发中山市"十三五"控制温室气体排放工作实施方案的通知》
基础设施	广东省	2017年8月	《广东江门市关于电动汽车充电设施充电服务收费标准的批复》
基础设施	广东省	2017年9月	《江门市加快电动汽车充电基础设施建设工作方案（2017~2020年）》
推广方案	广东省	2017年5月	《梅州市新能源汽车推广应用实施方案》
基础设施	广东省	2017年7月	《关于汕头市电动汽车充电服务收费标准及有关问题的通知》
交通管理	海南省	2018年5月	《关于实行小客车保有量调控管理的通告》
财政补贴	海南省	2018年1月	《关于做好2017年新能源汽车推广应用地方财政补贴清算工作的通知》
管理办法	海南省	2017年12月	《海南省人民政府办公厅关于印发海南省加快推进物流降本增效促进实体经济发展实施方案的通知》
财政补贴	海南省	2017年10月	《海南省新能源汽车推广应用省级财政补贴实施办法》
综合政策	海南省	2017年4月	《2017年海南省新能源汽车推广应用重点工作任务》
管理办法	海南省	2017年4月	《关于开展新能源汽车企业备案的通知》
综合政策	海南省	2017年3月	《海南省"十三五"能源发展规划》
基础设施	海南省	2017年2月	《海南省电动汽车充电基础设施建设运营省级补贴实施暂行办法的通知》
财政补贴	海南省	2017年1月	《关于做好2016年全省新能源汽车推广应用财政补贴申报工作的通知》
充电设施	海南省	2018年3月	《关于电动汽车用电价格及充换电服务费有关问题的通知》
财政补贴	海南省	2017年8月	《关于三亚市2016年度新能源汽车推广应用地方财政补贴核算初审结果的公示》
基础设施	海南省	2017年4月	《三亚市电动汽车充电基础设施管理暂行办法》

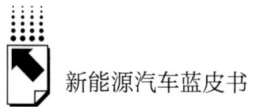

续表

政策类型	城市	发布日期	新能源汽车相关政策
基础设施	四川省	2017年2月	《关于加快电动汽车充电基础设施建设的实施意见》
发展规划	四川省	2017年2月	《四川省"十三五"战略性新兴产业发展规划》
财政补贴	四川省	2018年5月	《关于组织申报成都市2017年度新能源汽车关键零部件新增销售奖励和新列入工业和信息化部〈新能源汽车推广应用推荐车型目录〉产品奖励的通知》
财政补贴	四川省	2018年1月	《关于申报2013年1月1日~2015年4月11日新能源汽车推广应用市级配套财政补贴的通知》
交通管理	四川省	2017年11月	《成都市公安局交通管理局关于空气重污染期间实施临时交通管理措施的通告》
交通管理	四川省	2017年10月	《成都市公安局交通管理局关于2018年度货运汽车城区道路行驶证管理的通告》
基础设施	四川省	2017年8月	《关于我市电动汽车充电服务费有关问题的通知》
基础设施	四川省	2017年5月	《关于组织申报成都市2017年新能源汽车充换电设施市级补贴的通知》
推广方案	四川省	2017年7月	《成都市支持新能源汽车推广应用的若干政策》
财政补贴	四川省	2017年5月	《关于申报2015年新能源汽车推广应用成都市级配套财政补贴的通知》
基础设施	四川省	2017年5月	《成都市电动汽车充换电基础设施建设专项规划》
基础设施	四川省	2017年5月	《成都市人民政府关于同意成都市电动汽车充换电基础设施建设专项规划的批复》
综合政策	四川省	2017年6月	《广元市支持新能源汽车产业发展八条措施》
财政补贴	四川省	2017年6月	《2017年南通市新能源汽车推广应用地方财政补贴实施细则》
充电设施	贵州省	2017年9月	《贵州省支持电动汽车充电基础设施加快建设若干政策措施》
财政补贴	贵州省	2017年5月	《关于调整我省新能源汽车推广应用补助政策的通知》
交通管理	贵州省	2018年4月	《关于调整贵阳市小客车号牌指标核发及通行管理规定的公告》
基础设施	贵州省	2017年8月	《关于加快电动汽车充电基础设施建设确保完成2017年度建设目标的通知》
综合政策	贵州省	2017年2月	《关于修订〈市人民政府办公厅关于促进贵阳市推广应用新能源汽车的实施意见〉相关条款的通知》
财政补贴	云南省	2018年4月	《关于开展2018年省级新能源汽车产业发展资金申报工作的通知》

附录六：地方新能源汽车政策汇总（2017年1月至2018年5月）

续表

政策类型	城市	发布日期	新能源汽车相关政策
推广应用	陕西省	2018年5月	《陕西省铁腕治霾打赢蓝天保卫战三年行动方案（2018～2020年）》
综合政策	陕西省	2017年10月	《陕西省人民政府关于印发省重污染天气应急预案的通知》
交通管理	陕西省	2018年4月	《关于实施机动车限行交通管理措施的通告》
管理办法	陕西省	2017年11月	《西安市新能源汽车及充换电设施信息平台运行管理暂行办法》
推广方案	陕西省	2017年11月	《西安市新能源汽车生产销售企业及产品审核备案暂行规定》
交通管理	陕西省	2017年7月	《西安市机动车停车服务收费管理办法》
基础设施	陕西省	2017年8月	《关于规范电动汽车充电基础设施建设运营管理的实施意见》
交通管理	陕西省	2017年7月	《关于实施机动车限行交通管理措施的通告（草案）》
推广方案	陕西省	2017年4月	《西安市人民政府关于进一步加快新能源汽车推广应用的实施方案》
推广方案	陕西省	2017年4月	《安康市加快新能源汽车推广应用实施方案》
财政补贴	甘肃省	2017年3月	《关于调整省级新能源汽车推广应用财政补贴政策的通知》
管理办法	青海省	2018年5月	《关于促进青海省锂电产业可持续健康发展的指导意见》
充电设施	青海省	2018年3月	《青海省电动汽车充电基础设施建设运营管理暂行办法》
充电设施	青海省	2018年3月	《青海省电动汽车充电基础设施建设运营管理暂行办法》
推广方案	青海省	2017年1月	《西宁市新能源汽车推广应用实施方案》（无公开原文）
综合政策	广西壮族自治区	2017年4月	《贵港市节能环保产业"十三五"规划》
综合政策	广西壮族自治区	2017年4月	《贵港市工业绿色发展"十三五"规划》
用电价格	广西壮族自治区	2017年12月	《关于柳州市住宅小区新能源汽车停车收费有关问题的通知》
财政补贴	广西壮族自治区	2017年7月	《柳州市新能源汽车推广应用财政补贴资金管理实施细则》
用电价格	广西壮族自治区	2017年6月	《关于新能源汽车收费有关问题的通知》
管理办法	内蒙古	2017年7月	《呼和浩特市新能源汽车销售商登记管理办法（试行）》
基础设施	新疆	2017年10月	《乌鲁木齐关于机动车安全技术检测检验收费标准及相关事项的通知》
基础设施	新疆	2017年8月	《乌鲁木齐市电动汽车充电基础设施建设实施方案》

B.33
附录七：电动汽车领域已发布标准

序号	分类	标准号	标准名称
1	基础通用	GB/T 4094.2－2017	电动汽车操纵件、指示器及信号装置的标志
2		GB/T 18384.1－2015	电动汽车　安全要求　第1部分:车载可充电储能系统(REESS)
3		GB/T 18384.2－2015	电动汽车　安全要求　第2部分:操作安全和故障防护
4		GB/T 18384.3－2015	电动汽车　安全要求　第3部分:人员触电防护＋【修改单】
5		GB/T 18387－2017	电动车辆的电磁场发射强度的限值和测量方法
6		GB/T 19596－2017	电动汽车术语
7		GB/T 19836－2005	电动汽车用仪表
8		GB/T 24548－2009	燃料电池电动汽车　术语
9		GB/T 31466－2015	电动汽车高压系统电压等级
10		GB/T 31498－2015	电动汽车碰撞后安全要求
11		GB/T 32960.1－2016	电动汽车远程服务与管理系统技术规范　第1部分:总则
12		GB/T 32960.2－2016	电动汽车远程服务与管理系统技术规范　第2部分:车载终端
13		GB/T 32960.3－2016	电动汽车远程服务与管理系统技术规范　第3部分:通信协议及数据格式
14		QC/T 837－2010	混合动力电动汽车类型
15		QC/T 1089－2017	电动汽车再生制动系统要求及试验方法
16	纯电动汽车	GB/T 18385－2005	电动汽车　动力性能　试验方法
17		GB/T 18386－2017	电动汽车　能量消耗率和续驶里程　试验方法
18		GB/T 18388－2005	电动汽车　定型试验规程
19		GB/T 24552－2009	电动汽车风窗玻璃除霜除雾系统的性能要求及试验方法
20		GB/T 28382－2012	纯电动乘用车　技术条件
21		QC/T 838－2010	超级电容电动城市客车
22		QC/T 925－2013	超级电容电动城市客车　定型试验规程
23		QC/T 1087－2017	纯电动城市环卫车技术条件
24		GB/T 34585－2017	纯电动货车技术条件

附录七：电动汽车领域已发布标准

续表

序号	分类	标准号	标准名称
25	混合动力电动汽车	GB/T 19750-2005	混合动力电动汽车　定型试验规程
26		GB/T 19752-2005	混合动力电动汽车　动力性能　试验方法
27		GB/T 19753-2013	轻型混合动力电动汽车能量消耗量试验方法
28		GB/T 19754-2015	重型混合动力电动汽车　能量消耗量　试验方法
29		GB/T 32694-2016	插电式混合动力电动乘用车　技术条件
30		QC/T 894-2011	重型混合动力电动汽车污染物排放车载测量方法
31		GB/T 34598-2017	插电式混合动力商用车技术条件
32	燃料电池电动汽车	GB/T 24549-2009	燃料电池电动汽车　安全要求
33		GB/T 26991-2011	燃料电池电动汽车　最高车速试验方法
34		GB/T 29123-2012	示范运行氢燃料电池电动汽车技术规范
35		GB/T 29124-2012	氢燃料电池电动汽车示范运行配套设施规范
36		GB/T 35178-2017	燃料电池电动汽车　氢气消耗量　测量方法
37	电驱动系统	GB/T 18488.1-2015	电动汽车用驱动电机系统　第1部分:技术条件
38		GB/T 18488.2-2015	电动汽车用驱动电机系统　第2部分:试验方法
39		GB/T 29307-2012	电动汽车用驱动电机系统可靠性试验方法
40		QC/T 893-2011	电动汽车用驱动电机系统故障分类及判断
41		QC/T 896-2011	电动汽车用驱动电机系统接口
42		QC/T 926-2013	轻型混合动力电动汽车(ISG型)用动力单元可靠性试验方法
43		QC/T 1022-2015	纯电动乘用车用减速器总成技术条件
44		QC/T 1068-2017	电动汽车用异步驱动电机系统
45		QC/T 1069-2017	电动汽车用永磁同步驱动电机系统
46		QC/T 1086-2017	电动汽车用增程器技术条件
47		QC/T 1088-2017	电动汽车用充放电式电机控制器技术条件
48	其他系统及部件	GB/T 24347-2009	电动汽车 DC/DC 变换器
49		QC/T 895-2011	电动汽车用传导式车载充电机
50	燃料电池系统	GB/T 24554-2009	燃料电池发动机性能试验方法
51		GB/T 26990-2011	燃料电池电动汽车　车载氢系统　技术条件
52		GB/T 29126-2012	燃料电池电动汽车　车载氢系统　试验方法
53		GB/T 34593-2017	燃料电池发动机氢气排放测试方法
54	车载储能系统	GB/T 18333.2-2015	电动道路车辆用锌空气蓄电池
55		GB/T 31467.1-2015	电动汽车用锂离子动力蓄电池包和系统　第1部分:高功率应用测试规程
56		GB/T 31467.2-2015	电动汽车用锂离子动力蓄电池包和系统　第2部分:高能量应用测试规程

533

续表

序号	分类	标准号	标准名称
57	车载储能系统	GB/T 31467.3-2015	电动汽车用锂离子动力蓄电池包和系统 第3部分:安全性要求与测试方法+【修改单】
58	车载储能系统	GB/T 31484-2015	电动汽车用动力蓄电池循环寿命要求及试验方法
59	车载储能系统	GB/T 31485-2015	电动汽车用动力蓄电池安全要求及试验方法
60	车载储能系统	GB/T 31486-2015	电动汽车用动力蓄电池电性能要求及试验方法
61	车载储能系统	GB/T 33598-2017	车用动力电池回收利用 拆解规范
62	车载储能系统	GB/T 34013-2017	电动汽车用动力蓄电池产品规格尺寸
63	车载储能系统	GB/T 34014-2017	汽车动力蓄电池编码规则
64	车载储能系统	GB/T 34015-2017	车用动力电池回收利用 余能检测
65	车载储能系统	QC/T 741-2014	车用超级电容器+【修改单】
66	车载储能系统	QC/T 742-2006	电动汽车用铅酸蓄电池
67	车载储能系统	QC/T 743-2006	电动汽车用锂离子蓄电池
68	车载储能系统	QC/T 744-2006	电动汽车用金属氢化物镍蓄电池
69	车载储能系统	QC/T 840-2010	电动汽车用动力蓄电池产品规格尺寸
70	车载储能系统	QC/T 897-2011	电动汽车用电池管理系统技术条件
71	车载储能系统	QC/T 989-2014	电动汽车用动力蓄电池箱通用要求
72	车载储能系统	QC/T 1023-2015	电动汽车用动力蓄电池系统通用要求
73	充电系统及接口	GB/T 18487.3-2001	电动车辆传导充电系统 电动车辆交流/直流充电机(站)
74	充电系统及接口	GB/T 20234.1-2015	电动汽车传导充电用连接装置 第1部分:通用要求
75	充电系统及接口	GB/T 20234.2-2015	电动汽车传导充电用连接装置 第2部分:交流充电接口
76	充电系统及接口	GB/T 20234.3-2015	电动汽车传导充电用连接装置 第3部分:直流充电接口
77	充电系统及接口	QC/T 839-2010	超级电容电动城市客车供电系统
78	充电系统及接口	GB/T 34657.2-2017	电动汽车充电互操作性测试规范 第2部分:车辆
79	加氢系统及接口	GB/T 26779-2011	燃料电池电动汽车 加氢口
80	加氢系统及接口	QC/T 816-2009	加氢车技术条件
81	加氢系统及接口	GB/T 34425-2017	燃料电池电动汽车 加氢枪

中国汽车技术研究中心有限公司
政策研究中心介绍

中国汽车技术研究中心有限公司（简称"中汽中心""CATARC"）是1985年根据国家对汽车行业管理的需要，经国家批准成立的科研院所，现隶属于国务院国有资产监督管理委员会，是在国内外汽车行业具有广泛影响力的综合性技术服务机构。目前拥有总资产89.3亿元，净资产65.8亿元，占地面积8085亩。中汽中心始终坚持"独立、公正、第三方"的行业定位，坚定不移地走"科技引领、行业导向、创新驱动、绿色发展"的发展道路，建立了以首席专家、学科后备带头人、青年科技骨干为基础的人才梯队，形成一支高学历、高技能、懂经营、善管理的人才方阵。

政策研究中心（简称"政研中心"）的前身——汽车产业政策研究室成立于1997年，是CATARC专门从事汽车产业相关政策研究的部门。目前有50余名研究人员，包括2名博士、1名CATARC资深专家和3名CATARC首席专家，10名研高工和高工。2015年3月，在汽车产业政策研究室基础上成立了政策研究中心，下设汽车产业政策研究室、新能源汽车与财税政策研究室、汽车流通与后市场政策研究室。新能源汽车与财税政策研究室主要研究新能源汽车相关政策和汽车（含传统内燃机汽车）财税、金融相关政策。政策研究中心主要研究领域包括综合性产业政策、技术战略与政策、报废/回收和再利用、汽车流通与后市场、进出口与国际市场、WTO/FTA/BIT、区域产业规划等。

主要协助政府有关部门（国家发改委、工信部、商务部、财政部、税务总局、海关总署、科技部、交通运输部、公安部、知识产权局、市场监管局）研究汽车产业发展过程中面临的重大政策性问题，承担了大量政策课题的研究工作，并参与了"汽车产业'入世'对策"和《汽车产业发展政策》《汽车产业调整和振兴规划》《节能与新能源汽车产业发展规划（2012~2020年）》《党政机关公务用车选用车型目录管理细则》《乘用车企业平均燃料消耗量核

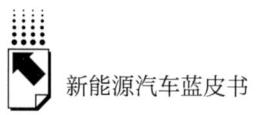

算办法》《构成整车特征的汽车零部件进口管理办法》《汽车产品回收利用技术政策》《节能与新能源汽车产业发展规划》《2016~2020年新能源汽车推广应用财政支持政策意见》《新能源汽车生产企业及产品推入管理规定》《汽车销售管理办法》"规范汽车出口秩序和自动进口管理等进出口政策"《关于促进汽车维修业转型升级提升服务质量的指导意见》《关于完善汽车投资项目管理的意见》《关于调整完善新能源汽车推广应用财政补贴政策的通知》《关于免证新能源,汽车车辆购置税的公告》《电动汽车动力蓄电池回收利用技术政策》《汽车产业投资管理规定（征求意见稿）》《道路机动车辆生产企业及产品准入许可管理办法（征求意见稿）》等多项国家重要政策的研究和起草工作。政策研究中心取得了丰硕的研究成果,曾获中国汽车工业科技进步奖6项,中汽中心科技成果奖若干项。

电子信箱：zys2012@catarc.ac.cn

社会科学文献出版社　　　　　　　　　　　　　**皮书系列**

❖ 皮书起源 ❖

"皮书"起源于十七、十八世纪的英国，主要指官方或社会组织正式发表的重要文件或报告，多以"白皮书"命名。在中国，"皮书"这一概念被社会广泛接受，并被成功运作、发展成为一种全新的出版形态，则源于中国社会科学院社会科学文献出版社。

❖ 皮书定义 ❖

皮书是对中国与世界发展状况和热点问题进行年度监测，以专业的角度、专家的视野和实证研究方法，针对某一领域或区域现状与发展态势展开分析和预测，具备原创性、实证性、专业性、连续性、前沿性、时效性等特点的公开出版物，由一系列权威研究报告组成。

❖ 皮书作者 ❖

皮书系列的作者以中国社会科学院、著名高校、地方社会科学院的研究人员为主，多为国内一流研究机构的权威专家学者，他们的看法和观点代表了学界对中国与世界的现实和未来最高水平的解读与分析。

❖ 皮书荣誉 ❖

皮书系列已成为社会科学文献出版社的著名图书品牌和中国社会科学院的知名学术品牌。2016年，皮书系列正式列入"十三五"国家重点出版规划项目；2013~2018年，重点皮书列入中国社会科学院承担的国家哲学社会科学创新工程项目；2018年，59种院外皮书使用"中国社会科学院创新工程学术出版项目"标识。

中国皮书网

（网址：www.pishu.cn）

发布皮书研创资讯，传播皮书精彩内容
引领皮书出版潮流，打造皮书服务平台

栏目设置

关于皮书：何谓皮书、皮书分类、皮书大事记、皮书荣誉、
皮书出版第一人、皮书编辑部

最新资讯：通知公告、新闻动态、媒体聚焦、网站专题、视频直播、下载专区

皮书研创：皮书规范、皮书选题、皮书出版、皮书研究、研创团队

皮书评奖评价：指标体系、皮书评价、皮书评奖

互动专区：皮书说、社科数托邦、皮书微博、留言板

所获荣誉

2008年、2011年，中国皮书网均在全国新闻出版业网站荣誉评选中获得"最具商业价值网站"称号；

2012年，获得"出版业网站百强"称号。

网库合一

2014年，中国皮书网与皮书数据库端口合一，实现资源共享。

权威报告·一手数据·特色资源

皮书数据库
ANNUAL REPORT(YEARBOOK) DATABASE

当代中国经济与社会发展高端智库平台

所获荣誉

- 2016年,入选"'十三五'国家重点电子出版物出版规划骨干工程"
- 2015年,荣获"搜索中国正能量 点赞2015""创新中国科技创新奖"
- 2013年,荣获"中国出版政府奖·网络出版物奖"提名奖
- 连续多年荣获中国数字出版博览会"数字出版·优秀品牌"奖

成为会员

通过网址www.pishu.com.cn访问皮书数据库网站或下载皮书数据库APP,进行手机号码验证或邮箱验证即可成为皮书数据库会员。

会员福利

- 使用手机号码首次注册的会员,账号自动充值100元体验金,可直接购买和查看数据库内容(仅限PC端)。
- 已注册用户购书后可免费获赠100元皮书数据库充值卡。刮开充值卡涂层获取充值密码,登录并进入"会员中心"—"在线充值"—"充值卡充值",充值成功后即可购买和查看数据库内容(仅限PC端)。
- 会员福利最终解释权归社会科学文献出版社所有。

数据库服务热线:400-008-6695
数据库服务QQ:2475522410
数据库服务邮箱:database@ssap.cn
图书销售热线:010-59367070/7028
图书服务QQ:1265056568
图书服务邮箱:duzhe@ssap.cn

社会科学文献出版社 皮书系列
卡号:257973896412
密码:

S 基本子库
SUB DATABASE

中国社会发展数据库（下设12个子库）

全面整合国内外中国社会发展研究成果，汇聚独家统计数据、深度分析报告，涉及社会、人口、政治、教育、法律等12个领域，为了解中国社会发展动态、跟踪社会核心热点、分析社会发展趋势提供一站式资源搜索和数据分析与挖掘服务。

中国经济发展数据库（下设12个子库）

基于"皮书系列"中涉及中国经济发展的研究资料构建，内容涵盖宏观经济、农业经济、工业经济、产业经济等12个重点经济领域，为实时掌控经济运行态势、把握经济发展规律、洞察经济形势、进行经济决策提供参考和依据。

中国行业发展数据库（下设17个子库）

以中国国民经济行业分类为依据，覆盖金融业、旅游、医疗卫生、交通运输、能源矿产等100多个行业，跟踪分析国民经济相关行业市场运行状况和政策导向，汇集行业发展前沿资讯，为投资、从业及各种经济决策提供理论基础和实践指导。

中国区域发展数据库（下设6个子库）

对中国特定区域内的经济、社会、文化等领域现状与发展情况进行深度分析和预测，研究层级至县及县以下行政区，涉及地区、区域经济体、城市、农村等不同维度。为地方经济社会宏观态势研究、发展经验研究、案例分析提供数据服务。

中国文化传媒数据库（下设18个子库）

汇聚文化传媒领域专家观点、热点资讯，梳理国内外中国文化发展相关学术研究成果、一手统计数据，涵盖文化产业、新闻传播、电影娱乐、文学艺术、群众文化等18个重点研究领域。为文化传媒研究提供相关数据、研究报告和综合分析服务。

世界经济与国际关系数据库（下设6个子库）

立足"皮书系列"世界经济、国际关系相关学术资源，整合世界经济、国际政治、世界文化与科技、全球性问题、国际组织与国际法、区域研究6大领域研究成果，为世界经济与国际关系研究提供全方位数据分析，为决策和形势研判提供参考。

法律声明

"皮书系列"(含蓝皮书、绿皮书、黄皮书)之品牌由社会科学文献出版社最早使用并持续至今,现已被中国图书市场所熟知。"皮书系列"的相关商标已在中华人民共和国国家工商行政管理总局商标局注册,如 LOGO( )、皮书、Pishu、经济蓝皮书、社会蓝皮书等。"皮书系列"图书的注册商标专用权及封面设计、版式设计的著作权均为社会科学文献出版社所有。未经社会科学文献出版社书面授权许可,任何使用与"皮书系列"图书注册商标、封面设计、版式设计相同或者近似的文字、图形或其组合的行为均系侵权行为。

经作者授权,本书的专有出版权及信息网络传播权等为社会科学文献出版社享有。未经社会科学文献出版社书面授权许可,任何就本书内容的复制、发行或以数字形式进行网络传播的行为均系侵权行为。

社会科学文献出版社将通过法律途径追究上述侵权行为的法律责任,维护自身合法权益。

欢迎社会各界人士对侵犯社会科学文献出版社上述权利的侵权行为进行举报。电话:010-59367121,电子邮箱:fawubu@ssap.cn。

社会科学文献出版社

社长致辞

蓦然回首，皮书的专业化历程已经走过了二十年。20年来从一个出版社的学术产品名称到媒体热词再到智库成果研创及传播平台，皮书以专业化为主线，进行了系列化、市场化、品牌化、数字化、国际化、平台化的运作，实现了跨越式的发展。特别是在党的十八大以后，以习近平总书记为核心的党中央高度重视新型智库建设，皮书也迎来了长足的发展，总品种达到600余种，经过专业评审机制、淘汰机制遴选，目前，每年稳定出版近400个品种。"皮书"已经成为中国新型智库建设的抓手，成为国际国内社会各界快速、便捷地了解真实中国的最佳窗口。

20年孜孜以求，"皮书"始终将自己的研究视野与经济社会发展中的前沿热点问题紧密相连。600个研究领域，3万多位分布于800余个研究机构的专家学者参与了研创写作。皮书数据库中共收录了15万篇专业报告，50余万张数据图表，合计30亿字，每年报告下载量近80万次。皮书为中国学术与社会发展实践的结合提供了一个激荡智力、传播思想的入口，皮书作者们用学术的话语、客观翔实的数据谱写出了中国故事壮丽的篇章。

20年跬步千里，"皮书"始终将自己的发展与时代赋予的使命与责任紧紧相连。每年百余场新闻发布会，10万余次中外媒体报道，中、英、俄、日、韩等12个语种共同出版。皮书所具有的凝聚力正在形成一种无形的力量，吸引着社会各界关注中国的发展，参与中国的发展，它是我们向世界传递中国声音、总结中国经验、争取中国国际话语权最主要的平台。

皮书这一系列成就的取得，得益于中国改革开放的伟大时代，离不开来自中国社会科学院、新闻出版广电总局、全国哲学社会科学规划办公室等主管部门的大力支持和帮助，也离不开皮书研创者和出版者的共同努力。他们与皮书的故事创造了皮书的历史，他们对皮书的拳拳之心将继续谱写皮书的未来！

现在，"皮书"品牌已经进入了快速成长的青壮年时期。全方位进行规范化管理，树立中国的学术出版标准；不断提升皮书的内容质量和影响力，搭建起中国智库产品和智库建设的交流服务平台和国际传播平台；发布各类皮书指数，并使之成为中国指数，让中国智库的声音响彻世界舞台，为人类的发展做出中国的贡献——这是皮书未来发展的图景。作为"皮书"这个概念的提出者，"皮书"从一般图书到系列图书和品牌图书，最终成为智库研究和社会科学应用对策研究的知识服务和成果推广平台这整个过程的操盘者，我相信，这也是每一位皮书人执着追求的目标。

"当代中国正经历着我国历史上最为广泛而深刻的社会变革，也正在进行着人类历史上最为宏大而独特的实践创新。这种前无古人的伟大实践，必将给理论创造、学术繁荣提供强大动力和广阔空间。"

在这个需要思想而且一定能够产生思想的时代，皮书的研创出版一定能创造出新的更大的辉煌！

社会科学文献出版社社长
中国社会学会秘书长
2017年11月

社会科学文献出版社简介

社会科学文献出版社(以下简称"社科文献出版社")成立于1985年,是直属于中国社会科学院的人文社会科学学术出版机构。成立至今,社科文献出版社始终依托中国社会科学院和国内外人文社会科学界丰厚的学术出版和专家学者资源,坚持"创社科经典,出传世文献"的出版理念、"权威、前沿、原创"的产品定位以及学术成果和智库成果出版的专业化、数字化、国际化、市场化的经营道路。

社科文献出版社是中国新闻出版业转型与文化体制改革的先行者。积极探索文化体制改革的先进方向和现代企业经营决策机制,社科文献出版社先后荣获"全国文化体制改革工作先进单位"、中国出版政府奖·先进出版单位奖、中国社会科学院先进集体、全国科普工作先进集体等荣誉称号。多人次荣获"第十届韬奋出版奖""全国新闻出版行业领军人才""数字出版先进人物""北京市新闻出版广电行业领军人才"等称号。

社科文献出版社是中国人文社会科学学术出版的大社名社,也是以皮书为代表的智库成果出版的专业强社。年出版图书2000余种,其中皮书400余种,出版新书字数5.5亿字,承印与发行中国社科院院属期刊72种,先后创立了皮书系列、列国志、中国史话、社科文献学术译库、社科文献学术文库、甲骨文书系等一大批既有学术影响又有市场价值的品牌,确立了在社会学、近代史、苏东问题研究等专业学科及领域出版的领先地位。图书多次荣获中国出版政府奖、"三个一百"原创图书出版工程、"五个'一'工程奖"、"大众喜爱的50种图书"等奖项,在中央国家机关"强素质·做表率"读书活动中,入选图书品种数位居各大出版社之首。

社科文献出版社是中国学术出版规范与标准的倡议者与制定者,代表全国50多家出版社发起实施学术著作出版规范的倡议,承担学术著作规范国家标准的起草工作,率先编撰完成《皮书手册》对皮书品牌进行规范化管理,并在此基础上推出中国版芝加哥手册——《社科文献出版社学术出版手册》。

社科文献出版社是中国数字出版的引领者,拥有皮书数据库、列国志数据库、"一带一路"数据库、减贫数据库、集刊数据库等4大产品线11个数据库产品,机构用户达1300余家,海外用户百余家,荣获"数字出版转型示范单位""新闻出版标准化先进单位""专业数字内容资源知识服务模式试点企业标准化示范单位"等称号。

社科文献出版社是中国学术出版走出去的践行者。社科文献出版社海外图书出版与学术合作业务遍及全球40余个国家和地区,并于2016年成立俄罗斯分社,累计输出图书500余种,涉及近20个语种,累计获得国家社科基金中华学术外译项目资助76种、"丝路书香工程"项目资助60种、中国图书对外推广计划项目资助71种以及经典中国国际出版工程资助28种,被五部委联合认定为"2015-2016年度国家文化出口重点企业"。

如今,社科文献出版社完全靠自身积累拥有固定资产3.6亿元,年收入3亿元,设置了七大出版分社、六大专业部门,成立了皮书研究院和博士后科研工作站,培养了一支近400人的高素质与高效率的编辑、出版、营销和国际推广队伍,为未来成为学术出版的大社、名社、强社,成为文化体制改革与文化企业转型发展的排头兵奠定了坚实的基础。

 宏观经济类

宏观经济类

经济蓝皮书
2018年中国经济形势分析与预测
李平 / 主编　2017年12月出版　定价：89.00元

◆ 本书为总理基金项目，由著名经济学家李扬领衔，联合中国社会科学院等数十家科研机构、国家部委和高等院校的专家共同撰写，系统分析了2017年的中国经济形势并预测2018年中国经济运行情况。

城市蓝皮书
中国城市发展报告 No.11
潘家华　单菁菁 / 主编　2018年9月出版　估价：99.00元

◆ 本书是由中国社会科学院城市发展与环境研究中心编著的，多角度、全方位地立体展示了中国城市的发展状况，并对中国城市的未来发展提出了许多建议。该书有强烈的时代感，对中国城市发展实践有重要的参考价值。

人口与劳动绿皮书
中国人口与劳动问题报告 No.19
张车伟 / 主编　2018年10月出版　估价：99.00元

◆ 本书为中国社会科学院人口与劳动经济研究所主编的年度报告，对当前中国人口与劳动形势做了比较全面和系统的深入讨论，为研究中国人口与劳动问题提供了一个专业性的视角。

宏观经济类·区域经济类

中国省域竞争力蓝皮书
中国省域经济综合竞争力发展报告（2017~2018）

李建平　李闽榕　高燕京/主编　2018年5月出版　估价：198.00元

◆ 本书融多学科的理论为一体，深入追踪研究了省域经济发展与中国国家竞争力的内在关系，为提升中国省域经济综合竞争力提供有价值的决策依据。

金融蓝皮书
中国金融发展报告（2018）

王国刚/主编　2018年6月出版　估价：99.00元

◆ 本书由中国社会科学院金融研究所组织编写，概括和分析了2017年中国金融发展和运行中的各方面情况，研讨和评论了2017年发生的主要金融事件，有利于读者了解掌握2017年中国的金融状况，把握2018年中国金融的走势。

区域经济类

京津冀蓝皮书
京津冀发展报告（2018）

祝合良　叶堂林　张贵祥/等著　2018年6月出版　估价：99.00元

◆ 本书遵循问题导向与目标导向相结合、统计数据分析与大数据分析相结合、纵向分析和长期监测与结构分析和综合监测相结合等原则，对京津冀协同发展新形势与新进展进行测度与评价。

 社会政法类 | 皮书系列 重点推荐

社会政法类

社会蓝皮书
2018年中国社会形势分析与预测

李培林　陈光金　张翼/主编　2017年12月出版　定价：89.00元

◆ 本书由中国社会科学院社会学研究所组织研究机构专家、高校学者和政府研究人员撰写，聚焦当下社会热点，对2017年中国社会发展的各个方面内容进行了权威解读，同时对2018年社会形势发展趋势进行了预测。

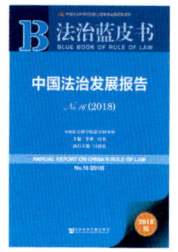

法治蓝皮书
中国法治发展报告No.16（2018）

李林　田禾/主编　2018年3月出版　定价：128.00元

◆ 本年度法治蓝皮书回顾总结了2017年度中国法治发展取得的成就和存在的不足，对中国政府、司法、检务透明度进行了跟踪调研，并对2018年中国法治发展形势进行了预测和展望。

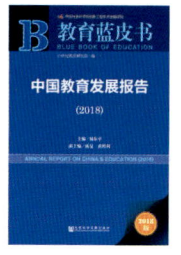

教育蓝皮书
中国教育发展报告（2018）

杨东平/主编　2018年3月出版　定价：89.00元

◆ 本书重点关注了2017年教育领域的热点，资料翔实，分析有据，既有专题研究，又有实践案例，从多角度对2017年教育改革和实践进行了分析和研究。

社会政法类

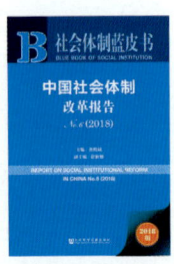

社会体制蓝皮书
中国社会体制改革报告 No.6（2018）

龚维斌 / 主编　2018 年 3 月出版　定价：98.00 元

◆ 本书由国家行政学院社会治理研究中心和北京师范大学中国社会管理研究院共同组织编写，主要对 2017 年社会体制改革情况进行回顾和总结，对 2018 年的改革走向进行分析，提出相关政策建议。

社会心态蓝皮书
中国社会心态研究报告（2018）

王俊秀　杨宜音 / 主编　2018 年 12 月出版　估价：99.00 元

◆ 本书是中国社会科学院社会学研究所社会心理研究中心"社会心态蓝皮书课题组"的年度研究成果，运用社会心理学、社会学、经济学、传播学等多种学科的方法进行了调查和研究，对于目前中国社会心态状况有较广泛和深入的揭示。

华侨华人蓝皮书
华侨华人研究报告（2018）

贾益民 / 主编　2017 年 12 月出版　估价：139.00 元

◆ 本书关注华侨华人生产与生活的方方面面。华侨华人是中国建设 21 世纪海上丝绸之路的重要中介者、推动者和参与者。本书旨在全面调研华侨华人，提供最新涉侨动态、理论研究成果和政策建议。

民族发展蓝皮书
中国民族发展报告（2018）

王延中 / 主编　2018 年 10 月出版　估价：188.00 元

◆ 本书从民族学人类学视角，研究近年来少数民族和民族地区的发展情况，展示民族地区经济、政治、文化、社会和生态文明"五位一体"建设取得的辉煌成就和面临的困难挑战，为深刻理解中央民族工作会议精神、加快民族地区全面建成小康社会进程提供了实证材料。

 产业经济类·行业及其他类

产业经济类

房地产蓝皮书
中国房地产发展报告 No.15（2018）

李春华 王业强/主编 2018年5月出版 估价：99.00元

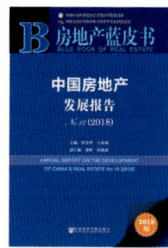

◆ 2018年《房地产蓝皮书》持续追踪中国房地产市场最新动态，深度剖析市场热点，展望2018年发展趋势，积极谋划应对策略。对2017年房地产市场的发展态势进行全面、综合的分析。

新能源汽车蓝皮书
中国新能源汽车产业发展报告（2018）

中国汽车技术研究中心 日产（中国）投资有限公司
东风汽车有限公司/编著 2018年8月出版 估价：99.00元

◆ 本书对中国2017年新能源汽车产业发展进行了全面系统的分析，并介绍了国外的发展经验。有助于相关机构、行业和社会公众等了解中国新能源汽车产业发展的最新动态，为政府部门出台新能源汽车产业相关政策法规、企业制定相关战略规划，提供必要的借鉴和参考。

行业及其他类

旅游绿皮书
2017～2018年中国旅游发展分析与预测

中国社会科学院旅游研究中心/编 2018年1月出版 定价：99.00元

◆ 本书从政策、产业、市场、社会等多个角度勾画出2017年中国旅游发展全貌，剖析了其中的热点和核心问题，并就未来发展作出预测。

民营医院蓝皮书
中国民营医院发展报告（2018）
薛晓林/主编　2018年11月出版　估价：99.00元

◆ 本书在梳理国家对社会办医的各种利好政策的前提下，对我国民营医疗发展现状、我国民营医院竞争力进行了分析，并结合我国医疗体制改革对民营医院的发展趋势、发展策略、战略规划等方面进行了预估。

会展蓝皮书
中外会展业动态评估研究报告（2018）
张敏/主编　2018年12月出版　估价：99.00元

◆ 本书回顾了2017年的会展业发展动态，结合"供给侧改革"、"互联网+"、"绿色经济"的新形势分析了我国展会的行业现状，并介绍了国外的发展经验，有助于行业和社会了解最新的展会业动态。

中国上市公司蓝皮书
中国上市公司发展报告（2018）
张平　王宏淼/主编　2018年9月出版　估价：99.00元

◆ 本书由中国社会科学院上市公司研究中心组织编写的，着力于全面、真实、客观反映当前中国上市公司财务状况和价值评估的综合性年度报告。本书详尽分析了2017年中国上市公司情况，特别是现实中暴露出的制度性、基础性问题，并对资本市场改革进行了探讨。

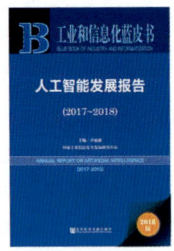

工业和信息化蓝皮书
人工智能发展报告（2017~2018）
尹丽波/主编　2018年6月出版　估价：99.00元

◆ 本书国家工业信息安全发展研究中心在对2017年全球人工智能技术和产业进行全面跟踪研究基础上形成的研究报告。该报告内容翔实、视角独特，具有较强的产业发展前瞻性和预测性，可为相关主管部门、行业协会、企业等全面了解人工智能发展形势以及进行科学决策提供参考。

 国际问题与全球治理类

国际问题与全球治理类

世界经济黄皮书

2018年世界经济形势分析与预测

张宇燕 / 主编　2018年1月出版　定价：99.00元

◆ 本书由中国社会科学院世界经济与政治研究所的研究团队撰写，分总论、国别与地区、专题、热点、世界经济统计与预测等五个部分，对2018年世界经济形势进行了分析。

国际城市蓝皮书

国际城市发展报告（2018）

屠启宇 / 主编　2018年2月出版　定价：89.00元

◆ 本书作者以上海社会科学院从事国际城市研究的学者团队为核心，汇集同济大学、华东师范大学、复旦大学、上海交通大学、南京大学、浙江大学相关城市研究专业学者。立足动态跟踪介绍国际城市发展时间中，最新出现的重大战略、重大理念、重大项目、重大报告和最佳案例。

非洲黄皮书

非洲发展报告 No.20（2017～2018）

张宏明 / 主编　2018年7月出版　估价：99.00元

◆ 本书是由中国社会科学院西亚非洲研究所组织编撰的非洲形势年度报告，比较全面、系统地分析了2017年非洲政治形势和热点问题，探讨了非洲经济形势和市场走向，剖析了大国对非洲关系的新动向；此外，还介绍了国内非洲研究的新成果。

国别类

美国蓝皮书
美国研究报告（2018）

郑秉文 黄平 / 主编　2018 年 5 月出版　估价：99.00 元

◆ 本书是由中国社会科学院美国研究所主持完成的研究成果，它回顾了美国 2017 年的经济、政治形势与外交战略，对美国内政外交发生的重大事件及重要政策进行了较为全面的回顾和梳理。

德国蓝皮书
德国发展报告（2018）

郑春荣 / 主编　2018 年 6 月出版　估价：99.00 元

◆ 本报告由同济大学德国研究所组织编撰，由该领域的专家学者对德国的政治、经济、社会文化、外交等方面的形势发展情况，进行全面的阐述与分析。

俄罗斯黄皮书
俄罗斯发展报告（2018）

李永全 / 编著　2018 年 6 月出版　估价：99.00 元

◆ 本书系统介绍了 2017 年俄罗斯经济政治情况，并对 2016 年该地区发生的焦点、热点问题进行了分析与回顾；在此基础上，对该地区 2018 年的发展前景进行了预测。

 文化传媒类 | 皮书系列 重点推荐

文化传媒类

新媒体蓝皮书
中国新媒体发展报告 No.9（2018）

唐绪军 / 主编　2018 年 6 月出版　估价：99.00 元

◆ 本书是由中国社会科学院新闻与传播研究所组织编写的关于新媒体发展的最新年度报告，旨在全面分析中国新媒体的发展现状，解读新媒体的发展趋势，探析新媒体的深刻影响。

移动互联网蓝皮书
中国移动互联网发展报告（2018）

余清楚 / 主编　2018 年 6 月出版　估价：99.00 元

◆ 本书着眼于对 2017 年度中国移动互联网的发展情况做深入解析，对未来发展趋势进行预测，力求从不同视角、不同层面全面剖析中国移动互联网发展的现状、年度突破及热点趋势等。

文化蓝皮书
中国文化消费需求景气评价报告（2018）

王亚南 / 主编　2018 年 3 月出版　定价：99.00 元

◆ 本书首创全国文化发展量化检测评价体系，也是至今全国唯一的文化民生量化检测评价体系，对于检验全国及各地"以人民为中心"的文化发展具有首创意义。

地方发展类

北京蓝皮书
北京经济发展报告(2017~2018)

杨松/主编　2018年6月出版　估价:99.00元

◆ 本书对2017年北京市经济发展的整体形势进行了系统性的分析与回顾,并对2018年经济形势走势进行了预测与研判,聚焦北京市经济社会发展中的全局性、战略性和关键领域的重点问题,运用定量和定性分析相结合的方法,对北京市经济社会发展的现状、问题、成因进行了深入分析,提出了可操作性的对策建议。

温州蓝皮书
2018年温州经济社会形势分析与预测

蒋儒标　王春光　金浩/主编　2018年6月出版　估价:99.00元

◆ 本书是中共温州市委党校和中国社会科学院社会学研究所合作推出的第十一本温州蓝皮书,由来自党校、政府部门、科研机构、高校的专家、学者共同撰写的2017年温州区域发展形势的最新研究成果。

黑龙江蓝皮书
黑龙江社会发展报告(2018)

王爱丽/主编　2018年1月出版　定价:89.00元

◆ 本书以千份随机抽样问卷调查和专题研究为依据,运用社会学理论框架和分析方法,从专家和学者的独特视角,对2017年黑龙江省关系民生的问题进行广泛的调研与分析,并对2017年黑龙江省诸多社会热点和焦点问题进行了有益的探索。这些研究不仅可以为政府部门更加全面深入了解省情、科学制定决策提供智力支持,同时也可以为广大读者认识、了解、关注黑龙江社会发展提供理性思考。

宏观经济类

城市蓝皮书
中国城市发展报告（No.11）
著(编)者：潘家华 单菁菁
2018年9月出版 / 估价：99.00元
PSN B-2007-091-1/1

城乡一体化蓝皮书
中国城乡一体化发展报告（2018）
著(编)者：付崇兰
2018年9月出版 / 估价：99.00元
PSN B-2011-226-1/2

城镇化蓝皮书
中国新型城镇化健康发展报告（2018）
著(编)者：张占斌
2018年8月出版 / 估价：99.00元
PSN B-2014-396-1/1

创新蓝皮书
创新型国家建设报告（2018~2019）
著(编)者：詹正茂
2018年12月出版 / 估价：99.00元
PSN B-2009-140-1/1

低碳发展蓝皮书
中国低碳发展报告（2018）
著(编)者：张希良 齐晔
2018年6月出版 / 估价：99.00元
PSN B-2011-223-1/1

低碳经济蓝皮书
中国低碳经济发展报告（2018）
著(编)者：薛进军 赵忠秀
2018年11月出版 / 估价：99.00元
PSN B-2011-194-1/1

发展和改革蓝皮书
中国经济发展和体制改革报告No.9
著(编)者：邹东涛 王再文
2018年1月出版 / 估价：99.00元
PSN B-2008-122-1/1

国家创新蓝皮书
中国创新发展报告（2017）
著(编)者：陈劲 2018年5月出版 / 估价：99.00元
PSN B-2014-370-1/1

金融蓝皮书
中国金融发展报告（2018）
著(编)者：王国刚
2018年6月出版 / 估价：99.00元
PSN B-2004-031-1/7

经济蓝皮书
2018年中国经济形势分析与预测
著(编)者：李平 2017年12月出版 / 定价：89.00元
PSN B-1996-001-1/1

经济蓝皮书春季号
2018年中国经济前景分析
著(编)者：李扬 2018年5月出版 / 估价：99.00元
PSN B-1999-008-1/1

经济蓝皮书夏季号
中国经济增长报告（2017~2018）
著(编)者：李扬 2018年9月出版 / 估价：99.00元
PSN B-2010-176-1/1

农村绿皮书
中国农村经济形势分析与预测（2017~2018）
著(编)者：魏后凯 黄秉信
2018年4月出版 / 定价：99.00元
PSN G-1998-003-1/1

人口与劳动绿皮书
中国人口与劳动问题报告No.19
著(编)者：张车伟 2018年11月出版 / 估价：99.00元
PSN G-2000-012-1/1

新型城镇化蓝皮书
新型城镇化发展报告（2017）
著(编)者：李伟 宋敏
2018年3月出版 / 定价：98.00元
PSN B-2005-038-1/1

中国省域竞争力蓝皮书
中国省域经济综合竞争力发展报告（2016~2017）
著(编)者：李建平 李闽榕
2018年2月出版 / 定价：198.00元
PSN B-2007-088-1/1

中小城市绿皮书
中国中小城市发展报告（2018）
著(编)者：中国城市经济学会中小城市经济发展委员会
中国城镇化促进会中小城市发展委员会
《中国中小城市发展报告》编纂委员会
中小城市发展战略研究院
2018年11月出版 / 估价：128.00元
PSN G-2010-161-1/1

皮书系列 2018全品种 区域经济类·社会政法类

区域经济类

东北蓝皮书
中国东北地区发展报告（2018）
著(编)者：姜晓秋　2018年11月出版／估价：99.00元
PSN B-2006-067-1/1

金融蓝皮书
中国金融中心发展报告（2017~2018）
著(编)者：王力　黄育华　2018年11月出版／估价：99.00元
PSN B-2011-186-6/7

京津冀蓝皮书
京津冀发展报告（2018）
著(编)者：祝合良　叶堂林　张贵祥
2018年6月出版／估价：99.00元
PSN B-2012-262-1/1

西北蓝皮书
中国西北发展报告（2018）
著(编)者：王福生　马廷旭　董秋生
2018年1月出版／定价：99.00元
PSN B-2012-261-1/1

西部蓝皮书
中国西部发展报告（2018）
著(编)者：璋勇　任保平　2018年8月出版／估价：99.00元
PSN B-2005-039-1/1

长江经济带产业蓝皮书
长江经济带产业发展报告（2018）
著(编)者：吴传清　2018年11月出版／估价：128.00元
PSN B-2017-666-1/1

长江经济带蓝皮书
长江经济带发展报告（2017~2018）
著(编)者：王振　2018年11月出版／估价：99.00元
PSN B-2016-575-1/1

长江中游城市群蓝皮书
长江中游城市群新型城镇化与产业协同发展报告（2018）
著(编)者：杨刚强　2018年11月出版／估价：99.00元
PSN B-2016-578-1/1

长三角蓝皮书
2017年创新融合发展的长三角
著(编)者：刘飞跃　2018年5月出版／估价：99.00元
PSN B-2005-038-1/1

长株潭城市群蓝皮书
长株潭城市群发展报告（2017）
著(编)者：张萍　朱有志　2018年6月出版／估价：99.00元
PSN B-2008-109-1/1

特色小镇蓝皮书
特色小镇智慧运营报告（2018）：顶层设计与智慧架构标准
著(编)者：陈劲　2018年1月出版／定价：79.00元
PSN B-2018-692-1/1

中部竞争力蓝皮书
中国中部经济社会竞争力报告（2018）
著(编)者：教育部人文社会科学重点研究基地南昌大学中国
　　　　　中部经济社会发展研究中心
2018年12月出版／估价：99.00元
PSN B-2012-276-1/1

中部蓝皮书
中国中部地区发展报告（2018）
著(编)者：宋亚平　2018年12月出版／估价：99.00元
PSN B-2007-089-1/1

区域蓝皮书
中国区域经济发展报告（2017~2018）
著(编)者：赵弘　2018年5月出版／估价：99.00元
PSN B-2004-034-1/1

中三角蓝皮书
长江中游城市群发展报告（2018）
著(编)者：秦尊文　2018年9月出版／估价：99.00元
PSN B-2014-417-1/1

中原蓝皮书
中原经济区发展报告（2018）
著(编)者：李英杰　2018年6月出版／估价：99.00元
PSN B-2011-192-1/1

珠三角流通蓝皮书
珠三角商圈发展研究报告（2018）
著(编)者：王先庆　林至颖　2018年7月出版／估价：99.00元
PSN B-2012-292-1/1

社会政法类

北京蓝皮书
中国社区发展报告（2017~2018）
著(编)者：于燕燕　2018年9月出版／估价：99.00元
PSN B-2007-083-5/8

殡葬绿皮书
中国殡葬事业发展报告（2017~2018）
著(编)者：李伯森　2018年6月出版／估价：158.00元
PSN G-2010-180-1/1

城市管理蓝皮书
中国城市管理报告（2017-2018）
著(编)者：刘林　刘承水　2018年5月出版／估价：158.00元
PSN B-2013-336-1/1

城市生活质量蓝皮书
中国城市生活质量报告（2017）
著(编)者：张连城　张平　杨春学　郎丽华
2017年12月出版／定价：89.00元
PSN B-2013-326-1/1

14　权威·前沿·原创

社会政法类

皮书系列 2018全品种

城市政府能力蓝皮书
中国城市政府公共服务能力评估报告（2018）
著（编）者：何艳玲　2018年5月出版 / 估价：99.00元
PSN B-2013-338-1/1

创业蓝皮书
中国创业发展研究报告（2017~2018）
著（编）者：黄群慧　赵卫星　钟宏武
2018年11月出版 / 估价：99.00元
PSN B-2016-577-1/1

慈善蓝皮书
中国慈善发展报告（2018）
著（编）者：杨团　2018年6月出版 / 估价：99.00元
PSN B-2009-142-1/1

党建蓝皮书
党的建设研究报告No.2（2018）
著（编）者：崔建民　陈东平　2018年6月出版 / 估价：99.00元
PSN B-2016-523-1/1

地方法治蓝皮书
中国地方法治发展报告No.3（2018）
著（编）者：李林　田禾　2018年6月出版 / 估价：118.00元
PSN B-2015-442-1/1

电子政务蓝皮书
中国电子政务发展报告（2018）
著（编）者：李季　2018年8月出版 / 估价：99.00元
PSN B-2003-022-1/1

儿童蓝皮书
中国儿童参与状况报告（2017）
著（编）者：苑立新　2017年12月出版 / 定价：89.00元
PSN B-2017-682-1/1

法治蓝皮书
中国法治发展报告No.16（2018）
著（编）者：李林　田禾　2018年3月出版 / 定价：128.00元
PSN B-2004-027-1/3

法治蓝皮书
中国法院信息化发展报告No.2（2018）
著（编）者：李林　田禾　2018年2月出版 / 定价：118.00元
PSN B-2017-604-3/3

法治政府蓝皮书
中国法治政府发展报告（2017）
著（编）者：中国政法大学法治政府研究院
2018年3月出版 / 定价：158.00元
PSN B-2015-502-1/2

法治政府蓝皮书
中国法治政府评估报告（2018）
著（编）者：中国政法大学法治政府研究院
2018年9月出版 / 定价：168.00元
PSN B-2016-576-2/2

反腐倡廉蓝皮书
中国反腐倡廉建设报告No.8
著（编）者：张英伟　2018年12月出版 / 估价：99.00元
PSN B-2012-259-1/1

扶贫蓝皮书
中国扶贫开发报告（2018）
著（编）者：李培林　魏后凯　2018年12月出版 / 估价：128.00元
PSN B-2016-599-1/1

妇女发展蓝皮书
中国妇女发展报告No.6
著（编）者：王金玲　2018年9月出版 / 估价：158.00元
PSN B-2006-069-1/1

妇女教育蓝皮书
中国妇女教育发展报告No.3
著（编）者：张李玺　2018年10月出版 / 估价：99.00元
PSN B-2008-121-1/1

妇女绿皮书
2018年：中国性别平等与妇女发展报告
著（编）者：谭琳　2018年12月出版 / 估价：99.00元
PSN G-2006-073-1/1

公共安全蓝皮书
中国城市公共安全发展报告（2017~2018）
著（编）者：黄育华　杨文明　赵建辉
2018年6月出版 / 估价：99.00元
PSN B-2017-628-1/1

公共服务蓝皮书
中国城市基本公共服务力评价（2018）
著（编）者：钟君　刘志昌　吴正杲
2018年12月出版 / 估价：99.00元
PSN B-2011-214-1/1

公民科学素质蓝皮书
中国公民科学素质报告（2017~2018）
著（编）者：李群　陈雄　马宗文
2017年12月出版 / 估价：89.00元
PSN B-2014-379-1/1

公益蓝皮书
中国公益慈善发展报告（2016）
著（编）者：朱健刚　胡小军　2018年6月出版 / 估价：99.00元
PSN B-2012-283-1/1

国际人才蓝皮书
中国国际移民报告（2018）
著（编）者：王辉耀　2018年6月出版 / 估价：99.00元
PSN B-2012-304-3/4

国际人才蓝皮书
中国留学发展报告（2018）No.7
著（编）者：王辉耀　苗绿　2018年12月出版 / 估价：99.00元
PSN B-2012-244-2/4

海洋社会蓝皮书
中国海洋社会发展报告（2017）
著（编）者：崔凤　宋宁而　2018年3月出版 / 定价：99.00元
PSN B-2015-478-1/1

行政改革蓝皮书
中国行政体制改革报告No.7（2018）
著（编）者：魏礼群　2018年6月出版 / 估价：99.00元
PSN B-2011-231-1/1

皮书系列 2018全品种 社会政法类

华侨华人蓝皮书
华侨华人研究报告（2017）
著(编)者：张禹东 庄国土　　2017年12月出版 / 定价：148.00元
PSN B-2011-204-1/1

互联网与国家治理蓝皮书
互联网与国家治理发展报告（2017）
著(编)者：张志安　　2018年1月出版 / 定价：98.00元
PSN B-2017-671-1/1

环境管理蓝皮书
中国环境管理发展报告（2017）
著(编)者：李金惠　　2017年12月出版 / 定价：98.00元
PSN B-2017-678-1/1

环境竞争力绿皮书
中国省域环境竞争力发展报告（2018）
著(编)者：李建平　李闽榕　王金南
2018年11月出版 / 估价：198.00元
PSN G-2010-165-1/1

环境绿皮书
中国环境发展报告（2017~2018）
著(编)者：李波　　2018年6月出版 / 估价：99.00元
PSN G-2006-048-1/1

家庭蓝皮书
中国"创建幸福家庭活动"评估报告（2018）
著(编)者：国务院发展研究中心"创建幸福家庭活动评估"课题组
2018年12月出版 / 估价：99.00元
PSN B-2015-508-1/1

健康城市蓝皮书
中国健康城市建设研究报告（2018）
著(编)者：王鸿春　盛继洪　　2018年12月出版 / 估价：99.00元
PSN B-2016-564-2/2

健康中国蓝皮书
社区首诊与健康中国分析报告（2018）
著(编)者：高和荣　杨叔禹　姜杰
2018年6月出版 / 估价：99.00元
PSN B-2017-611-1/1

教师蓝皮书
中国中小学教师发展报告（2017）
著(编)者：曾晓东　鱼霞
2018年6月出版 / 估价：99.00元
PSN B-2012-289-1/1

教育扶贫蓝皮书
中国教育扶贫报告（2018）
著(编)者：司树杰　王文静　李兴洲
2018年12月出版 / 估价：99.00元
PSN B-2016-590-1/1

教育蓝皮书
中国教育发展报告（2018）
著(编)者：杨东平　　2018年3月出版 / 定价：89.00元
PSN B-2006-047-1/1

金融法治建设蓝皮书
中国金融法治建设年度报告（2015~2016）
著(编)者：朱小黄　　2018年6月出版 / 估价：99.00元
PSN B-2017-633-1/1

京津冀教育蓝皮书
京津冀教育发展研究报告（2017~2018）
著(编)者：方中雄　　2018年6月出版 / 估价：99.00元
PSN B-2017-608-1/1

就业蓝皮书
2018年中国本科生就业报告
著(编)者：麦可思研究院　　2018年6月出版 / 估价：99.00元
PSN B-2009-146-1/2

就业蓝皮书
2018年中国高职高专生就业报告
著(编)者：麦可思研究院　　2018年6月出版 / 估价：99.00元
PSN B-2015-472-2/2

科学教育蓝皮书
中国科学教育发展报告（2018）
著(编)者：王康友　　2018年10月出版 / 估价：99.00元
PSN B-2015-487-1/1

劳动保障蓝皮书
中国劳动保障发展报告（2018）
著(编)者：刘燕斌　　2018年9月出版 / 估价：158.00元
PSN B-2014-415-1/1

老龄蓝皮书
中国老年宜居环境发展报告（2017）
著(编)者：党俊武　周燕珉　　2018年6月出版 / 估价：99.00元
PSN B-2013-320-1/1

连片特困区蓝皮书
中国连片特困区发展报告（2017~2018）
著(编)者：游俊　冷志明　丁建军
2018年6月出版 / 估价：99.00元
PSN B-2013-321-1/1

流动儿童蓝皮书
中国流动儿童教育发展报告（2017）
著(编)者：杨东平　　2018年6月出版 / 估价：99.00元
PSN B-2017-600-1/1

民调蓝皮书
中国民生调查报告（2018）
著(编)者：谢耘耕　　2018年12月出版 / 估价：99.00元
PSN B-2014-398-1/1

民族发展蓝皮书
中国民族发展报告（2018）
著(编)者：王延中　　2018年10月出版 / 估价：188.00元
PSN B-2006-070-1/1

女性生活蓝皮书
中国女性生活状况报告No.12（2018）
著(编)者：高博燕　　2018年7月出版 / 估价：99.00元
PSN B-2006-071-1/1

皮书系列 2018全品种 — 社会政法类

汽车社会蓝皮书
中国汽车社会发展报告（2017~2018）
著(编)者：王俊秀　2018年6月出版 / 估价：99.00元
PSN B-2011-224-1/1

青年蓝皮书
中国青年发展报告（2018）No.3
著(编)者：廉思　2018年6月出版 / 估价：99.00元
PSN B-2013-333-1/1

青少年蓝皮书
中国未成年人互联网运用报告（2017~2018）
著(编)者：李为民　李文革　沈杰
2018年11月出版 / 估价：99.00元
PSN B-2010-156-1/1

人权蓝皮书
中国人权事业发展报告No.8（2018）
著(编)者：李君如　2018年9月出版 / 估价：99.00元
PSN B-2011-215-1/1

社会保障绿皮书
中国社会保障发展报告No.9（2018）
著(编)者：王延中　2018年6月出版 / 估价：99.00元
PSN G-2001-014-1/1

社会风险评估蓝皮书
风险评估与危机预警报告（2017~2018）
著(编)者：唐钧　2018年8月出版 / 估价：99.00元
PSN B-2012-293-1/1

社会工作蓝皮书
中国社会工作发展报告（2016~2017）
著(编)者：民政部社会工作研究中心
2018年8月出版 / 估价：99.00元
PSN B-2009-141-1/1

社会管理蓝皮书
中国社会管理创新报告No.6
著(编)者：连玉明　2018年11月出版 / 估价：99.00元
PSN B-2012-300-1/1

社会蓝皮书
2018年中国社会形势分析与预测
著(编)者：李培林　陈光金　张翼
2017年12月出版 / 定价：89.00元
PSN B-1998-002-1/1

社会体制蓝皮书
中国社会体制改革报告No.6（2018）
著(编)者：龚维斌　2018年3月出版 / 定价：98.00元
PSN B-2013-330-1/1

社会心态蓝皮书
中国社会心态研究报告（2018）
著(编)者：王俊秀　2018年12月出版 / 估价：99.00元
PSN B-2011-199-1/1

社会组织蓝皮书
中国社会组织报告（2017-2018）
著(编)者：黄晓勇　2018年6月出版 / 估价：99.00元
PSN B-2008-118-1/2

社会组织蓝皮书
中国社会组织评估发展报告（2018）
著(编)者：徐家良　2018年12月出版 / 估价：99.00元
PSN B-2013-366-2/2

生态城市绿皮书
中国生态城市建设发展报告（2018）
著(编)者：刘举科　孙伟平　胡文臻
2018年9月出版 / 估价：158.00元
PSN G-2012-269-1/1

生态文明绿皮书
中国省域生态文明建设评价报告（ECI 2018）
著(编)者：严耕　2018年12月出版 / 估价：99.00元
PSN G-2010-170-1/1

退休生活蓝皮书
中国城市居民退休生活质量指数报告（2017）
著(编)者：杨一帆　2018年6月出版 / 估价：99.00元
PSN B-2017-618-1/1

危机管理蓝皮书
中国危机管理报告（2018）
著(编)者：文学国　范正青
2018年8月出版 / 估价：99.00元
PSN B-2010-171-1/1

学会蓝皮书
2018年中国学会发展报告
著(编)者：麦可思研究院　2018年12月出版 / 估价：99.00元
PSN B-2016-597-1/1

医改蓝皮书
中国医药卫生体制改革报告（2017~2018）
著(编)者：文学国　房志武
2018年11月出版 / 估价：99.00元
PSN B-2014-432-1/1

应急管理蓝皮书
中国应急管理报告（2018）
著(编)者：宋英华　2018年9月出版 / 估价：99.00元
PSN B-2016-562-1/1

政府绩效评估蓝皮书
中国地方政府绩效评估报告No.2
著(编)者：贠杰　2018年12月出版 / 估价：99.00元
PSN B-2017-672-1/1

政治参与蓝皮书
中国政治参与报告（2018）
著(编)者：房宁　2018年8月出版 / 估价：128.00元
PSN B-2011-200-1/1

政治文化蓝皮书
中国政治文化报告（2018）
著(编)者：邢元敏　魏大鹏　龚克
2018年8月出版 / 估价：128.00元
PSN B-2017-615-1/1

中国传统村落蓝皮书
中国传统村落保护现状报告（2018）
著(编)者：胡彬彬　李向军　王晓波
2018年12月出版 / 估价：99.00元
PSN B-2017-663-1/1

皮书系列 2018全品种　社会政法类·产业经济类

中国农村妇女发展蓝皮书
农村流动女性城市生活发展报告（2018）
著（编）者：谢丽华　2018年12月出版 / 估价：99.00元
PSN B-2014-434-1/1

宗教蓝皮书
中国宗教报告（2017）
著（编）者：邱永辉　2018年8月出版 / 估价：99.00元
PSN B-2008-117-1/1

产业经济类

保健蓝皮书
中国保健服务产业发展报告 No.2
著（编）者：中国保健协会　中共中央党校
2018年7月出版 / 估价：198.00元
PSN B-2012-272-3/3

保健蓝皮书
中国保健食品产业发展报告 No.2
著（编）者：中国保健协会
　　　　中国社会科学院食品药品产业发展与监管研究中心
2018年8月出版 / 估价：198.00元
PSN B-2012-271-2/3

保健蓝皮书
中国保健用品产业发展报告 No.2
著（编）者：中国保健协会
　　　　国务院国有资产监督管理委员会研究中心
2018年6月出版 / 估价：198.00元
PSN B-2012-270-1/3

保险蓝皮书
中国保险业竞争力报告（2018）
著（编）者：保监会　2018年12月出版 / 估价：99.00元
PSN B-2013-311-1/1

冰雪蓝皮书
中国冰上运动产业发展报告（2018）
著（编）者：孙承华 杨占武 刘戈 张鸿俊
2018年9月出版 / 估价：99.00元
PSN B-2017-648-3/3

冰雪蓝皮书
中国滑雪产业发展报告（2018）
著（编）者：孙承华 伍斌 魏庆华 张鸿俊
2018年9月出版 / 估价：99.00元
PSN B-2016-559-1/3

餐饮产业蓝皮书
中国餐饮产业发展报告（2018）
著（编）者：邢颖
2018年6月出版 / 估价：99.00元
PSN B-2009-151-1/1

茶业蓝皮书
中国茶产业发展报告（2018）
著（编）者：杨江帆 李闽榕
2018年10月出版 / 估价：99.00元
PSN B-2010-164-1/1

产业安全蓝皮书
中国文化产业安全报告（2018）
著（编）者：北京印刷学院文化产业安全研究院
2018年12月出版 / 估价：99.00元
PSN B-2014-378-12/14

产业安全蓝皮书
中国新媒体产业安全报告（2016~2017）
著（编）者：肖丽　2018年6月出版 / 估价：99.00元
PSN B-2015-500-14/14

产业安全蓝皮书
中国出版传媒产业安全报告（2017~2018）
著（编）者：北京印刷学院文化产业安全研究院
2018年6月出版 / 估价：99.00元
PSN B-2014-384-13/14

产业蓝皮书
中国产业竞争力报告（2018）No.8
著（编）者：张其仔　2018年12月出版 / 估价：168.00元
PSN B-2010-175-1/1

动力电池蓝皮书
中国新能源汽车动力电池产业发展报告（2018）
著（编）者：中国汽车技术研究中心
2018年8月出版 / 估价：99.00元
PSN B-2017-639-1/1

杜仲产业绿皮书
中国杜仲橡胶资源与产业发展报告（2017~2018）
著（编）者：杜红岩 胡文臻 俞锐
2018年6月出版 / 估价：99.00元
PSN G-2013-350-1/1

房地产蓝皮书
中国房地产发展报告No.15（2018）
著（编）者：李春华 王业强
2018年5月出版 / 估价：99.00元
PSN B-2004-028-1/1

服务外包蓝皮书
中国服务外包产业发展报告（2017~2018）
著（编）者：王晓红 刘德军
2018年6月出版 / 估价：99.00元
PSN B-2013-331-2/2

服务外包蓝皮书
中国服务外包竞争力报告（2017~2018）
著（编）者：刘春生 王力 黄育华
2018年12月出版 / 估价：99.00元
PSN B-2011-216-1/2

 产业经济类

皮书系列 2018全品种

工业和信息化蓝皮书
世界信息技术产业发展报告（2017~2018）
著（编）者：尹丽波　　2018年6月出版／估价：99.00元
PSN B-2015-449-2/6

工业和信息化蓝皮书
战略性新兴产业发展报告（2017~2018）
著（编）者：尹丽波　　2018年6月出版／估价：99.00元
PSN B-2015-450-3/6

海洋经济蓝皮书
中国海洋经济发展报告（2015~2018）
著（编）者：殷克东　高金田　方胜民
2018年3月出版／定价：128.00元
PSN B-2018-697-1/1

康养蓝皮书
中国康养产业发展报告（2017）
著（编）者：何莽　　2017年12月出版／定价：88.00元
PSN B-2017-685-1/1

客车蓝皮书
中国客车产业发展报告（2017~2018）
著（编）者：姚蔚　　2018年10月出版／估价：99.00元
PSN B-2013-361-1/1

流通蓝皮书
中国商业发展报告（2018~2019）
著（编）者：王雪峰　林诗慧
2018年7月出版／估价：99.00元
PSN B-2009-152-1/2

能源蓝皮书
中国能源发展报告（2018）
著（编）者：崔民选　王军生　陈义和
2018年12月出版／估价：99.00元
PSN B-2006-049-1/1

农产品流通蓝皮书
中国农产品流通产业发展报告（2017）
著（编）者：贾敬敦　张东科　张玉玺　张鹏毅　周伟
2018年6月出版／估价：99.00元
PSN B-2012-288-1/1

汽车工业蓝皮书
中国汽车工业发展年度报告（2018）
著（编）者：中国汽车工业协会
　　　　　　中国汽车技术研究中心
　　　　　　丰田汽车公司
2018年5月出版／估价：168.00元
PSN B-2015-463-1/2

汽车工业蓝皮书
中国汽车零部件产业发展报告（2017~2018）
著（编）者：中国汽车工业协会
　　　　　　中国汽车工程研究院深圳市沃特玛电池有限公司
2018年9月出版／估价：99.00元
PSN B-2016-515-2/2

汽车蓝皮书
中国汽车产业发展报告（2018）
著（编）者：中国汽车工程学会
　　　　　　大众汽车集团（中国）
2018年11月出版／估价：99.00元
PSN B-2008-124-1/1

世界茶业蓝皮书
世界茶业发展报告（2018）
著（编）者：李闽榕　冯廷佺
2018年5月出版／估价：168.00元
PSN B-2017-619-1/1

世界能源蓝皮书
世界能源发展报告（2018）
著（编）者：黄晓勇　　2018年6月出版／估价：168.00元
PSN B-2013-349-1/1

石油蓝皮书
中国石油产业发展报告（2018）
著（编）者：中国石油化工集团公司经济技术研究院
　　　　　　中国国际石油化工联合有限责任公司
　　　　　　中国社会科学院数量经济与技术经济研究所
2018年2月出版／定价：98.00元
PSN B-2018-690-1/1

体育蓝皮书
国家体育产业基地发展报告（2016~2017）
著（编）者：李颖川　　2018年6月出版／估价：168.00元
PSN B-2017-609-5/5

体育蓝皮书
中国体育产业发展报告（2018）
著（编）者：阮伟　钟秉枢
2018年12月出版／估价：99.00元
PSN B-2010-179-1/5

文化金融蓝皮书
中国文化金融发展报告（2018）
著（编）者：杨涛　金巍
2018年6月出版／估价：99.00元
PSN B-2017-610-1/1

新能源汽车蓝皮书
中国新能源汽车产业发展报告（2018）
著（编）者：中国汽车技术研究中心
　　　　　　日产（中国）投资有限公司
　　　　　　东风汽车有限公司
2018年8月出版／估价：99.00元
PSN B-2013-347-1/1

薏仁米产业蓝皮书
中国薏仁米产业发展报告No.2（2018）
著（编）者：李发耀　石明　秦礼康
2018年8月出版／估价：99.00元
PSN B-2017-645-1/1

邮轮绿皮书
中国邮轮产业发展报告（2018）
著（编）者：汪泓　　2018年10月出版／估价：99.00元
PSN G-2014-419-1/1

智能养老蓝皮书
中国智能养老产业发展报告（2018）
著（编）者：朱勇　　2018年10月出版／估价：99.00元
PSN B-2015-488-1/1

中国节能汽车蓝皮书
中国节能汽车发展报告（2017~2018）
著（编）者：中国汽车工程研究院股份有限公司
2018年9月出版／估价：99.00元
PSN B-2016-565-1/1

产业经济类·行业及其他类

中国陶瓷产业蓝皮书
中国陶瓷产业发展报告（2018）
著(编)者：左和平 黄速建
2018年10月出版 / 估价：99.00元
PSN B-2016-573-1/1

装备制造业蓝皮书
中国装备制造业发展报告（2018）
著(编)者：徐东华
2018年12月出版 / 估价：118.00元
PSN B-2015-505-1/1

行业及其他类

"三农"互联网金融蓝皮书
中国"三农"互联网金融发展报告（2018）
著(编)者：李勇坚 王弢
2018年8月出版 / 估价：99.00元
PSN B-2016-560-1/1

SUV蓝皮书
中国SUV市场发展报告（2017~2018）
著(编)者：靳军 2018年9月出版 / 估价：99.00元
PSN B-2016-571-1/1

冰雪蓝皮书
中国冬季奥运会发展报告（2018）
著(编)者：孙承华 伍斌 魏庆华 张鸿俊
2018年9月出版 / 估价：99.00元
PSN B-2017-647-2/3

彩票蓝皮书
中国彩票发展报告（2018）
著(编)者：益彩基金 2018年6月出版 / 估价：99.00元
PSN B-2015-462-1/1

测绘地理信息蓝皮书
测绘地理信息供给侧结构性改革研究报告（2018）
著(编)者：库热西·买合苏提
2018年12月出版 / 估价：168.00元
PSN B-2009-145-1/1

产权市场蓝皮书
中国产权市场发展报告（2017）
著(编)者：曹和平
2018年5月出版 / 估价：99.00元
PSN B-2009-147-1/1

城投蓝皮书
中国城投行业发展报告（2018）
著(编)者：华景斌
2018年11月出版 / 估价：300.00元
PSN B-2016-514-1/1

城市轨道交通蓝皮书
中国城市轨道交通运营发展报告（2017~2018）
著(编)者：崔学忠 贾文峥
2018年3月出版 / 定价：89.00元
PSN B-2018-694-1/1

大数据蓝皮书
中国大数据发展报告（No.2）
著(编)者：连玉明 2018年5月出版 / 估价：99.00元
PSN B-2017-620-1/1

大数据应用蓝皮书
中国大数据应用发展报告No.2（2018）
著(编)者：陈军君 2018年8月出版 / 估价：99.00元
PSN B-2017-644-1/1

对外投资与风险蓝皮书
中国对外直接投资与国家风险报告（2018）
著(编)者：中债资信评估有限责任公司
    中国社会科学院世界经济与政治研究所
2018年6月出版 / 估价：189.00元
PSN B-2017-606-1/1

工业和信息化蓝皮书
人工智能发展报告（2017~2018）
著(编)者：尹丽波 2018年6月出版 / 估价：99.00元
PSN B-2015-448-1/6

工业和信息化蓝皮书
世界智慧城市发展报告（2017~2018）
著(编)者：尹丽波 2018年6月出版 / 估价：99.00元
PSN B-2015-624-6/6

工业和信息化蓝皮书
世界网络安全发展报告（2017~2018）
著(编)者：尹丽波 2018年6月出版 / 估价：99.00元
PSN B-2015-452-5/6

工业和信息化蓝皮书
世界信息化发展报告（2017~2018）
著(编)者：尹丽波 2018年6月出版 / 估价：99.00元
PSN B-2015-451-4/6

工业设计蓝皮书
中国工业设计发展报告（2018）
著(编)者：王晓红 于炜 张立群 2018年9月出版 / 估价：168.00元
PSN B-2014-420-1/1

公共关系蓝皮书
中国公共关系发展报告（2017）
著(编)者：柳斌杰 2018年1月出版 / 定价：89.00元
PSN B-2016-579-1/1

皮书系列 2018全品种 — 行业及其他类

公共关系蓝皮书
中国公共关系发展报告（2018）
著（编）者：柳斌杰　2018年11月出版 / 估价：99.00元
PSN B-2016-579-1/1

管理蓝皮书
中国管理发展报告（2018）
著（编）者：张晓东　2018年10月出版 / 估价：99.00元
PSN B-2014-416-1/1

轨道交通蓝皮书
中国轨道交通行业发展报告（2017）
著（编）者：仲建华　李闽榕
2017年12月出版 / 定价：98.00元
PSN B-2017-674-1/1

海关发展蓝皮书
中国海关发展前沿报告（2018）
著（编）者：于春晖　2018年6月出版 / 估价：99.00元
PSN B-2017-616-1/1

互联网医疗蓝皮书
中国互联网健康医疗发展报告（2018）
著（编）者：芮晓武　2018年6月出版 / 估价：99.00元
PSN B-2016-567-1/1

黄金市场蓝皮书
中国商业银行黄金业务发展报告（2017~2018）
著（编）者：平安银行　2018年6月出版 / 估价：99.00元
PSN B-2016-524-1/1

会展蓝皮书
中外会展业动态评估研究报告（2018）
著（编）者：张敏　任中峰　聂鑫焱　牛盼强
2018年12月出版 / 估价：99.00元
PSN B-2013-327-1/1

基金会蓝皮书
中国基金会发展报告（2017~2018）
著（编）者：中国基金会发展报告课题组
2018年6月出版 / 估价：99.00元
PSN B-2013-368-1/1

基金会绿皮书
中国基金会发展独立研究报告（2018）
著（编）者：基金会中心网　中央民族大学基金会研究中心
2018年6月出版 / 估价：99.00元
PSN G-2011-213-1/1

基金会透明度蓝皮书
中国基金会透明度发展研究报告（2018）
著（编）者：基金会中心网
　　　　　　清华大学廉政与治理研究中心
2018年9月出版 / 估价：99.00元
PSN B-2013-339-1/1

建筑装饰蓝皮书
中国建筑装饰行业发展报告（2018）
著（编）者：葛道顺　刘晓一
2018年10月出版 / 估价：198.00元
PSN B-2016-553-1/1

金融监管蓝皮书
中国金融监管报告（2018）
著（编）者：胡滨　2018年3月出版 / 定价：98.00元
PSN B-2012-281-1/1

金融蓝皮书
中国互联网金融行业分析与评估（2018~2019）
著（编）者：黄国平　伍旭川　2018年12月出版 / 估价：99.00元
PSN B-2016-585-7/7

金融科技蓝皮书
中国金融科技发展报告（2018）
著（编）者：李扬　孙国峰　2018年10月出版 / 估价：99.00元
PSN B-2014-374-1/1

金融信息服务蓝皮书
中国金融信息服务发展报告（2018）
著（编）者：李平　2018年5月出版 / 估价：99.00元
PSN B-2017-621-1/1

金蜜蜂企业社会责任蓝皮书
金蜜蜂中国企业社会责任报告研究（2017）
著（编）者：殷格非　于志宏　管竹笋
2018年1月出版 / 定价：99.00元
PSN B-2018-693-1/1

京津冀金融蓝皮书
京津冀金融发展报告（2018）
著（编）者：王爱俭　王璟怡　2018年10月出版 / 估价：99.00元
PSN B-2016-527-1/1

科普蓝皮书
国家科普能力发展报告（2018）
著（编）者：王康友　2018年5月出版 / 估价：138.00元
PSN B-2017-632-4/4

科普蓝皮书
中国基层科普发展报告（2017~2018）
著（编）者：赵立新　陈玲　2018年9月出版 / 估价：99.00元
PSN B-2016-568-3/4

科普蓝皮书
中国科普基础设施发展报告（2017~2018）
著（编）者：任福君　2018年6月出版 / 估价：99.00元
PSN B-2010-174-1/3

科普蓝皮书
中国科普人才发展报告（2017~2018）
著（编）者：郑念　任嵘嵘　2018年7月出版 / 估价：99.00元
PSN B-2016-512-2/4

科普能力蓝皮书
中国科普能力评价报告（2018~2019）
著（编）者：李富强　李群　2018年8月出版 / 估价：99.00元
PSN B-2016-555-1/1

临空经济蓝皮书
中国临空经济发展报告（2018）
著（编）者：连玉明　2018年9月出版 / 估价：99.00元
PSN B-2014-421-1/1

21

皮书系列 2018全品种
行业及其他类

旅游安全蓝皮书
中国旅游安全报告（2018）
著(编)者：郑向敏 谢朝武　2018年5月出版 / 估价：158.00元
PSN B-2012-280-1/1

旅游绿皮书
2017～2018年中国旅游发展分析与预测
著(编)者：宋瑞　2018年1月出版 / 定价：99.00元
PSN G-2002-018-1/1

煤炭蓝皮书
中国煤炭工业发展报告（2018）
著(编)者：岳福斌　2018年12月出版 / 估价：99.00元
PSN B-2008-123-1/1

民营企业社会责任蓝皮书
中国民营企业社会责任报告（2018）
著(编)者：中华全国工商业联合会
2018年12月出版 / 估价：99.00元
PSN B-2015-510-1/1

民营医院蓝皮书
中国民营医院发展报告（2017）
著(编)者：薛晓林　2017年12月出版 / 定价：89.00元
PSN B-2012-299-1/1

闽商蓝皮书
闽商发展报告（2018）
著(编)者：李闽榕 王日根 林琛
2018年12月出版 / 估价：99.00元
PSN B-2012-298-1/1

农业应对气候变化蓝皮书
中国农业气象灾害及其灾损评估报告（No.3）
著(编)者：矫梅燕　2018年6月出版 / 估价：118.00元
PSN B-2014-413-1/1

品牌蓝皮书
中国品牌战略发展报告（2018）
著(编)者：汪同三　2018年10月出版 / 估价：99.00元
PSN B-2016-580-1/1

企业扶贫蓝皮书
中国企业扶贫研究报告（2018）
著(编)者：钟宏武　2018年12月出版 / 估价：99.00元
PSN B-2016-593-1/1

企业公益蓝皮书
中国企业公益研究报告（2018）
著(编)者：钟宏武 汪杰 黄晓娟
2018年12月出版 / 估价：99.00元
PSN B-2015-501-1/1

企业国际化蓝皮书
中国企业全球化报告（2018）
著(编)者：王辉耀 苗绿　2018年11月出版 / 估价：99.00元
PSN B-2014-427-1/1

企业蓝皮书
中国企业绿色发展报告No.2（2018）
著(编)者：李红玉 朱光辉
2018年8月出版 / 估价：99.00元
PSN B-2015-481-2/2

企业社会责任蓝皮书
中资企业海外社会责任研究报告（2017～2018）
著(编)者：钟宏武 叶柳红 张蒽
2018年6月出版 / 估价：99.00元
PSN B-2017-603-2/2

企业社会责任蓝皮书
中国企业社会责任研究报告（2018）
著(编)者：黄群慧 钟宏武 张蒽 汪杰
2018年11月出版 / 估价：99.00元
PSN B-2009-149-1/2

汽车安全蓝皮书
中国汽车安全发展报告（2018）
著(编)者：中国汽车技术研究中心
2018年8月出版 / 估价：99.00元
PSN B-2014-385-1/1

汽车电子商务蓝皮书
中国汽车电子商务发展报告（2018）
著(编)者：中华全国工商业联合会汽车经销商商会
　　　　　北方工业大学
　　　　　北京易观智库网络科技有限公司
2018年10月出版 / 估价：158.00元
PSN B-2015-485-1/1

汽车知识产权蓝皮书
中国汽车产业知识产权发展报告（2018）
著(编)者：中国汽车工程研究院股份有限公司
　　　　　中国汽车工程学会
　　　　　重庆长安汽车股份有限公司
2018年12月出版 / 估价：99.00元
PSN B-2016-594-1/1

青少年体育蓝皮书
中国青少年体育发展报告（2017）
著(编)者：刘扶民 杨桦　2018年6月出版 / 估价：99.00元
PSN B-2015-482-1/1

区块链蓝皮书
中国区块链发展报告（2018）
著(编)者：李伟　2018年9月出版 / 估价：99.00元
PSN B-2017-649-1/1

群众体育蓝皮书
中国群众体育发展报告（2017）
著(编)者：刘国永 戴健　2018年5月出版 / 估价：99.00元
PSN B-2014-411-1/3

群众体育蓝皮书
中国社会体育指导员发展报告（2018）
著(编)者：刘国永 王欢　2018年6月出版 / 估价：99.00元
PSN B-2016-520-3/3

人力资源蓝皮书
中国人力资源发展报告（2018）
著(编)者：余兴安　2018年11月出版 / 估价：99.00元
PSN B-2012-287-1/1

融资租赁蓝皮书
中国融资租赁业发展报告（2017～2018）
著(编)者：李光荣 王力　2018年8月出版 / 估价：99.00元
PSN B-2015-443-1/1

皮书系列 2018全品种

行业及其他类

商会蓝皮书
中国商会发展报告No.5（2017）
著（编）者：王钦敏　　2018年7月出版／估价：99.00元
PSN B-2008-125-1/1

商务中心区蓝皮书
中国商务中心区发展报告No.4（2017～2018）
著（编）者：李国红　单菁菁　　2018年9月出版／估价：99.00元
PSN B-2015-444-1/1

设计产业蓝皮书
中国创新设计发展报告（2018）
著（编）者：王晓红　张立群　于炜
2018年11月出版／估价：99.00元
PSN B-2016-581-2/2

社会责任管理蓝皮书
中国上市公司社会责任能力成熟度报告No.4（2018）
著（编）者：肖红军　王晓光　李伟阳
2018年12月出版／估价：99.00元
PSN B-2015-507-2/2

社会责任管理蓝皮书
中国企业公众透明度报告No.4（2017～2018）
著（编）者：黄速建　熊梦　王晓光　肖红军
2018年6月出版／估价：99.00元
PSN B-2015-440-1/2

食品药品蓝皮书
食品药品安全与监管政策研究报告（2016～2017）
著（编）者：唐民皓　　2018年6月出版／估价：99.00元
PSN B-2009-129-1/1

输血服务蓝皮书
中国输血行业发展报告（2018）
著（编）者：孙俊　　2018年12月出版／估价：99.00元
PSN B-2016-582-1/1

水利风景区蓝皮书
中国水利风景区发展报告（2018）
著（编）者：董建文　兰思仁
2018年10月出版／估价：99.00元
PSN B-2015-480-1/1

数字经济蓝皮书
全球数字经济竞争力发展报告（2017）
著（编）者：王振　　2017年12月出版／定价：79.00元
PSN B-2017-673-1/1

私募市场蓝皮书
中国私募股权市场发展报告（2017～2018）
著（编）者：曹和平　　2018年12月出版／估价：99.00元
PSN B-2010-162-1/1

碳排放权交易蓝皮书
中国碳排放权交易报告（2018）
著（编）者：孙永平　　2018年11月出版／估价：99.00元
PSN B-2017-652-1/1

碳市场蓝皮书
中国碳市场报告（2018）
著（编）者：定金彪　　2018年11月出版／估价：99.00元
PSN B-2014-430-1/1

体育蓝皮书
中国公共体育服务发展报告（2018）
著（编）者：戴健　　2018年12月出版／估价：99.00元
PSN B-2013-367-2/5

土地市场蓝皮书
中国农村土地市场发展报告（2017～2018）
著（编）者：李光荣　　2018年6月出版／估价：99.00元
PSN B-2016-526-1/1

土地整治蓝皮书
中国土地整治发展研究报告（No.5）
著（编）者：国土资源部土地整治中心
2018年7月出版／估价：99.00元
PSN B-2014-401-1/1

土地政策蓝皮书
中国土地政策研究报告（2018）
著（编）者：高延利　张建平　吴次芳
2018年1月出版／定价：98.00元
PSN B-2015-506-1/1

网络空间安全蓝皮书
中国网络空间安全发展报告（2018）
著（编）者：惠志斌　覃庆玲
2018年11月出版／估价：99.00元
PSN B-2015-466-1/1

文化志愿服务蓝皮书
中国文化志愿服务发展报告（2018）
著（编）者：张永新　良警宇　　2018年11月出版／估价：128.00元
PSN B-2016-596-1/1

西部金融蓝皮书
中国西部金融发展报告（2017～2018）
著（编）者：李忠民　　2018年8月出版／估价：99.00元
PSN B-2010-160-1/1

协会商会蓝皮书
中国行业协会商会发展报告（2017）
著（编）者：景朝阳　李勇　　2018年6月出版／估价：99.00元
PSN B-2015-461-1/1

新三板蓝皮书
中国新三板市场发展报告（2018）
著（编）者：王力　　2018年8月出版／估价：99.00元
PSN B-2016-533-1/1

信托市场蓝皮书
中国信托业市场发展报告（2017～2018）
著（编）者：用益金融信托研究院
2018年6月出版／估价：198.00元
PSN B-2014-371-1/1

信息化蓝皮书
中国信息化形势分析与预测（2017～2018）
著（编）者：周宏仁　　2018年8月出版／估价：99.00元
PSN B-2010-168-1/1

信用蓝皮书
中国信用发展报告（2017～2018）
著（编）者：章政　田侃　　2018年6月出版／估价：99.00元
PSN B-2013-328-1/1

皮书系列 2018全品种 — 行业及其他类

休闲绿皮书
2017~2018年中国休闲发展报告
著(编)者:宋瑞　2018年7月出版 / 估价:99.00元
PSN G-2010-158-1/1

休闲体育蓝皮书
中国休闲体育发展报告(2017~2018)
著(编)者:李相如　钟秉枢
2018年10月出版 / 估价:99.00元
PSN B-2016-516-1/1

养老金融蓝皮书
中国养老金融发展报告(2018)
著(编)者:董克用　姚余栋
2018年9月出版 / 估价:99.00元
PSN B-2016-583-1/1

遥感监测绿皮书
中国可持续发展遥感监测报告(2017)
著(编)者:顾行发　汪克强　潘教峰　李闽榕　徐东华　王琦安
2018年6月出版 / 估价:298.00元
PSN B-2017-629-1/1

药品流通蓝皮书
中国药品流通行业发展报告(2018)
著(编)者:佘鲁林　温再兴
2018年7月出版 / 估价:198.00元
PSN B-2014-429-1/1

医疗器械蓝皮书
中国医疗器械行业发展报告(2018)
著(编)者:王宝亭　耿鸿武
2018年10月出版 / 估价:99.00元
PSN B-2017-661-1/1

医院蓝皮书
中国医院竞争力报告(2017~2018)
著(编)者:庄一强　2018年3月出版 / 定价:108.00元
PSN B-2016-528-1/1

瑜伽蓝皮书
中国瑜伽业发展报告(2017~2018)
著(编)者:张永建　徐华锋　朱泰余
2018年6月出版 / 估价:198.00元
PSN B-2017-625-1/1

债券市场蓝皮书
中国债券市场发展报告(2017~2018)
著(编)者:杨农　2018年10月出版 / 估价:99.00元
PSN B-2016-572-1/1

志愿服务蓝皮书
中国志愿服务发展报告(2018)
著(编)者:中国志愿服务联合会
2018年11月出版 / 估价:99.00元
PSN B-2017-664-1/1

中国上市公司蓝皮书
中国上市公司发展报告(2018)
著(编)者:张鹏　张平　黄胤英
2018年9月出版 / 估价:99.00元
PSN B-2014-414-1/1

中国新三板蓝皮书
中国新三板创新与发展报告(2018)
著(编)者:刘平安　闻召林
2018年8月出版 / 估价:158.00元
PSN B-2017-638-1/1

中国汽车品牌蓝皮书
中国乘用车品牌发展报告(2017)
著(编)者:《中国汽车报》社有限公司
　　　　　博世(中国)投资有限公司
　　　　　中国汽车技术研究中心数据资源中心
2018年1月出版 / 定价:89.00元
PSN B-2017-679-1/1

中医文化蓝皮书
北京中医药文化传播发展报告(2018)
著(编)者:毛嘉陵　2018年6月出版 / 估价:99.00元
PSN B-2015-468-1/2

中医文化蓝皮书
中国中医药文化传播发展报告(2018)
著(编)者:毛嘉陵　2018年7月出版 / 估价:99.00元
PSN B-2016-584-2/2

中医药蓝皮书
北京中医药知识产权发展报告No.2
著(编)者:汪洪　屠志涛　2018年6月出版 / 估价:168.00元
PSN B-2017-602-1/1

资本市场蓝皮书
中国场外交易市场发展报告(2016~2017)
著(编)者:高峦　2018年6月出版 / 估价:99.00元
PSN B-2009-153-1/1

资产管理蓝皮书
中国资产管理行业发展报告(2018)
著(编)者:郑智　2018年7月出版 / 估价:99.00元
PSN B-2014-407-2/2

资产证券化蓝皮书
中国资产证券化发展报告(2018)
著(编)者:沈炳熙　曹彤　李哲平
2018年4月出版 / 定价:98.00元
PSN B-2017-660-1/1

自贸区蓝皮书
中国自贸区发展报告(2018)
著(编)者:王力　黄育华
2018年6月出版 / 估价:99.00元
PSN B-2016-558-1/1

国际问题与全球治理类

"一带一路"跨境通道蓝皮书
"一带一路"跨境通道建设研究报（2017~2018）
著（编）者：余鑫 张秋生　2018年1月出版 / 定价：89.00元
PSN B-2016-557-1/1

"一带一路"蓝皮书
"一带一路"建设发展报告（2018）
著（编）者：李永全　2018年3月出版 / 定价：98.00元
PSN B-2016-552-1/1

"一带一路"投资安全蓝皮书
中国"一带一路"投资与安全研究报告（2018）
著（编）者：邹统钎 梁昊光　2018年4月出版 / 定价：98.00元
PSN B-2017-612-1/1

"一带一路"文化交流蓝皮书
中阿文化交流发展报告（2017）
著（编）者：王辉　2017年12月出版 / 定价：89.00元
PSN B-2017-655-1/1

G20国家创新竞争力黄皮书
二十国集团（G20）国家创新竞争力发展报告（2017~2018）
著（编）者：李建平 李闽榕 赵新力 周天勇
2018年7月出版 / 估价：168.00元
PSN Y-2011-229-1/1

阿拉伯黄皮书
阿拉伯发展报告（2016~2017）
著（编）者：罗林　2018年6月出版 / 估价：99.00元
PSN Y-2014-381-1/1

北部湾蓝皮书
泛北部湾合作发展报告（2017~2018）
著（编）者：吕余生　2018年12月出版 / 估价：99.00元
PSN B-2008-114-1/1

北极蓝皮书
北极地区发展报告（2017）
著（编）者：刘惠荣　2018年7月出版 / 估价：99.00元
PSN B-2017-634-1/1

大洋洲蓝皮书
大洋洲发展报告（2017~2018）
著（编）者：喻常森　2018年10月出版 / 估价：99.00元
PSN B-2013-341-1/1

东北亚区域合作蓝皮书
2017年"一带一路"倡议与东北亚区域合作
著（编）者：刘亚政 金美花
2018年5月出版 / 估价：99.00元
PSN B-2017-631-1/1

东盟黄皮书
东盟发展报告（2017）
著（编）者：杨静林 庄国土　2018年6月出版 / 估价：99.00元
PSN Y-2012-303-1/1

东南亚蓝皮书
东南亚地区发展报告（2017~2018）
著（编）者：王勤　2018年12月出版 / 估价：99.00元
PSN B-2012-240-1/1

非洲黄皮书
非洲发展报告No.20（2017~2018）
著（编）者：张宏明　2018年7月出版 / 估价：99.00元
PSN Y-2012-239-1/1

非传统安全蓝皮书
中国非传统安全研究报告（2017~2018）
著（编）者：潇枫 罗中枢　2018年8月出版 / 估价：99.00元
PSN B-2012-273-1/1

国际安全蓝皮书
中国国际安全研究报告（2018）
著（编）者：刘慧　2018年7月出版 / 估价：99.00元
PSN B-2016-521-1/1

国际城市蓝皮书
国际城市发展报告（2018）
著（编）者：屠启宇　2018年2月出版 / 定价：89.00元
PSN B-2012-260-1/1

国际形势黄皮书
全球政治与安全报告（2018）
著（编）者：张宇燕　2018年1月出版 / 定价：99.00元
PSN Y-2001-016-1/1

公共外交蓝皮书
中国公共外交发展报告（2018）
著（编）者：赵启正 雷蔚真　2018年6月出版 / 估价：99.00元
PSN B-2015-457-1/1

海丝蓝皮书
21世纪海上丝绸之路研究报告（2017）
著（编）者：华侨大学海上丝绸之路研究院
2017年12月出版 / 定价：89.00元
PSN B-2017-684-1/1

金砖国家黄皮书
金砖国家综合创新竞争力发展报告（2018）
著（编）者：赵新力 李闽榕 黄茂兴
2018年8月出版 / 估价：128.00元
PSN Y-2017-643-1/1

拉美黄皮书
拉丁美洲和加勒比发展报告（2017~2018）
著（编）者：袁东振　2018年6月出版 / 估价：99.00元
PSN Y-1999-007-1/1

澜湄合作蓝皮书
澜沧江-湄公河合作发展报告（2018）
著（编）者：刘稚　2018年9月出版 / 估价：99.00元
PSN B-2011-196-1/1

皮书系列 2018全品种 — 国际问题与全球治理类

欧洲蓝皮书
欧洲发展报告（2017～2018）
著（编）者：黄平 周弘 程卫东
2018年6月出版 / 估价：99.00元
PSN B-1999-009-1/1

葡语国家蓝皮书
葡语国家发展报告（2016～2017）
著（编）者：王成安 张敏 刘金兰
2018年6月出版 / 估价：99.00元
PSN B-2015-503-1/2

葡语国家蓝皮书
中国与葡语国家关系发展报告·巴西（2016）
著（编）者：张曙光
2018年8月出版 / 估价：99.00元
PSN B-2016-563-2/2

气候变化绿皮书
应对气候变化报告（2018）
著（编）者：王伟光 郑国光
2018年11月出版 / 估价：99.00元
PSN G-2009-144-1/1

全球环境竞争力绿皮书
全球环境竞争力报告（2018）
著（编）者：李建平 李闽榕 王金南
2018年12月出版 / 估价：198.00元
PSN G-2013-363-1/1

全球信息社会蓝皮书
全球信息社会发展报告（2018）
著（编）者：丁波涛 唐涛 2018年10月出版 / 估价：99.00元
PSN B-2017-665-1/1

日本经济蓝皮书
日本经济与中日经贸关系研究报告（2018）
著（编）者：张季风 2018年6月出版 / 估价：99.00元
PSN B-2008-102-1/1

上海合作组织黄皮书
上海合作组织发展报告（2018）
著（编）者：李进峰 2018年6月出版 / 估价：99.00元
PSN Y-2009-130-1/1

世界创新竞争力黄皮书
世界创新竞争力发展报告（2017）
著（编）者：李建平 李闽榕 赵新力
2018年6月出版 / 估价：168.00元
PSN Y-2013-318-1/1

世界经济黄皮书
2018年世界经济形势分析与预测
著（编）者：张宇燕 2018年1月出版 / 定价：99.00元
PSN Y-1999-006-1/1

世界能源互联互通蓝皮书
世界能源清洁发展与互联互通评估报告（2017）：欧洲篇
著（编）者：国网能源研究院
2018年1月出版 / 定价：128.00元
PSN B-2018-695-1/1

丝绸之路蓝皮书
丝绸之路经济带发展报告（2018）
著（编）者：任宗哲 白宽犁 谷孟宾
2018年1月出版 / 定价：89.00元
PSN B-2014-410-1/1

新兴经济体蓝皮书
金砖国家发展报告（2018）
著（编）者：林跃勤 周文
2018年8月出版 / 估价：99.00元
PSN B-2011-195-1/1

亚太蓝皮书
亚太地区发展报告（2018）
著（编）者：李向阳 2018年5月出版 / 估价：99.00元
PSN B-2001-015-1/1

印度洋地区蓝皮书
印度洋地区发展报告（2018）
著（编）者：汪戎 2018年6月出版 / 估价：99.00元
PSN B-2013-334-1/1

印度尼西亚经济蓝皮书
印度尼西亚经济发展报告（2017）：增长与机会
著（编）者：左志刚 2017年11月出版 / 定价：89.00元
PSN B-2017-675-1/1

渝新欧蓝皮书
渝新欧沿线国家发展报告（2018）
著（编）者：杨柏 黄森
2018年6月出版 / 估价：99.00元
PSN B-2017-626-1/1

中阿蓝皮书
中国-阿拉伯国家经贸发展报告（2018）
著（编）者：张廉 段庆林 王林聪 杨巧红
2018年12月出版 / 估价：99.00元
PSN B-2016-598-1/1

中东黄皮书
中东发展报告No.20（2017～2018）
著（编）者：杨光 2018年10月出版 / 估价：99.00元
PSN Y-1998-004-1/1

中亚黄皮书
中亚国家发展报告（2018）
著（编）者：孙力
2018年3月出版 / 定价：98.00元
PSN Y-2012-238-1/1

国别类·文化传媒类

皮书系列
2018全品种

国别类

澳大利亚蓝皮书
澳大利亚发展报告（2017-2018）
著(编)者：孙有中 韩锋　2018年12月出版 / 估价：99.00元
PSN B-2016-587-1/1

巴西黄皮书
巴西发展报告（2017）
著(编)者：刘国枝　2018年5月出版 / 估价：99.00元
PSN Y-2017-614-1/1

德国蓝皮书
德国发展报告（2018）
著(编)者：郑春荣　2018年6月出版 / 估价：99.00元
PSN B-2012-278-1/1

俄罗斯黄皮书
俄罗斯发展报告（2018）
著(编)者：李永全　2018年6月出版 / 估价：99.00元
PSN Y-2006-061-1/1

韩国蓝皮书
韩国发展报告（2017）
著(编)者：牛林杰 刘宝全　2018年6月出版 / 估价：99.00元
PSN B-2010-155-1/1

加拿大蓝皮书
加拿大发展报告（2018）
著(编)者：唐小松　2018年9月出版 / 估价：99.00元
PSN B-2014-389-1/1

美国蓝皮书
美国研究报告（2018）
著(编)者：郑秉文 黄平　2018年5月出版 / 估价：99.00元
PSN B-2011-210-1/1

缅甸蓝皮书
缅甸国情报告（2017）
著(编)者：祝湘辉
2017年11月出版 / 定价：98.00元
PSN B-2013-343-1/1

日本蓝皮书
日本研究报告（2018）
著(编)者：杨伯江　2018年4月出版 / 估价：99.00元
PSN B-2002-020-1/1

土耳其蓝皮书
土耳其发展报告（2018）
著(编)者：郭长刚 刘义　2018年9月出版 / 估价：99.00元
PSN B-2014-412-1/1

伊朗蓝皮书
伊朗发展报告（2017~2018）
著(编)者：冀开运　2018年10月 / 估价：99.00元
PSN B-2016-574-1/1

以色列蓝皮书
以色列发展报告（2018）
著(编)者：张倩红　2018年8月出版 / 估价：99.00元
PSN B-2015-483-1/1

印度蓝皮书
印度国情报告（2017）
著(编)者：吕昭义　2018年6月出版 / 估价：99.00元
PSN B-2012-241-1/1

英国蓝皮书
英国发展报告（2017~2018）
著(编)者：王展鹏　2018年12月出版 / 估价：99.00元
PSN B-2015-486-1/1

越南蓝皮书
越南国情报告（2018）
著(编)者：谢林城　2018年11月出版 / 估价：99.00元
PSN B-2006-056-1/1

泰国蓝皮书
泰国研究报告（2018）
著(编)者：庄国土 张禹东 刘文正
2018年10月出版 / 估价：99.00元
PSN B-2016-556-1/1

文化传媒类

"三农"舆情蓝皮书
中国"三农"网络舆情报告（2017~2018）
著(编)者：农业部信息中心
2018年6月出版 / 估价：99.00元
PSN B-2017-640-1/1

传媒竞争力蓝皮书
中国传媒国际竞争力研究报告（2018）
著(编)者：李本乾 刘强 王大可
2018年8月出版 / 估价：99.00元
PSN B-2013-356-1/1

传媒蓝皮书
中国传媒产业发展报告（2018）
著(编)者：崔保国
2018年5月出版 / 估价：99.00元
PSN B-2005-035-1/1

传媒投资蓝皮书
中国传媒投资发展报告（2018）
著(编)者：张向东 谭云明
2018年6月出版 / 估价：148.00元
PSN B-2015-474-1/1

皮书系列 2018全品种 — 文化传媒类

非物质文化遗产蓝皮书
中国非物质文化遗产发展报告（2018）
著(编)者：陈平　2018年6月出版 / 估价：128.00元
PSN B-2015-469-1/2

非物质文化遗产蓝皮书
中国非物质文化遗产保护发展报告（2018）
著(编)者：宋俊华　2018年10月出版 / 估价：128.00元
PSN B-2016-586-2/2

广电蓝皮书
中国广播电影电视发展报告（2018）
著(编)者：国家新闻出版广电总局发展研究中心
2018年7月出版 / 估价：99.00元
PSN B-2006-072-1/1

广告主蓝皮书
中国广告主营销传播趋势报告No.9
著(编)者：黄升民　杜国清　邵华冬　等
2018年10月出版 / 估价：158.00元
PSN B-2005-041-1/1

国际传播蓝皮书
中国国际传播发展报告（2018）
著(编)者：胡正荣　李继东　姬德强
2018年12月出版 / 估价：99.00元
PSN B-2014-408-1/1

国家形象蓝皮书
中国国家形象传播报告（2017）
著(编)者：张昆　2018年6月出版 / 估价：128.00元
PSN B-2017-605-1/1

互联网治理蓝皮书
中国网络社会治理研究报告（2018）
著(编)者：罗昕　支庭荣
2018年9月出版 / 估价：118.00元
PSN B-2017-653-1/1

纪录片蓝皮书
中国纪录片发展报告（2018）
著(编)者：何苏六　2018年10月出版 / 估价：99.00元
PSN B-2011-222-1/1

科学传播蓝皮书
中国科学传播报告（2016～2017）
著(编)者：詹正茂　2018年6月出版 / 估价：99.00元
PSN B-2008-120-1/1

两岸创意经济蓝皮书
两岸创意经济研究报告（2018）
著(编)者：罗昌智　董泽平
2018年10月出版 / 估价：99.00元
PSN B-2014-437-1/1

媒介与女性蓝皮书
中国媒介与女性发展报告（2017～2018）
著(编)者：刘利群　2018年5月出版 / 估价：99.00元
PSN B-2013-345-1/1

媒体融合蓝皮书
中国媒体融合发展报告（2017～2018）
著(编)者：梅宁华　支庭荣
2017年12月出版 / 定价：98.00元
PSN B-2015-479-1/1

全球传媒蓝皮书
全球传媒发展报告（2017～2018）
著(编)者：胡正荣　李继东　2018年6月出版 / 估价：99.00元
PSN B-2012-237-1/1

少数民族非遗蓝皮书
中国少数民族非物质文化遗产发展报告（2018）
著(编)者：肖远平（彝）　柴立（满）
2018年10月出版 / 估价：118.00元
PSN B-2015-467-1/1

视听新媒体蓝皮书
中国视听新媒体发展报告（2018）
著(编)者：国家新闻出版广电总局发展研究中心
2018年7月出版 / 估价：118.00元
PSN B-2011-184-1/1

数字娱乐产业蓝皮书
中国动画产业发展报告（2018）
著(编)者：孙立军　孙平　牛兴侦
2018年10月出版 / 估价：99.00元
PSN B-2011-198-1/2

数字娱乐产业蓝皮书
中国游戏产业发展报告（2018）
著(编)者：孙立军　刘跃军　2018年10月出版 / 估价：99.00元
PSN B-2017-662-2/2

网络视听蓝皮书
中国互联网视听行业发展报告（2018）
著(编)者：陈鹏　2018年2月出版 / 定价：148.00元
PSN B-2018-688-1/1

文化创新蓝皮书
中国文化创新报告（2017·No.8）
著(编)者：傅才武　2018年6月出版 / 估价：99.00元
PSN B-2009-143-1/1

文化建设蓝皮书
中国文化发展报告（2018）
著(编)者：江畅　孙伟平　戴茂堂
2018年5月出版 / 估价：99.00元
PSN B-2014-392-1/1

文化科技蓝皮书
文化科技创新发展报告（2018）
著(编)者：于平　李凤亮　2018年10月出版 / 估价：99.00元
PSN B-2013-342-1/1

文化蓝皮书
中国公共文化服务发展报告（2017～2018）
著(编)者：刘新成　张永新　张旭
2018年12月出版 / 估价：99.00元
PSN B-2007-093-2/10

文化蓝皮书
中国少数民族文化发展报告（2017～2018）
著(编)者：武翠英　张晓明　任乌晶
2018年9月出版 / 估价：99.00元
PSN B-2013-369-9/10

文化蓝皮书
中国文化产业供需协调检测报告（2018）
著(编)者：王亚南　2018年3月出版 / 定价：99.00元
PSN B-2013-323-8/10

文化传媒类・地方发展类-经济

皮书系列 2018全品种

文化蓝皮书
中国文化消费需求景气评价报告（2018）
著(编)者：王亚南　2018年3月出版 / 定价：99.00元
PSN B-2011-236-4/10

文化蓝皮书
中国公共文化投入增长测评报告（2018）
著(编)者：王亚南　2018年3月出版 / 定价：99.00元
PSN B-2014-435-10/10

文化品牌蓝皮书
中国文化品牌发展报告（2018）
著(编)者：欧阳友权　2018年5月出版 / 估价：99.00元
PSN B-2012-277-1/1

文化遗产蓝皮书
中国文化遗产事业发展报告（2017~2018）
著(编)者：苏杨 张颖岚 卓杰 白海峰 陈晨 陈叙图
2018年8月出版 / 估价：99.00元
PSN B-2008-119-1/1

文学蓝皮书
中国文情报告（2017~2018）
著(编)者：白烨　2018年5月出版 / 估价：99.00元
PSN B-2011-221-1/1

新媒体蓝皮书
中国新媒体发展报告No.9（2018）
著(编)者：唐绪军　2018年7月出版 / 估价：99.00元
PSN B-2010-169-1/1

新媒体社会责任蓝皮书
中国新媒体社会责任研究报告（2018）
著(编)者：钟瑛　2018年12月出版 / 估价：99.00元
PSN B-2014-423-1/1

移动互联网蓝皮书
中国移动互联网发展报告（2018）
著(编)者：余清楚　2018年6月出版 / 估价：99.00元
PSN B-2012-282-1/1

影视蓝皮书
中国影视产业发展报告（2018）
著(编)者：司若 陈鹏 陈锐
2018年6月出版 / 估价：99.00元
PSN B-2016-529-1/1

舆情蓝皮书
中国社会舆情与危机管理报告（2018）
著(编)者：谢耘耕
2018年9月出版 / 估价：138.00元
PSN B-2011-235-1/1

中国大运河蓝皮书
中国大运河发展报告（2018）
著(编)者：吴欣　2018年2月出版 / 估价：128.00元
PSN B-2018-691-1/1

地方发展类-经济

澳门蓝皮书
澳门经济社会发展报告（2017~2018）
著(编)者：吴志良 郝雨凡
2018年7月出版 / 估价：99.00元
PSN B-2009-138-1/1

澳门绿皮书
澳门旅游休闲发展报告（2017~2018）
著(编)者：郝雨凡 林广志
2018年5月出版 / 估价：99.00元
PSN G-2017-617-1/1

北京蓝皮书
北京经济发展报告（2017~2018）
著(编)者：杨松　2018年6月出版 / 估价：99.00元
PSN B-2006-054-2/8

北京旅游绿皮书
北京旅游发展报告（2018）
著(编)者：北京旅游学会
2018年7月出版 / 估价：99.00元
PSN G-2012-301-1/1

北京体育蓝皮书
北京体育产业发展报告（2017~2018）
著(编)者：钟秉枢 陈杰 杨铁黎
2018年9月出版 / 估价：99.00元
PSN B-2015-475-1/1

滨海金融蓝皮书
滨海新区金融发展报告（2017）
著(编)者：王爱俭 李向前　2018年4月出版 / 估价：99.00元
PSN B-2014-424-1/1

城乡一体化蓝皮书
北京城乡一体化发展报告（2017~2018）
著(编)者：吴宝新 张宝秀 黄序
2018年5月出版 / 估价：99.00元
PSN B-2012-258-2/2

非公有制企业社会责任蓝皮书
北京非公有制企业社会责任报告（2018）
著(编)者：宋贵伦 冯培
2018年6月出版 / 估价：99.00元
PSN B-2017-613-1/1

皮书系列 2018全品种
地方发展类-经济

福建旅游蓝皮书
福建省旅游产业发展现状研究（2017~2018）
著(编)者：陈敏华 黄远水　2018年12月出版／估价：128.00元
PSN B-2016-591-1/1

福建自贸区蓝皮书
中国(福建)自由贸易试验区发展报告(2017~2018)
著(编)者：黄茂兴　2018年6月出版／估价：118.00元
PSN B-2016-531-1/1

甘肃蓝皮书
甘肃经济发展分析与预测（2018）
著(编)者：安文华 罗哲　2018年1月出版／定价：99.00元
PSN B-2013-312-1/6

甘肃蓝皮书
甘肃商贸流通发展报告（2018）
著(编)者：张应华 王福生 王晓芳
2018年1月出版／定价：99.00元
PSN B-2016-522-6/6

甘肃蓝皮书
甘肃县域和农村发展报告（2018）
著(编)者：包东红 朱智文 王建兵
2018年1月出版／定价：99.00元
PSN B-2013-316-5/6

甘肃农业科技绿皮书
甘肃农业科技发展研究报告（2018）
著(编)者：魏胜文 乔德华 张东伟
2018年12月出版／定价：198.00元
PSN B-2016-592-1/1

甘肃气象保障蓝皮书
甘肃农业对气候变化的适应与风险评估报告（No.1）
著(编)者：鲍文中 周广胜
2017年12月出版／定价：108.00元
PSN B-2017-677-1/1

巩义蓝皮书
巩义经济社会发展报告（2018）
著(编)者：丁同民 朱军　2018年6月出版／估价：99.00元
PSN B-2016-532-1/1

广东外经贸蓝皮书
广东对外经济贸易发展研究报告（2017～2018）
著(编)者：陈万灵　2018年6月出版／估价：99.00元
PSN B-2012-286-1/1

广西北部湾经济区蓝皮书
广西北部湾经济区开放开发报告（2017～2018）
著(编)者：广西壮族自治区北部湾经济区和东盟开放合作办公室
　　　　　广西社会科学院
　　　　　广西北部湾发展研究院
2018年5月出版／估价：99.00元
PSN B-2010-181-1/1

广州蓝皮书
广州城市国际化发展报告（2018）
著(编)者：张跃国　2018年8月出版／估价：99.00元
PSN B-2012-246-11/14

广州蓝皮书
中国广州城市建设与管理发展报告（2018）
著(编)者：张其学 陈小钢 王宏伟　2018年8月出版／估价：99.00元
PSN B-2007-087-4/14

广州蓝皮书
广州创新型城市发展报告（2018）
著(编)者：尹涛　2018年6月出版／估价：99.00元
PSN B-2012-247-12/14

广州蓝皮书
广州经济发展报告（2018）
著(编)者：张跃国 尹涛　2018年7月出版／估价：99.00元
PSN B-2005-040-1/14

广州蓝皮书
2018年中国广州经济形势分析与预测
著(编)者：魏明海 谢博能 李华
2018年6月出版／估价：99.00元
PSN B-2011-185-9/14

广州蓝皮书
中国广州科技创新发展报告（2018）
著(编)者：于欣伟 陈爽 邓佑满　2018年8月出版／估价：99.00元
PSN B-2006-065-2/14

广州蓝皮书
广州农村发展报告（2018）
著(编)者：朱名宏　2018年7月出版／估价：99.00元
PSN B-2010-167-8/14

广州蓝皮书
广州汽车产业发展报告（2018）
著(编)者：杨再高 冯兴亚　2018年7月出版／估价：99.00元
PSN B-2006-066-3/14

广州蓝皮书
广州商贸业发展报告（2018）
著(编)者：张跃国 陈杰 荀振英
2018年7月出版／估价：99.00元
PSN B-2012-245-10/14

贵阳蓝皮书
贵阳城市创新发展报告No.3（白云篇）
著(编)者：连玉明　2018年5月出版／估价：99.00元
PSN B-2015-491-3/10

贵阳蓝皮书
贵阳城市创新发展报告No.3（观山湖篇）
著(编)者：连玉明　2018年5月出版／估价：99.00元
PSN B-2015-497-9/10

贵阳蓝皮书
贵阳城市创新发展报告No.3（花溪篇）
著(编)者：连玉明　2018年5月出版／估价：99.00元
PSN B-2015-490-2/10

贵阳蓝皮书
贵阳城市创新发展报告No.3（开阳篇）
著(编)者：连玉明　2018年5月出版／估价：99.00元
PSN B-2015-492-4/10

贵阳蓝皮书
贵阳城市创新发展报告No.3（南明篇）
著(编)者：连玉明　2018年5月出版／估价：99.00元
PSN B-2015-496-8/10

贵阳蓝皮书
贵阳城市创新发展报告No.3（清镇篇）
著(编)者：连玉明　2018年5月出版／估价：99.00元
PSN B-2015-489-1/10

贵阳蓝皮书
贵阳城市创新发展报告No.3（乌当篇）
著(编)者：连玉明　2018年5月出版／估价：99.00元
PSN B-2015-495-7/10

贵阳蓝皮书
贵阳城市创新发展报告No.3（息烽篇）
著(编)者：连玉明　2018年5月出版／估价：99.00元
PSN B-2015-493-5/10

贵阳蓝皮书
贵阳城市创新发展报告No.3（修文篇）
著(编)者：连玉明　2018年5月出版／估价：99.00元
PSN B-2015-494-6/10

贵阳蓝皮书
贵阳城市创新发展报告No.3（云岩篇）
著(编)者：连玉明　2018年5月出版／估价：99.00元
PSN B-2015-498-10/10

贵州房地产蓝皮书
贵州房地产发展报告No.5（2018）
著(编)者：武廷方　2018年7月出版／估价：99.00元
PSN B-2014-426-1/1

贵州蓝皮书
贵州册亨经济社会发展报告（2018）
著(编)者：黄德林　2018年6月出版／估价：99.00元
PSN B-2016-525-8/9

贵州蓝皮书
贵州地理标志产业发展报告（2018）
著(编)者：李发耀　黄其松　2018年8月出版／估价：99.00元
PSN B-2017-646-10/10

贵州蓝皮书
贵安新区发展报告（2017~2018）
著(编)者：马长青　吴大华　2018年6月出版／估价：99.00元
PSN B-2015-459-4/10

贵州蓝皮书
贵州国家级开放创新平台发展报告（2017~2018）
著(编)者：申晓庆　吴大华　季泓
2018年11月出版／估价：99.00元
PSN B-2016-518-7/10

贵州蓝皮书
贵州国有企业社会责任发展报告（2017~2018）
著(编)者：郭丽　2018年12月出版／估价：99.00元
PSN B-2015-511-6/10

贵州蓝皮书
贵州民航业发展报告（2017）
著(编)者：申振东　吴大华　2018年6月出版／估价：99.00元
PSN B-2015-471-5/10

贵州蓝皮书
贵州民营经济发展报告（2017）
著(编)者：杨静　吴大华　2018年6月出版／估价：99.00元
PSN B-2016-530-9/9

杭州都市圈蓝皮书
杭州都市圈发展报告（2018）
著(编)者：洪庆华　沈翔　2018年4月出版／定价：98.00元
PSN B-2012-302-1/1

河北经济蓝皮书
河北省经济发展报告（2018）
著(编)者：马树强　金浩　张贵　2018年6月出版／估价：99.00元
PSN B-2014-380-1/1

河北蓝皮书
河北经济社会发展报告（2018）
著(编)者：康振海　2018年1月出版／定价：99.00元
PSN B-2014-372-1/3

河北蓝皮书
京津冀协同发展报告（2018）
著(编)者：陈璐　2017年12月出版／定价：79.00元
PSN B-2017-601-2/3

河南经济蓝皮书
2018年河南经济形势分析与预测
著(编)者：王世炎　2018年3月出版／定价：89.00元
PSN B-2007-086-1/1

河南蓝皮书
河南城市发展报告（2018）
著(编)者：张占仓　王建国　2018年5月出版／估价：99.00元
PSN B-2009-131-3/9

河南蓝皮书
河南工业发展报告（2018）
著(编)者：张占仓　2018年5月出版／估价：99.00元
PSN B-2013-317-5/9

河南蓝皮书
河南金融发展报告（2018）
著(编)者：喻新安　谷建全
2018年6月出版／估价：99.00元
PSN B-2014-390-7/9

河南蓝皮书
河南经济发展报告（2018）
著(编)者：张占仓　完世伟
2018年6月出版／估价：99.00元
PSN B-2010-157-4/9

河南蓝皮书
河南能源发展报告（2018）
著(编)者：国网河南省电力公司经济技术研究院
　　　　　河南省社会科学院
2018年6月出版／估价：99.00元
PSN B-2017-607-9/9

河南商务蓝皮书
河南商务发展报告（2018）
著(编)者：焦锦淼　穆荣国　2018年5月出版／估价：99.00元
PSN B-2014-399-1/1

河南双创蓝皮书
河南创新创业发展报告（2018）
著(编)者：喻新安　杨雪梅
2018年8月出版／估价：99.00元
PSN B-2017-641-1/1

黑龙江蓝皮书
黑龙江经济发展报告（2018）
著(编)者：朱宇　2018年1月出版／定价：89.00元
PSN B-2011-190-2/2

皮书系列 2018全品种 — 地方发展类-经济

湖南城市蓝皮书
区域城市群整合
著（编）者：童中贤 韩未名　2018年12月出版 / 估价：99.00元
PSN B-2006-064-1/1

湖南蓝皮书
湖南城乡一体化发展报告（2018）
著（编）者：陈文胜 王文强 陆福兴
2018年8月出版 / 估价：99.00元
PSN B-2015-477-8/8

湖南蓝皮书
2018年湖南电子政务发展报告
著（编）者：梁志峰　2018年5月出版 / 估价：128.00元
PSN B-2014-394-6/8

湖南蓝皮书
2018年湖南经济发展报告
著（编）者：卞鹰　2018年5月出版 / 估价：128.00元
PSN B-2011-207-2/8

湖南蓝皮书
2016年湖南经济展望
著（编）者：梁志峰　2018年5月出版 / 估价：128.00元
PSN B-2011-206-1/8

湖南蓝皮书
2018年湖南县域经济社会发展报告
著（编）者：梁志峰　2018年5月出版 / 估价：128.00元
PSN B-2014-395-7/8

湖南县域绿皮书
湖南县域发展报告（No.5）
著（编）者：袁准 周小毛 黎仁寅
2018年6月出版 / 估价：99.00元
PSN G-2012-274-1/1

沪港蓝皮书
沪港发展报告（2018）
著（编）者：尤安山　2018年9月出版 / 估价：99.00元
PSN B-2013-362-1/1

吉林蓝皮书
2018年吉林经济社会形势分析与预测
著（编）者：邵汉明　2017年12月出版 / 定价：89.00元
PSN B-2013-319-1/1

吉林省城市竞争力蓝皮书
吉林省城市竞争力报告（2017~2018）
著（编）者：崔岳春 张磊
2018年3月出版 / 定价：89.00元
PSN B-2016-513-1/1

济源蓝皮书
济源经济社会发展报告（2018）
著（编）者：喻新安　2018年6月出版 / 估价：99.00元
PSN B-2014-387-1/1

江苏蓝皮书
2018年江苏经济发展分析与展望
著（编）者：王庆五 吴先满
2018年7月出版 / 估价：128.00元
PSN B-2017-635-1/3

江西蓝皮书
江西经济社会发展报告（2018）
著（编）者：陈石俊 龚建文　2018年10月出版 / 估价：128.00元
PSN B-2015-484-1/2

江西蓝皮书
江西设区市发展报告（2018）
著（编）者：姜玮 梁勇
2018年10月出版 / 估价：99.00元
PSN B-2016-517-2/2

经济特区蓝皮书
中国经济特区发展报告（2017）
著（编）者：陶一桃　2018年1月出版 / 估价：99.00元
PSN B-2009-139-1/1

辽宁蓝皮书
2018年辽宁经济社会形势分析与预测
著（编）者：梁启东 魏红江　2018年6月出版 / 估价：99.00元
PSN B-2006-053-1/1

民族经济蓝皮书
中国民族地区经济发展报告（2018）
著（编）者：李曦辉　2018年7月出版 / 估价：99.00元
PSN B-2017-630-1/1

南宁蓝皮书
南宁经济发展报告（2018）
著（编）者：胡建华　2018年9月出版 / 估价：99.00元
PSN B-2016-569-2/3

内蒙古蓝皮书
内蒙古精准扶贫研究报告（2018）
著（编）者：张志华　2018年1月出版 / 定价：89.00元
PSN B-2017-681-2/2

浦东新区蓝皮书
上海浦东经济发展报告（2018）
著（编）者：周小平 徐美芳
2018年1月出版 / 定价：89.00元
PSN B-2011-225-1/1

青海蓝皮书
2018年青海经济社会形势分析与预测
著（编）者：陈玮　2018年1月出版 / 估价：98.00元
PSN B-2012-275-1/2

青海科技绿皮书
青海科技发展报告（2017）
著（编）者：青海省科学技术信息研究所
2018年3月出版 / 估价：98.00元
PSN G-2018-701-1/1

山东蓝皮书
山东经济形势分析与预测（2018）
著（编）者：李广杰　2018年7月出版 / 估价：99.00元
PSN B-2014-404-1/5

山东蓝皮书
山东省普惠金融发展报告（2018）
著（编）者：齐鲁财富网
2018年9月出版 / 估价：99.00元
PSN B2017-676-5/7

地方发展类-经济

皮书系列 2018全品种

山西蓝皮书
山西资源型经济转型发展报告（2018）
著（编）者：李志强　2018年7月出版 / 估价：99.00元
PSN B-2011-197-1/1

陕西蓝皮书
陕西经济发展报告（2018）
著（编）者：任宗哲　白宽犁　裴成荣
2018年1月出版 / 定价：89.00元
PSN B-2009-135-1/6

陕西蓝皮书
陕西精准脱贫研究报告（2018）
著（编）者：任宗哲　白宽犁　王建康
2018年4月出版 / 定价：89.00元
PSN B-2017-623-6/6

上海蓝皮书
上海经济发展报告（2018）
著（编）者：沈开艳　2018年2月出版 / 定价：89.00元
PSN B-2006-057-1/7

上海蓝皮书
上海资源环境发展报告（2018）
著（编）者：周冯琦　胡静　2018年2月出版 / 定价：89.00元
PSN B-2006-060-4/7

上海蓝皮书
上海奉贤经济发展分析与研判（2017~2018）
著（编）者：张兆安　朱平芳　2018年3月出版 / 定价：99.00元
PSN B-2018-698-8/8

上饶蓝皮书
上饶发展报告（2016~2017）
著（编）者：廖其志　2018年6月出版 / 估价：128.00元
PSN B-2014-377-1/1

深圳蓝皮书
深圳经济发展报告（2018）
著（编）者：张骁儒　2018年6月出版 / 定价：99.00元
PSN B-2008-112-3/7

四川蓝皮书
四川城镇化发展报告（2018）
著（编）者：侯水平　陈炜　2018年6月出版 / 定价：99.00元
PSN B-2015-456-7/7

四川蓝皮书
2018年四川经济形势分析与预测
著（编）者：杨钢　2018年1月出版 / 定价：158.00元
PSN B-2007-098-2/7

四川蓝皮书
四川企业社会责任研究报告（2017~2018）
著（编）者：侯水平　盛毅　2018年5月出版 / 定价：99.00元
PSN B-2014-386-4/7

四川蓝皮书
四川生态建设报告（2018）
著（编）者：李晟之　2018年5月出版 / 定价：99.00元
PSN B-2015-455-6/7

四川蓝皮书
四川特色小镇发展报告（2017）
著（编）者：吴志强　2017年11月出版 / 定价：89.00元
PSN B-2017-070 0/0

体育蓝皮书
上海体育产业发展报告（2017~2018）
著（编）者：张林　黄海燕
2018年10月出版 / 定价：99.00元
PSN B-2015-454-4/5

体育蓝皮书
长三角地区体育产业发展报（2017~2018）
著（编）者：张林　2018年6月出版 / 估价：99.00元
PSN B-2015-453-3/5

天津金融蓝皮书
天津金融发展报告（2018）
著（编）者：王爱俭　孔德昌
2018年5月出版 / 定价：99.00元
PSN B-2014-418-1/1

图们江区域合作蓝皮书
图们江区域合作发展报告（2018）
著（编）者：李铁　2018年6月出版 / 定价：99.00元
PSN B-2015-464-1/1

温州蓝皮书
2018年温州经济社会形势分析与预测
著（编）者：蒋儒标　王春光　金浩
2018年6月出版 / 定价：99.00元
PSN B-2008-105-1/1

西咸新区蓝皮书
西咸新区发展报告（2018）
著（编）者：李扬　王军
2018年6月出版 / 定价：99.00元
PSN B-2016-534-1/1

修武蓝皮书
修武经济社会发展报告（2018）
著（编）者：张占仓　袁凯声
2018年10月出版 / 定价：99.00元
PSN B-2017-651-1/1

偃师蓝皮书
偃师经济社会发展报告（2018）
著（编）者：张占仓　袁凯声　何武周
2018年7月出版 / 定价：99.00元
PSN B-2017-627-1/1

扬州蓝皮书
扬州经济社会发展报告（2018）
著（编）者：陈扬
2018年12月出版 / 定价：108.00元
PSN B-2011-191-1/1

长垣蓝皮书
长垣经济社会发展报告（2018）
著（编）者：张占仓　袁凯声　秦保建
2018年10月出版 / 定价：99.00元
PSN B-2017-654-1/1

遵义蓝皮书
遵义发展报告（2018）
著（编）者：邓彦　曾征　龚永育
2018年9月出版 / 估价：99.00元
PSN B-2014-433-1/1

地方发展类-社会

安徽蓝皮书
安徽社会发展报告(2018)
著(编)者：程桦　2018年6月出版 / 估价：99.00元
PSN B-2013-325-1/1

安徽社会建设蓝皮书
安徽社会建设分析报告(2017~2018)
著(编)者：黄家海　蔡宪
2018年11月出版 / 估价：99.00元
PSN B-2013-322-1/1

北京蓝皮书
北京公共服务发展报告(2017~2018)
著(编)者：施昌奎　2018年6月出版 / 估价：99.00元
PSN B-2008-103-7/8

北京蓝皮书
北京社会发展报告(2017~2018)
著(编)者：李伟东
2018年7月出版 / 估价：99.00元
PSN B-2006-055-3/8

北京蓝皮书
北京社会治理发展报告(2017~2018)
著(编)者：殷星辰　2018年7月出版 / 估价：99.00元
PSN B-2014-391-8/8

北京律师蓝皮书
北京律师发展报告No.4(2018)
著(编)者：王隽　2018年12月出版 / 估价：99.00元
PSN B-2011-217-1/1

北京人才蓝皮书
北京人才发展报告(2018)
著(编)者：敏华　2018年12月出版 / 估价：128.00元
PSN B-2011-201-1/1

北京社会心态蓝皮书
北京社会心态分析报告(2017~2018)
北京市社会心理服务促进中心
2018年10月出版 / 估价：99.00元
PSN B-2014-422-1/1

北京社会组织管理蓝皮书
北京社会组织发展与管理(2018)
著(编)者：黄江松
2018年6月出版 / 估价：99.00元
PSN B-2015-446-1/1

北京养老产业蓝皮书
北京居家养老发展报告(2018)
著(编)者：陆杰华　周明华
2018年8月出版 / 估价：99.00元
PSN B-2015-465-1/1

法治蓝皮书
四川依法治省年度报告No.4(2018)
著(编)者：李林　杨天宗　田禾
2018年3月出版 / 定价：118.00元
PSN B-2015-447-2/5

福建妇女发展蓝皮书
福建省妇女发展报告(2018)
著(编)者：刘群英　2018年11月出版 / 估价：99.00元
PSN B-2011-220-1/1

甘肃蓝皮书
甘肃社会发展分析与预测(2018)
著(编)者：安文华　谢增虎　包晓霞
2018年1月出版 / 定价：99.00元
PSN B-2013-313-2/6

广东蓝皮书
广东全面深化改革研究报告(2018)
著(编)者：周林生　涂成林
2018年12月出版 / 估价：99.00元
PSN B-2015-504-3/3

广东蓝皮书
广东社会工作发展报告(2018)
著(编)者：罗观翠　2018年6月出版 / 估价：99.00元
PSN B-2014-402-2/3

广州蓝皮书
广州青年发展报告(2018)
著(编)者：徐柳　张强
2018年8月出版 / 估价：99.00元
PSN B-2013-352-13/14

广州蓝皮书
广州社会保障发展报告(2018)
著(编)者：张跃国　2018年8月出版 / 估价：99.00元
PSN B-2014-425-14/14

广州蓝皮书
2018年中国广州社会形势分析与预测
著(编)者：张强　郭志勇　何镜清
2018年6月出版 / 估价：99.00元
PSN B-2008-110-5/14

贵州蓝皮书
贵州法治发展报告(2018)
著(编)者：吴大华　2018年5月出版 / 估价：99.00元
PSN B-2012-254-2/10

贵州蓝皮书
贵州人才发展报告(2017)
著(编)者：于杰　吴大华
2018年9月出版 / 估价：99.00元
PSN B-2014-382-3/10

贵州蓝皮书
贵州社会发展报告(2018)
著(编)者：王兴骥　2018年6月出版 / 估价：99.00元
PSN B-2010-166-1/10

杭州蓝皮书
杭州妇女发展报告(2018)
著(编)者：魏颖
2018年10月出版 / 估价：99.00元
PSN B-2014-403-1/1

地方发展类–社会

河北蓝皮书
河北法治发展报告（2018）
著（编）者：康振海　2018年6月出版 / 估价：99.00元
PSN B-2017-622-3/3

河北食品药品安全蓝皮书
河北食品药品安全研究报告（2018）
著（编）者：丁锦霞
2018年10月出版 / 估价：99.00元
PSN B-2015-473-1/1

河南蓝皮书
河南法治发展报告（2018）
著（编）者：张林海　2018年7月出版 / 估价：99.00元
PSN B-2014-376-6/9

河南蓝皮书
2018年河南社会形势分析与预测
著（编）者：牛苏林　2018年5月出版 / 估价：99.00元
PSN B-2005-043-1/9

河南民办教育蓝皮书
河南民办教育发展报告（2018）
著（编）者：胡大白　2018年9月出版 / 估价：99.00元
PSN B-2017-642-1/1

黑龙江蓝皮书
黑龙江社会发展报告（2018）
著（编）者：王爱丽　2018年1月出版 / 定价：89.00元
PSN B-2011-189-1/2

湖南蓝皮书
2018年湖南两型社会与生态文明建设报告
著（编）者：卞鹰　2018年5月出版 / 估价：128.00元
PSN B-2011-208-3/8

湖南蓝皮书
2018年湖南社会发展报告
著（编）者：卞鹰　2018年5月出版 / 估价：128.00元
PSN B-2014-393-5/8

健康城市蓝皮书
北京健康城市建设研究报告（2018）
著（编）者：王鸿春　盛继洪
2018年9月出版 / 估价：99.00元
PSN B-2015-460-1/2

江苏法治蓝皮书
江苏法治发展报告No.6（2017）
著（编）者：蔡道通　龚廷泰
2018年8月出版 / 估价：99.00元
PSN B-2012-290-1/1

江苏蓝皮书
2018年江苏社会发展分析与展望
著（编）者：王庆五　刘旺洪
2018年8月出版 / 估价：128.00元
PSN B-2017-636-2/3

民族教育蓝皮书
中国民族教育发展报告（2017·内蒙古卷）
著（编）者：陈中永
2017年12月出版 / 定价：198.00元
PSN B-2017-669-1/1

南宁蓝皮书
南宁法治发展报告（2018）
著（编）者：杨维超　2018年12月出版 / 估价：99.00元
PSN B-2015-509-1/3

南宁蓝皮书
南宁社会发展报告（2018）
著（编）者：胡建华　2018年10月出版 / 估价：99.00元
PSN B-2016-570-3/3

内蒙古蓝皮书
内蒙古反腐倡廉建设报告No.2
著（编）者：张志华　2018年6月出版 / 估价：99.00元
PSN B-2013-365-1/1

青海蓝皮书
2018年青海人才发展报告
著（编）者：王宇燕　2018年9月出版 / 估价：99.00元
PSN B-2017-650-2/2

青海生态文明建设蓝皮书
青海生态文明建设报告（2018）
著（编）者：张西明　高华　2018年12月出版 / 估价：99.00元
PSN B-2016-595-1/1

人口与健康蓝皮书
深圳人口与健康发展报告（2018）
著（编）者：陆杰华　傅崇辉
2018年11月出版 / 估价：99.00元
PSN B-2011-228-1/1

山东蓝皮书
山东社会形势分析与预测（2018）
著（编）者：李善峰　2018年6月出版 / 估价：99.00元
PSN B-2014-405-2/5

陕西蓝皮书
陕西社会发展报告（2018）
著（编）者：任宗哲　白宽犁　牛昉
2018年1月出版 / 定价：89.00元
PSN B-2009-136-2/6

上海蓝皮书
上海法治发展报告（2018）
著（编）者：叶必丰　2018年9月出版 / 估价：99.00元
PSN B-2012-296-6/7

上海蓝皮书
上海社会发展报告（2018）
著（编）者：杨雄　周海旺
2018年2月出版 / 定价：89.00元
PSN B-2006-058-2/7

社会建设蓝皮书
2018年北京社会建设分析报告
著(编)者：宋贵伦 冯虹 2018年9月出版 / 估价：99.00元
PSN B-2010-173-1/1

深圳蓝皮书
深圳法治发展报告（2018）
著(编)者：张晓儒 2018年6月出版 / 估价：99.00元
PSN B-2015-470-6/7

深圳蓝皮书
深圳劳动关系发展报告（2018）
著(编)者：汤庭芬 2018年8月出版 / 估价：99.00元
PSN B-2007-097-2/7

深圳蓝皮书
深圳社会治理与发展报告（2018）
著(编)者：张晓儒 2018年6月出版 / 估价：99.00元
PSN B-2008-113-4/7

生态安全绿皮书
甘肃国家生态安全屏障建设发展报告（2018）
著(编)者：刘举科 喜文华
2018年10月出版 / 估价：99.00元
PSN G-2017-659-1/1

顺义社会建设蓝皮书
北京市顺义区社会建设发展报告（2018）
著(编)者：王学武 2018年9月出版 / 估价：99.00元
PSN B-2017-658-1/1

四川蓝皮书
四川法治发展报告（2018）
著(编)者：郑泰安 2018年6月出版 / 估价：99.00元
PSN B-2015-441-5/7

四川蓝皮书
四川社会发展报告（2018）
著(编)者：李羚 2018年6月出版 / 估价：99.00元
PSN B-2008-127-3/7

四川社会工作与管理蓝皮书
四川省社会工作人力资源发展报告（2017）
著(编)者：边慧敏 2017年12月出版 / 定价：89.00元
PSN B-2017-683-1/1

云南社会治理蓝皮书
云南社会治理年度报告（2017）
著(编)者：晏雄 韩全芳
2018年5月出版 / 估价：99.00元
PSN B-2017-667-1/1

地方发展类-文化

北京传媒蓝皮书
北京新闻出版广电发展报告（2017~2018）
著(编)者：王志 2018年11月出版 / 估价：99.00元
PSN B-2016-588-1/1

北京蓝皮书
北京文化发展报告（2017~2018）
著(编)者：李建盛 2018年5月出版 / 估价：99.00元
PSN B-2007-082-4/8

创意城市蓝皮书
北京文化创意产业发展报告（2018）
著(编)者：郭万超 张京成 2018年12月出版 / 估价：99.00元
PSN B-2012-263-1/7

创意城市蓝皮书
天津文化创意产业发展报告（2017~2018）
著(编)者：谢思全 2018年6月出版 / 估价：99.00元
PSN B-2016-536-7/7

创意城市蓝皮书
武汉文化创意产业发展报告（2018）
著(编)者：黄永林 陈汉桥 2018年12月出版 / 估价：99.00元
PSN B-2013-354-4/7

创意上海蓝皮书
上海文化创意产业发展报告（2017~2018）
著(编)者：王慧敏 王兴全 2018年8月出版 / 估价：99.00元
PSN B-2016-561-1/1

非物质文化遗产蓝皮书
广州市非物质文化遗产保护发展报告（2018）
著(编)者：宋俊华 2018年12月出版 / 估价：99.00元
PSN B-2016-589-1/1

甘肃蓝皮书
甘肃文化发展分析与预测（2018）
著(编)者：马廷旭 戚晓萍 2018年1月出版 / 定价：99.00元
PSN B-2013-314-3/6

甘肃蓝皮书
甘肃舆情分析与预测（2018）
著(编)者：王俊莲 张谦元 2018年1月出版 / 定价：99.00元
PSN B-2013-315-4/6

广州蓝皮书
中国广州文化发展报告（2018）
著(编)者：屈哨兵 陆志强 2018年6月出版 / 估价：99.00元
PSN B-2009-134-7/14

广州蓝皮书
广州文化创意产业发展报告（2018）
著(编)者：徐咏虹 2018年7月出版 / 估价：99.00元
PSN B-2008-111-6/14

海淀蓝皮书
海淀区文化和科技融合发展报告（2018）
著(编)者：陈名杰 孟景伟 2018年5月出版 / 估价：99.00元
PSN B-2013-329-1/1

地方发展类-文化

皮书系列 2018全品种

河南蓝皮书
河南文化发展报告（2018）
著（编）者：卫绍生　2018年7月出版 / 估价：99.00元
PSN B-2008-106-2/9

湖北文化产业蓝皮书
湖北省文化产业发展报告（2018）
著（编）者：黄晓华　2018年9月出版 / 估价：99.00元
PSN B-2017-656-1/1

湖北文化蓝皮书
湖北文化发展报告（2017~2018）
著（编）者：湖北大学高等人文研究院
　　　　　中华文化发展湖北省协同创新中心
2018年10月出版 / 估价：99.00元
PSN B-2016-566-1/1

江苏蓝皮书
2018年江苏文化发展分析与展望
著（编）者：王庆五　樊和平　2018年9月出版 / 估价：128.00元
PSN B-2017-637-3/3

江西文化蓝皮书
江西非物质文化遗产发展报告（2018）
著（编）者：张圣才　傅安平　2018年12月出版 / 估价：128.00元
PSN B-2015-499-1/1

洛阳蓝皮书
洛阳文化发展报告（2018）
著（编）者：刘福兴　陈启明　2018年7月出版 / 估价：99.00元
PSN B-2015-476-1/1

南京蓝皮书
南京文化发展报告（2018）
著（编）者：中共南京市委宣传部
2018年12月出版 / 估价：99.00元
PSN B-2014-439-1/1

宁波文化蓝皮书
宁波"一人一艺"全民艺术普及发展报告（2017）
著（编）者：张爱琴　2018年11月出版 / 估价：128.00元
PSN B-2017-668-1/1

山东蓝皮书
山东文化发展报告（2018）
著（编）者：涂可国　2018年5月出版 / 估价：99.00元
PSN B-2014-406-3/5

陕西蓝皮书
陕西文化发展报告（2018）
著（编）者：任宗哲　白宽犁　王长寿
2018年1月出版 / 定价：89.00元
PSN B-2009-137-3/6

上海蓝皮书
上海传媒发展报告（2018）
著（编）者：强荧　焦雨虹　2018年2月出版 / 定价：89.00元
PSN B-2012-295-5/7

上海蓝皮书
上海文学发展报告（2018）
著（编）者：陈圣来　2018年6月出版 / 估价：99.00元
PSN B-2012-297-7/7

上海蓝皮书
上海文化发展报告（2018）
著（编）者：荣跃明　2018年6月出版 / 估价：99.00元
PSN B-2006-059-3/7

深圳蓝皮书
深圳文化发展报告（2018）
著（编）者：张骁儒　2018年7月出版 / 估价：99.00元
PSN B-2016-554-7/7

四川蓝皮书
四川文化产业发展报告（2018）
著（编）者：向宝云　张立伟　2018年6月出版 / 估价：99.00元
PSN B-2006-074-1/7

郑州蓝皮书
2018年郑州文化发展报告
著（编）者：王哲　2018年9月出版 / 估价：99.00元
PSN B-2008-107-1/1

社会科学文献出版社　　皮书系列

✤ 皮书起源 ✤

"皮书"起源于十七、十八世纪的英国,主要指官方或社会组织正式发表的重要文件或报告,多以"白皮书"命名。在中国,"皮书"这一概念被社会广泛接受,并被成功运作、发展成为一种全新的出版形态,则源于中国社会科学院社会科学文献出版社。

✤ 皮书定义 ✤

皮书是对中国与世界发展状况和热点问题进行年度监测,以专业的角度、专家的视野和实证研究方法,针对某一领域或区域现状与发展态势展开分析和预测,具备原创性、实证性、专业性、连续性、前沿性、时效性等特点的公开出版物,由一系列权威研究报告组成。

✤ 皮书作者 ✤

皮书系列的作者以中国社会科学院、著名高校、地方社会科学院的研究人员为主,多为国内一流研究机构的权威专家学者,他们的看法和观点代表了学界对中国与世界的现实和未来最高水平的解读与分析。

✤ 皮书荣誉 ✤

皮书系列已成为社会科学文献出版社的著名图书品牌和中国社会科学院的知名学术品牌。2016年,皮书系列正式列入"十三五"国家重点出版规划项目;2013~2018年,重点皮书列入中国社会科学院承担的国家哲学社会科学创新工程项目;2018年,59种院外皮书使用"中国社会科学院创新工程学术出版项目"标识。

中国皮书网

（网址：www.pishu.cn）

发布皮书研创资讯，传播皮书精彩内容
引领皮书出版潮流，打造皮书服务平台

栏目设置

关于皮书：何谓皮书、皮书分类、皮书大事记、皮书荣誉、
皮书出版第一人、皮书编辑部

最新资讯：通知公告、新闻动态、媒体聚焦、网站专题、视频直播、下载专区

皮书研创：皮书规范、皮书选题、皮书出版、皮书研究、研创团队

皮书评奖评价：指标体系、皮书评价、皮书评奖

互动专区：皮书说、社科数托邦、皮书微博、留言板

所获荣誉

2008年、2011年，中国皮书网均在全国新闻出版业网站荣誉评选中获得"最具商业价值网站"称号；

2012年，获得"出版业网站百强"称号。

网库合一

2014年，中国皮书网与皮书数据库端口合一，实现资源共享。

权威报告·一手数据·特色资源

皮书数据库
ANNUAL REPORT(YEARBOOK) DATABASE

当代中国经济与社会发展高端智库平台

所获荣誉

- 2016年，入选"'十三五'国家重点电子出版物出版规划骨干工程"
- 2015年，荣获"搜索中国正能量 点赞2015""创新中国科技创新奖"
- 2013年，荣获"中国出版政府奖·网络出版物奖"提名奖
- 连续多年荣获中国数字出版博览会"数字出版·优秀品牌"奖

成为会员

通过网址www.pishu.com.cn或使用手机扫描二维码进入皮书数据库网站，进行手机号码验证或邮箱验证即可成为皮书数据库会员（建议通过手机号码快速验证注册）。

会员福利

- 使用手机号码首次注册的会员，账号自动充值100元体验金，可直接购买和查看数据库内容（仅限使用手机号码快速注册）。
- 已注册用户购书后可免费获赠100元皮书数据库充值卡。刮开充值卡涂层获取充值密码，登录并进入"会员中心"—"在线充值"—"充值卡充值"，充值成功后即可购买和查看数据库内容。

数据库服务热线：400-008-6695　　　　图书销售热线：010-59367070/7028
数据库服务QQ：2475522410　　　　　　图书服务QQ：1265056568
数据库服务邮箱：database@ssap.cn　　　图书服务邮箱：duzhe@ssap.cn